Vechtaer Beiträge zur Gerontologie

Herausgegeben von
F. Frerichs
E. Kalbe
S. Kirchhoff-Kestel
H. Künemund
H. Theobald
U. Fachinger

Vechta, Deutschland

Die Gerontologie ist eine noch junge Wissenschaft, die sich mit Themen des individuellen und gesellschaftlichen Alterns befasst. Die Beträge in dieser Reihe dokumentieren den Stand und Perspektiven aus verschiedenen wissenschaftlichen Blickwinkeln. Zielgruppe sind nicht nur Forschende und Lehrende in der Gerontologie, sondern auch in den Bezugswissenschaften – insbesondere aus der Soziologie, Psychologie, Ökonomik, Demographie und den Politikwissenschaften – sowie Entscheidungsträger in Politik und Verwaltung.

Maren Preuß

Vereinbarkeit von Pflege und Erwerbstätigkeit

Vermittlungshandeln in einem komplexen Spannungsfeld

Mit einem Geleitwort von Prof. Dr. Harald Künemund

Maren Preuß
Hannover, Deutschland

Dissertation, Universität Vechta, 2013
Gedruckt mit freundlicher Unterstützung des Instituts für Gerontologie der Universität Vechta.

ISBN 978-3-658-04121-2 ISBN 978-3-658-04122-9 (eBook)
DOI 10.1007/978-3-658-04122-9

Die Deutsche Nationalbibliothek verzeichnet diese Publikation in der Deutschen Nationalbibliografie; detaillierte bibliografische Daten sind im Internet über http://dnb.d-nb.de abrufbar.

Springer VS

Gedruckt auf säurefreiem und chlorfrei gebleichtem Papier

Springer VS ist eine Marke von Springer DE. Springer DE ist Teil der Fachverlagsgruppe Springer Science+Business Media.
www.springer-vs.de

Danksagung

Während der vergangenen Jahre bewegte mich häufig ein Gedanke, den mir eine gute Freundin zu Beginn meiner Promotion mit auf den Weg gab: Das Verfassen einer Dissertation gleicht einem Marathonlauf. In vielerlei Hinsicht finde ich diesen Vergleich zutreffend. Es handelt sich um eine Erfahrung, die mir Kraft abgerungen hat, mein Durchhaltevermögen auf die Probe stellte und mich mit meinen eigenen Grenzen konfrontierte. Gleichzeitig lernte ich, diese Grenzen zu überwinden und erlebte fantastische Hochgefühle, wenn sich neue Erkenntnisse einstellten und sich Gedanken wie die Teile eines Puzzles zu einem stimmigen Ganzen zusammenfügten.

Ich bin froh, diesen Weg nicht alleine gegangen zu sein, sondern von einigen Menschen große Unterstützung erfahren zu haben. An erster Stelle gebührt mein herzlicher Dank meinem Doktorvater Prof. Dr. Harald Künemund, dessen fachlichen Rat ich sehr schätze und der mir insbesondere in der letzten Phase der Promotion großen Rückhalt gegeben hat. Außerdem danke ich meinem Zweitgutachter Prof. Dr. Klaus R. Schroeter sowie den Mitgliedern der Prüfungskommission Prof. Dr. Hans-Joachim Kondratowitz, Prof. Dr. Frerich Frerichs und Prof. Dr. Uwe Fachinger.

Einen besonderen Dank möchte ich meiner guten Freundin Dr. Martina Wolfinger aussprechen, die den Entstehungsprozess der Dissertation fortwährend begleitet hat, mich im Zuge angeregter Diskussionen immer wieder inspirierte und deren konstruktive Ratschläge und fachliche Kompetenz für mich wertvoll sind. Zudem danke ich Nele Marie Tanschus, Carolin Sachse und Annalena Sohn für die vielen hilfreichen Gespräche und die schöne, gemeinsam verbrachte Zeit. Außerdem möchte ich auf diesem Wege auch Peter Hoffmanns ein herzliches Dankeschön aussprechen, der mit großem Engagement dazu beigetragen hat, die Druckvorlage zu erstellen.

Mein größter Dank gilt aber meinem Mann Waldemar Preuß und meinen Eltern Mechthild und Hans-Jürgen Preuß für ihre liebevolle und unermüdliche Unterstützung, ihre Anteilnahme und ihre Geduld.

Celle, im Juni 2013 Maren Preuß

Geleitwort

Das Altern der Gesellschaft – die Zunahme des Anteils und der Anzahl älterer Menschen aufgrund steigender durchschnittlicher Lebenserwartungen und dem Geburtenrückgang – führt beim Thema Vereinbarung von informeller Pflege älterer Menschen und Erwerbstätigkeit oft zu Krisenszenarien – die Familie sei kaum noch in der Lage oder bereit, hilfebedürftigen Angehörigen unter die Arme zu greifen, und die Zunahme der Scheidungen und die höheren Quoten von Alleinlebenden und Unverheirateten sowie der Rückgang der durchschnittlichen Kinderzahl und die steigende Kinderlosigkeit würden bald zu dramatischen Engpässen im Unterstützungspotential der zukünftigen Älteren führen. Nicht alle Autoren teilen freilich diese pessimistische Einschätzung. Und bereits über den Status quo und seine Bewertung wird intensiv gestritten. Ganz ohne Zweifel aber werden die Notwendigkeiten der Vereinbarung von Familienarbeit und Erwerbsarbeit für Frauen und Männer weiter zunehmen.

Das Themenfeld Vereinbarkeit von Beruf und Pflege ist dabei schon seit langer Zeit in der wissenschaftlichen Diskussion: Es liegen sowohl qualitative als auch quantitative Studien zur „Vereinbarkeitsproblematik" vor, und auch die Politik hat bereits verschiedene Maßnahmen zur Verbesserung der Situation diskutiert und zum Teil auf den Weg gebracht. Überraschenderweise aber fehlte es bislang an Studien, die einen Blick auf die alltägliche Praxis der Vereinbarung richten. Statt Expertenmeinungen oder allgemeine Probleme in den Mittelpunkt zu stellen und daraus Problemlösungen als Forderungen an die Politik abzuleiten, beschreitet Maren Preuß mit diesem Buch insofern Neuland, als sie die Vermittlungshandlungen – die alltäglich Praxis der Lösung der Vereinbarkeitsproblematik – betrachtet, die empirisch vorgefundenen Lösungen systematisiert und zu einer empirisch begründeten Typologie verdichtet. Damit wird die Diskussion in gewisser Weise „auf die Füße gestellt": Ausgehend von einer solchen empirischen Grundlage lassen sich über die präzise Problembenennung hinaus neue Lösungen erkennen und diskutieren. Ich bin daher sicher, dass dieses Buch die Diskussionen zur Vereinbarung von Familienarbeit und Erwerbsarbeit für Frauen und Männer bereichern wird.

Vechta, im Mai 2013 Prof. Dr. Harald Künemund

Inhalt

Abbildungsverzeichnis

Abkürzungsverzeichnis

BA	Bundesagentur für Arbeit
BAG	Bundesarbeitsgericht
BMAS	Bundesministerium für Arbeit und Soziales
BMFSFJ	Bundesministerium für Familie, Senioren, Frauen und Jugend
BMG	Bundesministerium für Gesundheit
DBT	Deutscher Bundestag
StaBA	Statistisches Bundesamt

1 Einführung

Vor dem Hintergrund sich vollziehender demografischer Wandlungsprozesse stellt sich heute mehr denn je gesellschaftlich die Aufgabe, einem wachsenden Pflegebedarf älterer Menschen zu begegnen. Gegenwärtig gilt die Familie als zentrale Institution für die Übernahme der hiermit verbundenen Aufgaben, die auch als informelle Pflegetätigkeiten (bzw. familiäre Versorgung) betitelt werden. Es handelt sich hierbei um „*eine alltagsorientierte Sorgearbeit*" (Zeman 2000, S. 254), die darauf ausgerichtet ist, Menschen, die infolge gesundheitlicher und altersbedingter Einschränkungen nicht mehr zur selbstständigen Bewältigung von Aktivitäten des täglichen Lebens in der Lage sind, zu unterstützen (vgl. Schröck 1988, S. 86; Schroeter 2004, S. 146; Schroeter 2005, S. 92). Sie findet in der häuslichen Lebenswelt der Pflegebedürftigen und ihrer privaten Pflegepersonen statt und basiert auf einer persönlich-biografischen Beziehung zwischen beiden Parteien. Anders als die professionell erbrachte Pflege ist sie nicht spezifisch aufgabenbezogen und vornehmlich an instrumentellen Bedarfen orientiert, sondern umfasst auch sozial-emotionale Unterstützungsleistungen (z. B. die Stärkung des Selbstwertgefühls des alten Menschen) (vgl. Zeman 2000, S. 254f; Zeman 2005, S. 252f). Informelle Pflegetätigkeiten lassen sich auch durch den in seinen Ursprüngen insbesondere im britischen und skandinavischen Raum entwickelten Care-Begriff beschreiben, den Leira und Saraceno wie folgt definieren: Care is „*a concept and acitivity covers a number of different relations, actors, and institutional settings, and crosses conventional boundaries. Care is a public and a private responsibility; it is done for pay as well as unpaid, and is formally and informally provided; it is performed in non-profit as well as for-profit arrangements*" (Leira/Saraceno 2002, S. 56).[1] Bewusst wird in der vorliegenden Arbeit jedoch nicht mit dem Care-Begriff gearbeitet, da der Terminus der informellen Pflegetätigkeit (bzw. der familiären Versorgung) eindeutiger auf das Erkenntnisinteresse der vorliegenden Arbeit bezogen ist. Bei genauer Betrachtung birgt jedoch der unbesehene Rückgriff auf diese Begrifflichkeit die Gefahr, einen bedeutsamen Sachverhalt zu überzeichnen: Primär tragen nicht die

1 Umfassende Diskussionen über die Entwicklung und Ausformungen des Care-Begriffs nehmen beispielsweise Thomas (1993), Brückner (2004, 2010) und Ostner (2011) vor.

Familien, sondern insbesondere ihre weiblichen Mitglieder, an erster Stelle Töchter, einen Großteil der Verantwortung für die pflegerische Versorgung (vgl. TNS Infratest Sozialforschung 2011, S. 27). Diese Feststellung darf nicht über das Faktum hinwegtäuschen, dass auch Männer in die Erbringung pflegerischer Aktivitäten involviert sind. Das Gros der anfallenden Aufgaben, insbesondere im zeitintensiven körperpflegerischen Bereich, wird jedoch nach wie vor von Frauen übernommen.[2]

Mit der sich in den vergangenen Dekaden vollziehenden Erosion traditioneller Muster geschlechterspezifischer Arbeitsteilung erstreckt sich jedoch das Tätigkeitsspektrum von Frauen im mittleren Lebensalter sowohl in normativer Sicht wie auch de facto nicht mehr nur auf die Erbringung familiärer Sorgearbeiten. Vielmehr erweitert sich ihr Aufgabenbereich zunehmend häufiger um die Erwerbsarbeit. Es handelt sich um einen Tausch der Arbeitskraft gegen eine monetäre Vergütung, der der Erwirtschaftung des Lebensunterhalts und der sozialen Sicherung dient (vgl. Beck-Gernsheim 1985, S. 48f) und der häufig an grundlegend andere Orte und Zeitstrukturen gebunden ist als die informelle Pflegetätigkeit.

Obwohl die parallele Einbindung in die familiäre Pflege und den Beruf für einen wachsenden Anteil der Frauen zur Realität geworden ist, von mehrheitsgesellschaftlich vorherrschenden kulturellen Leitbildern gedeckt wird und auch einen Bestandteil der nationalen und europäischen Beschäftigungsstrategie darstellt, zeichnet sich der öffentliche und wissenschaftliche Diskurs doch bisher vorrangig durch eine problematisierende Sichtweise aus (vgl. Teilkapitel 4.3). Kennzeichnend ist die Betonung eines (zumindest potenziell) konfligierenden Verhältnisses beider Sphären, das durch eine Konkurrenz um die Einsatzpotenziale der Frauen geprägt ist: Je nach Perspektive wird auf der einen Seite die Übernahme familiärer Pflegeaufgaben als Gefährdung ihrer Verfügbarkeit im Erwerbssystem betont, dessen Funktionstüchtigkeit jedoch vor dem Hintergrund eines sich abzeichnenden Fachkräftemangels in bestimmten Branchen in zunehmend stärkerem Maße auch von dem umfassenden Einsatz familiär sorgeleistender Frauen abhängig ist. Auf der anderen Seite gilt ihr berufliches Engagement als Risiko für die Bewältigung gesellschaftlich anfallender Pflegebedarfe, die ohne die Rückgriffsmöglichkeit auf diese *„heimliche Ressource“* (Beck-Gernsheim 1992) die Tragfähigkeit sozialer Sicherungssysteme empfindlich

2 Grundsätzlich wird im Rahmen der vorliegenden Betrachtung von der Annahme ausgegangen, dass die vermeintlich biologische Geschlechterdifferenzierung im Alltag durch soziale Interaktion im Sinne eines *„doing gender“* (West/Zimmermann 1987) fortwährend (re-)konstruiert wird (vgl. Garfinkel 1967; West/Zimmermann 1987) (s. auch Teilkapitel 3.1.3).

infrage stellen würden. Um sowohl in der beruflichen wie auch in der pflegerischen Sphäre auf die umkämpfte Arbeitskraft der Frauen zurückgreifen zu können, werden in jüngerer Vergangenheit auf unterschiedlichen Ebenen Anstrengungen unternommen: Die Einführung von Zeitrechten für erwerbstätige informelle Pflegende (im Folgenden: erwerbstätige Pflegende) durch das Inkrafttreten des Pflegezeitgesetzes im Jahr 2008 und des Familienpflegezeitgesetzes im Jahr 2011 oder aber betriebliche Initiativen zur Förderung der Familienfreundlichkeit sind in diesem Kontext exemplarisch zu nennen. Diese Maßnahmen sollen dazu beitragen, eine Vereinbarung beider Lebensbereiche zu ermöglichen und die negativen Folgewirkungen (z. B. eine langfristige Einschränkung oder Aufgabe von Pflege und Beruf) abzuwenden, die aus der parallelen Einbindung erwachsen.

Unter Zugrundelegung dieser Sichtweise wird den erwerbstätigen Pflegepersonen selbst eine vornehmlich passive Position zugeschrieben: Sie gelten als Quellen für die Bereitstellung von Arbeitskraft, die der Bewältigung relevanter gesellschaftlicher Herausforderungen dient, und sind von den aus der Verbindung beider Lebensbereiche erwachsenen negativen Folgewirkungen betroffen, die durch den Einsatz von außen initiierter, intervenierender Maßnahmen reduziert werden können. Auf welche Weise sie selbst aber tätig werden, um ihre Arbeitskraft in beide Sphären einspeisen zu können, den hier angesiedelten Anforderungen zu begegnen und auch mit den negativen Folgewirkungen umzugehen, wird gegenwärtig noch kaum berücksichtigt. Ganz konkret zeigt sich diese Leerstelle der gegenwärtigen Diskussion auch in der pflegebezogenen Vereinbarkeitsforschung, die sich zwar dezidiert mit dem wechselseitigen Verhältnis zwischen der informellen Pflege älterer Menschen und der Erwerbstätigkeit befasst, jedoch die Regulierungs-, Strukturierungs- und Ausbalancierungsleistungen der erwerbstätigen Pflegenden, mithilfe derer sie den an sie gestellten Anforderungen begegnen, bisher noch kaum berücksichtigt.

Auf diese Forschungslücken Bezug nehmend, besteht das grundlegende Erkenntnisinteresse der vorliegenden Arbeit darin, zu untersuchen, auf welche Weise Frauen ihr tägliches Leben arrangieren, um die Pflege eines älteren Familienmitglieds und die eigene Erwerbstätigkeit miteinander zu verbinden. Im Rahmen der vorliegenden Betrachtung wird dabei von der Annahme ausgegangen, dass sich diese Akteurinnenhandlungen immer vor dem Hintergrund struktureller und kultureller Bedingungen vollziehen. Sie eröffnen den erwerbstätigen Pflegenden Handlungsmöglichkeiten und erlegen ihnen Handlungsrestriktionen auf. In diesem vorstrukturierten Rahmen agieren die Betroffenen, um den Anforderungen aus beiden Lebensbereichen gerecht zu werden. Ihr Umgang mit den

Optionen und Begrenzungen ihrer Lebenssituation im Alltag bildet das zentrale Forschungsinteresse. Die hiermit verbundenen Zielsetzungen bestehen darin, erstens einen theoretischen Erklärungsansatz zu entwickeln, der auf die Funktionslogik dieses vermittelnden Handelns zwischen Pflege und Erwerbstätigkeit Bezug nimmt und den Einfluss struktureller und kultureller Rahmenbedingungen konkretisiert. Zweitens gilt es, unter Rückgriff auf das Konzept der Idealtypen eine theoretische Typologie zu erstellen, die einen Überblick über Muster des Vermittlungshandelns bietet.

Um diese Ziele zu realisieren, wird in Kapitel 2 zunächst ein heuristisch-analytischer Theorierahmen entwickelt, indem Konzepte und theoretische Annahmen aus dem Ansatz der Alltäglichen Lebensführung der gleichnamigen Projektgruppe um Gerd-Günther Voß und aus Hartmut Essers Frame- und Skriptselektionstheorie abgeleitet und konzeptionell zusammengeführt werden. Bedeutende Vorzüge des Ansatzes der Alltäglichen Lebensführung bestehen darin, dass dieser das Zusammenspiel unterschiedlicher Tätigkeitsbereiche von Menschen berücksichtigt und den Fokus auf ihre Handlungen richtet, mithilfe derer sie zu einem in sich schlüssigen System verbunden werden. Demgegenüber werden die über Werte und Einstellungen vermittelte subjektive Wahrnehmung der Handlungsspielräume, die einer Nutzung vorausgeht sowie die strukturellen Rahmenbedingungen, die Handeln ebenfalls beeinflussen, bisher nur randständig berücksichtigt. Sie stellen jedoch maßgebliche Erklärungsgrößen dar, die herangezogen werden können, um den Einsatz akteur(innen)eigener Handlungsformen nicht nur zu beschreiben, sondern auch zu verstehen. Diese Erklärungsgrößen werden systematisch in Essers Theorie der Frame- und Skriptselektion aufgegriffen, indem Handeln von Menschen als Resultat der äußeren (d. h. institutionellen, kulturellen und kapitalbezogenen) Bedingungen und ihrer subjektiven Wahrnehmung über die ‚Frames der Situation‘ beschrieben wird. Wenngleich Essers Ansatz durch dessen hohes Abstraktionsniveau, anders als der Ansatz der Alltäglichen Lebensführung, nicht dezidiert darauf ausgerichtet ist, Handlungsformen von Menschen im Spannungsfeld zwischen unterschiedlichen Lebensbereichen zu analysieren, sind diese Grundlegungen für die vorliegende Arbeit von großem Interesse. Beide Ansätze werden zunächst in ihrer Reinform dargelegt und auf ihren Nutzen und ihre Grenzen hin untersucht (Teilkapitel 2.1 und 2.2). Durch die Zusammenführung von Elementen beider Theorien kann ein heuristisch-analytischer Theorierahmen entwickelt werden, der auf einem hochgradig allgemeinen Niveau zunächst geschlechterunabhängig das Vermittlungshandeln erwerbstätiger Pflegender und ihre Einbettung in strukturelle und kulturelle Rahmenbedingungen auf der mikro- und makrostrukturellen Ebene skizziert und die subjektive Wahrnehmung als bedeutendes Element der Vermittlung zwischen diesen Bedingungen des Handelns und dem Handeln selbst beschreibt (Teilkapitel 2.3). Dieser Theorierahmen leitet und strukturiert den literatur- und empiriebasierten Erkenntnisgewinn innerhalb der vorliegenden Arbeit und wird auf der Grundlage eben jener Erkenntnisse im Forschungsprozess weiterentwickelt, um schlussendlich einen stärkeren Zuschnitt auf die Spezifika des Forschungsgegenstandes aufzuweisen.

Zu diesem Zweck werden in Kapitel 3 die strukturellen und kulturellen Einflussfaktoren auf der Grundlage des bisherigen Forschungsstandes analysiert, die den Grundlegungen des heuristisch-analytischen Theorierahmens zufolge auf der makrostrukturellen Ebene einen bedeutenden Kontext darstellen, auf den Akteurinnen mit ihren Handlungen Bezug nehmen. Zu ihnen zählen die institutionellen Regelungen sowie die mehrheitsgesellschaftlich dominierenden kulturellen Bezugsrahmen. Sie beeinflussen zumindest potenziell die Einbindung von Frauen in die Versorgungserbringung für ältere Familienangehörige und in die Erwerbsarbeit und wirken sich somit auf ihre Position innerhalb der Gesellschaft aus. Im Rahmen dieses Kapitels erfolgt eine sphärenspezifische Betrachtung. Hierzu wird im ersten Schritt primär unter Bezugnahme auf wissenschaftliche Erkenntnisse der gerontologischen Forschung und der Pflege- und Versorgungsforschung die Einbindung von Frauen in die informelle Pflege älterer Menschen und hierfür relevante kulturelle und institutionelle Rahmenbedingungen beleuchtet (Teilkapitel 3.1). In Anlehnung an Birgit Pfau-Effingers Konzept der ,family values' finden in diesem Kontext einerseits kollektiv geteilte Werte und Leitbilder über die Inhalte und Orte einer als wünschenswert erachteten Pflege sowie gegenüber der Verantwortungsteilung zwischen unterschiedlichen Institutionen im Wohlfahrtsstaat und zwischen den Geschlechtern Berücksichtigung. Andererseits wird auf das Leistungsrecht der Pflegeversicherung Bezug genommen, das auf seine (de-)familialisierende Wirkung hin untersucht wird. Im zweiten Schritt erfolgt komplementär unter Rückgriff auf Erkenntnisse der (geschlechtersensiblen) Arbeitsmarktforschung eine Beschreibung der Einbindung von Frauen in die Erwerbstätigkeit und der hierfür bedeutsamen institutionellen und kulturellen Rahmenbedingungen auf makrostruktureller Ebene (Teilkapitel 3.2). In diesem Zusammenhang wird auf kollektiv geteilte Werte und Leitbilder gegenüber der Erwerbstätigkeit von (familiär sorgeleistenden) Frauen sowie auf ausgewählte sozial-, steuer- und abgabenpolitische sowie arbeitszeitpolitische Regelungen Bezug genommen, die auf ihre (de-)kommodifizierende Wirkung hin geprüft werden. Drittens werden dann die Erkenntnisse aus der sphärenbezogenen Betrachtung in Verbindung zueinander gesetzt, um unter Rückgriff auf das der

Frauen- und Geschlechterforschung entstammende Konzept der doppelten Vergesellschaftung von Regina Becker-Schmidt und das innerhalb des Forschungszweiges der vergleichenden Wohlfahrtsstaatenforschung von Pfau-Effinger entwickelte Vereinbarkeitsmodell der männlichen Versorgerehe die Position von Frauen im Spannungsfeld zwischen Pflege und Beruf zu bestimmen (Teilkapitel 3.3). Die sich aus dieser Position ergebenen Widersprüche im privaten Lebenszusammenhang der Frauen müssen auf der Handlungsebene bewältigt werden.

Wie jedoch die Auseinandersetzung mit der pflegebezogenen Vereinbarkeitsforschung in Kapitel 4 zeigen wird, ist der Fokus bestehender Arbeiten gegenwärtig primär auf die Darstellung soziodemografischer Charakteristika erwerbstätiger Pflegender (Teilkapitel 4.1) sowie auf eine Beschreibung der beiden Pole Beruf und Sorgearbeit und die jeweils kennzeichnenden Anforderungs- und Zeitprofile gerichtet (Teilkapitel 4.2). Wird die Verbindung beider Sphären diskutiert, stehen primär die Folgewirkungen im Zentrum der Betrachtung, die aus dem potenziell konfligierenden Verhältnis beider Lebensbereiche vornehmlich für die Teilhabe am Beruf erwachsen (Teilkapitel 4.3). Die Handlungsformen, die von den betroffenen Akteur(inn)en zur Anwendung kommen, um Beruf und Pflege miteinander zu verbinden, finden demgegenüber momentan zumindest für den Personenkreis der erwerbstätigen Pflegenden nur selten Berücksichtigung. Sie werden bisher kaum systematisch und in ihrem Zusammenspiel analysiert und auch eine datenbasierte Untersuchung von Einflussgrößen auf ihre Nutzung findet gegenwärtig noch nicht statt (Teilkapitel 4.4). Auf diese bisher wenig besetzte Stelle im wissenschaftlichen Diskurs Bezug nehmend, lassen sich drei Fragestellungen formulieren (Teilkapitel 4.5), die im Rahmen der nachfolgenden empirischen Untersuchung zu beantworten sind:

- Welche Vermittlungshandlungen werden im Alltag genutzt, um die informelle Pflege eines älteren Angehörigen und den Beruf miteinander zu verbinden?
- Welche strukturellen und kulturellen Einflussfaktoren sind auf der Handlungsebene ausschlaggebend für den Einsatz von Vermittlungshandlungen?
- Welche Ausprägungen der für den Einsatz von Vermittlungshandlungen bedeutsamen Einflussfaktoren finden sich unter den in die Untersuchung eingebundenen erwerbstätigen Pflegenden?

Bei den benannten Fragestellungen handelt es sich um Teilschritte auf dem Weg zur Entwicklung des theoretischen Modells der Vermittlung und der Typologie der Vermittlung, die das übergeordnete Erkenntnisinteresse der Arbeit bilden.

Um die Fragestellungen zu beantworten und auf diese Weise das Modell und die Typologie der Vermittlung als theoretische Regelsysteme entwickeln zu können, wird eine qualitative Forschungsstrategie gewählt, die sich in ihren Grundzügen an den Maßgaben des Symbolischen Interaktionismus orientiert. Diese methodologische Grundlage wird zunächst dargelegt, um auf dieser Basis Implikationen für das methodische Vorgehen ableiten zu können (Teilkapitel 5.1). Sie lassen sich in Form der drei Prämissen „Kommunikation", „Offenheit" und „Flexibilität" formulieren und sind für die eingesetzte Forschungsmethode handlungsleitend. Diese Forschungsmethode, die auf Verfahren der von Anselm Strauss und Juliet Corbin weiterentwickelten Version der Grounded Theory und dem Modell der empirisch begründeten Typenbildung von Susann Kluge fußt, wird nachfolgend beschrieben (Teilkapitel 5.2). Zunächst wird in diesem Zusammenhang auf die Datengewinnung Bezug genommen, die unter Rückgriff auf 21 leitfadengestützte, problemzentrierte Interviews mit erwerbstätigen pflegenden Frauen stattfindet. Im Anschluss sind dann die Feldzugangsstrategie und die Methode der Stichprobenbildung nach dem Vorbild des Theoretical Samplings darzulegen. Abschließend folgt eine Beschreibung des Datenauswertungsverfahrens, das eine Integration der Instrumente des offenen, axialen und selektiven Kodierens in das Ablaufmodell der empirisch begründeten Typenbildung vorsieht.

Unter Einsatz der beschriebenen Forschungsmethode lassen sich in Kapitel 6 die in Kapitel 4 formulierten Fragestellungen beantworten. Hierzu wird im Anschluss an eine Darstellung bedeutender Charakteristika der in die Stichprobe aufgenommenen erwerbstätigen pflegenden Frauen und ihrer Vereinbarungssituation (Teilkapitel 6.1) ein Überblick über die Vermittlungshandlungen gewährt, die innerhalb dieses Personenkreises grundsätzlich zur Anwendung kommen (Teilkapitel 6.2). Diese Erkenntnisse tragen dazu bei, die erste Fragestellung zu bearbeiten. Nachfolgend lässt sich die zweite Frage nach den strukturellen und kulturellen Einflussfaktoren auf das Vermittlungshandeln erwerbstätiger Pflegender beantworten (Teilkapitel 6.3). Sie treten in Form von Opportunitätsstrukturen und Einstellungen auf und sind bedeutsam für die Ausprägung von drei unterschiedlichen Ressourcenformen, deren Verfügbarkeit ausschlaggebend für die Nutzung der Vermittlungshandlungen ist. Die drei Ressourcenarten fungieren als Vergleichskategorien, anhand derer sich die einbezogenen Fälle gruppieren lassen. Im Datenmaterial können sechs unterschiedliche Ressourcenverfügbarkeitsmuster identifiziert werden, die jeweils anhand eines besonders aussagekräftigen Falles charakterisiert werden. Hierdurch kann die dritte Frage nach der Ausprägung der für den Einsatz der Vermittlungshandlungen bedeutsamen Einflussfaktoren in der in die Untersuchung eingebundenen Gruppe der erwerbstätigen Pflegenden geklärt werden. Die in den beiden vorangehenden Teilkapiteln gewonnenen Erkenntnisse werden herangezogen, um den eingangs dargestellten, allgemeinen heuriststisch-analytischen Theorierahmen zum theoretischen Modell der Vermittlung erwerbstätiger pflegender Frauen weiterzuentwickeln und die Typologie der Vermittlung zu konstruieren. Sie gibt idealtypisch Aufschluss über die Muster des Vermittlungshandelns und die hierfür relevanten Einflussgrößen (Teilkapitel 6.4).

In Kapitel 7 schließt sich eine Reflexion des Forschungsprozesses und der Ergebnisse der vorliegenden Untersuchung anhand von Steinkes Gütekriterien qualitativer Forschung sowie ein Ausblick an.

2 Ansatz der Alltäglichen Lebensführung und Frame- und Skriptselektionstheorie als Grundlagen des heuristisch-analytischen Theorierahmens

Wie eingangs dargestellt, ist das Forschungsinteresse der Arbeit grundsätzlich darauf ausgerichtet, akteurinneneigene Vermittlungshandlungen zu analysieren, die vor dem Hintergrund struktureller und kultureller Rahmenbedingungen eingesetzt werden, um Pflege und Beruf miteinander verbinden zu können. Ziel der Betrachtung innerhalb dieses Kapitels ist, einen auf wesentliche Grundannahmen reduzierten heuristisch-analytischen Theorierahmen mit hohem Allgemeinheitsgrad zu entwickeln, der auf diesen Forschungsgegenstand zugeschnitten ist. Hierzu wird auf zwei bereits bestehende theoretische Konzepte, nämlich den Ansatz der Alltäglichen Lebensführung der gleichnamigen Arbeitsgruppe um Gerd-Günther Voß und Hartmut Essers Theorie der Frame- und Skriptselektion, zurückgegriffen, die in ihren Grundzügen nachfolgend dargestellt werden. Beide weisen für die vorliegende Untersuchung bedeutende Vorzüge auf, sind aber auch durch Einschränkungen gekennzeichnet. Um Letztere zu überwinden, findet eine partielle Integration der Ansätze statt.

Zu diesem Zweck werden ihnen einzelne theoretische Annahmen und "*sensitizing concepts*" (Blumer 1954, S. 7) entnommen, die anschließend konzeptionell zusammengeführt werden. ‚Sensitizing Concepts' stellen flexible, theoretische Konzepte dar, die sich im Vergleich zu definitiven Konzepten, „*d. h. scharf umrissene[n], wohldefinierte[n] und präzise operationalisierte[n] Begriffe[n]*" (Kelle/Kluge 2010, S. 26), durch eine große Vagheit und Vieldeutigkeit auszeichnen. Sie werden nicht zugrunde gelegt, um vor dem Forschungsakt exakt formulierte und überprüfbare Hypothesen über den Forschungsgegenstand abzuleiten. Vielmehr fungieren sie als offen angelegte und sensibilisierende Konzepte, die die Untersuchungsperspektive geringfügig fokussieren, bzw. ihr eine Richtung geben (vgl. Blumer 1954, S. 7; Bowen 2006, S. 2f, S. 7; Hoonaard 1997, S. 3; Kelle/Kluge 2010, S. 29, S. 38).

Im Rahmen der vorliegenden Arbeit erfüllen die zu einem „*theoretische[n] Skelett*“ (Kelle/Kluge 2010, S. 38) zusammengeführten vagen theoretischen Annahmen und ‚Sensitizing Concepts‘ konkret dreierlei Funktionen: Erstens vermitteln sie eine grundsätzliche Hintergrundidee über das Forschungsinteresse und tragen somit zur Konkretisierung des Untersuchungsgegenstandes bei. Zweitens stellen sie konzeptuelle Bezeichnungen bereit. Diese können herangezogen werden, um den Forschungsstand in Kapitel 3 zu organisieren und in Teilkapitel 4.5 die für die Untersuchung leitenden Fragestellungen zu formulieren. Drittens unterstützen diese Konzepte bei der Analyse der empirischen Daten, indem sie die Sensibilität der Forscherin gegenüber den im Material abgebildeten sozialen Phänomenen steigert. Um gleichzeitig jedoch nicht den Blick auf neue Erkenntnisse zu verstellen, müssen die in den theoretischen Analyserahmen integrierten Konzepte einen hohen Allgemeinheitsgrad aufweisen (zum Kriterium der Offenheit in der qualitativen Forschung s. Teilkapitel 5.1.2). Sie werden erst im Zuge der Datenanalyse konkretisiert, mit empirischem Gehalt angereichert und zu einer gegenstandsbezogenen Theorie weiterentwickelt (vgl. Kelle/Kluge 2010, S. 37; Przyborski/Wohlrab-Sahr 2008, S. 43ff; Rosenthal 2005, S. 24; Witzel 1982, S. 17). Wie van den Hoonaard in Anlehnung an Blumer ausführt, ist es also erst die *„concrete distinctiveness of empirical events that gives shape to the sensitizing concept[s]*“ (van den Hoonaard 1997, S. 4; Bezug nehmend auf Blumer 1954, S. 8).

2.1 Ansatz der Alltäglichen Lebensführung

Das Konzept der Alltäglichen Lebensführung hat seinen Ursprung in der erstmals Anfang der 1980er Jahre durch Bolte programmatisch formulierten Subjektorientierten Soziologie. Diese Forschungsrichtung beleuchtet das „*wechselseitige Konstitutionsverhältnis von Mensch und Gesellschaft*“ (Bolte 1983, S. 15) und hat sich zum Ziel gesetzt, Vermittlungsinstanzen zwischen der Systemebene und dem Individuum zu entwickeln. Im Fokus der Betrachtung steht, mithilfe welcher Mechanismen sich Menschen mit den ihnen gegebenen Rahmenbedingungen arrangieren und wie sie Einfluss auf diese Vorgaben nehmen. Im Zeitverlauf haben Vertreter(innen) der Subjektorientierten Soziologie verschiedene dieser Vermittlungsinstanzen, z. B. den Beruf oder die Arbeitskraft, theoretisch ausgearbeitet und empirisch auf ihre Wirksamkeit hin untersucht (vgl. Voß 1997).

Das Konzept der Alltäglichen Lebensführung stellt eine weitere Vermittlungsinstanz dar. Es wurde am Sonderforschungsbereich 333 der Universität München von der Forschergruppe um Gerd-Günter Voß seit Ende der 1980er Jahre insbesondere in Anlehnung an die religionssoziologischen Arbeiten von Max Weber (1988) entwickelt. Ursprünglich bildete es den analytischen Rahmen für ein empirisches Forschungsprojekt, das sich mit typischen Formen Alltäglicher Lebensführung in modernen Gesellschaften befasst (vgl. Projektgruppe Alltägliche Lebensführung 1995) (s. auch Teilkapitel 2.1.3). Es lässt Aufschluss darüber zu, auf welche Weise Individuen die unterschiedlichen Aktivitäten in ihrem Alltag durch aktive Konstruktionsleistungen miteinander in Verhältnis setzen und sie zu einem in sich stimmigen Arrangement verbinden.

2.1.1 Alltägliche Lebensführung als personelles Handlungssystem und dessen Beeinflussung durch strukturelle und kulturelle Rahmenbedingungen

Alltägliche Lebensführung stellt eine Handlungsform dar, mithilfe derer Individuen verschiedene Anforderungen und Tätigkeiten unterschiedlicher funktional differenzierter Lebensbereiche (z. B. Erwerbsarbeit, Familie, Hausarbeit, Freizeit, ehrenamtliches Engagement)[3] aktiv zu einem integrierten sinnhaft-praktischen Gesamtsystem vereinen, das einen stabilen Rahmen für die Bewältigung des Alltags bietet (vgl. Voß 1991, S. 255f; S. 260; S. 257f; Voß/Weihrich 2001, S. 10). Zu diesem Zweck treffen die Menschen Arrangements innerhalb der Sphären, um die Struktur der jeweils anfallenden Tätigkeiten an die Struktur der Tätigkeiten in den anderen Sphären anzupassen (vgl. Voß 1991, S. 261). Sie greifen hierzu auf Regulierungsformen, Strategien und selektive Mechanismen zurück, die sich im Alltag mit einer gewissen Regelmäßigkeit zeigen (vgl. ebd., S. 260). Diese tragen dazu bei, die Anforderungen der Lebensbereiche zeitlich, räumlich, sachlich, sozial, sinnhaft oder unter Anwendung technischer oder wissensmäßiger Mittel zu einem „*System der Tätigkeiten des Alltags*“ (Rerrich/Voß 1992, S. 254) zu verbinden (vgl. Diezinger 2010, S. 228; Kudera 1995, S. 48; Rerrich/Voß 1992, S. 253ff; Voß 1991, S. 262; ders. 1995, S. 31ff). Der Ansatz der Alltäglichen Lebensführung fokussiert damit primär auf die alltäg-

3 Wenngleich prinzipiell die Differenzierbarkeit in unterschiedliche Lebensbereiche konzeptionell vorgesehen ist, so wird doch nicht ausgeschlossen, dass die Lebensbereiche sich überschneiden und Tätigkeiten nicht eindeutig einer bestimmten Sphäre zugeordnet werden können (vgl. Voß 1991, S. 262). Außerdem ist entgegen der Segmentations- bzw. Neutralitätsthese davon auszugehen, dass Zusammenhänge zwischen dem Denken, Fühlen und Handeln von Personen in den unterschiedlichen Lebensbereichen bestehen (vgl. Hoff 2008, S. 138).

liche Praxis bzw. das konkrete alltägliche Tun. Im Gegensatz zu der Biografie- und Lebenslaufforschung ist hierbei weniger die diachrone Folge einzelner Tätigkeiten in Bezug auf ihre Länge relevant als vielmehr ihr synchroner Zusammenhang in seiner Breite. Anders als bei der Zeitbudgetforschung findet jedoch nicht die Fülle der Tätigkeiten als vielmehr der Systemcharakter bzw. der *„'ganzheitliche(n)' Zusammenhang*" (Voß 1991, S. 256) Berücksichtigung (vgl. Voß 2000a, S. 69).

Ist die Lebensführung einmal etabliert, weist sie eine Eigenlogik auf, die sich in einer Routinisierung und Habitualisierung täglicher Handlungsvollzüge ausdrückt. Hierdurch werden Beständigkeit und Verhaltenssicherheit vermittelt und die Akteure/Akteurinnen von kraftraubender Entscheidungsarbeit entlastet (vgl. Kudera 2000, S. 82f; Kudera/Voß 2000, S. 17). Wenngleich sich also ein bestehendes System Alltäglicher Lebensführung durch eine gewisse Trägheit und Veränderungsresistenz auszeichnet, handelt es sich jedoch dennoch nicht um ein statisches und unveränderliches Gebilde. Insbesondere tief greifende Ereignisse im Leben können Modifikationen der Arrangements bedingen. Daher ist das Bild von *„relativ stabilen, aber durchaus noch fließenden Gleichgewichten (...) [zutreffend], die sich als Plateaus deutlich verringerter Dynamik nach eher turbulenten Phasen oder Umbruchsituationen ergeben (...)*" (Voß 1991, S. 273).

Alltägliche Lebensführung stellt dabei jedoch nicht ausschließlich das Resultat freier Entscheidungen des Individuums dar, sondern ist vielmehr in dreierlei Hinsicht strukturellen und kulturellen Einflüssen unterworfen: Erstens ist sie abhängig von objektiven Gegebenheiten, beispielsweise erwerbsbezogenen Strukturmerkmalen wie dem Qualifikationsniveau, dem Einkommen oder den arbeitszeitlichen Strukturen (vgl. Jürgens 2002, S. 83; Rerrich/Voß 1992, S. 255, S. 262; Voß 1991, S. 316f). Zweitens sind Akteure/Akteurinnen immer in zwischenmenschliche Gefüge eingebunden und gestalten ihre Lebensführung unter Bezugnahme auf andere Systeme der Lebensführung (vgl. Jurczyk 2002, S. 104; Rerrich/Voß 1992, S. 255). Drittens wird die Alltägliche Lebensführung auch von soziokulturellen Einflussfaktoren in Form von normativen Standards, Leitbildern, Gesetzen oder Ideologien bestimmt, die Handlungsspielräume für aktive Gestaltungsleistungen der Akteure/Akteurinnen vorgeben (vgl. Kudera/Voß 2000, S. 17; Rerrich/Voß 1992, S. 255). Voß' Vorstellungen zufolge finden sie ihren Ausdruck in gesellschaftlich bestehenden „Normalitätsfolien", die *„(zumindest latente) sozial definierte allgemeine Schemata dafür [darstellen], wie eine ‚angemessene' Lebensführung auszusehen habe*" (Voß 1991, S. 312). Sie kommen beispielsweise in Form von Erwartungen an das Verhalten der Menschen zum Ausdruck. Wird ihnen nicht Folge geleistet, sehen sich die handelnden Akteure/Akteurinnen unter Umständen Sanktionen ausgesetzt (vgl. Voß 1991, S. 312f). Diese strukturellen und kulturellen Bedingungen entfalten ihre Wirksamkeit, indem sie die Anforderungs-, Ressourcen- und Restriktionsprofile der Lebensbereiche beeinflussen, zwischen denen es durch die Entwicklung eines Systems Alltäglicher Lebensführung zu vermitteln gilt (vgl. ebd., S. 263f, S. 309). Da nicht alle Menschen den gleichen Rahmenbedingungen ausgesetzt sind, unterscheiden sich auch die Lebensführungsarrangements grundlegend, wobei sich bestimmte gesellschaftliche Regelmäßigkeiten zeigen. Diese können wiederum eine Ausdrucksform sozialer Benachteiligungen innerhalb der Gesellschaft darstellen (vgl. Kudera/Voß 2000, S. 16; Rerrich/Voß, S. 262).

Dennoch besteht kein deterministisches Verhältnis zwischen den strukturellen und kulturellen Einflussfaktoren und der Ausgestaltung der Alltäglichen Lebensführung als personales Handlungssystem (vgl. Kudera/Voß 2000b, S. 15f; Voß 1991, S. 312). Ausschlaggebend hierfür ist, dass Menschen keine *„passive[n] Marionetten der Verhältnisse"* (Voß/Pongratz 1997, S. 15) darstellen, sondern der Tradition der subjektorientierten Soziologie folgend dazu in der Lage sind, äußere Gegebenheiten aktiv zu verarbeiten. Sie nutzen ihnen gegebene Optionsräume und nehmen innerhalb dieser relativ autonom, meistens habitualisiert aber teilweise auch bewusst kalkulierend Gestaltungsleistungen vor, mittels derer *„Chancen genutzt, Widerstände geleistet und Zwänge aufgefangen und vermieden werden"* (Kudera/Voß 2000, S. 15f).

2.1.2 Muster der Alltäglichen Lebensführung

Das beschriebene theoretische Konzept wurde ursprünglich von der Projektgruppe Alltäglicher Lebensführung dezidiert für die empirische Analyse der Ausprägungen von Alltäglicher Lebensführung in unterschiedlichen Gruppierungen der Gesellschaft erstellt und in enger Verzahnung mit diesen empirischen Erkenntnissen fortentwickelt. Der Ansatz ist daher nur umfassend vor dem Hintergrund dieser Studienergebnisse nachzuvollziehen, die von Ende der 1980er bis Mitte der 1990er Jahre am Forschungsbereich 333 der Universität München entstanden.

Den Ausgangspunkt der Untersuchungen bildet die Beobachtung zweier grundlegender gesellschaftlicher Wandlungsprozesse, nämlich die zunehmende Einbindung von Frauen in den Arbeitsmarkt sowie die voranschreitende Deregulierung, Dynamisierung und Flexibilisierung von Arbeitsverhältnissen. Die Vertreter(innen) dieser Forschungsrichtung legen die Annahme zugrunde, dass aus diesen Veränderungen der Erwerbsstruktur neue Anforderungen für die Alltagsgestaltung breiter Bevölkerungsgruppen erwachsen (vgl. Bolte 1995, S. 20). Das Forschungsinteresse richtet sich vor diesem Hintergrund darauf, wie Menschen unter diesen historisch veränderten Rahmenbedingungen widersprüchliche Anforderungen aus Erwerbsarbeit und Privatleben in einem alltagspraktischen Lebenszusammenhang integrieren (vgl. Kudera 1995, S. 45, S. 47).

Für die empirische Untersuchung dieser Fragestellung werden seit Ende der 1980er Jahre in einem groß angelegten qualitativen Forschungsprojekt ca. 140 Personen unterschiedlichen Geschlechts, aus differenten Berufsgruppen mit rigiden und offenen Arbeitsbedingungen und möglichst mit versorgungsbedürftigen Kindern nach der Ausprägung und dem Zustandekommen sowie den Funktionsbedingungen ihrer Lebensführungsmuster befragt. Das konkrete Erkenntnisinteresse besteht in einer Beschreibung der beruflichen Situation, des Tätigkeitsspektrums, des Zeitbudgets im Tages- und Wochenverlauf, der familiären Arbeitsteilung, Alltagsproblemen, Ansprüchen und Orientierungen sowie Formen der Regulierung und Steuerung der Alltagsorganisation. Diese Erkenntnisse zusammenfassend, identifizieren die Vertreter(innen) der Projektgruppe traditionale, strategische und situative Muster Alltäglicher Lebensführung, die sich elementar in Bezug auf die Selbstreflexivität und Rationalität, Offenheit der Akteure/Akteurinnen im Umgang mit Anforderungen des Lebens, das Vorhandensein von Handlungsoptionen sowie die Möglichkeit, diese zielführend einzusetzen, unterscheiden (vgl. Jurczyk/Rerrich 1993, S. 39-42). Während die traditionelle Lebensführung durch die Aufrechterhaltung von Bewährtem geprägt ist und sich im täglichen Handeln durch eine strikte Orientierung an Routinen und zeitlichen Rhythmen auszeichnet, ist eine strategische Lebensführung stärker auf die aktive Beherrschung und Kalkulation der Lebensbedingungen ausgerichtet. Eine bewusste, zweckrationale Steuerung des Alltags ist hier von oberster Priorität, um einen eigenen Lebensentwurf abseits der von dem traditionalen Typus fraglos akzeptierten Normen zu realisieren. Situative Formen der Lebensführung zeichnen sich durch ein hohes Maß an Flexibilität aus, mithilfe derer auf die komplexen Anforderungen des Alltags reagiert wird. Die Vertreter(innen) dieses Typus fällen ihre Entscheidung vor dem Hintergrund der gerade bestehenden Anforderungen ad hoc und ohne in die Zukunft gerichtete Planungsaktivitäten (vgl. Jurczyk/Voß 1995, S. 378-381). Längerfristig ist von einem Trend hin zu einer verstärkten Modernisierung und Rationalisierung von Lebensführung auszugehen, der sich darin zeigt, dass *„die Alltagsgestaltung aus einem wenig reflektierten und nur begrenzt aktiven Trott gelöst und mit bewusster Steuerung* *zielgerichtet und möglichst leistungsfähig organisiert wird*" (Jurczyk/Voß 1995, S. 377).

Die in diesem Zusammenhang entstehenden Forschungsergebnisse finden auch über den Sonderforschungsbereich hinaus Beachtung und bilden die Grundlage für andere Untersuchungen, die auf Lebensführungsmuster spezifischer Bevölkerungsgruppen, z. B. von Arbeitslosen (vgl. Luedtke 1998), von Industriearbeiter(inne)n bei Volkswagen (vgl. Jürgens/Reinecke 1998), von Alleinselbstständigen (vgl. Egbringhoff 2007), von Feuerwehrmännern (vgl. Morgenroth/Schindler 2012) oder von alten Menschen (vgl. Amrhein 2008) Bezug nehmen.

Unter anderem gilt das Forschungsinteresse auch dem Muster Alltäglicher Lebensführung von Frauen, die neben ihrer Erwerbstätigkeit gleichzeitig in Sorgearbeiten gegenüber anderen Familienmitgliedern eingebunden sind. Bisher wurde dabei jedoch nicht dezidiert auf erwerbstätige Pflegende Bezug genommen, sondern lediglich auf erwerbstätige Mütter. Ihre Einbindung in diese zwei Lebensbereiche prägt die Ausgestaltung ihrer Lebensführungsarrangements neben anderen Faktoren, wie beispielsweise der Milieuzugehörigkeit, der konkreten beruflichen Tätigkeit und der Ethnie, maßgeblich (vgl. Jurczyk/Rerrich 1993a, S. 274). Ein bedeutsames Kennzeichen ihrer Lebensführung besteht in der Anforderung, diese mit den Arrangements ihrer Kinder, ihres Partners und weiteren Personen aus dem sozialen Umfeld zu koordinieren, woraus ein umfassender Synchronisationsaufwand erwächst (vgl. Jürgens 2002, S. 76; Jurczyk/Rerrich 1993a, S. 265f). Dieser zeigt sich insbesondere auf zeitlicher Ebene, da berufliche und familiäre Zeitanforderungen und -logiken miteinander verbunden werden müssen. Die Frauen realisieren dies, indem sie ein Arrangement Alltäglicher Lebensführung entwickeln, das sich unter anderem durch eine Ausrichtung der freizeitbezogenen und beruflichen Zeitstrukturen auf die Bedürfnisse der Kinder auszeichnet. Darüber hinaus ist eine häufige fremdbestimmte Unterbrechung von Tätigkeitsabläufen, damit verbundene kurz-zyklische Arbeitsphasen und geringe Segmentationsmöglichkeiten der unterschiedlichen Lebensbereiche charakteristisch (vgl. Jurczyk 1993, S. 351; dies. 1994, S. 30f; dies. 1998, S. 180; dies 2000, S. 231-234; Jurczyk/Rerrich 1993b, S. 293, S. 297, S. 304f). Lebensführungsmuster von erwerbstätigen Müttern sind darüber hinaus durch Arbeitsteilungen mit anderen Personen aus dem sozialen Umfeld geprägt, indem Teile der Sorgearbeit delegiert werden. Entgegen den Erwartungen findet die Arbeitsverteilung jedoch nicht vorrangig innerhalb der Partnerschaft statt. Vielmehr zeigen sich neue hierarchische Arbeitsteilungsmuster zwischen Frauen (vgl. Jurczyk/Rerrich 1993b, S. 295; Rerrich 1993, S. 328ff):

„In der Regel sind es andere Frauen aus einem selbstgeschaffenen Netzwerk, aus der Verwandtschaft, aber auch Putzfrauen, Tagesmütter und Au-pair-Mädchen u. a., die den berufstätigen Frauen „den Rücken freihalten" (Jurczyk 1993b, S. 295).

Die Hauptverantwortung für die Funktionstüchtigkeit der Arrangements wird jedoch in jedem Fall von den Frauen selbst getragen (vgl. Diezinger 2010, S. 230). Einmal bestehend weisen die Systeme Alltäglicher Lebensführung von erwerbstätigen Müttern ein großes Beharrungsvermögen auf, da jede Veränderung mit umfassenden Organisations- und Aushandlungsprozessen verbunden ist (vgl. Jurczyk/Rerrich 1993a, S. 269).[4]

Werden Lebensführungsmuster von Müttern und Vätern verglichen, zeigen sich in der Regel maßgebliche Differenzen. Jurczyk und Rerrich konstatieren im Rahmen ihrer geschlechtersensiblen Analyse dieser personalen Handlungssysteme von Fabrikarbeitern, Verkäuferinnen und Journalist(inn)en:

„Die Lebensführung der Männer unterscheidet sich in etlichen Dimensionen so deutlich von der der Frauen, daß es ohne Weiteres erlaubt scheint, von geschlechtstypischen Mustern zu sprechen" (Jurczyk/Rerrich 1993b, S. 280).

Sie zeigen sich beispielsweise in einer generell geringeren Teilhabe der Männer an Haus- und Familienarbeit, einer häufigeren Segmentation der Lebensbereiche, der seltener auftretenden Notwendigkeit, den Alltag (um-)organisieren zu müssen und ausgeprägteren Möglichkeiten, eigenen Freizeitaktivitäten nachzugehen (vgl. ebd., S. 292f). Diese Unterschiede sind jedoch bei Männern weniger stark ausgeprägt, die in ähnlichem Ausmaß an familiären Sorgeaufgaben partizipieren, wie Frauen (vgl. ebd., S. 307).

4 Eine ähnliche Perspektive nehmen auch Hoff et al. in ihrem Artikel über das Verhältnis von Berufs- und Privatleben und der Sozialisation in beiden Bereichen ein. Sie analysieren in diesem Zusammenhang unter anderem Bewältigungsstrategien des zweiteiligen Alltags und Lebenslaufs, die von Frauen verwandt werden, und verweisen dabei zum Beispiel auf Mechanismen der Kompensation, der Segmentation und der Koordination der Lebensbereiche (vgl. Hoff et al. 1992, S. 377-380).

2.1.3 Nutzen und Grenzen des Ansatzes der Alltäglichen Lebensführung

Theoretische Annahmen des Konzepts der Alltäglichen Lebensführung sind im Rahmen des geplanten Forschungsvorhabens in dreierlei Hinsicht interessant:

Erstens bieten sie die Möglichkeit, das Zusammenspiel unterschiedlicher Tätigkeitsbereiche, zum Beispiel der beruflichen und pflegerischen Sphäre, auf der Ebene der handelnden Akteure/Akteurinnen systematisch zu erfassen. Das Konzept richtet seinen Fokus auf die Vielzahl unterschiedlicher, teilweise auch im widersprüchlichen Verhältnis zueinanderstehender alltäglicher Anforderungen und fragt nach den praktischen Mechanismen der Integration. Somit wird die Perspektive auf die im Rahmen der vorliegenden Arbeit interessierenden komplexen Handlungsformen zur Verbindung unterschiedlicher Lebensbereiche gelenkt, die im soziologischen Theoriediskurs ansonsten bisher wenig Beachtung finden.

Zweitens gilt die Alltägliche Lebensführung als „*genuin personale Hervorbringung*" (Voß 1991, S. 380), wodurch dezidiert die aktiven Regulierungs- und Strukturierungsleistungen der Akteure/Akteurinnen betont werden. Aus diesem Blickwinkel sind sie nicht nur Marionetten der sie umgebenden Verhältnisse. Vielmehr wird ihnen eine aktiv gestalterische Position zugewiesen, um die alltäglichen Anforderungen zu bewältigen und ihre Partizipation an unterschiedlichen Lebensbereichen zu sichern. Diese Vorstellung von handlungsmächtigen Akteur(inn)en, die in der Lage sind, mit den Restriktionen ihres Alltags umzugehen, ist auch in der vorliegenden Arbeit angelegt.

Drittens hat sich das Konzept bereits in anderen empirischen Forschungszusammenhängen bewährt. Wie oben dargestellt, wurde es beispielsweise für die Gruppe der sorgeleistenden Frauen angewendet, um ihre Mechanismen und aktiven Konstruktionsleistungen zu identifizieren, mithilfe derer sie die Teilhabe am beruflichen und familiären Lebensbereich sichern. Folglich bietet es wahrscheinlich auch Anknüpfungspunkte für die im Rahmen der vorliegenden Arbeit vorzunehmende Untersuchung der Vermittlungshandlungen erwerbstätiger Pflegender.

Dennoch ist der Ansatz der Alltäglichen Lebensführung auch durch Grenzen gekennzeichnet. Egbringhoff verweist in ihren Ausführungen beispielsweise auf die mangelnde konzeptionelle Berücksichtigung subjektiver Komponenten (vgl. Egbringhoff 2002, S. 43; auch: Hoff 2008, S. 144). Zwar bezieht sich das Konzept der Alltäglichen Lebensführung stark auf personale Handlungssysteme der Akteure/Akteurinnen, dabei steht jedoch in erster Linie das konkrete Tun der Personen im Vordergrund. Wertehaltungen und Einstellungen werden demgegenüber nicht systematisch berücksichtigt (vgl. Backes et al. 2004, S. 10). Zwar wird, wie vorangehend dargestellt, von der Existenz sogenannter ‚Normalitätsfolien' als von der Gesellschaft festgelegte, allgemeine Schemata über die ‚richtige' Form der Lebensführung ausgegangen, die Akteur(inn)en bei ihren Gestaltungsleistungen Orientierung bieten. Auf welche Weise aber diese Normalitätsfolien sich auf der subjektiven Ebene widerspiegeln und unter welchen Bedingungen sie hier handlungswirksam werden, wird theoretisch nicht systematisch ausgearbeitet. Diese Leerstelle des Konzepts zeigt sich auch in der empirischen Umsetzung. Bislang bestehende Forschungsprojekte thematisieren hauptsächlich die praktische Organisation von alltäglichen Lebenszusammenhängen, ohne jedoch subjektive Orientierungen in die Betrachtung zu integrieren (vgl. Egbringhoff 2002, S. 43; Hoff 2008, S. 144; Holzkamp 1995, S. 845) und Zusammenhänge zwischen beiden Instanzen zu erschließen. Wie bei der Darstellung der Frame- und Skriptselektionstheorie im kommenden Teilkapitel gezeigt wird, sind es aber gerade diese subjektiven Komponenten, die darüber bestimmen, auf welche Handlungen aus einem Set unterschiedlicher, potenziell möglicher Handlungsformen tatsächlich zurückgriffen wird. Um den Einsatz von Vermittlungshandlungen im Spannungsfeld zwischen Erwerbstätigkeit und Pflege nachvollziehen zu können, müssen sie folglich dezidierter Berücksichtigung finden.

Weiterhin ist kritisch anzumerken, dass auch strukturelle Rahmenbedingungen gegenwärtig nur unzureichend Berücksichtigung finden. Zwar wird auf ihre Bedeutung für die Ausgestaltung alltagspraktischer Lebenszusammenhänge verwiesen, allerdings beschränkt sich die Betrachtung sowohl in theoretisch-konzeptioneller wie auch in empirischer Hinsicht hauptsächlich auf die erwerbsbezogenen Strukturmerkmale. Wie Jürgens anführt, spielt in diesem Kontext beispielsweise insbesondere die berufliche Position eine maßgebliche Rolle (vgl. Jürgens 2006, S. 149). Andere strukturelle Einflussgrößen, beispielsweise die Verfügbarkeit über materielle oder soziale Ressourcen oder die Wirkung rechtlicher Rahmenbedingungen, finden bisher nur randständig und wenig systematisch Beachtung. Wie in Kapitel 3 zu zeigen ist, werden aber zum Beispiel politische Regelungen als wesentlicher Einflussfaktor auf die Integration von Frauen in den beruflichen und familiären Lebensbereich diskutiert. Von der Partizipation an den Lebensbereichen ist wiederum das Anforderungsspektrum abhängig, das es im Alltag zu bewältigen gilt. Folglich ist davon auszugehen, dass sich die rechtlichen Rahmenbedingungen (zumindest indirekt), neben anderen strukturellen Bedingungen (z. B. der Ressourcenausstattung), auf die Handlungsformen erwerbstätiger Pflegender auswirken und ebenfalls systematischer berücksichtigt werden müssen.

2.2 Frame- und Skriptselektionstheorie

Elemente aus Hartmut Essers Frame- und Skriptselektionstheorie als Bestandteil seiner „*integrative[n] und nicht-reduktionistisch erklärende[n] Sozialtheorie*“ (Esser 1999b, S. 259) können im Rahmen der vorliegenden Arbeit als wertvolle Ergänzungen der interessierenden theoretischen Annahmen des Ansatzes Alltäglicher Lebensführung fungieren. Die Konzeption der Integrativen Sozialtheorie, die maßgeblich unter Rückgriff auf die Webersche Handlungstheorie und die Sozialtheorie von Coleman entwickelt wurde, stellt einen Versuch dar, verschiedene soziologische Paradigmen zusammenzuführen.[5] Auf diese Weise soll „*die Überwindung der das Fach seit jeher in seiner Arbeit, seinen Erfolgen und seinem Ansehen sehr schadenden internen Spaltung in die diversen Ansätze und Paradigmen*“ (Esser 2004, S. 8) geleistet werden (vgl. Esser 2003, S. 523-525).

Essers Sozialtheorie fußt auf der methodologischen Perspektive des Strukturtheoretischen Individualismus. Diese Sichtweise impliziert eine konzeptionelle Verknüpfung von Mikro- und Makroebene: Im Zentrum des analytischen Interesses dieser Soziologie stehen kollektive, makrostrukturelle Phänomene, wie beispielsweise soziale Strukturen, soziale Ordnungen oder die Entstehung und Wirkung von Normen (vgl. Esser 1991, S. 40; ders. 1996, S. 4). Da jedoch keine allgemeinen Gesetze existieren, die in der Lage sind, gesamtgesellschaftliche Phänomene auf einer makrostrukturellen Ebene zu erklären, ist der Rückgriff auf Regeln auf der individuellen Ebene sozialen Handelns unumgänglich (vgl. Esser 1996, S. 101f; ders. 1999a, S. 101f; Greve 2006, S. 14). Diese Rückführung kollektiver, makrostruktureller Sachverhalte auf das Mikrogeschehen bezeichnet Essers als „*reduktive Tiefenerklärung*“ (Esser 2000, S. 12), die er im Rahmen seines dreischrittigen Mehrebenenmodells, dem „*Modell der soziologischen Erklärung*“ entwickelt: 1) Die Wahrnehmung und Interpretation der besonderen Umstände der Situation durch die Akteure/Akteurinnen (Logik der Situation), 2) das sich daran anschließende, einer allgemeinen Gesetzlichkeit folgende Handeln als rationale Reaktion der Individuen auf die Situations-

5 In der vorliegenden Arbeit können die theoretischen Ursprünge, auf denen Essers Theorie fußt, nur in Ansätzen aufgezeigt werden. Es sei jedoch in diesem Zusammenhang auf Essers allgemeine und spezielle Grundlagen der Soziologie verwiesen (vgl. Esser 1996; ders. 1999a; ders. 2000; ders. 2000a; ders. 2000b; ders. 2000c; ders. 2001), innerhalb derer eine ausführliche Auseinandersetzung mit den Grundlagentheorien stattfindet.

bedingungen (Logik der Selektion) und 3) die darauf folgende Aggregation der Wirkung dieses Handelns (Logik der Aggregation) (vgl. Esser 1999a, S. 15f). Hieraus ergeben sich nach Esser drei gesonderte Erklärungsprobleme: 1) Wie stellt sich die Situation für die Akteure/Akteurinnen dar? 2) Wie gehen die Akteure/Akteurinnen in der Situation mit diesen Vorgaben um? 3) Welche kollektiven Folgen produzieren die Akteure/Akteurinnen mit ihrem situationsorientierten Handeln (vgl. Esser 1991, S. 45)?

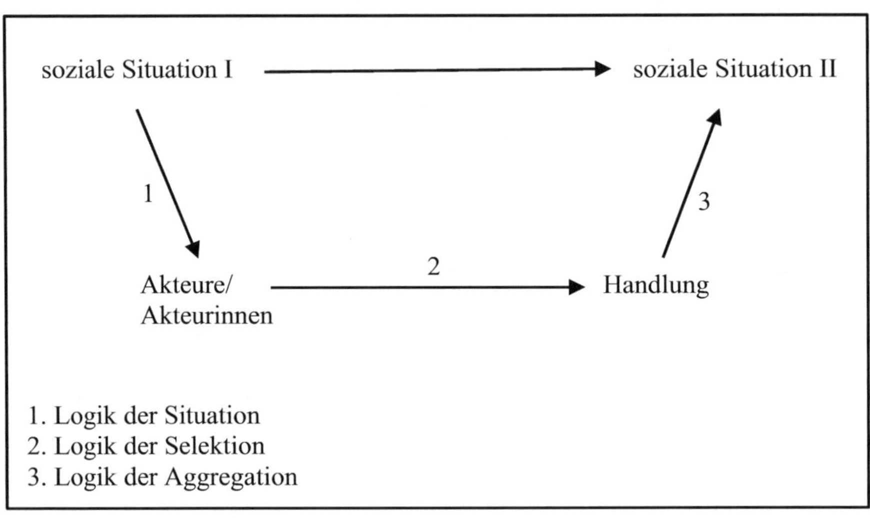

Abbildung 1: Grundmodell der soziologischen Erklärung (vgl. Esser 1999a, S. 17)

Im Rahmen des Forschungsprojekts ist an Essers Konzept insbesondere die Makrofundierung des Handelns von Interesse, wodurch im Rahmen der folgenden Ausführungen die Logik der Situation und die Logik der Selektion besondere Berücksichtigung erfahren werden (Teilkapitel 2.2.1 bis 2.2.3). Diese Schwerpunktsetzung deckt sich mit Essers bisherigen Forschungsaktivitäten: Während die ersten beiden Logiken bereits zusammenhängend in Essers Frame- und Skriptselektionsansatz dargestellt werden, erfährt die Logik der Aggregation bislang noch vergleichsweise wenig Aufmerksamkeit und gilt im soziologischen Theoriediskurs noch als nur spärlich formalisiert (vgl. Greshoff/Schimank 2006, S. 25). Sie wird in der nachfolgenden Diskussion nur kurz umrissen (Teilkapitel 2.2.4).

2.2.1 Institutionelle Regelungen, Opportunitätsstrukturen und kulturelle Bezugsrahmen

Den Ausgangspunkt von Essers Frame- und Skriptselektionsansatz bildet die Annahme, dass Menschen in objektive Strukturen eingebunden sind, die ihr Handeln maßgeblich beeinflussen. Daher kommt es, wie Esser darlegt, „*in der soziologischen Erklärung vor allem auf die Analyse sozialer Strukturen an, denen sich die Akteure in der Situation gegenübersehen*“ (Esser 1999a, S. 22). Die zentrale, hieraus resultierende Fragestellung ist, „*welche strukturierten Umstände in der jeweils gegebenen Situation [es] sind (...), die dazu führen, dass die Akteure in strukturiert-typischer Weise agieren*“ (ebd., S. 31). Esser zufolge werden die objektiven (bzw. äußeren) Bedingungen einer Situation maßgeblich durch drei unterschiedliche Elemente bestimmt: materielle Opportunitäten, institutionelle Regelungen und der kulturelle Bezugsrahmen, auf dessen Gültigkeit bestimmte signifikante Symbole (z. B. sprachliche Äußerungen) hinweisen (vgl. Esser 2001, S. 9; ders. 2004a, S. 103; zu den Symbolen s. auch ders. 1999a, S. 53f).

Institutionelle Regelungen bezeichnet Esser als formelle oder informelle Regeln, beispielsweise Normen oder Konventionen, die eine verbindliche Geltung beanspruchen (vgl. Esser 2000c, S. 2) und „*die Beziehungen zwischen den „Positionen“ in den sozialen Systemen wirksam regeln*“ (Esser 2001a, S. 1). Sie haben nicht nur einen privaten Charakter, sondern sind in größeren sozialen Zusammenhängen gültig (vgl. Esser 2000b, S. 58). Institutionelle Regelungen sind von den Akteur(inn)en einzuhalten, wenn sie innerhalb einer Sinngemeinschaft verstanden werden und mit ihrem Handeln erfolgreich sein wollen (vgl. Esser 1999a, S. 52f; ders. 2000c, S. 2). Ihre wesentlichen Funktionen bestehen darin, individuelle Orientierungen und kollektive Ordnungen zu schaffen, um menschliches Handeln zu kontrollieren und zu steuern. In Anlehnung an Luckmann geht Esser davon aus, dass zu diesem Zweck gesellschaftlich etablierte Durchsetzungs- und Selektionsmechanismen bestehen, die Zwänge auf die Akteure/Akteurinnen ausüben, sich normkonform zu verhalten. Auf diese Weise wird die soziale Ordnung der Gesellschaft gewahrt (Ordnungsfunktion). Darüber hinaus vermitteln institutionelle Regelungen aber auch Handlungssicherheit und geben Lösungen für bestimmte Alltagsprobleme vor (Orientierungsfunktion) (vgl. Esser 2000c, S. 14f). Durch die Übernahme dieser handlungssteuernden und handlungsbefähigenden Funktionen stellen institutionelle Regelungen einen bedeutsamen Einflussfaktor auf das Handeln der Menschen dar.

Opportunitäten bilden die zweite Unterkategorie der äußeren Bedingungen. Sie werden von Esser auch als Kapital benannt und bezeichnen die durch die Akteure/Akteurinnen kontrollierten Ressourcen, welche eingesetzt werden können, um Ziele zu erreichen (vgl. Esser 1999a, S. 52). Esser differenziert zwischen fünf unterschiedlichen Kapitalformen (vgl. Esser 2000b, S. 214-268): Das ökonomische Kapital umfasst alle materiellen Güter in Form von physischen oder finanziellen Ressourcen, beispielsweise Geldvermögen oder Immobilien. Humankapital umfasst demgegenüber alle produktiven Eigenschaften des Menschen, z. B. seine Gesundheit, seine Fähigkeit zur Mobilität und die Informiertheit. Bildung und berufliche Qualifikation gelten in diesem Kontext als idealtypische Form des Humankapitals. Die dritte Form der Opportunitäten bildet das politische Kapital, welches sich auf die organisierte und institutionalisierte Interessenvertretung der Akteure/Akteurinnen bezieht. Kulturelles Kapital beschreibt die Ausstattung der Akteure/Akteurinnen mit Symbolen, z. B. mit einem guten Geschmack oder mit einem Titel, und institutionelles Kapital bezeichnet beispielsweise die durch festgeschriebene Gesetze zugebilligten Ansprüche auf Sozialleistungen. Das soziale Kapital bezieht sich auf alle Ressourcen, auf die die Akteure/Akteurinnen aufgrund ihrer Einbindung in ein Netz von Beziehungen zurückgreifen können.

Die kulturellen Bezugsrahmen bilden das dritte Element der äußeren Bedingungen. Esser definiert sie als *„von den Akteuren kollektiv geteilte Modelle des sozial „richtigen“ Denkens, Fühlens und Handelns für typische Situationen*“ (Esser 2001, S. 1). Sie werden maßgeblich von den vorherrschenden Werten als *„generalisierbare kognitiv-emotionale Ordnungsschemata [bestimmt], die alles andere, Zwecke und Mittel, Präferenzen und Erwartungen, strukturieren“* (Esser 2005, S. 95). Die Gültigkeit der kulturellen Bezugsrahmen wird durch die gesellschaftlich verbreiteten Symbole in einer Situation angezeigt (vgl. ebd., S. 95).

> *„Die Gesamtheit aller in einer Gesellschaft vorkommenden und sozial geteilten Bezugsrahmen und darauf bezogenen Symbole, einschließlich der damit verbundenen Handlungen und Artefakte (...) wird auch als Kultur bezeichnet“* (ebd., S. 1f).

Essers Kulturbegriff ist dabei von zwei wesentlichen Annahmen geprägt: Erstens legt er einen dynamischen, nicht statischen Kulturbegriff zugrunde, indem er Kultur zwar als einen kollektiv verfügbaren Speicher versteht, auf den alle in einem sozialen Zusammenhang lebende Akteure/Akteurinnen zurückgreifen können und müssen (vgl. ebd, S. 2). Gleichzeitig unterstellt er aber auch die

Wandelbarkeit dieses Vorrats. Wie andere soziale Gebilde stellt auch die Kultur das Ergebnis von Handlungen vieler unterschiedlicher Akteure/Akteurinnen dar, die sie entweder in ihrer Gültigkeit bekräftigen oder aber sie verändern (vgl. Esser 2001, S. 5f; ders. 2004b, S. 256).[6] Zweitens wird von der Annahme ausgegangen, dass die auf der makrostrukturellen Ebene angesiedelten kulturellen Bezugsrahmen auch auf der Ebene der Individuen als „*Frames*" präsent sind (vgl. Esser 2004a, S. 250; ders. 2005, S. 95f). Sie stellen somit also nicht nur äußere Bedingungen des Handelns dar, sondern sind, wie im folgenden Teilkapitel noch zu zeigen sein wird, durch ihre Internalisierung gleichzeitig auch innere Bedingungen des Handelns. Ihre Doppelrepräsentanz unterscheidet sie von den institutionellen Regelungen und den Opportunitätsstrukturen, die ausschließlich den äußeren Bedingungen der Situation zuzuordnen sind (vgl. Esser 2001, S. 1, S. 4f).

Materielle Opportunitäten, institutionelle Regelungen und die kulturellen Bezugsrahmen bilden zusammengenommen die Bedingungen, unter denen sich das Handeln der Akteure/Akteurinnen vollzieht. Durch diese Elemente werden Handlungsoptionen vermittelt und Handlungsrestriktionen gesetzt (vgl. ebd., S. 9). Die strikte Differenzierung zwischen diesen drei Unterelementen ist jedoch, wie Esser ausführt, rein analytischer Natur. In der Realität überschneiden sie sich häufig oder stehen in engen Wechselbeziehungen zueinander (vgl. Esser 1999a, S. 51; ders. 2004, S. 250).[7]

2.2.2 Subjektive Definition der Situation und Frame-Selektion

Akteure/Akteurinnen agieren in der durch Opportunitätsstrukturen, institutionelle und kulturelle Rahmenbedingungen bestimmten Situation. Auf welche Weise jedoch innerhalb dieses vorgegebenen Rahmens gehandelt wird, ist, wie Esser in

---

6 Schwietring kritisiert Essers Annahmen bezüglich der kulturellen Bezugsrahmen. Zum einen sei Esser in seinen Ausführungen so stark auf das Modell eines kollektiv gegebenen und grundsätzlich stabilen Speichers kultureller Bezugsrahmen ausgerichtet, dass darüber sowohl die Herkunft wie auch die Veränderbarkeit im Zeitverlauf zu wenig Berücksichtigung erfahre. Zum anderen unterstelle Esser eine Einheitlichkeit von Kultur, obwohl in der Realität ein ausdifferenziertes System unterschiedlicher Teilkulturen bestehe (vgl. Schwietring 2006, S. 198, S. 203). Diese Annahme verschleiert jedoch, „*that inside the cultural system divergent or even contradictory values and ideal may exist*" (Pfau-Effinger 2005, S. 6).

7 Beispielsweise kann die Möglichkeit des Rückgriffs auf einen kulturellen Bezugsrahmen gleichzeitig eine spezielle Form des Humankapitals darstellen, da die hiermit verbundene Verinnerlichung einer angemessenen situationsbezogenen Rhetorik über die Zugehörigkeit zu sozialen Gruppierungen entscheiden kann (vgl. Esser 2004b, S. 255).

Bezugnahme auf das bedeutende Thomas-Theorem[8] (vgl. Thomas/Thomas 1928) konstatiert, abhängig von der Definition der Situation durch die Akteure/Akteurinnen, also durch ihre subjektive Wahrnehmung und Deutung dieser Bedingungen (vgl. Esser 1996a, S. 3f; ders. 1997, S. 71). Diese Prozesse werden durch die inneren Bedingungen beeinflusst. Es handelt sich hierbei um das individuelle *„Repertoire an Wissen, Bewertungen und Einstellungen"* (Gresshoff/Schimank 2003, S. 16), das vermittelt über Sozialisationsprozesse, stark durch den in der jeweiligen gesellschaftlichen Bezugsgruppe der Akteure/Akteurinnen vorherrschenden kulturellen Bezugsrahmen geprägt ist (vgl. Esser 1996, S. 94; ders. 2001, S. 371f; ders. 2004a, S. 250; Kroneberg 2005, S. 346). Das Wissen, die Bewertungen und die Einstellungen sind in Form der im vorangehenden Teilkapitel bereits benannten Frames[9], also als kollektiv geteilte *„Modelle von wünschenswert gehaltenen gesellschaftlichen Zuständen"* (Esser 2004, S. 113), *„unter denen die Akteure die gesamte Situation ‚definiert' sehen"* (Esser 2005, S. 9) im Gedächtnis verankert. Sie bieten ihnen Orientierung in komplexen Lagen und vermitteln ihnen Sicherheit, welches Oberziel in typischen Situationen Gültigkeit besitzt[10] und durch das Handeln erreicht werden soll (vgl. Esser 1997, S. 80; ders. 2001, S. 263; ders. 2002, S. 34; ders. 2004a, S. 250). In Anlehnung an Lindenbergs Modell der sozialen Produktionsfunktion (vgl. Lindenberg 1989; ders. 1992) geht Esser davon aus, dass alle Oberziele (wenn auch vermittelt über bestimmte Zwischengüter) primär auf die Befriedigung von zwei menschlichen Grundbedürfnissen ausgerichtet sind: die Erlangung sozialer Wertschätzung und physischen Wohlbefindens (vgl. Esser 1997, S. 75; ders. 1999a, S. 91-110).[11]

In der Phase der Kognition wird die vorgefundene soziale Situation anhand von bestimmten, wahrgenommenen Merkmalen bzw. Symbolen mit denen im Gedächtnis repräsentierten Modellen verglichen. Während der nachfolgenden Orientierung erfolgt die Auswahl eines gedanklichen Modells aus dem Spektrum

8 Das Thomas-Theorem besagt, dass die Wahrnehmung und Bewertung einer Situation durch Akteure/Akteurinnen die wichtigste Grundlage für ihre Handlungen darstellt (vgl. Thomas/Thomas 1929, S. 572).

9 Der Framebegriff wurde zwar von Esser geprägt, geht aber ursprünglich auf Goffman (1977) zurück.

10 In Anlehnung an Opp (vgl. 2004, S. 259) geht Rössel davon aus, dass Menschen in aller Regel in einer Situation mehrere Zielsetzungen verfolgen. Die Definition eines einzelnen leitenden Handlungszieles durch den Frame wird also infrage gestellt (vgl. Rössel 2008, S. 164).

11 In anderen wissenschaftlichen Kontexten werden weitere Bedürfnisse als zentral erachtet. Maslow verweist beispielsweise in seinen wegweisenden Ausführungen unter anderem auf die Bedeutung der Selbstverwirklichung als grundlegendes menschliches Bedürfnis (vgl. Maslow 1954, S. 84-92).

von in einer Situation potenziell infrage kommenden Frames[12] (vgl. Esser 1999a, S. 163-166; ders. 2001, S. 203, S. 261). Diese Selektion wird als „*framing*" (Esser 1996a, S. 17) bezeichnet und kann in unterschiedlichen Modi der Informationsverarbeitung erfolgen: In Alltagssituationen, in denen eindeutige Zeichen oder Symbole in der Außenwelt für die Gültigkeit eines bestimmten Frames bestehen, die Modelle im Gedächtnis fest verankert sind und auch ansonsten keinerlei Störungen der gewohnten Umstände auftreten, erfolgt die Auswahl automatisch im sogenannten automatisch-spontanen Modus (as-Modus). Der Rückgriff auf ein im Wissensspeicher repräsentiertes Modell der Situation findet also ohne bewusste Reflexionsleistungen der Akteure/Akteurinnen statt (vgl. Esser 1996a, S. 14ff, S. 18; ders. 2001, S. 261; ders. 2002, S. 35). Es handelt sich hierbei um eingeschliffene Vorgänge, bei denen die Gültigkeit eines Frames und die damit verbundenen Relevanzstrukturen in dieser typischen Situation erneut bekräftigt und deren Repräsentanz im Gedächtnis stabilisiert werden (vgl. Esser 2005, S. 95).

Liegen widersprüchliche „Mismatch"-Situationen vor, in denen die Passung zwischen den bestehenden Frames und der vorliegenden Situation nicht sofort ersichtlich ist, erfolgt unter Umständen eine Umschaltung in den rational-choice-Modus (rc-Modus) (zum Begriff der Rationalität s. Teilkapitel 2.3.2). Voraussetzung hierfür ist, dass eine große Motivation besteht, einen situationsadäquateren Frame zu finden und dass gleichzeitig der dazu erforderliche Aufwand den vermuteten Nutzen nicht übersteigt. In diesem Fall stellen die Akteure/Akteurinnen die bisher genutzten Modelle kritisch infrage und generieren, wenn nötig, Informationen über latent im Gedächtnis vorhandene oder gänzlich neue Alternativframes. Auf dieser Grundlage werden im Folgenden bewusst Abwägungsprozesse vorgenommen. Unter Berücksichtigung der Konsequenzen wählen Menschen dann denjenigen Frame aus, der die größte Übereinstimmung mit der gegebenen Situation verspricht (vgl. Esser 1996a, S. 21f; ders. 2001, S. 261, S. 266; ders. 2003, S. 527; ders. 2005, S. 96). Ergeben sich durch diese bewussten Reflexionsprozesse Abweichungen von den bisher vorherrschenden mentalen Modellen, können sich neue Frames im Gedächtnis der Akteure/Akteurinnen etablieren. Sie fungieren in nachfolgenden Situationen als neue Orientierungsmuster, deren Wahl zu einer Abkehr von alten Handlungsmustern führen kann. Diese Neu-

12 Esser konstatiert, dass in einer Situation immer nur zwei Frames aus dem Speicher der gedanklichen Modelle zur Wahl stehen: das in einer Situation subjektiv wahrscheinlichste Modell und das nächst plausible (vgl. Esser 1997, S. 81; ders. 2001, S. 264f; ders. 2002, S. 34; ders. 2005, S. 96). Wie jedoch Kroneberg in kritischer Auseinandersetzung mit Essers Konzept anmerkt, sei diese Annahme zu restriktiv und realitätsfern. In der Praxis seien unterschiedliche und graduell abgestufte Situationsdefinitionen möglich (vgl. Kroneberg 2005, S. 349).

orientierung wird von Esser auch als „*reframing*" bezeichnet (vgl. Esser 2001, S. 274).

Beide Modi bilden jedoch nur die Pole eines Kontinuums unterschiedlicher Heuristiken der Informationsverarbeitung, das in abgestufter Form Auskunft über den Grad der Elaboration bietet (vgl. Esser 1997, S. 80; ders. 2001, S. 262, S. 266; ders. 2002, S. 34), der bei der Auswahl eines gedanklichen Modells zugrunde liegt.

2.2.3 Handlungsselektion

Abhängig davon, welcher Frame bei der Definition der Situation ausgewählt wurde, bestehen unterschiedliche Handlungsoptionen, mithilfe derer das durch die Rahmung vorgegebene Oberziel erreicht werden kann (vgl. Esser 1990, S. 238). Diese „*Sets von Handlungsalternativen*" (Esser 1999a, S. 327) sind in enger Kopplung mit den Frames im Gedächtnis der Akteure/Akteurinnen gespeichert und werden als „*Skripte*" bezeichnet. Es handelt sich hierbei um mentale Modelle von Handlungssequenzen, also um Vorstellungen über für bestimmte Situationen typische Abläufe und ihre Folgen (vgl. Esser 2001, S. 263). Sie vermitteln den Akteur(inn)en teilweise sehr dezidierte Erkenntnisse darüber, wie Handlungen inhaltlich und zeitlich ausgestaltet sein müssen, um eine bestimmte Wirkung zu erreichen (vgl. Kroneberg 2005, S. 346, S. 351).

Das im Rahmen des Kognitionsprozesses wahrgenommene Spektrum verfügbarer Handlungsmodelle evaluieren die Akteure/Akteurinnen bewusst oder unbewusst und selegieren im Anschluss ein Skript (vgl. Esser 1991, S. 54). Esser legt die Annahme zugrunde, dass Menschen hierbei immer zielgerichtet agieren, indem sie unter den verfügbaren Alternativen diejenige auswählen, die den Erwartungen zufolge den größten Nutzengewinn verspricht und somit in der Lage ist, die Zielsetzung des Frames zu erreichen (vgl. Esser 1991, S. 55; ders. 1991a, S. 431; ders. 1996, S. 95).

Vergleichbar mit der Frameselektion können auch bei der Skriptselektion prinzipiell zwei unterschiedliche Informationsverarbeitungsmodi differenziert werden. Erscheinen die äußeren Stimuli für die Angemessenheit eines bestimmten Skriptes vertraut, werden die Akteure/Akteurinnen auch bei der Auswahl der Skripte im as-Modus agieren. Ist dies der Fall, besteht für Reflexionsleistungen und die Abwägung von Handlungsfolgen keine Notwendigkeit und das gedankliche Modell wird fraglos aktiviert (vgl. Esser 2001, S. 293ff; ders. 2002, S. 36). Das Agieren im as-Modus ist aus dreierlei Gründen für Alltagshandlungen besonders geeignet: Einerseits geht mit dem automatischen Rückgriff auf Skripte eine drastische Vereinfachung der Informationsverarbeitung einher. Darüber hinaus ist der Reaktionsaufwand aufgrund von sich bereits vollzogenen Prozessen der Abstimmung von Tätigkeitsabläufen gering und die daraus resultierenden Handlungen meist effizient. Überdies ist diese „*Anwendung von Rezepten*“ (Esser 1990, S. 235) mit normativen Handlungssicherheiten und Legitimationen verbunden (vgl. Esser 1990, S. 234f; ders. 1996a, S. 27).

Ist die Situation durch Ambiguitäten zwischen den erkennbaren Symbolen und den gedanklichen Erwartungen gekennzeichnet und liegt eine Hochkostensituation vor, in denen die Informationsbeschaffungskosten vor dem Hintergrund der zur Verfügung stehenden alternativen Handlungsmöglichkeiten als angemessen eingeschätzt werden, erfolgt eine Selektion im rc-Modus (zum Begriff der Rationalität s. unten). In diesem Fall finden Reflexionsprozesse über situationsadäquate Verhaltensformen statt. Alternative Handlungsmodelle werden in diesem Falle gedanklich durchgespielt, auf ihre Eignung zur Erreichung der im Frame festgelegten Ziele geprüft und gegebenenfalls auch Informationen über zunächst nicht mit dem Frame in Verbindung stehende Skripte gesucht, die eine bessere Passung zu der gegebenen Situation aufweisen. Die Handlungsselektion erfolgt in diesem Fall unter Berücksichtigung der zu erwartenden Folgen (vgl. Esser 1990, S. 236f; ders. 1991, S. 63; ders. 2001, S. 292f).

Innerhalb seines Modells der erklärenden Soziologie sieht Esser eine bestimmte Gesetzmäßigkeit in Form der Wert-Erwartungstheorie vor, mit deren Hilfe sich diese Entscheidungsprozesse der Individuen sowohl für die Frame- wie auch für die Skriptselektion zu Forschungszwecken modellieren und vorausberechnen lassen. Diese legt zugrunde, dass sich Akteure/Akteurinnen aus einem Set von Handlungsalternativen für diejenige entscheiden, die unter Abschätzung der individuellen Kosten- und Nutzenerwartungen und der Wahrscheinlichkeit des Eintretens des Nutzens, am ehesten in der Lage ist, ihren Präferenzen zu entsprechen (vgl. Esser 1996a, S. 95ff). Dabei werden für jede Handlungsalternative die subjektive Nutzenerwartung und die Wahrscheinlichkeit des Eintretens numerisch eingeschätzt. Dann werden beide Faktoren kombiniert miteinander betrachtet und der hieraus resultierende SEU-Wert berechnet. Die Alternative, die basierend auf dieser mathematischen Analyse die positivsten Konsequenzen verspricht, wird gewählt (vgl. Esser 1991, S. 54; ders. 1996, S. 95f; ders. 1999a, S. 344f).

Formal stellt die Wert-Erwartungstheorie eine Variante der Rational-Choice-Theorien dar. Esser merkt jedoch an, dass sich der hier zugrunde liegende Begriff der Rationalität stark von der Begrifflichkeit unterscheidet, die in stärker ökonomisch ausgerichteten Theorien rationalen Handelns zur Anwendung kommt. Zum einen wird nicht nur von bewussten Kalkulationsleistungen der Akteure/Akteurinnen ausgegangen, sondern es kann auch das automatische und unreflektierte Agieren im as-Modus Berücksichtigung finden. Es gleicht, wie Esser unter Bezugnahme auf Erkenntnisse der Neurophysiologie und Evolutionsbiologie konstatiert, einem bloßen Funktionieren nach der oben benannten Regel und bildet im Alltag den Normalfall. Zum anderen wird keine perfekte Informiertheit der Akteure/Akteurinnen voraussetzt. Vielmehr verfügen Menschen über eine *„bounded rationality“* (Esser 1991, S. 62) und nehmen soziales Geschehen nur über gewisse mentale Vereinfachungen wahr. Im Gegensatz zu traditionellen Modellen der Ökonomie versteht die Wert-Erwartungstheorie Handeln folglich explizit nicht als objektiv rational im Sinne einer ständig bewussten und vor dem Hintergrund vollumfänglicher Information stattfindenden Kosten-Nutzen-Abwägung (vgl. Esser 1991, S. 60; ders. 2001, S. 269, S. 273).

Ist die Skriptselektion im as- oder rc-Modus erfolgt, schließt sich die eigentliche Handlung, das *„overte Handeln“* (Esser 1997, S. 81) an. Essers Überlegungen zufolge zeigen sich diese Aktionen in der Regel in Form von sog. „Habits“. Es handelt sich hierbei nicht um Einzelhandlungen, sondern um ein *„ganzes Bündel von Handlungssequenzen“* (Esser 1991a, S. 440). Diese reihen sich im Alltag der Akteure/Akteurinnen in Form von Handlungsströmen aneinander. Es handelt sich hierbei um eingeschliffene Routinen, mithilfe derer sich Menschen den täglichen Herausforderungen stellen (vgl. Esser 2001, S. 98).

2.2.4 Auswirkungen von Akteur(innen)handlungen auf der makrostrukturellen Ebene

Individuelle Handlungen können auf der makrostrukturellen Ebene kollektive Handlungsfolgen nach sich ziehen, die sich vielfach der Kontrolle der Akteure/Akteurinnen entziehen (vgl. Esser 1996, S. 96f). Wenngleich die Entstehung sozialer Strukturen aus individuellen Selektionen weder in Essers Ausführungen bisher die gleiche Aufmerksamkeit erfahren hat wie die Frame- und Skriptselektionen, noch dieser Aspekt für die vorliegende Arbeit von herausragender Bedeutung ist, so sollen die Grundannahmen doch der Vollständigkeit halber kurz skizziert werden. Ausgangspunkt der Betrachtung bilden auf dieser Stufe der Erklärung die sich an die Frame- und Skriptselektionen anschließenden Handlungen der Akteure/Akteurinnen auf der Mikroebene. Werden sie overt, sind also für andere Menschen wahrnehmbar, sind sie Bestandteil der sozialen Situation, innerhalb derer auch andere Akteure/Akteurinnen verortet sind. Die soziale Situation wird von anderen Individuen wahrgenommen und definiert. Auf dieser Grundlage vollziehen sich dann ihre Handlungen. Agieren mehrere Akteure/Akteurinnen auf die gleiche Art und Weise, können hieraus kollektive Phänomene erwachsen. Im Normalfall führen diese Prozesse dazu, dass durch viele aufeinander bezogene Einzelhandlungen der Akteure/Akteurinnen die soziale Situation und die in ihr gültigen gedanklichen Modelle immer wieder aufs Neue bestätigt werden und sich somit fest in der Kultur einer sozialen Gruppe verankern. Weisen einzelne Akteure/Akteurinnen jedoch in einer spezifischen sozialen Situation ein von den eingeschliffenen Abläufen abweichendes Verhalten auf, bildet dieses gleichzeitig eine neue Rahmenbedingung für das Handeln anderer Akteure/Akteurinnen und kann auch bei ihnen abweichende Handlungen hervorrufen (vgl. Greshoff 2009, S. 459f). Vollziehen sich diese Veränderungen bei einer hinreichend großen Anzahl von Menschen, *„kann es aggregierend zu einer Verbreitung der Änderung bei den die sozialen Gebilde tragenden Akteuren und schließlich zu neuen kollektiv gültigen Strukturen kommen*" (ebd., S. 460).

Makrostrukturelle Zustände stellen dabei jedoch nicht immer nur die Summe mehrerer Individualhandlungen (additive Aggregation) dar, wie dies beispielsweise im Falle von Scheidungsraten als Summe individueller Entscheidungen über die Beendigung von Ehen angenommen werden kann (vgl. Esser 1996, S. 92). Vielmehr geht Esser auch von der Existenz komplexer Transformationsprozesse aus (vgl. Esser 1996, S. 97; ders. 1999a, S. 16; ders. 2000, S. 18ff), die jedoch im Folgenden nicht eingehender beschrieben werden.

2.2.5 Nutzen und Grenzen der Frame- und Skriptselektionstheorie

Essers Frame- und Skriptselektionstheorie stellt ein allgemeines Modell des Handelns dar, das einerseits die Struktur- und Kultureingebundenheit von Akteur(inn)en berücksichtigt, andererseits aber auch ihre subjektive Wahrnehmung dieser objektiven Gegebenheiten als wesentliche Bedingung des Handelns abbildet. Das Agieren der Menschen in bestimmten Situationen ist also diesem Ansatz folgend immer das Ergebnis der jeweils vorherrschenden objektiven Bedingungen und ihrer subjektiven Verarbeitung, die sich vor dem Hintergrund der inneren Bedingungen vollzieht. Diese Grundannahmen sind durchaus mit dem Konzept der Alltäglichen Lebensführung kompatibel, werden jedoch dort bis jetzt noch zu wenig integriert. Einige Elemente von Essers Frame-und Skriptselektions-Theorie können folglich eine wertvolle Ergänzung darstellen.

Dies gilt zum einen für das Konzept der äußeren Bedingungen. Äußere Bedingungen werden in Essers Theorie auf allgemeiner Ebene benannt. Durch die Differenzierung der drei Einflussgrößen Opportunitätsstrukturen, institutionelle Regelungen und kulturelle Bezugsrahmen findet eine Systematisierung statt, die der Forscherin eine erste Hintergrundidee über die Rahmenbedingungen vermittelt, innerhalb derer sich erwerbstätige Pflegende bewegen und in Abhängigkeit derer sie in ihrem Alltag agieren. Seinem Anspruch folgend, eine Großtheorie mit ausgeprägtem Allgemeinheitsgrad zu konzipieren, nimmt Esser die Begriffsbestimmungen dieser Einflussfaktoren auf einem sehr hohen Abstraktionsniveau vor. Somit stellen sie also keine definitiven Konzepte dar, die die Perspektive der Forscherin schon vorab im Detail festlegen. Vielmehr erfüllen sie die Voraussetzungen, um als ‚Sensitizing Concepts' (s. Teilkapitel 2.) zu fungieren und im Zuge der Literaturrecherche und der empirischen Feldforschung noch konkretisiert zu werden.

Das zweite im Rahmen der vorliegenden Arbeit interessierende Element bildet das Konzept der Frames als gedankliche Modelle zur Definition von Situationen, die immer Ausdruck der akteur(innen)eigenen Wertehaltungen und Einstellungen sind und das Handeln bestimmen. Es weist Nähen zu Voß' Annahme über das Bestehen von sogenannten Normalitätsfolien als Orientierungsmuster für das menschliche Handeln auf, bietet jedoch im Vergleich dazu einen wesentlichen Vorteil: Während Voß, wie in Teilkapitel 2.1.3 dargelegt, in seinen Ausführungen nicht näher bestimmt, auf welche Weise Normalitätsfolien tatsächlich handlungswirksam werden, konkretisiert Esser diesen Zusammenhang durch seine Annahme, dass Frames immer auch in einer spezifischen Situation gültige Oberziele implizieren, die es zu erreichen gilt. Im Gegensatz zu Voß betrachtet er diese Orientierungsschemata also nicht nur als Hintergrundfolien, die Handeln ‚irgendwie' lenken, sondern schreibt ihnen eine konkrete Funktion, nämlich eben jene Vermittlung von innerhalb einer bestimmten Situation gültigen Oberzielen, zu. Durch die zusätzliche Annahme, dass den Frames im Gedächtnis immer auch unterschiedliche Skripte als Handlungssequenzen zugeordnet sind, mithilfe derer das Oberziel prinzipiell erreichbar erscheint und die den Akteur(inn)en als Selektionsmöglichkeiten zur Verfügung stehen, gelingt Esser schließlich die Verbindung der Handlungsorientierung mit der konkreten Handlung. Durch den hohen Stellenwert der Subjektivität der Handlungsorientierung bzw. der individuellen Definition der Situation ist zu erklären, warum Akteure/Akteurinnen unter ein und denselben äußeren Bedingungen möglicherweise unterschiedliche Zielsetzungen verfolgen und in der Konsequenz auch unterschiedliche Handlungsselektionen vornehmen.

Wenngleich Individualitätsspielräume konzeptionell also Berücksichtigung erfahren, macht Esser in seinen Ausführungen dennoch deutlich, dass Handlungsselektionen immer nur in eng gesteckten Grenzen stattfinden. In einer sozialen Gruppierung geteilte kulturelle Bezugsrahmen beeinflussen die individuell verfügbaren Frames. Institutionelle Regelungen und Opportunitätsstrukturen geben die Bedingungen vor, unter denen Handlungsselektionen überhaupt nur erfolgen können. Folglich werden durch diese äußeren Bedingungen schon ‚richtige' Definitionen der Situation und daran gekoppelte situationsadäquate Handlungsmuster vorgegeben, von denen Menschen nur beim Vorliegen extremer Ungereimtheiten und unter Aufwendung hoher Informationsbeschaffungs- und Verarbeitungskosten abweichen können. Berechtigterweise merkt Rössel folglich in kritischer Auseinandersetzung mit Essers Ansatz an, dass die Akteure/Akteurinnen *„als reine Ausführungsorgane der Systeme [erscheinen], die nur unter außergewöhnlichen Bedingungen eine reflektierte Haltung zu den institutionalisierten systemischen Situationsdefinitionen einnehmen können*“ (Rössel 2008, S. 167). Die ‚Marionettenhaftigkeit‘, die Essers Bild des Handelnden also zumindest implizit inhärent ist, wird zusätzlich auch durch seine Orientierung an Lindenbergs Modell der Produktionsfunktion gesteigert, demzufolge Nutzen ja immer über die Erreichung von physischem Wohlbefinden und sozialer Wertschätzung erreicht wird. Rössel sieht in dieser Festlegung nicht berücksichtigt, dass Akteure/Akteurinnen auch über in die Frames eingelassene Präferenzen verfügen können, die von der Erlangung von Gesundheit und Ansehen abweichen (vgl. ebd., S. 164, S. 174).

Das dritte theoretische Konzept aus der Frame- und Skriptselektionstheorie, das an das Konzept der Alltäglichen Lebensführung anschlussfähig erscheint, ist das Konzept der Handlungsströme. Wie vorangehend dargestellt wurde, verfolgt Esser insbesondere bei der Anwendung der Wert-Erwartungstheorie in erster Linie die Absicht, Einzelhandlungen oder singuläre Handlungssequenzen zu modellieren. Dennoch geht er explizit auch von der Annahme aus, dass Handeln im Alltag immer in Form von aufeinander abgestimmten Handlungssequenzen erfolgt, die in Abfolge die benannten Handlungsströme bilden. Wenngleich diese Überlegung konzeptionell nicht fortentwickelt wurde, zeigen sich an dieser Stelle jedoch deutliche Parallelen zum Ansatz der Alltäglichen Lebensführung. Auch hier wird die Annahme vertreten, dass sich Alltagshandeln aus Konglomeraten von Einzelhandlungen zusammensetzt, die wiederum Systeme bilden. Auf welche Weise sich jedoch aus den isolierten Einzelhandlungen oder Handlungssequenzen Handlungsströme entwickeln, und wie diese Handlungsströme von den Akteur(inn)en eingesetzt werden, um funktional differenzierte Lebensbereiche aufeinander abzustimmen, ist Essers Ausführungen nicht zu entnehmen.

2.3 Heuristisch-analytischer Theorierahmen

Im folgenden Unterkapitel wird angestrebt, theoretische Annahmen des Ansatzes Alltäglicher Lebensführung und ‚Sensitizing Concepts' der Frame- und Skriptselektionstheorie zusammenzuführen, um hieraus einen eigenständigen Analyserahmen zu entwickeln. Dieser soll dazu beitragen, auf einer hochgradig allgemeinen Ebene konzeptionell darzustellen, auf welche Weise erwerbstätige Pflegende die Anforderungen aus dem pflegerischen und dem beruflichen Lebensbereichen aktiv miteinander verbinden und welche Einflussfaktoren ihr Handeln bestimmen.

In Anlehnung an Essers Modell wird die Annahme zugrunde gelegt, dass erwerbstätige Pflegende in ihrem Alltag bestimmten äußeren Bedingungen ausgesetzt sind. Dies ist zum einen der Fall, da Menschen in Gesellschaften und andere soziale Gefüge eingebunden sind, innerhalb derer bestimmte institutionelle Regelungen und kulturelle Bezugsrahmen Gültigkeit besitzen. Institutionelle Regelungen stellen strukturelle Einflussfaktoren auf das Handeln dar und werden unter Rückgriff auf Essers Begriffsbestimmung (s. Teilkapitel 2.2.2) als formelle und informelle Regeln mit verbindlicher Geltung bezeichnet. Kulturelle Bezugsrahmen gelten als kulturelle Einflussfaktoren auf das Handeln und können begrifflich in Anlehnung an die Definition von Esser (s. Teilkapitel 2.1.1) als kollektiv geteilte Modelle des sozial 'richtigen' Denkens, Fühlens und Handelns in bestimmten Situationen gefasst werden. Da sowohl institutionelle Regelungen wie auch die kulturellen Bezugsrahmen nicht nur für einzelne Akteure/Akteurinnen, sondern für größere gesellschaftliche Gruppen gelten, sind sie auf der makrostrukturellen Ebene angesiedelt. Im Zusammenspiel beeinflussen sie maßgeblich die Position, die Menschen in der Gesellschaft zugewiesen wird.

Darüber hinaus werden die äußeren Bedingungen des Handelns auch durch Opportunitätsstrukturen bestimmt, die ähnlich wie die institutionellen Regelungen strukturelle Einflussfaktoren auf das Handeln darstellen und sich aus der Verfügbarkeit über Kapital ergeben. Gemäß den Grundlegungen von Esser erfolgt eine Differenzierung zwischen ökonomischem, sozialem, politischem und kulturellem Kapital sowie dem Humankapital (s. Teilkapitel 2.2.1). Die Opportunitätsstrukturen sind aufgrund der Individualität ihrer Ausgestaltung konzeptionell auf der mikrostrukturellen Ebene verortet.

Die beschriebenen äußeren Bedingungen werden auf Basis der inneren Bedingungen wahrgenommen. Es handelt sich um das Spektrum an für eine spezifische Situation bestehende und im Gedächtnis gespeicherte Frames, also das „*Repertoire an Wissen, Bewertungen und Einstellungen*" (Gresshoff/Schimank 2003, S. 16). In ihnen spiegeln sich die auf der makrostrukturellen Ebene bestehenden kulturellen Bezugsrahmen. Von diesen unterschiedlichen mentalen Modellen aktivieren die Akteure/Akteurinnen in der Regel unbewusst und nur selten bewusst eines, das vor dem Hintergrund der beobachteten äußeren Bedingungen angemessen erscheint. Unter diesem Frame ist die Situation ab dato definiert. Anders als in Essers Modell stehen dabei jedoch nicht Frames für einzelne, voneinander entkoppelte Situationen im Fokus der Betrachtung. Vielmehr gilt die Aufmerksamkeit den sogenannten ‚Frames der Vereinbarung von Pflege und Beruf'. Es handelt sich hierbei um innerhalb von Sozialisationsprozessen erworbene gedankliche Vorstellungen der erwerbstätigen Pflegenden über im Spannungsfeld zwischen Pflege und Beruf generell als wünschenswert erachtete Zustände. Sie geben Aufschluss darüber, ob und in welchem Maße eine Partizipation an der beruflichen und pflegerischen Sphäre vorgesehen ist und fungieren im Voß'schen Sinne als Normalitätsfolien, die den Akteur(inn)en Orientierung darüber vermitteln, wie eine angemessene Lebensführung in der jeweiligen Situation auszusehen hat. Die Orientierungsvermittlung erfolgt dabei den Überlegungen Essers folgend über die Vorgabe von Oberzielen, die in den Frames angelegt sind und auf die das spätere Handeln ausgerichtet ist. Anders als in Essers Ausführungen wird im Rahmen der vorliegenden Arbeit dabei jedoch nicht schon grundsätzlich von der Annahme ausgegangen, dass die Oberziele immer auf die Erreichung der zwei Grundbedürfnisse ‚soziale Wertschätzung' und ‚physisches Wohlbefinden' ausgerichtet sind.

In Abhängigkeit von diesen Oberzielen setzen Akteure/Akteurinnen aus einem Spektrum unterschiedlicher Handlungsoptionen zur Verbindung von Beruf und Pflege bewusst oder unbewusst bestimmte Handlungsformen, die sogenannten Vermittlungshandlungen, ein (in der Grafik auf der nächsten Seite gekennzeichnet durch die Pfeile innerhalb der beruflichen und der pflegerischen Sphäre). Sie stellen Handlungsströme dar, die aus aufeinander abgestimmten Einzelhandlungen bzw. Handlungssequenzen bestehen. Vermittlungshandlungen kommen im Alltag mit einer gewissen Regelmäßigkeit zum Einsatz und sind in Anlehnung an das Konzept der Alltäglichen Lebensführung unterschiedlichen funktional differenzierten Bereichen, und zwar der pflegerischen und der beruflichen Sphäre, zuzuordnen. Vermittlungshandlungen bilden einen bedeutsamen Bestandteil des Gesamtsystems Alltäglicher Lebensführung erwerbstätiger Pflegender.

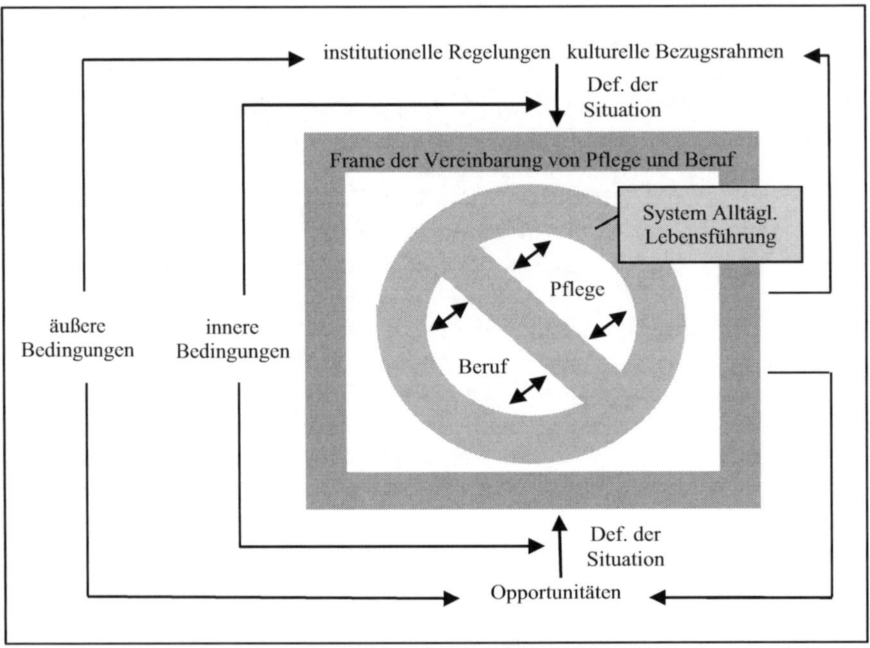

Abbildung 2: Modell des heuristisch-analytischen Theorierahmens (eigene Darstellung)

Essers ‚Logik der Aggregation' berücksichtigend, wird auch in dem hier entwickelten Modell die Annahme vertreten, dass die im Alltag angewendeten Vermittlungshandlungen der Akteure/Akteurinnen kollektive Handlungsfolgen nach sich ziehen können. Diese stellen wiederum Ausgangsbedingungen für das nachfolgende Handeln anderer Akteure/Akteurinnen in ähnlichen Situationen dar. Menschen sind folglich nicht nur der Anforderung ausgesetzt, sozial vorstrukturierte Situationen in ihrem Alltagshandeln aktiv zu verarbeiten, sondern sind auch dazu in der Lage, diese Situationen (wenn häufig auch nicht intendiert) selbst zu beeinflussen. Diese Transformationsprozesse von der Mikro- auf die Makroebene sind jedoch nicht Gegenstand der Betrachtung innerhalb der vorliegenden Arbeit.

3 Makrostrukturelle Einflussfaktoren auf die Position von Frauen im Spannungsfeld zwischen informeller Pflege älterer Menschen und Erwerbstätigkeit

In diesem Kapitel wird das Ziel verfolgt, die Position von Frauen im Spannungsfeld zwischen der informellen Pflege älterer Menschen und der Erwerbstätigkeit auf der makrostrukturellen Ebene literaturbasiert zu ermitteln, die den Annahmen des heuristisch-analytischen Theorierahmens zufolge maßgeblich durch die vorherrschenden institutionellen Regelungen und kulturellen Bezugsrahmen bestimmt wird.

Die Bedeutsamkeit des Zusammenspiels dieser beiden Faktoren für die Beteiligung von Frauen an der Pflegeerbringung und der Erwerbstätigkeit ist nicht nur aus den theoretischen Ausgangsüberlegungen der Arbeit abzuleiten. Vielmehr stellt sie auch eine bedeutsame Erkenntnis der feministischen Wohlfahrtsstaatenforschung dar, die auf einer makrostrukturellen Ebene die Positionierung von Frauen innerhalb der Gesellschaft untersucht.

Pfau-Effinger betont beispielsweise im Rahmen ihrer Analysen zum Erwerbsverhalten von Frauen die Relevanz der „*Geschlechterkulturen*“. Es handelt sich um innerhalb einer Gesellschaft auf übergeordneter Ebene bestehende Werte und Leitbilder, die in Bezug auf die Geschlechterbeziehungen und die Formen der geschlechterspezifischen Arbeitsteilung bestehen (vgl. Pfau-Effinger 1996, S. 467; dies. 2000, S. 68f). Sie beeinflussen die Ausprägung der „*Geschlechterordnungen*“ als „*die real vorfindbaren Strukturen des Geschlechterverhältnisses und die Beziehungen zwischen den verschiedenen gesellschaftlichen Institutionen im Hinblick auf die geschlechtliche Arbeitsteilung*“, wobei insbesondere die Institutionen Wohlfahrtsstaat, Arbeitsmarkt und Familie bzw. privater Haushalt als relevant erachtet werden (vgl. Pfau-Effinger 1996, S. 467; dies. 2000, S. 70). Unter diesen zentralen Institutionen wird jedoch dem Wohlfahrtsstaat eine besondere Position zugeschrieben, da die hier angesiedelten Regelungen Rahmenbedingungen für die Funktionsweise der anderen Institutionen darstellen (vgl. Pfau-Effinger 2000, S. 71, S. 76). Geschlechterkulturen und Geschlechterordnungen fließen in das innerhalb eines Wohlfahrtsstaates vorherrschende Geschlechterarrangement ein. Es handelt sich um die konkrete Ausformung von Geschlechterbeziehungen auf der Akteur(innen)ebene, die durch soziale Aushandlungsprozesse hervorgebracht wird (vgl. Pfau-Effinger 1996, S. 468; dies. 1998, S. 184; dies. 2000, S. 71). Wohlfahrtsstaatenspezifisch unterscheidet es sich beispielsweise dahingehend, ob und in welchem Maße Frauen an der beruflichen und der familiären Sphäre teilhaben. Geschlechterarrangements sind im Zeitverlauf durch soziale Aushandlungsprozesse veränderlich. Diese Wandlungen vollziehen sich über längere Zeiträume und stehen mit Veränderungen der institutionellen und kulturellen Bedingungen in Verbindung, wobei die jeweiligen Entwicklungslinien durch Ungleichzeitigkeiten gekennzeichnet sein können (vgl. Pfau-Effinger 1996, S. 468f; dies. 1998, S. 184f; dies. 2000, S. 73, S. 92). Entgegen der Annahme stärker ökonomisch orientierter Vertreter(innen) der Wohlfahrtsstaatenforschung geht Pfau-Effinger davon aus, dass Veränderungen der institutionellen Rahmenbedingungen für sich genommen dabei kaum wirksam werden, sondern immer in Kopplung mit einer vorangehenden Modernisierung der Geschlechterkulturen zum Tragen kommen (vgl. Pfau-Effinger 1998, S. 191).

Wenn auch konzeptionell weniger ausgearbeitet, betonen beispielsweise auch Sainsbury und Ostner die Bedeutung kultureller und institutioneller Elemente für die Position von Frauen in der Gesellschaft. Sainsbury nimmt einerseits Bezug auf ‚Familienideologien' über die Verteilung von Arbeit zwischen Mann und Frau, andererseits auf institutionelle Regelungen in Form von Beschäftigungs- und Lohnpolitiken, soziale Sicherungsleistungen, Steuer- und Familienpolitiken (vgl. Sainsbury 1994, S. 152f). Ostner vertritt die Annahme, dass Vorstellungen von der Arbeitsteilung zwischen den Geschlechtern, z. B. darüber, wer die Sorgearbeit für Kinder oder alte Menschen übernehmen, wer für die Sicherung des Lebensunterhalts zuständig oder wer erwerbstätig sein soll, bedeutsam für die Einbindung von Frauen in die Lebensbereiche sind. Ihrer Annahme zufolge manifestieren sich diese gesellschaftlichen Normalitätsannahmen in den Sozialpolitiken, die wiederum durch die (Nicht-)Initiierung von Maßnahmen mit Positionszuweisungen für Männer und Frauen verbunden sind (vgl. Ostner 1995, S. 59f; dies. 1995a, S. 7f).

Der Rekurs auf die feministische Wohlfahrtsstaatenforschung belegt einerseits, dass auch in diesem Forschungszweig institutionellen und kulturellen Einflussfaktoren auf der makrostrukturellen Ebene ein wesentlicher Stellenwert dafür beigemessen wird, in welcher Lebenssphäre Frauen verortet sind. In Bezug auf die vorliegende Arbeit kann hieraus eine Bestärkung dafür abgeleitet werden, eben jene beiden Einflussfaktoren detaillierter zu analysieren. Andererseits wird insbesondere durch die Beschreibung von Pfau-Effingers Ansatz deutlich, dass institutionelle und kulturelle Einflussfaktoren ihre Wirksamkeit in enger Verzahnung entfalten. Aus dieser Erkenntnis erwächst die Notwendigkeit, immer auch das Wechselspiel zwischen beiden Determinanten zu beleuchten, um die Position von Frauen in der Gesellschaft näher zu bestimmen.

Diesen Annahmen folgend besteht die Zielsetzung der Betrachtung innerhalb dieses Kapitels darin, zunächst die Muster der Einbindung von Frauen in die beiden Lebensbereiche zu beschreiben. Im Anschluss werden die kollektiv geteilten kulturellen Bezugsrahmen und die institutionellen Regelungen dargelegt und jeweils auf ihre Wirkung bezüglich der Integration von Frauen in beide Sphären untersucht. Diese bereits im heuristisch-analytischen Theorierahmen angeführten Konzepte lassen sich wie folgt konkretisieren:

Von Interesse sind einerseits die geschlechtlich geprägten und kollektiv geteilten kulturellen Bezugsrahmen als innerhalb einer Gesellschaft auf übergeordneter Ebene bestehende Werte und Leitbilder über den ‚richtigen' Umgang mit auftretenden Pflegebedarfen älterer Menschen und über die ‚richtige' Form der Einbindung von Frauen in den Arbeitsmarkt. Mehrheitlich vertretene Einstellungen stellen ein bedeutendes und stabiles Element von Kulturen in einem größeren sozialen Kontext dar und können herangezogen werden, um kulturelle Bezugsrahmen zu analysieren. Diesbezügliche Rückschlüsse lassen über quantitative Umfragen gewonnene Individualdaten zu, die Hinweise auf Einstellungen der Befragten geben (vgl. Hummelsheim 2009, S. 78f). In Anlehnung an Essers Ausführungen zu der Mikrofundierung von makrostrukturellen Phänomenen scheint dieses Vorgehen ertragreich, da sich gesellschaftliche Leitbilder auf der mikrostrukturellen Ebene niederschlagen und am ehesten hier durch individuelles Handeln, z. B. das Antwortverhalten, zum Ausdruck gebracht werden können bzw. overt werden. Zu statistischen Werten aggregiert, können hieraus Hinweise auf die Ausformung mehrheitsgesellschaftlich bestehender kultureller Bezugsrahmen abgeleitet werden.

Darüber hinaus werden geschlechtlich geprägte institutionelle Regelungen als auf übergeordneter Ebene bestehende formelle Regeln betrachtet, die die weibliche Einbindung in die Übernahme von informeller Pflegearbeit für ältere Menschen sowie in das Erwerbssystem potenziell hemmen oder fördern. In Anlehnung an Pfau-Effinger wird davon ausgegangen, dass insbesondere wohlfahrtsstaatliche Regelungen in diesem Zusammenhang einen bedeutsamen Stellenwert einnehmen (vgl. Pfau-Effinger 2000, S. 76). Essers Definition folgend könnten institutionelle Regelungen auch informeller, also nicht förmlicher Art sein (s. Teilkapitel 2.2.1). Diese werden jedoch im Rahmen der vorliegenden Arbeit nicht thematisiert, da sie sich allgemeingültig auf der makrostrukturellen Ebene nur schwerlich darstellen lassen.

Im Rahmen der nachfolgenden Betrachtung werden aus Forschungsansätzen der feministischen Wohlfahrtsstaatenforschung und der Literatur zur Frauenerwerbstätigkeit Dimensionen abgeleitet, anhand derer die bestehenden kulturellen Bezugsrahmen und formellen Regelungen konkretisiert werden können. Folglich wird an dieser Stelle literaturbasiert eine noch weitergehende Spezifizierung dieser beiden Konzepte vorgenommen, die von Nutzen sein kann, um den heuristisch-analytischen Theorierahmen in Teilkapitel 6.4.1 weiterzuentwickeln.

Der Fokus der Betrachtung ist dabei darauf gerichtet, lediglich potenziell bedeutsame institutionelle Regelungen und kulturelle Bezugsrahmen zu identifizieren, da im Rahmen der vorliegenden Arbeit nicht der Nachweis geführt werden kann, dass alle diese Faktoren von den handelnden Akteurinnen auf der mikrostrukturellen Ebene auch tatsächlich wahrgenommen, in ihre Situationsdefinition einbezogen und somit handlungswirksam werden. Ziel ist dabei nicht, die institutionellen und kulturellen Einflussfaktoren erschöpfend zu beschreiben, die die Integration von Frauen in beide Lebensbereiche und damit ihre Position in diesem Spannungsfeld bedingen. Vielmehr wird angestrebt, ausgewählte Gesichtspunkte zu beleuchten, die in Bezug auf das Thema der Arbeit von besonderer Relevanz sind.

Trotz des Wissens darum, dass mit der Einbindung in den einen Lebensbereich immer auch Konsequenzen für die Integration in den anderen Lebensbereich verbunden sind, wird im Folgenden zunächst eine sphärendifferierende Betrachtung vorgenommen. Diese analytische Trennung der Lebensbereiche ist einer grundlegenden Annahme des heuristisch-analytischen Theorieansatzes geschuldet, die aus dem Konzept der Alltäglichen Lebensführung abgeleitet wurde: Handlungen von Akteur(inn)en vollziehen sich demnach immer in prinzipiell voneinander abgegrenzten Sphären, die sich durch eigene Strukturierungslogiken auszeichnen (vgl. Voß 1991, S. 257f, S. 260f; auch: Becker-Schmidt et al. 1982, S. 108). Diese Sphären werden zunächst für sich genommen in Abschnitt 3.1 und 3.2 detailliert literaturbasiert analysiert. Auf dieser Grundlage aufbauend besteht die Möglichkeit, beide Lebensbereiche in Teilkapitel 3.3 in Verhältnis zueinander zu setzen und hieraus Rückschlüsse auf die Positionierung von Frauen in der Gesellschaft zu ziehen.

3.1 Sphäre der informellen Pflege älterer Menschen

Nachfolgend wird die Einbindung von Frauen in die informelle Pflegearbeit für ältere Menschen in Privathaushalten eingehend beleuchtet. In diesem Zusammenhang erfolgt in Teilkapitel 3.1.1 eine Beschreibung der Ausgangssituation, indem zunächst der Altersstrukturaufbau der Gesellschaft und epidemiologische Wandlungsprozesse als relevante Einflussgrößen auf die Entwicklung von Hilfe- und Pflegebedarfen skizziert und der gegenwärtige Umfang, die Strukturmerkmale und die prognostizierte Entwicklung des Pflegebedarfs dargelegt werden. Darauf aufbauend besteht das Ziel darin, gesellschaftliche Bewältigungsformen von Versorgungsbedarfen zu beschreiben und dabei den Fokus insbesondere auf die Bedeutung der Verantwortungsübernahme durch (weibliche) Familienmitglieder zu richten. In Teilkapitel 3.1.2 und 3.1.3 werden kulturelle und institutionelle Einflussgrößen auf die Einbindung von Frauen in diesen Tätigkeitsbereich diskutiert. Auf der Ebene der Kulturen sind dabei in Anlehnung an Pfau-Effingers Konzept der ‚family values' (vgl. Pfau-Effinger 2005a; dies. 2005b) spezifische gesellschaftliche Leitbilder zu berücksichtigen: Leitbilder gegenüber den Inhalten und dem Ort einer als wünschenswert erachteten Pflege, Leitbilder gegenüber der Verantwortungsteilung zwischen Staat, Markt, intermediärem Sektor und Familie und Leitbilder bezüglich der geschlechtlichen Verantwortung für die Versorgungserbringung. Auf der institutionellen Ebene wird das Leistungsrecht der gesetzlichen Pflegeversicherung beleuchtet und in diesem Zusammenhang auf das Konzept der Familialisierung und Defamilialisierung von Leitner (2003) zurückgegriffen. Wenn es der Diskussion dienlich ist, wird die Integration von Frauen in die familiäre Pflegearbeit sowie die Ausprägung der institutionellen und kulturellen Einflussfaktoren im Zeitverlauf dargestellt, um Entwicklungslinien zu verdeutlichen.

3.1.1 Ausgangssituation: Einbindung von Frauen in die informelle Pflege älterer Menschen

Die Anzahl pflegebedürftiger älterer Menschen nimmt aufgrund sich vollziehender makrostruktureller Wandlungsprozesse zu und konfrontiert die Gesellschaft mit der Notwendigkeit, Umgangsformen mit diesem Phänomen zu schaffen. Insbesondere der demografische Wandel ist für diese Entwicklung von großer Bedeutung.

Dezidierte Aussagen lassen sich aus der 12. koordinierten Bevölkerungsvorausberechnung bis zum Jahr 2060 des Statistischen Bundesamtes (StaBA) (2009) ableiten, die unter anderem Auskunft über den Anteil der 65-Jährigen und Älteren an der Gesellschaft bietet. Unter Zugrundelegung ausgewählter demografischer Komponenten, wie der Entwicklung der Geburtenhäufigkeit, der Sterblichkeit und des Wanderungssaldos, beschreibt sie auch die zukünftigen Veränderungen des Altersstrukturaufbaus.

Wenn auch die Kalkulation langfristiger Bevölkerungsentwicklungen hochgradig spekulativ ist und nicht unwesentlich auch mit politischen, wirtschaftlichen und epidemiologischen Rahmenbedingungen in Zusammenhang steht (vgl. Dammert 2009, S. 160f), bestehen dennoch Hinweise auf eine deutliche Zunahme der Gruppe der 65-Jährigen und Älteren. Diese Entwicklung ist vorrangig auf zwei Faktoren zurückzuführen: Einerseits werden ab 2020 die zwischen 1950 und 1965 geborenen geburtenstarken Jahrgänge in die höheren Altersgruppen vorrücken. Anderseits ist auch ein allgemeiner Anstieg der Lebenserwartung zu verzeichnen. Vor dem Hintergrund einer rückläufigen Bevölkerungsrate im Familiengründungsalter und einer generell niedrigen Geburtenrate führen diese Entwicklungsprozesse zu einer Zunahme des Anteils älterer Menschen an der Gesamtbevölkerung (vgl. Röttger-Liepmann 2007, S. 21-26; Rohloff 2005, S. 11-17; StaBA 2009, S. 12ff, S. 42). Gemäß einer mittleren Variante der Bevölkerungsvorausberechnung wird konstatiert, dass die Anzahl der 65-Jährigen und Älteren von 16,8 Millionen im Jahr 2008 auf 18,6 Millionen im Jahr 2020 zunehmen wird. Der Anteil dieser Gruppe an der Gesamtbevölkerung erhöht sich in diesem Zeitraum von 20 % auf 24 %. Bis zum Jahr 2060 ist ein weiterer Anstieg auf 34 % prognostiziert. In absoluten Zahlen ausgedrückt entspricht dies einer Steigerung auf 21 Millionen (vgl. StaBA 2009, S. 14-17).

Nicht nur die Relation der älteren Bevölkerung gegenüber der Gesamtbevölkerung im Allgemeinen, sondern auch gegenüber der Bevölkerung im Erwerbsalter, dargestellt durch den Altenquotienten[13], verändert sich grundlegend: Von den 1950er bis Ende der 1990er Jahre stieg dieser von 16 % auf zeitweise 27,5 % an, stagnierte aber überwiegend bei 24 % (vgl. StaBA 2006, S. 44f). Erst seit Ende der 1990er Jahre sind rapide Steigerungen auf 34 % im Jahr 2008 zu verzeichnen. Schätzungen zufolge wird dieser Wert bis zum Ende des durch das Statistische Bundesamt berücksichtigten Zeitraums im Jahr 2060 auf 67 % an-

13 Der Altenquotient stellt die Anzahl der über 65-Jährigen je 100 Personen zwischen 20 bis unter 65 Jahren dar (vgl. StaBA 2009, S. 19f).

steigen, wodurch sich das Verhältnis zwischen jüngerer und älterer Generation weiterhin zugunsten der Älteren verschieben wird (vgl. StaBA 2009, S. 20).

Die Gruppe der 80-Jährigen und Älteren nimmt dabei in überproportionaler Weise zu. Ihr Anteil an der Gruppe der über 65-Jährigen steigt von 24,4 % im Jahr 2008 auf 32,1 % im Jahr 2060 (vgl. StaBA 2006, S. 43). Auf einen ähnlich gelagerten Trend verweisen auch Vorausberechnungen der Zahl der Hochaltrigen des Deutschen Instituts für Wirtschaftsforschung. Hier wird eine Verdreifachung der Anzahl der 80-Jährigen und Älteren bis zum Jahr 2050 vorhergesagt. Bis 2060 findet jedoch wieder eine Reduktion statt, die auf den Eintritt deutlich geringer besetzter Kohorten in diese Altersphase zurückzuführen ist (vgl. DIW 2008, S. 739f).

Geschlechterspezifische Differenzen hinsichtlich der Lebenserwartung bedingen, dass Frauen unter den Alten und Hochaltrigen überrepräsentiert sind. Während in der Gruppe der 55 bis 60-Jährigen das Geschlechterverhältnis mit 50,5 % Frauen zu 49,5 % Männern noch weitgehend ausgeglichen ist, überwiegt innerhalb der Gruppe der 85 bis 90-Jährigen hingegen der Frauenanteil mit 72,2 % deutlich (eigene Berechnung auf Basis von Daten aus Gerostat 2012).

Zusammenfassend verweist die aktuelle Datenlage auf einen Wandel der Altersstruktur, der sich, wie Tews bereits im Jahr 1993 prognostizierte (vgl. Tews 1993, S. 17), auf drei Ebenen vollzieht: Erstens nimmt die absolute Zahl älterer Menschen zu und zweitens weitet sich ihr relativer Anteil an der Gesamtbevölkerung aus. Drittens ist auch innerhalb der Gruppe der Älteren ab dem 65. Lebensjahr eine deutliche Zunahme von hochaltrigen Personen zu verzeichnen, wobei es sich vorrangig um Frauen handelt.

Epidemiologischer Wandel

Insbesondere die zukünftige Ausweitung der Gruppe der Hochaltrigen ist dabei von besonderer Relevanz für die Entwicklung gesellschaftlicher Pflegebedarfe. In Abgrenzung zu dem sogenannten dritten Lebensalter, das sich vorrangig auf die Subgruppe der Älteren mit vergleichsweise hohen Freiheitsgraden und geringen körperlichen und geistigen Einschränkungen bezieht, zeichnet sich dieses sogenannte vierte Lebensalter in der Regel durch eine deutliche Zunahme der Auftretenswahrscheinlichkeit von Krankheit und funktionalen Einschränkungen aus. Hieraus erwächst ein gesteigertes Risiko der Abhängigkeit von Unterstützungsleistungen (vgl. Kochsiek 2009, S. 227; Laslett 1996, S. 4-9; Mayer et al.

2010, S. 650).[14] Auch wenn die gestiegene Lebenserwartung, wie Fries bereits 1980 feststellt und neuere epidemiologische Studien belegen, im Kohortenvergleich wahrscheinlich mit einer Kompression von Morbidität einhergeht (vgl. Fries 1980; Kroll/Ziese 2009, S. 105, S. 109; Unger 2006, S. 158-162), korreliert ein Anstieg der Lebensdauer doch insbesondere in der letzten Lebensphase stark mit einer Zunahme chronischer Erkrankungen, einer Steigerung ihres Schweregrades und einer Ausweitung von Multimorbidität (vgl. Kuhlmey 2008, S. 91ff; Mackenbach et al. 2005, S. 81-88; Saß et al. 2009, S. 33-58; Steinhagen-Thiessen et al. 1994, S. 132; Wurm/Tesch-Römer 2006, S. 335-344).

Zahlreiche Untersuchungen vermitteln Einblicke in das physische Krankheitsgeschehen älterer Menschen, wobei im Folgenden hauptsächlich auf Ergebnisse von zwei sehr maßgeblichen Repräsentativstudien Bezug genommen wird: Bei der Berliner Altersstudie handelt es sich um eine repräsentative Längsschnittstudie für Westberlin, die Anfang der 1990er Jahre erstmalig und seither zu sieben weiteren Messzeitpunkten durchgeführt wurde. Sie bietet umfassende Einblicke in die gesundheitliche Situation der über 70-Jährigern. Der Alters-Survey als zweite hier berücksichtigte Studie wurde als Quer- und Längsschnittbefragung mit drei Erhebungswellen in den Jahren 1996, 2002 und 2008 konzipiert und bezieht die über 40 bis 85-Jährigen ein.

Auf der Basis einer Selbstbewertung der Befragten[15] verweisen die Daten des Alters-Surveys darauf, dass 18 % der Personen zwischen dem 70. und 85. Lebensjahr ihren Gesundheitszustand als schlecht oder sehr schlecht einschätzen. In der Altersgruppe der 40 bis 54-Jährigen beträgt dieser Anteil 7 % (vgl. Wurm et al. 2010, S. 105). Der tatsächliche Anteil der gesundheitlich Beeinträchtigten ist aber wahrscheinlich noch ausgeprägter. Dies ist darauf zurückzuführen, dass der Alters-Survey zum einen nur in Privathaushalten lebende Personen einbindet und sich nicht auch auf den Kreis älterer Menschen bezieht, die in Heimen leben. Darüber hinaus werden ältere Menschen mit gravierenden gesundheitlichen Einschränkungen aufgrund der mit Befragungen verbundenen Strapazen teilweise nicht erreicht (vgl. Kohli 2005, S. 24; Wurm 2003, S. 2).

Insbesondere Erkrankungen des Bewegungsapparats, z. B. Arthrose, Arthritis und Osteoporose, sowie Herz- und Kreislauferkrankungen und Durchblu-

14 Zu berücksichtigen ist, dass diese Altersstufen freilich idealtypische Konstruktionen darstellen (vgl. Schroeter 2008, S. 614f, S. 622; Schroeter 2008a, S. 248f; Schroeter/Künemund 2010, S. 400). Faktisch ist die Lebensphase Alter durch eine ausgeprägte Heterogenität gekennzeichnet, die sich durch diese Konzepte kaum abbilden lässt.

15 Mit den Möglichkeiten und Grenzen von Selbsteinschätzungen des Gesundheitszustandes durch die Befragten und alternativen Erhebungsverfahren befasst sich Künemund (vgl. Künemund 2005, S. 104-110).

tungsstörungen, werden von den Studienteilnehmer(inne)n zwischen dem 70. und 85. Lebensjahr häufig benannt und sind im Vergleich zu der Altersgruppe der 40 bis 54-Jährigen weiter verbreitet (vgl. Wurm et al. 2010, S. 96f).

Gemäß Ergebnissen der Berliner Altersstudie, die sich auf Aussagen der an der Studie partizipierenden Ärzte/Ärztinnen stützen, weisen 87,7 % der 70-Jährigen und Älteren gleichzeitig mindestens fünf Erkrankungen auf und sind daher der Gruppe der Personen mit multimorbidem Krankengeschehen zuzuordnen. In 30,2 % der Fälle handelt es sich hierbei um Krankheiten mit mittel bis stark ausgeprägtem Schweregrad (vgl. Steinhagen-Thiessen/Borchelt 2010, S. 179). Ähnliche Befunde, die die Zunahme von Multimorbidität in höheren Altersgruppen belegen, sind aktuell auch auf Grundlage des Alters-Surveys zu gewinnen (vgl. Wurm et al. 2010, S. 98f; Wurm/Tesch-Römer 2006, S. 335ff).

Die deutlich ausgeprägte altersabhängige Vulnerabilität zeigt sich auch in Bezug auf psychische Erkrankungen. Den größten Stellenwert nehmen in diesem Zusammenhang Demenzen ein (vgl. Helmchen et al. 1999, S. 195), deren Prävalenz innerhalb der Bevölkerung über dem 65. Lebensjahr einer Meta-Analyse unterschiedlicher epidemiologischen Studien aus Europa zufolge zwischen 5 % bis 8 % liegt (vgl. Bickel 2005, S. 4; Weyerer/Bickel 2007, S. 63ff). Nach Altersgruppen differenziert zeichnet sich eine wachsende Erkrankungswahrscheinlichkeit bis zum 95. Lebensjahr ab, die danach weitgehend stabil bestehen bleibt. Ziegler und Doblhammer errechnen beispielsweise auf der Grundlage von deutschlandweiten Repräsentativdaten der gesetzlichen Krankenversicherung aus dem Jahr 2002 Prävalenzraten von 1,4 % für die Gruppe der 65 bis 69-Jährigen und 31,1 % für die über 90-Jährigen (vgl. Ziegler/Doblhammer 2010, S. 102; vergleichbare Ergebnisse auch durch Weyerer/Bickel 2007a, S. 67). Die Berliner Altersstudie, die im Vergleich zu anderen Untersuchungen auch leichte Schweregrade dieser Erkrankung berücksichtigt und in die Erhebung auch hochaltrige Personen mit ausgeprägtem Demenzrisiko einbindet, verweist auf noch höhere Prävalenzraten, die für die Kohorte der 90 bis 94-Jährigen bei etwa 40 % liegen (vgl. Helmchen et al. 2010, S. 223).

Unterschiedliche Studien belegen, dass Frauen von einem gesteigerten Morbiditätsrisiko betroffen sind und bei nahezu allen chronischen Erkrankungen höhere Prävalenzraten aufweisen (vgl. Hurrelmann/Kolip 2002, S. 19; Mackenbach et al. 2005, S. 86; Weyerer/Bickel 2007a, S. 67; Ziegler/Doblhammer 2010, S. 102). Als mögliche Gründe werden ihre höhere Lebenserwartung, ihre ausgeprägteren biomedizinischen und psychosozialen Risiken, Einflüsse des Gesundheitssystems sowie geschlechterdifferente Lebensbedingungen, (Körper-)Sozialisationen und subjektive Wahrnehmungen gesundheitlicher Einschränkungen diskutiert (vgl. Babitsch et al. 2012, S. 645; Lademann 2006, S. 37-43, S. 45-50; Pauli/Hornberg 2010, S. 631-635; Verbrugge 1990, S. 63-65).

Die Veränderung des Krankheitspanoramas im fortgeschrittenen Lebensalter und die damit verbundenen Schädigungen des Organismus beeinflussen nachhaltig die funktionale Gesundheit der Frauen und Männer, also *„ihre Fähigkeit, selbstständig eigenen Grundbedürfnissen, wie Essen, Körperpflege oder Anziehen nachzukommen sowie weitere alltägliche Aufgaben, wie Einkaufen, Mahlzeiten zubereiten oder Wohnungsreinigung ausführen zu können*“ (Tesch-Römer/Wurm 2009, S. 13). Hierdurch kann die autonome Bewältigung von Alltagsanforderungen behindert und die Partizipation am gesellschaftlichen Leben erschwert werden. Wie Menning und Hoffmann auf der Grundlage von SHARE-Daten aus Deutschland errechnen, fühlen sich in der Altersgruppe der 50 bis 59-Jährigen in Privathaushalten etwa ein Drittel bei der Durchführung alltäglicher Aktivitäten eingeschränkt. In der Gruppe der 80-Jährigen und Älteren waren bereits 80 % betroffen (vgl. Menning/Hoffmann 2009, S. 63). In diesem Zusammenhang spielen insbesondere Schwierigkeiten bei der Durchführung der täglichen Hygiene, dem Treppensteigen, dem An- und Auskleiden sowie der Bewältigung des Einkaufs und des Haushalts eine große Rolle. Krankheitsbedingte Bewegungseinschränkungen aber auch kognitive Beeinträchtigungen stellen häufige Ursachen dar (vgl. Schneekloth 2006, S. 73ff; dies. 2006b, S. 18; Steinhagen-Thiessen/Borchelt 2010, S. 193). Frauen sind von den meisten der funktionalen Einschränkungen wieder in stärkerem Maße betroffen als Männer und weisen auch doppelt so häufig vollständige Behinderungen auf (vgl. Steinhagen-Thiessen/Borchelt 2010, S. 193).

Sind krankheitsbedingte Funktionseinbußen nicht mehr selbstständig, zum Beispiel unter Rückgriff auf materielle, psychische und biologische sowie soziale und räumlich-technische Ressourcen zu kompensieren, nimmt insbesondere in den älteren Bevölkerungsgruppen zwischen dem 76. und 91. Lebensjahr das Risiko von Hilfe- und Pflegebedürftigkeit stark zu (vgl. Wurm 2003, S. 4). Alltägliche Verrichtungen können nun nur noch eingeschränkt, im fortgeschrittenen Stadium häufig gar nicht mehr selbstständig und ohne Hilfe durch andere Personen bewältigt werden (vgl. Menning/Hoffmann 2009, S. 69). Wenn auch das Alter, wie Hoffmann und Nachtmann darlegen, nicht zwangsläufig mit Abhängigkeit von Unterstützungsleistungen in Verbindung steht (vgl. Hoffmann/Nachtmann 2007, S. 4f) und circa 66 % der älteren Menschen in der Population der über 70-Jährigen gemäß der Ergebnisse der Berliner Altersstudie nach eigenen Angaben noch völlig selbstständig sind (vgl. Steinhagen-Thiessen/Borchelt

2010, S. 193), stellt es jedoch einen gravierenden Risikofaktor für die Entstehung von Pflegebedarfen dar.

Umfang und Anstieg von Hilfe- und Pflegebedarfen

Quantifizierungsversuche des gesellschaftlichen Pflegebedarfs wurden bereits in den 1980er Jahren vorgenommen (vgl. Brög et al. 1980, S. 39f; Thiede 1988, S. 251), rückten jedoch erst seit Einführung der Pflegeversicherung vermehrt ins Zentrum wissenschaftlicher Betrachtungen. Seither ist eine deutliche Ausweitung der Datenbasis zu beobachten.

Die zum jetzigen Zeitpunkt am belastbarsten Daten zum gegenwärtigen Ausmaß und zur Entwicklung des Pflegebedarfs stammen zum einen aus der im Zweijahresturnus veröffentlichten Pflegestatistik, die der Medizinische Dienst der Spitzenverbände der Krankenkassen im Auftrag der Pflegekassen erstellt. Darüber hinaus bildet die vom Bundesministerium für Familie, Senioren, Frauen und Jugend (BMFSFJ) in Auftrag gegebene und in den Jahren 1991, 1998 und 2010 von Infratest Sozialforschung durchgeführte Untersuchung zu „Möglichkeiten und Grenzen einer selbstständigen Lebensführung im Alter" und die Nachfolgestudie „Wirkungen des Pflege-Weiterentwicklungsgesetzes 2009/10" eine weitere relevante Informationsquelle (vgl. Schneekloth et al. 1996; Schneekloth/Wahl 2006; TNS Infratest Sozialforschung 2011). Sie stützt sich auf eine Stichprobe von 60.938 im Jahr 1991, 57.617 im Jahr 1998 und 1.500 im Jahr 2010 zufällig ausgewählte Personen aller Altersgruppen der in Deutschland wohnhaften Bevölkerung in Privathaushalten. Die Querschnittsanalysen zu drei unterschiedlichen Zeitpunkten in einem Intervall von 19 Jahren ermöglichen somit zumindest „*grobe Trendbeschreibungen*" (Backes et al. 2008, S. 17). In beiden Untersuchungen werden unterschiedliche Zugangswege gewählt, um den bundesdeutschen Pflegebedarf zu ermitteln.

Den Ausgangspunkt im Rahmen der Pflegestatistik bildet der im § 14 SGB XI definierte Pflegebedürftigkeitsbegriff. Es handelt sich um eine stark verrichtungsbezogene Definition, die den Status der Pflegebedürftigkeit an ein Mindestmaß von einem zumindest neunzigminütigen Unterstützungsbedarf im körperbezogenen sowie hauswirtschaftlichen Bereich knüpft, der länger als sechs Monate bestehen muss (s. auch Teilkapitel 3.1.2). Abhängig vom Schweregrad wird zwischen drei unterschiedlichen Stufen differenziert. Unterhalb dieser Schwelle bestehende Hilfebedarfe begründen nach diesen Vorgaben keinen Pflegebedarf und werden statistisch auch nicht als solcher erfasst. Diesen Grundlegungen zufolge waren im Jahr 2001, dem ersten Erhebungszeitpunkt der Pflegeversicherungsstatistik, 2,02 Millionen Menschen pflegebedürftig (vgl. StaBA

2003, S. 3). Im Jahr 2011 betrug diese Anzahl bereits 2,38 Millionen, wobei 2010 61,3 % auf die Pflegestufe I, 29,9 % auf die Pflegestufe II und 8,8 % auf die Pflegestufe III entfielen (vgl. Bundesministerium für Gesundheit (BMG) 2011, S. 1).

Pflegebedürftigkeit tritt dabei in relevantem Ausmaß erst in den höheren Altersgruppen auf: Beträgt die Pflegequote[16] zwischen dem 15. und 60. Lebensjahr lediglich 0,5 %, steigert sie sich zwischen dem 70. und 75. Lebensjahr bereits auf 4,7 % und in der Altersgruppe der 90-Jährigen und Älteren auf 59,1 %. Der Anteil pflegebedürftiger Frauen an der Gesamtbevölkerung ist dabei aufgrund der geschlechtsspezifischen Differenzen hinsichtlich der Lebenserwartung und des Krankheitsgeschehens im Vergleich zu den Männern doppelt so hoch (vgl. StaBA 2011, S. 8; vergleichbare Werte auch durch Pfaff 2010, S. 18f; TNS Infratest Sozialforschung 2011, S. 17). Wie Dammert in kritischer Auseinandersetzung mit der Bundesstatistik anführt, bilden die Zahlen jedoch aufgrund der systematischen Nichtberücksichtigung von zwar regelmäßig bestehenden aber das festgelegte Niveau noch unterschreitenden Unterstützungsbedarfen „*keinesfalls ein repräsentatives Gesamtbild der Hilfe- und Pflegebedürftigkeit*" (Dammert 2009, S. 99) ab.

Aufschlussreicher erscheinen in diesem Zusammenhang die auf einer offeneren Festlegung der Begrifflichkeit basierenden Daten einer Studie von Infratest Sozialforschung, die nicht nur auf eine Ermittlung des gesellschaftlichen Pflege-, sondern auch des Hilfebedarfs abzielt. Eingebunden werden zu diesem Zweck einerseits die Bezieher(innen) von Leistungen der Sozialen und der Privaten Pflegeversicherung[17], darüber hinaus aber auch Personen, die zwar auf der Grundlage einer Selbst- und Fremdeinschätzung Einschränkungen bei den alltäglichen Verrichtungen aufweisen, die jedoch noch keinen rechtlich anerkannten Pflegebedarf legitimieren (vgl. Schneekloth/Wahl 2005, S. 11). Dieser Untersuchung folgend waren 2002 etwa 1,4 Millionen Personen im Bundesgebiet pflegebedürftig und weitere 3,0 Millionen vorrangig im hauswirtschaftlichen Bereich hilfebedürftig (vgl. Schneekloth/Leven 2003, S. 7; eine geringere Anzahl der Hilfebedürftigen ermittelt Hoffmann 2005, S. 14). Das alters- und geschlechtskorrelierte Auftreten von Unterstützungsbedarfen kann auch im Rahmen dieser Studie nachgewiesen werden (vgl. Schneekloth/Wahl 2005, S. 65, S. 72).

---

16 Die Pflegequote beschreibt den Anteil der Pflegebedürftigen an der jeweiligen Bevölkerungsgruppe.

17 Diese Gruppe umfasst in dieser Untersuchung nicht die Menschen mit erheblich eingeschränkter Alltagskompetenz (‚Pflegestufe 0'), die seit der Reform der Pflegeversicherung im Jahr 2008 leistungsberechtigt sind (s. Leistungen für Pflegebedürftige mit erheblichem allgemeinen Betreuungsaufwand in Teilkapitel 3.1.3).

Trotzdem unterschiedliche Studien aus dem nationalen und internationalen Raum im Kohortenvergleich auf eine leichte Absenkung von Pflegebedürftigkeitsraten verweisen (vgl. Manton/Gu 2007, S. 34; Menning/Hoffmann 2009, S. 67, S. 75f; Jacobzone et al. 2000, S. 168, S. 177), ist aufgrund des Anstiegs des Anteils der Alten und Hochaltrigen an der Gesellschaft zukünftig von einer Zunahme der absoluten Zahl der Hilfe- und Pflegebedürftigen auszugehen (vgl. Sachverständigenrat zur Begutachtung der Entwicklung im Gesundheitswesen 2009, S. 271).

Prognosen hinsichtlich der Entwicklung der Anzahl der Pflegebedürftigen über einen längeren Zeitraum liegen dabei zwei unterschiedliche Basisannahmen zugrunde: Zu ihnen zählen erstens die Bevölkerungsentwicklung, insbesondere in den höheren Altersgruppen, sowie zweitens das Pflegewahrscheinlichkeitsrisiko. Letzteres wird wiederum von anderen Einflussgrößen, z. B. den institutionellen Rahmenbedingungen der Versorgung (z. B. den Zugangskriterien zu Leistungen der Pflegeversicherung) sowie der Entwicklung des Gesundheits- und Krankheitspanoramas bedingt (vgl. Dammert 2009, S. 164; Röttger-Liepmann 2007, S. 27-34).

Das BMG sagt auf der Grundlage des innerhalb der 12. Bevölkerungsvorausberechnung aufgeführten Bevölkerungsstandes aus dem Jahr 2009, der prognostizierten Bevölkerungsentwicklung sowie einer dauerhaft konstanten altersspezifischen Pflegewahrscheinlichkeit eine Entwicklung der absoluten Anzahl der Pflegebedürftigen von 2,4 Millionen im Jahr 2010, über 3,3 Millionen im Jahr 2030 auf 4,4 Millionen im Jahr 2050 voraus (vgl. BMG 2011, S. 16).

Neben dem hohen Unsicherheitsfaktor, der alleine schon mit der Prognose der zukünftigen Bevölkerungsentwicklung verbunden ist, sind diese Pflegebedarfsvorausberechnungen jedoch aus zwei weiteren Gründen hochgradig spekulativ: Zum einen werden lediglich Personen mit sozialrechtlich anerkanntem Pflegebedarf berücksichtigt. Vor dem Hintergrund dessen, dass diese definitorische Festlegung mit großer Wahrscheinlichkeit nicht über den gesamten Betrachtungszeitraum Gültigkeit besitzen wird[18], sind hier Abweichungen absehbar. Zum anderen wird, wie Schütze kritisiert, die Annahme zugrunde gelegt, dass das Verhältnis zwischen Pflegebedürftigen und Nicht-Pflegebedürftigen auch zukünftig identisch bleibt. Wie jedoch bereits dargestellt wurde, verweisen

---

18 Sollte beispielsweise der neue Pflegebedürftigkeitsbegriff (s. Teilkapitel 3.1.3) gesetzlich etabliert werden, ist aufgrund der Abwendung von einer gegenwärtig ausschließlich verrichtungsbezogenen Definition des Pflegebedürftigkeitsbegriffs von einem Anstieg der Anzahl der Pflegebedürftigen auszugehen (vgl. Sachverständigenrat zur Begutachtung der Entwicklung im Gesundheitswesen 2009, S. 298).

unterschiedliche Studien im Zeitverlauf bereits auf eine Reduktion von Krankheits- und Pflegebedürftigkeitsraten im Alter (vgl. Schütze 1995, S. 36).

Dem letzten Kritikpunkt Rechnung tragend, bestehen gegenwärtig auch Versuche, den Pflegebedarf unter Berücksichtigung einer Morbiditätskompression zu prognostizieren. Der Sachverständigenrat zur Begutachtung der Entwicklung im Gesundheitswesen passt zu diesem Zweck die Pflegebedürftigkeitswahrscheinlichkeit entsprechend an, indem eine Verlängerung der einschränkungsfreien Lebensphase um 2,5 Jahre linear über den Zeitraum von 2007 bis 2050 zugrunde gelegt wird. Auf der Basis dieser Annahmen vollzieht sich ein Anstieg der absoluten Anzahl der Pflegebedürftigen von 2,3 Millionen im Jahr 2010 auf 2,9 Millionen im Jahr 2030 und 3,5 Millionen im Jahr 2050 (vgl. Sachverständigenrat zur Begutachtung der Entwicklung im Gesundheitswesen 2009, S. 296).

Andere Prognosen zur Entwicklung der Pflegebedürftigkeit, bei denen es sich abgesehen von wenigen Ausnahmen auch um Berechnungen ohne Berücksichtigung der Kompressionsthese handelt, verweisen auf absolute Zahlen von 2,4 Millionen bis 3,4 Millionen für das Jahr 2030 (vgl. Blinkert/Klie 2001, S. 9-11; Häcker/Raffelhüschen 2007, S. 391-422, S. 406-409; Ottnad 2003, S. 53; Rothgang 2001, S. VII; Rürup-Kommission 2003, S. 189; Statistische Ämter des Bundes und der Länder 2010, S. 27) und 3,2 Millionen bis 4,7 Millionen für das Jahr 2050 (vgl. Blinkert/Klie 2001, S. 9-11; Bomsdorf et al. 2010, S. 35; DIW 2008, S. 740; Häcker/Raffelhüschen 2007, S. 406-409; Ottnad 2003, S. 53; Popp 2011, S. 195ff; Schulz et al. 2001, S. 3; Statistische Ämter des Bundes und der Länder 2010, S. 30).[19] Die durch den Sachverständigenrat errechneten Voraussagen liegen innerhalb dieser aufgezeigten Bandbreite. In Anbetracht der Aktualität der zugrunde liegenden Daten und der Berücksichtigung der Kompression von Morbidität handelt es sich hierbei wahrscheinlich um eine Vorausschätzungen mit großer Realitätsnähe.

Wird bei den Prognosen des zukünftigen Pflegebedarfs berücksichtigt, dass sich der Anteil der Hochaltrigen an der gesamten Altenpopulation besonders stark ausweitet, der ja die größten Krankheits- und Pflegebedürftigkeitsrisiken aufweist, können hieraus Hinweise darauf abgeleitet werden, dass insbesondere die Anzahl der Schwerpflegebedürftigen und auch die Zahl der Demenzkranken stärker zunehmen wird als die Anzahl der Pflegebedürftigen mit geringeren kör-

19 Die große Streuung der Werte ist einerseits darauf zurückzuführen, dass die Berechnungen zu unterschiedlichen Zeitpunkten erfolgten und die in diesen Basisjahren jeweils vorliegende Anzahl der Pflegebedürftigen einbezogen wurde. Andererseits differieren Annahmen zur zukünftigen Entwicklung der Lebenserwartung (vgl. Bomsdorf et al., S. 39; Schulz et al., S. 13f).

perlichen und kognitiven Einschränkungen (vgl. Dammert 2009, S. 168; DIW 2001, o. S.; Schulz et al. 2001, S. 14f; Ziegler/Doblhammer 2010, S. 100-103).

Zu berücksichtigen ist jedoch auch, dass der Kreis der Personen mit Hilfe- und Beaufsichtigungsbedarfen zukünftig ebenfalls ein deutliches Wachstum verzeichnet. Dieser wird gegenwärtig bei Vorausberechnungen noch nicht einbezogen, wodurch tendenziell von einer Unterschätzung der Entwicklung des Gesamtbestands von Hilfe- und Pflegebedürftigkeit ausgegangen werden muss.

Die informelle Verantwortungsübernahme von Frauen für die Bewältigung von Pflegebedarfen

Die Bewältigung kontinuierlich wachsender Pflegebedarfe stellt Deutschland wie auch andere westliche Industrienationen vor grundlegende Herausforderungen. Wie Evers et al. im Rahmen ihres Wohlfahrtsmixmodells darlegen, partizipieren unterschiedliche Institutionen in der Gesellschaft an der Versorgungserbringung. Zu ihnen zählen der Staat, der Markt, private Haushalte und Netzwerke sowie der intermediäre Sektor. Länderspezifisch bestehen jedoch große Differenzen hinsichtlich des Stellenwertes, der den einzelnen Akteuren bei dieser Form der Wohlfahrtsproduktion beigemessen wird und dem Aufgabenspektrum, das sie übernehmen (vgl. Evers 1993; Evers/Olk, 1996; Evers/Wintersberg 1990). In Deutschland zeichnet sich die Ausgestaltung dieses Modells, das von Pfau-Effinger auch als das länderspezifisch vorherrschende Care Arrangement bezeichnet wird (vgl. Pfau-Effinger 2005a, S. 326), durch eine ausgeprägte Verantwortungsübernahme durch die privaten Haushalte aus.

Repräsentativdaten belegen, dass eine überwiegende Mehrheit von 69 % der nach Maßgabe des SGB XI anerkannt Pflegebedürftigen in ihrer eigenen Häuslichkeit versorgt wird, wobei in etwa zwei Dritteln dieser Fälle vermutlich das private Umfeld hauptsächlich diese Aufgabe übernimmt. Im übrigen Drittel sind professionelle Dienste eingebunden (vgl. StaBA 2011, S. 4; S. 6), die jedoch die Versorgung in lediglich 8 % der Fälle alleine erbringen (vgl. Schneekloth/Wahl 2006, S. 76). Sie kommen insbesondere beim Vorliegen einer höheren Pflegestufe, bei fehlender ständiger Verfügbarkeit der privaten Hauptpflegeperson, in Haushalten mit hohem Einkommen und im Falle der Zugehörigkeit zu einem gehobenen Milieu zum Einsatz[20] (vgl. Gräßel 1998, S. 55; Heusinger/Klünder

20 In diesen Fällen findet ein Ineinandergreifen familiärer und professioneller Leistungen statt. Im Gegensatz zu Vertreter(inne)n der Substitutionsthese (‚crowding out') (vgl. Cox/Jakubson 1995; Johansson et al. 2003) sind Vertreter(innen) der Verstärkungsthese (‚crowding in') (vgl. Attias-Donfut/Wolff 2000; Attias-Donfut 2001; Daatland 2001; Kohli 1999; Künemund 2008; Künemund/Rein 1999; Künemund/Vogel 2006) der Meinung, dass durch diese Kopro-

2005, S. 264f; Schneekloth/Wahl 2006, S. 84; Theobald 2006, S. 252f, S. 263; dies. 2007, S 109; dies. 2008, S. 173). Letztlich sind also in 92 % aller häuslichen Pflegearrangements Personen aus dem privaten Umfeld der Pflegebedürftigen eingebunden (vgl. Schneekloth/Wahl 2006, S. 76). Ein Vergleich dieser Daten aus dem Jahr 2002 mit den Studienergebnissen des Jahres 1991 verweist auf eine geringfügige Reduktion dieses Anteils um einen Prozentpunkt. Gleichzeitig vollziehen sich in diesem Zeitraum auch marginale Verschiebungen innerhalb der durch Angehörige (mit)gestalteten Arrangements in Richtung einer häufigeren Einbindung von unterstützenden professionellen Pflegediensten von 24 % auf 28 % und ein vermindertes Auftreten ausschließlich privat erbrachter Pflege (ggf. ergänzt um privat finanzierte hauswirtschaftliche Dienstleistungen, z. B. Reinigungskräfte oder Mahlzeitendienste) von 67 % auf 64 % (vgl. Schneekloth/Wahl 2005, S. 74f). Grundsätzlich führen diese Veränderungen jedoch nicht zu einer Destabilisierung der herausragenden Bedeutung der informellen Versorgungserbringung für die Bewältigung der Pflegebedarfe (vgl. Schneekloth/Wahl 2006, S. 92).

Ist von privater Versorgungserbringung die Rede, handelt es sich, wie unterschiedliche Untersuchungen belegen, in der Regel um Unterstützungsleistungen von Angehörigen. Zwar nehmen Freundschaften und nachbarschaftliche Verhältnisse einen wesentlichen Stellenwert für ältere Menschen ein (vgl. Künemund/Hollstein 2005, S. 235), jedoch bedingt die Zunahme von Mortalität und körperlichen Einschränkungen im Alter häufig eine Reduktion außerfamiliärerer Netzwerkbeziehungen und daran gekoppelte Unterstützungspotenziale (vgl. Diewald 1990, S. 156; Otto 2005, S. 500). Bestehen Beziehungen zu diesem Personenkreis fort, leisten dieser zwar häufig sozial-emotionalen Beistand, selten jedoch körperpflegerische Aufgaben (vgl. Gilberg 2000, S. 107; Perrig-Chiello/Höpflinger 2012, S. 71). Nachbar(inne)n und Freunde/Freundinnen übernehmen auch nur in 6 % der Fälle die Funktion einer privaten Hauptpflegeperson (vgl. TNS Infratest Sozialforschung 2011, S. 27), wobei dies hypothetisch auch nur dann der Fall ist, wenn zum Beispiel aufgrund von großen Wohnentfernungen oder Kinderlosigkeit des Pflegebedürftigen familiäre Netzwerke nicht trag-

duktion von Wohlfahrt günstigere Bedingungen für die familiäre Unterstützung geschaffen werden und private Netzwerke eine Stärkung erfahren. Der Komplementaritätsthese (vgl. Gilberg 2000; Motel-Klingebiel et al. 2005) folgend, erfüllen in diesen Konstellationen die formellen und informellen Akteure/Akteurinnen unterschiedliche Aufgaben und greifen auf differente Handlungslogiken zurück, wodurch sie sich gegenseitig ergänzen. Daatland und Herlofson erklären diesen Zusammenhang wie folgt: „*When some needs are met (and substituted) by service provision, families direct their efforts towards other needs and concerns that are less well covered by formal services*" (Daatland/Herlofson 2003, S. 299).

fähig genug sind (vgl. Arber/Ginn 1999, S. 334f; Gilberg 2000, S. 107, S. 187; Schneekloth/Wahl 2005, S. 77; dies. 2006, S. 78f).

Dieser großen Bedeutung des familiären Umfelds Rechnung tragend bezeichnet Höhn die Familie als *„größten Pflegedienst"* (Höhn 1995, S. 10). Wie Radtke-Röwekamp jedoch betont, bildet diese Metapher nur eine Seite der Wirklichkeit ab, auf die jedoch im gegenwärtigen Mainstream der Forschung stark fokussiert wird. Unbeleuchtet bleibe hingegen, dass ein Großteil der privaten Pflegeleistungen lediglich durch einen Teil der Familien, nämlich die Frauen, erbracht wird (vgl. Radtke-Röwekamp 2008, S. 241-244).

Tatsächlich verweisen aktuelle Statistiken darauf, dass insbesondere die Hauptverantwortung für die Pflegeerbringung überwiegend weiblichen Familienmitgliedern zwischen dem 40. und 64. Lebensjahr zufällt (vgl. Kofahl 2008, S. 134; OECD 2011, S. 86, S. 89; Schneekloth/Müller 1999, S. 53; Schupp/Künemund 2004, S. 290; TNS Infratest Sozialforschung 2011, S. 27). Sie sind nicht nur öfter, sondern zumindest im mittleren Lebensalter auch zeitlich intensiver in die Versorgung eingebunden (vgl. BMFSFJ/StaBA 2003, S. 20; Künemund 2006, S. 306; Künemund/Schupp 2004, S. 291)[21], übernehmen auch in stärkerem Maße physisch belastende körperpflegerische Aufgaben (vgl. Lüdecke et al. 2007, S. 91; Schneekloth 2006a, S. 408) und erhalten hierbei seltener Unterstützung durch professionelle und private Akteure/Akteurinnen (vgl. Lüdecke et al. 2007, S. 94f; Sowarka et al. 2004, S. 7). Wenngleich der Anteil der männlichen Hauptpflegepersonen, insbesondere der pflegenden Söhne, seit 1998 von 20 % auf 28 % angestiegen ist[22], sind es doch vornehmlich Frauen, die in 72 %

---

21 Die Auswertung des Alters-Surveys aus dem Jahr 1996 lässt allerdings andere Schlüsse zu: Künemund zeigt, dass Männer zwischen dem 40. und 85. Lebensjahr mit 10 % zwar seltener in pflegerische Aktivitäten eingebunden sind als Frauen mit 14 %, dass sie jedoch im Falle der Übernahme dieser Aufgaben mit 84 Stunden im Monat ein größeres Zeitvolumen einbringen als Frauen mit 79 Stunden (vgl. Künemund 2001, S. 93, S. 96; Künemund 2005a, S. 317). Wie die Daten der zweiten Welle des Alters-Surveys belegen, sind insbesondere Männer zwischen dem 70. und 85. Lebensjahr intensiver in die Pflege eingebunden, als Frauen (Künemund 2006, S. 306).

22 Dieser Anstieg, wenn auch von einem niedrigen Ausgangsniveau, könnte auf Wandlungstendenzen der innerfamiliären Aufgabenverteilung hinweisen. Als Gründe für den Relevanzgewinn der Übernahme von Hauptpflegeverantwortungen durch Männer werden die Anreizwirkung der Pflegeversicherung, die zunehmende Erwerbsneigung älterer Frauen, die bis vor wenigen Jahren noch umfangreich praktizierte Frühverrentungspraxis, die gestiegene männliche Arbeitslosigkeit sowie die mangelnde Verfügbarkeit anderer privater (weiblicher) Pflegepersonen aufgrund einer Verkleinerung familiärer Netzwerke diskutiert. Von besonderer Bedeutung ist jedoch auch die gestiegene Lebenserwartung der Männer, die hierdurch bedingt häufiger ihre (Ehe-)Partnerinnen versorgen (vgl. Dallinger 1997, S. 115; Döhner et al. 2007, S. 166f; Langehennig 2009, S. 45f; Lüdecke et al. 2007, S. 88; Schneekloth 2006a, S. 408; Sowarka et al. 2004, S. 5).

der Fälle die hauptpflegerische Arbeit leisten (vgl. TNS Infratest Sozialforschung 2011, S. 27).

Übernehmen Männer diese Rolle, dann in erster Linie im intragenerationellen Verhältnis für ihre Partnerin (vgl. TNS-Infratest Sozialforschung 2011, S. 27). Grundsätzlich ist von einer Zunahme dieses Partnerpflegepotenzials auszugehen. Sie ergibt sich durch die Zunahme der Lebenserwartung der Männer, den Relevanzverlust kriegsbedingter Einflüsse sowie das Hineinwachsen von Kohorten in die Gruppe der Alten, die als *„typische Vertreter der Normalfamilie der 1950er und 1960er Jahre“* (Dammert 2008, S. 236) gelten und vergleichsweise häufig in Zweipersonenhaushalten, d. h. zusammen mit Ehepartner(inne)n, leben. Mittelfristig ist jedoch aufgrund zunehmender Ledigen- und Scheidungsquoten mit einer Abflachung dieses Trends zu rechnen (vgl. Modellrechnung des Bundesinstituts für Bevölkerungsentwicklung in BMFSFJ 2000, S. 219f).

Intergenerationelle Pflege wird hingegen in der Regel von Frauen erbracht, was sich daran zeigt, dass Töchter und Schwiegertöchter mit insgesamt 34 % (26 % bzw. 8 %) weitaus häufiger in die Versorgung eingebunden sind als Söhne und Schwiegersöhne mit 11 % (10 % bzw. 1 %) (vgl. TNS Infratest Sozialforschung 2011, S. 27).

Im internationalen Vergleich sind diese Geschlechterdifferenzen bei der intergenerationellen Pflegeerbringung, wie die OASIS-Studie auf der Basis einer quantitativen Fragebogenuntersuchung mit 6106 Teilnehmern zeigt, in Deutschland vergleichsweise groß (vgl. Bazo/Ancizu 2003, S. 236).

Die Überrepräsentanz von Frauen in der privat erbrachten Pflege relativiert sich jedoch zumindest partiell, wenn anstelle der Hauptverantwortlichkeit für die Versorgung die generelle Einbindung in die pflegerische Unterstützungsleistung betrachtet (vgl. Calsanti 2003, S. 21; Künemund 2006b, S. 328; Künemund/Schupp 2004, S. 290) und somit auch dem Aspekt Rechnung getragen wird, dass Pflege in aller Regel nicht von einer einzelnen Person, sondern in rund 63 % der Fälle von mehreren privaten Hilfeleistenden erbracht wird (vgl. TNS Infratest Sozialforschung 2011, S. 26). Für die Bundesrepublik konstatieren Schupp und Künemund auf der Basis einer Sekundärauswertung des Sozio-ökonomischen Panels beispielsweise, dass 2003 8 % der Frauen aber auch 5 % der Männer in Deutschland an der Betreuungs- und Versorgungserbringung für pflegebedürftige Menschen partizipierten. Von allen Unterstützungsleistenden waren 37 % männlich (vgl. Schupp/Künemund 2004, S. 290f). Gegenüber den oben dargelegten Daten der Infratesterhebung, die sich ausschließlich auf die primären Versorgungspersonen beziehen, liegt dieser Wert um 10 Prozentpunkte höher. Wenn auch Männer seltener die Position der Hauptpflegeperson einnehmen, so zeigt doch dieses Ergebnis, dass sie dennoch häufig in das häusliche Gesamtpflegearrangement eingebunden sind und dort wichtige Aufgaben erfüllen (vgl. Gerstel/Gallagher 2001, S. 211).

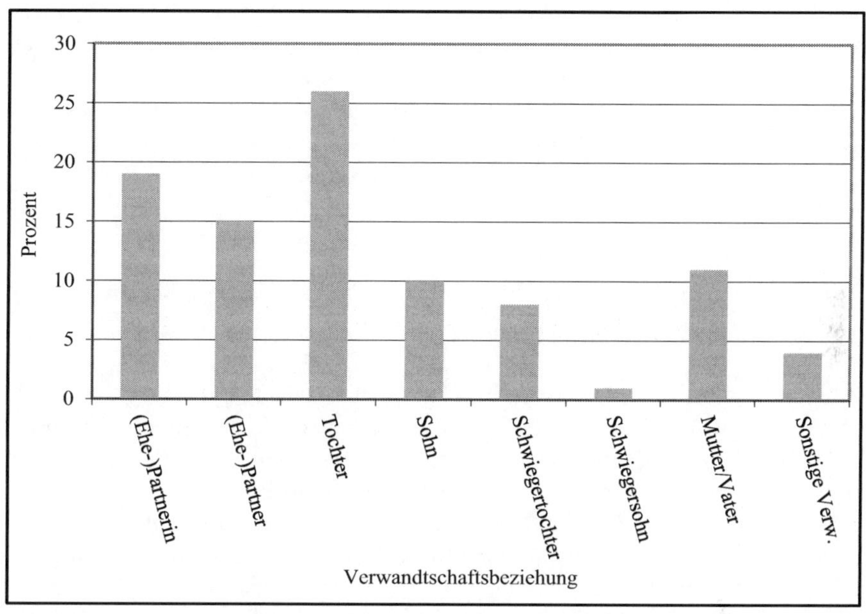

Abbildung 3: Verwandtschaftsbeziehungen der Hauptpflegeperson zur pflegebedürftigen Person 2010 (%) (vgl. TNS Infratest Sozialforschung 2011, S. 27)

Dies ist jedoch nicht in allen Altersgruppen gleichermaßen der Fall. Insbesondere im mittleren Lebensalter ist die Übernahme der (Neben-)Verantwortung für Versorgungsaufgaben geschlechtsspezifisch verteilt (vgl. Backes et al. 2011, S. 17; Rothgang et al. 2009, S. 86). Darauf verweisen auch die folgenden Daten, die belegen, dass die Differenz zwischen der Versorgungserbringung von Frauen und Männern in der Altersgruppe der 40 bis 54-Jährigen mit 16,0 % zu 7,8 % am größten, in der Altersgruppe der 55 bis 69-Jährigen mit einem Verhältnis von 14,6 % zu 9,3 % am zweitgrößten und bei den 70 bis 85-Jährigen mit 10,4 % zu 7,4 % am niedrigsten ist (vgl. Künemund 2006, S. 325).

Wie die Betrachtung zusammenfassend zeigt, wird der gesellschaftlichen Herausforderung eines kontinuierlich wachsenden Pflegebedarfs in Deutschland überwiegend durch ein Versorgungsmodell begegnet, in dem weibliche Familienmitglieder, teilweise unterstützt durch professionelle Dienste, eine herausragende Position einnehmen. Insbesondere Frauen im mittleren Lebensalter übernehmen dabei gegenwärtig noch einen wesentlichen Anteil der Verantwortung für die Unterstützungserbringung. Trotz des wachsenden Anteils von Männern, der sich an der informellen Pflegearbeit beteiligt und vermehrt auch die Rolle einer Hauptpflegeperson übernimmt, bestehen also zumindest für die Gruppe der Personen im Erwerbsalter Hinweise für den Fortbestand des Musters einer geschlechtsspezifisch geprägten Arbeitsverteilung.

3.1.2 Kulturelle Bezugsrahmen als Einflussfaktoren auf die Einbindung von Frauen in die informelle Pflege älterer Menschen

Im jüngeren wissenschaftlichen Diskurs um die Ausgestaltung länderspezifischer Care Arrangements wird zunehmend häufiger gesellschaftlich geteilten Kulturen der Pflege, die Pfau-Effinger als „*the relevant sense-constructions in a given society surrounding informal and formal care*“ (Pfau-Effinger 2005a, S. 326) beschreibt, ein wesentlicher Stellenwert zugeschrieben. Dieser Argumentationslinie folgend, haben sie relevante Prägekraft für den gesellschaftlichen Umgang mit Pflegebedarfen und werden daher im Folgenden beschrieben. In Anlehnung an Pfau-Effingers Konzept der family values[23] finden in diesem Zusammenhang drei relevante Indikatoren Berücksichtigung, um Rückschlüsse auf die Ausprägung dieser Kulturen ziehen zu können. Zu ihnen zählen die dominierenden gesellschaftlichen Leitbilder gegenüber den Inhalten und den Orten einer als wünschenswert erachteten Pflege, gegenüber der Verantwortungsteilung zwischen den Institutionen Staat, Markt, intermediärer Sektor und Familie sowie bezüglich der geschlechtsspezifischen Verantwortung für die Versorgungserbringung (vgl. Pfau-Effinger 2005a, S. 328; dies. 2005b, S. 24). In der nachfol-

23 Family Values stellen „*Culture values and notions with respect to the structure of the family and the gender division of labour*“ (Pfau-Effinger 2005a, S. 328) dar und leisten Aufschluss über das gesellschaftliche Verständnis von einer 'guten' Kindheit, einer angemessenen Verteilung von Arbeit in der Familie und die Rolle der Familie bei der Versorgungserbringung (vgl. ebd., S. 328). Im Gegensatz zu den welfare values beziehen sich diese Leitbilder demnach auf die Ausgestaltung und Position familiärer Sorgearbeit (auch in Relation zu anderen Institutionen) und fokussieren somit nur indirekt auf die Sorgearbeit, die außerhalb der Familien durch andere Akteure, z. B. Staat und Markt, erbracht wird.

genden Betrachtung wird vornehmlich auf die Ergebnisse ausgewählter quantitativer Untersuchungen Bezug genommen, die Auskunft über die Wertehaltungen und Einstellungen von Individuen in Bezug auf die oben genannten Aspekte leisten. Wo quantitative Studien für Deutschland nicht verfügbar sind, wird beispielsweise auf öffentliche Stellungnahmen einflussreicher Institutionen im Feld der Altenpflege zurückgegriffen. In ihren Positionierungen werden gesellschaftlich bedeutsame Leitbilder zum Ausdruck gebracht.

Gesellschaftliche Leitbilder bezüglich den Inhalten und den Orten einer als wünschenswert erachteten Pflege

Gesellschaftliche Leitbilder über die Inhalte einer als wünschenswert erachteten Pflege beziehen sich in Deutschland ganz maßgeblich auf das Selbstbestimmungsrecht Älterer. Es lässt sich aus der im Grundgesetz festgelegten Maxime der Unantastbarkeit der Würde des Menschen ableiten. Wie Lob-Hüdepol darstellt, erwächst aus der hier festgelegten Unverfügbarkeit des Individuums für fremde Zwecke und Interessen unmittelbar das Recht *„über seine Lebensführung und sein Lebensschicksal selbst bestimmen zu können“* (Lob-Hüdepol 2009, S. 35). Dieser Bestandteil einer ‚guten‘ Pflege drückt sich beispielsweise in der vom Deutschen Zentrum für Altersfragen 2006 in Zusammenarbeit mit dem BMFSFJ und dem BMG veröffentlichten Charta der Rechte hilfe- und pflegebedürftiger Menschen aus. Die Charta richtet sich an professionelle und private Versorgungsleistende. Sie umfasst gegenwärtig konsensfähige Grundhaltungen und Werte, die für die Erbringung einer qualitativ hochwertigen Pflege als unerlässlich erachtet werden. Sie beinhaltet unter anderem ein Plädoyer für eine auf Selbstbestimmung und Hilfe zur Selbsthilfe ausgerichtete und an den persönlichen Bedarfen orientierte Pflege, Betreuung und Behandlung, die den Rechten auf Privats- und Intimsphäre und dem Schutz vor Gefahren für Leib und Seele nachkommt, Kommunikation, Wertschätzung und Teilhabe sicherstellt und auf die Stärkung der Lebensqualität und des Wohlbefindens ausgerichtet ist. Entscheidungs- und Verhaltensfreiheit soll in Bezug auf den gewünschten Lebensort sowie die Gestaltung des Tagesablaufes so weit wie möglich gewährt werden (vgl. BMFSFJ/BMG 2010).

Die Bedeutung dieses gesellschaftlichen Leitbildes zeigt sich auch in der Untersuchung von Runde et al. zu den Auswirkungen der Einführung der Pflegeversicherung auf Einstellungen und Verhalten von Pflegebedürftigen und Pflegepersonen. 71 % der Befragten erachten die Wahrung von Selbstbestimmung und Selbstständigkeit als sehr wichtig. Weitere bedeutsame Inhalte einer guten Pflege sind zum Beispiel das Vorhandensein von ausreichender Zeit

(66,3 %), die Sicherstellung von Sauberkeit (64 %), eine ständige Verfügbarkeit der Pflegeperson (55 %) und auch der Erhalt von Vertrautem in der Pflege (63 %) (vgl. Runde et al. 1999, S. 88).

Neben den Inhalten spielt auch der Ort der Pflege eine wichtige Rolle. In diesem Zusammenhang wird im Sozialrecht und in Stellungnahmen des BMFSFJ die Stärkung der häuslichen Pflege als unterstützenswertes Ziel zur Realisierung einer auf Autonomie und Selbstbestimmung ausgerichteten Pflege hervorgehoben (vgl. § 3 SGB XI; BMFSFJ 2002, S. 25, S. 106; ders. 2006, S. 320). Diese Leitidee einer guten Versorgung zeigt sich auch auf der Bevölkerungsebene. Dies belegt beispielsweise die Eurobarometerbefragung aus dem Jahr 2007, der zufolge 84 % der West- und 86 % der Ostdeutschen im Bedarfsfall am liebsten zu Hause gepflegt werden möchten (vgl. Dittman 2008, S. 2; vergleichbare Ergebnisse auch durch Motel et al. 2000, S. 161, S. 175). Wie Runde et al. in der oben bereits thematisierten Untersuchung beschreibt, gilt dies nicht nur für die Gesamtbevölkerung, sondern auch für Personen, die mit Pflegebedürftigkeit bereits direkt konfrontiert sind. Über 90 % der Befragten nennen die eigene Wohnung als Wunschpflegeort und erachten es in 84 % der Fälle als sehr wichtig, ihr Leben trotz Pflegebedürftigkeit in ihrer vertrauten Umgebung fortführen zu können (vgl. Runde et al. 1997, S. 28, S. 86). Die beschriebenen Einstellungen spiegeln dabei einerseits das Leitbild einer Aufrechterhaltung der gewohnten Lebensumstände und andererseits das Leitbild, im Falle des Auftretens von Pflegebedürftigkeit Geborgenheit und eine Integration in die Familie zu wahren (vgl. Eichler 2005, S. 66). Mit einer Heimübersiedlung kann diesen Werten nicht oder nur eingeschränkt entsprochen werden, wodurch diese Versorgungsmöglichkeit mehrheitsgesellschaftlich nicht als optimalste Lösung gilt. Wie sich anhand der Daten des Eurobarometers aus dem Jahr 1998 zeigt, befürworten diese Option lediglich 10 % der Kinder von alleinlebenden Eltern (vgl. Schupp/Künemund 2004, S. 292; ähnliche Ergebnisse durch: Dorbritz et al. 2005, S. 24). Vergleichbare Befunde ergeben sich auf der Basis der Infratesterhebung, die sich auf die Aussagen von bereits mit der Pflegesituation konfrontierte Personen stützt. Demzufolge erachten lediglich 11 % der Angehörigen und 19 % der Pflegebedürftigen eine Versorgung in einer stationären Einrichtung für sinnvoll und wahrscheinlich und bringen damit Wünsche und Erwartungen zum Ausdruck, die nicht auf den kulturellen Primat der häuslichen Pflege gerichtet sind (vgl. Schneekloth/Leven 2003, S. 33f; Schneekloth/Wahl 2006, S. 86f). Wenn ein Übergang des Pflegebedürftigen in eine stationäre Einrichtung in Erwägung gezogen wird, entspricht dies, wie Döhner et al. auf Grundlage der Eurofamcare-Studie belegen, oft nicht den Präferenzen der Befragten und geschieht häufig aufgrund von äußeren Zwängen. Sie kommen beispielsweise in Form eines massiv verschlechterten Gesundheitszustandes, der die Bewältigung der Versorgung in der eigenen Häuslichkeit nicht mehr zulässt, zum Ausdruck (vgl. Döhner et al. 2008, S. 119f).

Gesellschaftliche Leitbilder bezüglich der Verantwortungsteilung zwischen den Institutionen Staat, Markt, intermediärer Sektor und Familie

Wie die vorangehende Betrachtung verdeutlicht, scheint eine adäquate Versorgungserbringung gemäß der vorherrschenden kulturellen Leitbilder eine auf die Begegnung individueller Bedarfe und die Förderung der Selbstbewältigungs- und Selbstbestimmungsfähigkeit ausgerichtete Tätigkeit zu sein, die in der eigenen Häuslichkeit durchgeführt wird. Fraglich ist nun, welchem der im Pflegesystem agierenden Akteure/Akteurinnen, nämlich dem Staat, dem Markt, dem intermediären Sektor oder der Familie, die Verantwortung für die Übernahme dieser Aufgaben zugesprochen wird.

Wenngleich Untersuchungen, wie im weiteren Verlauf dieses Teilkapitels noch zu zeigen sein wird, in diesem Zusammenhang auf grundlegende milieuspezifische Unterschiede verweisen, gilt Deutschland in der international vergleichenden Wohlfahrtsstaatenforschung pauschalisierend und wenig differenziert als *„eine „home care society", in der die Kinderbetreuung und Altenpflege durch Familienangehörige im privaten Haushalt eine besonders hohe Wertschätzung erfahren*" und als die *„beste Form der Pflege*" betrachtet werden (vgl. Pfau-Effinger et al. 2008, S. 90). Diese kulturelle Ausrichtung sei Ausdruck einer hier stark vorherrschenden Bedeutung der Selbsthilfe und der familiären Unterstützung, die auf dem zuerst aus der katholischen Soziallehre hervorgegangenen Subsidiaritätsprinzip als sozialphilosophischem Grundsatz[24] fuße (vgl. Burau et al. 2007, S. 11). Es wurde erstmalig in der päpstlichen Sozialenzyklika „Quadragesimo anno" formuliert und besagt, dass der Einzelmensch oder auch Familien in größtmöglichem Maße selbstverantwortlich, eigenständig und von der Einflussnahme des Gemeinwesens unabhängig ihre Lebensgestaltung leisten sollen und dürfen. Erst, wenn diese Bemühungen scheitern, übernimmt die Gemeinschaft die Aufgabe, diese kleinste gesellschaftliche Einheit zur Selbstverantwortung zu befähigen (vgl. Bergmann 1998, S. 248f; Sachße 2003, S. 192ff).

---

24 Wie im nachfolgenden Teilkapitel zu zeigen sein wird, erfüllt das Subsidiaritätsprinzip nicht nur eine Leitbildfunktion, sondern auch eine Funktion als sozialpolitisches Ordnungsprinzip.

Die Gültigkeit dieses übergeordneten kulturellen Wertes kommt in den Präferenzen von (potenziellen) Pflegepersonen und Pflegebedürftigen zur Versorgungsübernahme durch Angehörige im Pflegefall zum Ausdruck.[25] Hollstein und Künemund belegen beispielsweise auf der Grundlage der Daten der zweiten Welle des Alters-Surveys, dass Pflege immer noch als eine im engsten Familienkreis zu bewältigende Angelegenheit betrachtet wird. Befragt nach ihren Vorstellungen über eine gute Versorgung ziehen die einbezogenen Pflegebedürftigen fast ausnahmslos den Partner bzw. die Partnerin oder die eigenen Kinder anderen Privatpersonen, z. B. Freunden/Freundinnen, Verwandten oder Bekannten, vor (vgl. Künemund/Hollstein 2005, S. 257; ähnliche Erkenntnisse auch durch Dorbritz et al. 2005, S. 25).

Diese stark ausgeprägte Präferenz für eine Pflegeperson aus dem direkten familiären Umfeld der Pflegebedürftigen zeigt sich auch in der Studie von Runde et al. 81, 6 % der Befragten sprechen sich für die Versorgung durch den Ehepartner oder die Ehepartnerin und/oder Angehörige aus. Freunde/Freundinnen spielen als Wunschpflegeperson mit lediglich 2,3 % nur eine untergeordnete Rolle. Einen geringen Stellenwert nehmen mit 12,1 % ebenfalls Akteure/Akteurinnen des Marktes ein (vgl. Runde et al. 1999, S. 87).

Geringere Zustimmungswerte bildet die Sekundärdatenanalyse des Eurobarometers aus dem Jahr 1999 ab. Bei der Frage nach der bevorzugten Versorgungslösung für die eigenen Eltern weisen in Deutschland etwa 60 % bis 70 % der Untersuchungsteilnehmer(innen) eine deutliche Zustimmung gegenüber der familiären Pflege auf. Damit werden die von Künemund und Hollstein sowie von Runde et al. ermittelten Werte unterschritten. Ursächlich hierfür mag sein, dass nicht auch die Meinung der Pflegebedürftigen selbst, sondern ausschließlich die der potenziellen Pflegepersonen erhoben wurde, die nicht Profiteurinnen, sondern Erbringerinnen der Hilfeleistung sind. Der grundsätzliche Trend einer Zustimmung zu der familiär geleisteten Versorgung zeigt sich jedoch auch hier. Signifikante geschlechterabhängige Unterschiede bestehen nicht, jedoch zeigt sich eine altersgruppenabhängige Polarisierung: Während ältere Menschen die Versorgung durch die Familie überdurchschnittlich oft befürworten, gilt dies für Menschen in jüngeren Altersgruppen nicht in gleichem Maße. Sie zeigen eine deutlich ausgeprägtere Präferenz für staatliche Pflegeleistungen und sprechen

25 Daatland und Herlofson verweisen im Rahmen des Abschlussberichts zur OASIS-Studie auf Schwierigkeiten, Präferenzen tatsächlich valide zu messen. Sie merken an: „*These preferences are not necessarily what the responds would ‚really want', but some compromise between personal wishes, cultural norms and perceived opinions*" (Daatland/Herlofson 2003a, S. 144). Dennoch werden erfragte Präferenzen auch in dieser Studie als Indikator für die Ausprägung von pflegebezogenen Kulturen herangezogen.

sich auch häufiger als die ältere Generation für eine öffentliche Finanzierung der Pflege aus. Trotz dieser Altersdifferenzen ist die Präferenz für die Familienpflege jedoch im internationalen Vergleich auf einem mittleren bis höheren Niveau angesiedelt[26] (vgl. Blome et al. 2008, S. 327-230, vergleichbare Ergebnisse auch durch Alber/Köhler 2004, S. 64-69; Berger-Schmitt 2003, S. 13f; TNS Opinion & Social 2007, S. 67). Die Mehrheit der Deutschen mit etwa 57 % bewertet die Übernahme familiärer Verantwortung für die pflegebedürftigen Eltern auch dann positiv, wenn die Pflegeleistenden gleichzeitig erwerbstätig sind (vgl. Alber/ Köhler 2004, S. 65).

Neben diesen generellen Präferenzen leistet auch die bekundete Bereitschaft der Angehörigen, Pflegeleistungen im Bedarfsfall selbst zu erbringen sowie die dafür ausschlaggebenden Motive, relevante Aufschlüsse auf die vorherrschenden Leitbilder zur Verantwortungsteilung zwischen den Institutionen. In der überwiegenden Mehrzahl verweisen die bestehenden Studien dabei auf eine bisher ungebrochene Kultur der Abfederung von Pflegebedarfen im Kreise der Familie. Fuchs findet beispielsweise im Rahmen seiner Untersuchung zur „*Pflegebereitschaft von Personen, die selbst nicht pflegen*" (Fuchs 1998) eine durchweg ausgeprägte potenzielle Solidarität im Pflegefall. Demnach ist für 95,6 % der Befragten denkbar, im Bedarfsfall die Ehepartnerin oder den Ehepartner zu pflegen, für 86,4 % die Eltern, für 62,5 % die Schwiegereltern und für 29,9 % andere Verwandte. Frauen weisen dabei grundsätzlich eine größere Bereitschaft zur Übernahme von Pflege auf als Männer. Die einzige Ausnahme bilden hierbei Ehemänner. Ältere Menschen über 75 zeigen eine geringere Bereitschaft, was Fuchs vorrangig auf die altersbedingte Verminderung der Leistungsfähigkeit zurückführt (vgl. Fuchs 1998, S. 395).

Wie Mager auf der Basis einer quantitativen Untersuchung zu den Auswirkungen der gesetzlichen Pflegeversicherung in Hessen zeigt, empfindet ein Großteil der Personen, die bereits in familiäre Pflegeaktivitäten eingebunden sind, ihren Einsatz als selbstverständlich. Dies trifft auf 77,4 % der befragten Hauptpflegepersonen zu (vgl. Mager 2007, S. 74).

Es wird davon ausgegangen, dass diese stark ausgeprägte Bereitschaft zur Angehörigenversorgung und das Selbstverständnis der bereits Engagierten in beachtlichem Maße auf moralische Verpflichtungen zurückzuführen sind, die wiederum Ausdruck einer Orientierung an gesellschaftlich als bindend erlebten kulturellen Leitbildern sind (vgl. Eichler 2005, S. 62f, S. 104; Eichler/Pfau-

26 In Frankreich und Schweden sind die Zustimmungswerte gegenüber der familiären Pflege beispielsweise etwa zwischen 34 % und 51 % bzw. zwischen 15 % und 25 % angesiedelt und somit deutlich geringer, als in Deutschland (vgl. Blome et al. 2008, S. 328).

Effinger 2009, S. 623; Perrig-Chiello/Höpflinger 2012, S. 135-139). Wie Runde et al. im Rahmen ihrer Befragung finden, verwiesen 52,1 % der Studienteilnehmer(innen) auf dieses Verpflichtungsgefühl, wobei es gegenüber der Ehepartnerin oder dem Ehepartner (1997: 71,1 %; 2002: 62,3 %) ausgeprägter empfunden wird als gegenüber den Eltern (1997: 55 %; 2002: 45,1 %) (vgl. Runde et al. 2003, S. 46).

Im Rahmen der Eurofamcare-Studie, die unter anderem nach den Motiven für die Versorgungsübernahme bereits Pflegender fragt, kann eine noch größere Bedeutung von normativen und moralischen Verpflichtungen belegt werden. 85,8 % bzw. 90,9 % der Befragten verwiesen auf diese Gründe für die Übernahme der Betreuung (vgl. Kofahl 2008, S. 138f, S. 142). Dabei scheint die Norm der filialen Verpflichtung gegenüber den Eltern sowie der gesellschaftliche Wert des Eheversprechens einen relevanten Stellenwert einzunehmen (vgl. Bracker et al. 1988, S. 131; Pfau-Effinger et al. 2008, S. 91). Neben Austausch- und Verpflichtungsmotiven spielen aber auch noch andere Motive, z. B. altruistische oder Zuneigungsmotive, für die generell große Bereitschaft zur Angehörigenpflege eine bedeutsame Rolle (vgl. Bracker et al. 1988, S. 131; Dallinger 1993, S. 110).

Wenngleich die dargelegten Studienergebnisse zur Pflegebereitschaft von Angehörigen noch auf eine weitverbreitete familiäre Pflegekultur schließen lassen, bestehen jedoch bereits Hinweise auf sich vollziehende Wandlungsprozesse. Ergebnisse einer quantitativen Studie zur Solidarität im Nahraum stützen die Prognose von Modernisierungstheoretikern (vgl. z. B. Beck 1986; ders. 1996; Keupp 1989; ders. 1990), wonach traditionelle Werte im Zuge von voranschreitenden Individualisierungs- und Pluralisierungstendenzen sukzessive an Bedeutung verlieren und feste familiäre Verbindlichkeiten in der Auflösung begriffen sind. Insbesondere bei Vertreter(inne)n sozialer Milieus, die als Gewinner(innen) der Modernisierungsprozesse betrachtet werden, zeichnet sich eine abnehmende Bedeutung der Orientierung an moralischen Wertehaltungen zur Übernahme von Pflegeverantwortung für Familienmitglieder ab. Vielmehr gewinnen vor dem Hintergrund der hier ausgeprägten Opportunitätskosten, also die durch die Pflege möglicherweise entstehenden Statusreduktionen und die negativen Einflüsse auf die eigene Erwerbsarbeit, die Befürwortung einer Heimversorgung an Relevanz. Lediglich in sozial schwachen gesellschaftlichen Milieus, mit geringer struktureller Ressourcenausstattung und einer vormodernen Werteorientierung sind moralische Verpflichtungsgefühle noch ungebrochen existent (vgl. Blinkert/Klie 2004, S. 114-118; Klie/Blaumeister 2002, S. 143f). Wird berücksichtigt, dass gerade diese gesellschaftlichen Gruppierungen schrumpfen, scheint ein auf die familiäre Übernahme von Versorgungsaufgaben ausgerichtetes kulturelles Leitbild gesamtgesellschaftlich an Relevanz einzubüßen. Die Aussagekraft dieser Ergebnisse wird allerdings durch das methodische Vorgehen innerhalb der Studie begrenzt: Um die pflegekulturelle Orientierung der Untersuchungsteilnehmer(innen) zu ermitteln, wurden sie im Zuge der Befragung mit einer „Dilemma-Situation" konfrontiert und mussten sich im Falle einer hypothetisch angenommenen Pflegebedürftigkeit eines Angehörigen entweder für die ausschließlich durch die Familie getragene Versorgung oder aber die Versorgung durch eine stationäre Einrichtung entscheiden. In der Realität besteht jedoch auch die Möglichkeit, die familiäre Verantwortungsübernahme mit dem Einsatz professioneller Dienste zu verbinden. Wäre im Zuge der Befragung diese entlastende Perspektive in Aussicht gestellt worden, hätte sich möglicherweise auch in den höher gestellten Milieus eine umfassendere Bereitschaft zur Pflegeübernahme und somit eine stärker ausgeprägte Orientierung an einer familialen Pflegekultur abgezeichnet.

Vor dem Hintergrund dieser methodischen Mängel der Untersuchung sowie den vorher bereits angeführten Studienergebnissen, die ganz überwiegend auf eine große Bereitschaft zur Pflegeübernahme verweisen, ist jedoch zu bezweifeln, dass das kulturelle Leitbild einer familiären Pflege in naher Zukunft erodiert. Vielmehr liegt die Vermutung nahe, dass traditionelle kulturelle Vorstellungen über die familiäre Verantwortung im Pflegefall nicht allein prägend für den Umgang mit Pflegebedürftigkeit sind, sondern zusätzlich auch Kostenerwägungen und *„eine zweckrationale, leistungsbezogene und an individuellen Präferenzen orientierte Norm zur Pflege*" (Müller 2007, S. 53) an Relevanz gewinnen.[27] Außerdem ist zu erwarten, dass sich Öffnungsprozesse hin zu einer stärkeren Teilung der Verantwortung mit anderen Institutionen vollziehen. Hierin kommt, wie Bureau et al. darlegen, eine neue Form der Subsidiarität zum Ausdruck: Die Hauptverantwortung für die Pflegeerbringung gilt immer noch als Aufgabe der Familie, allerdings wird dem Staat nunmehr eine zumindest finanziell unterstützende Funktion zugesprochen (vgl. Burau et al. 2007, S. 54). Diese Annahme spiegelt sich auch in der Studie von Runde et al. wider. Die Ergebnisse belegen, dass lediglich ein geringer Anteil von 7,6 % in den alten Bundesländern und 6,0 % in den neuen Bundesländern Pflege tatsächlich als ausschließliche

27 Pfau-Effinger führt an, dass Veränderungsprozesse nicht notwendigerweise völlig neue Kulturen hervorbringen, sondern sich in der Regel pfadabhängig vollziehen und insofern nicht mit einem vollständigen Bruch mit Traditionen gleichzusetzen sind. Vielmehr beinhalten neu entstehende Kulturen auch schon existente kulturelle Modelle, da die Akteure/Akteurinnen, die die Veränderungsprozesse mitgestalten, unter den Einflüssen der alten Modelle agieren (vgl. Pfau-Effinger 2005, S. 14; dies. 2005a, S. 327).

Privatangelegenheit definiert (vgl. Runde et al. 1999, S. 23-25, ähnliche Ergebnisse auch durch Daatland/Herlofson 2003a, S. 141). Mehrheitlich stimmen 60,3 % in den alten und 52,6 % in den neuen Bundesländern für eine Teilung der Verantwortung mit dem Staat. Neben der unterschiedlichen Sozialisation von Ost- und Westdeutschen hinsichtlich der Staatsorientierung zeigen sich auch altersspezifische und die berufliche Herkunft betreffende Unterschiede: Unter den jüngeren Befragten sowie den Akademiker(inne)n und Unternehmer(inne)n konnten die höchsten Zustimmungswerte gegenüber dem Kombinationsmodell beobachtet werden (vgl. Runde et al. 1999, S. 23-25). Auch mehr als 10 Jahre später lässt sich auf der Grundlage der Gesundheitsmonitor-Befragung 2008 eine ähnlich ausgeprägte Befürwortung eines kulturellen Leitbildes der geteilten Pflegeverantwortung beobachten, die im bundesdeutschen Durchschnitt bei 60 % liegt (vgl. Bauer 2008, S. 235).

Diese hohen Zustimmungswerte zeigen sich allerdings nicht grundsätzlich auch in den tatsächlich realisierten Pflegearrangements. Wie in Teilkapitel 3.1.1 dargestellt, nehmen tatsächlich lediglich 34,0 % der häuslich versorgten Pflegebedürftigen, wenn auch mit steigender Tendenz (vgl. StaBA 2011, S. 4), professionelle Pflegedienste in Anspruch. Pfau-Effinger et al. konstatiert, dass Abweichungen oder Ungleichzeitigkeiten der tatsächlich gelebten Arrangements von den sozialen Leitbildern immer dann auftreten, wenn äußere Restriktionen ihre Realisierung nicht zulassen (vgl. Pfau-Effinger 2000, S. 70) oder die Vorstellungen der Familien über die Qualitätskriterien einer als adäquat erachteten Pflege nicht mit den ambulanten Pflegeangeboten übereinstimmen. Ausschlaggebend für den zuletzt benannten Aspekt ist die Überzeugung, dass die Ökonomisierungs- und Rationalisierungserfordernissen unterworfenen professionellen Dienste den Wünschen der Pflegenden und der Pflegebedürftigen nach einer kontinuierlich bestehenden Pflegebeziehung, einer angemessenen Geschwindigkeit der Versorgungserbringung und einer flexibel an die Bedarfe angepassten Pflege nicht in dem Maße gerecht werden können, wie die Familien (vgl. Eichler/Pfau-Effinger 2009, S. 625-628; Pfau-Effinger et al. 2008, S. 93ff). Eichler und Pfau-Effinger führen in diesem Kontext aus:

> *"Family care is often seen as the type of care that is more appropriate to the temporal needs of those in need of care and their requirements for care to be socially embedded, rather than ambulant care by care services, and therefore family care is seen as the only guarantor of ‚good care'"* (Eichler/Pfau-Effinger 2009, S. 627*)*.

Vor diesem Hintergrund gilt es daher zu prüfen, ob beispielsweise die Ausgestaltung der institutionellen Regelungen möglicherweise einer Realisierung des kulturellen Leitbildes entgegensteht.

Gesellschaftliche Leitbilder bezüglich der geschlechtlichen Verantwortung für die Versorgungserbringung

Mit diesen kulturellen Zuweisungen der Verantwortung für die Versorgungserbringung primär an die Familie sind jedoch gleichzeitig geschlechtliche Zuweisungen verbunden. Sie folgen der Logik eines fiktiven Geschlechtervertrags, der komplementäre Zuständigkeiten von Männern und Frauen für Erwerbs-, Haus- und Familienarbeit festlegt. Männer sind in diesem Modell einer *„bürgerlich-kapitalistischen Arbeitsteilung“* (Eckart 2000, S. 10) im außerhäuslichen Bereich für die Erzielung eines Erwerbseinkommens zuständig, während Frauen die Verantwortung für sorgende Tätigkeiten übertragen wird, die im Privaten verortet sind (vgl. Holst/Maier 1998, S. 506; Lewis 1992, S. 159; Schultheis 1993, S. 432). Diese Differenzierung von männlich und weiblich konnotierten Lebensbereichen ist dabei eng mit Hierarchisierungen verbunden, da der monetär vergüteten Erwerbsarbeit gesellschaftlich ein höherer Stellenwert beigemessen wird als der Fürsorgearbeit mit engen Bezügen zur Körperlichkeit (vgl. Brückner 2008, S. 167; Degele 2005, S. 14f).

Ein wesentlicher Begründungsfaktor für diese differenten Zuschreibungen stellt die Annahme des Bestehens geschlechterspezifischer Fähigkeiten dar, die sich in einem männlichen und weiblichen Arbeitsvermögen niederschlagen (vgl. Beck-Gernsheim 1976, S. 43-47; Beck-Gernsheim/Ostner 1978, S, 273ff). Ausgangspunkt für diese Fähigkeitsdifferenzierung ist die Zugrundelegung bestimmter biologischer Unterscheidungen zwischen den Geschlechtern (z. B. geschlechtertypische Konstitutionen, Einstellungen und Interessen) im Allgemeinen und die *„vermeintliche biologische und wesensmäßige Bestimmung der Frau“* (Eckart 1999, S. 418) für die Übernahme fürsorglicher Aufgaben im Speziellen. Diese typisch weiblichen und typisch männlichen Fähigkeiten haben jedoch einer sozial-konstruktivistischen Perspektive folgend nicht den Charakter von Naturgegebenheiten, sondern werden durch soziokulturelle Mechanismen, z. B. gesellschaftliche Zuweisungen im Zuge von Sozialisationsprozessen oder Arbeitserfahrungen und -anforderungen aus dem beruflichen und außerberuflichen Bereich, erst produziert (vgl. Beck-Gernsheim 1976, S. 47, S. 80f; dies. 1985, S. 21-26; Bilden 1991, S. 280; Tyrell 2008, S. 148). Dieses im 19. Jahrhundert vornehmlich nur im Bürgertum verbreitete Leitbild einer geschlechtsspezifischen Arbeitsteilung, das als Norm *„nie für Frauen aller Schichten* *gleichermaßen faktische Lebensrealität war*" (Bilden 1991, S. 297), entwickelte in der Phase wirtschaftlicher Prosperität in den 1950er und 1960er Jahren eine enorme Strahlkraft auf große Teile der Gesellschaft (vgl. Meuser 2008, S. 638). Bis in die 1970er Jahre entsprachen das Modell der geschlechtsspezifischen Arbeitsteilung und die damit verbundene weibliche Verantwortungsübernahme für Sorgearbeiten dem gesellschaftlichen Ideal (vgl. Pfau-Effinger et al. 2008, S. 90).

In der wissenschaftlichen Auseinandersetzung ist ein viel diskutiertes Thema, inwieweit diese gesellschaftliche Wertehaltung auch heute noch einen verbindlichen Rahmen für das Handeln der Akteure/Akteurinnen auf der Mikroebene bildet. Weitgehender Konsens scheint darin zu bestehen, dass kulturelle Leitbilder zur Kinderbetreuung in den vergangenen Jahrzehnten einem deutlichen Wandlungsprozess unterliegen, der dem Engagement der Väter bei der Versorgung des Nachwuchses einen größeren Stellenwert verschafft (vgl. Beckmann 2008, S. 238f; Bürmann/Micus-Loos 2002, S. 108; Zulehner 2004, S. 9, S. 11).

Inwieweit diese Abkehr von dem kulturellen Leitbild der geschlechterspezifischen Verteilung von Sorgearbeit aber auch für den Bereich der privat erbrachten Altenpflege zutrifft, lässt sich aufgrund der mangelhaften Datenlage kaum abschätzen. Erste Hinweise können aus den Erwartungshaltungen älterer Menschen gegenüber ihren Söhnen und Töchtern abgeleitet werden, die Pflege zu übernehmen. Die Berliner Altersstudie zeigt in diesem Zusammenhang, dass die Befragten in 27 % der Fälle von ihrer Tochter, jedoch nur in 7 % der Fälle auch von ihrem Sohn verlangen, im Pflegefall von ihnen versorgt zu werden (vgl. Schütze 1995, S. 36). Diese Ergebnisse verweisen darauf, dass die intergenerationelle Pflege gesellschaftlich stärker als weiblich besetzter Aufgabenbereich eingeschätzt wird.[28] Dies gilt auch dann, wenn die Pflegenden erwerbstätig sind: Während an vollzeitberufstätige Männer sehr viel seltener die Erwartung gerichtet wird, dass sie sich umfassend in die Versorgungsleistung einbringen, trifft dies für Frauen in der gleichen beruflichen Situation öfter zu (vgl. Anderson 2004, S. 104; Kreutzner 2006, S. 34; Perrig-Chiello/Höpflinger 2012, S. 133f).

Neben den geschlechtsspezifischen Erwartungshaltungen der älteren Menschen können auch Motive von Pflegepersonen, die Versorgung zu übernehmen,

---

28 Offensichtlich gilt dieser Zusammenhang jedoch nur im Eltern-Kind-Verhältnis, da lediglich 4 % der Befragten diese Erwartungshaltung auch gegenüber ihrer Schwiegertochter zeigen (vgl. Schütze 1995, S. 36). Der Schluss liegt folglich nah, dass Pflege vorrangig als im direkten verwandtschaftlichen Verhältnis zu bewältigende Aufgabe angesehen wird und die Nähe des Verwandtschaftsgrades für die Zuschreibungen noch von größerer Relevanz ist als die Geschlechterzugehörigkeit.

als Indikatoren für die Ausprägung der kulturellen Leitbilder fungieren. Wenngleich Liebe und Zuneigung (geschlechterübergreifend) bedeutsame Gründe für die Übernahme der Pflege darstellen (vgl. Perrig-Chiello 2012, S. 136), nimmt doch insbesondere unter den Frauen auch die moralische Verpflichtung einen bedeutsamen Stellenwert ein. Halsig belegt in diesem Zusammenhang, dass 64,7 % der befragten Töchter und 59,3 % der Schwiegertöchter die Pflege leisten, da sie dieses Verhalten als selbstverständlich im Sinne einer normativ bereits vorgegebenen Entscheidung empfinden. 11,8 % der Töchter und 11,1 % der Schwiegertöchter übernehmen Versorgungsaufgaben aufgrund von familiärem Druck (vgl. Halsig 1995, S. 252f; in der Tendenz ähnliche Ergebnisse z. B. auch durch Dallinger 1993, S. 110; Gröning et al. 2004, S. 51). Vergleichswerte für pflegende Söhne oder Schwiegersöhne werden in dieser Quelle nicht angeführt. Allerdings merkt der Autor unter Bezugnahme auf andere Untersuchungsergebnisse an:

> *"Wie auch wir aufzeigen konnten, kommen sie zu dem Schluß, dass Töchter die Hilfe/Pflege in höherem Maße als andere Angehörige unter sozialem Druck übernehmen"* (Halsig 1995, S. 253).

Maly zeigt im Rahmen ihrer qualitativ ausgerichteten Untersuchung, dass die Verantwortungsübernahme häufig in enger Konnexion mit der normativen Vorstellung erfolgt, dass Betreuungs- und Pflegearbeit Teil des weiblichen Aufgabenspektrums seien (vgl. Maly 2001, S. 118). Männer scheinen demgegenüber eher über die Freiheit zu verfügen, sich der Versorgungsübernahme zu entziehen, da ihr Engagement gesellschaftlich und familiär nicht in gleichem Maße erwartet wird (vgl. Gröning et al. 2004, S. 51; Lambrecht/Bracker 1992, S. 111ff; Langehenning 2009a, S. 19).

Die Ergebnisse der Studien lassen erste Rückschlüsse auf innerhalb der Gesellschaft bestehende und von der Mehrheit der weiblichen Pflegeleistenden stark antizipierte Verantwortungszuschreibungen zu. Offensichtlich sind kulturelle Vorstellungen über die weibliche Verpflichtung für die Übernahme von Versorgungsaufgaben gegenüber älteren Menschen auch heute noch wirksam (vgl. Backes 1994, S. 116f; Kunstmann 2010, S. 112f; Perrig-Chiello/Höpflinger 2012, S. 133f). Die in Teilkapitel 3.1.1 dargelegten Veränderungen der Pflegearrangements hin zu einer zunehmenden Partizipation von Männern an den Versorgungsarbeiten, leisten möglicherweise jedoch erste Aufschlüsse auf eine sukzessive Abkehr von diesen kulturellen Mustern. Denkbar ist die allmähliche Herausbildung eines Leitbildes, das im Falle der Eltern- bzw. Schwiegerelternpflege zumindest eine unterstützende Beteiligung der Männer und im Falle der Ehepartnerinnenpflege auch die Übernahme der Hauptpflegeverantwortung vorsieht. Ausschlaggebend hierfür mag mitunter sein, dass äußere Restriktionen, beispielsweise die zunehmende Einbindung von Frauen in den Arbeitsmarkt, die Realisierung eines auf die weibliche Übernahme von Versorgungsarbeiten ausgerichteten Wertes behindern und Veränderungen der Leitbilder nach sich ziehen (vgl. Maly 2001, S. 37).

Zusammenfassend zeigt sich auf einer übergeordneten Ebene folgendes kulturelles Leitbild des gesellschaftlichen Umgangs mit Versorgungsbedarfen: Älteren Menschen wird auch im Falle ihrer Pflegebedürftigkeit das Recht auf Souveränität und Autonomie zugesprochen, das vergleichsweise konsensfähig am besten in der eigenen Häuslichkeit umsetzbar erscheint. Die familiäre Erbringung von Versorgungsleistungen erfährt dabei in großen Gruppen der Gesellschaft immer noch eine ausgeprägte Wertschätzung, wobei eine Ergänzung durch professionelle Dienste durchaus befürwortet wird. Wenngleich sich zumindest für den Bereich der Versorgung von Kindern gegenwärtig bereits egalitärere kulturelle Vorstellungen über die geschlechtliche Verteilung von Sorgearbeit abzeichnen, richten sich im Bereich der familiär erbrachten Pflegearbeit Erwartungshaltungen gegenwärtig doch noch vorrangig an die weiblichen Familienmitglieder und werden als solche von ihnen überwiegend auch akzeptiert.

3.1.3 Institutionelle Regelungen als Einflussfaktoren auf die Einbindung von Frauen in die informelle Pflege älterer Menschen

Der gesellschaftliche Umgang mit Pflegebedarfen wird neben den kulturellen Bezugsrahmen auch durch die vorherrschenden institutionellen Regelungen bestimmt. Im Rahmen der Arbeit sind hierbei auf der makrostrukturellen Ebene bestehende wohlfahrtsstaatliche Politiken von besonderem Interesse, die Einfluss darauf nehmen, ob den Familien oder dem öffentlichen Raum[29] vorrangig die Verantwortung für diese Form der Wohlfahrtsproduktion zugeschrieben wird. Zu berücksichtigen ist hierbei auch der geschlechterbezogene Einfluss der Politiken. Zwar sind sie *„(...) geschlechterneutral formuliert, da die familiale Pflegetätigkeit [jedoch] in erster Linie durch Frauen erbracht wird, werden institutionelle Regelungen aber oft geschlechterspezifisch wirksam*“ (Eichler 2005, S. 8).

29 Der öffentliche Raum umfasst den Staat, den Markt und die Zivilgesellschaft (vgl. Theobald 2008a, S. 258).

Für die Analyse der rechtlich fixierten Verantwortungszuschreibungen für die Erbringung von Pflegeleistungen in Deutschland wird auf den Ansatz der Familialisierung und Defamilialisierung zurückgegriffen. Er entstammt dem Feld der international vergleichenden Wohlfahrtsstaatenforschung. Sie ist basierend auf Esping-Andersens Idee der Charakterisierung von Wohlfahrtsregimen darauf ausgerichtet, Wohlfahrtspolitiken im Allgemeinen (vgl. z. B. Esping-Andersen 1990; Kollmorgen 2008; Leibfried 1990) und zunehmend auch Carepolitiken im Speziellen (vgl. z. B. Antonnen/Sipilä 1996; Leitner 2003) in unterschiedlichen Ländern anhand von bestimmten Indikatoren zu vergleichen und zu typisieren. Der Familialisierungs- und Defamilialisierungsansatz wurde maßgeblich durch Esping-Andersen begründet[30] und stellt eine Weiterentwicklung seiner ursprünglichen und mittlerweile als Klassiker geltenden Wohlfahrtsregimetypologie dar. Er entstand in Auseinandersetzung mit der durch die Frauen- und Geschlechterforschung hervorgebrachten Kritik an dem Ursprungsmodell, die sich insbesondere auf die mangelnde Berücksichtigung der weiblich geleisteten Sorgearbeit bezieht.[31] Der Ansatz berücksichtigt nun dezidiert die Arbeitsteilung zwischen der Familie und dem öffentlichen Raum für die Übernahme von Carearbeit gegenüber Kindern und älteren Menschen als Gradmesser für die Analyse sozialstaatlicher Politiken. Auf dieser Grundlage können familialistische und defamilialistische Wohlfahrtsstaaten differenziert werden. Während Erstere sich durch eine Politik auszeichnen, die stark auf die Verantwortungsübernahme der Haushalte für die Sicherstellung des Wohlergehens ihrer Mitglieder ausgerichtet ist,

30 Erstmalig erwähnt wurde der Begriff der Defamilialisierung jedoch von McLaughlin und Glendinning (vgl. McLaughlin/Glendinning 1994, S. 65) und Lister (vgl. Lister 1994, S. 32).

31 Esping-Andersen nutzt als zentralen Maßstab für die Beurteilung und den Vergleich wohlfahrtsstaatlicher Systeme das Ausmaß der Dekommodifizierung, also den Grad der Unabhängigkeit der Lebenssicherung vom Arbeitsmarkt durch Sozialleistungen (vgl. Esping-Andersen 1990, S 21f). In kritischer Auseinandersetzung mit diesem Ansatz machte die feministische Sozialpolitikforschung auf eine wesentliche Leerstelle aufmerksam: Für die vergleichsweise große Gruppe der nicht in den Arbeitsmarkt eingebunden Frauen, die die unentgeltliche Reproduktionsarbeit leisten, bedeutet ihre Unabhängigkeit vom Arbeitsmarkt häufig die Abhängigkeit von einem männlichen Familienernährer. Als Gradmesser sozialstaatlicher Politiken weist dieser Indikator der Dekommodifizierung also durch seine einseitige Orientierung an der „*Lohnersatzquote der Hauptverdiener*“ (Blome et al. 2008, S. 36) bei gleichzeitig mangelnder Berücksichtigung unentgeltlich geleisteter Familienarbeit durch Frauen ein ausgeprägtes Maß an Geschlechterblindheit auf (vgl. Orloff 1993, S. 312-314, S. 322; Sainsbury 1999, S. 76ff). Diese Kritik bildet den Ausgangspunkt für die Rekonzeptualisierung von Esping-Andersens Ansatz. Die Zielsetzung besteht in einer stärkeren Berücksichtigung der Arbeitsteilung zwischen den Geschlechtern (vgl. Crompton 1998; O'Connor 1993; Orloff 1993; Sainsbury 1994) und schließlich auch der Arbeitsteilung zwischen Staat und Familie für reproduktive Arbeiten als Klassifizierungskriterien für die vorherrschenden wohlfahrtsstaatlichen Politiken (vgl. Esping-Andersen 1999; Leitner 2003; McLaughlin/Glendinning 1994).

entlastet in defamilialisierten Systemen der öffentliche Raum die Privathaushalte von dieser Aufgabe (vgl. Esping-Andersen 1999, S. 51). Esping-Andersen benennt unterschiedliche Indikatoren, mithilfe derer der wohlfahrtsstaatliche Grad der Defamilialisierung festzustellen ist. Hierzu zählen zum Beispiel der Anteil der Ausgaben für soziale Dienste am Bruttosozialprodukt, die Anzahl der Kinderbetreuungsplätze für die unter 3-Jährigen und der Anteil der über 65-Jährigen, der ambulante Dienste in Anspruch nimmt. Darüber hinaus werden Maßzahlen genutzt, die Aussagen über die Verantwortungsübernahme der Familie zulassen (beispielsweise der Anteil älterer Menschen, der mit Kindern in einem Haushalt lebt sowie die Anzahl von unbezahlten Wochenarbeitsstunden von Frauen). Wie Leitner jedoch kritisierte, handele es sich bei den von Esping-Andersen entwickelten Indikatoren lediglich um Auswirkungen wohlfahrtsstaatlicher Strukturen. Die Strukturen selber, die beispielsweise in Form von institutionellen Regelungen bestehen, werden nicht hinlänglich berücksichtigt (vgl. Leitner 2003, S. 357).

Leitner schlägt eine Modifikation von Esping-Andersens Ansatz vor, indem stärker auf die bestehenden sozialpolitischen Maßnahmen Bezug genommen wird. Mit dieser Ausrichtung knüpft sie an andere wohlfahrtsstaatliche Klassifizierungsansätze an, die ebenfalls darauf ausgerichtet sind, Länder anhand ihrer carebezogenen Sozialleistungen zu typisieren (vgl. z. B. Anttonen/Sipilä 1996; Bettio/Plantenga 2004; Stark/Regenér 2002). Um eine differenzierte Analyse zu ermöglichen und auch dem Aspekt Rechnung zu tragen, dass wohlfahrtsstaatliche Politiken sowohl familialisierende wie auch defamilialisierende Elemente aufweisen können, plädiert sie dafür, Wohlfahrtsstaaten einerseits auf die Politiken hin zu untersuchen, die auf eine Stärkung der Familie in ihrer Funktion als Sorgeleistende ausgerichtet sind. Andererseits soll aber auch auf Politiken fokussiert werden, die eine diesbezügliche Entlastung von Familien erwirken können. Zu den familialisierenden gesetzlichen Regelungen zählt sie Zeitrechte, die Pflegenden für die Periode der Versorgungsübernahme eine befriste und sozial (und teilweise auch finanziell) abgesicherte Auszeit von ihrer Erwerbstätigkeit ermöglichen. Darüber hinaus werden hierunter monetäre Transferleistungen gefasst, die direkt oder indirekt an die Pflegenden weitergeleitet werden. Nicht zuletzt subsumiert Leitner soziale Rechte zu den die familiäre Versorgung fördernden Leistungen. Sie beziehen sich beispielsweise auf die (teilweise) Einbindung in das System der sozialen Sicherung in Zeiten der Pflegeübernahme. Defamilialisierende Politiken umfassen demgegenüber durch den Staat oder den Markt bereitgestellte ambulante Pflegedienste oder stationäre Unterbringungsmöglichkeiten für die Sorgebedürftigen.

Unter Rückgriff auf zwei dieser Indikatoren, nämlich auf Geldleistungen als Kennzeichen für die Ausprägung familialisierender Politiken und auf ambulante Pflegedienste als Indikator für defamilialisierende Politiken, identifiziert sie vier unterschiedliche Idealtypen: den expliziten Familialismus, der die Versorgungsverpflichtungen der Familie betont, den optionalen Familialismus, der auf die Vergrößerung familiärer Wahlfreiheit zwischen der eigenständigen Übernahme der Betreuung oder der Abgabe an Dienste abzielt, den impliziten Familialismus, bei dem auf die Einführung von sozialpolitischen Maßnahmen gänzlich verzichtet und Familien durch den Mangel an Betreuungsinfrastruktur die Verantwortungsübernahme übertragen wird und den Defamilialismus, der auf eine Entlastung der Familien von Versorgungsarbeiten durch ein umfassendes Angebot an professionellen Dienstleistungen ausgerichtet ist (vgl. Leitner 2003, S. 358f).

Im Rahmen der vorliegenden Arbeit birgt Leitners Ansatz große Potenziale, die Arbeitsteilung zwischen Öffentlichkeit und Familie für die Übernahme von Pflege für ältere Menschen im deutschen Wohlfahrtsstaat näher zu bestimmen. Als vorteilhaft erweist sich hierbei einerseits, dass Leitner dezidiert auf die Politiken Bezug nimmt und somit die Strukturen berücksichtigt, die der Arbeitsteilung zugrunde liegen. Im Gegensatz zu anderen Ansätzen zur gesellschaftlichen Verortung von Fürsorgearbeit (vgl. z. B. Anttonen et al. 2003) fokussiert sie dabei nicht nur auf einzelne politische Maßnahmen. Vielmehr nimmt sie (zumindest theoretisch), zum Beispiel vergleichbar mit Bettio und Plantenga (2004), ein breites Spektrum in ihre Betrachtung auf. Darüber hinausgehend erfasst Leitner die einzelnen Politikelemente jedoch nicht nur, sondern schreibt ihnen jeweils defamilialisierende oder familialisierende Wirkungen zu. Vor diesem Hintergrund können Rückschlüsse auf die Verantwortungsteilung zwischen Öffentlichkeit und Familien gezogen werden. Im Vergleich zu Esping-Andersens Modell, das lediglich zwischen familialistisch und defamilialistisch ausgeprägten Gesamtsystemen differenzieren kann, eröffnet Leitners Ansatz darüber hinaus jedoch die Möglichkeit, durchaus auch nebeneinander bestehende defamilialistische und familialistische Strömungen in ein und demselben Wohlfahrtsstaat zu identifizieren. Leitner betitelt diese Parallelitäten als *„optionale[n] Familialismus*“ (Leitner 2003, S. 361).

Nichtsdestotrotz weist auch Leitners Modell in dreierlei Hinsicht Modifizierungsbedarfe auf: Erstens verweist sie zwar auf ein breites Spektrum unterschiedlicher Leistungsformen (Zeitrechte, Transferleistungen, soziale Rechte und professionelle Dienste), die als Indikatoren für die Typologisierung genutzt werden können. Faktisch bezieht sie jedoch nur das Bestehen von Geldleistungen sowie die Inanspruchnahmerate von ambulanten Diensten in der Population der

65-Jährigen und Älteren in ihre Analyse ein. Diese Vorgehensweise ist sicherlich sinnvoll, um im Rahmen eines Wohlfahrtsstaatenvergleiches Komplexitäten zu reduzieren, führt aber zu einer Verkürzung der Betrachtung, wenn ein einzelner Wohlfahrtsstaat umfassend untersucht werden soll. In diesem Fall müssten alle vier Leistungsformen Berücksichtigung finden.

Zweitens sind nicht nur das Bestehen von Leistungsformen und ihre Inanspruchnahme relevant für die Einschätzung der Wirkung wohlfahrtsstaatlicher Politiken. Darüber hinaus spielen, wie Theobald darlegt, auch die Zugangskriterien sowie der Leistungsumfang eine wichtige Rolle. Zugangskriterien stellen in diesem Kontext definierte Ausmaße von Unterstützungsbedarfen, Einkommensgrenzen und/oder familiäre Situationen dar, die vorliegen müssen, um für den Bezug berechtigt zu sein. Ihre Ausgestaltung ist ausschlaggebend dafür, wie hoch der Grad der universellen Nutzbarkeit der Leistungen ist. Der Leistungsumfang lässt Rückschlüsse darauf zu, wie hoch das Niveau der staatlichen Verantwortungsübernahme tatsächlich ist (vgl. Theobald 2008a, S. 260f). Theobalds Ansatz ergänzend wird im Rahmen der vorliegenden Arbeit die Annahme vertreten, dass neben den Zugangskriterien, der Art der gewährten Leistungen und ihrem Umfang auch die Kombinationsmöglichkeiten der einzelnen Leistungsformen Berücksichtigung finden müssen. Dieses Kriterium ist entscheidend für den Grad der Flexibilität, mit der die Leistungen an die Unterstützungsbedarfe der Pflegebedürftigen angepasst werden können.

Drittens ist die Klassifizierung von Zeitrechten, Transferleistungen und sozialen Rechten als Formen familialisierender Politiken für den vorliegenden Forschungszusammenhang zu pauschalisierend. Abhängig von ihrer Ausgestaltung können sie auch defamilialisierende Wirkung erzielen (vgl. Cameron/Moss 2007 S. 29f). Werden monetäre Transferleistungen beispielsweise in großem Umfang und ohne Kontrollen der Verwendung gewährt, können sie nicht nur Familien in ihrer Pflegefunktion stärken, sondern auch den Einkauf von Diensten des grauen Marktes fördern, wodurch wiederum eine Defamilialisierung erreicht wird. Sind Freistellungsregelungen vorgesehen, die nicht an einen Einkommensausgleich geknüpft sind und nur kurzzeitig zur Organisation der Pflege gewährt werden, ist demgegenüber die familialisiernde Funktion nicht obligatorisch. Folglich erweist es sich zumindest in der vorliegenden Arbeit nicht als sinnvoll, den Leistungsformen a priori eine defamilialisiernde bzw. familialisiernde Wirkung zuzuschreiben.

Werden diese drei Kritikpunkte berücksichtigt, birgt Leitners Modell großes Potenzial, um den Grad der Familialisierung bzw. Defamilialisierung der deutschen Altenpflegepolitik und die sich darin spiegelnde Verantwortungsteilung zwischen Öffentlichkeit und Familie für die Versorgung von alten Menschen zu analysieren. Zu diesem Zweck werden nach einem kurzen Abriss der Entstehung der Pflegeversicherung die von Leitner vorgeschlagenen Indikatoren (Transferleistungen, professionelle Dienste, Zeitrechte, soziale Rechte) in den Blick genommen und hinsichtlich ihrer Zugänglichkeit, ihrer Ausgestaltung und Kombinierbarkeit sowie des gewährten Niveaus untersucht. Darauf aufbauend können die einzelnen politischen Instrumente hinsichtlich ihrer (de-)familialisierenden (und damit auch ihrer geschlechterbezogenen) Wirkung bewertet werden, um zuletzt die Gesamtausrichtung des deutschen Wohlfahrtsstaates zu bestimmen. Im Rahmen der folgenden Ausführungen wird dabei auf die Fassung des Pflegeversicherungsgesetzes Bezug genommen, die bis zum 31.12.2012 gültig ist. Sie bildet den rechtlichen Hintergrund, auf den sich ganz überwiegend auch die Teilnehmerinnen der Interviewstudie beziehen, deren Ergebnisse in Kapitel 6 darzustellen sind. Diese Regelungen umfassen dabei noch nicht die Veränderungen, die im Entwurf des Gesetzes zur Neuausrichtung der Pflegeversicherung vorgesehen sind, das am 01.01.2013 in Kraft getreten ist.[32]

Einführung der Pflegeversicherung und ihre Grundausrichtung

Vor Einführung des Pflegeversicherungsgesetzes fielen Pflegeleistungen in den Verantwortungsbereich der Familien, die für die Erbringung oder doch zumindest für die Finanzierung der Versorgung zuständig waren. Ein Rechtsanspruch auf staatliche Pflegeleistungen bestand nicht, wodurch Pflege „*ein universelles, nicht sozial abgesichertes Risiko blieb*" (Evers 2000, S. 134). Nur dann, wenn nach der Anrechnung des Einkommens der Familienmitglieder die Pflegekosten nicht vollständig gedeckt werden konnten, wurde nach einer Bedürftigkeitsüberprüfung Hilfe zur Pflege durch die Kommunen gewährt (vgl. Blome et al. 2008, S. 178; Dammert 2009, S. 21; Doyle/Timonen 2007, S. 65; Theobald 2012, S. 274f). Dieser Umgang mit Pflegebedürftigkeit stand in direktem Zusammenhang mit dem für den deutschen Sozialstaat konstitutiven Subsidiaritätsprinzip

32 Realisiert wurde unter anderem die Einführung einer neuen, abrechenbaren Leistungsform der ambulanten Pflegedienste. Neben der Grundpflege und der hauswirtschaftlichen Versorgung sind nun auch betreuerische Leistungen hierüber zu finanzieren. Darüber hinaus erhalten demenzkranke Pflegebedürftige der Pflegestufe 0, die monatlich zuvor 100 Euro bzw. 200 Euro Betreuungsgeld bezogen, zusätzlich Pflegegeld oder Pflegesachleistungen in Höhe von 120 Euro bzw. 225 Euro. Die Leistungssätze in der Pflegestufe I und II erhöhen sich für diesen Personenkreis und die Inanspruchnahme von Auszeiten der familiären Pflegepersonen wird erleichtert, indem Pflegegeld zumindest hälftig auch während Aufenthalten des Pflegebedürftigen in Kurzzeitpflegeeinrichtungen gewährt wird. Nicht zuletzt können Leistungen der Pflegedienste ab dem 01.01.2013 auch als Zeitkontingente und nicht wie bisher nur in Form von Leistungskomplexen in Anspruch genommen werden.

(s. Teilkapitel 3.1.2) als Zuordnungsregel[33], das Individuen soweit wie möglich Eigenverantwortung bei der Sicherung und Gestaltung der eigenen Existenz zuschreibt (vgl. Theobald 2008, S. 267). Die Selbsthilfepotenziale der Familien wiesen jedoch sowohl in belastungsbezogener wie auch in finanzieller Hinsicht deutliche Begrenzungen auf: Unterschiedliche Publikationen, die vor der Einführung der Pflegeversicherung entstanden, belegen die umfassende Be- und Überlastung häuslich Pflegender (vgl. Articus 1987, S. 5; BMFSFJ 1993, S. 27; Brög et al. 1980, S. 258-264). Zusätzlich überstiegen die hohen Versorgungskosten, insbesondere im stationären Bereich, häufig auch die Einkommen mittelständischer Haushalte, wodurch die überwiegende Mehrheit der Heimbewohner(innen) auf unterstützende Sozialleistungen angewiesen war. Hieraus resultierten massive Ausgabensteigerungen der Sozialhilfeträger, die die vorgesehenen Budgets regelmäßig überschritten (vgl. Evers/Sachße 2003, S. 70; Häcker 2008, S. 11f; Gerlinger/Röber 2009, S. 18; Rothgang 1997, S. 13; ders. 2009, S. 98; Theobald 2005, S. 206). Neben der Tatsache, dass der pflegebedingte Sozialhilfebezug als faktische Regelfinanzierung vollstationärer Pflege für einen modernen Sozialstaat als unwürdig empfunden wurde, waren insbesondere die finanziellen Belastungen der Kommunen ausschlaggebend für die Einführung der Pflegeversicherung als fünften beitragsfinanzierten Zweig des sozialen Sicherungssystems (vgl. Blinkert/Klie, S. 31f; Deutscher Bundestag (DBT) 1993, S. 61; Pabst/Rothgang, S. 346f; Roth/Rothgang 2002, S. 45f; Skuban 2000, S. 4, S. 41; Theobald 2005, S. 206).

Mit dem Inkrafttreten der Pflegeversicherung als Form eines „*kollektiven Risikomanagements*" (Dallinger/Theobald 2008, S. 83) wurde der Großteil der Wohnbevölkerung in Deutschland pflichtversichert (vgl. Meyer 1996, S. 103). Die Mitglieder, die nach der Definition des Pflegeversicherungsgesetzes pflegebedürftig sind, verfügen über einen Rechtsanspruch auf staatliche Pflegeleistungen. Diese sind auf eine Teildeckung der Pflegebedarfe ausgerichtet und sollen dazu beitragen, vorrangig die häusliche Pflege und die Pflegebereitschaft des familiären Umfelds zu stützen (vgl. Blome et al. 2008, S. 178; Gaertner 2009, S. 18; Meyer 1996, S. 115).

Diese Zielsetzungen stehen in der Tradition eines seit zumindest Mitte der 1990er Jahre andauernden Diskurses über die „*neue Rolle und Funktion des Staates*", der diesen Grundlegungen zufolge nicht mehr als Fürsorgestaat in Erscheinung tritt, „*sondern als ‚ermunternder' und ermächtigender' Staat Selbsthilfepotenziale wecken und durch konkrete Maßnahmen unterstützen (...)*"

33 Waschkuhn (1995) beschreibt das Subsidiaritätsprinzip nicht nur als Gesinnungsposition oder Wert, sondern auch als ein Ordnungsprinzip.

(Dammert 2009, S. 86) soll. Als aktivierender Staat obliege ihm zwar die Aufgabe, ein gewisses Niveau an Schutzrechten zur Verfügung zu stellen, in erster Linie komme ihm jedoch die Aufgabe zu, Hilfe zur Selbsthilfe zu gewähren. Hierdurch wird angestrebt, die Bürger(innen) dazu zu befähigen, ihrer durch das Subsidiaritätsprinzip festgelegte primäre Verantwortung für die Begegnung von Pflegebedarfen zu tragen (vgl. Evers 1998, S. 12f; ders. 2000a, S. 131, 138).

Zugang

Der Zugang zu den Leistungen der Pflegeversicherung besteht einkommensunabhängig (vgl. Gerlinger/Röber 2009, S. 25), setzt jedoch mit Ausnahme der Betreuungsleistungen für Personen mit erheblich eingeschränkter Alltagskompetenz (s. unten) eine Feststellung der gesetzlich definierten Pflegebedürftigkeit durch den Medizinischen Dienst der Krankenkassen voraus. Als pflegebedürftig gelten dabei alle jene, *„die wegen einer körperlichen, geistigen oder seelischen Krankheit oder Behinderung für die gewöhnlichen und regelmäßig wiederkehrenden Verrichtungen im Ablauf des täglichen Lebens auf Dauer, voraussichtlich für mindestens sechs Monate, in erheblichem oder höherem Maße (...) der Hilfe bedürfen*" (§ 14 SGB XI[34]). Entscheidend für die Leistungsgewährung sind die Art und der Umfang des Hilfebedarfs bei bestimmten, in einem gesetzlich vergleichsweise eng definierten Katalog regelmäßig wiederkehrenden Verrichtungen. Sie beziehen sich auf die Bereiche Körperpflege, Ernährung, Mobilität und hauswirtschaftliche Versorgung. Andere Unterstützungsbedarfe, z. B. bei der Betreuung, Anleitung und Kommunikation, werden nur insofern berücksichtigt, wenn sie in direktem Zusammenhang mit diesen Verrichtungen stehen (vgl. Döhner/Rothgang 2006, S. 584; Gerlinger/Röber 2009, S. 28f; Meyer 1996, S. 116, S. 112).[35] Leistungsberechtigt sind Personen erst dann, wenn ihr täglicher

34 Alle benannten Paragrafen sind in aktueller Form auf www.gesetze-im-internet.de abrufbar.

35 Diese ausgeprägte medizinisch-somatische Orientierung des Pflegebedürftigkeitsbegriffs bildet den Gegenstand massiver Kritiken, da insbesondere den pflegefachlich anerkannten Versorgungsbedarfen demenziell Erkrankter, die sich gerade durch ein vergleichsweise hohes Maß an allgemeinen Betreuungs-, Beaufsichtigungs- und Anleitungsbedarfen auszeichnen, durch die bestehende Definition nicht ausreichend Rechnung getragen wird (vgl. Doyle/Timonen 2007, S. 69f; Igl 2009, S. 61f; Rothgang et al. 2009, S. 41; Schwanenflügel 2009, S. 155; Skuban 2000, S. 80f; Udsching 2009, S. 69). Infolgedessen wurde der Pflegebedürftigkeitsbegriff im Rahmen einer Initiative des BMGs überarbeitet und ein entsprechend modifiziertes Verfahren der Begutachtung von Pflegebedürftigkeit entwickelt. In Anlehnung an eine Definition von Wingenfeld et al. wird von dem Vorliegen eines Pflegebedarfs ausgegangen, wenn eine Person *„(...) infolge fehlender personaler Ressourcen, mit denen körperliche oder psychische Schädigungen, die Beeinträchtigung körperlicher oder kognitiver/psychischer Funktionen, gesundheitlich bedingte Belastungen oder Anforderungen kompensiert oder bewältigt werden könnten, dauerhaft oder vorübergehend zu selbstständigen Aktivitäten im Lebensalltag, selbststän-*

Pflegebedarf 90 Minuten übersteigt, wobei zumindest 45 Minuten für grundpflegerische Tätigkeiten aufgewendet werden müssen. Ein ausschließlicher Bedarf an hauswirtschaftlicher Unterstützung ermöglicht noch nicht die Inanspruchnahme von Leistungen. Abhängig vom Ausmaß der Pflegebedürftigkeit werden drei unterschiedliche Pflegebedürftigkeitsstufen differenziert. Der erhebliche Pflegebedarf von mindestens 90 Minuten berechtigt zur Zuordnung in die Pflegestufe I. Pflegestufe II wird Schwerpflegebedürftigen mit mehr als dreistündigem Pflegebedarf gewährt und Pflegestufe III liegt bei Schwerstpflegebedürftigen, deren Pflegebedarf mindestens 5 Stunden am Tag umfasst, vor. Besteht ein außergewöhnlich hoher Pflegeaufwand, der das übliche Maß der Pflegestufe III weit übersteigt, kann in Ausnahmenfällen auch eine Anerkennung als Härtefall erfolgen (vgl. § 15 SGB XI).

Pflegende Angehörige haben nur indirekt über die Anspruchsberechtigung des Pflegebedürftigen Zugang zu wohlfahrtsstaatlichen Pflegeleistungen und verfügen nicht über einen unabhängigen Anspruch.

Leistungsform, Kombinierbarkeit der Leistungen und Leistungsniveau

Ist die Erfüllung der Zugangskriterien gegeben, werden staatlicherseits finanzielle Leistungen und/oder ambulant, teilstationär oder stationär erbrachte professionelle Dienstleistungen gewährt, wobei unterschiedliche Kombinationsmöglichkeiten bestehen. Informelle Pflegepersonen können unter bestimmten Bedingungen auch Freistellungsregelungen und soziale Rechte in Anspruch nehmen. Im Folgenden werden die einzelnen Leistungsformen, ihre Kombinationsmöglichkeiten und das Niveau ihrer Gewährung dargestellt.

Geldleistungen dienen dazu, Pflegebedürftige dazu zu befähigen, sich privat eine Pflegeperson zu beschaffen, die eine bedarfsgerechte hauswirtschaftliche

---

diger Krankheitsbewältigung oder selbstständiger Gestaltung von Lebensbereichen oder sozialer Teilhabe nicht in der Lage und daher auf personelle Hilfe angewiesen ist" (Wingenfeld et al. 2007, S. 43). Die Beurteilung des Pflegebedarfs erfolgt entsprechend auf der Basis eines Begutachtungsinstrumentes, das neben der Fähigkeit zur Durchführung alltäglicher Verrichtungen und zur Mobilität beispielsweise auch kognitive und kommunikative Fähigkeiten, den Umgang mit krankheits- und therapiebedingten Anforderungen sowie die Gestaltung sozialer Kontakte berücksichtigt und dabei jeweils den Grad der noch vorhandenen Selbstständigkeit prüft. Die Einbeziehung der Bereiche Haushaltsführung und Teilnahme an außerhäusigen Aktivitäten steht noch zur Disposition. Die Einordnung erfolgt in fünf Pflegestufen, wobei auch Personen mit geringen Beeinträchtigungen der Selbstständigkeit eingestuft werden (vgl. Häcker et al. 2011, S. 53f; Udsching 2009, S. 73, S. 75f; Wingenfeld et al. 2008, S. 23ff, S. 77). Eine Gesetzesänderung erfolgte bisher jedoch nicht zuletzt aufgrund der zu erwartenden Ausgabensteigerungen noch nicht (vgl. Häcker et al. 2011, S. 54) und wird auch im Rahmen der Einführung des Pflege-Neuausrichtungs-Gesetzes am 01.01.2013 nicht erfolgen.

und grundpflegerische Versorgung nicht erwerbsmäßig in der häuslichen Umgebung sicherstellt (vgl. § 19 SGB XI; § 37 SGB XI). In der Regel handelt es sich hierbei um Familienangehörige. Die Höhe der Transferleistungen und die Art der Gewährung sind dabei entscheidend dafür, inwiefern eine Gleichstellung der privat geleisteten Pflegearbeit mit der Erwerbsarbeit stattfindet, also eine Formalisierung der Pflegearbeit erfolgt. Blome et al. differenzieren in diesem Zusammenhang vier unterschiedliche Formalisierungsgrade: Wird keine staatliche Unterstützung gewährt, sind Familien dazu gezwungen, die Pflegekosten und den Pflegeaufwand selbst zu tragen. Die Gewährung von symbolischen Zahlungen ist mit einer geringen Entschädigungsleistung für die private Übernahme der Pflege gleichzusetzen und kann entweder direkt an die Pflegeperson ausgezahlt oder dem pflegebedürftigen Menschen zur Deckung der anfallenden Kosten ausgehändigt werden. Wird Pflegegeld als Quasi-Lohn gehandhabt, erhält die Pflegeperson ein Entgelt, das ihren Einsatz honoriert, aber nicht an das marktübliche Lohnniveau im Pflegesektor heranreicht. Eine Gleichstellung der Pflegearbeit mit der Erwerbsarbeit erfolgt auch in diesen Systemen nicht, jedoch ist der Formalisierungsgrad im Vergleich zu den symbolischen Pflegegeldzahlungen durch die teilweise Integration der Pflegeperson in das System sozialer Sicherung ausgeprägter. Die höchste Stufe sieht die vollständige Formalisierung der Pflege vor, die einer Anstellung der familiären Pflegeperson in einem Arbeitsverhältnis entspricht, das durch einen Arbeitsvertrag geregelt wird. Eine dem Marktniveau entsprechende Entlohnung ist dabei obligatorisch (vgl. Blome et al. 2008, S. 187f).

Diesem Klassifizierungssystem folgend kann das Pflegegeld in Deutschland als Quasi-Lohn beschrieben werden. Ursächlich hierfür ist, dass die Transferzahlungen ganz überwiegend als Anerkennung der Leistung der privaten Pflegeperson bzw. als Aufwandsentschädigung eingesetzt werden (vgl. Blinkert/Klie 1999, S. 154f; Eichler/Pfau-Effinger 2009, S. 619; Theobald 2009a, S. 64; TNS Infratest Sozialforschung 2011, S. 40). Außerdem übersteigt die Höhe auch nach der Reform der Pflegeversicherung im Jahr 2008 Werte von 235 bis 700 Euro nicht. Somit erfüllt das Pflegegeld nicht die Funktion, den Lebensunterhalt der Pflegeperson zu sichern (vgl. Backes et al. 2008, S. 146; Blome et al. 2008, S. 189).[36] Nicht zuletzt sind, wie nachfolgend zu zeigen sein wird, mit dem Be-

36 Der Umfang dieser Leistung ist deutlich geringer als der Umfang der Sachleistungen oder Kombinationsleistungen. Ausschlaggebend für die unterschiedlichen Leistungshöhen sind vordergründig Kosteneinsparungserwägungen. Darüber hinaus kommen aber auch kulturelle Leitbilder zum Tragen. Ihnen zufolge stellt die Kommodifizierung bzw. Ökonomisierung der familiären Pflege, deren Logik eigentlich auf moralischen Verpflichtungen und persönlichen Bindungen beruht, kein erstrebenswertes Ziel dar, das durch eine arbeitsmarktähnliche oder ar-

zug des Pflegegeldes begrenzte Ansprüche auf Leistungen des sozialen Sicherungssystems verbunden.

Da das Pflegeversicherungsgesetz kaum Regulationen der Nutzung der Gelder vorsieht (vgl. Bureau et al. 2007, S. 111), werden sie auch eingesetzt, um die laufenden Haushaltsausgaben zu decken, sich für erbrachte Hilfeleistungen erkenntlich zu zeigen (vgl. Heusinger/Klünder 2005, S. 235f; TNS Infratest Sozialforschung 2011, S. 40) und um professionelle Hilfen oder Kräfte des grauen Marktes zu beschäftigen. Letztere sind in der Regel unterhalb des Preisniveaus professioneller Dienstleister tätig und erbringen als Haushalts- und Pflegehilfen entweder stundenweise oder auch rund um die Uhr Unterstützungsleistungen. Aufgrund der häufig problematischen Arbeitsbedingungen (z. B. der Nichteinhaltung von Arbeitszeitbegrenzungen, der fehlenden Arbeitsplatzqualitätskontrollen und des Live-In Status) und der geringen Vergütung werden die Leistungen vorwiegend von weiblichen Migrantinnen erbracht (vgl. Gottschall/Schwarzkopf 2010, S. 26f, S. 29f, S. 32; Lutz 2009, S. 44f; Meyer 2007, S. 15; Riegraf/Theobald 2010, S. 136, S. 138, S. 142; Theobald 2009, S. 32).

Obgleich die Pflegeversicherung nicht zuletzt aus finanzpolitischen Gründen ausdrücklich das Ziel verfolgt, „*vorrangig die häusliche Pflege und die Pflegebereitschaft der Angehörigen [zu] unterstützen*“ (§ 3 SGB XI), sieht sie auch professionelle Dienstleistungen vor. Der Sozialleistungsträger greift hierbei auf kommerzielle, privatwirtschaftliche Anbieter(innen) oder Anbieter(innen) des Non-Profit-Bereichs zurück, die nach Aussage des BMG in Deutschland in quantitativ umfassendem Maße verfügbar sind (vgl. BMG 2008, S. 57). Ihnen wird die Verantwortung für die Leistungserbringung übertragen. Voraussetzung ist, dass sie mit den Pflegekassen Versorgungsverträge abgeschlossen haben (vgl. § 72 SGB XI). Die durch diese professionellen Dienstleister(innen) gewährte Versorgung wird nach dem Sachleistungsprinzip maximal bis zu der rechtlich definierten Höchstgrenze direkt mit den Pflegekassen abgerechnet. Kosten für darüber hinausgehende Leistungen sind von den Pflegebedürftigen oder ihren Angehörigen zu tragen (vgl. MDK Bayern 2008, S. 42; Schwegler/Buszello 2009, S 44) oder werden nach einer Bedürftigkeitsprüfung, die das Einkommen und die familiären Unterstützungspotenziale berücksichtigt, (anteilig) vom Sozialhilfeträger übernommen (vgl. §§ 61ff SGB XII).

---

beitsmarktidentische Vergütung gefördert werden sollte. Außerdem würden höhere Transferzahlungen ausgeprägtere Kontrollmechanismen der Qualität der Pflege und der Verwendung der Gelder fordern, wodurch der bürokratische Aufwand drastisch zunehmen würde (vgl. Bureau et al. 2007, S. 95, S. 107; Theobald 2011, S. 12).

Im Folgenden werden professionelle Dienstleistungen danach differenziert, ob sie entweder bei einer häuslichen Versorgung oder bei einer stationären Versorgung gewährt werden. Leistungen bei häuslicher Pflege werden darüber hinaus noch einmal darauf hin unterschieden, ob sie, vergleichbar mit dem Pflegegeld, regulär (ambulante Sachleistungen, Tages- und Nachtpflege, Leistungen für Pflegebedürftige mit erheblichem allgemeinen Betreuungsaufwand) oder aber lediglich zeitlich befristet (Kurzzeitpflege, Verhinderungspflege) in Anspruch genommen werden.

Werden Pflegebedürftige häuslich versorgt, können regulär professionelle Dienstleistungen in Form von grundpflegerischen und hauswirtschaftlichen Leistungen durch ambulante Pflegedienste in Anspruch genommen werden (vgl. § 36 SGB XI). Sie sind in einem Katalog genau definiert und mit festgelegten Preisen belegt. Kann die häusliche Pflege nicht in ausreichendem Umfang sichergestellt werden, ist auch ein Tages- und Nachtpflegeangebot in spezifisch dafür vorgesehenen Einrichtungen verfügbar, das pflegerische, sozial-betreuerische, behandlungspflegerische Maßnahmen sowie die erforderliche Beförderung des Pflegebedürftigen zwischen seiner Wohnung und der Einrichtung umfasst (vgl. § 41 SGB XI). Es bildet in aller Regel eine stundenweise Ergänzung zu der durch Angehörige und/oder ambulante Pflegedienste erbrachten Versorgung. Die Vergütung ambulanter Pflegesachleistungen wie auch der Tages- und Nachtpflege wurde seit der Reform des Pflegeversicherungsgesetzes im Jahr 2008 von monatlich maximal 384 bis 1432 Euro auf 450 bis 1550 Euro (in Härtefällen bis zu 1918 Euro) angehoben. Die Gelder werden dem Sachleistungsprinzip folgend direkt von den Pflegekassen als Kostenträgerinnen an die Leistungserbringer(innen) weitergeleitet. Wird der Höchstwert für eine dieser Leistungsformen nicht ausgeschöpft, kann anteilig Pflegegeld (vgl. § 38 SGB XI) oder im Falle der Inanspruchnahme von Pflegesachleistungen für Tages- oder Nachtpflege auch ambulante Pflegesachleistungen (vgl. § 41 SGB XI) bezogen werden. Seit 2008 besteht nun zusätzlich zu dem vollen Anspruch auf eine der beiden Sachleistungsformen ein hälftiger Anspruch auf die jeweils andere. Denkbar ist also beispielsweise, einen in der Pflegestufe I bestehenden Leistungsanspruch von 450 Euro für Tages- und Nachtpflege in Kombination mit ambulanten Pflegesachleistungen im Wert von 225 Euro zu nutzen. Alternativ könnte zusätzlich zu oder anstelle von Sachleistungen auch auf ein anteilig verrechnetes Pflegegeld zurückgegriffen werden. Diese Regelungen haben zur Folge, dass einerseits die gewährte Leistungshöhe insgesamt auf mehr als das 1,5fache des bisherigen Betrags gesteigert, andererseits auch erweiterte Möglichkeiten der Kombination von Leistungen geschaffen wurden. Somit sind erweiterte Anpassungsmöglichkeiten an individuelle Bedarfssituationen entstanden (vgl. Möwisch et al. 2008, S. 24f).

Neben den ambulanten und teilstationären Sachleistungen werden von der Pflegeversicherung für häuslich versorgte Personen mit erheblichem allgemeinen Betreuungsbedarf regulär Leistungen gewährt, die zweckgebunden für den Einsatz von qualitätsgesicherten Betreuungsangeboten (z. B. Leistungen der Tages- und Nachtpflege, der Kurzzeitpflege oder Angebote der allgemeinen Anleitung und Betreuung durch zugelassene Pflegedienste) zur Verfügung stehen. Außerdem ist die Nutzung dieser Leistungen für landesrechtlich anerkannte, niedrigschwellige Betreuungsangebote möglich (vgl. § 45b SGB XI), die durch geschulte Helfer(innen) unter pflegefachlicher Leitung durchgeführt werden. Sie stehen als Gruppen- oder Einzelbetreuung zur stundenweisen Entlastung der häuslichen Pflegepersonen mittlerweile im gesamten Bundesgebiet zur Verfügung (vgl. BMG 2008, S. 61; Rothgang 2009, S. 106; DBT 2001, S. 10ff; Sauer 2007, S. 18f). Die Leistungen beliefen sich seit dem Inkrafttreten des Pflegeleistungsergänzungsgesetzes im Jahr 2002 unabhängig von der Pflegestufe auf 460 Euro im Kalenderjahr und konnten von Personen in Anspruch genommen werden, die zumindest die Voraussetzungen für Pflegestufe I erfüllten. Seit Einführung des Pflegeweiterentwicklungsgesetzes im Jahr 2008 wurden diese Leistungen ausgeweitet, indem abhängig von dem Ausmaß des allgemeinen Betreuungsbedarfes ein Grundbetrag von 100 Euro im Monat oder alternativ ein erhöhter Betrag von 200 Euro gewährt wird. Erstmalig können auch Versicherte ohne anerkannte Pflegestufe, die jedoch eine demenzielle Fähigkeitsstörung oder eine geistige oder psychische Behinderung aufweisen, dieses Angebot nutzen (vgl. DBT 2007, S. 63, S. 7f; Linke 2008, S. 61ff; MDK Bayern 2008, S. 54; Möwisch et al. 2008, S. 25). Durch diese verstärkte leistungsrechtliche Berücksichtigung von allgemeinen Betreuungsbedarfen wird die Zielsetzung verfolgt, Familien bereits in einem frühen Stadium der Pflegeübernahme in ihrer Versorgungsfähigkeit zu stärken. Die gewährten Beträge sind zwar nicht ausreichend, um hierdurch privat erbrachte Pflegeeinsätze in großem Umfang zu ersetzen. Sie können jedoch zumindest partiell Entlastung verschaffen.

Neben den Sachleistungen als regulär gewährte Leistungsform besteht für häuslich versorgte Pflegebedürftige auch die Option, professionelle Dienste für einen befristeten Zeitraum in Anspruch zu nehmen. Hierbei ist zwischen Leistungen der Kurzzeit- und der Verhinderungspflege zu unterscheiden.

Bei der Kurzzeitpflege handelt es sich um eine bis auf vier Wochen pro Jahr beschränkte Unterbringung des Pflegebedürftigen in einer stationären Einrichtung, wobei die pflegebedingten Aufwendungen bis zu einer Summe von 1550

Euro übernommen werden. Voraussetzung ist, dass die häusliche Pflege auch unter Einsatz teilstationärer Versorgungsangebote zeitweise nicht, noch nicht oder nicht in erforderlichem Umfang geleistet werden kann (vgl. § 42 SGB XI).

Ist die nicht erwerbsmäßige Pflegeperson durch Krankheit oder Urlaub nicht in der Lage, die Versorgung selbst durchzuführen, stehen Leistungen der Verhinderungspflege zur Verfügung. Sie werden in gleicher Höhe und maximaler Zeitdauer wie die Kurzzeitpflege gewährt und können zusätzlich in Anspruch genommen werden. Sie sind für die Finanzierung von ambulanten Pflegediensten, Tages- und Nachtpflege oder Kurzzeitpflege einsetzbar. Alternativ besteht die Möglichkeit, unter Rückgriff auf diese Leistungen Unterstützungspersonen aus dem informellen Umfeld einzubinden. Sind diese Personen bis zum zweiten Grad mit der oder dem Pflegebedürftigen verwandt oder verschwägert, dürfen die Verhinderungspflegeleistungen die Höhe des in der jeweiligen Stufe gewährten Pflegegeldes nicht überschreiten (§ 39 SGB XI).

Kann unter Zuhilfenahme der beschriebenen regulären und zeitlich befristet gewährten Pflegeversicherungsleistungen die Versorgung des Pflegebedürftigen in der eigenen Häuslichkeit nicht sichergestellt werden oder kommen diese Angebote „*wegen der Besonderheit des einzelnen Falls nicht in Betracht*" (§ 43 SGB XI), können professionelle Dienstleistungen in vollstationären Altenpflegeeinrichtungen in Anspruch genommen werden. Hierzu gewährt die Pflegeversicherung Pauschalbeträge, die pflegebedingte Aufwendungen, Behandlungspflege und soziale Betreuungsleistungen teilweise abdecken. Die anfallenden Kosten für Unterkunft und Verpflegung sowie in den meisten Fällen auch ein Teil der Investitionskosten sind durch die Pflegebedürftigen oder ihre Angehörigen selbst zu tragen (vgl. Gerlinger/Röber 2009, S. 43; MDK Bayern 2008, S. 50). Die Leistungshöhe für die stationären Sachleistungen beliefen sich bis vor der Reform der Pflegeversicherung auf budgetierte Werte zwischen 1023 Euro und 1432 Euro und wurden 2008 auf 1023 bis 1550 Euro (in Härtefällen bis zu 1918 Euro) angehoben (vgl. § 43 SGB XI).

Im Zuge der strukturellen Weiterentwicklung der gesetzlichen Pflegeversicherung werden seit dem 1. Juli 2008 und jüngst ab dem 01. Januar 2012 Zeitbedarfe erwerbstätiger Pflegepersonen berücksichtigt. Hierzu werden befristete pflegebedingte Abwesenheiten vom Arbeitsplatz rechtlich legitimiert und der Arbeitgeberin oder dem Arbeitgeber den Abbruch des Arbeitsverhältnisses oder die Weiterbeschäftigung zu schlechteren Bedingungen verboten. Darüber hinaus werden Möglichkeiten zur Reduzierung der Arbeitszeit geschaffen.

Das Pflegezeitgesetz sieht in diesem Zusammenhang für Versorgende, die (voraussichtlich) mindestens die rechtlichen Voraussetzungen für die Zuordnung zu der Pflegestufe I erfüllen, ein zweigliedriges Anspruchssystem vor: Einerseits ist eine Freistellung bei kurzzeitiger Arbeitsverhinderung vorgesehen. Ihre erklärte Absicht besteht darin, Angehörigen in akut auftretenden Pflegesituationen zeitliche Spielräume zur Organisation eines tragfähigen Arrangements zur Sicherstellung der Versorgung zu gewähren. Unabhängig von der Größe des Betriebs verfügen Arbeitnehmer(innen) in diesem Zusammenhang für maximal zehn Tage über das Recht, der Arbeit fern zu bleiben. Sie sind in diesem Zeitraum weiterhin sozialversichert (vgl. § 2 PflegeZG). Ein Anspruch auf eine Vergütung besteht jedoch nur dann, wenn andere arbeitsrechtliche Vorschriften, individualvertragliche Regelungen, Betriebsvereinbarungen oder Tarifverträge Einkommensfortzahlungen vorsehen (vgl. Gerlinger/Röber 2009, S. 45; Möwisch et al. 2008, S. 44). Andererseits kann die erwerbstätige Pflegeperson vollständig oder teilweise in der Kranken-, Pflege-, Arbeitslosen-, Renten- und Unfallversicherung abgesichert (vgl. § 44 SGB XI; § 44a SGB XI) für bis zu sechs Monate von der Arbeit freigestellt werden oder Teilzeit arbeiten (vgl. § 3 PflegeZG; § 4 PflegeZG). Der Rückgriff auf diese Leistungsoption setzt ebenfalls eine Pflegebedürftigkeit des nahen Angehörigen nach den Kriterien des SGB XI voraus. Im Vergleich zu der zuvor dargestellten kurzfristigen Arbeitsverhinderung besteht ein Anspruch auf Pflegezeit nur dann, wenn der Erwerbstätigkeit in einem Unternehmen mit mehr als 15 Beschäftigten nachgegangen wird und dringende betriebliche Belange einer Inanspruchnahme nicht entgegenstehen. Ist diese Voraussetzung gegeben, muss der Arbeitsausfall zumindest 10 Tage vor der Inanspruchnahme der Pflegezeit angekündigt werden. Außerdem ist schon zu diesem Zweitpunkt eine verbindliche Entscheidung darüber notwendig, wie lange der Ausfall dauert und ob die Freistellung umfänglich oder in Teilzeitform erfolgt (vgl. § 5 PflegeZG). Wie auch bei der kurzzeitigen Arbeitsverhinderung ist die Arbeitgeberin oder der Arbeitgeber nicht zu einer Fortzahlung der Vergütung verpflichtet, es sei denn, anderweitige rechtliche Regelungen oder Verträge sehen dies vor (vgl. Gerlinger/Röber 2009, S. 45f; Möwisch et al. 2008, S. 44f; Rothgang/Preuss 2009, S. 25). Unterschiedliche Angehörige können auch nacheinander jeweils die sechsmonatige Pflegezeit in Anspruch nehmen, wodurch eine Aufteilung der Pflegearbeit auf mehrere Personen begünstigt wird (vgl. DBT 2011, S. 72; Leitner 2007, S. 14).

Neben dem Pflegezeitgesetz sind auch aus dem am 01.01.2012 in Kraft getretenen Familienpflegezeitgesetz Zeitrechte für erwerbstätige Pflegepersonen abzuleiten. Sie können ihre Arbeitszeit auf dieser Grundlage für maximal 24 Monate auf bis zu 15 Stunden in der Woche reduzieren und in dieser Zeit einen Entgeltvorschuss der Arbeitgeberin oder des Arbeitgebers empfangen. Infolgedessen reduziert sich das Einkommen nur halb so stark, wie die Arbeitszeit (vgl. § 2 FPfZG). Nach Beendigung der Familienpflegezeit erfolgt arbeitnehmer(innen)seitig ein Ausgleich dieses Vorschusses, indem bei nunmehr wieder erhöhter Arbeitszeit weiterhin das reduzierte Einkommen bezogen wird. Voraussetzung für die Inanspruchnahme dieser Leistungsform ist die arbeitgeber(innen)seitige Einwilligung, da kein Rechtsanspruch besteht. Vergleichbar mit der Pflegezeit, kann eine Mehrfachinanspruchnahme der Familienpflegezeit für ein und denselben Pflegebedürftigen durch unterschiedliche Unterstützungsleistende erfolgen (vgl. § 3 FPfzG).

Ganz im Sinne der Zielsetzung, informelle Akteure/Akteurinnen zur Übernahme von Versorgungsaufgaben zu befähigen, sieht die Pflegeversicherung soziale Rechte für familiäre Pflegepersonen vor, die ihre Absicherung verbessern, sie fachlich zur Pflegeübernahme in die Lage versetzen und ihre Rückkehr in den Arbeitsmarkt ermöglichen sollen.

Zu den Leistungen der sozialen Absicherung zählt eine Einbindung in die Gesetzliche Unfallversicherung. Voraussetzung ist, dass die private Pflegeperson mehr als 14 Stunden nicht erwerbsmäßig eine nach der Maßgabe des SGB XI pflegebedürftige Person in der eigenen Häuslichkeit versorgt. Dies schließt nicht aus, dass zusätzlich ambulante oder teilstationäre Sachleistungen in Anspruch genommen werden. Ist die private Pflegeperson weniger als 30 Stunden in der Woche erwerbstätig, leistet die Pflegeversicherung außerdem auch Beiträge an die Gesetzliche Rentenversicherung. Ihre Höhe ist von der Pflegestufe der oder des Pflegebedürftigen und der Anzahl der erbrachten Pflegestunden abhängig (vgl. § 44 SGB XI).

Neben Ansprüchen auf Leistungen der sozialen Sicherung beziehen sich soziale Rechte auch auf Maßnahmen, die bei der praktischen Organisation und Durchführung der Pflege wie auch der Reintegration der Pflegekraft in den Arbeitsmarkt unterstützen. Hierzu zählt der Anspruch auf eine unabhängige und wohnortnahe Pflegeberatung durch die Pflegekassen oder die in einigen Bundesländern bestehenden Pflegestützpunkte (vgl. § 7a SGB XI; §92c SGB XI), die im Sinne eines Case-Managements Hilfebedarfe erfassen, Versorgungspläne erstellen und bei der Auswahl und Koordination von Hilfsangeboten unterstützen sollen (vgl. Linke 2008, S. 28-41; Rothgang et al. 2009, S. 30; Simon 2011, S. 337). Darüber hinaus ist in diesem Kontext der für private Pflegepersonen kostenfreie Zugang zu Pflegekursen zu nennen (vgl. § 45 SGB XI), die ihnen die notwendigen Kompetenzen zur Erfüllung ihrer Versorgungsaufgaben übermitteln sollen (vgl. Marburger 2005, S. 58). Auch die Kosten für Pflegehilfsmittel und für das Wohnumfeld verbessernde Maßnahmen werden anteilig übernommen (vgl. § 40 SGB XI; § 33 SGB V). Nicht zuletzt können nicht erwerbstätige Pflegende auch Maßnahmen zur Reintegration in den Arbeitsmarkt nutzen. Nach Ablauf der Versorgungstätigkeit kann zu diesem Zweck Unterhaltsgeld nach dem Arbeitsförderungsgesetz gewährt werden (vgl. § 44 SGB XI).

Prüfung der (de-)familialisierenden Wirkung der institutionellen Regelungen

Seit Einführung der Pflegeversicherung besteht für einen definierten Personenkreis ein rechtlich fixierter Anspruch auf staatliche Pflegeleistungen, wodurch Versorgungstätigkeiten nicht mehr selbstverständlich den Familien zugewiesen, sondern in den öffentlichen Sektor integriert wurden (vgl. Backes et al. 2008, S. 145; Dallinger/Theobald 2008, S. 85; Eichler/Pfau-Effinger 2009, S. 619; Pfau-Effinger 2006, S. 247; Riegraf/Theobald 2010, S. 135). Dieser Anspruch spiegelt sich in dem Recht wider, Pflege zu erhalten („*the right to receive care*" (Knijn/Kremer 1997, S. 332)). Es wird durch den Zugang zu öffentlich teilfinanzierten professionellen ambulanten, teilstationären und stationären Pflegedienstleistungen gewährt. Indirekt über den Leistungsanspruch der Pflegebedürftigen vermittelt, verfügen jetzt auch Familienangehörige über soziale Rechte, die sie bei der Erbringung von Versorgungsleistungen für ihre Angehörigen unterstützen („*the right to give care*" (Knijn/Kremer 1997, S. 332)). Zu ihnen zählen Freistellungsregelungen, die Option, Arbeitszeiten zugunsten der Pflege zu verkürzen oder zu unterbrechen, soziale Absicherungsleistungen und Geldleistungen (vgl. Dallinger/Theobald 2008, S. 86; Knijn/Kremer 1997, S. 332). Dieser durch die Einführung der Pflegeversicherung eingeleitete Wandel einer ursprünglich hauptsächlich innerhalb des familiären Systems erbrachten Leistung zu einem öffentlichen, politischen Gut kann auch mit dem Schlagwort „*Care going public*" (Hernes 1987, S. 39) beschrieben und prinzipiell als eine Entwicklung hin zu einer stärkeren Defamilialisierung der Versorgungserbringung für ältere Menschen gewertet werden (vgl. Anttonen/Sipilä 2005, S. 119, S. 122). Bei einer differenzierteren Betrachtung der einzelnen politischen Regulierungen muss jedoch dieses Bild zumindest partiell revidiert werden.

Ausschlaggebend hierfür sind die rigiden Zugangskriterien zu den Leistungen, die in Form der Pflegestufenregelungen bestehen. Diese nicht zuletzt als Schutzfunktion vor unkontrollierten Ausgaben der Pflegeversicherung vorgesehenen Schwellenwerte führen dazu, dass viele Hilfebedürftige, deren Einschränkungen noch keinen Pflegebedarf nach Maßgabe des SGB XI bedingen, für die Mehrheit der Pflegeversicherungsleistungen nicht bezugsberechtigt sind. Ihren Bedarfen kann nur durch das Engagement der privaten Netze begegnet werden.

Wurde die Pflegebedürftigkeit rechtlich anerkannt, ist eine partielle Übernahme von Verantwortung durch den öffentlichen Sektor vorgesehen. Angestrebt wird hierbei, die familiäre Pflegeerbringung zu stützen, nicht zu ersetzen. Eine bedeutsame Rolle spielt in diesem Zusammenhang das Pflegegeld. Diese Leistungsform zielt darauf ab, durch eine Honorierung des Einsatzes privater Pflegepersonen einen Anreiz für die Übernahme von Versorgungsaufgaben zu bieten und hat somit eine eindeutig familialisierende Wirkung. Durch diese Ausrichtung wird die traditionelle geschlechterspezifische Arbeitsteilung stabilisiert, da primär die weiblichen Familienmitglieder die Versorgungsleistungen erbringen. Sie werden durch die Gewährung der Transferleistungen darin gestärkt, Pflegebedarfen zu begegnen und somit indirekt auf die Familie festgelegt (vgl. Leitner, S. 2007, S. 11; Ungerson 1995, S. 48). Frauen verfügen über den alleinigen Bezug von Pflegegeld allerdings nicht über die Möglichkeit, sich eine eigenständige Existenzsicherung zu schaffen. Ursächlich hierfür ist, dass es unabhängig von der Pflegestufe immer unterhalb der Grundsicherungsleistungen für erwerbsfähige Leistungsberechtigte (Arbeitslosengeld II) liegt. Frauen bleiben somit von den Einkünften eines (männlichen) Ernährers abhängig (vgl. Leitner 2007, S. 12). Wird das Pflegegeld demgegenüber eingesetzt, um formelle Dienste zu erwerben, geht hiermit eine defamilialisierende Wirkung einher. Diese wird jedoch insbesondere dann, wenn Kräfte des grauen Marktes eingebunden werden, unter Inkaufnahme des „*Dienstbotenmodells*" (vgl. Brückner 2009, S. 43) realisiert, das strukturell durch die Beschäftigung im Niedriglohnsektor und die starke soziale Polarisierung in Bezug auf Klasse, Ethnie und Geschlecht geprägt ist und dadurch gesellschaftliches Konfliktpotenzial birgt (vgl. Brückner 2009, S. 43; Gottschall, 2001, S. 226).

Wie oben dargelegt, sieht das Pflegeversicherungsgesetz alternativ oder in Kombination mit dem Pflegegeld durchaus auch die Gewährung von Sachleistungen vor, die den Einsatz der Familien regelmäßig oder auch nur kurzfristig ergänzen. Die Ausgestaltung dieser Leistungsformen führt jedoch aus drei unterschiedlichen Gründen dazu, dass die hiermit verbundenen defamilialisierenden Potenziale nur eingeschränkt zur Geltung kommen:

Erstens unterliegt die Pflegearbeit, die von ambulanten Pflegediensten nach dem Sachleistungsprinzip erbracht wird, zeitlich strikten Vorgaben und bezieht sich hauptsächlich auf starr modularisierte körperpflegerische und hauswirtschaftliche Verrichtungen. Sie sind somit wenig flexibel gegenüber den individuellen Bedürfnissen und tragen auch den Bedarfen nach sozial-emotionaler Zuwendung und Beaufsichtigung als wesentlichen Bestandteilen einer ganzheitlichen Pflege nur bedingt Rechnung (vgl. Pfau-Effinger et al. 2008, S. 94f; Theobald 2011, S. 13, S. 20; TNS Infratest Sozialforschung 2011, S. 39).

Zweitens sollen durch die Sachleistungen den Pflegebedarfen nur anteilig begegnet werden (vgl. Dammert 2009, S. 41). Maximal werden 50 % der durchschnittlich anfallenden Pflegekosten gedeckt, wobei mit zunehmender Pflegebedürftigkeit der Deckungsgrad sinkt (vgl. Blome et al. 2008, S. 186, S. 189; diesbezügliche Berechnungen beispielsweise durch Dammert 2009, S. 43f). Wird dennoch eine Begegnung der Pflegebedarfe ausschließlich durch professionelle Dienste angestrebt, ist durch die oder den Pflegebedürftigen oder seine Angehörigen, unabhängig davon, ob die Versorgung ambulant oder stationär erfolgt, normalerweise ein umfassender Anteil aus eigenem Einkommen und Vermögen zu finanzieren. Lediglich im Falle einer durch Bedarfsprüfungen festgestellten geringen Finanzkraft der Pflegebedürftigen und ihrer direkten Angehörigen werden Sozialhilfeleistungen gewährt.[37] Ansonsten sind die verbleibenden Kosten eigenständig zu tragen und übersteigen insbesondere in Haushalten, deren Einkünfte knapp über der definierten Schwelle liegen, die finanziellen Möglichkeiten. Folglich ist häufig kaum umgänglich, dass insbesondere die "*more time-consuming, less specifiable but more continuous aspects of caring*" (Evers/ Sachße 2003, S. 73), die mithilfe der Sachleistungen der Pflegeversicherung nicht zu decken sind, den Familien überlassen werden. Daher haben Sachleistungen in aller Regel keine familienersetzende, sondern lediglich eine familienergänzende Funktion.

Drittens werden bestimmte professionelle Dienstleistungen (insbesondere die Tages- und Nachtpflege und die stationäre Versorgung) nur nachrangig gewährt. Ein Zugang besteht zumindest qua Gesetz[38] lediglich dann, wenn mithilfe der jeweils vorrangig gewährten Leistungsform eine angemessene Versorgung nicht sichergestellt werden kann. Folglich stellen diese Leistungen keine vollständig frei zugängliche Wahloption für die Betroffenen dar, sondern sind an die (zumindest vorübergehend) unzureichende Leistungsfähigkeit familiärer Netzwerke geknüpft.

Eine ausschließliche Nutzung von ambulanten Sachleistungen erscheint aus den genannten Gründen folglich nur eingeschränkt möglich oder attraktiv. Dies schlägt sich auch in den Inanspruchnahmeraten nieder: Die überwiegende Mehrheit der Pflegebedürftigen in Privathaushalten entscheidet sich im Jahr 2010 trotz

37 Wie Dienel darlegt, bestehen rechtliche Unterhaltsverpflichtungen der Kinder gegenüber ihren Eltern nur in wenigen EU-Mitgliedsstaaten. Sie gelten als „*Indiz für einen besonders stark ausgeprägten Familialismus im System sozialer Sicherung*" (Dienel 2007, S. 292).

38 In den Begutachtungssituationen mag die Möglichkeit bestehen, diese gesetzlichen Regelungen den Wünschen der Betroffenen entsprechend auszulegen.

zunehmend komplexerer Versorgungsbedarfe immer noch für die Geldleistungen (70 %) oder alternativ auch für Kombinationsleistungen (14 %). Beide Leistungsformen setzen den umfassenden Einsatz des informellen Netzwerks und hier faktisch hauptverantwortlich der weiblichen Familienmitglieder voraus. Sachleistungen werden demgegenüber mit insgesamt 14 % weitaus seltener genutzt (TNS Infratest Sozialforschung 2011, S. 36).

Die private (Teil-)Deckung der Pflegebedarfe wird durch die beschriebenen zusätzlichen Maßnahmen dezidiert gefördert. Neben Aufklärungs- und Beratungsangeboten der Pflegekassen und Pflegestützpunkte und kostenfreien Pflegekursen spielt hierbei insbesondere auch die Einbindung von privaten Pflegepersonen in das System der sozialen Sicherung eine bedeutsame Rolle. Diese Leistungsform honoriert die Unterstützungserbringung meist weiblicher Pflegepersonen, indem ihnen trotz fehlender oder eingeschränkter Berufstätigkeit ein begrenztes Niveau der sozialen Sicherung gewährt wird. Da die Leistungsansprüche erst ab einem wöchentlichen Umfang von 14 Pflegestunden in der Woche bestehen, ist der Anreiz groß, sich in zeitlich ausgeprägtem Maße an der Versorgung zu beteiligen. Allerdings liegt die Vermutung nahe, dass sich die Anreizwirkung vorrangig unter den weiblichen Familienmitgliedern entfaltet, die durch ihren Ehepartner zusätzlich sozial abgesichert sind. Ursächlich hierfür ist, dass die gewährte sozialversicherungsrechtliche Absicherung aufgrund der fehlenden Einbindung der Pflegeleistenden in die Kranken-, Pflege- und Arbeitslosenversicherung nicht mit der Absicherung gleichzusetzen ist, die durch eine sozialversicherungspflichtige Erwerbsarbeit erreicht wird. Unter diesen Bedingungen bleibt, wie Kreutzner konstatiert, *„Sozialpolitik auch unter den 1995 reformierten gesetzlichen Bestimmungen ehe- und erwerbsarbeitszentriert“* (Kreuzner 2006, S. 31).

Auch die Verhinderungs- und Kurzzeitpflege zielt auf eine Unterstützung der Pflegeperson ab. Obgleich beide Leistungsformen konzeptionell den zeitlich befristeten Ersatz dieser Akteure/Akteurinnen durch professionelle Kräfte vorsehen, wird die primär familialisierende Absicht verfolgt, private Pflegepersonen kurzfristig zu entlasten, um auf diese Weise die Möglichkeit einer langfristigen Fortführung der Versorgungsleistung zu erhöhen. Im Falle der Verhinderungspflege wird die familialisierende Ausrichtung auch dadurch gestützt, dass diese Leistungen durch informelle Akteure/Akteurinnen durchgeführt werden können, die die Ausfallzeiten der Hauptpflegeperson, lediglich durch einen Quasi-Lohn vergütet, abdecken.

Darüber hinaus sollen auch die beschriebenen Zeitrechte, insbesondere die Pflegezeit und die Familienpflegezeit, die familiäre Versorgungsübernahme stärken: Durch die befristete Gewährung vergrößerter zeitlicher Spielräume für die Versorgungserbringung bei gleichzeitiger Absicherung der Integration bzw. Rückkehr in den Arbeitsmarkt werden in beiden Fällen Mechanismen geschaffen, mithilfe derer einmal getroffene Entscheidungen zur Pflege, insbesondere für Frauen, „*nicht zwangsläufig zu langfristigen oder gar lebenslangen Festschreibungen werden*“ (Leitner 2007, S. 12). Durch die Zeitregelungen kann die private Pflegeübernahme entweder „*part of a temporary life stage in a life course, which is otherwise characterised by integration into waged work*“ (Pfau-Effinger 2005a, S. 325) oder aber durch die Teilzeitregelung im Pflegezeitgesetz und im Familienpflegezeitgesetz mit bezahlter Arbeit kombiniert werden. Diese neuen Perspektiven mögen durchaus Anreize schaffen, Versorgungsarbeit für ältere Menschen familial zu übernehmen. Diese Wirkung wird noch durch die rechtlich vorgesehene Möglichkeit verstärkt, die Zeitrechte von mehreren Personen in Anspruch nehmen zu können, wodurch zumindest für einen begrenzten Zeitraum auch die informelle Übernahme von Sorgearbeit durch männliche Familienmitglieder begünstigt wird (vgl. Leitner 2007, S. 14). Ob die Anreizwirkung jedoch tatsächlich groß genug ist, um auch unter den Erwerbstätigen bisher noch nicht erschlossene Pflegepotenziale zu mobilisieren, wird im wissenschaftlichen Diskurs bezweifelt. Dies ist einerseits auf die enge Bemessung der Zeitfenster zurückzuführen, die für die Pflegezeit oder die Familienpflegezeit maximal vorgesehen sind. Da die durchschnittlichen Bezugszeiten von Sach- und/oder Geldleistungen der Pflegeversicherung abhängig vom Geschlecht zwischen etwa 2,5 Jahren bei Männern und 4 Jahren bei Frauen liegen (vgl. Rothgang 2009, S. 19, S. 149, S. 173) und im wissenschaftlichen Diskurs teilweise sogar Gesamtpflegedauern von acht Jahren thematisiert werden (vgl. Barmer GEK 2011, S. 11), ist fraglich, ob erwerbstätige, potenzielle Pflegepersonen durch diese zeitlich lediglich über einen sehr befristeten Zeitraum gewährten Instrumente grundsätzlich in ihrer Bereitschaft zur Übernahme der Versorgungsaufgabe gestärkt werden. Dies gilt insbesondere dann, wenn nicht auf die gesetzliche Option der Mehrfachinanspruchnahme der Pflegezeit oder der Familienpflegezeit durch unterschiedliche Akteure/Akteurinnen zurückgegriffen werden kann (vgl. Leitner 2007, S. 14; Rothgang/Preuss 2009, S. 26). Hinzu kommt, dass in der Pflegezeit neben dem nicht existenzsichernden Pflegegeld keine finanzielle Absicherung der Pflegeperson vorgesehen ist (vgl. Rothgang/Preuss 2009, S. 26), sodass eine Abhängigkeit der meist weiblichen Pflegenden von dem Einkommen ihres erwerbstätigen Partners entsteht (vgl. Leitner 2007, S. 14). Insbesondere in statusniedrigeren Pflegehaushalten, in denen die Einkommen beider Partner zur Sicherung des Lebensunterhalts benötigt werden, ist die Unterstützungswirkung der Pflegezeit daher wahrscheinlich gering ausgeprägt. Für diesen Personenkreis stellt vermutlich auch die Familienpflegezeit keine adäquate Alternative dar, da auf einen substanziellen Teil des Einkommens zugunsten der zeitlichen Reduktion der Arbeitszeit verzichtet werden muss (vgl. Franke 2011, S. 65). Hinzu kommt, dass die Familienpflegezeit nur für Personen infrage kommt, die unbefristet beschäftigt sind (vgl. Hoff/Hemblin 2011, S. 65).

Die Ausrichtung des bestehenden Leistungsspektrums lässt insgesamt Rückschlüsse auf eine familialistische Prägung der deutschen Pflegepolitik zu, wobei viele Indizien für das Bestehen eines expliziten Familialismus sprechen: Durch die Einführung der Pflegeversicherung wurden zwar die Zugriffsmöglichkeiten auf professionelle Dienste erweitert. Unabhängig davon, ob sie jedoch ambulant oder stationär in Anspruch genommen werden, bleibt der praktische oder finanzielle Einsatz der Familien unumgänglich, wodurch reale Wahlmöglichkeiten zwischen der eigenständigen Übernahme der Betreuung und der vollständigen Abgabe an Dienste nur für eine Minderheit der Gesellschaft gegeben sind, die über die notwendige Finanzkraft verfügt. Prinzipiell besteht also der Programmcharakter der Pflegeversicherung darin, „*vorhandene private/familiale Unterstützungsnetzwerke zwar (zu) [ge]fördern, andererseits damit aber private Verpflichtungsmuster zur notwendigen Grundlage sozialer Risikoabsicherung*" (Blüher/Stosberg 2005, S. 177) zu machen. Hierin spiegelt sich der Leitgedanke der Subsidiarität wider, durch einen möglichst geringen Einsatz aktivierender sozialstaatlicher Politiken familiale Selbsthilfepotenziale aufrechtzuerhalten. Da diese Aktivierung vor dem Hintergrund veränderter Familien- und Erwerbsstrukturen zunehmend diffiziler wird, wächst die Notwendigkeit der Ausweitung staatlicher Interventionen, um diese informellen Bewältigungspotenziale aufrechtzuerhalten. Das erhöhte Leistungsniveau des Pflegegeldes und der ambulant gewährten Sachleistungen, die Schaffung neuer Leistungen für Personen mit eingeschränkter Alltagskompetenz, die Erhöhung des Leistungsniveaus bei einer Kombination des Pflegegeldes oder der Pflegesachleistungen mit der Tages- und Nachtpflege sowie die Schaffung neuer Kombinationsmöglichkeiten der im ambulanten Bereich gewährten Pflegeleistungen im Zuge der Reformbemühungen seit 2002 stellen wichtige Boten dieser Entwicklung dar. Ziel ist also, durch eine im Vergleich zu der Phase vor der Einführung der Pflegeversicherung stärkere direkte staatliche Beteiligung an der Begegnung von Pflegebedarfen das Engagement der Familien zu erhalten und auszubauen (vgl. Schroeter 2006, S. 69).

Diese „*erneute Stärkung umfassender pflegerischer Versorgung im familiären Kontext*" (Riegraf/Theobald 2010, S. 135) hat aber gleichermaßen auch geschlechtsspezifische Folgen: Da die Übernahme von Pflege, wie die Darstellung in Teilkapitel 3.1.1 gezeigt hat, faktisch immer noch zu großen Teilen von weiblichen Familienangehörigen getragen wird, zeigt sich eingelassen in die institutionellen Regelungen eine nicht gleichrangige *„Arbeitsteilung zwischen Frauen und Staat“* (Kulawik 1989, S. 248). Die Regelungen sind in diesem Kontext offensichtlich Mittel zum Zweck, um speziell Frauen zu aktivieren, das Gros der Versorgungsarbeiten für ältere Menschen auch zukünftig zu erbringen.

3.2 Sphäre der Erwerbstätigkeit

Nachdem vorangehend die kulturell und institutionell gestützte Partizipation von Frauen an der Versorgung älterer Menschen dargestellt wurde, erfolgt im Rahmen der nachfolgenden drei Unterkapitel nun komplementär eine Analyse ihrer Einbindung in die Erwerbsarbeit. Zu diesem Zweck wird in Teilkapitel 3.2.1 auf das Ausmaß ihrer Erwerbspartizipation und diesbezügliche Entwicklungslinien im Zeitverlauf Bezug genommen. Darüber hinaus erfolgt eine Spezifizierung, indem arbeitszeitdauer-, lage- und verteilungsbezogene Erscheinungsbilder der weiblichen Erwerbsintegration in ihrer gegenwärtigen Ausprägung und in ihrer Entwicklung beleuchtet werden. Im Fokus der Betrachtung stehen also zeitliche Dimensionen der Partizipation von Frauen am Arbeitsmarkt. Ausschlaggebend für diese Schwerpunktsetzung ist die besondere Bedeutung, die der Arbeitszeit als Strukturierungselement für das Leben von Menschen im wissenschaftlichen Diskurs beigemessen wird: Sie stellt eine mehr oder minder restriktive Randbedingung für die in dieser Sphäre Tätigen dar, bestimmt maßgeblich die betrieblichen Rückgriffsmöglichkeiten auf und die eigenen Dispositionsmöglichkeiten über die Arbeitskraft und prägt somit auch die Spielräume, die für ein außerberufliches Leben bestehen (vgl. Büssing/Glaser 1998, S. 586; Hildebrand et al. 2000, S. 31f; Rüling 2001, S. 8). Um Charakteristika der weiblichen Einbindung in die Erwerbsarbeit zu verdeutlichen, finden als Referenzgröße auch entsprechende Ausprägungen der männlichen Bevölkerung Berücksichtigung.

In Teilkapitel 3.2.2 und 3.2.3 werden literaturbasiert potenziell relevante kulturelle und institutionelle Einflussfaktoren bestimmt, die die Form der weiblichen Arbeitsmarktintegration bedingen. Auf kultureller Ebene erfolgt eine Beschreibung von gesellschaftlich vorherrschenden Leitbildern gegenüber der Erwerbstätigkeit von Frauen im Allgemeinen und gegenüber der Erwerbstätigkeit von Frauen mit familiären Sorgearbeiten im Speziellen, wobei in Ermangelung an wissenschaftlichen Erkenntnissen in diesem Zusammenhang kaum

Bezug auf Leitbilder gegenüber der Arbeitsmarktpartizipation pflegender, sondern primär kindererziehender Personen genommen werden kann. Dieses Vorgehen kann jedoch nur als Notbehelf dienen. Ausschlaggebend hierfür ist, dass sich die Situation pflegender und kindererziehender Frauen maßgeblich unterscheidet (s. Teilkapitel 4.) und daher wahrscheinlich auch die kulturellen Leitbilder, die ihr Handeln betreffenden, nur eingeschränkt vergleichbar sind. Auf institutioneller Ebene werden relevante gesetzliche Regelungen im Bereich der Sozialpolitik, der Steuer- und Abgabenpolitik und der staatlichen und betrieblichen Arbeitszeitpolitik diskutiert und unter Rückgriff auf das Konzept der (De-)Kommodifizierung auf ihre Wirkung hin analysiert. Im Fokus stehen in diesem Zusammenhang primär die Regelungen, die für ältere Frauen von Bedeutung sind, die nicht mehr an Kindererziehungsaufgaben partizipieren aber dafür mit größerer Wahrscheinlichkeit familiäre Pflege leisten.

3.2.1 Ausgangssituation: Einbindung von Frauen in die Erwerbstätigkeit

Die Erwerbstätigkeit stellt nach wie vor die entscheidende Grundlage für die Erwirtschaftung des Lebensunterhalts dar und vermittelt Wertschätzung und soziale Teilhabe. Während im Jahr 1992 noch 66,4 % der Bevölkerung im Alter von 15 bis unter 65 Jahren an dieser Form der Arbeit partizipierten, betrug dieser Anteil 2011 bereits 72,5 %. Geschlechterdifferenziert zeigt sich, dass die Gruppe der Frauen hierbei einen sukzessiven Zuwachs verzeichnen konnte: Lagen die Werte 1992 noch bei 55,9 %, beliefen sie sich 2011 auf 67,7 % (vgl. Eurostat 2012; vergleichbare Daten auch: Wozowczyk/Masarelli 2011, S. 3). Der Wert überschreitet somit die vom Europäischen Rat im Jahr 2000 in Lissabon geforderte Erwerbstätigenquote[39] von 57 % für das Jahr 2005 und 60 % für das Jahr 2010 (vgl. Europäischer Rat 2000, Nr. 30). Demgegenüber zeigt sich in der

39 Hier wird auf die Erwerbstätigenquoten Bezug genommen, die sich auf den prozentualen Anteil der Erwerbstätigen an der Gesamtbevölkerung zwischen dem 15. und 64. Lebensjahr bezieht. Es werden alle Arbeitnehmer(innen), Selbstständige oder mithelfende Familienangehörige berücksichtigt, die einer auf den Erwerb eines Einkommens ausgerichteten Tätigkeit nachgehen, unabhängig vom Umfang der Erwerbsarbeit. Alternativ bestünde auch die Möglichkeit, die Erwerbsquote zu berücksichtigen. Dabei handelt es sich um den Anteil der Erwerbstätigen und Arbeitslosen an der Gruppe der 15 bis 64-Jährigen (vgl. Wanger 2006, S. 9f). Hierdurch bestünde die Möglichkeit, die gegenwärtig vorherrschende Erwerbsneigung, also den Anteil der berufstätigen und der im Falle eines bestehenden Arbeitsplatzangebotes berufstätigen Personen, abzubilden. Da jedoch im Rahmen der Arbeit die tatsächliche Partizipation von Frauen am Arbeitsmarkt von Interesse ist, wird auf den erstgenannten Indikator zurückgegriffen.

männlichen Vergleichsgruppe aufgrund der hier drastisch gestiegenen Erwerbslosigkeit, der bislang verbreiteten Frühverrentungspraxis und der zunehmenden Verweildauer im Bildungssystem eine weniger kontinuierliche Entwicklung ab (vgl. Engelbrecht 2002, S. 43; Pfau-Effinger 2000, S. 106): Die Erwerbstätigenquote fiel von 76,7 % im Jahr 1992 auf 70,8 % im Jahr 2004 und stieg 2011 auf 77,3 % an. Grundsätzlich ist der Abstand zwischen der Erwerbstätigenquote der Männer und der der Frauen über den Betrachtungszeitraum geschrumpft. Betrug die Differenz 1992 noch mehr als 20 %, reduzierte sie sich bis 2011 auf etwa 10 % (vgl. Eurostat 2012; vergleichbare Daten auch: Wozowczyk/Masarelli 2011, S. 3).

Im Rahmen der vorliegenden Arbeit ist von großer Relevanz, dass sich insbesondere die Arbeitsmarktintegration der älteren Frauen, die vergleichsweise häufig mit der Übernahme von Pflegeverpflichtungen im privaten Umfeld konfrontiert sind (s. Teilkapitel 3.1.1), in den letzten Jahren überproportional ausgeweitet hat. Waren 1991 noch 59,9 % der 50 bis 55-Jährigen, 37,4 % der 55 bis 60-Jährigen und 9,9 % der 60 bis 65-Jährigen erwerbstätig, steigerte sich dieser Anteil im Jahr 2009 auf 74,6 % in der Altersgruppe der 50 bis 55-Jährigen, 63,1 % zwischen dem 55. und 60. Lebensjahr und 30,4 % in der Altersgruppe der 60 bis 65-Jährigen.

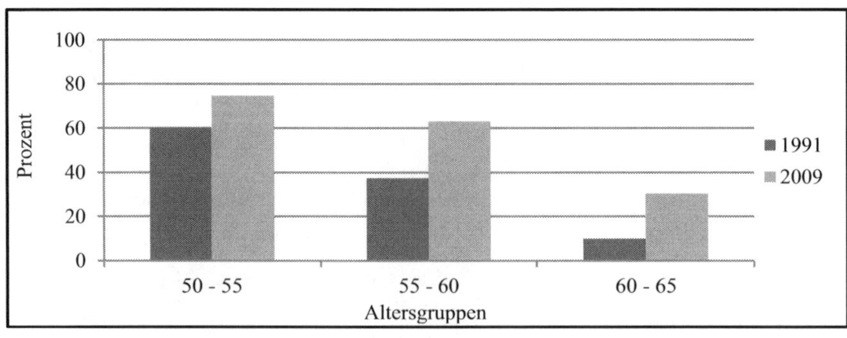

Abbildung 4: Erwerbstätigenquote älterer Frauen differenziert nach Altersgruppen 1991 und 2009 (vgl. StaBA 2011a, o. S.)

Demgegenüber haben sich in diesem Zeitraum bei den Männern geringere Veränderungen ergeben: Lagen hier die Werte in der Altersgruppe der 50 bis 55-Jährigen 1991 bei 88,9 %, 73,0 % bei den 55 bis 60-Jährigen und 31,1 % bei den 60 bis 65-Jährigen, fielen sie in der jüngsten hier betrachteten Altersgruppe auf

84,0 % und stiegen bei den 55 bis 60-Jährigen auf 76,9 % und bei den 60 bis 65-Jährigen auf immerhin 46,7 % (vgl. StaBA 2011a, o. S.).

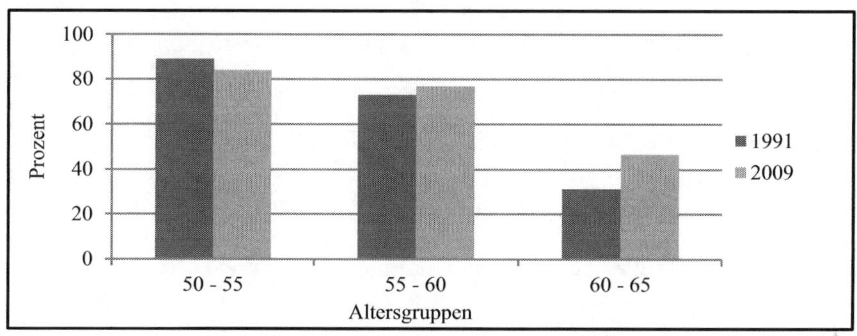

Abbildung 5: Erwerbstätigenquote älterer Männer differenziert nach Altersgruppen 1991 und 2009 (vgl. StaBA 2011a, o. S.)

Die stärkere Einbindung insbesondere älterer Frauen in den Arbeitsmarkt ist dabei einerseits auf die Veränderung der Altersstruktur innerhalb der Gesellschaft zurückzuführen, sodass die Erwerbsbeteiligung in den höheren Altersgruppen geschlechtsunabhängig *„demografischen Rückenwind"* (Brussig 2009, S. 282) bekommt. Andererseits spiegeln sich hierin aber auch spezifische Kohorteneffekte: Veränderte kulturelle und institutionelle Rahmenbedingungen (s. Teilkapitel 3.2.2 und 3.3.3) bedingen, dass die Generation der heute älteren Frauen im Gegensatz zu den Vorgängergenerationen stärker in den Arbeitsmarkt eingebunden ist (vgl. Bothfeld 2006, S. 120; Brussig 2009, S. 282).

In Ostdeutschland ist die Zunahme der Erwerbstätigkeit von älteren Frauen noch weitaus stärker ausgeprägt als in Westdeutschland. Während sich die Anzahl westdeutscher Frauen in der Altersgruppe der 55 bis 60-Jährigen im Zeitraum zwischen 1991 und 2009 von etwa 785.000 auf 1.317.000 knapp verdoppelte, ist bei ostdeutschen Frauen nahezu eine Verdreifachung von 152.000 auf 416.000 zu beobachten (vgl. Gerostat 2011: Erwerbsstatus der Bevölkerung differenziert nach Region, nach Geschlecht und nach Altersgruppen in den Jahren 1991 und 2009). Es liegt die Vermutung nahe, dass eine massive Ausgliederungspolitik älterer Arbeitnehmerinnen in den neuen Bundesländern in der Nachwendezeit diese Entwicklung begünstigt (vgl. Brussig 2010, S. 5).

Trotz dieser auf den ersten Blick deutlich angestiegenen Erwerbstätigenquote unter den (insbesondere älteren und in Ostdeutschland lebenden) Frauen weist diese Entwicklung jedoch ausgeprägte Ambivalenzen auf. Eine differenzierte Betrachtung belegt, dass ihre Integration in den Arbeitsmarkt in stärkerem Maße von der Existenz familiärer Sorgeverpflichtungen abhängig ist als bei den Männern. Daten belegen beispielsweise, dass Mütter deutlich seltener am Arbeitsmarkt partizipieren als Väter,[40] wobei die weiblichen Erwerbstätigenquoten mit dem Alter der Kinder in Verbindung stehen (z. B. Rübenach 2010, o. S.). Sind Mütter mit Kindern zwischen 0 und 3 Jahren nur zu 30,0 % berufstätig, beträgt der Anteil unter den Frauen mit 10 bis 15 Jahre alten Kinder bereits 70,3 %. Bei den Vätern beträgt dieser Anteil 81,1 % und 84,2 % und ist somit deutlich höher als bei den Frauen und darüber hinaus auch unabhängiger vom Alter der Kinder (vgl. Genesis-Online 2011, Tab. 12211 0606). Auch im Vergleich zu Frauen ohne Kinder sind Mütter seltener berufstätig, wobei diese Differenzen in der Altersstufe der 21 bis 30-Jährigen, also der Lebensphase, in der typischerweise Betreuungsverpflichtungen gegenüber kleineren Kindern bestehen, mit 42 % besonders hoch sind (vgl. StaBA 2006a, S. 30). Trotzdem sich die Erwerbstätigenquote von Müttern in der vergangenen Dekade gesteigert hat (vgl. Genesis-Online 2011, Tab. 12211 0606; Bothfeld 2006, S. 127, S. 174) und auch Unterbrechungszeiten im Kohortenvergleich geringer werden (DBT 2011, S. 110; Heien et al. 2007, S. 56; Trischler/Kistler 2010, S. 14), nehmen traditionelle Muster weiblicher Vergesellschaftung beim Vorliegen von Kindererziehungsverpflichtungen noch immer einen großen Stellenwert ein. Sie sind durch eine Übernahme von Familien- und Hausarbeit bei gleichzeitigem (phasenweisen) Verzicht auf eine eigenständige Erwerbsarbeit gekennzeichnet und schlagen sich in typisch weiblichen Erwerbsbiografien nieder. Entgegen Kohlis Modell einer Dreiteilung des Lebenslaufs in eine vorbereitende Phase auf die Erwerbstätigkeit, eine aktive Phase der Erwerbstätigkeit und einer Phase des Ruhestands (vgl. Kohli 1985, S. 3) sind diese Erwerbsbiografien insbesondere in Westdeutschland durch einen unsteteren Verlauf und ein höheres Maß an Brüchen und Diskontinuitäten geprägt (vgl. European Foundation for the Improvement of Living and Working Conditions 2003, S. 18f; Drasch 2011, S. 187-190, S. 195; Müller 2008, S. 49).

Die bisherige Darstellung belegt, dass die weibliche Arbeitsmarktintegration zwar in quantitativer Hinsicht in den vergangenen Dekaden deutliche Zuwächse verzeichnen konnte, sich jedoch immer noch maßgeblich von der Erwerbspartizipation der Männer unterscheidet und in einem ausgeprägten Abhängigkeitsverhältnis zu dem Vorliegen von familiären Betreuungsaufgaben steht.

40 Vergleichbare Daten, die Rückschlüsse auf die geschlechterdifferenzierte Erwerbspartizipation von pflegeleistenden Frauen und Männern zulassen, sind nicht verfügbar.

Das weibliche Erwerbsverhalten unterscheidet sich jedoch nicht nur in Bezug auf seine Quantitäten, sondern auch in Bezug auf seine Qualitäten und ist in diesem Zusammenhang maßgeblichen Veränderungen unterworfen. Diese finden im Zuge struktureller Wandlungsprozesse des Erwerbssystems statt und spiegeln sich in einer Flexibilisierung von Arbeit wider, die sich auf den drei Ebenen Zeit, Raum und Qualifikation vollzieht. In der vorliegenden Betrachtung sind dabei insbesondere die veränderten zeitlichen Gestaltungsprinzipien von Lohnarbeit von Interesse.[41] Diese Schwerpunktsetzung fußt einerseits auf der Annahme, dass der Strukturwandel des Erwerbssystems vorrangig als Wandel institutioneller Zeitstrukturen zum Tragen kommt. Andererseits kann, wie in Teilkapitel 3.2 beschrieben wurde, von der Grundannahme ausgegangen werden, dass Zeit einen wesentlichen Taktgeber für die individuelle Lebensführung darstellt.

Eine allgemeingültige Definition besteht für den Terminus der Arbeitszeitflexibilisierung zum gegenwärtigen Zeitpunkt nicht, allerdings haben sich in Abhängigkeit von dem jeweiligen Untersuchungsgegenstand in der Arbeitszeitforschung unterschiedliche Begriffsbestimmungen herausgebildet, die in ihrer Reichweite stark variieren (einen Überblick bietet zum Beispiel Seifert 2006, S. 11). Als weitgehend konsensfähig gilt, die Flexibilisierung von Arbeitszeit als Abweichung von bestimmten Normalitätsannahmen zu fassen. Im wissenschaftlichen Diskurs bestehen unterschiedliche Normalitätskonstruktionen, die hinsichtlich der Reichweite ihrer Grundlegungen differieren. Eng angelegte Begriffsbestimmungen beschreiben kontinuierlich bestehende Vollzeitbeschäftigungen zwischen 35 und 40 Stunden ohne Schwankungen in Bezug auf chronologische und chronometrische Dimensionen der Arbeit als eine normkonforme Arbeitszeit. Charakteristisch ist eine während des Tages in gleichmäßigen Proportionen an fünf Werktagen (montags bis freitags) erbrachte Erwerbstätigkeit (vgl. Bauer et al. 1996, S. 52; Groß et al. 2007, S. 203; Koch 2002, S. 55). Innerhalb der anwendungsorientierten Arbeitsmarktforschung wird die Begrifflichkeit der Arbeitszeitflexibilisierung häufig auf pragmatische Weise über Veränderungen der wesentlichen profilbildenden Dimensionen von Arbeitszeit beschrieben

41 Neben zeitlichen Flexibilisierungstrends könnte im Rahmen der vorliegenden Arbeit auch die Flexibilisierung der räumlichen Dimension von Arbeit von Bedeutung sein, da sie „*eine neue Vermischung von Arbeits- und Lebensbereichen*“ (Jurczyk 2001, S. 24) begünstigt. Insbesondere für Frauen, die in familiäre Sorgearbeiten eingebunden sind, können hieraus neue Chancen für eine Verbindung von Beruf und familiären Aufgaben erwachsen (vgl. Ulrich/Wiese 2011, S. 139f). Wie sich jedoch auf Grundlage von Auswertungen des Mikrozensus zeigt, spielen räumliche Flexibilisierungsstrategien bisher nur eine marginale Rolle und werden daher hier nicht eingehender berücksichtigt. Lediglich 5,0 % der erwerbstätigen Männer und 5,4 % der erwerbstätigen Frauen gaben an, an mindestens der Hälfte ihrer Arbeitstage von zu Hause aus zu arbeiten (vgl. BMFSFJ 2005, S. 132).

und gilt als „*eine Variabilisierung der Dauer, Lage und der Verteilung der Arbeitszeit*“ (Hielscher 2000, S. 18). Die Arbeitszeitdauer bezeichnet in diesem Zusammenhang die vertraglich fixierte Arbeitszeit, wohingegen die Arbeitszeitlage Auskunft über Anfang und Ende der Arbeitszeit gibt. Die Dimension der Verteilung von Arbeitszeit bezieht sich auf eine gleichmäßige oder ungleichmäßige Verteilung der Arbeitszeitdauer auf einzelne Tage, Wochen oder Monate (vgl. Büssing/Glaser 1998, S. 587; MASQT 2000, S. 19).

Kritisch ist anzumerken, dass diesen Definitionen zumindest implizit die Annahme über einen geschlechterunabhängig gültigen, normalarbeitszeitlichen Referenzrahmen zugrunde liegt, der jedoch für einen großen Teil der Erwerbstätigen, insbesondere für Teilzeit oder geringfügig beschäftigte Frauen, schon immer keine oder lediglich eingeschränkte Gültigkeit[42] besaß (vgl. Kurz-Scherf 1995, S. 82ff) und für sie eher eine „*herrschende Fiktion*“ (Mückenberg 1985, S. 422) als empirische Realität darstellte (vgl. Geissler 2005, S. 99; Hielscher 2000, S. 9; Kratzer/Lange 2006, S. 179; Müller 2008, S. 49).[43] Dennoch birgt die angeführte Bestimmung des Arbeitszeitflexibilisierungsbegriffs im Rahmen der vorliegenden Arbeit einen wesentlichen Vorteil: Arbeitszeitliche Flexibilisierung wird nicht nur pauschal als Abweichung von einer Norm erfasst, sondern explizit über die drei Dimensionen Lage, Dauer und Verteilung beschrieben. Ihre Veränderungen können im Zeitvergleich nachvollzogen und auf geschlechterspezifische Unterschiede hin analysiert werden, um somit die Ausprägungen und die Veränderungen der Qualitäten weiblicher Erwerbsmuster zu bestimmen. Wo möglich, wird die Verbreitung von dauer-, lage- und verteilungsdifferenten Arbeitszeiten auch für die Gruppe der älteren Frauen beleuchtet.

Veränderungen der Dauer der Arbeitszeit

In Bezug auf die Dauer der Arbeitszeit weisen Frauen im Vergleich zu Männern eine deutlich stärkere Einbindung in Teilzeit, also in Arbeitsverhältnisse mit gegenüber Vollzeitbeschäftigten verkürzten wöchentlichen Arbeitszeiten, auf. Ihr Anteil beträgt 83 %, wobei zwar auch unter den männlichen, primär jedoch unter den weiblichen Beschäftigten deutliche Zuwächse zu verzeichnen sind. Waren

42 Kurz-Scherf betont beispielsweise, dass diese Begriffsbestimmung eine ausgeprägte exklusive Wirkung aufweist, da alle jene Arbeitsverhältnisse als von der Norm abweichend deklariert werden, innerhalb derer Gleitzeitarbeit, Schichtarbeit oder Wochenendarbeit unter den Beschäftigten bereits weitgehend Normalitätswert besitzen. Hierzu zählen insbesondere frauendominierte Berufszweige, beispielsweise der Einzelhandel oder der Gesundheitssektor (vgl. Kurz-Scherf 1995, S. 82ff).

43 Hiermit eng verbunden besteht die Gefahr einer Überbewertung der Relevanz flexibler Arbeitszeiten.

im Jahr 1991 gemäß einer Berechnung des Instituts für Arbeitsmarkt und Berufsforschung 4,0 % der Männer und 30,7 % der Frauen in diese verkürzten Arbeitsverhältnisse (reguläre Teilzeit- oder geringfügige Beschäftigungsverhältnisse) eingebunden, stieg dieser Anteil 2010 auf 17,6 % bei den männlichen und 52,1 % bei den weiblichen Beschäftigten an (vgl. Wanger 2011, S. 2). Wenngleich auch die Vollzeitarbeitsverhältnisse unter den Frauen an Bedeutung gewonnen haben, so ist doch die oben beschriebene Zunahme der weiblichen Erwerbstätigenquoten in starkem Maße auf den Relevanzgewinn dieser zeitlich reduzierten Arbeitsverhältnisse zurückzuführen (vgl. Brussig 2010, S. 4; Dressel/Wanger 2010, S. 491; Kümmerling et al. 2008, S. 2).

Besonders ausgeprägte Zuwächse verzeichnen dabei geringfügige Beschäftigungsverhältnisse als Variante der Teilzeitarbeit, die eine Höchstgrenze des Einkommens von 400 Euro im Monat nicht überschreiten und zumindest unter Frauen häufig die einzige Einkommensquelle darstellen (vgl. Bundesagentur für Arbeit (BA) 2011, S. 3; DBT 2011, S. 112; Klenner 2007, S. 524). Diese Arbeitsverhältnisse sind nur mit einer geringen zeitlichen Teilhabe am Arbeitsmarkt verbunden. Mit 54 % ist ein großer Anteil der Teilzeitbeschäftigten in diese Arbeitszeitformen integriert (vgl. Wanger 2006, S. 15). Ihre Zahl steigerte sich im Zeitraum von 2003 bis 2010 von 5,53 auf 7,27 Millionen. Vergleichbar mit den Teilzeitarbeitsverhältnissen im Allgemeinen sind in erster Linie Frauen in diese Formen der Erwerbsarbeit eingebunden: Ihr Anteil unter den ausschließlich geringfügig Beschäftigten umfasst 66 % (vgl. BA 2011, S. 6).

Formen der Teilzeitbeschäftigung sind dabei in Westdeutschland deutlich verbreiteter als in Ostdeutschland und werden in umfassenderem Maße von den gering oder auf mittlerem Niveau qualifizierten Frauen ausgeübt. Von besonderer Bedeutung für die ausgeprägte Verbreitung von Teilzeitarbeit unter den erwerbstätigen Frauen ist das Bestehen von familiären Sorgeaufgaben: Frauen mit Kindern sind deutlich häufiger in diese zeitlich reduzierten Arbeitsverhältnisse eingebunden als Frauen ohne Kinder. Die Anzahl der Kinder korreliert dabei negativ mit dem Umfang der Arbeitszeit. Diese Zusammenhänge zeigen sich insbesondere in Westdeutschland, während in Ostdeutschland die außerberufliche Situation den Umfang der Arbeitszeit in geringerem Maße beeinflusst (vgl. z. B. DBT 2011, S. 112; Düll/Ellguth 1999, S. 277ff; Klenner/Pfahl 2008, S. 12; Klenner/Schmidt 2011, S. 254f; Kümmerling et al. 2008, S. 4f; Kümmerling et al. 2009, S. 87ff; Rübenach 2010, o. S.; StaBA 2006a, S. 52f).[44] Die um-

44 Wie unterschiedliche Publikationen belegen, besteht unter den ostdeutschen Frauen eine große Vollzeitarbeitspräferenz (s. auch Teilkapitel 3.2.2). Werden dennoch Teilzeitarbeitsverhältnisse eingegangen, geschieht dies auch unter den Kinder betreuenden Frauen häufig unfreiwillig und

fassende Bedeutung von Teilzeitarbeitsverhältnissen unter den sorgeleistenden Frauen wird dabei in erster Linie mit der „*patriarchale[n] Organisationsstruktur*" (Holst/Maier 1998, S. 508) der Vollzeitberufstätigkeit begründet. Diese setzt ein hohes Maß an zeitlicher Verfügbarkeit voraus, die jedoch nur dann zu erbringen ist, wenn keine umfassenden familiären Verpflichtungen in Konkurrenz zu der lohnabhängigen Arbeit treten. Da sich die Arbeitszeit der meisten Frauen jedoch nicht nur auf Erwerbsarbeit beschränkt, sondern auch durch die Sorgearbeit für Familie und Haushalt gebunden wird, ist die Erfüllung eines Vollzeitstandards nur äußerst voraussetzungsvoll und somit für viele Frauen nicht realisierbar (vgl. Eckart 2000, S. 16f). Teilzeitarbeit kann demgegenüber größere individuelle Spielräume eröffnen, Familie und Beruf miteinander zu verbinden. Während dies für 49 % der teilzeitbeschäftigten Frauen ein bedeutsames Motiv für die Einbindung in diese Arbeitsverhältnisse darstellt, gilt dies nur für 7 % der Männer (vgl. Klenner/Schmidt 2011, S. 256). Wie Holst und Schupp bereits 1994 feststellen, nimmt Teilzeitarbeit unter diesen Bedingungen zumindest für Mütter häufig „*eine zeitlich begrenzte Brückenfunktion in besonderen Lebenslagen ein (...), [indem sie] den Verbleib im Erwerbsleben während der Familienphase, die Rückkehr in den Beruf und die Wiederaufnahme einer Vollzeiterwerbstätigkeit*" (Holst/Schupp 1994, S. 161) erleichtert. Dennoch ist davon auszugehen, dass diese Arbeitszeitform nicht immer nur Ausdruck der Wünsche der Betroffenen darstellt, sondern zumindest partiell auch aufgrund unzureichender institutioneller Betreuungsmöglichkeiten gewählt werden muss (vgl. Klenner/Schmidt 2011, S. 256; Wanger 2011, S. 5). Hinweise hierauf sind der IZA-Studie zu familienfreundlichen Arbeitszeiten zu entnehmen, die unter anderem die Arbeitszeitpräferenzen von erwerbstätigen Müttern untersucht. Die Daten belegen, dass 25 % der regulär teilzeitbeschäftigten Frauen mit Sorgeverpflichtungen lieber einer umfassenderen Erwerbsarbeit mit 20 bis 35 Stunden oder aber mehr als 35 Stunden nachgehen würden. Bei den lediglich geringfügig Beschäftigten ist dieser Anteil mit 73 % noch größer (vgl. Eichhorst et al. 2011, S. 9).

Altersgruppendifferenziert zeigt sich jedoch, dass die Bedeutung von Teilzeitarbeit nicht auf die Kohorte der jüngeren Frauen beschränkt bleibt: Die interessierende Gruppe der älteren Arbeitnehmerinnen zwischen dem 56. und 65. Lebensjahr weist sogar die höchste Teilzeitquote auf, die mit 59 % die Quote der 26 bis 35-Jährigen und 36 bis 45-Jährigen Frauen um 28 bzw. 3 Prozentpunkte übersteigt (vgl. Vogel 2009, S. 175f). Teilzeitarbeit stellt unter den älteren Frau-

---

stellt in stärkerem Maße eine Auswirkung des schwachen Arbeitsmarktes dar, der unzureichende Möglichkeiten der Vollzeiterwerbstätigkeit bietet (vgl. Klenner/Schmidt 2011, S. 256f; Koch 2002, S. 52f).

en auch eine weitaus dauerhaftere Beschäftigungsform dar als unter den jüngeren Frauen (vgl. Klenner/Schmidt 2011, S. 272).[45] Offensichtlich, so konstatiert auch Clemens, dominiert „*die Bedeutung der Frauenrolle (...) noch immer die Lebensumstände und Arbeitsbedingungen von Frauen (...)*“ (Clemens 2006, S. 42). Teilzeitarbeit bietet auch unter den älteren Beschäftigten eine Möglichkeit, Erwerbsarbeit, Haushalt sowie die familiären Versorgungsaufgaben miteinander zu verbinden, wobei in dieser Gruppe, wie Vogel und Wanger ausführen, eher die Vereinbarung des Berufs mit der Pflege von Angehörigen als mit der Betreuung von Kindern im Vordergrund steht (vgl. Vogel 2009, S. 175f; Wanger 2006, S. 36). Neben familiären Sorgeverpflichtungen auch in dieser Altersgruppe werden im wissenschaftlichen Diskurs als Begründungsfaktor für die hohen Teilzeitquoten im fortgeschrittenen Alter Narbeneffekte einer einmal in der Erwerbsbiografie übernommenen Teilzeitarbeit benannt. Sie schlagen sich beispielsweise in verringerten Möglichkeiten nieder, im Anschluss an Teilzeitepisoden zeitlich umfassendere Beschäftigungsverhältnisse einzugehen (vgl. DBT 2011, S. 110, 126; Fouarge/Muffels 2008, S. 9, S. 31; Klenner/Schmidt 2012, S. 19; Plantenga/Remery 2010, S. 41). Klenner und Schmidt zeigen unter Rückgriff auf Daten des Mikrozensus, dass immerhin ein Fünftel der Frauen unfreiwillig in diese Arbeitszeitform eingebunden ist, da eine Vollzeitbeschäftigung nicht gefunden werden kann. Dies gilt insbesondere für weibliche Beschäftigte, die einen Minijob ausüben und aus Ostdeutschland stammen (vgl. Klenner/ Schmidt 2011, S. 256, S. 261).

Ein anderes Charakteristikum dauerflexibilisierter Arbeitszeit stellen monetär oder in Freizeit vergütete Überstunden als kurzfristige Abweichungen von einer arbeitsvertraglich normierten Arbeitszeit dar. Ihre Bedeutung hat sich, wie die ISO-Arbeitszeitbefragung belegt, in den vergangenen Jahren unabhängig von der Position der Beschäftigten in der Unternehmenshierarchie vergrößert: Leisteten 1993 36 % der Beschäftigten zumindest ein- bis zweimal im Monat Mehrarbeit, betraf dies 2003 54 %. Frauen sind dabei mit 46 % seltener betroffen als Männer mit 62 % und weisen auch eine geringere Anzahl der Überstunden auf. Die geschlechtsspezifischen Unterschiede sind dabei insbesondere bei versorgungsleistenden Männern und Frauen groß (vgl. Bauer et al. 2004, S. 13).

45 Arbeiten Männer in den höheren Altersgruppen Teilzeit, ist dies häufig auf die Inanspruchnahme von Altersteilzeitregelungen zurückzuführen. Bei Frauen zeigen sich diese Tendenzen in deutlich geringerem Maße (vgl. Wanger 2006, S. 31).

Veränderungen der Lage der Arbeitszeit

Der zweite Flexibilisierungstrend betrifft die Lage der Arbeitszeit. Hierunter ist beispielsweise die Schichtarbeit als Verteilung der Arbeitszeit in mehrere gleich bleibende Zeitblöcke zu subsumieren, die versetzte Anfangszeiten aufweisen (vgl. Hamann 2005, S. 16). Laut Rechtsprechung ist charakteristisch, „*dass zwei oder mehrere Arbeitnehmer dieselbe Arbeitsaufgabe nach einem festgelegten Zeitplan abwechselnd erfüllen, sodass ein Arbeitnehmer arbeitet, während der andere/die anderen arbeitsfrei haben*" (BAG v. 2. 10. 1996). Schichtarbeit ist also an einen wechselnden Arbeitsrhythmus gebunden, wonach nur derjenige tatsächlich als Schichtarbeitender zu bezeichnen ist, der nicht kontinuierlich in einer bestimmten Schicht tätig ist (vgl. Hamann 2005, S. 16). Darüber hinaus fasst Seifert Abend-, Nacht-, Samstags-, und Sonntagsarbeit unter die lageflexiblen Arbeitszeiten, die Variationen der Schichtarbeit darstellen können. Eine Auswertung des Mikrozensus ergibt, dass 2005 56 % aller abhängig Beschäftigten ständig, regelmäßig oder doch zumindest gelegentlich am Wochenende, in der Nacht und/oder in Wechselschichten arbeiten. Gegenüber dem Jahr 1991 hat sich eine Zunahme dieser Gruppe atypisch Beschäftigter um 18 % vollzogen (vgl. Seifert 2006, S. 17f). Dabei sind 53 % der Männer und 43 % der Frauen in diese von der Normalarbeitszeit abweichenden Arbeitsformen integriert (vgl. StaBA 2005, S. 45f). Frauen arbeiten dabei ganz überwiegend in Zweischichtsystemen, während Männer in Mehrschicht- oder Konti-Schichtsysteme[46] eingebunden sind (vgl. Koch 2002, S. 60).

Differenziert nach den einzelnen Formen der Arbeitszeitflexibilisierung zeigt sich ein deutlicher Bedeutungsgewinn der Wochenendarbeit, der in den Arbeitsmarktsektoren Handel, Gastgewerbe, dem Pflegebereich sowie Verkehr und Nachrichtenübermittlung besonders stark ausgeprägt ist. Im Beobachtungszeitraum von 2001 bis 2006 stieg der Anteil der regelmäßig oder zumindest gelegentlich auch samstags Arbeitenden von 40,2 % auf 44,9 % und der Anteil der sonntags Arbeitenden von 20,6 % auf 24,3 % (vgl. Kümmerling et al. 2009, S. 98f). Geschlechterdifferenziert zeigt sich, dass gegenwärtig mehr Männer mit 47 % samstags und 27 % sonntags arbeiten als Frauen mit 41 % bzw. 22 %. Auch Wechselschichtarbeit und Schichtarbeit zu konstant ungewöhnlichen Zeiten, z. B. dauerhaft in der Nacht, haben im Zeitvergleich deutlich an Relevanz gewonnen. Während 1991 noch 13 % kontinuierlich Nachtarbeit ausführten, betrug dieser Anteil 2005 15 %. In Wechselschichten arbeiteten 1991 13 % und

46 Der Begriff ‚Konti-Schichtsystem' stellt die Abkürzung für vollkontinuierliche Wechselschichtsysteme dar, die Früh-, Spät- und Nachtschicht im Wechsel umfassen (vgl. Koch 2002, S. 60).

2005 16 % (vgl. Seifert 2006, S. 17f). Werden diese Wochenarbeitszeitmuster von Arbeitnehmer(inne)n in ihrem Hauptberuf abhängig von der Geschlechterzugehörigkeit betrachtet, zeigen sich nur geringfügige Unterschiede. Während Männer zu 19 % regelmäßig Nacht- oder Schichtarbeit ausüben, sind Frauen mit 18 % nahezu in gleichem Ausmaß betroffen (vgl. Klenner 2005, S. 223-226).

Veränderungen der Verteilung der Arbeitszeit

Flexibilisierung findet darüber hinaus auch hinsichtlich der Verteilung der Arbeit statt. Vermehrt wird in diesem Zusammenhang die gleichförmige Proportionierung nach dem Vorbild des Normalarbeitsverhältnisses durch zeitorganisatorische Regeln abgelöst, die die Verteilung von der Dauer als auch der Lage einer arbeitsvertraglich vereinbarten Regelarbeitszeit auf einer Zeitachse ermöglichen.

Hinsichtlich des Verbreitungsgrades der variablen Arbeitszeitverteilung verweist die ISO-Studie auf einen Anteil von 50 % unter den Beschäftigten, die nicht über eine festgelegte tägliche Anfangs- und Endzeit verfügen. Der Anteil unter den Männern ist mit 55 % etwas höher als unter den Frauen mit 45 %. Diese Variabilität der Arbeitszeit ist jedoch unter den Frauen, die häufiger in Branchen mit festen Öffnungszeiten arbeiten (z. B. Handel, Gastgewerbe, Erziehung) seltener selbstgesteuert als unter den Männern, die im Vergleich häufiger höhere berufliche Positionen mit ausgeprägteren Arbeitszeitsouveränitätsgraden bekleiden: 38,6 % der verteilungsflexibel arbeitenden Frauen weisen in diesem Zusammenhang betrieblich vorgegebene Arbeitszeiten mit kaum vorhandenen eigenen Einflussmöglichkeiten auf. Unter den Männern beträgt dieser Anteil nur 31,5 % (vgl. Bauer et al. 2004, S. 86).

Die Verwaltung verteilungsflexibler Arbeitszeiten erfolgt durch Arbeitszeitkonten (z. B. Gleitzeitkonten, Überstundenkonten, Ansparmodelle, Korridormodelle), die in wachsendem Maße betrieblich vereinbart werden und einen mittel- oder langfristigen Ausgleich von Zeitguthaben durch Freizeit ermöglichen (vgl. Seifert 2006, S. 21f, ders. 2007, S. 19). Sie stellen Instrumente zur Verwaltung ungleich verteilter Arbeitszeiten dar, die zeitliche Ansprüche zwischen Arbeitnehmer(inne)n und Arbeitgeber(inne)n fixieren. „*Zeitguthaben bedeutet einen Kredit des Mitarbeiters an das Unternehmen, Zeitschulden einen Anspruch des Unternehmens auf Nachleistung von Arbeitszeit*“ (Gamber/Börkircher 2008, S. 238). Ein Ausgleichszeitraum gibt vor, innerhalb welcher Zeitspanne die vertraglich vereinbarte Arbeitszeit erreicht sein muss und welche Obergrenzen für Plus- und Minusstunden bestehen. Insbesondere in Betrieben mit einer kleinen Belegschaft oder ohne Betriebsrat, in denen Frauen besonders stark repräsentiert sind, existieren Arbeitszeitkonten häufig jedoch nicht. Sie werden teilweise durch informelle Absprachen ersetzt (vgl. Munz et al. 2002, S. 334, S. 336f). Hier bestehen fließende Übergänge zu der sogenannten Vertrauensarbeitszeit oder disponiblen Arbeitszeit, innerhalb derer die Arbeitgeberin oder der Arbeitgeber auf jede Form der betrieblichen Arbeitszeitkontrolle verzichtet. Nicht mehr die zeitliche Anwesenheit als vielmehr ein im Vorhinein vertraglich fixiertes Arbeitsergebnis, ein Abgabetermin (z. B. bei Arbeit nach Zielvereinbarungen oder bei der Arbeit in Projekten) oder Absprachen mit Kolleg(inn)en und Vorgesetzten stellen die relevanten Orientierungsgrößen dar (vgl. Böhm et al. 2004, S. 19ff; Geramanis 2002, S. 347; Wagner 2001, S. 370).

Auf Basis des IAB-BetriebsPanels, einer Befragung mit mehr als 16.000 Betrieben, kann ein zunehmender Einsatz von Arbeitszeitkonten belegt werden (vgl. Bellmann/Gewiese 2004, S. 330; Zapf 2012, S. 41). Eine Erhebung des Mikrozensus ergibt, dass 2004 35 % der Frauen und 40 % der Männer in abhängigen Beschäftigungsverhältnissen über Arbeitszeitkonten verfügen (vgl. StaBA 2005a, S. 47), wobei dies häufiger für Angestellte im produzierenden Gewerbe als im Gesundheits- und Sozialwesen gilt (vgl. Gewiese 2005, S. 2). Bedingt durch die geringere Repräsentation der Frauen in diesen Branchen aber auch durch ihren höheren Teilzeitanteil verfügen sie seltener über ein Arbeitszeitkonto. Unter allen Beschäftigten nehmen Überstunden- und Gleitzeitkonten den größten Stellenwert ein (vgl. Groß et al. 2000, S. 220-223; Koch 2002, S. 61). Vertrauensarbeitszeitmodelle sind demgegenüber gegenwärtig nur in geringem Maße verbreitet. Bei lediglich 8 % der Erwerbstätigen im Bundesgebiet verzichten Arbeitgeber(innen) auf eine verbindliche Vorgabe der Lage und Dauer der Arbeitszeit und auf deren Erfassung (vgl. Bauer et al. 2004, S. 99). Dieser Personenkreis bekleidet ganz überwiegend berufliche Positionen, die eine hohe Qualifikation voraussetzen und mit umfassenden arbeitsinhaltlichen Gestaltungsspielräumen verbunden sind. In typisch weiblich geprägten Berufsfeldern kommt diese Arbeitszeitform demgegenüber seltener zum Einsatz, wodurch hypothetisch von einem höheren Verbreitungsgrad unter den männlichen Beschäftigten auszugehen ist (vgl. Bauer et al. 2004, S. 99f; Compensis 2007, S. 3090; Geissler 2005, S. 103; Hoff 2002, S. 38).

Zusammenfassend belegt die vorliegende Betrachtung eine zunehmende aktive Partizipation von Frauen am Arbeitsmarkt, die sich in angestiegenen Erwerbstätigenquoten niederschlägt. Die weibliche Integration in lohnabhängige Arbeit ist dabei in wachsendem Maße von Strukturwandlungsprozessen des Arbeitsmarktes geprägt, die durch einen Relevanzgewinn dauer-, lage- und verteilungsflexibler Arbeit gekennzeichnet ist. Besonders charakteristisch ist in diesem Zusammenhang die ausgeprägte Bedeutung von Teilzeitarbeit, vor allem unter den Frauen mit familiären Verpflichtungen und im fortgeschrittenen Erwerbsalter, deren Zuwachs in den vergangenen Dekaden den Anstieg der Frauenerwerbstätigenquoten zu großen Teilen bedingt hat. Wie Klenner konstatiert, wird über den Relevanzgewinn dieser Arbeitszeit die Einbindung vieler Frauen in den Arbeitsmarkt überhaupt erst realisiert, die andernfalls aufgrund ihrer familiären Aufgaben nicht erwerbstätig wären (vgl. Klenner 2007, S. 527).

3.2.2 Kulturelle Bezugsrahmen als Einflussfaktoren auf die Einbindung von Frauen in die Erwerbstätigkeit

Den theoretischen Vorannahmen dieser Arbeit folgend, sind die auf der makrostrukturellen Ebene bestehenden kulturellen Bezugsrahmen bedeutsam für die Einbindung von Frauen in den Arbeitsmarkt. Ihre Ausgestaltung wird im Folgenden vornehmlich unter Rückgriff auf quantitative Befragungsdaten analysiert, die Rückschlüsse auf gesellschaftlich vorherrschende Einstellungen gegenüber der Partizipation von Frauen am Erwerbssystem zulassen. Von Interesse sind hierbei zum einen Einstellungen in Bezug auf die Erwerbstätigkeit von Frauen im Allgemeinen und zum anderen in Bezug auf die Erwerbstätigkeit von Frauen, die in familiäre Sorgeverpflichtungen eingebunden sind. Wenn möglich wird dabei auf Daten zurückgegriffen, die Veränderungen im Zeitverlauf abbilden können und darüber hinaus die ausgeprägten Unterschiede in West- und Ostdeutschland berücksichtigen. Die Bezugnahme auf diese Differenzen ist von großer Bedeutung, da in beiden Landesteilen vor der Wiedervereinigung stark voneinander abweichende kulturelle Ausrichtungen bestanden, die bis heute prägend für die jeweils vorherrschenden Einstellungen gegenüber der Frauenerwerbstätigkeit sind.

Gesellschaftliche Leitbilder bezüglich der Erwerbstätigkeit von Frauen im Allgemeinen

In Ostdeutschland dominierte vor der Wiedervereinigung ein sozialistisches Frauenbild, das durch ein hohes Maß an geschlechtsbezogener Egalität geprägt war, die sich unter anderem auch auf die gleichberechtigte Teilhabe von Männern und Frauen am Erwerbssystem bezog (vgl. Dölling 1993, S. 29; Hummelsheim 2009, S. 87ff; Schäfgen/Spellerberg 1998, S. 76). Dieses Leitbild wurde staatlicherseits angeordnet und durchgesetzt und stellt nicht vorrangig das Ergebnis emanzipatorischer Bestrebungen der Frauen selbst dar. Dennoch spiegelte es sich in den Einstellungen der Mehrheitsgesellschaft, die der Teilhabe von

Frauen am Arbeitsmarkt positiv gegenüberstand (vgl. Braun 1995, S. 8; Geißler 2011, S. 301f).

Grundlegend andere kulturelle Bedingungen herrschten in Westdeutschland vor: Bis in die 1970er Jahre dominierte hier ein Leitbild, demzufolge die Beschränkung von verheirateten Frauen auf hauswirtschaftliche und erzieherische Aufgaben ein Zeichen für wirtschaftliche Prosperität darstellte. Demgegenüber wurde in weiten Teilen der Gesellschaft die weibliche Einbindung in den Arbeitsmarkt als ‚notwendiges Übel' interpretiert, das immer nur dann akzeptiert wurde, wenn der Lebensunterhalt nicht durch einen Familienernährer gesichert werden konnte (vgl. Mantl 2006, S. 246f; Pfau-Effinger 2000, S. 117; Pfeil 1968, S. 90f, S. 99; Weltz 1971, S. 206f, S. 213). Mit einer Erhöhung des ökonomischen Wohlstandsniveaus, dessen Aufrechterhaltung im Haushaltskontext häufig nicht mehr nur durch ein einzelnes Einkommen zu realisieren war, wuchs der Druck auf die Frauen, selbst einen Beitrag zum Haushaltseinkommen zu leisten. Seit den 1970er Jahren verloren finanzielle Motive als alleinige Legitimationsbasis für die Partizipation von Frauen am Arbeitsmarkt allerdings ihren zentralen Stellenwert. Ausschlaggebend war das Heranwachsen einer Generation von Frauen, die stärker am Bildungssystem partizipierte und teilweise inspiriert durch die Frauenbewegung die bis dato vorherrschende Ideologie der Frauenrolle infrage stellte. Diese Frauengruppe zeichnete sich durch ein neues Selbstbewusstsein aus und erhob nunmehr dem an Bedeutung gewinnenden Leitbild der Individualisierung folgend einen „*Anspruch auf ein Stück eigenes Leben*" (Beck-Gernsheim 1983), der mit der Einbindung in den Arbeitsmarkt als eigenständigem Wert verbunden war (vgl. Engelbrecht et al. 1997, S. 155; Geissler/Oechsele 1990, S. 13; Gomilschak et al. 2000, S. 71f; Hildebrand et al. 2000, S. 17; Pfau-Effinger 2000, S. 120ff). Höllinger beschreibt diesen Zusammenhang wie folgt:

> *"Hochgebildete Frauen, die die Voraussetzungen für die Ausübung eines qualifizierten Berufs besitzen, sind weniger bereit, sich nur mehr um Haushalt, Ehemann und Kinder zu kümmern und auf die Möglichkeit der Selbstverwirklichung im Beruf zu verzichten."* (Höllinger 1991, S. 754)

In wachsendem Maße gewann dieses kulturelle Leitbild auch in bildungsferneren Gruppierungen an Bedeutung und beschränkte sich nicht mehr ausschließlich auf Mitglieder des bürgerlich-avantgardistischen Milieus (vgl. Beck-Gernsheim 1983, S. 312; Mantl 2006, S. 249). Wie Geissler und Oechsele in diesem Zusammenhang auf der Grundlage ihrer Analyse von Lebensentwürfen junger Frauen mit differentem sozialen Status in Westdeutschland bereits Mitte der 1990er Jahre zeigten, sind die traditionellen Lebenslaufmodelle zwar noch als kollektive Deutungsmuster existent. Sie werden jedoch zunehmend häufiger nicht mehr fraglos als gegeben akzeptiert und fungieren für einen großen Teil der Frauen auch nicht mehr als primäre Orientierungsleitlinien. Ihre Lebensplanung ist nunmehr stärker auf einen Entwurf ausgerichtet, der nicht mehr bloß durch einen Verzicht auf die eigene Erwerbstätigkeit zugunsten der familiären Verpflichtungen, sondern durch eine Verbindung beider Teile gekennzeichnet ist (vgl. Geissler/Oechsele 1990, S. 16; dies. 1994, S. 144-148; dies. 1996, S. 269f; Oechsele 1998, S. 191f; ähnliche Ergebnisse auch durch Seidenspinner/Burger 1982, S. 13f).

Während in Ostdeutschland also die Erwerbstätigkeit von Frauen bereits über Jahrzehnte fester Bestandteil des hier verbreiteten kulturellen Bezugsrahmens war, etablierte sich in Westdeutschland ein liberaleres Leitbild erst später. Wie auf Grundlage von Repräsentativdaten der Allgemeinen Bevölkerungsumfrage der Sozialwissenschaften gezeigt werden kann, schlagen sich diese unterschiedlichen Sozialisationen noch heute in den Einstellungen der Bevölkerung nieder (vgl. Bauernschuster/Rainer 2010, S. 14f). Charakteristisch ist eine deutlich ausgeprägtere Zustimmung zur weiblichen Arbeitsmarktpartizipation in Ostdeutschland. Gleichzeitig vollziehen sich jedoch in beiden Landesteilen weiterhin voranschreitende Liberalisierungsprozesse: 1991 standen 50 % der Befragten in West- und 33 % der Befragten in Ostdeutschland einer weiblichen Arbeitsmarkteinbindung eher negativ gegenüber. Sie stimmen der Aussage zu, dass „*…[es] für alle Beteiligten viel besser [sei], wenn der Mann voll im Berufsleben steht und die Frau zu Hause bleibt und sich um den Haushalt und die Kinder kümmert*“ (StaBA 2011b, S. 396). 2008 beliefen sich diese Werte nur noch auf 39 % und 19 % (vgl. ebd., S. 396). Während sich hierbei kaum geschlechterbezogene Unterschiede zeigen, scheinen die Einstellungen jedoch in Westdeutschland alterskorreliert ausgeprägt zu sein: Personen der Altersgruppe zwischen 18 und 30 Jahren weisen mit 23 % im Westen und 11 % im Osten 2008 besonders niedrige Zustimmungswerte auf. Diese sind in der Altersgruppe der 46 bis 65-Jährigen mit 37 % und 15 % zumindest in Westdeutschland deutlich höher ausgeprägt (vgl. StaBA 2011b, S. 396). Der geringe Einfluss der Variable Alter ist in Ostdeutschland, wie Vogel annimmt, darauf zurückzuführen, dass die Frauenerwerbstätigkeit hier bereits zu einem sehr viel früheren Zeitpunkt Verbreitung fand (vgl. Vogel 2000, S. 28) und die Sozialisation im sozialistischen Regime der DDR somit bereits für ältere Frauenkohorten wirksam wurde.

Auch die Befürwortung eines Verzichts der Frau auf ihre eigene Karriere zugunsten der beruflichen Entwicklung des Mannes hat im Zeitverlauf an Bedeutung verloren und belief sich in Westdeutschland im Jahr 2008 nur noch auf 26 % und in Ostdeutschland auf 13 %. Im Vergleich zu den Befragungsdaten aus dem Jahr 1991 entspricht dies einer Reduktion um 8 bzw. 17 Prozentpunkte. Altersbezogene Unterschiede, die auf eine Modernisierung der Wertehaltungen in der jüngeren Population verweisen, lassen sich für Westdeutschland auch in diesem Zusammenhang feststellen. Die 18 bis 30-Jährigen stimmten der Aussage, für eine Frau sei es wichtiger, ihrem Mann bei seiner Karriere zu helfen, als selbst Karriere zu machen, lediglich in 14 % der Fälle zu. In der Altersgruppe der 46 bis 65-Jährigen betrug dieser Wert 22 % (vgl. StaBA 2011b, S. 397).

Ausschlaggebend für die hohen Zustimmungswerte zur Erwerbsbeteiligung der Frau ist mitunter, dass ihre Berufstätigkeit mehrheitlich als bestes Mittel dafür betrachtet wird, die eigene Unabhängigkeit zu sichern. Gemäß Längsschnittdaten des „International Social Survey Programme" aus dem Jahr 2002 trifft dies auf 86,4 % der Westdeutschen und 88,8 % der Ostdeutschen zu (vgl. Gerhards/Hölscher 2003, S. 212; ähnliche Ergebnisse auch auf der Grundlage der Population Policy Acceptance Study durch Dorbritz et al. 2005, S. 48; Peuckert 2008, S. 246). Ursächlich hierfür ist vermutlich, dass eine Existenzsicherung und soziale Absicherung von Frauen durch mangelnde Stabilität von Partnerschaften und ansteigende Arbeitslosenquoten unter den einst familienernährenden Männern nicht mehr verlässlich zu realisieren sind, wenn Frauen sich auf die Verantwortungsübernahme für familiäre und hauswirtschaftliche Aufgaben beschränken. Diese durch äußere Faktoren motivierte Zustimmung zur weiblichen Partizipation am Erwerbssystem scheint in Ostdeutschland aufgrund der angespannteren ökonomischen Situation, der größeren Arbeitsplatzunsicherheit und des niedrigeren Individualeinkommens, auf Grundlage dessen eine materielle Absicherung der Familie schwieriger zu realisieren erscheint, geringfügig stärker ausgeprägt zu sein (vgl. Braun 1994, S. 671f, 673f). Grundsätzlich existiert jedoch in beiden Landesteilen, wie Rinken konstatiert, mittlerweile ein *„Leitbild der selbstständigen Frau"* (Rinken 2010, S. 113).

Gesellschaftliche Leitbilder bezüglich der Erwerbstätigkeit von Frauen mit familiären Sorgearbeiten

Wie unterschiedliche Studien belegen, gilt das *„Leitbild der selbstständigen Frau"* (ebd., S. 113) jedoch nicht uneingeschränkt für jede Phase im Lebensverlauf, sondern ist in seiner Gültigkeit dann eingeschränkt, wenn Frauen in familiäre Verpflichtungen eingebunden sind. Hierunter fallen in den vorliegenden

Untersuchungen zum einen Verpflichtungen, die sich aus dem Status einer verheirateten Frau, andererseits aus dem Status einer Mutter mit Versorgungsaufgaben gegenüber minderjährigen Kindern ergeben.

Interessante Rückschlüsse lässt in diesem Zusammenhang eine Berechnung von Hummelsheim auf der Basis von Daten des International Social Survey Programs aus dem Jahr 2002 zu, das Einstellungen gegenüber der Erwerbstätigkeit von Frauen in unterschiedlichen Familienphasen spiegelt. Die Daten verdeutlichen, dass die Einbindung von Frauen in eine Ehe heute in beiden Teilen des Landes nicht mehr als Hindernis für ihre Erwerbstätigkeit betrachtet wird. Nahezu alle der Befragten befürworten die Arbeitsmarktpartizipation dieses Personenkreises, wobei sich die überwiegende Mehrheit mit 95,2 % in Westdeutschland und 98,7 % in Ostdeutschland für eine Vollzeiterwerbstätigkeit aussprechen (vgl. Hummelsheim 2009, S. 83).

Die Zustimmungswerte nehmen jedoch zumindest in Westdeutschland stark ab, wenn Sorgeverpflichtungen gegenüber Kindern bestehen, wobei in diesem Zusammenhang auch das Alter der Kinder von Bedeutung ist: Haben die Kinder das Schulalter noch nicht erreicht, befürworten zwar 61,0 % der westdeutschen und 93,6 % der ostdeutschen Studienteilnehmer(innen) grundsätzlich eine Erwerbstätigkeit der Frau, jedoch vornehmlich eine Halbtagsberufstätigkeit (56,3 % in Westdeutschland und 71,3 % in Ostdeutschland). Eine Vollzeiterwerbstätigkeit halten demgegenüber lediglich 4,7 % der Westdeutschen und 21,8 % der Ostdeutschen für die in diesem Fall geeignete Form der Partizipation am Arbeitsmarkt. Umso älter die Kinder werden, desto eher wird in beiden Landesteilen die weibliche Erwerbstätigkeit befürwortet, wobei die Ost-West-Unterschiede weiterhin bestehen bleiben (vgl. Hummelsheim 2009, S. 83). In der Tendenz ähnliche Ergebnisse, die ebenfalls auf Unterschiede der Einstellung in Ost- und Westdeutschland hinweisen und Differenzen in Abhängigkeit vom Alter der Kinder belegen, teilweise jedoch auf geringere Zustimmungswerte zur Frauenerwerbstätigkeit hinweisen, zeigen sich auch in anderen Studien (vgl. Bien 2006, S. 265; Heß 2010, S. 247).

Erhebungen, die Einstellungen gegenüber der Müttererwerbstätigkeit im Zeitverlauf berücksichtigen, geben Hinweise darauf, dass sich zumindest in Westdeutschland die Ablehnung der Müttererwerbstätigkeit reduziert hat. Dies betrifft insbesondere die Erwerbspartizipation von Müttern mit Kindern, die sich bereits im Schulalter befinden. Heß zeigt beispielsweise auf der Grundlage einer Auswertung von Repräsentativdaten des Familiensurveys mit unterschiedlichen Erhebungszeitpunkten, dass 1988 in den alten Bundesländern knapp 64 % und in den neuen Bundesländern 32 % die Erwerbsbeteiligung von Müttern mit Kindern unter dem dritten Lebensjahr nicht unterstützten. Im Jahr 2000 lagen diese Werte in Westdeutschland nur noch bei 57 %. In Ostdeutschland zeigte sich zu diesem Zeitpunkt eine geringfügige Traditionalisierung der Einstellungsmuster durch einen Anstieg der Ablehnungswerte auf 36 %. Sind die Kinder bereits im Schulalter, stimmten demgegenüber in den alten Bundesländern knapp 34 % gegen die Müttererwerbstätigkeit, im Jahr 2000 jedoch nur noch 18 %. In Ostdeutschland waren die traditionellen Einstellungen mit 2 % und 4 % weitgehend unverändert auf einem deutlich geringeren Niveau angesiedelt (vgl. Heß 2010, S. 247f; dies. 2010a, S. 126f).

Für die unterschiedlichen Einstellungen gegenüber der Müttererwerbstätigkeit in Ost- und Westdeutschland sind vornehmlich die oben bereits thematisierten unterschiedlichen Sozialisationserfahrungen von Frauen in beiden Landesteilen ausschlaggebend. Diese werden in der ehemaligen DDR noch immer durch ein egalitäres Geschlechterleitbild geprägt, das auch in Phasen der Mutterschaft eine dem Mann gleichgestellte Einbindung von Frauen in den Arbeitsmarkt vorsieht. In Westdeutschland ist demgegenüber in dieser Phase ein traditionelleres und stärker familienorientiertes Leitbild existent, das durch eine deutlich ausgeprägtere Differenzierung zwischen der Frauen- und der Mutterrolle gekennzeichnet ist (vgl. Drasch 2011, S. 171f; Hummelsheim 2009, S. 87ff). Wie Heß zeigt, weist die geschlechterkulturelle Prägung der ostdeutschen Bevölkerung ein großes Verharrungsvermögen auf. Sie begünstigt auch Jahre nach der Wiedervereinigung, die mit einer Angleichung der institutionellen Regelungen in beiden Landesteilen einherging, hier noch eine stärkere gesellschaftliche Positivbewertung der Müttererwerbstätigkeit. In Westdeutschland wurden durch den Zusammenschluss beider Landesteile demgegenüber Modernisierungsschübe forciert, die seither zumindest in begrenztem Maße zu Annäherungen an die ostdeutschen Einstellungsmuster beitrugen (vgl. Heß 2010a, S. 247f, S. 251-254; ähnliche Aussagen auch durch Dorbritz/Ruckdeschel 2009, S. 280f; Pfau-Effinger/Smidt 2011, S. 228).

Die Zustimmungswerte zur Müttererwerbstätigkeit im Allgemeinen und zur Vollzeiterwerbstätigkeit der Mütter im Speziellen werden darüber hinaus auch durch Vorstellungen über die Folgewirkungen einer weiblichen Erwerbstätigkeit für das Kindeswohl geprägt (vgl. Pfau-Effinger 1996, S. 475; Pfau-Effinger/Smidt 2011, S. 227, S. 229). Während in Westdeutschland immerhin 58 % der Befragten der Überzeugung sind, dass ein Kleinkind unter der Erwerbstätigkeit der Mutter leidet, beträgt dieser Anteil in Ostdeutschland nur 24 %. Im Vergleich mit den Daten des Jahres 1991 zeigen sich in Deutschland Reduktionen um 18 Prozentpunkte in Westdeutschland und in Ostdeutschland um 34 Prozentpunkte (vgl. StaBA 2011, S. 397, ähnliche Ergebnisse auch durch Dorbritz et al. 2005, S. 50). Als besonders belastend für die Familie wird jedoch noch heute eine Vollzeiterwerbstätigkeit der Frau angesehen, wobei die Negativeinschätzungen in Westdeutschland wieder deutlich ausgeprägter sind als in Ostdeutschland (vgl. Scheuer/Dittmann 2007, S. 3). Vor diesem Hintergrund mag eine Teilzeiterwerbstätigkeit zumindest in Westdeutschland eine mehrheitsgesellschaftlich legitimierbare Möglichkeit darstellen, das Leitbild einer selbstständigen Frau mit dem Leitbild einer guten Mutter zu verbinden (vgl. Pfau-Effinger 1996, S. 475f; dies. 2000, S. 127).

Während mehrere Untersuchungen die gesellschaftlich vorherrschenden Einstellungen gegenüber der Erwerbstätigkeit von Müttern beleuchten, existieren kaum empirische Daten, die Rückschlüsse auf die Einstellungen gegenüber der Arbeitsmarktpartizipation von häuslichen Pflegenden zulassen.[47] Eine Ausnahme bildet eine Befragung des TNS Opinion zu Gesundheit und Pflege in Europa, deren Daten jedoch bisher nicht geschlechterdifferenziert ausgewertet wurden. Sie belegt, dass in Deutschland 35 % der Aussage zustimmen, zugunsten der pflegerischen Versorgung eines engen Verwandten auch die eigene Karriere in einem gewissen Ausmaß zu opfern. 62 % wiesen in diesem Zusammenhang eher eine ablehnende Haltung auf und 3 % enthielten sich (vgl. TNS Opinion & Social 2007, Tab. QA8.5). Inwieweit aus der Bereitschaft zur Opferung der Karriere jedoch bereits auf die Bereitschaft zur Aufgabe oder Einschränkung der Erwerbstätigkeit geschlossen werden kann, ist diesen Angaben nicht zu entnehmen.

Insgesamt verweisen die dargestellten Studienergebnisse darauf, dass die weibliche Erwerbsintegration über den Lebenslauf hinweg nicht mehr nur in Ostdeutschland, sondern zunehmend auch in Westdeutschland ein Element des kulturellen Bezugsrahmens darstellt. Zur Sicherung der weiblichen Unabhängigkeit wird sie von breiten Teilen der Gesellschaft gestützt. Dies gilt grundsätzlich mittlerweile auch in Lebensphasen, die durch die Einbindung in familiäre Sorgearbeit geprägt sind, wobei insbesondere in betreuungsintensiven Zeiten der Teilzeitberufstätigkeit jedoch noch der Vorrang vor der Vollzeitberufstätigkeit eingeräumt wird. Obgleich sich also deutschlandweit ein kulturelles Leitbild der Verbindung von Beruf und familiären Verpflichtungen mehrheitlich durchzusetzen scheint, ist jedoch nicht zu leugnen, dass in Teilen der Gesellschaft andere kulturelle Bezugsrahmen als Orientierungsmuster bestehen. Wie Hakim explizit zeigt und wie sich auch aus den oben dargestellten Studienergebnissen ableiten lässt, existieren gesellschaftliche Minoritäten, die nach wie vor eine Konzentration von

47 Im anglofonen Sprachraum sind diese Daten durchaus verfügbar (vgl. z. B. Finch/Mason 1990, S. 352f).

Frauen ausschließlich auf den Haushalt und die familiären Verpflichtungen befürworten (vgl. Hakim 1999, S. 50-53). Inwieweit dieses Leitbild auch für die Erwerbsbeteiligung häuslich Pflegender gültig ist, kann auf der Grundlage der bestehenden Datenbasis nicht geschlussfolgert werden. Offensichtlich stellt jedoch der vollständige Verzicht auf die berufliche Karriere zugunsten der Versorgungsübernahme für ältere Angehörige für die Mehrheit der Deutschen keinen gangbaren Weg dar.

3.2.3 Institutionelle Regelungen als Einflussfaktoren auf die Einbindung von Frauen in die Erwerbstätigkeit

Den Annahmen des heuristisch-analytischen Theorierahmens folgend, wird die Einbindung von Frauen in den Arbeitsmarkt neben den gesellschaftlich bestehenden kulturellen Bezugsrahmen auch durch institutionelle Regelungen geprägt. Ziel der nachfolgenden Betrachtung ist, relevante formelle Regelungen zu beschreiben und sie im Anschluss auf ihr die Erwerbsintegration hemmendes oder förderndes Potenzial zu analysieren. Hierzu wird komplementär zu dem in Unterkapitel 3.1.3 genutzten Konzept der Defamilialisierung auf das Konzept der Kommodifizierung zurückgegriffen. Der Kommodifizierungsbegriff bezeichnet die „*Integration von Arbeitskräften in das System der Lohnarbeit*" (Lenhardt/ Offe 1977, S. 112) bzw. die Transformation von Arbeitskraft zu einer Ware (vgl. Lessenich 2000, S. 51). Staatstheoretische Arbeiten gehen von der Annahme aus, dass wohlfahrtsstaatliche institutionelle Regelungen prinzipiell eine (Re-)Kommodifizierung von Arbeitskraft fördern und auf die (Wieder-)Eingliederung von erwerbsfähigen Akteur(inn)en in den Arbeitsmarkt ausgerichtet sind. Die Integration bestimmter Gruppen in das Erwerbssystem gehe jedoch immer auch mit der Exklusion anderer Gruppen, häufig Frauen, einher. Ausschlaggebend hierfür sei zum Beispiel der Bedarf an Personen, die Reproduktionsarbeiten im Privaten übernehmen und somit Voraussetzungen dafür schaffen, dass andere Gruppierungen erwerbstätig sein können. Darüber hinaus wirke sich auch die begrenzte Aufnahmefähigkeit des Arbeitsmarktes aus, die keine vollumfassende Integration der gesamtgesellschaftlich verfügbaren Arbeitskraft zulasse (vgl. Leitner et al. 2004, S. 10; Lenhardt/Offe 1977, S. 103ff; Lessenich 2000, S. 52f, S. 58). Wie die international vergleichende feministische Wohlfahrtsstaatenforschung belegt, bestehen zwischen den Ländern maßgebliche Unterschiede, inwieweit durch die jeweils vorherrschenden institutionellen Regelungen die Kommodifizierung von Frauen als eine tendenziell eher von diesen Exklusionstendenzen betroffene Gruppe gefördert oder gehemmt wird. Um die in Deutschland wirksamen Regelungen zu identifizieren, können aus den Arbeiten dieser Forschungssparte aber auch aus Arbeiten, die ausschließlich deutschlandbezogen den Zusammenhang zwischen Erwerbstätigkeit und Geschlecht analysieren, bedeutsame Politikbereiche abgeleitet werden (vgl. z. B. Dingeldey 1999; Knijn/Ostner 2002; Leitner et al. 2004; Ostner 1995a; Pfau-Effinger/Geissler 1992; Rubery 1998; Sainsbury 1994a; dies. 1999).

Zu ihnen zählt die Sozialpolitik. Dem Grundsatz der Subsidiarität folgend wird von Männern und Frauen prinzipiell staatlich ein Erwerbsverhalten gefordert, das auf eine eigenständige Sicherung der Existenz ausgerichtet ist. In den meisten Berufssparten ist diese Zielsetzung nur durch die Einbindung in eine Vollzeiterwerbstätigkeit zu realisieren (vgl. DBT 2011, S. 111; Pfau-Effinger/Geissler 1992, S. 368, S. 361). Durch Risikofälle des Lebens, beispielsweise Krankheit, Pflegebedürftigkeit, Arbeitslosigkeit, Invalidität oder aus Altersgründen, kann diese Aufgabe nicht von allen Bürger(inne)n erfüllt werden. Nachrangig sieht der Sozialstaat in diesem Fall ein System der sozialen Sicherung vor, das primär dem kollektiven Schutz abhängig Beschäftigter dient. Es gewährt unter bestimmten Voraussetzungen Zugang zu dekommodifizierenden Leistungen, die eine Lebensunterhaltssicherung unabhängig vom Arbeitsmarkt ermöglichen (vgl. Esping-Andersen 1990, S. 37). Ostner hebt hervor, dass der Zugang zu dekommodifizierenden Leistungen des Arbeitsmarktes eine vorangehende Kommodifizierung voraussetze, die wiederum an bestimmte *„Zeitkontingente oder Zeitmarken“* (Ostner 1995a, S. 7) (z. B. in Form von Wochenarbeitszeiten oder der Anzahl der Jahre kontinuierlicher Erwerbstätigkeit) geknüpft sein muss. Aufgrund ihrer durch die geschlechtsspezifische Arbeitsteilung begründete Familiengebundenheit sind Frauen jedoch nicht in gleichem Maße wie Männer in der Lage, die kommodifizierenden Voraussetzungen für den Bezug dekommodifizierender Leistungen zu erbringen und somit aus eigener Kraft in das System der sozialen Sicherung eingeschlossen zu sein (vgl. Gelphi et al. 1984, S. 38; Knijn/Ostner 2002, S. 142; Lewis 1992, S. 160f; Lewis/Ostner 1994, S. 4; Orloff 1993, S. 312; Ostner 1995, S. 59; dies. 1995a, S. 7). Sozialstaatlich wird diesem Problem begegnet, indem Ausgliederungsstrategien geschaffen werden, die geknüpft an bestimmte Voraussetzungen eine Freistellung vom Arbeitsmarkt ermöglichen. Auch hierbei handelt es sich um Maßnahmen der Dekommodifizierung (vgl. Lenhardt/Offe 1977, S. 103ff; Lessenich 2000, S. 52f), deren Zugangsberechtigung jedoch nicht aus der eigenen Einbindung in das Erwerbssystem erwächst, sondern aus der Einbindung in Ehe und Familie oder subsidiär aus Bedürftigkeitsgründen (vgl. Daly 1995, S. 107; Lewis 1992, S. 161). Abhängig von der Ausgestaltung des Zugangs zu dekommodifizierenden Leistungen als individuell zu erwerbender oder abgeleiteter Anspruch variiert auch der Anreiz bzw. der Zwang für Frauen, ihre Arbeitskraft (trotz bestehender familiärer Verpflichtungen) in das Erwerbssystem einzuspeisen.

Neben den institutionellen Regelungen wird auch der Steuer- und Abgabenpolitik im wissenschaftlichen Diskurs ein Einfluss auf die Partizipation von (verheirateten) Frauen am Erwerbssystem zugeschrieben (vgl. Dingeldey 1999; Sainsbury 1999a). Diese Bestimmungen bewirken, dass das durch die Erwerbsarbeit erwirtschaftete Markteinkommen zu fiskalischen Zwecken vermindert wird, wobei die Ausgestaltung der Regelungen über das Ausmaß dieser Reduktion bestimmt und somit direkt Einfluss auf die Höhe des verfügbaren Haushaltseinkommens nimmt (vgl. Dingeldey 1999, S. 63). Für Akteure/Akteurinnen, die durch die finanzielle Absicherung über den Partner über eine Alternative zu der Erwirtschaftung eines eigenständigen Erwerbseinkommens verfügen, kann hieraus ein relevanter Faktor für die Bestimmung des Attraktivitätsgrades erwachsen, der mit der eigenen Kommodifizierung verbunden ist. Sainsbury beschreibt diesen Zusammenhang wie folgt:

> *„Taxation creates incentives or disincentives to engage in paid work in a variety of ways. In the popular mind, taxation is associated with disincentives to work. High taxes discourage greater involvement in paid employment, whereas low taxes operate in the opposite direction"* (Sainsbury 1999, S. 191).

Als ein weiterer relevanter Politikbereich für die Integration von Frauen in den Arbeitsmarkt wird die staatliche und betriebliche Arbeitsmarkt- und Beschäftigungspolitik diskutiert, die die Nachfrage nach Arbeitskraft und die Arbeitsbedingungen mitbeeinflusst (vgl. Bäcker et al. 2007, S. 21-25, S. 30-35; Schulze Buschoff/Rückert-John 1999, S. 10). Diese Faktoren sind wiederum wesentlich für die Gelegenheitsstrukturen und den Attraktivitätsgrad der Partizipation von Frauen am Arbeitsmarkt. Von Bedeutung ist in diesem Zusammenhang beispielsweise die Ausgestaltung von Gratifikationssystemen, die das Entlohnungsniveau von beruflichen Tätigkeiten sowie die Gewährung von Senioritätsrechten oder betrieblichen Sozialleistungen beeinflussen und sich anreizhemmend oder anreizfördernd auf die weibliche Erwerbsbeteiligung auswirken können (vgl. Pfau-Effinger/Geissler 1992, S. 361f). Darüber hinaus werden auch Arbeitszeitpolitiken als staatlicherseits oder betrieblicherseits initiierte Regelungen in die Betrachtung aufgenommen, die die zeitlichen Rahmenbedingungen der

Erwerbsarbeit bestimmen. Sie können potenziell die Möglichkeiten und die Bereitschaft der Frauen beeinflussen, ihre Arbeitskraft in den Markt einzuspeisen (vgl. Gornick/Meyers 2003, S. 147; Jurczyk 1993, S. 357f; Klenner/Schmidt 2011, S. 253; OECD 2001, S. 147, S. 154, S. 260). Insbesondere institutionellen Regelungen, die auf die chronometrische Dimension von Arbeitszeit abzielen, wird hierbei ein großer Stellenwert beigemessen. Ausschlaggebend ist die bereits in Teilkapitel 3.2.1 angeführte Annahme, zeitlich reduzierte Arbeitsverhältnisse erleichtern eine Kombination von Erwerbs- und Reproduktionsarbeit (vgl. OECD 2001, S. 154; Paull 2008, F8-F27; Vogel 2009, S. 176-178). In der jüngeren wissenschaftlichen Auseinandersetzung gewinnen aber auch institutionelle Regelungen an Bedeutung, die die Verteilung und die Lage der Arbeitszeit beeinflussen. Ihnen wird einerseits eine kommodifikationsförderliche Wirkung zugeschrieben, da sie zumindest potenziell Möglichkeiten einer gesteigerten Zeitsouveränität der Beschäftigten eröffnen, wodurch die lebensweltliche und berufliche Zeitverwendung besser aufeinander abgestimmt werden kann. Andererseits können diese Regelungen aber auch mit Gefahren für die Erwerbseinbindung von Frauen verbunden sein, wenn sie einseitig ökonomisch induziert eingesetzt und mit umfassenden Verfügbarkeitsansprüchen an die Beschäftigten verbunden sind (vgl. Bauer et al. 1996, S. 178; Eichhorst et al. 2011, S. 18f; Hildebrand 2007, S. 58; Schulze Buschoff 2000, S. 36ff).

Als ein weiterer für die Frauenerwerbstätigkeit bedeutsamer politischer Regelungsbereich gilt die Familienpolitik. Ihre Wirkungsweise wird in Zusammenhang mit dem in Teilkapitel 3.1.3 vorgestellten Konzept der Defamilialisierung diskutiert. Den Ausgangspunkt der Betrachtung bildet die von Esping-Andersen vorgenommene Beobachtung, familialistische Wohlfahrtsstaaten übertragen einen Großteil der Verantwortung für die Betreuung sorgebedürftiger Gesellschaftsmitglieder auf die privaten Haushalte, während defamilialistische Wohlfahrtsstaaten durch die Implementation institutioneller Regelungen, die auf den Einsatz staatlicher oder marktlicher Dienstleistungen ausgerichtet sind, eine Entlastung der Haushalte von diesen Tätigkeiten herbeiführen (s. Teilkapitel 3.1.3). Auf diese Weise entstehen Freiräume für die Erwerbstätigkeit. Abhängig von der jeweiligen Ausprägung der Wohlfahrtsregime differiert auch, inwieweit Frauenerwerbstätigkeit gefördert oder gehemmt wird, wobei eine defamilialistische Ausrichtung politischer Regulierungen als wesentliche Voraussetzung für die Frauenerwerbstätigkeit gilt (vgl. Esping-Andersen 1999, S. 61; Leitner 2003, S. 367). Esping-Andersen führt hierzu aus:

> *„(...) in fact for women de-familiarization is generally a precondition for their capacity to ‚commodify' themselves (...).“* (Esping-Andersen 1999, S. 51)

Nicht zuletzt wird auch der Einfluss von Bildungspolitiken auf die Frauenerwerbstätigkeit berücksichtigt, wobei in diesem Zusammenhang von der Annahme ausgegangen wird, dass Ausbildungssysteme eine ausgeprägte Geschlechterspezifität aufweisen. Typisch weibliche Ausbildungssysteme eröffnen den Zugang zu Abschlüssen mit einem geringen Marktwert und somit zu einer Anschlussberufsstruktur, die nicht selten durch einen Sackgassencharakter gekennzeichnet ist. Hieraus erwächst einer rationalen Verwertungslogik folgend der Anreiz, die Erwerbsarbeit in familienintensiven Phasen zugunsten der Aufrechterhaltung der Berufstätigkeit des Partners aufzugeben (vgl. Krüger 1991, S. 151, S. 154; dies. 2003, 504f).

Wie die Betrachtung zeigt, werden im wissenschaftlichen Diskurs zahlreiche Regelungsbereiche für die Integration von Frauen in den Arbeitsmarkt als relevant erachtet. Anders als bei der Darstellung der für die Beteiligung von Frauen an der häuslichen Pflege bedeutsamen institutionellen Regelungen entstammen die hier anzuführenden Regelungen nicht einem einzelnen Politikbereich, sondern sind unterschiedlichen Feldern zuzuordnen. Das Ziel der nachfolgenden Betrachtung besteht nicht in einer vollumfänglichen Berücksichtigung aller potenziell wirksamen gesetzlichen Regelungen aus allen dargestellten Politikbereichen. Ihre Mannigfaltigkeit veranlasst zu einer Beschränkung. Vornehmlich werden sozial-, steuer- und abgabenpolitische Regelungen beleuchtet, die je nach Ausgestaltung mit Anreizen und Hemmnissen für die Partizipation am Arbeitsmarkt verbunden sein können. Darüber hinaus finden Arbeitsmarkt- und Beschäftigungspolitiken Berücksichtigung, die die Gelegenheitsstrukturen der weiblichen Partizipation am Arbeitsmarkt beeinflussen. In diesem Zusammenhang werden insbesondere formelle Regelungen berücksichtigt, die sich auf die zeitlichen Gestaltungsprinzipien des Arbeitsplatzangebotes beziehen, da diese, wie in Teilkapitel 3.2 dargestellt, als relevante Taktgeber für die Lebensgestaltung der Erwerbstätigen betrachtet werden.

Trotzdem in der wissenschaftlichen Auseinandersetzung auch die familienpolitischen Regelungen (in Deutschland insbesondere dem Bundeselterngeld- und dem Elternzeitgesetz sowie den im SGB VIII festgeschriebenen Rechtsansprüchen auf Kinderbetreuungsplätze) ein maßgeblicher Stellenwert für die Realisierungschancen weiblicher Erwerbsarbeit zugeschrieben wird (vgl. z. B. Berninger 2009; DBT 2011; Gornick et al. 1997; dies. 1998; Henninger et al. 2004;

dies. 2008; Leitner 2003; Meyers et al. 1999; Pfau-Effinger 2000; Pfau-Effinger/ Geissler 1992; Ziefle 2009), finden diese jedoch in der vorliegenden Arbeit keine eingehende Berücksichtigung. Der Fokus ist vielmehr auf die Betrachtung eben jener Faktoren gerichtet, die die Erwerbspartizipation von älteren Frauen beeinflussen. Diese sind häufig nicht mehr in Kindererziehungsverpflichtungen eingebunden, jedoch übernehmen sie mit größerer Wahrscheinlichkeit private Pflegeaufgaben für ältere Menschen. Die für diesen Personenkreis relevanten familienpolitischen (hier pflegepolitischen) Regelungen wurden in dieser Arbeit jedoch schon vorangehend in Teilkapitel 3.1.2 dargestellt und bereits unter einer (De-) Familialisierungsperspektive eingehend diskutiert. Sie werden im Rahmen des vorliegenden Teilkapitels nur noch dann aufgegriffen, wenn sie einen direkten Bezug zur Erwerbsintegration von Frauen aufweisen.

Bildungspolitiken werden nachfolgend nicht berücksichtigt, da sie als Einflussfaktoren auf die weibliche Erwerbspartizipation im gegenwärtigen Diskurs bisher nur marginal thematisiert werden.

Vergleichbar mit dem Vorgehen in Teilkapitel 3.1.3 erfolgt zunächst die Beschreibung bedeutsamer institutioneller Regelungen geordnet nach den jeweiligen Politikbereichen. Im zweiten Schritt werden die dargestellten Regulierungen hinsichtlich ihrer potenziellen Wirkung auf die Integration von Frauen in den Arbeitsmarkt analysiert und somit ihr kommodifikationsförderliches und -hemmendes Potenzial bestimmt.

Sozialpolitiken

Der Zugang zu dekommodifizierenden Leistungen erfolgt in Deutschland vorrangig durch die Einbindung in ein staatliches Versicherungssystem, innerhalb dessen Rechtsansprüche und Anwartschaften durch die Erbringung von Beiträgen erworben werden. In ihrem Umfang stehen die Leistungen dabei teilweise in Relation zur Höhe der Arbeitsentgelte der Beschäftigten (vgl. Boeckh et al. 2006, S. 174; Müller 2008, S. 48).

Besonders deutlich zeigt sich das Versicherungsprinzip im Rahmen der gesetzlichen Rentenversicherung, die das Ziel verfolgt, insbesondere altersbedingte aber auch durch Krankheit, Behinderung oder den Tod der Partnerin oder des Partners hervorgerufene Einkommensverluste zumindest teilweise zu substituieren, um auf diese Weise eine Einkommensverstetigung zu erreichen oder doch zumindest die Entstehung von Armut und Abhängigkeit von familiären Unterstützungsleistungen zu verhindern. Eine obligatorische Pflichtmitgliedschaft besteht vornehmlich für alle Arbeiter(innen) und Angestellte, die nicht aufgrund einer Absicherung in einem anderen System oder dem Bezug eines nur geringfügigen Erwerbseinkommens von unter 400 Euro im Monat von der Versicherungspflicht befreit sind (vgl. § 1 SGB VI; § 5 SGB VI). Die Entrichtung von Beiträgen und die Absolvierung von Anrechnungszeiten über einen Zeitraum von zumindest fünf Jahren berechtigen unter diesen Bedingungen zur Inanspruchnahme von Renten. Das Leistungsniveau ist dabei vornehmlich abhängig von dem beitrags- und sozialversicherungspflichtigen Bruttoarbeitsentgelt sowie der Anzahl der versicherten Jahre und wurde prinzipiell seit der Rentenreform im Jahr 2001 und 2004 gesenkt, sodass zusätzliche private oder betriebliche Altersvorsorgesysteme an Bedeutung gewinnen (vgl. Bundesministerium für Arbeit und Soziales (BMAS) 2010, S. 5; Fachinger 2008, S. 360; Kerschbaumer 2011, S. 49; Leiber 2005, S. 314; Schaper 2008, S. 127, S. 138). Die Regelaltersrente kann abschlagfrei gegenwärtig noch ab dem 65. Lebensjahr in Anspruch genommen werden, wobei im Zuge der Reform der Rentenversicherung im Jahr 1997 eine schrittweise Anhebung der Regelaltersgrenze auf 67 Jahre zwischen 2012 und 2029 beschlossen wurde (vgl. § 35 SGB VI; § 50 SGB VI). Ein vorgezogener Rentenzugang ist lediglich für bestimmte Beschäftigungsgruppen und ganz überwiegend nur unter Inkaufnahme hoher Abschläge möglich (vgl. § 77 SGB VI). Im Rahmen der vorliegenden Betrachtung ist in diesem Zusammenhang insbesondere der Rentenzugang für vor 1952 geborene Frauen ab dem 60. Lebensjahr von Bedeutung, der gewährt wird, wenn Wartezeiten von zumindest 15 Jahren und eine zehnjährige Pflichtbeitragszeit abgeleistet wurden. Der frühzeitige Eintritt in die nachberufliche Phase ist bei dieser Rentenform mit monatlichen Abschlägen von 0,3 % verbunden, die sich bei einer frühestmöglichen Inanspruchnahme bis zum 65. Lebensjahr auf maximal 18 % summieren können. Nach 1952 geborenen Frauen ist nicht mehr möglich, diese Form der Altersrente, die als Kompensation der weiblichen Doppelbelastung durch Familie und Beruf eingeführt wurde, in Anspruch zu nehmen (vgl. § 237a SGB VI).

Das Versicherungsprinzip kommt grundsätzlich auch innerhalb der Kranken- und Pflegeversicherung zum Tragen, die überwiegend der Sicherstellung der gesundheitlichen Versorgung der einbezogenen Bevölkerung dient. Pflichtmäßig versichert sind vorrangig abhängig Beschäftigte, deren Einkommen die Geringfügigkeitsgrenze von 400 Euro im Monat über- und die Versicherungspflichtgrenze von 4237,50 Euro im Monat unterschreitet (vgl. § 5 SGB V; § 6 SGB V; § 7 SGB V). Im Gegensatz zu den Leistungen der gesetzlichen Rentenversicherung ist in der gesetzlichen Krankenversicherung nicht die Höhe der durch die Arbeitnehmer(innen) und die Arbeitgeber(innen) entrichteten Beiträge ausschlaggebend für die gewährten Leistungen, sondern der Bedarf (vgl. Bäcker et al. 2008, S. 125f; Frevel/Dietz 2008, S. 57).

Nicht zuletzt spiegelt sich das Versicherungsprinzip auch im Falle der sozialen Absicherung bei Arbeitslosigkeit wider. Der Erwerb von Leistungsansprüchen setzt, vergleichbar mit dem Rentenversicherungssystem, eine Erwerbstätigkeit oberhalb einer Einkommensgrenze von 400 Euro (vgl. § 25 SGB III) oder aber auch eine Einbindung in die Versorgung unter Dreijähriger oder Pflegebedürftiger voraus (vgl. § 26 SGB III; § 28a SGB III). Der Zugang zu den Leistungen der Einkommenssicherung im Falle des Verlusts des Beschäftigungsverhältnisses besteht jedoch nur, wenn die Anspruchsvoraussetzungen in Form einer 12-monatigen beitragspflichtigen Beschäftigung innerhalb einer Rahmenfrist von ehemals drei, heute zwei Jahren erfüllt werden oder innerhalb dieser Frist die Versicherungspflicht anderweitig (z. B. durch die Einbindung in Elternzeit) begründet werden kann (vgl. § 123 SGB III). Unter diesen Bedingungen ist in Abhängigkeit von der Dauer des vorangehenden Versicherungspflichtverhältnisses Arbeitslosengeld I über einen Zeitraum von 6 bis 24 Monaten zu beziehen (vgl. § 147 SGB III; § 439 SGB III), das in einer Höhe von 60 % bzw. 67 % des Nettoeinkommens gewährt wird. Seit der Reform im Jahr 2005 wurden die Bezugszeiten grundsätzlich verkürzt, wobei dies in besonderem Maße für die älteren Beschäftigten gilt, denen vormals noch über einen Zeitraum von bis zu 36 Monaten Leistungen zugestanden wurden. Die Bezieher(innen) sind verpflichtet, aktiv zur Beendigung von Arbeitslosigkeit beizutragen, indem sie eigenverantwortlich neue Anstellungen suchen und über die Arbeitsagentur vermittelte, zumutbare Erwerbsverhältnisse eingehen (vgl. § 2 SGB III). Im Zuge der Einführung des Arbeitsförderungs-Reformgesetzes aus dem Jahr 1997 erfolgte in diesem Zusammenhang eine Verschärfung der Zumutbarkeitsregelungen, wobei Arbeitsuchende heute zum Beispiel verpflichtet sind, auch Arbeitsverhältnisse deutlich unterhalb der eigenen Qualifikations- und Einkommensstufe anzunehmen (vgl. Lampert/Althammer 2007, S. 336). Der Leistungsbezug wird durch flankierende Maßnahmen begleitet, die eine vermittlungsunterstützende Funktion erfüllen und die berufliche Eingliederung fördern sollen (vgl. § 45 SGB III; § 46 SGB III). Die Arbeitssuchenden sind zu einer Mitwirkung verpflichtet, da andernfalls Sperrzeiten des Leistungsbezugs drohen (vgl. § 144 SGB III).

Das Sozialversicherungssystem sieht aber auch explizit Elemente eines Solidarprinzips vor: Unter bestimmten Voraussetzungen werden dekommodifizierende Leistungen gewährt, ohne dass die Bezieher(innen) zuvor ihre Arbeitskraft am Markt veräußern mussten. Am deutlichsten kommt dieses Prinzip innerhalb der gesetzlichen Kranken- und Pflegeversicherung zum Tragen und zeigt sich hier in der institutionellen Regelung, die Leistungsansprüche in Form einer beitragsfreien Familienversicherung vorsieht. Unter der Voraussetzung, dass Ehegatt(inn)en und Lebenspartner(innen) eine Verdienstgrenze von 400 Euro nicht überschreiten und somit selbst nicht versicherungspflichtig beschäftigt sind, verfügen sie über einen von dem versicherten Familienmitglied abgeleiteten Anspruch (vgl. § 10 SGB V).

Darüber hinaus findet das Solidarprinzip seinen Niederschlag auch in der gesetzlichen Rentenversicherung und hier insbesondere in den abgeleiteten Ansprüchen der Ehepartner(innen) oder der eingetragenen Lebenspartner(innen) lohnabhängig Beschäftigter auf Leistungen der Hinterbliebenenversorgung. Ziel ist, den Einkommensverlust nach dem Tod der oder des Versicherten zumindest vorübergehend abzusichern, wobei zwei unterschiedliche Leistungsformen zu differenzieren sind: Ein Anspruch auf eine kleine Witwen- bzw. Witwerrente besteht, wenn der oder die verstorbene Versicherte die allgemeine Wartezeit von 5 Jahren erfüllt hat und die oder der Hinterbliebene nach dem Tod nicht erneut heiratet oder eine neue Lebenspartnerschaft eingeht. In diesem Fall bezieht sie oder er in den ersten drei Kalendermonaten nach dem Tod 100 %, danach 25 % der (fiktiven) Rente der oder des Verstorbenen. Diese wird aktuell für zwei Jahre gewährt. Zeitlich unbegrenzt kann sie nur in Anspruch genommen werden, wenn die Ehegattin oder der Ehegatte vor dem 1. Januar 2002 verstorben ist, die Ehe zu diesem Zeitpunkt bereits bestand und die Partnerin oder der Partner vor 1962 geboren ist. Eine große Witwen- bzw. Witwerrente kann von überlebenden Ehe- oder Lebenspartner(inne)n einer Eingetragenen Lebenspartnerschaft bezogen werden, wenn die Voraussetzungen für die kleine Witwenrente erfüllt sind, der oder die Hinterbliebene entweder das 47. Lebensjahr überschritten hat, ein eigenes bzw. ein Kind der oder des Verstorbenen unter 18 Jahren erzieht oder aber erwerbsgemindert ist. In diesem Fall werden im sogenannten Sterbevierteljahr 100 %, danach bei Hinterbliebenen von Ehegatt(inn)en, die vor 1962 geboren wurden 60 % und in allen anderen Fällen 55 % der (fiktiven) Rente der oder des Verstorbenen gewährt, wobei eigenes Einkommen (d. h. Löhne sowie Pensionen bzw. Renten) angerechnet werden. Die Gewährung erfolgt - vergleichbar mit der kleinen Witwen- bzw. Witwerrente - nur so lange, wie keine erneute Heirat stattgefunden hat (vgl. § 46 SGB VI). Ab 2012 wurde das Eintrittsalter für den Bezug einer großen Rente stufenweise von 45 auf 47 Jahre hinaufgesetzt.

Das Solidarprinzip spiegelt sich jedoch nicht nur in der Hinterbliebenenversorgung, sondern auch in der Mitversicherung von häuslichen Pflegepersonen in der gesetzlichen Rentenversicherung, die weniger als 30 Stunden in der Woche erwerbstätig sind. Beiträge werden von dem Träger der Pflegeversicherung geleistet (vgl. § 3 SGB VI; § 44 SGB XI) (s. auch Teilkapitel 3.1.3).

Dem Solidaritätsprinzip entspricht auch die Gewährung des bedürftigkeitsabhängigen Arbeitslosengeldes II, das nach der Ausschöpfung des Arbeitslosengeldes I als Grundsicherungselement für prinzipiell erwerbsfähige Leistungsberechtigte gewährt wird (vgl. § 1 SGB II) und seit der Hartzreform im Jahr 2005 die Arbeitslosenhilfe und die Sozialhilfe für Erwerbsfähige ersetzt.[48] Die Anspruchsberechtigung ist nicht an eine vorherige Versicherungspflicht gebunden. Diese finanziellen Mittel können nicht nur von Arbeitslosen, sondern auch als ergänzende Leistung zum Lebensunterhalt von Personen in Anspruch genommen werden, deren Einkommen bestimmte Verdienstgrenzen unterschreitet. Die Gewährung erfolgt bedürftigkeitsprüfend (vgl. § 3 SGB II). Leben die Anspruchsberechtigten mit anderen Personen, z. B. der (Ehe-)Partnerin oder dem (Ehe-) Partner, in einer Bedarfsgemeinschaft, wird das Einkommen und Vermögen aller Beteiligten bei der Berechnung der Ansprüche berücksichtigt (vgl. § 7 SGB II). Hierdurch können sich gegenüber alleinstehenden, erwerbsfähigen Personen Leistungsreduktionen ergeben. Im Vergleich zu den vor 2005 gültigen Regelungen wurde der Rückgriff auf das Partnereinkommen stark ausgeweitet, sodass die Selbstbehaltsätze nunmehr das Existenzminimum nicht mehr überschreiten (vgl. Beetzelt 2008, S. 3; Bothfeld/Betzelt 2011, S. 221; Stolz-Willig 2010, S. 76). Darüber hinaus wurde im Zeitvergleich das Leistungsniveau auf das bisherige Sozialhilfeniveau gesenkt. Stolz-Willig konstatiert in diesem Zusammenhang:

> *„(...) das SGB II [nimmt] Abschied von der Idee der sozial-staatlichen Garantie eines Lebens, das der Würde des Menschen entspricht, die das Bundessozialhilfegesetz (BSHG) noch explizit leistete“* (Stolz-Willig 2010, S. 77).

Nicht zuletzt wurden im Zuge der Reformen auch die Sanktionsmaßnahmen für Bezieher(innen) dieser Sozialleistungen ausgeweitet, die ein Arbeits- oder Qualifizierungsangebot sowie Beschäftigung schaffende Maßnahmen ablehnen oder ihre arbeitsmarktbezogenen Bemühungen nicht in ausreichendem Maße nachweisen. Sie schlagen sich in Kürzungen oder Streichungen der Bezüge nieder (vgl. Bothfeld/Betzelt 2011, S. 233; Boss/Elender 2005, S. 191ff; Dingeldey 2006, S. 5; Scheele 2010, S. 27) und implizieren somit die Möglichkeit, *„Menschen den Anspruch auf soziale Existenzsicherung vollständig zu versagen“*

48 Personen, die nicht erwerbsfähig sind, können Sozialgeld beziehen. Da jedoch im Rahmen der vorliegenden Betrachtung Anreize oder Hemmnisse für die Integration von prinzipiell erwerbsfähigen Frauen in den Arbeitsmarkt Berücksichtigung finden, wird diese Sozialleistung nicht beschrieben.

(Baethge-Kinsky et al. 2008, S. 15). Grundsicherungsleistungen werden jedoch nicht nur im Falle einer lange andauernden Arbeitslosigkeit gewährt, sondern auch im Falle einer Bedürftigkeit in der nachberuflichen Phase. Sie zielen auf die Sicherung eines minimalen soziokulturellen Existenzminimums ab (vgl. § 42 SGB XII) und sind von Personen in Anspruch zu nehmen, die die Altersgrenze, die schrittweise von 65 auf 67 Jahre angehoben wird, erreicht haben (vgl. § 43 SGB XII). Da bis zu einer Verdienstgrenze von 100 000 Euro im Jahr nicht subsidiär auf das Einkommen der Kinder zurückgegriffen wird (vgl. § 43 SGB XII), soll durch die Grundsicherung im Alter ein maßgeblicher Beitrag dazu geleistet werden, dem Auftreten verschämter Altersarmut, insbesondere unter Frauen, entgegenzuwirken (z. B. Steinwede et al. 2008, S. 9; Traute/Pfau-Effinger 2006, S. 115).

Bis zur Unterhaltsrechtsreform im Jahr 2008 kam das Solidarprinzip auch noch im Unterhaltsrecht zum Tragen. Modifikationen bedingen jedoch nun eine Stärkung der nachehelichen Eigenverantwortung, wonach es nach der Scheidung nun der Ehegattin und dem Ehegatten selbst obliegt, den Lebensunterhalt zu bestreiten. Lediglich im Falle dessen, dass eine oder einer der beiden hierzu nicht imstande oder eine Erwerbstätigkeit (z. B. aufgrund der Versorgung eines gemeinsamen Kindes bis mindestens drei Jahre nach der Geburt oder dem Fehlen eines angemessenen Arbeitsplatzes) nicht zumutbar ist, bestehen Unterhaltsansprüche. Es existieren allerdings nunmehr erweiterte Möglichkeiten zur Befristung von Zahlungen. Darüber hinaus muss durch die Unterhaltszahlungen keine Garantie zur Aufrechterhaltung des Lebensstandards mehr geleistet werden (vgl. § 1569 BGB; § 1570 BGB; § 1573 BGB).

Steuer- und Abgabepolitiken

Wie oben dargelegt, wird auch der Steuer- und Abgabenpolitik wesentliche kommodifikationsbeeinflussende Wirkung zugeschrieben. Von besonderer Bedeutung ist in diesem Zusammenhang die Einkommenssteuer, die von Personen zu entrichten ist, die ein Einkommen erwirtschaften (vgl. Zimmermann et al. 2009, S. 495). Ihr Umfang ist abhängig von der erzielten Einkommenshöhe und dem angewandten Steuersatz. Ehepaare verfügen bei der Berechnung der Einkommenssteuerhöhe über die Wahl zwischen zwei unterschiedlichen Besteuerungsverfahren: Beide Einkünfte können entweder separat oder gemeinsam veranlagt werden. Im ersten Fall erfolgt die Besteuerung, wie bei ledigen Personen auch, auf der Grundlage des individuellen Einkommens, ohne das Partner(innen)einkommen zu berücksichtigen. Im letzteren Falle wird die Annahme zugrunde gelegt, dass Ehepartnerin und Ehepartner eine Wirtschaftsgemeinschaft bilden. Faktisch wird auf die Hälfte des gemeinsamen Einkommens der Einkommenssteuersatz für Ledige angewendet und der sich ergebende Steuerbetrag verdoppelt (vgl. § 32a EStG). Bestehen zwischen den Ehepartnern stark differierende Einkommen oder bezieht nur eine oder einer der beiden ein Einkommen, wird durch dieses Verfahren der effektive Einkommenssteuersatz gegenüber einer getrennten Veranlagung für das höhere (oder einzige) Einkommen deutlich gesenkt. Demgegenüber fallen für das niedrigere Einkommen vergleichsweise hohe Steuerabzüge an. Dennoch ist unter diesen Bedingungen die Gesamtsteuerschuld der Eheleute geringer, als wenn ihr Einkommen getrennt veranlagt würde, wobei der steuerliche Vorteil umso ausgeprägter ist, umso größer die Differenz zwischen den Einkommen ist.[49] Besteht kein Unterschied, wird auch kein Splittingvorteil wirksam (vgl. Bäcker et al. 2010, S. 273f, S. 278; Berghahn 2004, S. 108; Dingeldey 1999, S. 59f; Gottfried/Witczak 2006, S. 3-6; Sainsbury 1999, S. 193; Stern 2007, S. 65f).

Neben den steuerpolitischen Regelungen werden auch die Abgabenpolitiken als Einflussfaktor auf die Partizipation von Frauen am Arbeitsmarkt diskutiert, wobei insbesondere die Geringfügigkeitsgrenzen einen bedeutsamen Stellenwert einnehmen. Im Allgemeinen legen sie fest, dass bei der Unterschreitung eines bestimmten Einkommens oder einer festgelegten Arbeitsstundenzahl keine Beitragspflicht im Sozialversicherungssystem (gleichzeitig aber auch kein Leistungsanspruch) besteht. Die Geringfügigkeitsgrenzen wurden im Zuge der Hartz-Gesetzgebung im Jahr 2003 grundsätzlich neu gestaltet. Kern der Regulierungen ist eine Erhöhung der ursprünglich bestehenden Einkommensgrenze für die geringfügige Beschäftigung (sog. Minijob) von 325 auf 400 Euro und eine Abschaffung der zeitlichen Begrenzungen von maximal 15 Stunden in der Woche. Erfüllen Arbeitsverhältnisse diese Kriterien, ist arbeitgeber(innen)seitig eine reduzierte Abgabenpauschale von 30 % des Bruttoeinkommens für die Renten- und Krankenversicherung sowie eine pauschale Lohnsteuer zu entrichten, wäh-

49 Ausschlaggebend hierfür ist insbesondere die progressive Entwicklung der Einkommenssteuer: Der zu entrichtende Einkommenssteuersatz steigt mit der Höhe des Einkommens, wobei nicht nur die absolute Höhe, sondern auch der Anteil der Steuerlast in Relation zum Einkommen zunimmt. Dieser Anstieg vollzieht sich bis zu einer Einkommensgrenze von 104.304 Euro im Jahr für Verheiratete. Danach wird ein gleichbleibender Spitzensteuersatz von 42 % erhoben (vgl. Bäcker et al. 2010, S. 275, S. 278). Unter diesen Bedingungen profitieren Ehegemeinschaften mit höherem Einkommen in stärkerem Maße von der Ehegattensplitting-Regelung. Hinzu kommt, dass Eheleute bei einer gemeinsamen Veranlagung auch Steuerfreibeträge für die Ehepartnerin oder den Ehepartner geltend machen können, die oder der selbst keiner Erwerbstätigkeit nachgeht oder lediglich ein geringes eigenes Einkommen erwirtschaftet, wodurch sich Grundfreibeträge im Eheverbund gegenüber ledigen Steuerzahler(inne)n erhöhen (vgl. DBT 2011, S. 60).

rend für die Beschäftigten keine verpflichtenden Abgaben entstehen (vgl. § 8 SGB IV). Oberhalb der Geringfügigkeitsgrenze von 400 Euro ist arbeitnehmer(innen)seitig nicht sofort der volle, dem Anteil der Arbeitgeberin oder des Arbeitgebers entsprechende und am tatsächlichen Entgelt bemessene Beitragssatz zu leisten. Vielmehr erhöht sich dieser bis zu einem regelmäßigen Einkommen von 800 Euro schrittweise und nähert sich damit dem hälftigen Sozialversicherungsbeitrag, der bei regulären Arbeitsverträgen entrichtet werden muss, immer weiter an (sog. Midijob) (vgl. § 20 SGB IV). Im Gegensatz zu dem Beitragssystem vor der Reform im Jahr 2003 wurden also Regelungen aufgehoben, bei denen Verdienste von nur einem Euro über der Geringfügigkeitsgrenze einen sofortigen Beitragsanstieg von 0 % auf 21 % bedingten (vgl. Bäcker et al. 2010, S. 124; Dingeldey 1999, S. 4).

Staatliche und betriebliche Arbeitszeitpolitiken

Arbeitszeitpolitiken können bedeutsam für die Möglichkeiten von (familiär sorgeleistenden) Frauen sein, einer Berufstätigkeit nachzugehen. Auf staatlicher Ebene bestehen in diesem Zusammenhang Regelungen, die den Umfang, die Lage und die Verteilung der Arbeitszeit beeinflussen und sich auf die Realisierbarkeit von vorübergehenden Auszeiten auswirken.

Von Bedeutung ist hierbei das 1993 erlassene Arbeitszeitgesetz, das die werktägliche Arbeitszeit der Beschäftigten auf 8 Stunden beschränkt (vgl. § 3 ArbZG) und grundsätzlich Beschäftigungen an Sonn- und Feiertagen untersagt (vgl. § 9 ArbZG). Die Arbeitszeit kann jedoch arbeitgeber(innen)seitig befristet auf maximal 10 Stunden ausgedehnt werden (vgl. § 3 ArbZG). Darüber hinaus entspricht es auch dem Weisungsrecht der Arbeitgeberin oder des Arbeitgebers, Verteilung und Lage der Arbeitszeit zu bestimmen (vgl. § 6 GewO; § 106 GewO). Besteht eine Arbeitnehmer(innen)vertretung, hat diese jedoch das Recht, die Ausgestaltung dieser beiden Arbeitszeitdimensionen mitzubestimmen (vgl. § 87 BetrVG).

Auch das im Jahr 2001 erlassene Teilzeit- und Befristungsgesetz sieht rechtliche Rahmenbedingungen für die Ausgestaltung der Arbeitszeit vor. Es manifestiert einen Rechtsanspruch, der Arbeitnehmer(inne)n in Unternehmen mit mehr als 15 Beschäftigten und einem Arbeitsverhältnis von mehr als sechs Monaten die Option eines Wechsels von einem Vollzeit- in ein Teilzeitarbeitsverhältnis zusichert. Voraussetzung ist, dass den Wünschen des/der Arbeitnehmer(in) keine betrieblichen Notwendigkeiten entgegenstehen (vgl. § 6 TzBfG; § 8 TzBfG). Besteht arbeitnehmer(innen)seitig der Wunsch, das Arbeitsverhältnis zeitlich wieder auszudehnen, ist diese oder dieser Beschäftigte bei der Besetzung einer entsprechenden freien Stelle bevorzugt zu berücksichtigen, wenn sie oder er über die gleiche Eignung verfügt, wie die Mitbewerber(innen) (vgl. § 9 TzBfG). Ein Rechtsanspruch auf einen Vollzeitarbeitsplatz ist jedoch aus diesem Gesetz nicht abzuleiten.

Vollzeit erwerbstätige Personen, die die Pflege für Angehörige übernehmen, die zumindest die rechtlichen Voraussetzungen für die Zuordnung zu der Pflegestufe I erfüllen, können Reduktionen der Arbeitszeit auch auf der Legitimationsbasis des Pflegezeitgesetzes (vgl. § 3 PflegeZG; § 4 PflegeZG; § 5 PflegeZG) oder des Familienpflegezeitgesetzes erwirken (vgl. § 2 FPfzG; § 3 FPfzG) (s. Teilkapitel 3.1.3).[50]

Neben den rechtlichen Regelungen, die Umfang, Lage und Verteilung der Erwerbsarbeit beeinflussen, werden auch politische Regelungen als bedeutungsvoll für die Erwerbsbeteiligung von Frauen erachtet, die Freistellungen im Falle familiärer Sorgeaufgaben ermöglichen. Für die Gruppe der Beschäftigten, die informelle Pflegeaufgaben übernehmen, ist in diesem Zusammenhang der über das Pflegezeitgesetz vermittelte Anspruch auf einen maximal zehntägigen Pflegeurlaub (vgl. § 2 PflegeZG) oder eine sechsmonatige Pflegezeit (vgl. § 3 PflegeZG) von Bedeutung (s. Teilkapitel 3.1.3).[51]

Neben den staatlichen sind auch die betrieblichen Arbeitszeitpolitiken von Bedeutung, die seit der Ausweitung des tertiären Sektors vermehrt auf eine Schaffung von Teilzeitbeschäftigungsverhältnissen abzielen (vgl. Allmendinger et al. 2005, S. 144, S. 169; Hoffmann/Walwei 2002, S. 73; Kohler/Spitznagel 1995, S. 342). Durch ihren Einsatz wird betrieblicherseits angestrebt, den Arbeitseinsatz zu verbilligen und zu flexibilisieren und wenig ausgelastete Arbeitszeiten zu begrenzen (vgl. Klenner/Schmidt 2011, S. 257). Der Zugang zu regulären Teilzeitarbeitsverhältnissen besteht jedoch nicht in allen Beschäftigungssegmenten in gleichem Maße. Während gering Qualifizierte häufig entgegen ihren Interessen nur über den Zugang zu Arbeitsverhältnissen mit geringem Stundenumfang verfügen, werden insbesondere attraktive Tätigkeiten mit hohen Qualifikationsanforderungen mehrheitlich nicht in diesen niedrigen Zeitsegmenten angeboten. Vielmehr zeichnen sie sich häufig durch lange oder auch überlange Arbeitszeiten aus und sind an uneingeschränkte Verfügbarkeitsansprüche gekop-

50 Per Gesetz verfügen grundsätzlich auch Beschäftigte in Elternzeit über einen Anspruch auf Teilzeitberufstätigkeit bei gleichzeitigen Rückkehrmöglichkeiten auf den vorherig eingenommenen Vollzeitarbeitsplatz (vgl. § 15 BEEG).

51 Für Erwerbstätige mit Kindern nimmt die bezahlte Kinderkrankenpflegezeit eine relevante Rolle ein, die für Eltern mit einem Anrecht auf insgesamt 20 Freistellungstage verbunden ist, die beiden Elternteilen hälftig zur Verfügung stehen (vgl. § 45 SGB V).

pelt (vgl. Bäcker et al. 2007, S. 53; Koch 2008, S. 613f; Ortlieb/Krell 2003, S. 17; Pfau-Effinger 2000, S. 136; Schulze Buschoff 1999, S. 15ff).

Die zeitliche Ausgestaltung von Arbeitsplätzen wird darüber hinaus aber auch durch eine Zunahme lage- und verteilungsflexibler Arbeitszeiten bestimmt. Sie sind Kennzeichen einer betrieblichen Arbeitszeitpolitik, die eine verbesserte Abstimmung auf das Nachfrageverhalten der Kund(inn)en und eine Rationalisierung der Leistungserstellung ermöglichen soll. In diesem Zusammenhang werden beispielsweise Produktionsprozesse nachfrageorientiert gestaltet und Öffnungs- und Betriebsnutzzeiten verlängert. Insbesondere die Einführung von Arbeitszeitkonten, Mehr-, Nacht- und Wochenendarbeit stellt in diesem Kontext ein mittlerweile bereits bewährtes Mittel dar (vgl. Eberling et al. 2004, S. 25; Linne 2002, S. 15; Müller 2008, S. 50; Seifert 2006, S. 25; Steinrücke 2004, S. 153; Wanger 2006a, S. 2f). Wenn auch Arbeitszeitkonten und Gleitzeitmodellen durchaus das Potenzial zugewiesen wird, arbeitszeitliche Souveränitätsspielräume der Beschäftigten zu vergrößern und Partizipationschancen von Frauen am Arbeitsmarkt zu verbessern (vgl. Allmendinger et al. 2005, S. 181ff, S. 185; Jürgens 2005, S. 45), wird die Ausgestaltung dieser Arbeitszeitpolitiken jedoch primär von betrieblichen Interessen bestimmt. Sie sind maßgeblich darauf gerichtet, Arbeitskräfte, soweit möglich, nur in Bedarfssituationen einzusetzen. Die Zeitinteressen der Arbeitnehmer(innen) bilden unter diesen Bedingungen in der Regel nicht das Zentrum dieser Strategien und finden - wenn überhaupt - nur sekundär Berücksichtigung (vgl. Blossfeld et al. 2008, S. 33; Linne 2002, 16; Steinrücke 2004, S. 154). Dies gilt, wie Untersuchungen belegen, insbesondere für geringfügig Beschäftigte mit niedrigem Qualifikationsniveau, die diese Flexibilitätslasten in umfassendem Maße tragen und durch ihren Einsatz Unregelmäßigkeiten des Arbeitsanfalls abfangen (vgl. Benkhoff/Hermet 2008, S. 22; Sengenberger 1987a, S. 274).

Wissenschaftliche Erhebungen, z. B. die repräsentative Unternehmensbefragung des Instituts der deutschen Wirtschaft Köln im Auftrag des BMFSFJs, belegen im Gegenzug allerdings auch, dass betriebliche Arbeitszeitpolitiken zunehmend häufiger explizit auf eine Berücksichtigung der Beschäftigteninteressen ausgerichtet sind und zu diesem Zweck familienfreundliche Arbeitszeitregelungen vorsehen.[52] Ihr Einsatz wird durch die im Jahr 2001 erlassene freiwillige Vereinbarung zwischen der Bundesregierung und den Spitzenverbänden der

52 Familienfreundliche Maßnahmen umfassen über die zeitlichen Gestaltungsinstrumente hinaus beispielsweise auch die familienfreundliche Organisation und räumliche Gestaltung der Arbeit, betriebliche Informations- und Kommunikationsstrategien und Angebote für den Wiedereinstieg nach der Elternzeit (vgl. BMFSFJ 2009, S. 15-22; DBT 2011, S. 147).

deutschen Wirtschaft zur Förderung der Chancengleichheit von Frauen und Männern forciert, durch die sich Unternehmen dazu bereit erklären, Maßnahmen zur betrieblichen Förderung von Frauen zu ergreifen. Diese Bestrebungen werden durch Initiativen der Bundesregierung (z. B. im Rahmen des 2008 in Kraft getretenen Unternehmensprogramms „Erfolgsfaktor Familie") gefördert. In diesem Zusammenhang kommen beispielsweise individuelle Arbeitszeiten, flexible Tages- oder Wochenarbeitszeiten oder auch Vertrauensarbeitszeiten zur Anwendung (vgl. BMFSFJ 2010, S. 13). Es handelt sich um Instrumente, die auf die Mitarbeiterbindung und Produktivitätssteigerung abzielen (vgl. DBT 2011, S. 147; Roland Berger Strategy Consultants 2009, S. 20-26). Sie werden ganz überwiegend freiwillig ergriffen. Wie Klenner belegt, finden sie bisher nur zögerlich und wenn, dann hauptsächlich in weiblich geprägten Branchen, Arbeitsmarktsegmenten mit hohen Qualifikationsanforderungen und in ehemals öffentlichen Unternehmen Eingang in die tarif- und betriebsvertraglichen Vereinbarungen (vgl. Klenner 2005a, S. 61). Auf Basis des IAB-Betriebspanels aus dem Jahr 2008 konnte beispielsweise belegt werden, dass lediglich 13 % der Unternehmen mit einer Beschäftigungszahl von über 10 Personen über diesbezügliche Vereinbarungen verfügen, wobei kleinere privatwirtschaftliche Betriebe ein besonders geringes Engagement zeigen (vgl. Kohaut/Möller 2009, S. 3f).

Prüfung der (de-)kommodifizierenden Wirkung der institutionellen Regelungen

Im wissenschaftlichen Diskurs wird die Annahme vertreten, dass die oben dargestellten institutionellen Regelungen Einfluss auf die Partizipation von Frauen am Arbeitsmarkt, also ihre Kommodifizierung, ausüben. Sie unterscheiden sich jedoch dahin gehend, ob sie eine Erwerbspartizipation von Frauen fördern oder hemmen und ob diese Wirkung über Anreizmechanismen oder die Ausübung von Zwängen erreicht wird.

Eine potenziell kommodifikationshemmende Wirkung ist sowohl in den Sozial-, Steuer- und Arbeitszeitpolitiken angelegt und entfaltet sich in den ersten beiden Regelungsbereichen über Anreize zum Verzicht auf eine eigenständige Erwerbstätigkeit bzw. fehlende Anreize zu ihrer Aufnahme und im letzten Regelungsbereich über Zwänge, die einer Arbeitsmarktpartizipation entgegenstehen.

Auf der sozialpolitischen Ebene sind insbesondere institutionelle Regelungen von Relevanz, die eine Dekommodifizierung über abgeleitete Ansprüche ermöglichen. Bedeutsam ist in diesem Zusammenhang die Mitversicherung der oder des nicht oder nur geringfügig beschäftigten Ehepartners oder der Ehepartnerin in der gesetzlichen Kranken- und Pflegeversicherung ohne die Entstehung zusätzlicher Kosten (vgl. Pfau-Effinger 2000, S. 130; Pfau-Effinger/Geissler

1992, S. 364). Unter diesen Bedingungen ist der Eintritt in den Arbeitsmarkt bzw. die Ausweitung des Arbeitszeitumfangs für diesen Personenkreis mit einem umfassenden Anstieg der Abgabenlast ohne einen Zugewinn an Leistungen verbunden, wodurch die Zugkraft, die mit der Erwerbspartizipation verbunden ist, reduziert wird (vgl. Dingeldey 1999, S. 65, S. 107). Ein abgeleitetes Anspruchssystem ist auch innerhalb der gesetzlichen Rentenversicherung und hier explizit in der Hinterbliebenenversorgung vorgesehen. Sind die Voraussetzungen für den Bezug einer großen Witwenrente gegeben und verfügte der verstorbene Partner über ein hohes (fiktives) Renteneinkommen, kann der Lebensunterhalt der Frau ohne eigenes Erwerbseinkommen oder eigene Rentenansprüche sichergestellt werden. Der Anreiz zur Aufnahme einer Erwerbstätigkeit ist tendenziell gering, da die Erwirtschaftung eigener Einkünfte komplementär mit einer Reduktion der Witwenrente verbunden ist (vgl. Leitner 2006, S. 325). Die auf diese Weise erzielte kommodifikationshemmende Wirkung wurde jedoch durch Gesetzesänderungen bereits begrenzt, indem der zugangsberechtigte Personenkreis durch eine schrittweise Anhebung des Zugangsalters auf 47 Jahre seit 2012 eingeschränkt und das Niveau der Witwenrente im Zeitverlauf gesenkt wurde. Lepperhoff et al. diagnostizieren in diesem Zusammenhang die „*schleichende Abschaffung der Witwenrente*“ (Lepperhoff et al. 2001, S. 214). Weiterhin hemmend auf die Erwerbseinbindung wirkt die Mitversicherung von privaten Pflegepersonen in der gesetzlichen Rentenversicherung. Gehen sie keiner Erwerbstätigkeit nach, wird dieses Verhalten durch die Gewährung von Pflichtbeitragszeiten honoriert. Überschreitet ihre Berufstätigkeit einen Umfang von 30 Stunden, besteht insbesondere für Geringverdiener(innen) mit einem unterdurchschnittlichen Einkommen kein Anreiz, diese umfassende Erwerbstätigkeit zum Zwecke der Lebensunterhaltssicherung im Alter aufrechtzuerhalten, da sie durch ihre eigene Erwerbsarbeit keinen Anspruch erwerben können, der die durch die Pflegeversicherung im Falle einer Einschränkung oder Aufgabe der Berufstätigkeit gewährten Ansprüche übersteigt (vgl. Fachinger 2008, S. 366f). Nicht zuletzt geht auch von der Grundsicherungsleistung im Alter sowie den Leistungen des Arbeitslosengeldes II zumindest prinzipiell ein kommodifizierungseinschränkender Einfluss aus. Wird auf dem Arbeitsmarkt kein Einkommen erwirtschaftet oder wurden keine oder nur unzureichende Rentenansprüche erworben und besteht gleichzeitig nicht die Möglichkeit einer familiären Absicherung, kann durch diese Leistungsformen ein Lebensunterhalt zumindest auf dem Niveau des sozialkulturellen Existenzminimums sichergestellt werden.

Auf der Ebene der Steuerpolitiken birgt das Einkommenssteuersystem für Frauen, die über ihren Ehepartner finanziell abgesichert sind, nur geringe Anreize zur Aufnahme einer eigenständigen Erwerbsarbeit. Ausschlaggebend hierfür sind die vergleichsweise hohen Abzüge, die für das niedrigere Einkommen veranschlagt werden, wenn die Ehepartner durch ihre Erwerbstätigkeit unterschiedliche Einkünfte erwirtschaften. Ganz überwiegend werden die geringeren Vergütungen von Frauen erzielt. Unter rationalen Erwäggründen stellt sich daher die Frage, ob in Anbetracht des niedrigen noch verbleibenden Nettoverdienstes, die weibliche Partizipation am Arbeitsmarkt überhaupt als ökonomisch sinnvoll zu erachten ist, wo das fehlende Fraueneinkommen doch teilweise über den steuerlichen Splittingvorteil kompensiert werden kann. Dies gilt insbesondere dann, wenn während der Arbeitszeit eine professionelle Betreuung von Familienmitgliedern finanziert werden müsste, die ansonsten durch die Frau selbst sichergestellt werden könnte (vgl. Buchholz-Will 1992, S. 61; Bäcker et al. 2010, S. 278; Dingeldey 1999, S. 59f; Dressel/Wanger 2010, S. 492; Luci 2011, S. 21; Pfau-Effinger 2000, S. 130; Pfau-Effinger/Geissler 1992, S. 36).[53]

Wenngleich Frauen zur Erwerbstätigkeit bereit sind, können doch die vorherrschenden Arbeitszeitpolitiken die Möglichkeiten der Partizipation beschränken. Potenziell kommodifikationshemmend wirken sich in diesem Zusammenhang einerseits die von den Unternehmen vermehrt eingesetzten Strategien aus, die aus Rationalisierungs- und Effizienzsteigerungsbestrebungen auf eine Flexibilisierung der Arbeitszeiten abzielen. Sie zeigen sich in einer *„neue[n] Verfügbarkeitskultur*“ (Luci 2011, S. 14) innerhalb der Betriebe. Diese wird durch das arbeitgeber(innen)seitige Weisungsrecht zur Bestimmung der Lage und der Verteilung der Arbeitszeit und durch die rechtliche Möglichkeit zur temporären Ausweitung der Arbeitszeit auf bis zu 10 Stunden gestützt. Diesen Verfügbarkeitsansprüchen können insbesondere Frauen mit Sorgeverpflichtungen nur eingeschränkt begegnen. Darüber hinaus werden insbesondere Arbeitsplätze mit hohen Qualifikationsanforderungen und auch Leitungs- und Führungspositionen häufig nur gekoppelt an lange oder überlange Arbeitszeiten und nicht auf Teilzeitbasis angeboten. Wenn überhaupt die Möglichkeit besteht, ist die Aufnahme der zeitlich reduzierten Beschäftigungsverhältnisse dann nicht selten mit Risiken für die Karriereentwicklung verbunden (vgl. Bäcker et al. 2007, S. 221, S. 331; Bordet 2009, S. 196f; DBT 2011, S. 155; Pfau-Effinger 2000, S. 136). In diesen Fällen stellt auch das Teilzeit- und Befristungsgesetz keinen Garanten für die Realisierung des Teilzeitwunsches dar. Sind die organisatorischen Abläufe im

53 Grundsätzlich ist jedoch zu konstatieren, dass im Falle einer Erwerbstätigkeit der Frau Splittingsysteme Ehepaare gegenüber Ledigen nicht benachteiligen, da die Steuerlast auf Ebene der Haushalte nicht steigt. Dingeldey schlussfolgert daher:*„Aus dieser Perspektive betrachtet, handelt es sich also um keine echte oder grundsätzliche Barriere für die Erwerbstätigkeit der verheirateten Frau“* (Dingeldey 1999, S. 61).

Betrieb beispielsweise nicht mit einer reduzierten Arbeitszeit zu verbinden oder entstehen durch die Schaffung der Teilzeittätigkeit unverhältnismäßig hohe Kosten, verfügen Arbeitgeber(innen) über die Möglichkeit, den Antrag abzulehnen. Dieses Vetorecht besteht auch dann, wenn erwerbstätige Pflegende ihre Arbeitszeit auf der Grundlage des Pflegezeitgesetzes oder des Familienpflegezeitgesetzes reduzieren wollen. Insbesondere für sorgeleistende Frauen, die über den erwerbstätigen Partner finanziell und sozial abgesichert sind, können fehlende Möglichkeiten einer Reduktion des Arbeitszeitumfangs jedoch mit Hemmnissen für die Erwerbstätigkeit verbunden sein.

Demgegenüber existieren jedoch auch institutionelle Regelungen die eine Erwerbstätigkeit von Frauen prinzipiell begünstigen, sich also kommodifizierungsfördernd auswirken. Während sozialpolitische Regulierungen in diesem Zusammenhang mit Zwängen zur Aufnahme oder Aufrechterhaltung einer Berufstätigkeit verbunden sind, fungieren abgabenpolitische und arbeitszeitpolitische Regelungen als Anreize.

Auf der Ebene der Sozialpolitik sind diese Zwänge zum Beispiel in der gesetzlichen Rentenversicherung verankert: Eine finanzielle Absicherung im Alter ohne eigene Erwerbstätigkeit und ausschließlich über die Renteneinkünfte des Ehepartners ist nur sehr voraussetzungsvoll zu realisieren und setzt deren oder dessen kontinuierliche Erwerbstätigkeit mit zumindest durchschnittlichem Gehalt sowie den Fortbestand der Ehe voraus (vgl. Pfau-Effinger/Geissler 1992, S. 361). Aufgrund von zunehmender Arbeitslosigkeit unter den Männern und wachsenden Scheidungsraten sind diese Bedingungen immer häufiger nicht mehr zu erfüllen. Da die Vollzeiterwerbstätigkeit die Bezugsgröße für die Höhe dieser Versicherungsleistungen darstellt, das Leistungsniveau grundsätzlich sinkt, Teilzeitarbeit im geringen Einkommenssegment gar nicht oder nur proportional angerechnet wird, der langfristige Bezug einer großen Witwenrente nur für einen sehr begrenzten Personenkreis infrage kommt und ausschließlich über die Erziehung von Kindern und die familiäre Pflege älterer Menschen gewonnene Ansprüche nicht ausreichen, um ein von den Einkünften einer Partnerin oder eines Partners unabhängiges und existenzsicherndes Renteneinkommen im Alter zu erwirtschaften, wächst prinzipiell der Zwang zu einer eigenständigen, umfassenden und möglichst selten unterbrochenen Einbindung in den Arbeitsmarkt (vgl. Fachinger 2008, S. 370; Frericks/Maier 2008, S. 255, 257; Frommert/Thiede 2011, S. 463f). Gefördert wird diese Entwicklung durch die oben beschriebene Beseitigung der geschlechterspezifischen Altersgrenzen. Wie Statistiken belegen, ist bereits heute aufgrund der sukzessiven Schließung von Zugangswegen in einen vorzeitigen Ruhestand eine rückläufige Inanspruchnahme vorgezogener

Altersrenten (vgl. Brussig 2009, S. 282) und eine Erhöhung des durchschnittlichen Rentenzugangsalters auch bei Frauen zu beobachten (vgl. Clemens 2006, S. 45). Auch die Arbeitslosenversicherung birgt grundsätzlich kommodifikationsförderndes Potenzial: Langfristig ist eine Zugangsberechtigung zu Leistungen nur durch eine Erwerbstätigkeit möglich, die die Erwirtschaftung eines Einkommens über 400 Euro zulässt (vgl. Dingeldey 1999, S. 118). Da Arbeitslosengeld I in Abhängigkeit von den Beschäftigungszeiten und der Einkommenshöhe gewährt wird, erwächst hieraus prinzipiell der Zwang, möglichst umfassend und kontinuierlich berufstätig zu sein, um den Lebensunterhalt bei Bedarf auf diese Weise bestreiten zu können. Sollte der Versicherungsfall eintreten, lässt sich durch Arbeitslosengeld I nur über einen begrenzten Zeitraum eine dekommodifizierende Wirkung erreichen, wodurch eine zeitnahe Wiedereingliederung in den Arbeitsmarkt gefördert wird. Dies gilt insbesondere vor dem Hintergrund der jüngsten Reformen, die mit einer verkürzten Leistungsbezugsdauer, einer restriktiveren Anerkennung der Leistungsberechtigung und rigideren Definitionen zumutbarer Beschäftigung verbunden sind (vgl. Stolz-Willig 2010, S. 74). Arbeitslosengeld II kommt für viele Frauen als alternative Dekommodifizierungsstrategie nicht infrage, da die Existenzsicherung durch die Absenkung der Leistungsansprüche erschwert wurde (vgl. Scheele 2010, S. 26). Hinzu kommen der Nachrangigkeitscharakter der Leistungsgewährung und die zunehmend rigidere Anrechnung des Partnereinkommens. Im Vergleich zu der früheren Arbeitslosenhilfe erhalten folglich zunehmend mehr Frauen, die nach dem alten Recht noch über Leistungsansprüche verfügten, durch diese Form der „*Ehegattensubsidiarität*" (Berghan 2004, S. 106) deutlich geringere oder keine Bezüge mehr (vgl. Becker/Hauser 2006, S. 81-84; Beetzelt 2008, S. 3; Scheele 2010, S. 33). Aus diesen Regelungen erwächst prinzipiell ein Druck zur eigenständigen Erwerbstätigkeit, da andernfalls kein oder nur ein kleiner eigenständiger Beitrag zur Einkommenssicherung der Familie beigesteuert werden kann. Der Kommodifizierungszwang wird durch die umfassendere Verpflichtung von Langzeitarbeitslosen noch verstärkt, unter Androhung von Sanktionen „*alle Möglichkeiten zur Beendigung oder Verringerung ihrer Hilfebedürftigkeit auszuschöpfen*" und „*jede angebotene zumutbare Arbeitsgelegenheit zu übernehmen*" (§ 2 SGB II). Nicht nur Arbeitslosigkeit stellt ein Risiko dar, das durch sozialpolitische Mechanismen der Dekommodifizierung zunehmend weniger abgesichert wird. Gleiches gilt auch für den Scheidungsfall. Das oben beschriebene, reformierte Unterhaltsrecht bedingt im Falle einer Auflösung der Ehe eine deutliche Beschränkung des Personenkreises, der noch zum Bezug von Unterhaltszahlungen berechtigt ist, und geht für die übrigen Personen mit einem gesteigerten Einkommenserwirtschaftungsdruck einher.

Abgabenpolitische Regelungen erzielen ihre kommodifikationsfördernde Wirkung über Anreizmechanismen. Zu nennen sind in diesem Zusammenhang die Regelungen, die für geringfügige Beschäftigungsverhältnisse und Beschäftigungsverhältnisse in der Gleitzone zwischen 400 und 800 Euro vorgesehen sind. Im Falle einer Beschäftigung in diesem Einkommenssegment sind die hieraus erwachsenen Nettobezüge durch die nicht existente oder eingeschränkte Beitragspflicht in Relation zu regulären Teilzeitbeschäftigungsverhältnissen vergleichsweise hoch. Hierdurch birgt diese Erwerbsform insbesondere für Frauen, die über ihren Ehepartner zusätzlich finanziell und sozialrechtlich abgesichert sind, einen hohen Attraktivitätsgrad. Dies gilt insbesondere für sozialversicherungsfreie Minijobs, deren Ausübung jedoch nicht mit einem Zugang zur Renten- und Arbeitslosenversicherung verbunden ist. Demgegenüber geht der Midi-Job zwar mit einer Abgabenverpflichtung einher, allerdings liegt diese bis zu einem Verdienst von 800 Euro immer unterhalb des vollen Beitragssatzes und ermöglicht gleichzeitig trotzdem den Erwerb von Ansprüchen an die Renten-, Arbeitslosen-, Kranken- und Pflegeversicherung (vgl. Steiner/Wrohlich 2005, S. 142).[54]

Anreize zur Einspeisung der Arbeitskraft in den Markt können darüber hinaus auch aus staatlichen oder betrieblichen arbeitszeitpolitischen Regelungen erwachsen. Von Bedeutung ist in diesem Zusammenhang erstens die zunehmend stärkere Verbreitung familienfreundlicher Maßnahmen in Betrieben. Zweitens spielt auch der Relevanzgewinn von Teilzeitarbeitsverhältnissen im Zuge von Tertialisierungsprozessen auf dem Arbeitsmarkt eine wichtige Rolle. In Kopplung mit den aus dem Teilzeit- und Befristungs-, dem Pflegezeit- und dem Familienpflegezeitgesetz abgeleiteten Ansprüchen der (pflegenden) Arbeitnehmer(innen) auf die Übernahme einer Teilzeitstelle können hieraus Gelegenheitsstrukturen für die Einbindung in den Arbeitsmarkt erwachsen, da hierdurch Arbeitsplätze angeboten werden bzw. eingefordert werden können, die sich mit familiären Verpflichtungen verbinden lassen (vgl. Bauer 2001, S. 512; Klenner/Schmidt 2011, S. 255f). Die im Pflegezeitgesetz vorgesehene sechsmonatige Freistellungsmöglichkeit schafft für Angehörige eines pflegebedürftigen Menschen die Option der temporären Unterbrechung des Berufs bei gleichzeitig zu-

54 Sind Frauen jedoch bereits in regulären Teilzeitarbeitsverhältnissen tätig, besteht die Gefahr, dass sie aufgrund der günstigeren Brutto-netto-Relation und der dennoch bestehenden Einbindung in das Sozialversicherungssystem zur Aufnahme eines Midijobs animiert werden (vgl. Koch/Bäcker 2003, S. 90ff; Steiner/Wrohlich 2005, S. 143).

gesichertem Rückkehrrecht auf den alten Arbeitsplatz und mag auf diese Weise der Aufgabe der Erwerbsarbeit präventiv entgegenwirken. Die dekommodifizierende Wirkung des Pflegezeit- und Familienpflegezeitgesetzes kommt jedoch langfristig nur dann zum Tragen, wenn die Gesamtpflegedauer den maximal gewährten Freistellungs- bzw. Arbeitszeitverkürzungszeitraum nicht überschreitet oder sich im Anschluss andere Versorgungsmöglichkeiten finden.

Insgesamt verfolgen die unterschiedlichen institutionellen Regelungen keine einheitliche Stoßrichtung: Nach wie vor bestehen insbesondere durch die abgeleiteten Ansprüche im Sozialversicherungssystem, das Ehegattensplitting und durch Arbeitszeitpolitiken, die auf eine umfassende Verfügbarkeit der Arbeitnehmer(innen) ausgerichtet sind, prinzipiell kommodifizierungshemmende Regelungen. Sie können ihre Tragweite insbesondere bei Frauen entfalten, die durch die Einbindung in eine Partnerschaft über alternative Formen der finanziellen (und sozialen) Absicherung verfügen. Gleichzeitig entstehen durch verbesserte Teilzeitarbeitsoptionen und attraktive Abgabenregelungen im geringen Entlohnungssegment Anreize für eine zeitlich eingeschränkte Partizipation dieses Personenkreises am Arbeitsmarkt. Diese lässt allerdings kaum eine eigenständige soziale und finanzielle Absicherung zu und vermittelt Frauen daher lediglich die abhängige Position einer Zuverdienerin. In wachsendem Maße zeigt sich jedoch ein institutioneller Druck, eine möglichst umfassende Erwerbseinbindung zu realisieren, um den Stabilitätsverlust familiärer Kompensationssysteme (z. B. durch Scheidungen oder die Arbeitslosigkeit des Partners) auszugleichen. Die Individualisierung von Rentenansprüchen und der eingeschränkte Zugang zu Unterhaltsleistungen im Scheidungsfall sind in diesem Zusammenhang von besonderer Relevanz.

3.3 Zwischenfazit: Position von Frauen im Spannungsfeld zwischen der informellen Pflege älterer Menschen und der Erwerbstätigkeit

In Abschnitt 3.1 und 3.2 des vorliegenden Kapitels wurde die Einbindung von Frauen in die Erbringung familiärer Pflegearbeit und in die Erwerbsarbeit analytisch getrennt voneinander dargelegt und kulturelle und institutionelle Einflussfaktoren beleuchtet. Auf dieser Grundlage können im Folgenden nun die Sphären zueinander in Verhältnis gesetzt und auf dieser Basis die Position bestimmt werden, die Frauen diesbezüglich innerhalb der Gesellschaft zugewiesen wird.

Die vorangehende Betrachtung belegt, dass insbesondere Frauen im mittleren Lebensalter gegenwärtig die Hauptverantwortung für die häusliche Versorgung des stetig wachsenden Anteils älterer Menschen an der Bevölkerung tragen. Obgleich sich zunehmend mehr Männer insbesondere an der Unterstützungserbringung im intragenerationellen Kontext beteiligen, sind es doch bis heute vornehmlich die weiblichen Familienmitglieder, die sich zeitlich umfassend auch in körperpflegerische Tätigkeiten einbringen. Teilweise greifen sie in diesem Zusammenhang auf Hilfeleistungen aus dem privaten sozialen Umfeld oder seltener auch aus dem Pflegemarkt zurück. Dieses überwiegend familiär geprägte Bewältigungsmuster gesellschaftlicher Pflegebedarfe wird durch die vorherrschenden kulturellen Bezugsrahmen und die institutionellen Regelungen gestützt: Nach wie vor ist ein Leitbild mehrheitsgesellschaftlich vorherrschend, das eine ‚gute' Pflege älterer Menschen als eine in der Häuslichkeit durchzuführende Leistung beschreibt, die vorrangig von weiblichen Familienmitgliedern zu erbringen ist. Der Rückgriff auf ergänzende Unterstützungsleistungen durch professionelle Pflegedienste wird dabei durchaus befürwortet. Die umfassende Verantwortungsübernahme der Frauen erfährt durch die explizit familialisierend ausgerichteten wohlfahrtsstaatlichen Pflegepolitiken mit ihrer Schwerpunktsetzung auf monetären Transferleistungen und der vergleichsweise geringen Fokussierung auf sachwerte Leistungen Stabilisierung. Wie in Teilkapitel 3.1.3 dargestellt, ist durch das Teildeckungsprinzip eine vollumfängliche professionelle Versorgung über die Leistungen der Pflegeversicherung nicht zu realisieren. Können die hierfür notwendigen finanziellen Mittel nicht aus dem privaten Einkommen oder Vermögen aufgebracht werden, setzt die Begegnung des Pflegebedarfs den Einsatz des privaten Umfelds voraus. Hinzu kommt die Inflexibilität der Pflegesachleistungen gegenüber den inhaltlichen und zeitlichen Unterstützungsbedarfen der Pflegebedürftigen und ihrer Angehörigen, die durch die ausgeprägte Normierung und Standardisierung der Leistungserbringung begünstigt wird. Obgleich gesellschaftlich ein Leitbild vorherrschend ist, das auf eine geteilte Übernahme der Pflegeverantwortung zwischen den privaten Haushalten und dem öffentlichen Raum ausgerichtet ist, erscheint unter diesen Bedingungen für die Mehrheit der Angehörigen die eigenständige Übernahme der Pflege als adäquatere Umgangsform. Dies gilt insbesondere vor dem Hintergrund dessen, dass ihr persönlicher Einsatz durch die Gewährung eines auch als symbolische Anerkennung einsetzbaren Pflegegeldes und zusätzlicher Maßnahmen in Form von Beratungsangeboten, Zeitrechten, Verhinderungs- und Kurzzeitpflege und sozialen Rechten flankiert wird.

Neben ihrer Integration in die Pflegesphäre sind Frauen jedoch in zunehmendem Maße auch in den Arbeitsmarkt eingebunden und verzichten überwiegend nicht mehr langfristig zugunsten der familiären Sorgearbeit auf ihren Beruf.

Ausschlaggebend ist hierfür insbesondere der kulturelle Bezugsrahmen, demzufolge eine Aufgabe der Erwerbsarbeit nur noch in sorgeintensiven Phasen des Lebensverlaufs als legitim erachtet wird. Die Pflege eines Angehörigen scheint hierbei nicht unbedingt als Auslöser für berufliche Abstriche angesehen zu werden. Während der kulturelle Bezugsrahmen also grundsätzlich auf eine Einbindung von Frauen in das Erwerbssystem ausgerichtet ist, weist das institutionelle Regulierungssystem gegenwärtig noch grundlegende Ambivalenzen auf. Dennoch zeichnen sich insbesondere in den vergangenen Jahren in den unterschiedlichen Politikbereichen Wandlungsprozesse hin zu einer stärkeren Integration kommodifikationsförderlicher Elemente ab. Sie kommen vornehmlich in Form von Kürzungen und Abschaffungen von Sozialleistungen zum Tragen und forcieren, wenn nicht gar erzwingen, eine Teilhabe von Frauen am Arbeitsmarkt. Unter den benannten institutionellen und kulturellen Bedingungen nehmen bei den Frauen Teilzeitarbeitsverhältnisse einen bedeutsamen Stellenwert ein. Sie gelten als Möglichkeit, familiäre Sorgearbeiten in umfassendem Maße zu erbringen, gleichzeitig ein eigenes Einkommen zu erwirtschaften und beim Überschreiten der Geringfügigkeitsgrenze auch in das System sozialer Sicherung eingebunden zu sein.

Die sphärenspezifischen Betrachtungen zusammenführend kann konstatiert werden, dass die soziale Position von Frauen durch eine „*doppelte Vergesellschaftung*“ (Becker-Schmidt 1987, S. 10-25), d. h. ihre Einbindung in soziale Zusammenhänge über zwei unterschiedliche Lebensbereiche, geprägt ist (vgl. Becker-Schmidt 2010, S. 68). Diese Position lässt sich konkreter auch mithilfe des Vereinbarkeitsmodells der männlichen Versorgerehe beschreiben (vgl. Pfau-Effinger 2000, S. 111; in Bezug auf die Pflege alter Menschen s. auch Pfau-Effinger/Magdalenič 2009, S. 111): Während das Hausfrauenmodell der Versorgerehe Frauen vornehmlich die Verantwortung für die Übernahme familiärer Sorgearbeiten in der privaten Sphäre bei gleichzeitiger finanzieller und sozialer Absicherung über ihren vollzeiterwerbstätigen Ehemann zuschreibt (vgl. ebd., S. 87f), sieht das Vereinbarkeitsmodell der Versorgerehe eine Einbindung von Frauen in Vollzeitarbeitsverhältnisse vor, solange sie sich nicht in der aktiven Familienphase befinden. Ist dies der Fall, findet eine kurze Erwerbsunterbrechung statt, der sich eine Beschäftigung in Teilzeitarbeitsverhältnissen oder geringfügigen Beschäftigungsverhältnissen anschließt, die noch Spielraum für die Bewältigung familiärer Aufgaben lassen. Eine Entwicklung hin zum egalitären Modell, das sowohl für Frauen wie auch für Männer eine umfassende Integration in den Arbeitsmarkt als Grundlage einer eigenständigen Existenzsicherung vorsieht und familiäre Sorgearbeiten entweder als Zuständigkeitsbereich des Wohlfahrtsstaates (egalitär-individualistisches Modell) oder aber als Zuständigkeitsbereich beider Partner (egalitär-familienbezogenes Modell) betrachtet, hat in Deutschland, im Gegensatz zu den skandinavischen Ländern, mehrheitsgesellschaftlich nicht stattgefunden (vgl. Pfau-Effinger 1996, S. 470, dies. 1998, S. 185f; dies. 2000, S. 87f; S. 144ff).

Das Nebeneinander beider Sphären, das die Position von Frauen in der Gesellschaft bestimmt, ist von Spannungen und Widersprüchlichkeiten geprägt (vgl. Backes 1994, S. 119; Hoff 1992, S. 372; Jurczyk 2008, S. 72, S. 85; Knapp 1990, S. 24-33). Ausschlaggebend hierfür ist, dass die Kommodifizierung zwar gefordert wird, entsprechende de-familialisierende Rahmenbedingungen für eine Realisierung jedoch bisher nur in unzureichendem Maße vorhanden sind. Wenngleich in den vergangenen Jahren zum Beispiel durch die Einführung der Pflegezeit, der Familienpflegezeit und familienfreundlicher Arbeitszeitregelungen in den Betrieben bereits Anstrengungen unternommen werden, bestehen jedoch insgesamt bisher nur in begrenztem Maße institutionalisierte Lösungsstrategien, mithilfe derer den strukturellen „*Widersprüche[n] und Ambivalenzen im weiblichen Lebenszusammenhang*" (Proskop 1976, S. 44) begegnet werden kann. Beck-Gernsheim führt in diesem Zusammenhang an:

> „*Dieses ‚Nichtmehr' und ‚Noch-nicht' erzeugt zahlreiche Ambivalenzen (...) im weiblichen Lebenszusammenhang. Während alte Beschränkungen zurücktreten und manche Entwicklungsmöglichkeiten sich öffnen, entstehen gleichzeitig neue Abhängigkeiten und Zwänge (...).*" (Beck-Gernsheim 1983, S. 309).

Folglich sind die betroffenen Frauen mit der Anforderung konfrontiert, individuelle Strategien zu entwickeln und Ressourcen zu generieren, mithilfe derer sie den Anforderungen des pflegerischen und des zunehmend flexibilisierten beruflichen Lebensbereichs begegnen und eine Vereinbarkeit sicherstellen können.

4 Stand der Forschung zur Vereinbarung der informellen Pflege älterer Menschen und der Erwerbstätigkeit

Im Rahmen der vorliegenden Arbeit ist nun von Bedeutung, auf welche Weise Frauen den konfligierenden Anforderungen begegnen, die sich aus ihrer doppelten Vergesellschaftung im beruflichen und familiär-pflegerischen Lebensbereich ergeben. Diese Thematik wird sowohl in der öffentlichen Diskussion wie auch innerhalb der Wissenschaft, vorrangig innerhalb der Familien-, Frauen- und Geschlechterforschung, mit der Begrifflichkeit der „Vereinbarkeit von Arbeit und Familie" belegt. Diese Rhetorik gewann mit Beginn der neuen Frauenbewegung und -forschung ab Mitte der 1970er Jahre an Bedeutung.

Sie entstand in kritischer Auseinandersetzung mit dem bis dato innerhalb anderer Forschungsdisziplinen ideologisch und empirisch dominierenden Dualismus von Erwerbsarbeit und Reproduktion (vgl. Jurczyk 2005, S. 108f): Die Arbeits- und Industriesoziologie ist beispielsweise originär mit dem Anspruch verbunden, Arbeit als entschiedensten *„Bestimmungsmoment sozialen Geschehens"* (Jürgens 2006, S. 22f) zu analysieren, um auf diese Weise Rückschlüsse auf gesamtgesellschaftliche Entwicklungsprozesse ziehen zu können. Im Mainstream dieser Forschungsausrichtung gilt Arbeit dabei als ausschließlich erwerbszentrierte und finanziell entlohnte Tätigkeit, die auf die Produktion von vermarktbaren Gütern und Dienstleistungen abzielt (vgl. Jürgens/Voß 2007, S. 3). Wenn auch arbeits- und industriesoziologischen Studien in Anlehnung an Karl Marx[55] zumindest implizit die Annahme der Existenz einer zweiten Sphäre zugrunde liegt, innerhalb derer Arbeitskraft durch die Erziehung von Kindern, die Sorge für hilfebedürftige Angehörige und die Wiederherstellung von physischer und psychischer Leistungsfähigkeit reproduziert wird (vgl. Jürgens 2006,

55 Marx' wissenschaftliche Auseinandersetzung (1962) ist vorrangig auf eine Analyse wirtschaftlicher und ökonomischer Zusammenhänge ausgerichtet. Folglich fokussiert er in erster Linie auf den Bereich der lohnabhängigen Erwerbsarbeit (in erster Linie im produzierenden Gewerbe). Dennoch bestehen auch hier erste Ansätze einer funktionalen Differenzierung von Arbeit und Leben, indem die Sphäre der Reproduktionsarbeit als Bedingungsfaktor für die Herstellung der Ressource Arbeitskraft dargestellt wird (vgl. ebd., S. 185ff, S. 245ff).

S. 32; Jürgens/Voß 2007, S. 3), ging diese nicht-erwerbsförmige Arbeit jedoch kaum in das proklamatische Selbstverständnis dieser Forschungsdisziplin ein. Dieser außerberufliche Lebensbereich wurde demgegenüber von anderen Fachrichtungen, z. B. der Familien- und Freizeitsoziologie, explizit beleuchtet. Sie zogen sich jedoch ebenfalls ganz überwiegend auf eine Perspektive der funktionalen Abgrenzung beider Lebensbereiche zurück, indem sie lediglich diese eine Sphäre zum Bezugspunkt ihrer Betrachtung machten. Diese Trennung führte dazu, dass die Verbindungslinien, die zwischen beiden Lebensbereichen bestehen, über lange Zeit kaum Berücksichtigung fanden (zum historischen Hintergrund der Trennung von Arbeit und Leben vgl. auch Jürgens 2006, S. 104-109, S. 119).

Einen wesentlichen Beitrag zur Überwindung dieser dichotomisierenden Betrachtungsweise leisteten Vertreter(innen) des Hannoveraner Ansatzes. Insbesondere wissenschaftliche Arbeiten von Regina Becker-Schmidt (1980, 1982, 1984) auf der Basis einer empirischen Untersuchung zum Umgang berufstätiger und zeitweise nicht berufstätiger Mütter mit den Anforderungen von Erwerbs- und Hausarbeit nehmen in diesem Kontext einen wesentlichen Stellenwert ein. Becker-Schmidt konstatiert, dass die in historischen Trennungsprozessen entstandene Denkfigur eines unverbundenen Verhältnisses beider Lebensbereiche Dichotomien bloß suggeriere. Wechselseitige Bezogenheiten und Komplexitäten werden dabei jedoch ausgeblendet, die insbesondere für doppelt vergesellschaftete Frauen bestehen (vgl. Becker-Schmidt 1982, S. 107; dies. 1998, S. 114-118; dies. 2010, S. 71f). Mit diesem Blickwinkel kann Becker-Schmidt als bedeutende Wegbereiterin der Vereinbarkeitsforschung betrachtet werden. Die Zielsetzung dieser Disziplin besteht darin, für die steigende Relevanz der gleichzeitigen Integration von Frauen in die zwei unterschiedlich strukturierten Arbeitsbereiche zu sensibilisieren. Es soll auf die Wechselwirkungen und Spannungen aufmerksam gemacht werden, die aus dem Zusammenspiel beider Sphären für die Betroffenen erwachsen. Der Terminus des Vereinbarens wird dabei durchaus kritisiert und als Euphemismus betrachtet, da er suggeriere, dass zwei grundsätzlich widersprüchliche Lebensbereiche ohne persönliche Nachteile in Einklang gebracht werden könnten. Dennoch kommt er bisher breitenwirksam zur Anwendung und wird erst zögerlich durch alternative Begrifflichkeiten (z. B. balancieren, managen oder arrangieren) ersetzt (vgl. Jürgens 2006, S. 109, S. 140; Jurczyk 2005, S. 110).[56]

56 Als eine alternative Begrifflichkeit wird auch der Terminus der Work-Life-Balance diskutiert (vgl. Jurczyk 2005). Während der Vereinbarkeitsbegriff sehr stark auf den weiblichen Lebenszusammenhang bezogen ist, erscheint dieser Begriff geschlechtsneutraler. Außerdem bezieht er

Innerhalb des deutschsprachigen Vereinbarkeitsdiskurses findet vor allem die Verbindung von (Frauen-) Erwerbstätigkeit und Kindererziehung Beachtung. Demgegenüber wird die Vereinbarkeit von Beruf und Pflegeverpflichtungen gegenüber älteren Menschen erst in einer begrenzten Anzahl von Publikationen explizit berücksichtigt (vgl. Keck et al. 2009, S. 10; Haller et al. 2004, S. 7; Reichert 2003, S. 123; dies. 2012, S. 323). Im Vergleich zu Forschungsaktivitäten aus dem englischsprachigen Raum, insbesondere den USA und Kanada, wo diese spezifische Vereinbarkeitsthematik seit nunmehr 30 Jahren Eingang in den wissenschaftlichen Diskurs findet, hat sich in Deutschland auf diesem Gebiet erst eine kurze Forschungstradition entwickelt. Dennoch ist auch hierzulande insbesondere seit Ende der 1990er Jahren eine exponentielle Relevanzsteigerung zu beobachten. Sie ist in erheblichem Maße auf die zunehmende öffentliche und wissenschaftliche Bewusstseinsbildung gegenüber dem Einfluss demografischer und sozialer Strukturwandlungsprozesse auf Pflegebedarf und Pflegepotenzial zurückzuführen. Vor dem Hintergrund der zunehmenden Erwerbsintegration von Frauen (s. Teilkapitel 3.2.1) wird in diesem Kontext eine Betroffenheit größerer Gesellschaftsgruppen von der parallelen Einbindung in beide Lebensbereiche prognostiziert. Hieraus resultiert ein gesteigertes Interesse an der Erforschung von Bedingungen und Auswirkungen auf der Akteur(innen)ebene.

Derzeit bestehende wissenschaftliche Arbeiten aus dem In- und Ausland implizieren dabei hauptsächlich vier unterschiedliche Forschungsperspektiven: Erstens ist insbesondere die deutschsprachige Diskussion zum gegenwärtigen Zeitpunkt noch stark durch das Bemühen gekennzeichnet, grundlegende Informationen über soziodemografische Charakteristika der Vereinbarer(innen) sowie Anforderungs- und Zeitprofile der Vereinbarungssituation zu ermitteln. Zweitens werden vorrangig im anglofonen Bereich wechselseitige Auswirkungen der Vereinbarung auf die Berufs- und Pflegesituation der Betroffenen untersucht. Ein dritter Forschungsstrang bezieht sich auf die Konsequenzen dieser Doppelbelastung für das Wohlergehen, den Gesundheitszustand, das Privatleben und die familiären Beziehungen der Vereinbarer(innen)(vgl. Atienza/Stephens 2000; Brody 1987; Chesley/Moen 2006; Edwards et al. 2002; Evercare & National Alliance for Caregiving 2006; Fredriksen-Goldsen/Scharlach 2001; Hoff/Hamblin 2011; Kramer/Kipnis 1995; Lehner et al. 2004; Pinquart/Sörensen 2006; Reid

sich nicht nur auf die Verbindung von Beruf und familiärer Sorgearbeit, sondern ist breiter angelegt und fokussiert auf das gesamte außerberufliche Leben. Im Vordergrund steht, wie Hoff ausführt, das „*Leitbild vom ‚gelungenen' Leben im Sinne eines Gleichgewichts zwischen den an beiden Lebensbereichen [die Privats- und die Berufssphäre] gebundenen persönlichen Motiven, Strebungen und Zielen, das in entsprechend ausbalancierten Handlungssträngen sichtbar wird*" (Hoff 2008, S. 134).

2010; Stephens et al. 2001). Betriebliche und sozialpolitische Interventionsstrategien zur Verbesserung der Situation erwerbstätiger Pflegender und ihre Inanspruchnahme bilden den vierten Schwerpunkt der gegenwärtigen fachlichen Diskussion (vgl. Arksey 2002; Barkholdt/Lasch 2006; berufundfamilie gGmbH 2007; dies. 2009; BMFSFJ 2008; BMFSFJ 2011; Klenner 2007a; Phillips 1996; Phillips et al. 2002; Wert.Arbeit GmbH 2008; Wolf 2011). Die drei erstgenannten Forschungsperspektiven sind für die vorliegende Untersuchung von großer Relevanz und werden im Folgenden umfassend beleuchtet, da sie zum einen Rückschlüsse auf Eigenschaften zulassen, die für den interessierenden Personenkreis kennzeichnend sind. Darüber hinaus leisten sie Hinweise auf die Ausgestaltung der zu verbindenden Lebensbereiche und ermöglichen eine Einschätzung der komplexen Konnexionen, die zwischen beiden Sphären bestehen.

Wie die folgende Betrachtung zeigt (s. Teilkapitel 4.4), werden jedoch die von den Betroffenen eingesetzten Handlungsformen bzw. Strategien in der gegenwärtigen wissenschaftlichen Auseinandersetzung bisher lediglich in geringem Maße beleuchtet, mithilfe derer eine Vereinbarung von Beruf und Pflege im Alltag aktiv hergestellt wird. Auf entsprechende Erkenntnisse aus der Forschung zur Vereinbarkeit von Kindererziehung und Beruf (vgl. z. B. Klammer/Klenner 2004; Kroismayr 2010; Reeb 2009; Tobío/Trifiletti 2003) kann bei der nachfolgenden Beschreibung des gegenwärtigen Standes der Forschung nicht zurückgegriffen werden, da sich beide Formen der familiären Sorgearbeit maßgeblich voneinander unterscheiden. Wie die bisherige wissenschaftliche Auseinandersetzung belegt, ist die Pflegeerbringung für ältere Menschen beispielsweise in Bezug auf die Zeiteinteilung, Intensität und Gesamtdauer schwerer zu kalkulieren. Überdies geht diese Form der Unterstützungserbringung nur in sehr eingeschränktem Maße mit einer Befähigung zu einer selbstständigen Lebensführung einher, sondern zielt auf einen Umgang mit dem Verlust von Autonomie ab und endet gewöhnlich, wenn die Pflege nicht an andere Versorgungsformen abgegeben wird, mit dem Tod des zu Betreuenden. Ein weiteres Charakteristikum der Pflegearbeit besteht in dem lebensphasenbezogen späteren Auftreten der Verantwortungsübernahme, in deren Folge sich die Betroffenen anderen beruflichen und privaten Verpflichtungsstrukturen ausgesetzt sehen. Hinzu kommt, dass die Versorgungserbringung für ältere Menschen weniger flexibel gehandhabt werden kann und sich stark auf die Hauptpflegeperson konzentriert. Dies ist zum einen darauf zurückzuführen, dass die Möglichkeiten, andere Personen in die Unterstützungsleistung einzubinden, eingeschränkter sind. Zum anderen ist die Altenpflege auch in räumlicher Hinsicht inflexibler, da der ältere Mensch insbesondere im Falle schwerwiegender physischer Einschränkungen, nur mit Schwierigkeiten transportiert werden kann. Nicht zuletzt unterscheiden sich auch die institutionellen Regelungen grundlegend, die den gesellschaftlichen Umgang mit Pflegebedarfen und die Erziehung von Kindern beeinflussen (vgl. Bäcker 2004, S. 141; Bischofsberger et al. 2009, S. 279f; BMFSFJ 2011, S. 10; Keck et al. 2009, S. 4; Kohler/Döhner 2011, S. 58; Naegele 1997, S. 12; Schneider et al. 2001, S. 379). Diese Betrachtung zeigt, dass sowohl die Anforderungsprofile beider Tätigkeiten wie auch die Rahmenbedingungen stark differieren. Unter Bezugnahme auf den heuristisch-analytischen Theorierahmen kann davon ausgegangen werden, dass diese Bedingungen einen maßgeblichen Einfluss auf die Handlungsmöglichkeiten ausüben, über die die Vereinbarer(innen) mit Kindererziehungs- und Pflegeaufgaben zur Bewältigung ihrer Situation verfügen. Daher liegt die Vermutung nahe, dass auch die tatsächlichen Handlungsmuster sich maßgeblich unterscheiden und daher nicht eins zu eins übertragen werden können.

In den nachfolgenden Beschreibungen wird, wenn möglich, auf die Vereinbarungssituation erwerbstätiger pflegender Frauen im Besonderen Bezug genommen, da sich die eigene Untersuchung auf diesen Personenkreis beziehen wird. Diesem Vorgehen sind allerdings Grenzen gesetzt, da die gegenwärtige Datenlage eine geschlechterdifferente Betrachtungsweise bisher nur in Ansätzen zulässt. Langehenning verweist in diesem Zusammenhang auf den *„eklatanten Mangel an empirischen Studien*“ und kritisiert die *„merkwürdig geschlechtsneutral[e]*“ (Langehenning 2009, S. 45) wissenschaftliche Diskussion zur Vereinbarung von Pflege und Beruf.

Der Stand der gegenwärtigen Forschung wird im Folgenden nicht nur auf der Basis von Erkenntnissen dargestellt, die auf Deutschland bezogen generiert wurden. Vielmehr werden sie durch Studienergebnisse ergänzt, die im deutschsprachigen Ausland und im anglofonen Sprachraum entstanden sind. Einen besonderen Stellenwert nehmen in diesem Kontext Untersuchungen aus den USA und Großbritannien ein. Würden diese Erkenntnisse nicht hinzugezogen, wäre die Anzahl an empirischen Untersuchungen aus Deutschland, die sich dezidiert mit den interessierenden Facetten dieser spezifischen Vereinbarkeitsthematik beschäftigt, sehr überschaubar. Vornehmlich könnte dann lediglich auf die von Beck, Naegele, Reichert und Dallinger durchgeführte Studie zur Vereinbarkeit von Pflege und Beruf aus dem Jahr 1997 und deren Nachfolgerstudie ‚Carers@Work‘ aus den Jahren 2010 und 2011 zurückgegriffen werden. Es handelt sich in beiden Fällen um breit angelegte, international vergleichende Verbundprojekte, die insbesondere unter Rückgriff auf qualitative Befragungen von Unternehmens- und Gewerkschaftsvertreter(inne)n, erwerbstätigen Pflegenden sowie auf Basis von statistischen Auswertungen von Infratest-, EUROFAMCARE- und

SHARE-Daten einen maßgeblichen Beitrag zur Erhellung dieses Forschungsfeldes leisten. Von Relevanz sind ebenfalls Ergebnisse des Forschungsprojekts „Workers under Pressure and Social Care“, das zwischen 2007 und 2009 in insgesamt sieben europäischen Ländern, unter anderem in Deutschland, unter der Leitung von Ute Klammer, durchgeführt wurde. Es befasst sich mit den potenziellen Spannungen, die aus der Verbindung von Kindererziehung aber auch Angehörigenpflege sowie (flexibler) Erwerbsarbeit entstehen. Die Ergebnisse für Deutschland basieren vornehmlich auf qualitativ erhobenen Daten, die in Interviews mit erwerbstätigen Hauptpflegepersonen gewonnen wurden. Darüber hinaus werden jedoch auch Daten des Mikrozensus und des Alters-Surveys herangezogen.

Die im Rahmen der vorliegenden Arbeit eingebundenen Ergebnisse müssen mit Vorsicht betrachtet werden. Ausschlaggebend hierfür ist erstens, dass die Untersuchungen teilweise in anderen Wohlfahrtsregimen mit anderen kulturellen Hintergründen und institutionellen Rahmenbedingungen stattfanden. Diese Faktoren bestimmen über die Ausgestaltung der Anforderungsprofile von Beruf und Pflege und die Handlungsmöglichkeiten der betroffenen Akteure/Akteurinnen. Zweitens greifen die Studien auf unterschiedliche Konzepte von Pflege und Erwerbstätigkeit zurück, wodurch die Vergleichbarkeit der Daten beträchtlich eingeschränkt werden kann (s. Teilkapitel 4.1). Drittens nutzen die Forscher(innen) differente empirische Methoden zur Erfassung des Forschungsgegenstandes und beziehen sich mit ihren Aussagen auf unterschiedliche Gesamtpopulationen. Es besteht ein breites Spektrum, das von länderweit repräsentativen Paneldaten, die mit quantitativen Analyseverfahren ausgewertet wurden, bis hin zu einzelnen Betriebsfallstudien reicht, deren Aussagekraft und Verallgemeinerbarkeit eher begrenzt sind.

4.1 Soziodemografische Charakteristika erwerbstätiger Pflegender

Im Rahmen mehrerer Untersuchungen, auch im deutschsprachigen Bereich, wird das Ziel verfolgt, die Gruppe der erwerbstätigen Pflegenden näher zu charakterisieren. In diesem Zusammenhang findet beispielsweise eine Quantifizierung des Anteils der hilfe- und pflegeleistenden Erwerbstätigen an der Erwerbsbevölkerung statt. Prävalenzraten variieren, insbesondere abhängig von der innerhalb der jeweiligen Studie zugrunde liegenden Begriffsbestimmung von Pflegeerbringung und Erwerbstätigkeit aber auch von der Rücklaufquote, dem Frauenanteil innerhalb der Stichprobe, dem Alter der Probanden, dem Rekrutierungsort und nicht zuletzt dem Länderkontext, zwischen 1,9 % und 46,0 % (vgl. Franke/Reichert 2010, S. 24ff; Gorey et al. 1992, S. 399f, S. 408; Tennstedt/Gonyea 1994, S. 88f). Insbesondere in US-amerikanischen Erhebungen werden zum Beispiel vergleichsweise breite Begriffsbestimmungen zugrunde gelegt, denen zufolge eine Person bereits als ‚caregiver' bezeichnet wird, wenn sie sporadisch organisatorische Unterstützung aus der Entfernung erbringt (vgl. Reichert 1997, S. 25f; dies. 2003, S. 125). Prävalenzraten von ca. 20 % stellen hier einen viel zitierten Wert dar (vgl. Gorey et al. 1992, S. 406). Studien innerhalb Deutschlands basieren jedoch im Gegensatz dazu zumeist auf eng gefassten Definitionen, die sich auch auf körpernahe Pflegearbeiten beziehen. Daher ist gemäß des aktuellen Forschungsstandes hier von niedrigen Prävalenzraten auszugehen, die ca. zwischen 7 % und 12 % (vgl. Franke/Reichert 2010, S. 21; Reichert 2003, S. 126), tendenziell sogar niedriger, angesiedelt sind. Vergleichbare Werte zeigen sich beispielsweise auf Grundlage einer Analyse von Mikrozensusdaten des Jahres 2005. In dieser Erhebung wird der Begriff der Pflege, vergleichbar mit den US-amerikanischen Erhebungen, sehr weit gefasst und bezieht sich auf Unterstützungsleistungen unabhängig vom Pflegebedarf des älteren Menschen und dem Umfang der erbrachten Hilfe. Hiernach sind lediglich etwa 7 % der erwerbstätigen Frauen und etwa 3 % der erwerbstätigen Männer gleichzeitig Pflegeleistende (vgl. Keck et al. 2009, S. 8). Wird jedoch nicht der Anteil der Vereinbarer(innen) an der gesamten Erwerbsbevölkerung als Bezugsgröße gewählt, sondern lediglich an der Population der Hilfe- und Pflegeleistenden, zeigt die Untersuchung von TNS Infratest Sozialforschung, dass 67 % der Hauptpflegepersonen von älteren Menschen mit Pflegestufe sich im erwerbsfähigen Alter zwischen dem 15. und dem 65. Lebensjahr befinden, also potenziell von der Vereinbarkeitsthematik betroffen sind (vgl. TNS Infratest Sozialforschung 2011, S. 27). Von diesem Personenkreis gehen 2010 59 % einer Vollzeit- oder Teilzeitbeschäftigung nach. Im Vergleich zu der Vorgängerstudie, die 1998 stattfand, ist der Anteil der erwerbstätigen Hauptpflegepersonen seither um 23 % gestiegen. Diese Zunahme ist auf die wachsende Erwerbspartizipation der Frauen, die Einführung und Ausweitung der Leistungen der Pflegeversicherung und auch auf den angestiegenen Teil der pflegenden Männer zurückzuführen, die häufiger als die Frauen erwerbstätig sind (vgl. ebd., S. 30). Dennoch ist zu betonen, dass ein großer Anteil der Pflegenden vor Eintritt der Pflegesituation nicht erwerbstätig ist. Ursächlich hierfür sind einerseits die familiär vorherrschenden Verteilungsmuster von Pflegearbeit, denen zufolge diese Aufgaben häufig denjenigen Personen übertragen werden, die generell nicht erwerbstätig sind und daher vermeintlich über entsprechende Zeitpotenziale verfügen. Insbesondere handelt es sich hierbei um Frauen, die aufgrund von Arbeitslosigkeit oder vorherigen familiären Sorgeaufgaben aus dem Beruf ausgeschieden sind. Darüber hinaus ist aber auch zu berücksichtigen, dass die Erwerbstätigenquote von Menschen in der zweiten Lebenshälfte, denen berufstätige Pflegende häufig angehören, generell auf einem vergleichsweise geringen Niveau angesiedelt ist (s. Teilkapitel 3.2.1)(vgl. Franke/Reichert 2010, S. 19).

Neben den Prävalenzraten werden auch soziodemografische Charakteristika erwerbstätiger Pflegender ermittelt. In Bezug auf die Geschlechtszugehörigkeit zeigt sich, dass vorrangig Frauen mit der Herausforderung konfrontiert sind, Pflegeverpflichtungen für ältere Angehörige mit einer Berufstätigkeit zu verbinden. Keck et al. belegen unter Rückgriff auf Daten des Mikrozensus, dass ca. 60 % der Vereinbarer(innen) weiblich und 40 % männlich sind (vgl. Keck et al. 2009, S. 9f). Diese Daten stimmen mit Forschungsergebnissen aus dem internationalen Bereich weitgehend überein (vgl. Bazo/Ancizu 2003, S. 237ff; Connidis et al. 1996, S. 412). Das im Vergleich zur Gruppe der Pflegenden im Allgemeinen ausgeglichenere Verhältnis zwischen den männlichen und weiblichen Vereinbarer(inne)n mag auch darauf zurückzuführen sein, dass Frauen aufgrund der Übernahme von Pflegeverpflichtungen häufiger aus dem Erwerbsleben ausscheiden.

Im Vergleich zu nicht erwerbstätigen Pflegepersonen weisen Vereinbarer(innen) in der Regel ein geringeres Durchschnittsalter auf. Während das Alter von Hauptpflegepersonen im Allgemeinen im Schnitt 59 Jahre beträgt (vgl. BMFSFJ 2005, S. 77), sind erwerbstätige Pflegende durchschnittlich 10 bis 15 Jahre jünger (vgl. Reichert 1997, S. 30; dies. 2003, S. 127). Keck et al. belegen beispielsweise, dass der Großteil der Erwerbstätigen mit Pflegeverpflichtungen mit 44,7 % zwischen 45 und 54 Jahre alt ist (vgl. Keck et al. 2009, S. 8f). Auf Grundlage von Daten des Sozio-ökonomischen Panels kann für Ostdeutschland ein Durchschnittsalter von 49 Jahren errechnet werden (vgl. Böttcher et al. 2009, S. 28). Diese Werte decken sich tendenziell mit Angaben aus europäischen Nachbarländern, z. B. den Niederlanden oder Großbritannien (vgl. Dautzenberg et al. 2000, S. 172; Masuy 2009, S. 750).

Die Altersstruktur von erwerbstätigen Pflegepersonen steht in Verbindung mit weiteren Charakteristika dieses Personenkreises: Aufgrund ihres vergleichsweise geringen Durchschnittsalters stehen Vereinbarer(innen) beispielsweise weitaus seltener in einem ehelichen Verhältnis zu der oder dem Pflegebedürftigen, sondern sind in einem Großteil der Fälle die (Schwieger-)Töchter oder Söhne (vgl. Reichert 1997, S. 33; Mooney/Stateham 2002, S. 12; Phillips et al. 2002, S. 6; Stephans 2001, S. 26). Es bestehen Hinweise darauf, dass viele erwerbstätige Pflegende in Anbetracht ihres vergleichsweise jungen Alters gleichzeitig auch Kinder erziehen. Wie Reichert in diesem Zusammenhang anhand einer Analyse unterschiedlicher Untersuchungen beschreibt, betrifft dies ein Viertel bis knapp die Hälfte dieses Personenkreises (vgl. Reichert 1997, S. 30f). Künemund konnte hingegen auf der Basis einer Analyse von Daten der zweiten Welle des Alters-Surveys zeigen, dass der Anteil der Erwerbstätigen, die sowohl in die Kindererziehung wie auch in die Versorgung von Pflegebedürftigen eingebunden ist, selbst unter Zugrundelegung eines weit gefassten Pflegebedürftigkeits- und Erwerbstätigkeitsbegriffs[57] als sehr niedrig einzuschätzen ist. Lediglich 3 % in der Gruppe der Frauen zwischen dem 40. und 44. Lebensjahr, 8 % zwischen dem 45. und 49. Lebensjahr und 3 % zwischen dem 50. Und 54. Lebensjahr gehören dieser sogenannten ‚Sandwich Generation' an (vgl. Künemund 2006a, S. 20; ähnliche Ergebnisse auch durch Klenner/Pfahl 2008, S. 20). Beide Reproduktionsaufgaben stellen folglich bei der Mehrheit der Pflegenden eher aufeinanderfolgende als parallel auftretende Phasen im Lebenslauf dar.

Die Mehrheit der erwerbstätigen Pflegenden ist verheiratet (vgl. Dautzenberg et al. 2000, S. 173; Frederiksen-Goldsen/Scharlach 2001, S. 116; Mooney/Stateham 2002, S. 4). Dennoch ist der Anteil der Alleinstehenden mit 30,2 % in dieser Gruppe deutlich höher als in der Gruppe der nicht erwerbstätigen Pflegenden mit 17,2 % (vgl. Dallinger 1997, S. 123). Ausschlaggebend hierfür mag sein, dass der ökonomische Druck zur Aufrechterhaltung der Erwerbstätigkeit unter den ledigen, geschiedenen oder verwitweten Pflegenden deutlich höher ist als unter den Pflegenden, die ihre Existenzsicherung unter Rückgriff auf das Partner (innen)einkommen sicherstellen können.

Wenig verlässliche Erkenntnisse bestehen hingegen über den Sozialstatus der Vereinbarer(innen). Insbesondere in Deutschland werden schichtungsrelevante, objektive Merkmale sozialer Differenz gegenwärtig in nur wenigen Studien berücksichtigt. Im anglofonen Sprachraum ist diese Forschungsperspektive bereits verbreiteter. Die bestehenden nationalen und internationalen Untersuchungsergebnisse deuten darauf hin, dass Personen mit mittlerem und höherem beruflichen Qualifikationsniveau und Bildungsabschluss in stärkerem Maße bereit oder in der Lage sind, berufliche Verpflichtungen und die Pflege Angehöriger miteinander zu verbinden (vgl. Naegele/Reichert 1995, S. 78; Principi/Parek-Bialas 2011, S. 21; Scharlach 2007, S. 756). Dallinger zeigt beispielsweise

57 Als Mitglieder der ‚Sandwich Generation' gelten in dieser Studie bereits Personen, die zumindest eine Stunde im Monat regulär oder irregulär beschäftigt sind, eine Stunde im Monat persönlich Pflege erbringen und gleichzeitig Kinder oder Enkelkinder betreuen (vgl. Künemund 2006a, S. 19).

im Rahmen ihrer Sekundärdatenauswertung, dass erwerbstätige Pflegende mit 27,3 % seltener in ungelernten Tätigkeiten beschäftigt sind als nicht erwerbstätige Pflegepersonen vor ihrer Berufsaufgabe mit 39,6 %. Demgegenüber üben Vereinbarer(innen) mit 13,1 % und 5,6 % häufiger höher oder hoch qualifizierte Aufgaben aus. Bei den nicht erwerbstätigen Pflegepersonen betrugen diese Anteile nur 5,1 % und 1,3 %. Wird anstelle des Ungleichheitsindikators ‚berufliches Qualifikationsniveau' der schulische Bildungsstatus der Betroffenen untersucht, ergibt sich ein noch eindeutigeres Bild. Demnach ist der Anteil der Vereinbarer(innen) mit Hauptschulabschluss im Vergleich zu der Gruppe der nicht erwerbstätigen Pflegepersonen gering: Er liegt unter den Vereinbarer(inne)n nur bei 49,6 % und bei nicht erwerbstätigen Pflegenden bei 76,1 %. Vereinbarer(innen) haben demgegenüber mit 36,4 % und 10,7 % häufiger Mittlere Reife oder Abitur als nicht erwerbstätige Pflegende mit 16,3 % und 4,4 % (vgl. Dallinger 1997, S. 126f). Möglicherweise sind die benannten Unterschiede auf differente pflegekulturelle Orientierungen in den betrachteten Gruppen zurückzuführen (s. auch Teilkapitel 3.1.2). Darüber hinaus ist denkbar, dass erwerbstätige Pflegende, die einen höheren Bildungsstatus aufweisen und dementsprechend auch häufiger höher qualifizierte Tätigkeiten ausüben, über ausgeprägtere Möglichkeiten verfügen, ihre Arbeitsbedingungen an die pflegerischen Anforderungen anzupassen (vgl. Franke/Reichert 2010, S. 82). Keck merkt in diesem Zusammenhang an, dass Arbeitsabläufe auf höheren Hierarchieebenen flexibler gestaltet werden können und Verhandlungsmöglichkeiten ausgeprägter sind (vgl. Keck 2011, S. 4). Auf anders gelagerte Erkenntnisse verweisen beispielsweise Scharlach et al. im Zuge ihrer quantitativen Untersuchung im US-amerikanischen Raum. Sie vertreten die Auffassung, dass die Verbindung beider Lebensbereiche bestimmte Qualifikationsgruppen nicht stärker betrifft als andere. Auch wenn Untersuchungsergebnisse darauf hinzuweisen scheinen, dass hauptsächlich Frauen mit höherem Qualifikationsstatus Beruf- und Pflegeverpflichtungen miteinander verbinden, sei dies doch vorrangig auf Selektionseffekte zurückzuführen: Personen mit höherem beruflichem Status seien zum einen durchschnittlich älter und somit häufiger vom Vereinbarkeitskonflikt betroffen. Zum anderen verfügten sie über eine bessere Ausdrucksfähigkeit und zeigten folglich eine größere Bereitschaft, an wissenschaftlichen Forschungen zu partizipieren (vgl. Scharlach et al. 1991, S. 31). Trukeschitz et al. belegen für Österreich sogar, dass der Anteil der höher Qualifizierten und Besserverdienenden unter den Vereinbarer(inne)n signifikant geringer ist als in der Erwerbsbevölkerung im Allgemeinen. Sie führen dies zum einen auf eine reduzierte Bereitschaft zurück, beim Vorliegen eines hohen Qualifikationsniveaus und guter Einkommenschancen die

Erwerbsarbeit durch die zusätzliche Ausübung pflegerischer Aufgaben zu gefährden. Zum anderen gehen sie von der Annahme aus, dass diese Gruppe über größere Möglichkeiten verfügt, die Versorgung des Pflegebedürftigen über professionelle Dienste zu finanzieren und somit anderweitig sicherzustellen. Nicht zuletzt konstatieren sie, dass gering Qualifizierte einem stärkeren ökonomischen Zwang ausgesetzt sind, trotz der Pflegeaufgaben ihren Beruf aufrechtzuerhalten (vgl. Trukeschitz et al. 2009, S. 3f, S. 24).

4.2 Anforderungs- und Zeitprofile der Pflege- und der Erwerbssphäre

Die zweite im vorliegenden Kontext relevante Forschungsperspektive ist auf die Eigenschaften der Vereinbarkeitssituation erwerbstätiger Pflegender ausgerichtet und fokussiert hierbei vorrangig auf die inhaltlichen Anforderungen und die Zeitprofile der Pflege- und Erwerbssphäre.

Der pflegerische Lebensbereich ist in der Regel durch die Versorgungserbringung gegenüber einer einzelnen pflegebedürftigen Person geprägt (vgl. Frederiksen-Goldsen/Scharlach 2001, S. 118; Williams 2004, S. 5). Häufig handelt es sich hierbei um weibliche Personen, zumeist die Mütter (vgl. Phillips et al. 2002, S. 6; Stephans 2001, S. 26), die in 73 % der Fälle mit der Pflegeperson in einem Haushalt leben (vgl. Böttcher et al. 2009, S. 28).[58] Die zu Betreuenden gehören in der Regel den höheren Altersgruppen an und weisen unterschiedlichste Erkrankungen auf, wobei beispielsweise Herz- und Kreislauferkrankungen, kognitive Einschränkungen, Erkrankungen des Bewegungsapparates und Krebs einen bedeutsamen Stellenwert einnehmen (vgl. Frederiksen-Goldsen/Scharlach 2001, S. 118). Aus bislang bestehenden Studien aus dem nationalen und internationalen Bereich, die das pflegebezogene Tätigkeitsspektrum von Vereinbarer(inne)n berücksichtigen, lassen sich Hinweise darauf ableiten, dass Unterstützungsleistungen sowohl für Personen mit leichten körperlichen und kognitiven Beeinträchtigungen, durchaus aber auch für schwerst Pflegebedürftige erbracht werden (vgl. Hoskins 1996, S. 31f). Für Deutschland zeigen Keck et al. mithilfe von Daten des Alters-Surveys, dass erwerbstätige Pflegende geringfügig häufiger Pflegebedürftige mit der Pflegestufe I und III, jedoch seltener Pflegebedürftige mit der Pflegestufe II versorgen als nicht erwerbstätige Pflegende (vgl. Keck et al. 2009, S. 11). Trotz Einbindung in den Arbeitsmarkt ist dieser Personen-

58 Deutlich geringere Werte zeigen sich in Studien aus Österreich und dem US-amerikanischen Raum (vgl. Jung et al. 2007, S. 11; MetLife Mature Market Institute/National Alliance for Caregiving/Zogby International 2004, S. 3; Scharlach et al. 2007, S. 256).

kreis in ein ähnlich breites Spektrum unterschiedlicher Hilfe- und Pflegeaktivitäten eingebunden wie nicht erwerbstätige Pflegende. Es erstreckt sich auf ‚general care', die vorrangig Hilfeleistungen bei hauswirtschaftlich-instrumentellen Verrichtungen und bei der Begleitung bei Arztbesuchen sowie die emotionalen und sozialen Betreuung umfasst. Darüber hinaus führen sie aber auch ‚management care' durch, die als Organisation der Pflege und des Alltags des alten Menschen beschrieben werden kann. Nicht zuletzt sind Vereinbarer(innen) auch in ‚personal care' eingebunden, die sich in erster Linie auf körperpflegerische Verrichtungen bezieht und insbesondere bei kognitiv eingeschränkten Pflegebedürftigen auch anleitende Tätigkeiten umfasst (vgl. Beck 1997, S. 171-174; Hoff/Hamblin 2011, S. 33-35; Kohler/Döhner 2011, S. 30-36; Reichert 2003, S. 128; Rosenthal 2007, S. 772; Schneider et al. 2006, S. 12). In einem Großteil der Fälle beschränken sich die Unterstützungsleistungen erwerbstätiger Pflegender nicht nur auf eine der oben angeführten Formen der Hilfe, sondern meistens werden sie in Kombination erbracht (vgl. Rosenthal et al. 2007, S. 768), wobei insbesondere generalcarebezogene Aufgaben einen wesentlichen Bestandteil im Tätigkeitsspektrum erwerbstätiger Pflegender einnehmen (vgl. Martin-Matthews/Rosenthal 1993, S. 104; Reichert 1997, S. 59, S. 33; Wiliams 2004, S. 7f). Diese Form der Versorgung spielt bei den sog. ‚long-distance-carern', also den Pflegenden, die weite Distanzen zurücklegen müssen, um den Haushalt des alten Menschen zu erreichen, eine maßgebliche Rolle (vgl. MetLife Mature Market Institute/National Alliance for Caregiving/Zogby International 2004, S. 8). Personalcarebezogene Tätigkeiten werden hingegen von diesem Personenkreis in der Regel nicht geleistet, sondern eher von Personen, die rund um die Uhr oder doch zumindest täglich in die Versorgung eingebunden sind (vgl. Kohler/Döhner 2011, S. 30).

Mehrere Untersuchungen verweisen auch unter den Vereinbarer(inne)n auf grundlegende geschlechterspezifische Unterschiede hinsichtlich der übernommenen Tätigkeiten (zu den Unterschieden bei den Pflegeleistenden im Allgemeinen s. Teilkapitel 3.1.1). Während Frauen in stärkerem Maße als Hauptpflegepersonen fungieren und auch in körpernahe Pflegeaktivitäten eingebunden sind, scheint sich die Domäne der Männer vornehmlich auf eine die Hauptpflegeperson unterstützende Funktion zu erstrecken, die sich hauptsächlich auf organisatorische und administrative Aufgaben bezieht (vgl. Frederiksen-Goldsen/Scharlach 2001, S. 115; Keck et al. 2009, S. 45f; Kohler/Döhner 2011, S. 153; Kramer/Kipnis 1995, S. 344; Lüdecke/Mnich 2008, S. 17; Martin-Matthews/Campbell 1995, S. 133ff; Martin-Matthews/Rosenthal 1993, S. 104; MetLife Mature Market Institute/National Alliance for Caregiving/The Center of Productive Aging at

Towson University 2003, S. 6; Mooney/Stateham 2002, S. 13; Reichert 1997, S. 30; dies. 2012, S. 324).

Im wissenschaftlichen Diskurs bestehen Kontroversen bezüglich des zeitlichen Umfangs, der von den erwerbstätigen Pflegenden für die Unterstützungserbringung aufgewendet wird: Einerseits zeigen Studien, dass sie trotz der Doppelbelastung in einem ähnlichen quantitativen Ausmaß pflegerische Versorgung leisten. Bezogen auf eine 7-Tage-Woche konnte für diesen Personenkreis in Österreich eine durchschnittliche tägliche Pflegezeit von 5 Stunden und 20 Minuten errechnet werden (vgl. Lehner et al. 2004, S. 52). Dieses Ergebnis stimmt in etwa mit Werten überein, die für Pflegeleistende im Allgemeinen erfasst wurden (vgl. TNS Infratest Sozialforschung 2011, S. 28). Aus unterschiedlichen anderen Studien geht jedoch andererseits hervor, dass Vereinbarer(innen), insbesondere wenn sie vorrangig in managementcarebezogene Aktivitäten eingebunden sind, in deutlich geringerem Maße Unterstützung leisten und insbesondere für die Mahlzeitenbereitung und für die körperlichen Pflegeleistungen stärker auf professionelle oder private Hilfsquellen zurückgreifen (vgl. Brody et al. 1987, S. 204; Doty et al. 1998, S. 335; Enright 1991, S. 379; Lüdecke/Mnich 2009, S. 11; Rosenthal et al. 2007, S. 768; Scharlach 2007, S. 757f). Wie Lüdecke und Mnich auf der Basis ihrer Auswertung von EUROFAMCARE-Daten zeigen, beträgt der Pflegeaufwand bei erwerbstätigen Pflegenden im Schnitt 32 Stunden in der Woche und unterschreitet die Anzahl der wöchentlichen Pflegestunden nicht erwerbstätiger Pflegender um 7 Stunden (vgl. Lüdecke/Mnich 2009, S. 11). Außerdem sind sie, wie Principi und Parek-Bialas unter Rückgriff auf SHARE-Daten belegen, mit 49 % gegenüber 61 % seltener jeden Tag in die Versorgungserbringung eingebunden (vgl. Principi/Parek-Bialas 2011, S. 61) und leisten auch nur halb so häufig zeitlich intensive Pflegetätigkeiten, deren Umfang mehr als 40 Stunden in der Woche beträgt (vgl. Scharlach et al. 2007, S. 757). Sie übernehmen, wie Daten des Alters-Surveys belegen, in lediglich 49,4 % der Fälle die zeitintensive Funktion einer Hauptpflegeperson. Bei den nicht erwerbstätigen Pflegepersonen liegt dieser Anteil bei 68,9 % (vgl. Keck et al. 2009, S. 10f). Konsens besteht darin, dass vereinbarende Frauen, vergleichbar mit pflegenden Frauen im Allgemeinen (s. Teilkapitel 3.1.1), ein erheblich größeres Maß an Versorgungszeit investieren als vereinbarende Männer (vgl. Böttcher et al. 2009, S. 29; Connidis et al. 1996, S. 422ff; Martin-Matthews/Campbell 1995, S. 135; Martin-Matthews/Rosenthal 1993, S. 106; Reichert 2003, S. 128), wobei Mooney und Stateham für Großbritannien feststellen, dass sie fast doppelt so viele Stunden wöchentlicher Versorgungszeit erbringen (vgl. Mooney/Stateham 2002, S. 2). Neben dem Geschlecht sind noch weitere Einflussfaktoren für den

Umfang der erbrachten Pflegeleistungen von Bedeutung: Erstens scheint das quantitative Ausmaß des Hilfe- und Pflegebedarfs eine wesentliche Determinante darzustellen (vgl. Doty et al. 1998, S. 335; Johnson/Lo Sasso, S. 27). Beträgt der Gesamtaufwand bei häuslich versorgten Pflegebedürftigen der Pflegestufe I durchschnittlich 30,9 Stunden, umfasst er bei Pflegestufe III bereits 60,8 Stunden (unabhängig davon, ob die Pflegeperson erwerbstätig ist oder nicht) (vgl. TNS Infratest Sozialforschung 2011, S. 29). Zu berücksichtigen ist hierbei, dass der Hilfe- und Pflegebedarf im Zeitverlauf keine Konstante darstellt, sondern in der Regel Wandlungsprozessen unterlegen ist, die mit Veränderungen des Zeiteinsatzes einhergehen (vgl. Kohler/Döhner 2011, S. 36, S. 40). Zweitens ist auch die Wohnentfernung bedeutsam. Keck et al. finden auf der Basis ihrer qualitativen Teilstudie Hinweise darauf, dass der Umfang der Versorgungszeit deutlich größer ist, wenn die Pflegeperson und die oder der Pflegebedürftige in einem gemeinsamen Haushalt wohnen (vgl. Keck et al. 2009, S. 23). Dies ist jedoch auch darauf zurückzuführen, dass alte Menschen mit großem Versorgungsbedarf mit größerer Wahrscheinlichkeit zusammen mit der Pflegeperson leben (vgl. Franke/Reichert 2010, S. 46). Drittens beeinflusst auch das Ausmaß der Arbeitszeit die in die Pflege investierte Zeit (vgl. Lüdecke/Mnich 2009, S. 12).

Ein weiterer Schwerpunkt der gegenwärtigen Vereinbarkeitsforschung besteht in der Beschreibung der beruflichen Situation erwerbstätiger Pflegender. Von Relevanz ist in diesem Zusammenhang das Ausmaß der Erwerbspartizipation dieses Personenkreises. Grundsätzlich bestehen Hinweise, dass die Arbeitszeit nur geringfügig kürzer ist als die Arbeitszeit der Erwerbsbevölkerung im Allgemeinen. Auf Grundlage einer Metaanalyse von 33 quantitativen Untersuchungen aus den USA, Großbritannien und Kanada ermitteln Lilly et al. Abweichungen von maximal sechs Stunden in der Woche (vgl. Lilly et al. 2007, S. 671). In Ostdeutschland arbeiten erwerbstätige Pflegende durchschnittlich lediglich zwei Stunden weniger (vgl. Böttcher et al. 2009, S. 30). Wie auf Basis der Infratesterhebung aus dem Jahr 2010 deutlich wird, sind gegenwärtig 47,6 % der erwerbstätigen Pflegenden Vollzeit, 33,8 % Teilzeit und 18,6 % geringfügig beschäftigt (vgl. TNS Infratest Sozialforschung 2011, S. 31, eigene Berechnung). Auf der Basis von Daten des Mikrozensus aus dem Jahr 2005 können mit 62,7 % noch weitaus höhere Vollzeitquoten belegt werden (vgl. Keck et al. 2009, S. 9), was darauf zurückzuführen sein mag, dass hier im Gegensatz zu der Erhebung von Infratest Sozialforschung nicht nur Hauptpflegepersonen, sondern auch Pflegeleistende aufgenommen wurden, die in geringerem Maße in die Versorgungserbringung eingebunden sind. Spielräume für die Ausübung einer Vollzeiterwerbstätigkeit mögen hier aufgrund der durchschnittlich geringeren pflegerischen Anforderungen größer sein. Die existierenden Studien geben Hinweise darauf, dass der Umfang der Arbeitszeit stark mit dem pflegerischen Aufwand korreliert. Personen, die neben ihrem Beruf in zeitlich intensive Versorgungsaufgaben eingebunden sind, gehen mit größerer Wahrscheinlichkeit einer Teilzeiterwerbstätigkeit nach (vgl. Bittmann et al. 2007, S. 262; Bolin et al. 2007, S. 14; Costa/Ranci 2010, S. 177f; Crespo 2006, S. 25f; Dallinger 1997, S. 120; Masuy 2009, S. 756, S. 758; OECD 2011, S. 93, S. 95). Neben dem Umfang der Pflegetätigkeit ist jedoch auch das Geschlecht der Pflegeleistenden bedeutsam: Pflegende Männer arbeiten in 72 % der Fälle Vollzeit. Bei Frauen beläuft sich dieser Anteil lediglich auf 40 % (vgl. TNS Infratest 2011, S. 31).

Neben dem Umfang der Arbeitszeit ist auch die Art der Erwerbstätigkeit der Vereinbarer(innen) im Rahmen der vorliegenden Arbeit von Interesse. Sie beeinflusst die im jeweiligen Betrieb vorherrschenden Produktions-, Markt- und Wettbewerbsbedingungen, die wiederum eine wesentliche Rahmenbedingung für die Verbindungsmöglichkeiten beider Sphären darstellen. Wie Dallinger im Rahmen ihrer Sekundäranalyse belegt, unterscheidet sich die Art der Erwerbstätigkeit zwischen berufstätigen und nicht berufstätigen Pflegenden: Vereinbarer(innen) sind mit 5,3 % geringfügig häufiger selbstständig als es nicht erwerbstätige Pflegenden vor der Aufgabe ihrer Berufstätigkeit mit 2,4 %. Darüber hinaus sind sie mit 56,2 % gegenüber 40,1 % häufiger Angestellte und haben auch mit 4,2 % öfter den Beamtenstatus inne als nicht berufstätig Pflegende vor der Berufsaufgabe mit 1,3 %. Demgegenüber zeigt sich, dass der Anteil der Arbeiter(innen) unter den im Erwerbsleben stehenden Pflegenden mit 27,6 % geringer ausfällt als der Anteil unter den nicht mehr berufstätigen Pflegenden mit 32,6 % (vgl. Dallinger 1997, S. 125; ähnliche Ergebnisse auch durch Stephens 2001, S. 27). Die ausgeprägtere Präsenz von erwerbstätigen Pflegenden in den Gruppen der Selbstständigen, Angestellten und Beamt(inn)en mag einerseits auf günstigere Bedingungen für eine Vereinbarung zurückzuführen sein. Beispielsweise sind arbeitszeitliche Souveränitätsspielräume in der Gruppe der Selbstständigen häufig größer als in der Gruppe der Arbeiter(innen) (vgl. Gerstel/Sarkisian 2004, S. 441; Truckeschitz et al. 2009, S. 3f). Andererseits ist zu berücksichtigen, dass Frauen, die Beruf und Pflege häufiger vereinbaren als Männer, möglicherweise in die Beamten- und Angestelltenpositionen auch öfter eingebunden sind als in die Arbeiter(innen)position. Denkbar ist also, dass sich in diesen Ergebnissen vornehmlich der Einfluss des Geschlechts und der geschlechterdifferenten Strukturierung des Arbeitsmarktes und erst nachrangig die mit den jeweiligen Positionen verbundenen Rahmenbedingungen für die Vereinbarung beider Lebensbereiche spiegeln.

4.3 Auswirkungen der Vereinbarung auf die Pflege- und die Erwerbssphäre

Die dritte im vorliegenden Kontext relevante Forschungsperspektive berücksichtigt die wechselseitigen Auswirkungen, die aus der Vereinbarung beider Sphären für den Beruf und die pflegerische Versorgung erwachsen.

Hierbei stehen insbesondere die Konsequenzen für die Berufsausübung im Fokus. Aus der bisherigen Diskussion geht beispielsweise hervor, dass ein wesentlicher Teil der erwerbstätigen Pflegepersonen aufgrund der parallelen Einbindung in beide Lebensbereiche berufliche Fehltage aufweist, die insbesondere aufgrund von unvorhersehbaren Zwischenfällen auftreten (vgl. Frederiksen-Goldsen/Scharlach 2001, S. 110; Reichert 2000, S. 360; dies. 2003, S. 131). Zum Beispiel weisen 10 % der erwerbstätigen, männlichen Pflegepersonen in Großbritannien durchschnittliche Fehlzeiten von 12 Tagen im Jahr auf. Pflegende Frauen fehlen mit 18 % deutlich häufiger und versäumen jährlich durchschnittlich 33 Tage (vgl. Metlife Mature Market Institute/National Alliance for Caregiving 2006, S. 7, ähnliche Ergebnisse auch durch Martin-Matthews/Campbell 1995, S. 136f). Insbesondere Vollzeitbeschäftigte sind hiervon in besonders starkem Maße betroffen (vgl. Mooney/Stateham 2002, S. 18). Die Verbreitung von Fehlzeiten wird in der einschlägigen Literatur nicht zuletzt auf die geringe Anzahl vereinbarungsförderlicher Maßnahmen zurückgeführt, die sich spezifisch an Erwerbstätige mit Pflegeverpflichtungen richten (vgl. Bäcker 1998, S. 41).

Eine weitere Folge der Verbindung beider Lebensbereiche besteht in einem partiellen Absentismus, der sich bei 58 % der amerikanischen Vereinbarer(innen) in einem späteren Arbeitsbeginn oder einem verfrühten Arbeitsende niederschlägt, aber auch in Form von Unterbrechungen der Arbeitszeit (z. B. für Telefonate oder Kontrollbesuche beim Pflegebedürftigen) zum Tragen kommen kann (vgl. Frederiksen-Goldsen/Scharlach 2001, S. 111; Gilhooly/Redpath 1997, S. 40; Hoskins 1993, S. 364; Metlife Mature Market Institute/National Alliance for Caregiving 2006, S. 7f; Phillips 1995, S. 48). Sie treten insbesondere bei Pflegenden auf, die in unmittelbarerer Nähe zur oder zum Pflegebedürftigen leben und arbeiten. Long-distance-carer sind hingegen eher gezwungen, ganze Fehltage in Anspruch zu nehmen (vgl. MetLife Mature Market Institute/National Alliance for Caregiving/Zogby International 2004, S. 78).

Wie unterschiedliche Studien zeigen, weisen Vereinbarer(innen) häufig ein vermindertes berufliches Leistungsvermögen auf. Konzentrationsschwierigkeiten und bloßer Präsentismus ohne erwerbsbezogene Produktivität werden als Folgen einer mangelnden Grenzziehung zwischen Beruf und Pflege und fehlender Regenerationsmöglichkeiten im privaten Lebensbereich beschrieben (vgl. Arksey 2002, S. 152; Hoff/Hamblin 2011, S. 48; Merrill 1997, S. 75; Mooney/Stateham 2002, S. 18; Naegele/Reichert 1995, S. 82; Phillips 1995, S. 48; Reichert 2012, S. 325; Schneider et al. 2006, S. 34; Sherman/Reed 2008, S. 30f). Ebenfalls ist die geringe Bereitschaft und Fähigkeit zur Leistung von Mehrarbeit gemäß einiger Autor(inn)en Folge des Vereinbarkeitskonflikts (vgl. Beck 1997, S. 205; Fast et al. 1999, S. 315; Frederiksen-Goldsen/Scharlach 2001, S. 111; Gilhooly/Redpath 1997, S. 404).

Aufgrund der Einbindung in zeitintensive häusliche Sorgeaktivitäten sind erwerbstätige Pflegende auch in ihrer Möglichkeit eingeschränkt, an außerhalb der regulären Arbeitszeit stattfindenden Fort- und Weiterbildungen teilzunehmen. Langfristig können hiermit Qualifikationsrisiken einhergehen, die die eigene Karriereentwicklung potenziell hemmen (vgl. Beck 1997, S. 210; Fast/Williamson et al. 1999, S. 315f; Keck et al. 2009, S. 33; Kohler/Döhner 2011, S. 46f; Mooney/Stateham 2002, S. 19; Reichert 1997, S. 43; Schneider et al. 2006, S. 34).

Stehen die Anforderungen beider Lebensbereiche in einem sehr widersprüchlichen Verhältnis und wird hierdurch die Berufsausübung stark beeinträchtigt, können Berufseinschränkungen auftreten (vgl. Bolin et al. 2007, S. 11f; Ettner 1996, S. 201; Evercare & National Alliance for Caregiving 2007, S. 21; Johnson/Lo Sasso, S. 25; Merrill 1997, S. 72f; Pavalko/Artis 1997, S. S176ff; Wakabayashi/Donato 2006, S. 473-480). Die EUROFAMCARE-Studie zeigt für Deutschland, dass 21,8 % der erwerbstätigen Pflegenden von älteren Menschen über 65 Jahre, die zumindest vier Stunden persönliche Pflege und Betreuung in der Woche erhalten, das Arbeitsvolumen aufgrund des konfliktreichen Verhältnisses beider Lebensbereiche reduzieren mussten (vgl. Döhner et al. 2008, S. 252).[59] Werden nur Hauptpflegepersonen berücksichtigt, deren Einsatz für die Pflegebedürftigen durchschnittlich umfassender ist, beläuft sich dieser Wert sogar auf 34 % (vgl. TNS Infratest Sozialforschung 2011, S. 31), wobei sich diese Zahl seit 1991 um 22 Prozentpunkte erhöht hat (vgl. Schneekloth/Wahl 2005, S. 79). Dieser drastische Anstieg ist wahrscheinlich darauf zurückzuführen, dass seither grundsätzlich ein größerer Anteil Pflegender bei Beginn der Versorgungstätigkeit in den Arbeitsmarkt integriert ist (s. Teilkapitel 4.1), sich aber die Bedingungen, unter denen die Vereinbarung zu realisieren ist, nicht

59 Künemund (2000, S. 308; 2001, S. 97) verweist auf Grundlage von Berechnungen mit Daten des Alters-Surveys auf deutlich geringere Werte, was auf die differente Konzeption der Stichprobe zurückzuführen ist. In diese Untersuchung wurden zusätzlich auch Personen eingebunden, die nur in sehr geringem Maße Unterstützungsleistungen erbringen und folglich mit einem konfligierenden Verhältnis von Pflege und Beruf weniger stark konfrontiert sind.

verbessert haben. Die Arbeitszeit wird von den Betroffenen in der Regel um 5 bis 10 Stunden in der Woche reduziert (vgl. BMFSFJ 2011, S. 7). Frauen sind von der Einschränkung der Erwerbsarbeit dreimal häufiger betroffen als Männer (vgl. Dallinger 1997, S. 142), wobei dies insbesondere für ältere Frauen, Frauen mit geringem Bildungsniveau und Einkommen und Frauen gilt, die mit der oder dem Pflegebedürftigen in einem Haushalt leben (vgl. Jabsen/Blossfeld, S. 314; Spiess/Schneider 2003, S. 56; Wakabayashi/Donato 2005, S. 476, S. 479). Die stärkere Betroffenheit von Frauen führt Dallinger insbesondere darauf zurück, dass ihre zeitlichen Ressourcen *„die flexible Größe für familiäre Ziele"* (Dallinger 1997a, S. 331), z. B. für die Realisierung der Pflege eines Angehörigen, darstellen. Ausschlaggebend hierfür sind gesellschaftlich existierende Zuschreibungsmechanismen, denen zufolge Frauen häufig die Rolle einer Familienmanagerin und Männern die Aufgabe des Familienernährers zugewiesen wird (vgl. Lüdecke et al. 2007, S. 97). Dies gilt zumindest dann, wenn der Ehepartner ein entsprechend hohes Einkommen erwirtschaftet, mithilfe dessen die Einkommensreduktion der Ehefrau ausgeglichen werden kann (vgl. Kohler/Döhner 2011, S. 142). Darüber hinaus wird konstatiert, dass pflegende Männer häufiger als pflegende Frauen in berufliche Positionen eingebunden sind, die eine Reduktion der Arbeitszeit nur schwerlich zulassen. Unter diesen Bedingungen erscheint die Einbeziehung professioneller Helfer(innen) selbst unter Inkaufnahme hoher persönlicher Zuzahlungen eher angezeigt als beruflich langfristig Benachteiligungen ausgesetzt zu sein (vgl. Lüdecke et al. 2007, S. 97). Neben dem Umfang der Versorgungstätigkeit und der Geschlechtszugehörigkeit stellt aber auch die Einkommenssituation sowie die subjektive Bedeutung der Erwerbsarbeit bedeutsame Einflussfaktoren dafür dar, ob die Verbindung beider Lebensbereiche zu einer Verminderung des Arbeitszeitumfangs führt (vgl. Hessel/Keck 2009, S. 7f).

In letzter Konsequenz können Vereinbarkeitskonflikte auch eine Berufsaufgabe bedingen (vgl. Pavalko/Artis, S. 170, 175f). Quantifiziert zeigt sich, dass der Austritt aus dem Arbeitsmarkt im Jahr 2010 von 15 % der Hauptpflegepersonen umgesetzt wurde. Im Vergleich zum Jahr 1991 hat sich dieser Anteil um 4 % reduziert (vgl. TNS Infratest Sozialforschung 2011, S. 31).[60] Ganz überwiegend sind auch von dieser Folge des Vereinbarungskonflikts Frauen betroffen (vgl. Anderson 2004, S. 108; Künemund 2005a, S. 308; National Alliance for Caregiving and AARP 2009, S. 55; Principi/Parek-Bialas 2011, S. 45; Yeandle et al. 2007, S. 21). Es handelt sich in der Regel um Personen, die täglich

60 Würde der Fokus an dieser Stelle auch auf Personen gerichtet, die zwar nicht die Hauptpflegeverantwortung tragen, jedoch eine die Hauptpflegeperson unterstützende Rolle einnehmen, würden diese Werte deutlich geringer ausfallen (vgl. Künemund 2001, S. 97).

Pflegebedarfen im Bereich personal care begegnen. Sie stehen häufig kurz vor der Verrentung, gingen vor ihrem Austritt aus dem Arbeitsmarkt einer Teilzeitberufstätigkeit nach und weisen eine geringere Arbeitszufriedenheit sowie nur begrenzte berufliche Flexibilitätsspielräume (z. B. in Bezug auf die Annahme privater Telefonate, die Arbeit von zu Hause aus oder die Möglichkeit zur Anpassung der Arbeitsroutinen) auf (vgl. Evandrou/Glaser 2003, S. 587; Frederiksen-Goldsen/Scharlach 2001, S. 118; Gerstel/Sarkisian 2004, S. 443; Henz 2006, S. 421, S. 424; Masuy 2009, S. 755f, S. 758; Mooney/Stateham 2002, S. 18; Pavalko/Henderson 2006, S. 366; Scharlach et al. 1991a, S. 783f; Schneider et al. 2001, S. 373, S. 375). Kennzeichnend ist darüber hinaus, dass dieser Personenkreis vor dem Austritt aus dem Arbeitsmarkt lediglich ein geringes Einkommen erzielte und wenig attraktive Positionen bekleidete. Insbesondere dann, wenn die finanzielle Vergütung das Pflegegeld nur unwesentlich überschreitet, erwachsen hieraus Anreize, auf die Erwerbstätigkeit ganz zu verzichten. Für Pflegende in besser bezahlten Positionen mit höherem Qualifikationsniveau und Einkommen ist der Verzicht auf die eigene Erwerbstätigkeit hingegen unwahrscheinlicher, da die mit der Berufsaufgabe verbundenen Opportunitätskosten höher sind (vgl. Böttcher et al. 2009, S. 35; Doyle/Timonen 2007, S. 77f; Franke/Reichert 2010, S. 81; Henz 2006, S. 421, S. 424; Hessel/Keck 2009, S. 10; Masuy 2009, S. 757; Preuß 2010, S. 69; Schneider et al. 2001, S. 379).[61] Dies gilt insbesondere vor dem Hintergrund, dass dieser Personenkreis aufgrund des höheren Einkommens auch eher in der Lage ist, auf Unterstützungsleistungen von professionellen Pflegediensten zurückzugreifen, wodurch eine Verbindung beider Lebensbereiche leichter realisiert werden kann (vgl. Kohler/Döhner 2011, S. 135). Ist eine Weiterführung des Berufs nicht mehr umsetzbar, wird die Entscheidung zur Aufgabe häufig nicht leichtfertig getroffen. Ausschlaggebend hierfür ist, dass der Austritt aus dem Arbeitsmarkt mit erheblichen negativen Auswirkungen für das Einkommen, die soziale Sicherung und die Wiedereingliederung in den Beruf verbunden ist (vgl. Barkholdt/Lasch 2004, S. 28; dies. 2006, S. 292; Evandrou/Glaser 2003, S. 589-294; Jabsen/Blossfeld 2008, S. 317; Pavalko/Artis 1997, S. S176f) und langfristig das Armutsrisiko steigert (vgl. Wakabayashi/Donato 2006, S. 264, S. 266ff). Der Berufsaufgabe liegen Nutzenerwägungen der oder des Pflegeleistenden und seiner Partnerin oder seines Partners zugrunde, die unter Berücksichtigung der strukturellen Bedingungen (z. B. der Einkommenssituation und der Kosten für einen professionellen Pflegedienst) und der subjektiven Motive (z. B. Relevanz-

61 Entgegengesetzte Befunde ergeben sich aus der Untersuchung von Schneider et al. (vgl. Schneider et al. 2001, S. 379).

setzungen gegenüber dem Beruf und den Generationenbeziehungen) stattfinden (vgl. Dallinger 1997a, S. 216, S. 230, S. 332f).

Auswirkungen der Verbindung von beiden Lebensbereichen auf die Pflegesphäre erfahren bisher nur marginale Berücksichtigung. In einer Studie aus den USA wird die Einbindung in den Arbeitsmarkt als Risiko für die Bedarfsgerechtigkeit der pflegerischen Versorgung betrachtet (vgl. Scharlach et al. 2007, S. 758, S. 761). Dieser Befund wird durch die Studie von Doty und Kolleg(inn)en nicht bestätigt. Sie finden heraus, dass zwar erwerbstätige Pflegende weniger stark in das Pflegearrangement eingebunden sind, ihre Leistungen jedoch durch professionelle Pflegeerbringer subsituiert werden. Sie kompensieren den geringeren Einsatz der Vereinbarer(innen) vollumfänglich, sodass das Ausmaß der insgesamt erbrachten Unterstützung nicht variiert. Dieser Zusammenhang gilt jedoch nur für erwerbstätige Pflegende, deren Berufstätigkeit eine Teilzeitbeschäftigung nicht übersteigt und deren hilfebedürftige Angehörige lediglich ein moderates Maß an Einschränkungen aufweisen. Andernfalls bestehen Schwierigkeiten, die Phasen der berufsbedingten Abwesenheit abzudecken und den Bedarfen der älteren Menschen gerecht zu werden (vgl. Doty et al. 1998, S. 339f).

Als eine weitere Konsequenz eines konflikthaften Verhältnisses beider Lebensbereiche wird in der gegenwärtig bestehenden Vereinbarkeitsliteratur auch die Aufgabe der Versorgungstätigkeit thematisiert. Diese Konsequenz scheint, wie Moen et al. darlegen, durchaus von Relevanz zu sein: „*Women who were both working and caregiving (...) were more likely to stop caregiving (...) than to stop working (...)*" (Moen et al. 1994, S. 181). Allerdings bestehen hierfür keine empirischen Belege.

Wenngleich die Auswirkungen der Vereinbarung auf die Pflege- und Erwerbssituation in erster Linie problematisierend dargestellt werden, finden teilweise jedoch auch positive Folgewirkungen Beachtung: Beispielsweise stellt Scharlach im Rahmen einer qualitativen Interviewstudie in den USA fest, dass die Mehrheit der Befragten gerade durch die Kombination beider Lebensbereiche Kompensationsmöglichkeiten für die jeweils andere Rolle sieht (vgl. Scharlach 1994, S. 381). Diese Wirkung entfaltet sich insbesondere über die positiven Folgen, die der Einbindung in den Arbeitsmarkt zugeschrieben werden: Die Partizipation am Erwerbssystem vermittelt das Gefühl der Selbstständigkeit, Situationskontrolle und der Abwechslung vom Pflegegeschehen. Darüber hinaus kann hierüber Zugang zu sozialer Unterstützung durch Kolleg(inn)en und nicht zuletzt auch zu finanziellen Ressourcen geschaffen werden, die wiederum eine Inanspruchnahme professioneller Pflegedienste ermöglichen (vgl. Au/Sowarka 2007,

S. 4; Bischofberger et al. 2009, S. 280; Böttcher et al. 2009, S. 54; Franke/Reichert 2010, S. 72; Hoff/Hamblin 2011, S. 55f; Kohler/Döhner 2011, S. 69f; Martire/Stephens 2003, 170f; Masuy 2009, S. 747, S. 755; Merrill 1997, S. 82; Mooney/Stateham 2002, S. 28; Norton et al. 2005, S. 333; Pickard 2004, S. 7). Außerdem bestehen durch die Arbeitszeit fest vorgegebene und legitimierbare Zeiträume, innerhalb derer Anforderungen der Pflegebedürftigen zurückgewiesen und eine Distanz zu der psychisch und physisch belastenden Versorgungssituation aufgebaut werden können (vgl. Rindersprachter et al. 2009, S. 271). Reichert konstatiert auf Grundlage einer Analyse unterschiedlicher Forschungsergebnisse, dass diese ausgleichende Wirkung insbesondere bei Pflegenden zum Tragen kommt, die ältere Menschen mit psychischen Erkrankungen und damit einhergehenden Verhaltensauffälligkeiten betreuen (vgl. Reichert 2003, S. 134). Darüber hinaus zeigt sich die positive Wirkung der Verbindung beider Lebensbereiche jedoch auch durch die Effekte, die aus der Pflegeerbringung resultieren und sich auf die Berufsausübung auswirken. Durch die Einbindung in die Versorgung profitieren insbesondere Beschäftigte im medizinischen, pflegerischen oder sozialen Bereich, da sie Kompetenzen für den Umgang mit Kund(inn)en, Klient(inn)en bzw. Patient(inn)en erwerben können (vgl. Kohler/Döhner 2011, S. 70).

4.4 Strategien der Vereinbarung

Wie die bisherige Darstellung des Forschungsstandes verdeutlicht, ist der wissenschaftliche Diskurs im In- und Ausland gegenwärtig stark durch eine Betrachtungsweise geprägt, die auf die negativen Auswirkungen der Verbindung von Beruf und Pflege ausgerichtet ist. Vergleichsweise wenig berücksichtigt wird dabei, dass sich hinter den meisten der vermeintlichen Konsequenzen mehr oder minder strategisch eingesetzte, akteur(innen)eigene Umgangsformen mit den Anforderungen verbergen, die sich aus der Verbindung beider Lebensbereiche ergeben. Explizit findet diese Sichtweise nur in wenigen Publikationen Berücksichtigung. Zu ihnen zählen die Veröffentlichungen der Forschergruppe Carers@Work, die die Strategien der Vereinbarung von Beruf und Pflege als „*(...) active action[s] people use to influence a situation in a special way*“ (Kohler/Döhner 2011, S. 105) zum Gegenstand der Betrachtung machen (vgl. Hoff/Hamblin 2011; Kohler/Döhner 2011). Darüber hinaus wird diese Perspektive insbesondere auch in den Artikeln von Keck et al. (2010), von Beck (1997) sowie von Finch und Mason (1990) eingenommen. In allen drei Fällen entstammen die Erkenntnisse qualitativen Untersuchungen.

Es bestehen Hinweise darauf, dass erwerbstätige Pflegepersonen ihren mannigfaltigen Anforderungen gerecht werden, indem sie unterschiedliche Formen der sozialen Unterstützung hinzuziehen (vgl. Bernard/Phillip 2007, S. 154-156, S. 158; Frederiksen-Goldsen/Scharlach 2001, S. 120f; Keck/Saraceno 2010, S. 119-124; Schneider et al. 2006, S. 28; Principi/Parek-Bialas 2011, S. 49). Diese wird gemäß eines Klassifizierungsmodells von Blinkert und Klie von dem formellen und informellen Sektor erbracht: Der informelle Sektor setzt sich aus Familien- und Verwandtschaftsmitgliedern (informeller Sektor 1) sowie Freund(inn)en, Nachbarn, Bekannten und Ehrenamtlichen (informeller Sektor 2) zusammen. Charakteristisch für Akteure/Akteurinnen des informellen Sektors ist, dass sie Unterstützungsleistungen nicht erwerbsmäßig erbringen, was jedoch geringe Entlohnungen als symbolische Entschädigungen nicht ausschließt. Vertreter(innen) des formellen Sektors, die für ihren Einsatz zu bezahlen sind, lassen sich komplementär ebenfalls in zwei Untergruppen differenzieren: Einerseits gehören dieser Gruppe ausgebildete Personen, z. B. Pflegefachkräfte und Therapeut(inn)en, an (formeller Sektor 1), andererseits aber auch Dienstleistungserbringer(innen), die ohne spezifische Ausbildung tätig sind (formeller Sektor II). Hierzu zählen Reinigungs- und Haushaltskräfte (vgl. Blinkert/Klie 2006, S. 203; dies. 2006a, S. 424). Als weitgehend gesichert gilt, dass erwerbstätige Pflegende diese Ressourcen aus dem informellen und formellen Netzwerk häufig mixen (vgl. Keck/Saraceno, S. 119; Le Bihan-Youinou/Martin 2009, S. 4; Naldini 2009, S. 3; Schneider et al. 2006, S. 28, S. 41).

Zum jetzigen Zeitpunkt bestehen nur wenige Erkenntnisse über die Ausgestaltung von Unterstützungsnetzwerken. Keck et al. zeigen, dass die Mehrheit der Vereinbarer(innen) Pflegebedürftige versorgt, die ausschließlich Geldleistungen beziehen (63,4 %). Sie erbringen in diesen Versorgungssettings in aller Regel die überwiegende Sorgeaktivität selbst und greifen lediglich ergänzend auf Unterstützungsleistungen aus dem informellen Bereich oder auch auf selbst finanzierte Kräfte (z. B. aus dem grauen Markt)[62] zurück. Dennoch werden in Pflegearrangements von Vereinbarer(inne)n häufiger Sachleistungen und Kombinationsleistungen (12,5 % und 20,8 %) genutzt als bei nicht erwerbstätigen Pflegenden (9,3 % und 12,5 %) (vgl. Keck et al. 2009, S. 11f, S. 19f, S. 24, S. 30, S. 44). Dies lässt indirekt den Schluss zu, dass der Rückgriff auf formelle Unterstützungsquellen eine Vereinbarungsstrategie darstellt. Die Hinzuziehung

62 Letztere werden häufig stundenweise, teilweise jedoch auch als 24-Stunden-Kräfte beschäftigt (vgl. Hoff/Hamblin 2011, S. 75-77; Kohler/Döhner 2011, S. 99-102, S. 108f).

von ambulanten Pflegediensten und Tagespflegeeinrichtungen scheint in diesem Zusammenhang von besonderer Bedeutung zu sein (vgl. Hoff/Hemblin 2011, S. 66f, S. 69; Keck et al. 2009, S. 11f; S. 19, S. 21f; Kohler/Döhner 2011, S. 92, S. 94; Le Bihan-Youinou/Martin, S. 17f; Merrill 1997, S. 77).

Konsens besteht darin, dass die Einbindung von Hilfeleistungen aus dem informellen Sektor, insbesondere von der Partnerin oder dem Partner der Pflegebedürftigen, Ehepartner(inne)n, teilweise auch von Geschwistern und selten von Kindern, Freund(inn)en und Nachbar(inne)n, einen wesentlichen Stellenwert einnimmt (vgl. Beck 1997, S. 180ff; Dallinger 1997a, S. 218; Finch/Mason 1990, S. 357; Hoff/Hamblin 2011, S. 58-61, S. 84; Keck et al. 2009, S. 19f; S. 43f; Keck/Saraceno 2010, S. 119; Kohler/Döhner 2011, S. 75f, S. 106; Merrill 1997, S. 79f). Dabei weisen jedoch bisher bestehende Forschungsergebnisse darauf hin, dass erwerbstätige Pflegende trotz der Einbindung in zwei Lebensbereiche nur geringfügig stärker von ihrem privaten Netzwerk unterstützt werden als Pflegepersonen, die nicht gleichzeitig in den Arbeitsmarkt eingebunden sind. Sie können in 68,8 % der Fälle auf diese Form des sozialen Kapitals zurückgreifen, wohingegen nicht in den Arbeitsmarkt integrierte Pflegende in 65,3 % der Fälle unterstützt werden (vgl. Dallinger 1997, S. 132). Wie Enright in einer US-amerikanischen Studie zur Zeitnutzung von informell Pflegenden von kognitiv eingeschränkten Erwachsenen in Amerika findet, variiert auch die Stundenzahl der durch Freunde/Freundinnen und Verwandte empfangenen Hilfe lediglich in geringem Maße. Während nicht erwerbstätige Pflegende 4,2 Stunden Unterstützung in der Woche erhalten, sind erwerbstätige Pflegende mit 6,6 Stunden nur geringfügig besser gestellt (vgl. Enright 1991, S. 379), wobei vereinbarende Männer deutlich mehr informelle Hilfe beziehen als Frauen (vgl. Enright 1991, S. 379; Lüdecke/Mnich 2009, S. 15). Faktisch scheint aber weniger das Ausmaß der tatsächlich geleisteten Unterstützung als vielmehr die Qualität der Beziehung zu den informellen Helfern ausschlaggebend für die Entlastungswirkung zu sein (vgl. Kohler/Döhner 2011, S. 75).

Über die Hinzuziehung sozialer Unterstützungsleistungen hinaus werden kaum Vereinbarungsstrategien in der pflegerischen Sphäre diskutiert. Vereinzelt bestehen Hinweise darauf, dass erwerbstätige Pflegende gezielt Zeiten für Tätigkeiten im eigenen Haushalt, eigene Frei- und Regenerationszeiten oder Zeiten für die Familie reduzieren, um Engpässe im Spannungsfeld zwischen beiden Lebensbereichen auszugleichen (vgl. Beck 1997, S. 226f; Dautzenberg et al. 2000, S. 178f; Keck/Saraceno 2008, S. 11; Reichert 2003, S. 130; Scharlach et al. 2007, S. 575; Schneider et al. 2006, S. 30, S. 36). Mitunter erleichtert auch eine dezidierte Zeitplanung die Realisierung einer Verbindung beider Lebensbereiche (vgl. Bischofberger et al. 2009, S. 280; Dallinger 1997a, S. 189; dies. 1998, S. 103; Hamblin/Hoff 2011, S. 48; Schneider et al. 2006, S. 32). Darüber hinaus scheinen auch Coping-Strategien zur Bewältigung belastender Situationen zur Anwendung zu kommen, die sich auf Gespräche mit Vertrauenspersonen, den Erhalt von Interessenbereichen außerhalb der Pflege, die Schaffung von Zeitfenstern zur Erholung, die Fokussierung auf die positiven Seiten der Vereinbarung beider Lebensbereiche, das Setzen von Grenzen gegenüber der oder dem Pflegebedürftigen, das bewusste Einräumen von Regenerationszeiten oder aber das Vertrauen in die eigene Selbstwirksamkeit beziehen (vgl. Beck 1997, S. 186f; Bernard/Phillips 2007, S. 155ff; Hoff/Hemblin 2011, S. 61ff; Kohler/Döhner 2011, S. 103f; Phillips et al. 2002, S. 8, S. 25).

Arbeitsplatzbezogene Bewältigungsstrategien kommen grundsätzlich nur dann zum Einsatz, wenn Lösungsmöglichkeiten im privaten Bereich nicht gefunden werden können (vgl. Franke/Reichert 2010, S. 58). In diesem Fall nehmen arbeitnehmer(innen)seitig initiierte Veränderungen der Dauer der Arbeitszeit einen bedeutsamen Stellenwert ein und werden nicht nur als negative Konsequenz der Verbindung beider Lebensbereiche, sondern auch als bewusst eingesetzte Strategie beschrieben, um eine parallele Einbindung in beide Lebensbereiche überhaupt zu realisieren und das emotionale Belastungsniveau zu senken (vgl. Arksey 2002, S. 155; Dallinger 1997a, S. 201; Keck 2009, S. 4; Kohler/Döhner 2011, S. 88, S. 105; Merrill 1997, S. 84; Principi/Parek-Bialas 2011, S. 16; TNS Infratest Sozialforschung 2011, S. 30). Es bestehen jedoch Hinweise, dass die Anwendung dieser Strategie häufig kontraproduktive Wirkungen nach sich zieht. In subjektiver Perspektive steigert sich der Leistungsdruck, da in einem verringerten Zeitfenster ein häufig nur geringfügig reduziertes berufliches Aufgabenspektrum erbracht werden muss (vgl. Beck 1997, S. 214; Principi/ Parek-Bialas 2011, S. 27f; Reichert 1996, S. 246). Folglich erachten viele der Betroffenen in Deutschland diese Strategie zwar als bedeutsam für die Verbindung beider Lebensbereiche, jedoch als wenig befriedigend. Principi und Parek-Bialas kommen daher zu dem Schluss: „*This might suggest also that the reduction of working hours can be considered as a "restriction" rather than as a successful strategy*" (Principi/Parek-Bialas 2011, S. 19f).

Pflegende nehmen auch Einfluss auf die Lage und Verteilung ihrer Arbeitszeit, um beide Lebensbereiche miteinander zu verbinden. Beispielsweise tauschen die Betroffenen Schichten mit ihren Kolleg(inn)en oder verändern den Arbeitsplan (vgl. Arksey 2002, S. 154; Bernard/Phillip 2007, S. 148; Merrill 1997, S. 83). Keck et al. finden, dass sie in einigen Fällen mit Einverständnis ihrer Vorgesetzten bewusst sehr früh am Morgen, in den Abendstunden und am

Wochenende arbeiten, da dieses Vorgehen die Organisation der Pflege sowie die Wahrnehmung regulärer Öffnungszeiten von Ärzten und Behörden erleichtert (vgl. Keck et al. 2009, S. 25; ähnliche Ergebnisse auch durch Beck 1997, S. 214; Kohler/Döhner 2011, S. 89). Darüber hinaus wird auch von Umschichtungen der Arbeitszeit berichtet, wobei die Wochenarbeitszeit auf wenige Tage konzentriert wird, damit die verbleibende Zeit für Pflegeaktivitäten zur Verfügung steht (vgl. Arksey 2002, S. 155; Gilhooly/Redpath 1997, S. 413).

Abwesenheiten werden explizit auch als Strategie betrachtet, Schwierigkeiten bei der Vereinbarung beider Lebensbereiche in Krisenzeiten zu überwinden. So werden zum Beispiel Urlaubstage eingesetzt, Überstunden abgegolten oder im Falle eines bereits ausgeschöpften Urlaubskontingents Krankheiten vorgetäuscht, um die Versorgung des Pflegebedürftigen in Notfällen zu gewährleisten (vgl. Bernard/Phillip 2007, S. 146, S. 148; Finch/Mason 1990, S. 357; Hoskins 1993, S. 359; Kohler/Döhner 2011, S. 88; Phillips et al. 2002, S. 21). Neben kurzzeitigen Abwesenheiten an einzelnen Tagen oder in der Mittagspause (vgl. Arksey 2002, S. 155) nehmen auch längerfristige Freistellungen über mehrere Wochen oder Monate einen bedeutsamen Stellenwert ein, um Sorgeverpflichtungen für Angehörigen übernehmen zu können. Dies gilt insbesondere für höher Qualifizierte (vgl. Principi/Parek-Bialas 2011, S. 17ff). Die Einführung eines Rechtsanspruchs auf eine bis zu 10-tägige bzw. bis zu 6-monatige berufliche Auszeit (s. Teilkapitel 3.1.3) bietet den Vereinbarer(inne)n nunmehr erweiterte Möglichkeiten der Realisierung von Abwesenheiten. Seit dem Inkrafttreten dieser gesetzlichen Regelung haben sich jedoch nur 6 % Prozent der Pflegenden, die die Anspruchsvoraussetzungen erfüllen, kurzfristig freistellen lassen. Die längerfristige Beurlaubung wurde von 4 % der Anspruchsberechtigten genutzt, wobei der insgesamt mögliche Freistellungszeitraum häufig nicht ausgeschöpft wurde. Die geringen Inanspruchnahmeraten sind dabei in erster Linie auf das Informationsdefizit der erwerbstätigen Pflegenden bezüglich ihres rechtlichen Anspruchs auf diese Leistungsformen zurückzuführen. Darüber hinaus spielen auch Schwierigkeiten bei der Finanzierung der Abwesenheitszeiten, die Umstände am Arbeitsplatz, befürchtete berufliche Nachteile sowie die mangelnde Eignung der Regelungen aufgrund der rigiden Befristungen der Freistellungszeiträume eine relevante Rolle. Nicht zuletzt ist ein Teil der Vereinbarer(innen) auch nicht auf die Inanspruchnahme angewiesen (vgl. Kohler/Döhner 2011, S. 83, S. 85; TNS Infratest Sozialforschung 2011, S. 31ff).

Außerdem scheinen Vereinbarer(innen) auch auf die Verlagerung von Überstunden in die eigene Häuslichkeit zurückzugreifen, um den pflegerischen

Anforderungen gerecht zu werden (vgl. Beck 1997, S. 214f; Hoff/Hamblin 2011, S. 71; Merrill 1997, S. 83f).

Die meisten erwerbsbezogenen Strategien setzen Absprachen und Aushandlungsprozesse mit Arbeitgeber(inne)n, mit direkten Vorgesetzten auf der mittleren Führungsebene und den Kolleg(inn)en voraus. Dies gilt insbesondere in dem Fall, wenn die erwerbstätigen Pflegenden nicht auf kollektivvertraglich vereinbarte, familienfreundliche Regelungen (z. B. flexible Arbeitszeiten oder Sabbaticals) zurückgreifen können. In dieser Situation ist die Unterstützung durch die Personen des direkten beruflichen Umfelds eine entscheidende Voraussetzung, die von den Vereinbarer(inne)n häufig bewusst aufrechterhalten wird, indem sie sich gezielt revanchieren (vgl. Bäcker 1998, S. 44; ders. 2004, S. 139; Beck 1997, S. 202-209; Bernard/Phillips 2007, S. 150ff; Böttcher et al. 2009, S. 70; Hoff/Hamblin 2011, S. 73f; Keck et al. 2009, S. 31f; Kohler/Döhner 2011, S. 85-89; Phillips et al. 2002 22f; Reichert 1997, S. 40; Schneider et al. 2006, S. 32f). Es bestehen jedoch auch Hinweise darauf, dass Vereinbarer(innen) aus Angst vor möglichen Sanktionen bewusst darauf verzichten, das berufliche Umfeld über die Pflegeaufgaben zu informieren oder auf hier potenziell angesiedelte Unterstützung zurückzugreifen (vgl. Beck 1997, S. 213; Kohler/Döhner 2011, S. 91, S. 106).

Inwiefern die unterschiedlichen Strategien von den erwerbstätigen Pflegenden auch tatsächlich eingesetzt werden, scheint abhängig von bestimmten Einflussfaktoren zu sein. In der bisherigen wissenschaftlichen Auseinandersetzung werden sie jedoch kaum beleuchtet. Lediglich Kohler und Döhner setzen sich mit diesem Zusammenhang systematisch auseinander. Sie gehen auf der Grundlage ihrer Literaturanalyse von der Annahme aus, dass Pflegebedarf und Arbeitszeitumfang die zwei relevantesten Einflussgrößen darstellen. Diese beiden Kategorien legen sie zugrunde, um in ihrem Sample erwerbstätiger Pflegender Typen der Vereinbarung von Pflege und Beruf zu identifizieren (zum Typenbegriff s. auch Teilkapitel 5.2). Zu diesem Zweck ordnen sie die einbezogenen Fälle anhand zweier unterschiedlicher Ausprägungen dieser beiden Kategorien: geringer Pflegebedarf und hoher Pflegebedarf sowie geringer Arbeitszeitumfang und hoher Arbeitszeitumfang. Als Kennzeichen für den Pflegebedarf fungiert die Pflegestufe der älteren Menschen, wobei die Zuordnung zu Pflegestufe 0 und 1 als geringer Pflegebedarf und die Zuordnung zu Pflegestufe 2 und 3 als hoher Pflegebedarf gewertet wird. Als geringer Arbeitszeitumfang gilt eine berufliche Tätigkeit, die 38,5 Wochenstunden unterschreitet. Alle Arbeitsverhältnisse, die oberhalb dieser Zeitmarke angesiedelt sind, wird das Attribut eines hohen Arbeitszeitumfangs zugesprochen. Werden die Kategorien mit ihren Ausprägungen miteinander in Verbindung gesetzt, können vier unterschiedliche Merkmalskombinationen identifiziert werden, für die jeweils ein spezifischer Strategieeinsatz kennzeichnend ist: Erwerbstätige Pflegende, die ältere Menschen mit geringem Pflegebedarf betreuen, gleichzeitig aber mit großem Arbeitszeitumfang erwerbstätig sind, nehmen keine Einschränkungen der Arbeitszeit vor und greifen kaum auf außerfamiliäre Unterstützung zurück. Liegt ein geringer Pflegebedarf und ein geringes Arbeitszeitvolumen vor, ist demgegenüber eine Einschränkung der Arbeitszeit charakteristisch, die jedoch in der Regel aus anderen Gründen als der Versorgungserbringung vorgenommen wird. Sie dient beispielsweise dazu, anderen familiären Aufgaben gerecht zu werden oder die eigene Gesundheit nicht zu strapazieren. Die eigene Einbindung in die Pflege erfolgt in diesem Fall nicht täglich. Anstelle dessen wird auf Unterstützung des familiären und professionellen Netzwerks zurückgegriffen, wobei insbesondere Tagespflegeeinrichtungen und privat bezahlte Kräfte einen wesentlichen Stellenwert einnehmen. Die dritte Gruppe zeichnet sich durch die Sorgeerbringung für einen Pflegebedürftigen mit großem Pflegebedarf und die zeitlich umfassende Partizipation am Arbeitsmarkt aus. Die Verbindung beider Lebensbereiche wird unter diesen Umständen durch eine intensive Einbindung von Helfern des formellen und informellen Netzes realisiert, wodurch eine Reduktion der Arbeitszeit vermieden werden kann. Die letzte Merkmalskombination bezieht sich auf erwerbstätige Pflegende, die alte Menschen mit ausgeprägtem Pflegebedarf versorgen, gleichzeitig aber zeitlich nur in geringem Maße erwerbstätig sind. Sie haben ihre Arbeitszeit stark verkürzt, um den Versorgungsanforderungen gerecht zu werden und greifen auf Pflegedienste zurück, um den ausgeprägten physischen Pflegebedarfen begegnen zu können (vgl. Kohler/Döhner 2011, S. 118-124).

Einige wenige andere Untersuchungen identifizieren ebenfalls mögliche Einflussfaktoren, die sich auf die Akteur(innen)handlungen von (erwerbstätigen) Pflegenden auswirken, ohne jedoch einen systematischen Zusammenhang herzustellen. Es bestehen in diesem Kontext Hinweise, dass die Arbeitsbedingungen und die Präferenzen der erwerbstätigen Pflegenden für den Einsatz der Strategien von Bedeutung sind (vgl. Böttcher et al. 2009, S. 28).

Speziell für die Einbindung von formellen und informellen Unterstützungsleistenden scheinen die Unterstützungsbedarfe des älteren Menschen, der Umfang der Arbeitszeit, die Wünsche der Pflegebedürftigen und insbesondere die privaten finanziellen Ressourcen einen wichtigen Stellenwert einzunehmen (vgl. Keck et al. 2009, S. 21, S. 27; Keck/Saraceno 2010, S. 119). Letztere sind für die Hinzuziehung von professionellen Diensten relevant. Ihre maßgebliche Bedeutung ist vornehmlich auf die in Kap 3.1.3 dargelegte Ausgestaltung des

Pflegeversicherungsrechts zurückzuführen, das keine bedarfsgerechte Bereitstellung von Leistungen vorsieht (vgl. Keck/Saraceno 2010, S. 132). Neben der finanziellen Situation spielt für den Rückgriff auf formelle Hilfen aber auch das Vorhandensein professioneller Versorgungsangebote (vgl. Böttcher et al. 2009, S. 28) und ihre Bedarfsgerechtigkeit eine große Rolle (vgl. Beck 1998, S. 66; Böttcher et al. 2009, S. 14f; Naegele/Reichert 1998, S. 22). Die Einbindung informeller Akteure/Akteurinnen scheint demgegenüber durch die Netzwerkgröße und die Qualität der Beziehungen zu den Helfer(inne)n beeinflusst zu werden (vgl. Hoff/Hamblin 2011, S. 58).

Darüber hinaus zeigen Heusinger und Klünder im Rahmen ihrer qualitativen Studie, die sich vorrangig mit Möglichkeiten der Selbstbestimmung Pflegebedürftiger in häuslichen Pflegearrangements auseinandersetzt, dass auch die Milieuzugehörigkeit bedeutsam für die akteur(innen)eigenen Handlungen von Pflegenden bei der Betreuung älterer Menschen ist. Die Erkenntnisse beziehen sich jedoch nicht auf erwerbstätige Pflegende, sondern auf Pflegende im Allgemeinen und fokussieren daher auch nicht auf Organisationsprinzipien zur Bewältigung der Vereinbarung beider Lebensbereiche, sondern zur Bewältigung der Pflege. Abhängig von der Milieuzugehörigkeit differieren die Arbeitsteilung zwischen den Pflegenden und dem sozialen Umfeld, die Quellen und die Art der Unterstützung und die Informationsbeschaffungsstrategien. Ursächlich für den Einfluss der Milieuzugehörigkeit ist in diesem Zusammenhang zum einen die unterschiedliche Ressourcenverfügbarkeit in den sozialen Gruppierungen, wobei insbesondere das finanzielle Kapital (Geld), das soziale Kapital (soziale Beziehungen) und das kulturelle Kapital (Wissen) als relevant erachtet werden. Andererseits bestehen aber auch milieuabhängig unterschiedliche Einstellungen, insbesondere bezüglich der Engagementverpflichtungen familiärer Pflegepersonen und der Bereitschaft zur Aufwendung finanzieller Mittel für professionelle Pflegedienste, die die jeweils vorherrschende Pflegeorganisation beeinflussen (vgl. Heusinger/Klünder 2005, S. 194-220).

4.5 Zwischenfazit: Leerstellen der pflegebezogenen Vereinbarkeitsforschung und Konkretisierung des Erkenntnisinteresses

In der Zusammenschau vermitteln die bestehenden wissenschaftlichen Erkenntnisse der Vereinbarkeitsforschung einen Überblick über soziodemografische Eigenschaften erwerbstätiger Pflegender sowie zeitliche und inhaltliche Anforderungen des beruflichen und pflegerischen Lebensbereichs: Bei den Vereinbarer-(inne)n handelt es sich überwiegend um verheiratete Frauen im mittleren Lebensalter, die Versorgungsleistungen typischerweise im intergenerationell-familiären Verhältnis erbringen. Diese beziehen sich auf ein breites Spektrum von Tätigkeiten im administrativen, organisatorischen, hauswirtschaftlichen, betreuerischen und körperpflegerischen Bereich. Außerdem sind sie in der Regel als Angestellte, Beamte/Beamtinnen oder Selbstständige beruflich tätig. Die sphärenbezogene Betrachtung der Charakteristika von Berufs- und Pflegesituation verdeutlicht, dass beide Anforderungsbereiche insbesondere in Bezug auf die zeitliche Inanspruchnahme konfligierende Anforderungen an die erwerbstätige Pflegeperson stellen: Ein Großteil des interessierenden Personenkreises verbindet ein umfangreiches Maß an Unterstützungsleistungen mit einer Vollzeitberufstätigkeit.

Dieses potenziell konfliktreiche Verhältnis beider Sphären stellt in einer Vielzahl der wissenschaftlichen Publikationen einen Ausgangspunkt der Argumentation dar, um den Fokus auf die negativen Folgewirkungen der Vereinbarung zu richten. In diesem Zusammenhang werden zum Beispiel Abwesenheiten vom Arbeitsplatz, Unterbrechungen und Verkürzungen der Arbeitszeit, ein vermindertes berufliches Leistungsvermögen und die Berufsaufgabe diskutiert. Unterschiedliche Untersuchungen belegen dabei, dass Frauen von diesen Auswirkungen der Vereinbarung beider Lebensbereiche stärker betroffen sind. Dies ist nicht zuletzt darauf zurückzuführen, dass sie ihren Beruf mit zeitlich umfassenderen pflegerischen Aktivitäten verbinden, die sich auch auf die körpernahen Verrichtungen beziehen. Diese können räumlich und zeitlich inflexibler durchgeführt werden. Während negative Folgewirkungen im beruflichen Bereich umfassend beleuchtet werden, bestehen demgegenüber gegenwärtig vergleichsweise wenige Erkenntnisse über die negativen Auswirkungen auf den pflegerischen Bereich und auch über die positiven Effekte, die aus der Verbindung von häuslicher Altenpflege und Beruf resultieren.

Eine Begründung für die Beschaffenheit des gegenwärtigen Forschungsstandes mag die Methodik der Untersuchungen sein. Insbesondere im anglofonen Sprachraum werden überwiegend quantitativ ausgerichtete Studiendesigns auf der Basis umfangreicher Mikrodatensätze genutzt. Folglich stehen in der Regel Forschungsfragen im Fokus der Betrachtung, die mit statistischen Analyseverfahren zu beantworten sind (vgl. Mühlman et al. 2007, S. 3). Insbesondere die Ermittlung von statistischen Häufigkeiten (z. B. die Geschlechterverteilung unter den erwerbstätigen Pflegenden) oder Beziehungen zwischen unterschiedlichen unabhängigen und abhängigen Variablen (z. B. die Stärke des Zusammenhangs zwischen der Existenz von Pflegeverantwortung und der Arbeitszeitreduktion) zählen hierzu.

Wie Vertreter(innen) der Frauen- und Geschlechterforschung in jüngerer Zeit konstatieren, ist die Ausrichtung des gegenwärtigen wissenschaftlichen Vereinbarkeitsdiskurses durch eine „*Unterkomplexität*“ (Jurczyk 2005, S. 110) geprägt: Es wird suggeriert, dass es sich bei den zwei Polen Beruf und Sorgearbeit um zwei fixe und stabil bestehende Sphären handelt, die sich strikt in unterschiedliche Anforderungsprofile, Zeiten und Orte untergliedern lassen. Die Verbindung ergibt sich offenbar aus der Addition beider Elemente. Abhängig von den jeweiligen Anforderungen, die sich in den Lebensbereichen stellen, scheint sich hierdurch ein mehr oder minder harmonisches Ganzes zu ergeben (vgl. Jurczyk 2005, S. 110; Jurczyk/Lange 2002, S. 12). Verbindungslinien zwischen beiden Lebensbereichen werden im Mainstream der gegenwärtigen Debatte vorrangig nur in Form von negativen Folgewirkungen analysiert, die immer dann auftreten, wenn die Betroffenen einem ‚Zuviel‘ des einen oder anderen Pols ausgesetzt sind. Diese Betrachtungsweise berücksichtigt jedoch nicht ausreichend auch die Verbindungslinien, die in Form von aktiven, akteur(innen)eigenen Vermittlungs- und Balanceleistungen bestehen, die zur Herstellung eines stabilen oder doch zumindest prekären Gleichgewichts dienen. Auf diese Leerstelle verweisen auch Kohler und Döhner: *„(...) there is still a lack of knowledge about (...) which strategies working carers use to enable the balance between job and care (...)“* (Kohler/Döhner 2011, S. 10).

Wie die vorangehende Analyse des Forschungsstandes zeigt, werden diese aktiven Umgangsformen erwerbstätiger Pflegender bisher nur in einer begrenzten Anzahl von wissenschaftlichen Publikationen im nationalen und internationalen Raum berücksichtigt. In der überwiegenden Mehrzahl dieser Veröffentlichungen werden versprengt einzelne Strategien benannt. Die Autor(inn)en vermitteln jedoch keinen umfassenden Überblick und beschreiben die Handlungsformen nicht dezidiert. In Anlehnung an den heuristisch-analytischen Theorierahmen kann von der Annahme ausgegangen werden, dass die Handlungsformen nicht isoliert auftreten, sondern aufeinander abgestimmt werden. Diese Arrangements werden jedoch bisher noch nicht berücksichtigt. Darüber hinaus bestehen kaum Erkenntnisse darüber, welche Zielsetzung erwerbstätige Pflegende mit dem Einsatz dieser Strategien verfolgen und welche äußeren Rahmenbedingungen ausschlaggebend für die Nutzung sind. Eine Sonderposition nimmt zumindest in Teilen die Untersuchung von Kohler und Döhner ein. Sie benennt nicht nur Vereinbarungsstrategien, sondern thematisiert auch die Einflussfaktoren. Beide Aspekte werden durch die Bildung von Vereinbarkeitstypen zusammengeführt. Das Typenbildungsverfahren weist jedoch drei grundlegende Mängel auf: Erstens werden die als relevant erachteten Einflussfaktoren, anhand derer die einbezogenen Fälle klassifiziert werden, aus der Literatur abgeleitet, also a priori vorgegeben. In Anbetracht dessen, dass bisher noch kaum gesicherte Erkenntnisse über das Themenfeld bestehen, könnte alternativ ein Verfahren fruchtbar sein, das auf eine Ableitung relevanter Einflussfaktoren aus dem Datenmaterial abzielt. Auf diese Weise könnte eine „*Hypothesenbildung ex ante*" (Hoffmann-Riem 1980, S. 345; s. auch Teilkapitel 5.5.2) über potenziell bedeutsame Einflussfaktoren umgangen und anstelle dessen ein exploratives Vorgehen realisiert werden. Aus der Veröffentlichung von Heusinger und Klünder wird ja beispielsweise deutlich, dass auch finanzielle, soziale und kulturelle Einflussgrößen und nicht zuletzt auch Einstellungen relevant für die Praktiken Pflegender im Allgemeinen sind. Keck und Saraceno verweisen wiederum auf die Bedeutung des wohlfahrtsstaatlichen Kontextes. Diese potenziellen Einflussfaktoren geraten jedoch infolge des stark theoriegeleiteten Vorgehens von Kohler und Döhner nicht in den Blick. Zweitens werden die von den identifizierten Typen angewendeten Strategien recht reduktionistisch betrachtet, da primär auf die Hinzuziehung von Unterstützung und die Einschränkung der eigenen Arbeitszeit Bezug genommen wird. Drittens werden zwar empirische Realitäten beschrieben, jedoch die dahinterliegenden inhaltlichen Sinnzusammenhänge, die ausschlaggebend für das Auftreten dieser sozialen Phänomene sind, nicht dezidiert untersucht. Folglich wird auch nicht deutlich, warum Strategien in bestimmten Kombinationen auftreten.

Vor dem Hintergrund dieses lückenhaften Forschungsstandes besteht das Ziel der vorliegenden Arbeit darin, zu analysieren, auf welche Weise erwerbstätige pflegende Frauen ihr tägliches Leben arrangieren, um ihren Beruf und die Versorgung eines älteren Familienmitglieds miteinander zu verbinden. Von Interesse sind dabei die Vermittlungshandlungen, die zu diesem Zweck zur Anwendung kommen. Dabei wird in Anlehnung an den heuristisch-analytischen Theorierahmen von der Annahme ausgegangen, dass diese Akteurinnenhandlungen immer vor dem Hintergrund der strukturellen (d. h. der institutionellen und der opportunitätsbezogenen) und der kulturellen Bedingungen zum Einsatz kommen, die von den Betroffenen im Zuge ihrer Definition der Situation subjektiv wahrgenommen und bewertet werden. Diese aktiven Umgangsformen mit den Optionen und Begrenzungen ihrer Lebenssituation im Alltag als Ergebnis ihrer persönlichen Situationsdefinition bildet also das zentrale Forschungsinteresse der Arbeit. Um diesem gerecht zu werden, müssen in der empirischen Untersuchung drei zentrale Fragestellungen beantwortet werden:

- Welche Vermittlungshandlungen werden im Alltag genutzt, um die informelle Pflege eines älteren Angehörigen und den Beruf miteinander zu verbinden?
- Welche strukturellen und kulturellen Einflussfaktoren sind auf der Handlungsebene ausschlaggebend für den Einsatz von Vermittlungshandlungen?
- Welche Ausprägungen der für den Einsatz von Vermittlungshandlungen bedeutsamen Einflussfaktoren finden sich unter den in die Untersuchung eingebundenen erwerbstätigen pflegenden Frauen?

Auf der Grundlage der Erkenntnisse, die durch die Beantwortung dieser Fragestellungen aber auch durch die literaturbasierte Analyse der strukturellen und kulturellen Rahmenbedingungen auf makrostruktureller Ebene in Kapitel 3 gewonnen wurden, erfolgt eine Weiterentwicklung des in Teilkapitel 2.3 skizzierten heuristisch-analytischen Theorierahmens. Hierdurch besteht die Möglichkeit, den Zusammenhang zwischen den strukturellen und kulturellen Einflussfaktoren und dem Einsatz von Vermittlungshandlungen zu erklären. Hierauf aufbauend können Typen der Vermittlung identifiziert werden, die unterschiedlichen strukturellen und kulturellen Rahmenbedingungen ausgesetzt sind und dementsprechend auch unterschiedliche Muster der Vermittlung aufweisen.

5 Methodologie und methodisches Vorgehen

Dem vorangehend dargestellten Forschungsinteresse der Arbeit gilt es, mit Instrumenten der empirischen Sozialforschung zu begegnen. Zum Einsatz kommt in diesem Zusammenhang eine qualitativ ausgerichtete, am Interpretativen Paradigma orientierte Forschungsstrategie.

Der Anspruch der qualitativen Sozialforschung besteht darin, soziale Phänomene *„‚von innen heraus' aus Sicht der handelnden Menschen zu beschreiben*", um auf diese Weise *„zu einem besseren Verständnis sozialer Wirklichkeit(en) bei[zu]tragen*" (Flick et al. 2010, S. 14). Zu diesem Zweck sieht sie eine Erfassung der interessierenden Erscheinungen in der Alltagswelt der Akteure/Akteurinnen mithilfe von nicht-standardisierten Erhebungsmethoden vor, die eine Berücksichtigung der Sichtweise der Handelnden zulässt (vgl. Rosenthal 2005, S. 15). Dieser Ausrichtung von qualitativer Sozialforschung liegt eine eigene methodologische Basis zugrunde, deren Kern das Interpretative Paradigma bildet. Es wurde von Wilson in Abgrenzung zum normativen Paradigma entwickelt.

Das normative Paradigma betrachtet menschliches Handeln als durch ein gesellschaftliches System gemeinsamer Symbole, Bedeutungen, Normen und Rollenerwartungen determiniert (vgl. Wilson 1973, S. 55-58). Es dominiert also die Vorstellung, dass *„Menschen als eigentlich nur ganz unbeachtete Agenten der Systemprozesse auf der Makroebene anzusehen wären*" (Esser 2001, S. 81) und lediglich reflexhaft auf die sozialen Vorgaben reagieren. Die situativen Bedingungen fungieren in diesem Kontext also für alle Individuen eines Kollektivs als verbindliche, imperative Einflussgrößen, die menschliches Handeln unmittelbar prägen. Setzt man diese Annahmen mit Essers Sozialtheorie in Verbindung, geht die Selektion der Handlung in diesem Fall also über die Akteurin oder den Akteur und ihre/seine selektive und interpretative Wahrnehmung als eigene Instanz hinweg (vgl. ebd., S. 82ff). Diese auf dem methodologischen Ideal der Naturwissenschaften beruhende Weltsicht kommt bei den empirisch-deduktiven Verfahren der Sozialforschung zum Tragen, deren Zielsetzung darin besteht, aus theoretischen Modellen abgeleitete Hypothesen über eindeutige Ursachen-

Wirkungs-Zusammenhänge zu prüfen. Hierzu werden objektive Messverfahren eingesetzt (vgl. Küchler 1983, S. 10).

Als Gegenposition zu diesem soziale Zusammenhänge stark vereinfachenden Normativen Paradigma entwickelte Wilson das Interpretative Paradigma. Ihm liegt die Annahme zugrunde, dass das Handeln der Akteure/Akteurinnen nicht das Ergebnis festgelegter Vorgaben, sondern das Resultat interpretativer Leistungen bzw. Situationsdefinitionen der einzelnen Akteurin oder des einzelnen Akteurs darstellt (vgl. Esser 2001, S. 85; Wilson 1973, S. 58-62). Diese Grundlegung spiegelt sich auch in dem in Teilkapitel 2.3 beschriebenen heuristisch-analytischen Theorierahmen, demzufolge Menschen erst vor dem Hintergrund ihrer subjektiven Wahrnehmung der äußeren Rahmenbedingungen Vermittlungshandlungen hervorbringen. Für den Forschungskontext resultiert hieraus die Überlegung, dass sozialwissenschaftliche Untersuchungsgegenstände immer schon durch die Untersuchten vorstrukturiert sind. Wissenschaftler(innen) sind gefordert, das Handeln interpretierend nachzuvollziehen, indem sie die Sichtweisen und Deutungsmuster der Subjekte von innen heraus verstehen und nicht nur von deterministischen Ursachen-Wirkungszusammenhängen ausgehen (vgl. Hopf 1985, S. 87f). Um die Sicht der Handelnden erfassen zu können, erweist sich Wilson zufolge die hypothetisch-deduktive Methode als ungeeignet. Diese Annahme wurde in Forscherkreisen zwar auch kritisch reflektiert (vgl. Hoock 2001, S. 37), allerdings besteht unter Vertreter(inne)n des Interpretativen Paradigmas ein Grundkonsens darüber, dass eine adäquate Erfassung dieses Gegenstandsbereichs eher über Methoden gewährleistet werden kann, die am Einzelfall ansetzen und ein größeres Maß an Offenheit gegenüber den Sichtweisen und den Deutungsmustern der Untersuchten offerieren (vgl. Hildebrand 1995, S. 13). Hierdurch besteht die Möglichkeit, auch Erkenntnisse über komplexe Wahrnehmungs- und Handlungsstrukturen zu gewinnen, die bisher in Forschungszusammenhängen noch wenig beleuchtet wurden. Sie können dann in gegenstandsbezogene, d. h. an dem konkreten Untersuchungsbereich orientierte, theoretische Konzepte überführt werden.

Das Erkenntnisinteresse der Arbeit erscheint aus folgenden Gründen hochgradig kompatibel mit einer qualitativ ausgerichteten, interpretativen Forschungsstrategie: Im Fokus steht ein in der bisherigen pflegebezogenen Vereinbarkeitsforschung wenig thematisierter Gegenstandsbereich, dessen Erfassung ein exploratives Potenzial des methodischen Vorgehens voraussetzt. Darüber hinaus ist das Erkenntnisinteresse auf komplexe akteurinneneigene Handlungsformen ausgerichtet, deren Einsatz sich gemäß der Grundlegungen aus dem heuristisch-analytischen Theorierahmen vor dem Hintergrund ihrer subjektiven

Definition der Situation vollzieht. Diese sind nur dann nachzuvollziehen und zu erklären, wenn eben jene individuellen Situationswahrnehmungen und -bewertungen umfassend berücksichtigt werden können. Schlussendlich ist die vorliegende Arbeit nicht in erster Linie auf die Überprüfung von bereits bestehendem Wissen ausgerichtet, sondern auf die Generierung neuer theoretischer Wissensbestände, die in dem gegenstandsbezogenen Modell der Vermittlung und der Typologie der Vermittlung zusammengeführt werden sollen.

Im Folgenden wird eine qualitativ ausgerichtete, interpretative Forschungsmethode vorgestellt, die dieser Ausrichtung gerecht wird. Sie ist pragmatisch auf das Erkenntnisinteresse der Arbeit ausgerichtet und nimmt in Bezug auf den Grad ihrer Strukturierung eine mittlere Position auf einem Kontinuum zwischen offenen Datenerhebungs- und Auswertungsverfahren (z. B. der registrierenden Beobachtung von Handlungen und rekonstruktivistischen Auswertungsmethoden) und standardisierten Datenerhebungs- und Auswertungsverfahren (z. B. Fragebögen mit geschlossenen Frageformulierungen und statistischen Auswertungsverfahren) ein. Der verwendete Forschungsansatz orientiert sich am Symbolischen Interaktionismus als eine konkrete methodologisch-theoretische Ausformung des Interpretativen Paradigmas, den es zuvor in seinen Grundzügen kurz darzulegen gilt. Hierdurch kann die Erkenntnislogik verdeutlicht werden, die der Arbeit zugrunde liegt und die sich in drei Grundprinzipien bündeln lässt. Sie sind für das nachfolgend vorzustellende methodische Vorgehen handlungsleitend.

5.1 Symbolischer Interaktionismus als methodologische Grundlage und Implikationen für das methodische Vorgehen

Das Interpretative Paradigma, das Akteure/Akteurinnen als ihre Wirklichkeit gestaltende Subjekte auffasst, findet seinen Ausdruck in unterschiedlichen qualitativen Forschungslogiken, z. B. der phänomenologischen Wissenssoziologie, der Ethnomethodologie und dem Symbolischen Interaktionismus (vgl. Rosenthal 2005, S. 14), die unterschiedliche Annahmen darüber vertreten, was der Gegenstand der Forschungsbemühungen bzw. das Forschungsziel ist und welche methodologischen Prinzipien für die Umsetzung des Interpretativen Paradigmas konstitutiv sind (vgl. Flick et al. 2010, S. 18; Flick 2011, S. 81; Hoock 2001, S. 38). Insbesondere die letztgenannte Forschungsausrichtung stellt für den Kontext des Dissertationsvorhabens eine wesentliche erkenntnislogische Grundposition dar. Sie birgt „*Wirklichkeitsauffassungen, also Annahmen darüber, wie*

Forschungsgegenstände konzeptuell und methodisch angegangen“ (Flick 2011, S. 71) werden sollten, die mit dem Forschungsinteresse der vorliegenden Arbeit in weiten Teilen kompatibel sind.

5.1.1 Symbolischer Interaktionismus als methodologische Grundlage

Der Begriff des Symbolischen Interaktionismus[63] wurde 1938 von Blumer in Anlehnung an Mead (1934) geprägt und orientiert sich stark an der philosophischen Tradition des amerikanischen Pragmatismus. Wichtige Vertreter(innen) der qualitativen Forschung, beispielsweise Anselm Strauss und Barney Glaser als Entwickler der im Zuge der Arbeit bedeutsamen Grounded Theory, beziehen sich auf methodologischer Ebene auf diesen wesentlichen theoretischen Grundstrang.

Den Ausgangspunkt von Blumers Überlegungen bildet das Verständnis über menschliches Handeln, wonach „er [der Mensch] verschiedene Dinge[64], die er wahrnimmt, in Betracht zieht und auf der Grundlage der Interpretation dieser Dinge eine Handlungsleitlinie entwickelt“ (Blumer 1973, S. 95). Dabei berücksichtigt er beispielsweise eigene Wünsche, Bedürfnisse und Ziele, die verfügbaren Ressourcen und antizipierte Handlungen anderer und gründet hierauf seine eigene Aktion (vgl. ebd., S. 95). Diese Annahme impliziert das Menschenbild eines Individuums, das orientiert an einem subjektiven Sinn und unter Berücksichtigung des verfügbaren Kapitals handelt.

Wesentliche theoretische Grundannahmen des Symbolischen Interaktionismus fasst Blumer in drei Prämissen zusammen:

> *„Die erste Prämisse besagt, dass Menschen „Dingen“ gegenüber auf Grundlage von Bedeutungen handeln, die diese Dinge für sie besitzen“* (ebd., S. 81).

Diese Annahme weist große Nähe zu dem in Teilkapitel 2.2.2 bereits beschriebenen Thomas-Theorem auf, auf das sich auch Esser bezieht. Sie verdeutlicht, dass Akteure/Akteurinnen als Handelnde nicht nur reflexhaft auf Gegebenheiten

63 Der Begriff ‚symbolisch‘ bezieht sich in diesem Kontext auf die Sprache als wesentliche Grundlage menschlichen Zusammenlebens. ‚Interaktion‘ beschreibt, dass Menschen in wechselseitigem Bezug aufeinander handeln und zu diesem Zwecke Abstimmungsprozesse vornehmen (vgl. Denzin 2010, S. 137).

64 Unter ‚Dingen‘ werden physische Gegenstände, Menschen, Institutionen, Leitideale, Handlungen anderer Personen und Situationen verstanden (vgl. Blumer 1973, S. 81).

der Umwelt reagieren, sondern diese, wie bereits die Ausführungen zu den zugrunde liegenden Annahmen des Interpretativen Paradigmas verdeutlichen, aktiv mit einer subjektiven Bedeutung versehen und auf Grundlage dieser Bedeutungszuschreibung agieren (vgl. Flick 2011, S. 83). Wie Witzel darlegt, ist aus dieser Annahme jedoch auch abzuleiten, dass Menschen in unterschiedlichen Welten leben, die sich durch eben jene Bedeutungszuschreibungen auszeichnen und sich aufgrund dessen auch voneinander unterscheiden lassen (vgl. Witzel 1982, S. 31). Menschen sind prinzipiell in der Lage, sich in die Welt des Gegenübers hineinzuversetzen, sie aus seiner Perspektive zu betrachten und zu verstehen (vgl. Stryker 1976, S. 259).

> *„Die zweite Prämisse besagt, dass die Bedeutung solcher Dinge aus der sozialen Interaktion, die man mit seinen Mitmenschen eingeht, abgeleitet ist oder aus ihr entsteht“* (Blumer 1973, S. 81).

Bedeutungsstrukturen sind letztlich also nicht von Natur aus gegeben, sondern werden immer von den Akteur(inn)en innerhalb von Interaktionsprozessen konstruiert. Innerhalb dieser Prozesse verdeutlichen sich die Handelnden ihre Definitionen der Situation gegenseitig, beziehen sie aufeinander und bilden in einem gemeinsamen Konstruktionsprozess soziale Wirklichkeit bzw. die Bedeutung der Dinge heraus (vgl. ebd., S. 81, S. 83). Einen wesentlichen Stellenwert nehmen hierbei Symbole ein, über die diese Vermittlungen zwischen den Menschen stattfinden. Die Sprache stellt dabei das bedeutendste Symbol dar (vgl. Denzin 2010, S. 137).

> *„Die dritte Prämisse besagt, dass diese Bedeutung in einem interpretativen Prozess, den die Person in ihrer Auseinandersetzung mit den ihr begegnenden Dingen benutzt, gehandhabt und abgeändert werden kann“* (Blumer 1973, S. 81).

Diese letzte Grundannahme impliziert, dass die innerhalb der Interaktionsprozesse stattfindenden Herstellungsleistungen sozialer Wirklichkeit sich immer wieder aufs Neue vollziehen. Somit stehen Bedeutungen, die das Individuum Dingen zuschreibt, nie fest, sondern sie sind veränderlich.

Wie die Betrachtung zeigt, stellt der Symbolische Interaktionismus eine Forschungsperspektive dar, die sich mit den beschriebenen Annahmen des heuristisch-analytischen Theorierahmens und dem Untersuchungsinteresse weitgehend deckt: Im Fokus der Betrachtung steht in erster Linie die Rekonstruktion subjektiver Bedeutungen und individueller Sinnzuschreibungen, aus denen Handlungen resultieren. Hiermit weist diese Theorie qualitativer Forschung grundlegende Parallelen zu den in Teilkapitel 2.2.2 und 2.3 dargelegten Annahmen über die Definition der Situation auf und scheint daher im Kontext der vorliegenden Arbeit als methodologische Positionierung der empirischen Forschung durchaus geeignet.

Dennoch zeichnet sich der Symbolische Interaktionismus auch durch Grundpositionen aus, die mit den theoretischen Überlegungen des geplanten Forschungsvorhabens nicht in Einklang stehen: Kritiker weisen auf die starke Orientierung dieses theoretischen, vornehmlich als mikrosoziologisch bzw. sozialpsychologisch deklarierten Ansatzes an einem subjektivistisch geprägten Gesellschaftsbild hin. Strukturelle Faktoren werden zwar als Ergebnis von Interventionen beschrieben, jedoch werde ihre Prägekraft für die akteur(innen)-eigenen Handlungen nicht berücksichtigt (vgl. Kleining 1991, S. 20; Schmidt-Grunert 1999, S. 27f; Witzel 1982, S. 33). Diese einseitige Perspektive ist zwar nachvollziehbar, da die Forschungslogik der Interaktionisten als eine Gegenposition zu dem normativen Paradigma und der damit in Verbindung stehenden empirisch-deduktiven Methodologie anzusehen ist. Subjektive Bedeutungen und individuelle Sinnzuschreibungen werden folglich bewusst besonders stark berücksichtigt. Im Rahmen des geplanten Forschungsvorhabens scheint die in diesem Kontext vertretene Annahme, menschliches Handeln stelle eben nicht nur einen Reflex auf objektive Bedingungen dar, durchaus konsensfähig. Dennoch wird im Rahmen der Arbeit Blumers Leugnung von objektiv bestehenden Strukturen außerhalb der interaktionistischen Konstruktionsleistung des Individuums bezweifelt. Er expliziert hierzu:

> *„Die methodologische Position des Symbolischen Interaktionismus ist die, daß soziales Handeln unter den Bedingungen seiner Entwicklung erforscht werden muss; sein Aufbau hat nichts mit den vorgehenden Bedingungen zu tun, die als die „Ursache" des sozialen Handelns angesehen werden (...)"* (Blumer 1973, S. 140).

Vielmehr wird in Anlehnung an den bereits dargestellten Frame-und Skriptselektionsansatz von Esser in der vorliegenden Arbeit davon ausgegangen, dass das Individuum im Rahmen der Situationsdefinition und der darauf folgenden Handlung auf bereits existierende, wenn auch durch Konstruktionsprozesse entstandene Strukturen Bezug nimmt. Die persönlichen Realitäten, auf deren Grundlage es agiert, bilden sich jedoch erst im Zuge der persönlichen Auseinandersetzung mit diesen Strukturen heraus.

5.1.2 Implikationen für das methodische Vorgehen

Findet in der vorliegenden Arbeit eine Orientierung am Symbolischen Interaktionismus statt, ist hiermit eine spezifische Erkenntnislogik verbunden: Die empirische Untersuchung muss darauf abzielen, das Vermittlungshandeln erwerbstätiger Pflegender und hierfür relevante Einflussfaktoren aus der Perspektive der betroffenen Akteurinnen selbst zu analysieren.

> *„Die sich aufbauende Handlungssituation [muss] durch die Augen des Handelnden gesehen werden, - müssen die Objekte dieser Situation wahrgenommen werden, wie der Handelnde sie wahrnimmt, - müssen die Bedeutung dieser Objekte so ermittelt werden, wie sie sich für den Handelnden darstellen, - müssen die Leitlinien des Handelns nachvollzogen werden, wie sie der Handelnde entwickelt: Kurz: man muß die Rolle des Handelnden übernehmen und die Welt von seinem Standpunkt sehen"* (Blumer 1966, zit. nach Wilson 1973, S. 61).

Es gilt also, ihre Situationsdefinitionen zu erfassen, um ihr Handeln verstehend nachvollziehen und erklären zu können. Um diesem Anspruch Rechnung tragen zu können, sind bestimmte Grundprinzipien bei der Gestaltung des methodischen Vorgehens zu berücksichtigen:

Kommunikation

Blumer geht davon aus, dass Menschen in ihren Interaktionsprozessen auf andere reagieren und sich gegenseitig ihre Situationsdefinitionen vermitteln, indem sie sich bestimmter Symbole, insbesondere der Sprache, bedienen (vgl. Blumer 1973, S. 87, S. 92). Die Sprache bietet eine hoch effektive Möglichkeit, Bedeutungszuschreibungen und resultierende Handlungen zu verstehen. Folglich ist es sinnvoll, dieses Interaktionsmedium für die empirische Erfassung des Forschungsgegenstandes zu nutzen. Es sollte im Zuge von synchronen Kommunikationsprozessen bzw. direkten Dialogen zur Anwendung kommen, da auf diese Weise die Möglichkeit gegeben ist, über Nachfragen neue Informationen zu generieren und somit zu einem tieferen Verständnis des Untersuchungsgegenstandes zu gelangen (vgl. Reinders 2005, S. 32). Es gilt, den Untersuchungsobjekten eine aktive Rolle bei der Gestaltung der möglichst natürlichen Kommunikationsprozesse zu vermitteln, damit ihre inhaltlichen Relevanzsetzungen und Bedeutungszuschreibungen zum Ausdruck gebracht werden können (vgl. Hoffmann-Riem 1980, S. 348ff; Kleining 1982, S. 241; Lamnek 1995, S. 24). Von Bedeutung ist hierbei die Ermöglichung von assoziativer Offenheit, also der freien Erzählung ohne die Vorgabe vorgefertigter Antwortkategorien. Den Beforschten werden auf diese Weise umfassende Reaktionsmöglichkeiten auf die Forscherin oder den Forscher und seine Fragen eröffnet, wodurch seine subjektive Perspektive zur Geltung kommen kann (vgl. Kleining 1982 S. 241; Soeffner 1989, S. 60).

Offenheit

Eine wesentliche Voraussetzung, um die Sichtweise der Beforschten angemessen zu berücksichtigen und ihre Relevanzsetzungen zu erfassen, besteht darin, sich der Realität der Menschen mithilfe des Prinzips der Offenheit zu nähern (vgl. Rosenthal 2005, S. 15). Diese Grundausrichtung impliziert nach Hoffmann-Riem einen Verzicht auf eine „*Hypothesenbildung ex ante*" (Hoffmann-Riem 1980, S. 345), da hiermit die Gefahr einhergehe, die durch die Untersuchungsobjekte vermittelten Informationen vorschnell unter bekanntes Wissen zu subsumieren, die „*Beschreibungen der empirischen Welt hinzubiegen, bis sie in die vorausgesetzte Form passt*" (Blumer 1979, S. 49) und dabei die tatsächliche Relevanzsetzung der Beforschten nicht zu erfassen (vgl. Rosenthal 2005, S. 15; Steinke 1999, S. 35; Witzel 1982, S. 34). Dennoch besteht das Mittel der Wahl auch nicht in einem vollständigen Verzicht auf jede Form von Vorwissen. Diese Annahme wurde beispielsweise von Francis Bacon als Verfechter eines klassischen Induktivismus[65] vertreten, der davon ausging, dass der wissenschaftliche Erkenntnisgewinn zunächst eine möglichst durch Vorannahmen wenig beeinflusste Betrachtung voraussetzt (vgl. Bacon 1720/1990, o. S.). „*Der Forscher gleicht dabei einer tabula rasa, auf der die Empirie ihre Eindrücke hinterlässt*" (Steinke 1999, S. 21). Diese Grundhaltung wird in den Anfängen der Entstehung

65 Während im Zuge deduktiv ausgerichteter Forschungsprozesse die Tragfähigkeit allgemeiner Theorien oder Hypothesen überprüft wird, indem das Auftreten der hier getroffenen Prognosen bei den einbezogenen Einzelfällen beobachtet und somit vom Allgemeinen auf das Besondere geschlussfolgert wird, sind induktiv ausgerichtete Erkenntnisprozesse gegensätzlich gelagert: Die Ergebnisse, die bei der Analyse des Einzelfalls entstehen, werden in verallgemeinerter Form in eine Theorie gefasst. Auf diese Weise soll die Entdeckung neuer Erkenntnisse forciert werden. Demgegenüber findet im Zuge deduktiver Forschungen keine Gehaltserweiterung der Theorie statt, da lediglich die zu Beginn bereits bestehenden Grundannahmen überprüft werden (vgl. Steinke 1999, S. 19-28).

der Grounded Theory auch von Glaser und Strauss vertreten, die in diesen frühen Arbeiten für einen Verzicht auf vorgefasste theoretische Konzepte plädieren, um Erkenntnisprozesse nicht durch eine mangelnde Offenheit der oder des Forschenden zu belasten. Während Glaser diese Auffassung auch weiterhin vertritt (vgl. Glaser 1992, S. 50), nahmen Strauss und Corbin (vgl. Strauss 1991, S. 38; Strauss/Corbin 1990, S. 41f) die mittlerweile im wissenschaftlichen Diskurs weitgehend konsensfähige Kritik in ihre Modifikation des Forschungsprogramms auf, wonach (theoretische) Vorannahmen grundsätzlich bestehen und die menschliche Wahrnehmung in jedem Fall strukturieren (vgl. Gadenne 2001, S. 16; Hopf 1993, S. 27; dies. 1996, S. 14f; Kelle 1995, S. 28, S. 47; ders. 2007, S. 47; Kelle/Kluge 2010, S. 19; Lakatos 1982, S. 14; Meinefeld 1995, S. 290f; Steinke 1999, S. 21). Sie distanzieren sich von den zuvor getroffenen Aussagen und konstatieren nunmehr die Bedeutung von Vorwissen, da es die theoretische Sensibilität der Forschenden für Bedeutungsstrukturen im Datenmaterial steigere und den Erkenntniszugewinn fördere (vgl. Strauss 1987, S. 12; Strauss/Corbin 1990, S. 73; dies. 1994, S. 277). Kelle und Kluge beschreiben die Generierung neuen Wissens in diesem Zusammenhang als *„eine Art 'Zangengriff', bei dem der Forscher oder die Forscherin sowohl von dem vorhandenen theoretischen Vorwissen als auch von empirischem Datenmaterial ausgeht. (...) Theoretisches Vorwissen ist daher kein Hindernis für die Analyse qualitativer Daten, vielmehr stattet es den Forscher oder die Forscherin mit der notwendigen ‚Brille' aus, durch welche die soziologischen Konturen empirischer Phänomene erst sichtbar werden (...)*" (Kelle/Kluge 2010, S. 23, S. 108). Dieses Vorgehen weist Parallelen zu dem von Charles Peirce (1991) entwickelten Konzept des hypothetischen Schließens auf, das in zwei Unterformen differenziert werden kann: Die erste Form des hypothetischen Schließens wird als qualitative Induktion bezeichnet und kommt zum Einsatz, indem allgemeine Gesetzmäßigkeiten oder Regeln zur Erklärung empirischer Phänomene herangezogen werden (vgl. Reichertz 1993, S. 268f; ders. 2003, S. 30). Die zweite Form wird als Abduktion bezeichnet und kommt dann zur Anwendung, wenn empirische Phänomene nicht durch die bestehenden Theorien gedeutet werden können. In diesem Fall werden in anderen Kontexten verwandte Regeln oder Wissensbestände zur Erklärung hinzugezogen. Auf diese Weise entsteht ein neuer Wissensbestand bzw. eine neue Regel (vgl. Reichertz 1993, S. 268). Peirce führt in diesem Zusammenhang an:

> *„It is true that the different elements of the hypothesis were in our mind before, but if the idea of putting together what we had never before*

dreamed of putting together which flashes the new suggestion before our contemplation" (Peirce 1960, S. 113).

Um hypothetisch zu schließen, ist eine „abduktive Haltung" (Reichertz 1993, S. 279; ders. 2003, S. 89) unabdingbar, die sich in der Bereitschaft seitens der Forschenden spiegelt, den Sichtweisen der Beforschten offen gegenüberzutreten und auf der Grundlage der gewonnenen Erkenntnisse theoretische Vorannahmen und Wissensbestände zu modifizieren oder sogar gänzlich zu verwerfen (vgl. Reichertz 1993, S. 279; ders. 2003, S. 60, S. 66).

Flexibilität

Um Situationsdefinitionen erfassen zu können, müssen die Forschenden Blumers Überlegungen zufolge die Perspektive der Beforschten nachvollziehen. Zu diesem Zweck ist es bedeutsam, eine Kongruenz zwischen deren Innenperspektive und der eigenen Außenperspektive herzustellen. Um dieses Ziel zu erreichen, empfiehlt Blumer eine auf Exploration ausgerichtete Forschungsmethode, die eine flexible Annäherung an den Gegenstand des wissenschaftlichen Interesses vorsieht (vgl. Blumer 1969, S. 40). Ursächlich hierfür ist, dass den Grundlegungen des Symbolischen Interaktionismus zufolge keine soziale Welt existiert, die einmalig erfasst und beschrieben werden kann und dann fortwährend und unveränderlich besteht. Vielmehr werden Bedeutungszuschreibungen in Interaktionsprozessen immer wieder neu ausgehandelt (vgl. Blumer 1973, S. 81). Um dem Forschungsgegenstand auch unter diesen Bedingungen gerecht zu werden, muss eine kontinuierliche Korrektur der Datenerhebung, der Datenauswertung und der Dateninterpretation erfolgen und bei Bedarf auch die leitenden Fragestellungen modifiziert oder präzisiert werden (vgl. ebd., S. 122). „*Um- oder Neufokussierungen erscheinen so nicht als Scheitern der Vorüberlegungen und Vorannahmen, sie stellen vielmehr ein einkalkuliertes und durchaus gewünschtes Ingredienz und Ergebnis*" (Breuer 2010, S. 55) des Forschungsprozesses dar und sind Ausdruck des Erkenntniszugewinns. Dies setzt einen Forschungsprozess voraus, der im Gegensatz zu der quantitativen Forschungslogik nicht linear, das heißt als Abfolge festgelegter, aufeinander aufbauender Schritte, verläuft. Vielmehr tritt er als zirkuläres Muster in Erscheinung, das sich durch einen kontinuierlichen Wechsel zwischen Datenerhebung und Datenauswertung auszeichnet (vgl. Flick 1995, S. 61, S. 85; Steinke 1999, S. 40f; Strauss 1991, S. 46, S. 70). Dieses Vorgehen setzt die Bereitschaft der Forschenden zur Einhaltung des oben beschriebenen Prinzips der Offenheit voraus: Von den ursprünglich geplanten inhaltlichen Vorstellungen, Vorgängen und gewohnten Interpretationsmustern muss im Bedarfsfall abgewichen werden, um der Wahrnehmung erwartungskonträrer Phänomene auch methodisch Rechnung tragen zu können (vgl. Blumer 1979, S. 54; Gadenne 2001, S. 13ff; Kleining 1982, S. 233; Lamnek 1995, S. 26ff).

5.2 Methodisches Vorgehen

Die drei beschriebenen Grundsätze der Kommunikation, der Offenheit und der Flexibilität sind handlungsleitend für das im Rahmen der vorliegenden Arbeit zur Anwendung kommende methodische Vorgehen. Die Berücksichtigung dieser Prinzipien stellt eine bedeutsame Voraussetzung dafür dar, um die Situationsdefinitionen der erwerbstätigen Pflegenden zu erfassen und somit ihr Vermittlungshandeln nachvollziehbar und erklärbar zu machen. Auf dieser Grundlage lassen sich in Kapitel 6 dann die drei in Teilkapitel 4.5 dargelegten Forschungsfragen beantworten, um darauf aufbauend das Modell der Vermittlung und die Typologie der Vermittlung zu konstruieren.

Das methodische Vorgehen basiert vornehmlich auf zwei Grundlagen: Zum einen orientiert es sich an der von Strauss und Corbin geprägten Variante der Grounded Theory (vgl. insbesondere Strauss 1998; Strauss/Corbin 1996). Zum anderen wird auf Kluges Modell der empirisch begründeten Typenbildung zurückgegriffen.

Die Grounded Theory stellt eines der am weitesten ausgearbeiteten Forschungsprogramme innerhalb der qualitativen Forschung dar. Sie ist mit dem Anspruch verbunden, gegenstandsbezogene Theorien zu generieren, die in dem empirischen Datenmaterial verankert sind. Sie setzen sich aus konzeptuellen Bezeichnungen von empirischen Phänomenen zusammen, die im Zuge der Datenanalyse entwickelt und zu übergeordneten Kategorien ausgebaut werden. Die Kategorien müssen sich an den Daten bewähren (vgl. Glaser/Strauss 2008, S. 45f; Strauss/Corbin 1994, S. 278; dies. 1996, S. 13, S. 43). Sie werden miteinander verbunden, wodurch auf eng begrenzte inhaltliche Themenbereiche bezogene Theorien, sogenannte materiale Theorien, entstehen. Diese können zu formalen Theorien mit einem höheren Generalitätsniveau weiterentwickelt werden (vgl. Glaser/Strauss 2008, S. 42f; Strübing 2008, S. 13). Die Ambition der Grounded Theory geht also über eine bloße Beschreibung empirischer Phänomene hinaus und zielt darauf ab, sie zu verstehen, um auf dieser Grundlage Erklärungen entwickeln zu können, warum sie in bestimmten Erscheinungsformen auftreten (vgl. Strübing 2008, S. 51). Die Grounded Theory sieht in ihrer Reinform drei unterschiedliche Verfahren vor, die flexibel und dem jeweiligen Forschungsgegenstand angemessen zum Einsatz kommen können, um eine Theoriegenerierung herbeizuführen: Zu ihnen zählt die theoretische Stichprobenbildung (theoretical sampling), die Datenanalyse mittels unterschiedlicher Kodierungsverfahren und die eigentliche Theoriebildung. Die drei Vorgänge kommen dabei nicht in voneinander separierten Phasen zum Einsatz, sondern folgen einem zirkulären Muster, innerhalb dessen Forschungshandeln und Reflexion sich kontinuierlich abwechseln und in einem gegenseitigen funktionalen Abhängigkeitsverhältnis stehen. Ein weiteres bedeutsames Charakteristikum zumindest der von Strauss und Corbin geprägten Variante der Grounded Theory besteht in dem Gedanken der Verknüpfung von durch die empirische Analyse gewonnenem Wissen mit alltäglichem oder wissenschaftlichem Wissen (vgl. Strübing 2008, S. 14f, S. 51). Diese zumindest in den jüngeren Arbeiten deutlich vertretene Position wurde bereits in den vorangehenden Darstellungen zur Offenheit beschrieben und kommt in dem von Glaser und Strauss empfohlenen Konzept der theoretischen Sensibilität zum Tragen (vgl. Glaser/Strauss 1967, S. 46f): Insbesondere Strauss hebt den Stellenwert von wissenschaftlichem und alltagsbezogenem Vorwissen der oder des Forschenden als maßgebliche Voraussetzung hervor, um bedeutsame Aspekte in der Fülle des Datenmaterials zu identifizieren, zu erklären und die entstehende Theorie bilden zu können (vgl. Strauss 1998, S. 36f; Strauss/Corbin 1990, S. 41f). Durch diese Annahmen weist die Grounded Theory eine grundsätzliche Anschlussfähigkeit an das von Blumer formulierte Konzept der ‚Sensitizing Concepts' (s. Teilkapitel 2.) und das von Pierce entwickelte Konzept des hypothetischen Schließens (s. Teilkapitel 5.1.2) auf (vgl. Kelle 2005, S. 14f), wobei diese Parallelen, wenn auch nicht explizit benannt, bereits in Glaser und Strauss' Ursprungswerk formuliert werden:

> „ *(...) sources of theoretical sensitivity build up in the sociologist an armamentarium of categories and hypotheses on substantive and formal levels. This theory that exists within a sociologist can be used in generating his specific theory (...)"* (Glaser/Strauss 1967, S. 46).

Neben der Grounded Theory stellt auch das Modell der empirisch begründeten Typenbildung von Susann Kluge (1999) eine bedeutsame Grundlage für das methodische Vorgehen dar. Es gibt Regeln dafür vor, auf welche Weise innerhalb der qualitativen Forschung Typologien und Typen konstruiert werden können. Beide Begriffe werden in Anlehnung an Kluge wie folgt definiert: Typologien entstehen als Ergebnis von Gruppenbildungsprozessen, bei denen ein zuvor eingegrenzter Untersuchungsbereich anhand von bestimmten Merkmalen bzw. Vergleichskategorien in mehrere Einheiten unterteilt wird, sodass sich die einer Gruppe zugeordneten Elemente möglichst ähnlich sind (interne Homogenität), sich die Gruppen untereinander jedoch deutlich unterscheiden (externe Heterogenität). Die gebildeten Untergruppen werden als Typen bezeichnet und sind durch gemeinsame Eigenschaften gekennzeichnet (vgl. Kelle/Kluge 2010, S. 85; Kluge 1999, S. 26f). Wie Wienold beschreibt, zählen Typen und Typologien zu den wichtigsten Instrumenten der Erkenntnisgewinnung innerhalb der Sozialwissenschaften (vgl. Wienold 1995, S. 690). Sie tragen einerseits dazu bei, die Komplexität der Lebenswelt zu reduzieren, indem eine Vielzahl von Objekten in Abhängigkeit von ihren Ähnlichkeiten und Unterschieden in überschaubare Gruppen eingeteilt und somit strukturiert beschrieben werden. Andererseits unterstützt die Typenbildung dabei, diese Ähnlichkeiten und Unterschiede zu erklären, indem die Sinnzusammenhänge bzw. die inhaltlichen Begründungen dafür erfasst werden, die sich hinter diesen empirischen Korrelationen bestimmter Merkmale verbergen (vgl. Kluge 1999, S. 14, S. 41-46). Adorno verdeutlicht die Verschränkung dieser zwei Funktionen wie folgt: Typenbildung setzt voraus, dass „*es uns gelingt, unter jeder Typusbezeichnung eine Anzahl von Zügen und Dispositionen zu ordnen und diese in einen Zusammenhang zu bringen, die sie ihrem Sinn nach als mögliche Einheit zeigt*" (Adorno 1976, S. 309).

Der Rückgriff auf Verfahren der Grounded Theory und das Modell der empirisch begründeten Typenbildung erscheint vor dem Hintergrund des Erkenntnisinteresses der vorliegenden Arbeit angezeigt: Es sollen Rückschlüsse auf Handlungsformen erwerbstätiger Pflegender zur Verbindung der Angehörigenpflege mit dem Beruf und hierfür bedeutsame Einflussfaktoren gezogen und dieser Zusammenhang theoretisch konzeptionalisiert werden. Diese Zielsetzung legt die Anwendung der Grounded Theory nahe, die eine Generierung von gegenstandsbezogenem, theoretischem Wissen und gegenstandsbezogenen Theorien ermöglicht. Über das Konzept der theoretischen Sensibilität ist hierbei die Einbindung des theoretischen Vorwissens möglich, das in der Arbeit einerseits in Form von empirisch nicht gehaltvollem Theoriewissen (s. Kapitel 2) und andererseits in Form von aus dem Stand der bisherigen wissenschaftlichen Diskussion zur Integration in die Pflege- und Berufssphäre und zur Vereinbarung beider Lebensbereiche abgeleiteten Vorwissens (s. Kapitel 3 und 4) vorliegt. Trotzdem Vorwissen Berücksichtigung findet, ist die Grounded Theory darauf ausgerichtet, Kategorien aus dem Datenmaterial heraus zu entwickeln und zeichnet sich somit durch ein vergleichsweise großes Maß an Offenheit gegenüber der Perspektive der untersuchten Personen aus. Sie unterscheidet sich damit von anderen Auswertungsmethoden, z. B. der von Mayring (1996, 2008) entwickelten Qualitativen Inhaltsanalyse.[66] Darüber hinaus sind mithilfe des Kodierungsverfahrens der Grounded Theory auch größere Datenmengen zu bewältigen. Unter Hinzuziehung anderer Auswertungsverfahren, beispielsweise der von Oevermann und seinen Mitarbeiter(inne)n (1979, 1993) entwickelten aufwendigen Auswertungsmethode der Objektiven Hermeneutik[67], könnten demgegenüber mit begrenzten personellen Ressourcen nur wenige Fälle (hier: erwerbstätige Pflegende) analysiert werden. Die Einbindung einer ausreichend großen Untersuchungspopulation ist jedoch notwendig, um Unterschiede zwischen den einbezogenen Fällen angemessen untersuchen zu können und somit eine Typologie der Vermittlung erwerbstätiger Pflegender zu bilden (vgl. Kluge 1999, S. 16f). Für die Erreichung dieses Zieles scheint der Einsatz des Modells der empirisch begründeten Typenbildung sinnvoll, da es die Möglichkeit bietet, den Prozess der Typenbildung transparent zu gestalten und die Kodierungsstrategien der Grounded Theory einzubinden.

Die nachfolgend darzustellenden methodischen Teilschritte beziehen sich auf die Verfahren der Grounded Theory und das Modell der empirisch begründeten Typenbildung und berücksichtigen die handlungsleitendenden Prinzipien der Kommunikation, der Offenheit und der Flexibilität.

5.2.1 Datengewinnung

Um alltägliche Handlungsmuster von Menschen zu erfassen, können entweder teilnehmende Beobachtungsverfahren oder aber Befragungen zum Einsatz kommen (vgl. Kudera 1995, S. 55). Da der Fokus der vorliegenden Arbeit darauf

66 Als Kodierungsverfahren kommt in anderen Untersuchungen auch die von Mayring (1983) entwickelte Qualitative Inhaltsanalyse zum Einsatz. Das erhobene Material wird häufig ausgewertet, indem ein auf der Basis theoretischen Vorwissens entwickeltes Kodierparadigma an die erhobenen Daten herangetragen wird. Durch dieses Vorgehen ist der Grad der theoretischen Vorstrukturierung vergleichsweise groß und dem Kriterium der Offenheit kann nur eingeschränkt Rechnung getragen werden. Zwar sieht Mayring insbesondere im Rahmen der zusammenfassenden Inhaltsanalyse auch das Verfahren der induktiven Kategorienbildung vor. Es handelt sich hierbei jedoch in erster Linie um eine eng auf das Datenmaterial bezogene Paraphrasierung, mithilfe derer zwar eine Klassifizierung von Inhalten und eine Strukturierung von Informationen im Text erreicht werden können, sich jedoch ein explorativ-interpretatives ‚Aufbrechen' des Datenmaterials und eine darauf aufbauende, fundierte Entwicklung von theoretischen Konzepten nur eingeschränkt realisieren lassen (vgl. Wollny/Marx 2009, S. 474).

67 Die objektive Hermeneutik fokussiert auf die subjektiven Bedeutungsstrukturen, um hieraus objektive Bedeutungen als latente Sinnstrukturen abzuleiten (vgl. Oevermann 1993; Oevermann et al. 1979).

gerichtet ist, neben bloßen Sachverhalten auch die subjektiven Situationswahrnehmungen und die damit verbundenen Bedeutungszuschreibungen der erwerbstätigen Pflegenden zu erfassen, wird der Durchführung von Interviews der Vorrang gewährt. Zum Einsatz kommt das problemzentrierte Interview nach Witzel (1982) als eine Form der leitfadengestützten Interviews, das sich in methodologischer Sicht im Wesentlichen am Symbolischen Interaktionismus orientiert. Es bildet ein Teilelement einer spezifischen Kombination unterschiedlicher empirischer Erhebungsinstrumente (vgl. Witzel 2000, S. 2), von denen jedoch im vorliegenden Kontext nur das qualitative Interview als Einzelmethode genutzt wird.

Der Anwendungsbereich des problemzentrierten Interviews[68] besteht in der Erfassung gesellschaftlich relevanter Problemstellungen, wie beispielsweise der akteurinneneigenen Vermittlung zwischen informellen Pflegeaufgaben und Beruf, indem möglichst unvoreingenommen auf *„individuelle Handlungen sowie subjektive Wahrnehmungen und Verarbeitungsweisen gesellschaftlicher Realität*" (ebd., S. 1) fokussiert wird. Zu diesem Zweck ist eine dialogförmige Art der Befragung vorgesehen. Die Zielsetzung besteht darin, eine an der Realität von Alltagssituationen orientierte Gesprächsatmosphäre zu schaffen, um eine vertrauensvolle Grundstimmung zu realisieren und hierdurch die Erinnerungsfähigkeit und Selbstreflexion der Befragten zu forcieren. Durch diese Vorgehensweise, die beispielsweise im Rahmen von narrativen Interviews nicht realisiert wird, eröffnet *„der Forscher dem Befragten eine Chance (...), sich die allgemeine Lebenssituation, in der er sich befindet, (...) zu vergegenwärtigen und hierfür jene Artikulationsweise zu wählen, die für diese Vergegenwärtigung die angemessene und gewohnte ist*" (Bahrdt 1975, S. 13).

Das Kernelement dieser Befragungsform bildet der Interviewleitfaden (s. Anhang), der für den Untersuchungsgegenstand relevante Themenkomplexe umfasst und als Hintergrundfolie für die Kommunikationsprozesse zwischen Forscherin und Beforschten fungiert. Er bietet einen Orientierungsrahmen bei der Interviewdurchführung, um unterstützend auf die Entwicklung von Erzählsequenzen der Befragten einzuwirken und trägt darüber hinaus zur Sicherstellung der späteren Vergleichbarkeit unterschiedlicher Interviews bei (vgl. Witzel 1982, S. 90f; ders. 2000, S. 3). Explizit plädiert Witzel für die Einbeziehung des theoretischen Vorwissens bei der Erstellung des Interviewleitfadens, um die Daten-

68 Die Bezeichnung ‚problemzentriert' hat eine zweifache Bedeutung: Zum einen kennzeichnet sie den Ausgangspunkt der Untersuchung in Form einer durch die Forscherin oder den Forscher wahrgenommenen Problemstellung, über die bereits flexibel handhabbares Vorwissen besteht. Darüber hinaus betont dieser Ausdruck aber auch den expliziten Vorrang der Problemsicht des Interviewten gegenüber Vorannahmen und Interpretationsansätzen des Forschers (vgl. Witzel 1982, S. 69).

generierung durch fruchtbare Interviewfragen zu fördern (vgl. Witzel 1982, S. 71, S. 79, S. 90; ders. 2000, S. 2) und bezieht somit eindeutig Stellung gegenüber der „*naiv-induktivistischen Position*" (Witzel 2000, S. 2) qualitativer Sozialforschung. Dieser Überlegung folgend werden die in Kapitel 3 und 4 explizierten Wissensbestände für die Entwicklung des Leitfadens herangezogen.

Vor der eigentlichen Durchführung der Interviews im Zeitraum von 2010 bis 2011 werden die Teilnehmerinnen zumeist telefonisch über das Forschungsinteresse, den Ablauf des Gesprächs und die Regelungen zur Sicherung des Datenschutzes informiert. Die Interviews finden in der überwiegenden Mehrzahl der Fälle ‚face-to-face' in der Häuslichkeit der Befragten statt. Lediglich vereinzelt wird aufgrund der großen Entfernung zwischen dem Wohnort der Teilnehmerinnen und dem Standort der Forschungseinrichtung auf eine telefonische Interviewführung zurückgegriffen. Je nach Auskunftsfreudigkeit dauert die eigentliche Gesprächsphase zwischen 50 und 90 Minuten und wird sowohl bei den persönlich wie auch bei den telefonisch geführten Interviews mithilfe eines digitalen Aufnahmegerätes aufgezeichnet.

Im Interviewablauf lassen sich eine Erzähleinstiegsphase, eine Sondierungsphase und eine Schlussphase differenzieren, die entsprechend auch im Interviewleitfaden angelegt sind: Der Gesprächseinstieg erfolgt vergleichbar mit dem narrativen Interview, indem erzählungsgenerierende Stimuli zum Einsatz kommen. Zu diesem Zweck werden offen gestaltete Eingangsfragen formuliert, die auf die Entwicklung der Vereinbarung von Pflege und Beruf im Zeitverlauf, die Ausgestaltung des gegenwärtigen Alltags der Befragten und die Bewältigung von Anforderungen ausgerichtet sind, die aus dem Wechselspiel zwischen der Versorgung eines älteren Familienmitglieds und der Erwerbsarbeit erwachsen. Sie zielen darauf ab, eine möglichst ausführliche Narration anzuregen (vgl. Witzel 1982, S. 98f; ders. 2000, S. 4). Hieran schließt sich die Sondierungsphase an, innerhalb derer an in der ersten Erzählphase aufgetretene Themenstellungen angeknüpft und zu einer Spezifizierung angeregt wird. Ziel ist, den Detaillierungsgrad der dargelegten Inhalte zu steigern. Darüber hinaus werden in dieser Phase auch Fragen in die Erzählstränge der Befragten eingeflochten, die sich auf bisher noch nicht aufgegriffene Themenstellungen des Interviewleitfadens beziehen. Sie greifen vornehmlich die inhaltliche, zeitliche und teilweise auch räumliche Ausgestaltung der Lebensbereiche Beruf und Pflege, Einflussnahmemöglichkeiten in diesen Sphären sowie Ressourcen und Strategien für ihre Verbindung auf. Außerdem wird nach Gründen für die eingesetzten Handlungsformen und die Bedeutung der einzelnen Lebensbereiche gefragt. Wichtig ist hierbei, der von Hopf beschriebenen Gefahr einer „*Leitfadenbürokratie*" (Hopf

1978, S. 101), also der zu engen Haftung der Forscherin oder des Forschers an den Fragen im Leitfaden, zu entgehen. Zu diesem Zweck wird dieser in den Gesprächen flexibel gehandhabt und viel Zeit für die Interviews eingeplant, um den Informationsfluss der Befragten nicht unnötig zu unterbrechen. Außerdem kommen spontane Nachfragen als Reaktionen auf die Informationsvermittlung der Interviewten zum Einsatz, die im Leitfaden nicht vorgesehen sind. Abhängig von der Reflexivität und Eloquenz der Interviewten variiert das Verhältnis von Narration und unterstützender Nachfrage im Dialogverfahren, wobei jedoch immer die Zielsetzung verfolgt wird, möglichst selbstläufige Erzählungen zu erzeugen (vgl. Witzel 1982, S. 92; ders. 2000, S. 2). Um Interdependenzen zwischen dem beruflichen und dem privaten Lebensbereich im Verlauf der Interviews zu erfassen, wird in dieser Phase auf die Methode des topischen Perspektivwechsels zurückgegriffen, die von der Forschergruppe um Regina Becker-Schmidt entwickelt wurde, um das Phänomen der doppelten Vergesellschaftung bei Fabrikarbeiterinnen mit kleinen Kindern zu analysieren (s. auch Teilkapitel 4). Diese Strategie sieht vor, die subjektive Bedeutung eines Lebensbereichs auch in einem Gesprächskontext zu thematisieren, der sich schwerpunktmäßig auf die andere Sphäre bezieht (vgl. Becker-Schmidt et al. 1982, S. 108; dies. 1983, S. 26f). Hierzu wird durch die Frageformulierung immer wieder dazu angeregt, den Blick nicht nur auf die gerade fokussierte Sphäre, sondern auch auf die Auswirkungen auf und die Berührungspunkte mit dem anderen Lebensbereich zu richten. Beispielsweise kann im Zuge einer Interviewsequenz, die sich auf die Anforderungsbewältigung im pflegerischen Bereich bezieht, nach der Bedeutung der Arbeitszeit gefragt werden. Auf diese Weise ist die Möglichkeit gegeben, beide Sphären in Beziehung zueinander zu setzen und Wechselwirkungen zu erfassen. Um das Fremdverstehen zu fördern, wird in der fortgeschrittenen Sondierungsphase mit der Zurückspiegelung als einer der Psychotherapie entlehnten Fragetechnik gearbeitet (vgl. Witzel 1982, S. 92f, S. 100). Die Interviewerin fasst Äußerungen der Untersuchungsteilnehmerinnen zusammen und offeriert Interpretationsangebote. Die Befragten werden durch gezielte Frageformulierungen dazu eingeladen, die Darstellungen der Forschenden zu korrigieren und ihre Sichtweise zu explizieren, wodurch Vorannahmen modifiziert werden können. In der Abschlussphase des Interviews kommen Fragestellungen zum Einsatz, die die Interviewten dazu motivieren, resümierende Schlussfolgerungen zu ziehen, die wesentlichsten Aspekte ihrer Wahrnehmung noch einmal zu betonen und eigene Einstellungen zum Ausdruck zu bringen. Inhaltlich werden hierbei beispielsweise auf grundsätzliche Einschätzungen des Balanceverhältnisses zwischen den Lebensbereichen, Prioritätensetzungen im eigenen Leben und

Überlegungen zu den zukünftigen Vereinbarungsmöglichkeiten Bezug genommen. Darüber hinaus werden die Befragten angeregt, aus der eigenen Erfahrung heraus Ratschläge an eine imaginäre Freundin zu formulieren, die ebenfalls mit der Anforderung konfrontiert ist, Pflege und Beruf miteinander zu verbinden.

Kudera verweist im Zuge der durch die Projektgruppe Alltägliche Lebensführung durchgeführten Untersuchungen zu den Alltagsarrangements ausgewählter Berufsgruppen auf die Gefahr der Stilisierung und Legendenbildung der Interviewten bei ihren Erzählungen. Sie finden ihren Ausdruck in Beschönigungen, Glättungen von Widersprüchen oder der Ausgrenzung vermeintlich nicht kommunikationsfähiger Details und sind nur bedingt durch die Forschenden zu kontrollieren (vgl. Kudera 1995, S. 58f). In Anlehnung an die Grundorientierung des Symbolischen Interaktionismus ist von einer Bewertung des Wahrheitsgehalts abzusehen, da Wirklichkeit erst im Interaktionsprozess konstruiert wird (vgl. Reinders 2005, S. 20, S. 28f). Wie Kudera jedoch zu bedenken gibt, handelt es sich bei dem beschriebenen Verhalten der Befragten um Konstruktionen zweiter Ordnung, die den Blick auf die real praktizierten Arrangements als Konstruktionen erster Ordnung verstellen können. Um dieser Schwierigkeit zu begegnen, wird eine Orientierung an einem innerhalb der Biografieforschung angewendeten Verfahren vorgeschlagen, was darauf ausgerichtet ist, die Interviewten zu einer möglichst detaillierten Schilderung von Abläufen zu motivieren (vgl. Kallmeyer/ Schütze 1977, S. 162). Die Hintergrundannahme hierbei ist, dass der Anreiz, ad hoc zu erfinden, mit steigendem Detaillierungszwang abnimmt, da der Aufwand als zu groß erachtet wird (vgl. Kudera 1995, S. 58f). Im Rahmen der vorliegenden Arbeit werden zu diesem Zweck ausführliche Beschreibungen von Situationen, Tages- und Wochenabläufen angeregt.

Nach Abschluss der eigentlichen Interviewphase kommt ein soziodemografischer Kurzfragebogen zum Einsatz, der gemeinsam mit den Befragten ausgefüllt wird, um ihre bisher noch nicht thematisierten Sozialdaten zu erheben (z. B. das Alter oder die genaue Anzahl der vertraglich vereinbarten Arbeitsstunden). Die Funktion dieses Instruments besteht in der Gewinnung von Faktenwissen über die soziale Situation der Untersuchungsteilnehmer(innen), ohne jedoch die Interviewsituation durch ein für die Erfassung dieser Themengebiete typisches Frage-Antwort-Schema zu belasten. Witzel schlägt vor, den Kurzfragebogen zu Beginn des Interviews anzuwenden (vgl. Witzel 1982, S. 90f). Im Rahmen des Dissertationsvorhabens wird jedoch Flicks Empfehlung gefolgt. Er bevorzugt den Einsatz des Fragebogens nach Abschluss des Interviews, um die Beeinflussung der Gesprächsführung durch die geschlossene Frage-Antwort-Struktur zu verhindern (vgl. Flick 2011, S. 212).

In der Zusammenschau zeigt sich, dass durch das beschriebene Verfahren der Datengewinnung den Prinzipien der Kommunikation, Offenheit und Flexibilität Rechnung getragen werden kann. Das problemzentrierte Interview bedient sich dem Instrument der Sprache und ermöglicht synchrone Kommunikationsprozesse, wodurch der Anforderung nach einer Natürlichkeit des Datenerhebungskontextes begegnet wird. Insbesondere durch den Einsatz erzählungsgenerierender Fragestellungen kann Offenheit gegenüber den Relevanzstrukturen und Bedeutungszuschreibungen der Interviewten realisiert werden. Der Rückgriff auf eine Fragestrategie, die auf die Korrektur von Interpretationsversuchen der Interviewerin ausgerichtet ist, ermöglicht die Entwicklung eines tieferen Verständnisses über die Situationsdefinitionen der Befragten. Dies stellt eine bedeutsame Voraussetzung dar, um auch erwartungskonträre Phänomene im Gesprächskontext wahrzunehmen und von vorherigen Annahmen bei Bedarf abzuweichen, wodurch dem Kriterium der Flexibilität entsprochen wird.

5.2.2 Samplingstrategie und Feldzugang

Im Gegensatz zu quantitativen Studien ist das Zufallsprinzip im Rahmen qualitativ angelegter Forschungsprojekte ungeeignet, um eine Stichprobe zu bilden. Nicht ihre Repräsentativität, als vielmehr ihre theoretische Bedeutsamkeit für den interessierenden Untersuchungsgegenstand ist von Relevanz. Folglich müssen im Rahmen der qualitativen Sozialforschung „*Verfahren einer bewußten (d. h. nicht zufälligen!), kriteriengesteuerten Fallauswahl und Fallkontrastierung eingesetzt werden* (…)“ (Kelle/Kluge 2010, S. 43).

Im Rahmen der vorliegenden Arbeit wird zu diesem Zweck auf die von Glaser und Strauss entwickelte Methode des Theoretical Samplings als Bestandteil der Grounded Theory zurückgegriffen. Es handelt sich hierbei um ein Verfahren, das eine flexible Annäherung an den Forschungsgegenstand ermöglicht, indem eine schrittweise Einbeziehung von Daten vollzogen wird, die parallel zu den Auswertungsprozessen stattfindet und sich an der voranschreitenden Theorieentwicklung orientiert (vgl. Glaser/Strauss 2008, S. 53). Aus den bereits geführten Interviews werden systematisch Kriterien für die inhaltlich begründete Auswahl weiterer Fälle abgeleitet. „*Die grundlegende Frage beim Theoretical Sampling lautet: Welche Gruppen oder Untergruppen von Populationen, Ereignissen, Handlungen (um voneinander abweichende Dimensionen, Strategien usw. zu finden) wendet man sich bei der Datenerhebung als Nächstes zu. Und welche theoretischen Absichten stecken dahinter*?“ (Strauss 1991, S. 70). Umso weiter die Theorieentwicklung im Zuge des Forschungsprozesses voranschreitet, desto konkreter können die Auswahlkriterien für die Einbindung neuer Fälle formuliert werden (vgl. Strübing 2008, S. 30; Wiedemann 1991, S. 443).

In der Anfangsphase wird auf der Basis von *„apriorischen theoretischen Annahmen"* (Glaser/Strauss 2008, S. 53) eine vorläufige und im Forschungsprozess revidierbare Zielgruppendefinition vorgenommen und erste Fälle einbezogen. Die Auswahl erfolgt in dieser Phase orientiert an drei unterschiedlichen Kriterien: Erstens werden nur Frauen aufgenommen, was Hinweisen aus der bestehenden Literatur zur Alltäglichen Lebensführung (s. Teilkapitel 2.1.2) und zur Vereinbarkeit von Pflege und Beruf (s. Kapitel 4) geschuldet ist, denen zufolge sich das Anforderungsspektrum, die zeitliche Einbindung in familiäre Versorgungsaufgaben und auch Bewältigungsmuster von vereinbarenden Männern und Frauen stark unterscheiden. Um diese Differenzen jedoch adäquat in der Datenanalyse berücksichtigen zu können, ist die Zahl der Fälle, deren Bearbeitung von einer einzelnen Person realisiert werden kann, zu gering. Indem ausschließlich Frauen aufgenommen werden, kann der Fokus spezifisch auf diejenige Gruppe gerichtet werden, die gegenwärtig am häufigsten Pflege und Beruf miteinander vereinbart. Zweitens müssen die einbezogenen Personen Pflege und Beruf zum Zeitpunkt des Interviews miteinander verbinden, wodurch eine Positivselektion der eingebundenen Fälle vorgenommen wird: Nur eben jene Frauen gelangen in den Fokus der Betrachtung, die nicht bereits einen Lebensbereich zugunsten des anderen aufgegeben haben, sondern bisher zwischen ihnen vermitteln und folglich über Handlungsformen Auskunft geben können, mithilfe derer eine Verbindung realisiert werden kann. Die Beschränkung auf diesen Personenkreis hat darüber hinaus den Vorteil, dass Beschreibungen des Alltags von den Befragten authentisch und realitätsnah vorgenommen werden können, da über die aktuell bestehende Situation berichtet wird. In der Rückschau könnten möglicherweise Verzerrungen der Wahrnehmung auftreten. Drittens werden nur vereinbarende Frauen einbezogen, die sowohl im beruflichen wie auch im pflegerischen Bereich Aufgaben bewältigen, die anforderungsreich genug sind, sodass sie den regelmäßigen Einsatz von Vermittlungshandlungen erforderlich machen. Als Kriterium fungiert in diesem Zusammenhang im beruflichen Bereich die Ausübung einer Beschäftigung oberhalb der Geringfügigkeitsgrenze. In der pflegerischen Sphäre wird eine regelmäßige Verantwortungsübernahme der Frauen für die Organisation und Erbringung der Versorgung für einen älteren Menschen vorausgesetzt (nicht nur als Hauptpflegepersonen[69]), der in umfassen-

69 Als Hauptpflegepersonen gelten *„(...) nicht-professionelle Helfer von Hilfe- und Pflegebedürftigen, die regelmäßig Unterstützung leisten und dabei mehr als alle anderen informellen Helfer*

dem Maße der Unterstützung und/oder der Beaufsichtigung durch andere Personen bedarf. Eine Identifizierungshilfe kann hierbei das Bestehen einer nach dem Pflegeversicherungsgesetz anerkannten Pflegebedürftigkeit der oder des zu Versorgenden sein. Da jedoch der Pflegebedürftigkeitsbegriff, wie in Teilkapitel 3.1.3 dargestellt, stark medizinisch-somatisch ausgerichtet ist und beispielsweise den Versorgungsbedarfen demenziell Erkrankter nicht ausreichend Rechnung trägt, stellt dieses Kriterium keine obligatorische Bedingung dar. Nach eingehender Prüfung können im Einzelfall auch Pflegende von hochgradig betreuungs-, beaufsichtigungs- und anleitungsbedürftigen älteren Menschen ohne Pflegestufe einbezogen werden. Auf die Zugrundelegung weiterer Auswahlkriterien wird in dieser frühen Phase des Forschungsprozesses bewusst verzichtet, um die Möglichkeit zu erhalten, so viele Facetten des Untersuchungsgegenstandes wie möglich zu entdecken.

Im weiteren Verlauf lehnt sich die Fallauswahl immer stärker an bestimmte, sich in der Analyse der vorangehenden Fälle herausbildende Kategorien an. Wie bei der Ergebnisdarstellung zu zeigen ist, handelt es sich bei diesen um die Verfügbarkeit über Bewältigungsressourcen der oder des Pflegebedürftigen, über Bewältigungsressourcen aus dem formellen und informellen Umfeld sowie um die Selbstbewältigungsressourcen der Befragten, d. h. ihre Möglichkeit, sich selbst in die Versorgung der oder des Pflegebedürftigen einzubringen. Als Indikatoren fungieren beispielsweise der Umfang des Versorgungsbedarfs des älteren Menschen, die Verfügbarkeit über soziale Unterstützung oder aber das Ausmaß der beruflichen Einbindung der Befragten. Bei der Einbeziehung der Fälle wird dabei auf eine Kontrastierung dieser Merkmale hingewirkt (vgl. Glaser/Strauss 1998, S. 53-83; Kelle/Kluge 2010, S. 47-49; Przyborski/Wohlrab-Sahr 2008, S. 177f; Strauss/Corbin 1996, S. 152-158). Ziel ist, möglichst facettenreiche Ausprägungen der zentralen Kategorien im Sample abzubilden. Die Identifikation von entsprechenden Fällen erweist sich in diesem Zusammenhang teilweise als schwierig, da vor der Interviewdurchführung die Verfügbarkeit über Ressourcen nicht immer eindeutig bestimmt werden kann. Durch die Abfrage einiger Rahmendaten (beispielsweise die Pflegestufe des zu Betreuenden, die Anzahl an Unterstützungsquellen oder der Umfang der wöchentlichen Arbeitszeit der Befragten) wird aber angestrebt, Hinweise auf die Ressourcenverfügbarkeit zu sammeln und eine möglichst zielgerichtete Auswahl zu treffen.

Das Sampling ist nicht dann abgeschlossen, wenn eine bestimmte, vorher definierte Zahl von Interviews realisiert wurde, sondern wenn der Zustand der

mit der Unterstützung oder Pflege befasst sind. Nicht berücksichtigt werden Personen, die eher sporadisch oder ergänzend Unterstützung geben, (...)“ (Schneekloth/Potthoff 1993, S. 2).

theoretischen Sättigung, also eine inhaltliche Dichte der Kategorien erreicht wurde (vgl. Glaser/Strauss 1998, S. 69; Strauss/Corbin 1996, S. 159). Dabei sind jedoch nicht alle Kategorien gleichermaßen relevant, sondern lediglich diejenigen, die über eine umfassende Erklärungskraft für den Untersuchungsgegenstand verfügen (vgl. Glaser/Strauss 1998, S. 77). Im vorliegenden Fall handelt es sich vornehmlich um die drei oben bereits angeführten Vergleichskategorien, die durch die Hinzuziehung neuer Daten solange zu ‚sättigen' sind, bis eine weitere Einbindung von Datenmaterial keine grundlegend neuen Eigenschaften mehr hervorbringt. Glaser und Strauss formulieren eine Handlungsanweisung, mithilfe derer die Feststellung dieses Stadiums erleichtert werden soll und die auch in der vorliegenden Untersuchung zugrunde gelegt wird: *„Sobald er [der Forscher] sieht, dass die Beispiele sich wiederholen, wird er davon ausgehen können, daß eine Kategorie gesättigt ist*" (Glaser/Strauss 1998, S. 69). Diese Zielsetzung kann auch mit geringen Fallzahlen realisiert werden:

> *„Da exakte Belege für die Generierung von Theorie nicht so entscheidend sind, kommt es auch nicht unbedingt auf die Art der Belege oder die Anzahl der Fälle an. Ein einziger Fall kann eine allgemeine konzeptuelle Kategorie oder eine allgemeine konzeptuelle Eigenschaft anzeigen; ein paar Beispiele mehr mögen die Indizien bestätigen "*
> (Glaser/Strauss 1998, S. 39).

Im Rahmen der vorliegenden Untersuchung werden 21 Interviews ausgewertet, bis eine Stabilität der Ergebnisse auch vor dem Hintergrund neu erhobener Daten erreicht ist.

Der Feldzugang wird über unterschiedliche im Bereich der Pflege älterer Menschen relevante Multiplikatoren (z. B. Pflegedienste, Tagespflegeeinrichtungen, Versorgungsvereine, örtliche Niederlassungen der Wohlfahrtsverbände, Beratungsstellen für pflegende Angehörige sowie Selbsthilfegruppen) aufgebaut. Hierbei wird angestrebt, die Zugangswege möglichst heterogen zu gestalten, um kontrastierende Fälle in die Untersuchung einbinden zu können. Im Vorfeld werden die benannten Institutionen über das Erkenntnisinteresse und das Vorgehen informiert und im Falle der Bereitschaft zur Unterstützung über die jeweils relevanten Samplingkriterien unterrichtet. Werden Interviewpartner gefunden, die diese Bedingungen erfüllen, eruieren die Einrichtungen ihre Interviewbereitschaft und leiten gegebenenfalls die Kontaktdaten weiter. Durch den Aufbau des Zugangs über diese den Pflegepersonen bereits bekannten Institutionen wird das Ziel verfolgt, eine Vertrauensbasis zu schaffen und die Interviewbereitschaft zu steigern. Falls organisatorisch möglich, wird das Forschungsanliegen in Gesprächskreisen für pflegende Angehörige durch die Forscherin selbst dargestellt, um Barrieren abzubauen und die Motivation zur Teilnahme zu erhöhen. Wurden über diese Zugangswege Interviewpartnerinnen generiert, verweisen diese im Zuge der Gespräche häufig auf ihnen bekannte erwerbstätige Pflegende, die abhängig von ihrer Eignung ebenfalls in die Untersuchung aufgenommen werden. Der Rückgriff auf dieses Schneeballverfahren als ergänzende Samplingstrategie eröffnete die Möglichkeit, auch Kontakte zu Personen aufzubauen, die mit den oben genannten Institutionen nicht in Verbindung stehen.

Die im Rahmen der Arbeit eingesetzte Strategie der Stichprobenziehung erfüllt die geforderten Kriterien der Offenheit und der Flexibilität: Das Theoretical Sampling trägt maßgeblich dazu bei, einen zirkulär organisierten Forschungsprozess zu ermöglichen, der das Hin- und Herpendeln zwischen der Datenerhebung, der Datenauswertung und der Theoriebildung vorsieht. Somit kann die subjektive Sichtweise der Akteurinnen kontinuierlich im Forschungsprozess Berücksichtigung finden, in die Interpretationsvorgänge einbezogen und zur Prüfung der gewonnenen Erkenntnisse eingesetzt werden. Hierdurch wird dem Prinzip der Offenheit Rechnung getragen. Gleichzeitig besteht die Möglichkeit, durch die sukzessive am erlangten Erkenntnisstand orientierte Fallauswahl die Datenerhebung mit der Zeit immer weiter zu spezifizieren und die Auswertungsergebnisse zu elaborieren. Dieses Vorgehen ist bedeutsam, um dem Kriterium der Flexibilität zu entsprechen. Im Gegensatz zu anderen Verfahren der qualitativen Stichprobenbildung, z. B. der Vorabformulierung von Stichprobenplänen, die gezielte Vorgaben über die Selektion von Einzelfällen vorsehen (vgl. Flick 2007, S. 155-158; Kelle/Kluge 2010, S. 50-55), wird die Variationsbreite des Datenmaterials nicht schon zu Beginn der Untersuchung grundlegend eingeschränkt und auf diese Weise einer Hypothesenbildung ex ante entgegengewirkt.

5.2.3 Datentranskription und Datenanalyse

Den Kern des empirischen Vorgehens bildet die Analyse der erhobenen Daten. Sie setzt zunächst eine vollständige Transkription der aufgezeichneten Interviews voraus, die darauf gerichtet ist *„die flüchtige und flüssige Gestalt von Gesprächen und Diskursen dauerhaft in grafische Repräsentationen [zu] verwandeln“* (Dittmar 2004, S. 9). Durch dieses Vorgehen kann gegenüber anderen Darstellungsformen auditiver Daten (z. B. der Pharaphrasierungen) eine vergleichsweise große Abbildungstreue erreicht werden, wobei im Einzelfall abzuwägen ist, welche verbalen Aktivitäten aus der Gesamtheit des Gesprächsgeschehens in den Transkripten darzustellen sind (vgl. Deppermann 2008, S. 41). Es wird die Prämisse zugrunde gelegt, dass lediglich die für die Realisierung der Forschungsabsichten notwendigen Informationen schriftlich zu fixieren sind (vgl. Kowahl/O'Connell 2010, S. 443f; Strauss/Corbin 1996, S. 14). Da die forschungsleitenden Fragestellungen weder auf eine Untersuchung von Organisationsprinzipien der Sprache noch auf eine Konversationsanalyse, sondern auf die Erfassung inhaltlicher Dimensionen abzielen, besteht nicht die Notwendigkeit, auf ein Transkriptionssystem zurückzugreifen, das besondere Sensibilität gegenüber spezifischen prosodischen Eigenschaften der Sprache (z. B. Akzente, Intonationen, Geschwindigkeit, Sprachpausen) sowie parasprachlichen Interaktionen im Interview (Mimik und Gestik) aufweist. Für die spätere Auswertung scheint vielmehr die Verwendung eines Verfahrens dienlich, das die Produktion eines lesbaren und somit für die spätere Auswertung verwendbaren Textes ermöglicht. Diesem Grundsatz Rechnung tragend, erfolgt die Verschriftlichung orientiert an Vorschlägen von Drehsing und Pehl (vgl. Dresing/Pehl 2010, S. 727): Die aufgezeichneten Interviews werden in Schriftdeutsch überführt, wobei lautsprachliche Äußerungen Berücksichtigung finden, dialektische Färbungen der Sprache jedoch nicht abgebildet werden. Die Darstellung der Erzählpassagen wird sequenziell vorgenommen, das heißt, jeder neue Sprechbeitrag stellt, unabhängig von seiner Länge, einen eigenen Absatz dar. Ein Sprecherwechsel wird durch den Beginn eines neuen Absatzes verdeutlicht, wobei die Redebeiträge der in mit „I" und die der befragten Personen durch ein „B" und die jeweilige Kennnummer (z. B. „B14") gekennzeichnet sind. Lediglich kurze, den Gesprächsfluss stabilisierende Äußerungen der Interviewerin werden nicht als neue Absätze dargestellt, sondern in runden Klammern aufgeführt, sodass sie sich in dem ansonsten durch die Aussagen der Befragten geprägten Absätzen hervorheben. Sollten Sätze nicht beendet werden, erfolgt die Kennzeichnung dieser Abbrüche durch drei aufeinanderfolgende Punkte. Die Verwendung von Kommata wird entsprechend der akustischen Interpunktion vorgenommen und dient der Markierung von Sprachpausen, wobei der grammatische Verwendungszweck an dieser Stelle von untergeordneter Bedeutung ist. Aus datenschutzrechtlichen Gründen findet eine Anonymisierung aller in den Interviews auftretender Namen oder Ortsbezeichnungen statt, indem die Begrifflichkeiten nicht ausgeschrieben, sondern lediglich mit einzelnen Buchstaben abgekürzt werden. Die Transkription wird durch die Forscherin selbst vorgenommen, da die Verschriftlichung bereits eine Auseinandersetzung mit dem zu analysierenden Material darstellt und hieraus Erkenntnisgewinne erwachsen (vgl. Bird 2005, 228f; Dresing/Pehl 2010, S. 727).

Das auf diese Weise produzierte Datenmaterial bildet die Grundlage für die folgende Analyse. Hierfür werden die Kodierungsverfahren der Grounded Theory und das Modell der empirisch begründeten Typenbildung miteinander verflochten. Insgesamt sind vier Auswertungsschritte zu durchlaufen:

(1) Wie in Teilkapitel 5.2 angeführt, entstehen Typologien, indem der Untersuchungsbereich, also die in die Stichprobe aufgenommenen erwerbstätigen Pflegenden, anhand bestimmter Merkmale oder Vergleichskategorien in mehrere Gruppen unterteilt werden. Diese Vergleichskategorien werden im ersten Schritt datenbasiert entwickelt und im weiteren Verlauf der Auswertung für die Darstellung von Unterschieden und Gemeinsamkeiten zwischen den einbezogenen Fällen herangezogen (vgl. Kelle/Kluge 2010, S. 91; Kluge 1999, S. 260; dies. 2000, S. 4). In der vorliegenden Arbeit handelt es sich hierbei, wie im Zuge der Ergebnisdarstellung noch eingehend beschrieben wird, um unterschiedliche Ressourcenformen, die fallübergreifend für den Einsatz von Vermittlungshandlungen bedeutsam sind. Darüber hinaus werden in dieser ersten Phase auch eben jene Vermittlungshandlungen identifiziert, die später zusätzlich zu den Vergleichskategorien hinzugezogen werden, um die Eigenheiten der Typen zu charakterisieren (vgl. Kluge 1999, S. 264).

Für die Entwicklung der Vergleichskategorien und die Entdeckung von Handlungsformen im Datenmaterial kommt zunächst das offene Kodierungsverfahren der Grounded Theory zum Einsatz. Es zielt darauf ab, die erhobenen Daten aufzubrechen und zu konzeptionalisieren (vgl. Strauss/Corbin 1996, S. 39). Zu diesem Zweck wird zunächst das transkribierte Interviewmaterial des ersten Falles Zeile für Zeile entlang des Gesprächsverlaufs auf die theoretischen Sinngehalte überprüft und in Sinneinheiten unterteilt. Die Sinneinheiten werden jeweils mit Begriffen bzw. mit Codes belegt, wobei ein und derselbe Code für vergleichbare Sachverhalte eingesetzt wird. Wesentlich ist hierbei, in dem Datenmaterial beschriebene Phänomene zu erkennen und sie auf einem höheren Abstraktionsniveau mit einem Schlüsselwort zu kennzeichnen. Selbiges wird entweder durch die Interpretin ad hoc entwickelt, wobei die Verfügbarkeit über theoretische Sensibilität hierbei von Bedeutung ist, oder es wird in Form von „*in-vivo-Codes*“ (Glaser 1978, S. 70; Strauss/Corbin 1996, S. 50) aus den Äußerungen der Interviewten abgeleitet. Die Generierung der Codes erfolgt dabei auf induktivem, abduktivem oder auf deduktivem Wege. Die erste Form kommt primär dann zum Einsatz, wenn im Datenmaterial unerwartete Phänomene auftreten, die nicht unter bereits bestehende Codes zu fassen sind und eine Begriffsneubildung erfordern. Die zweite Form wird genutzt, wenn auf theoretische oder alltagsweltliche Wissensbestände aus anderen Kontexten zurückgegriffen wird, um die Textsequenzen mit Bezeichnungen zu belegen (s. Teilkapitel 5.1.2). Deduktive Verfahren liegen vor, wenn bereits verwendete Codes für andere Textsegmente genutzt werden (vgl. Breuer 2010, S. 53f; Kelle/Kluge 2010, S. 93f). Um die Anzahl der Codes zu reduzieren, werden verwandte Konzepte zu übergeordneten Einheiten, sog. Kategorien, zusammengefasst. Sie zeichnen sich durch ihre Mehrdimensionalität aus, die sich durch die Integration der zuvor entwickelten Konzepte ergibt: In der Regel verfügen die Kategorien über mehrere Subkategorien (Codes), die die übergeordneten Kategorien eingehender beschreiben. Diese besitzen unterschiedliche dimensionale Ausprägungen, die sich entlang eines Kontinuums abbilden lassen (vgl. Strauss 1998, S. 57-63; Strauss/Corbin 1996, S. 44-55, S. 77f). Während des offenen Kodierens werden kontinuierliche Vergleichsoperationen durchgeführt, um die Daten auf Ähnlichkeiten und Unterschiede hin zu analysieren und somit zu bestimmen, ob ein im Material auftretendes Phänomen einer bereits bestehenden Kategorie oder Subkategorie zugeordnet wird oder eine Neubildung erforderlich ist (vgl. Glaser/Strauss 2008, S. 112). Das offene Kodierungsverfahren wird computergestützt mit dem Programm MaxQDA durchgeführt, das zwar die Forscherin nicht von den Interpretationsprozessen entlastet, jedoch die Strukturierung und Organisation der Textdaten erleichtert (vgl. Kelle 2010, S. 488; Kuckartz 2010, S. 12-15). Es wird auf die 21 einbezogenen Fälle angewendet und bringt ein Kategoriensystem in Form eines Stichwortverzeichnisses hervor, das die gefundenen Kategorien und ihre Subkategorien sequenziell auflistet. Dieses Verzeichnis umfasst sämtliche, von den Befragten im Zuge der Interviews thematisierten Handlungsformen zur Verbindung von Pflege und Beruf sowie Einflussfaktoren, die ihren Einsatz bedingen, und gibt somit einen Überblick über das Themenspektrum, das in Bezug auf die Fragestellungen der Arbeit potenziell von Relevanz sein könnte (vgl. Kluge 1999, S. 269). Das im Zuge der ersten Interviewauswertungen erstellte fallübergreifende Stichwortverzeichnis hat einen vorläufigen Charakter und wird in der gesamten Phase des offenen Kodierens stetig weiterentwickelt. Hierzu werden bereits bestehende Kategorien modifiziert, neue Kategorien oder Subkategorien ergänzt und Kategorien, die eine inhaltliche Nähe aufweisen, zusammengefasst.

Dieser offene Kodierungsprozess führt zu der Herausbildung von zentralen Kategorien, die im Zuge des sich nun anschließenden axialen Kodierungsvorgangs im Fokus stehen. Sie werden durch die Hinzuziehung zusätzlicher Textpassagen und das Anstellen weiterer Vergleiche eingehend ausgearbeitet (vgl. Strauss 1998, S. 101). Außerdem können in diesem Stadium der Analyse die in den heuristisch-analytischen Theorierahmen integrierten ‚Sensitizing Concepts‘ (s. Teilkapitel 2.3) an diese empirisch entwickelten Kategorien herangeführt werden. Hierdurch lässt sich prüfen, inwieweit Überschneidungen zwischen den Konzepten des theoretischen Modells und den empirisch entwickelten Kategorien bestehen und ob die empirisch entwickelten Kategorien die theoretischen Konzepte spezifizieren, modifizieren oder sogar ersetzen können. Dieser Vorgang erfolgt bewusst erst im Anschluss an das offene Kodierungsverfahren, um zu verhindern, dass die konzeptionellen Überlegungen die empirisch gewonnenen Erkenntnisse zu stark lenken oder überlagern. Als Ergebnis des axialen Kodierungsprozesses lassen sich zum einen die wesentlichen Vergleichskategorien, die ausschlaggebend für den Einsatz von Vermittlungshandlungen sind (s. Teilkapitel 6.3.1) und zum anderen die Kategorie des Vermittlungshandelns (s. Teilkapitel 6.2) herausbilden. Wie in Kapitel 6 noch detailliert zu beschreiben ist, können insgesamt drei Vergleichskategorien generiert werden. Diese werden nun definiert, die Ausprägungen, die sie jeweils annehmen können, festgelegt (vgl. Kluge 1999, S. 269) und Indikatoren bestimmt, die Rückschlüsse auf die Ausprägungen zulassen. Diese Erkenntnisse werden in einem Schema zusammengefasst.

Es wird zugrunde gelegt, um die einbezogenen Fälle noch einmal dezidiert auf die jeweilig vorliegenden Ausprägungen der drei Vergleichskategorien zu untersuchen. Dafür erfolgt nun ein Rückgriff auf eine Auswertungsmethode, die an das selektive Kodierungsverfahren der Grounded Theory angelehnt ist. Sie sieht eine systematische Kodierung ausschließlich nach den erarbeiteten Schlüsselkategorien vor. Die anderen Codes werden hierbei außer Acht gelassen (vgl. Strauss 1998, S. 63f). Das selektive Kodieren zielt im Kontext der vorliegenden Arbeit jedoch im Gegensatz zum ursprünglichen Verfahren der Grounded Theory nicht darauf ab, eine einzelne gegenstandsbezogene Kernkategorie über alle Fälle hinweg zu generieren (vgl. Flick 2007, S. 404). Vielmehr stehen hierbei die drei Vergleichskategorien im Fokus, deren Ausprägung für jeden einzelnen Fall zu bestimmen ist (s. Teilkapitel 6.3.3). Hierzu werden Textpassagen aus den einbezogenen Interviews fallkontrastierend verglichen, um so Rückschlüsse auf die jeweils vorherrschenden Merkmalsausprägungen ziehen zu können (vgl. Kluge 1999, S. 268). Wie im nachfolgenden Kapitel darzustellen ist, werden zwei Merkmalsausprägungen unterschieden. Zunächst lassen sich indikatorengeleitet Fälle mit extremen Ausprägungen bestimmen, die eindeutig dem einen oder anderen Pol zuzuordnen sind. Im nächsten Schritt werden Fälle mit weniger eindeutiger Ausprägung mit den eindeutig zuordenbaren Fällen verglichen und geprüft, ob sie die größere inhaltliche Nähe zu der einen oder der anderen Ausrichtung aufweisen.

Um die intersubjektive Nachvollziehbarkeit[70] der Kodierungsvorgänge und der fallbezogenen Bestimmung der Vergleichskategorienausprägungen sicherzustellen und somit eine kritische Verständigung über das Vorgehen zwischen Forscher(inne)n und Leser(inne)n zu ermöglichen, kommt in dieser ersten Phase die von Steinke vorgeschlagenen und auch im Rahmen der Grounded Theory vorgesehenen Interpretationsprozesse in Gruppen zur Anwendung (vgl. Steinke 1999, S. 214; dies. 2000, S. 326; Strauss 1998, S. 175-190). Sie dienen dazu, der „*Gefahr der Beliebigkeit und Willkürlichkeit*" (Steinke 2000, S. 321) zu begegnen und kommen in einem dreischrittigen Verfahren zur Anwendung: Erstens werden einzelne Textpassagen von einer mit der spezifischen Auswertungspraxis vertrauten Person offen gegenkodiert, um sicherzustellen, dass relevante Themen in dem Datenmaterial entdeckt werden. Eine gemeinsame Erörterung der Ergebnisse findet im Anschluss statt. Zweitens wird das gleiche empirische Material innerhalb diskursiver Gruppenprozesse auch durch andere Forscherinnen bearbeitet. Gemeinsam analysieren sie das Datenmaterial daraufhin, welche Ausprägungen der Vergleichskategorien sich in den einbezogenen Textsegmenten zeigen. Drittens werden die Ausprägungen der Vergleichskategorien für ganze Fälle noch einmal von einigen der Gruppendiskussionsteilnehmerinnen geprüft. Es handelt sich hierbei um einzelne Fälle, für die sich die Ausprägung der Merkmale zunächst nicht zweifelsfrei bestimmen ließ. Im anschließenden Gruppendiskussionsverfahren lässt sich auf der Basis dieser unabhängig voneinander stattgefundenen Einzelprüfungen ein intersubjektiver Konsens herstellen. Die Zielsetzung der drei Teilschritte besteht darin, die Sensibilität der Forscherin für die Phänomene im Datenmaterial zu prüfen, die Anwendbarkeit der Vergleichskategorien zu hinterfragen und die Bestimmung der Vergleichskategorienausprägungen, insbesondere in kritischen Einzelfällen, kontrollieren zu lassen.

(2) Als Zweites werden die einbezogenen Fälle anhand ihrer Merkmalsausprägungen gruppiert. Dieses Verfahren wird auch als divisiv bezeichnet[71], d. h.

70 Die intersubjektive Nachvollziehbarkeit des Typenbildungsprozesses im Speziellen aber auch des Forschungsprozesses im Allgemeinen stellt ein wesentliches Qualitätskriterium der qualitativen Sozialforschung dar (s. auch Teilkapitel 7.1). Sie tritt an die Stelle der intersubjektiven Überprüfbarkeit, die für quantitative Forschungsarbeiten als Gütekriterium zwar gefordert (vgl. Bohnsack 2010, S. 19; Popper 1994, S. 18), für die Bewertung qualitativer Untersuchungen jedoch in Forscherkreisen als ungeeignet erachtet wird. Ausschlaggebend hierfür ist die begrenzte Standardisierbarkeit qualitativer Forschungsmethoden, die unter anderem auch auf das unterschiedliche Maß theoretischer Sensibilität der Forschenden und die Individualität der Erhebungssituation zurückzuführen ist (vgl. Corbin/Strauss 1990, S. 424; Steinke 2000, S. 324).

71 Im Gegensatz dazu kann auch ein agglomeratives Verfahren zum Einsatz kommen, bei dem die Einzelfälle den Ausgangspunkt der Zuordnung bilden. Zunächst werden bei diesem Vorgehen die beiden Fälle des Samples zusammengefasst, die die größten Ähnlichkeiten hinsichtlich der

den Ausgangspunkt stellt die Gesamtgruppe dar, deren Fälle gleichzeitig hinsichtlich der Merkmale und ihren Ausprägungen differenziert und in Teilgruppen untergliedert werden (vgl. Kluge 1999, S. 272). Um den Vorgang transparent zu gestalten, erfolgt ein Rückgriff auf das Konzept des Merkmalsraumes, das durch Barton und Lazarfeld (vgl. Barton 1955, S. 40-53; Lazarsfeld 1937; Lazarsfeld/Barton 1951) entwickelt wurde. Die Anwendung dieses Instruments zwingt zu einer ausdrücklichen Festlegung der Vergleichskategorien und ihrer Ausprägungen und eröffnet die Möglichkeit, die Zuordnung der Untersuchungselemente zu den Gruppen systematisch und für die Leser(innen) transparent zu gestaltet. Es sieht die Erstellung einer Mehrfeldertafel vor, innerhalb derer zunächst die drei Vergleichskategorien und ihre zwei Ausprägungen kreuztabelliert dargestellt werden. Auf diese Weise entsteht eine generelle Vorstellung über alle theoretisch möglichen Merkmalskombinationen. Im Anschluss können die Fälle anhand ihrer eigenen Merkmalsausprägungen in den entsprechenden Zellen der Tabelle verortet werden, wodurch sich die tatsächliche Repräsentanz der Merkmalskombinationen in der Stichprobe darstellen lässt. Zeigen sich bestimmte theoretisch mögliche Kombinationen im Sample nicht, sind an dieser Stelle im Analyseprozess mögliche Gründe zu eruieren (vgl. Kelle/Kluge 2010, S. 87-90, S. 96; Kluge 1999, S. 94-100, S. 109, S. 272-275; dies. 2000, S. 4f).

(3) Als Drittes werden die einer Gruppe zugeordneten Fälle auf ihre Gemeinsamkeiten bezüglich des Vermittlungshandelns hin untersucht. Hierfür wird entsprechendes Datenmaterial fallübergreifend für die jeweilige Gruppierung zusammengestellt, wobei in diesem Zusammenhang wieder das selektive Kodierungsverfahren der Grounded Theory zur Anwendung kommt. Im Fokus der Betrachtung steht nun jedoch ausschließlich die auf der Grundlage der offenen Kodierungsprozesse entwickelte Kategorie des Vermittlungshandelns und ihre Subkategorien. Außerdem werden unter Rückgriff auf dieses Verfahren auch Unterschiede hinsichtlich des Einsatzes von Vermittlungshandlungen zwischen den Gruppen analysiert (vgl. Kelle/Kluge 2010, S. 91, S. 102, S. 104; Kluge 1999, S. 264). Vor dem Hintergrund dieser neuen Erkenntnisse kann es sich als sinnvoll erweisen, einzelne Gruppen zusammenzufassen, wenn sie starke inhalt-

---

Merkmalsausprägungen aufweisen. Sukzessive lassen sich im Anschluss auf diese Weise auch die weiteren Fälle gruppieren, wobei sich neue Gruppierungen bilden oder die Fälle bereits bestehenden Clustern zugeordnet werden. Diese Methode ist allerdings nicht mit dem Konzept des Merkmalsraums zu verbinden, da die Merkmalskombinationen nicht kreuztabellarisch vor der Zuordnung der Fälle festgelegt werden, sondern sich erst im Zuge der Analyse herausbilden. Nachteilig ist bei diesem Vorgehen, dass Merkmalskombinationen, die sich im Datenmaterial nicht widerspiegeln, auch nicht oder nur schwerlich entdeckt werden können (vgl. Kluge 1999, S. 270, S. 275).

liche Korrelationen aufweisen (vgl. Barton 1955, S. 49, S. 53; Kelle/Kluge 2010, S. 102; Kluge 1999, S. 279; dies. 2000, S. 5; Lazarsfeld/Barton 1951, S. 174).

Die sozialwissenschaftliche Typenbildung ist jedoch nicht nur darauf ausgerichtet, empirische Gruppierungen zu finden, sondern auch die Gründe für das Auftreten der Gruppierungen mit den für sie typischen Eigenschaften zu ermitteln (vgl. Kelle/Kluge 2010, S. 90f). Es ist also zu zeigen, *„daß das Zusammentreffen bestimmter Merkmale nicht zufällig ist, sondern daß sich hinter diesen ‚äußeren' Korrelationen ‚innere' Sinnzusammenhänge verbergen, (...)"* (Kluge 1999, S. 277). Im Rahmen der vorliegenden Arbeit sind also Erklärungen dafür zu finden, warum Personen mit bestimmten Ausprägungen der drei Vergleichskategorien auch bestimmte Handlungsformen nutzen, um die Pflege ihrer Angehörigen und den Beruf miteinander zu verbinden. Die Erkenntnisse über diese inhaltlichen Sinnzusammenhänge werden gewonnen, indem während des gesamten Auswertungsprozesses kontinuierlich theoretische Memos verfasst werden, die *„die schriftlichen Formen unseres abstrakten Denkens über die Daten dar[stellen]"* (Strauss/Corbin 1996, S. 170) und inhaltliche Überlegungen zu den Kategorien und ihren Zusammenhängen beinhalten (vgl. Glaser 1978, S. 83; Glaser/Strauss 1998, S. 113f; Strauss/Corbin 1996, S. 172). Besonders ertragreich sind diejenigen Memos, die entwickelt wurden, nachdem in der oben bereits beschriebenen Phase des axialen Kodierens eine Kontrastierung der empirisch entwickelten Kategorien mit den ‚Sensitizing Concepts' des heuristisch-analytischen Theorierahmens stattgefunden hat. Ausschlaggebend hierfür ist, dass sich in diesem Stadium ganz im Sinne der von Peirce angesprochenen qualitativen Induktion (s. Teilkapitel 5.1.2) durch den Rückgriff auf die allgemeinen theoretischen Regeln Hinweise auf inhaltliche Verbindungslinien zwischen den Kategorien ableiten lassen.[72] Diese in den Memos festgehaltenen Ideen können anhand der erhobenen Daten überprüft und zu Hypothesen weiterentwickelt werden. Die auf diese Weise gewonnenen Erkenntnisse sind dann in den ursprünglichen heuristisch-analytischen Theorierahmen einzuspeisen und tragen dazu bei, dieses Modell zu spezifizieren und zu modifizieren.

---

72 Corbin und Strauss schlagen in der Phase des axialen Kodierens den Rückgriff auf das sogenannte ‚Kodierparadigma' vor. Es handelt sich um ein hochgradig allgemeines theoretisches Handlungsmodell, das Verbindungslinien zwischen einem Phänomen, seinen Ursachen und Konsequenzen sowie die in diesem Kontext verwendeten Strategien darstellt. Es kann herangezogen werden, um zentrale Kategorien im Zuge des axialen Kodierungsprozesses weiterzuentwickeln und die Beziehungen zu anderen Kategorien und Subkategorien zu eruieren (vgl. Strauss/Corbin 1996, S. 78-85). Es wird im Rahmen der vorliegenden Arbeit allerdings nicht genutzt, da in Teilkapitel 3.3 bereits der für das Untersuchungsinteresse passendere Rahmen entwickelt wurde, der in diesem Stadium eingebunden werden kann.

(4) Schlussendlich können die Typen unter Rückgriff auf die Ausprägungen der Vergleichskategorien, die jeweils charakteristischen Handlungsformen und die vorangehend erarbeiteten inhaltlichen Sinnzusammenhänge gebildet, beschrieben und mit einer Kurzbezeichnung belegt werden (vgl. Kluge 1999, S. 280). Es besteht eine Vielzahl unterschiedlicher Typen, z. B. Durchschnitts- und Extremtypen, klassifikatorische Typen und reine Typen, heuristische und empirische Typen und nicht zuletzt auch Real- und Idealtypen (vgl. Tippelt 2010, S. 115). Das Ziel der vorliegenden Arbeit besteht darin, Idealtypen[73] in Anlehnung an Max Weber zu konstruieren, was in diesem fortgeschrittenen Stadium im Forschungsprozess eine Loslösung von der konkreten Fallebene fordert. Die Idealtypen werden durch „*einseitige Steigerung eines oder einiger Gesichtspunkte und durch Zusammenschluss einer Fülle von diffus oder diskret, hier mehr, dort weniger, stellenweise gar nicht, vorhandenen Einzelerscheinungen, die sich jenen einseitig herausgehobenen Gesichtspunkten fügen, zu einem in sich einheitlichen Gedankenbilde*“ (Weber 1988a, S. 191) gewonnen. Im Gegensatz zu der Konstruktion von Realtypen wird also nicht eine möglichst getreue Abbildung der Wirklichkeit angestrebt, sondern es werden bestimmte, in den Einzelfällen einer jeweiligen Gruppe mehr oder minder präsente Phänomene akzentuiert und teilweise auch überspitzt auf einem höheren Abstraktionsniveau dargestellt (vgl. Kluge 1999, S. 59, S. 62). Wenngleich Idealtypen eine „*potenziell lebensweltliche(n) Idee*“ (Weiß 1975, S. 74) verkörpern und Bestandteile der Wirklichkeit spiegeln, finden sie in ihrer "*begrifflichen Reinheit*“ (Weber 1988a, S. 191) keine oder nur äußerst selten Entsprechung auf der empirischen Erscheinungsebene (vgl. ebd., S. 194f). Dies veranlasst Vertreter der Realtypenkonstruktion dazu, die Wirklichkeitsferne dieser Typologien zu kritisieren (vgl. z. B. Ziegler 1973, S. 37). Dem ist jedoch entgegenzusetzen, dass auch ein Idealtyp keine „*rein logische, künstliche Klassifikation*“ (Kuckartz 1988, S. 203) darstellt, sondern immer unter Rückgriff auf empirische Beobachtungen gebildet wird (vgl. Kluge 1999, S. 77). Daher erfüllt er eine bedeutsame Funktion, weil er konkret genug ist, um soziale Phänomene zu veranschaulichen, gleichzeitig aber eine theoretische Konstruktion auf einem höheren Abstraktionsniveau bildet, die eine präzise Darstellung ermöglicht (vgl. Weber 1988a, S. 190, S. 198, S. 205, S. 396f). Wie Kelle und Kluge konstatieren, stehen Idealtypen durch diese Ausrichtung folglich zwischen Empirie und Theorie (vgl. Kelle/Kluge 2010, S. 83).

73 Anders, als die Begrifflichkeit ‚Idealtyp‘ suggeriert, wird durch die Konstruktion nicht angestrebt, einen erstrebenswerten oder wünschenswerten Zustand abzubilden (vgl. Kluge 1999, S. 64ff; Weber 1988a, S. 200).

Wo konkret der Idealtypus auf dieser Skala einzuordnen ist, variiert von Untersuchung zu Untersuchung und wird auch von Weber nicht eindeutig festgelegt:

> *„Ihr Verhältnis [das Verhältnis der Idealtypen] zu den empirisch gegebenen Tatsachen des Lebens besteht lediglich darin, daß da, wo Zusammenhänge der in jener Konstruktion abstrakt dargestellten Art (...) in der Wirklichkeit als in irgendeinem Grade wirksam festgestellt sind oder vermutet werden, wir uns die Eigenart dieses Zusammenhangs an einem Idealtypus pragmatisch veranschaulichen und verständlich machen können"* (Weber 1988a, S. 190).

In der Zusammenschau zeigt sich, dass auch in der Phase der Datentranskription und -auswertung eine Orientierung an den handlungsleitenden Prinzipien der Kommunikation, Offenheit und Flexibilität erfolgt: Durch den Transkriptionsvorgang werden die erhobenen Daten möglichst wortgenau in eine grafische Repräsentation transferiert, was dem Prinzip der Kommunikation dienlich ist. Ursächlich hierfür ist, dass die über die Sprache vermittelten subjektiven Wahrnehmungen und Bedeutungszuschreibungen, anders als bei paraphrasierenden Verfahren, vergleichsweise wenig vorab interpretiert zum Ausdruck gebracht und der Analyse zugeführt werden können. Dem Prinzip der Offenheit wird insbesondere durch den Einsatz der offenen Kodierungsstrategie der Grounded Theory in der ersten Phase der Auswertung entsprochen, da die Kategorien auf diese Weise theoretisch sensibilisiert aus dem Datenmaterial selbst generiert und nicht bereits vorgefertigt von außen herangetragen werden. Erst im Zuge des axialen Kodierprozesses werden die ‚Sensitizing Concepts' des heuristisch-analytischen Theorierahmens dezidiert an die empirisch entwickelten Kategorien herangeführt, um Überschneidungen und Differenzen zu entdecken und bei der Ermittlung von inhaltlichen Verbindungslinien zwischen den gefundenen Kategorien zu unterstützen. Die Einnahme einer abduktiven Haltung (vgl. Teilkapitel 5.1.2) stellt hierbei eine wichtige Voraussetzung dar, um die theoretischen Vorannahmen und Wissensbestände bei Bedarf zu verwerfen und somit Offenheit gegenüber den Wahrnehmungen und Bedeutungszuschreibungen der Befragten zu gewährleisten. Der Grundsatz der Flexibilität erfährt vorrangig durch die Strategie des stetigen Vergleichs im Auswertungsprozess Berücksichtigung, da somit Interpretationen über einen langen Zeitraum nicht festgeschrieben, sondern kontinuierlich infrage gestellt und korrigiert werden.

6 Ergebnisdarstellung

In den nachfolgenden Ausführungen werden die Ergebnisse der in Kapitel 5 beschriebenen qualitativen Untersuchung dargelegt. Sie sind darauf ausgerichtet, die in Teilkapitel 4.5 formulierten Forschungsfragen zu beantworten, die Teilschritte auf dem Weg hin zum eigentlichen Erkenntnisinteresse der Arbeit darstellen: Die Fragen zielen auf die Entwicklung zentraler Elemente ab, die miteinander verknüpft und aufeinander bezogen zum einen maßgeblich für die Weiterentwicklung des ursprünglichen heuristisch-analytischen Theorierahmens zu einem gegenstandsbezogenen theoretischen Modell sind, das das Vermittlungshandeln erwerbstätiger pflegender Frauen erklärt. Zum anderen ermöglichen sie die Bildung einer Typologie der Vermittlung erwerbstätiger Pflegender, die das Vermittlungshandeln in seinen unterschiedlichen Ausprägungen verdeutlicht. Der theoretische Rahmen und die Typologie stellen also Endpunkte der Analyse dar, die die zentralen Ergebnisse der Arbeit bündeln und auf ein höheres Abstraktionsniveau transferieren.

Ausgangspunkt der Ergebnisdarstellung bildet in Teilkapitel 6.1 eine Beschreibung von Charakteristika der in die Untersuchung einbezogenen Frauen und ihrer Vereinbarkeitssituation. Angestrebt wird hierbei, eine kursorische Übersicht über die Lebenssituation der Befragten zu vermitteln. Nachfolgend wird in Teilkapitel 6.2 der im theoretischen Rahmen aus Teilkapitel 2.3 nur vage bestimmte Begriff der Vermittlungshandlung anhand der Erkenntnisse der empirischen Untersuchung konkretisiert und die von den erwerbstätigen Pflegenden im Alltag eingesetzten Handlungsformen fallübergreifend geordnet und unter Rückgriff auf Zitate aus den transkribierten Interviews beschrieben. Auf diese Erkenntnisse Bezug nehmend, kann die Fragestellung beantwortet werden, welche Vermittlungshandlungen im Alltag genutzt werden, um die informelle Pflege eines älteren Angehörigen und den Beruf miteinander zu verbinden. Wie die Untersuchung zeigt, treten nicht alle Vermittlungshandlungen auch tatsächlich in allen einbezogenen Fällen auf, sondern es bestehen spezifische Einsatzmuster, die sich in Abhängigkeit von der Ressourcenverfügbarkeit der handelnden Akteurinnen ausprägen. In Teilkapitel 6.3 erfolgt unter Rückgriff auf die empirischen Erkenntnisse zunächst eine Konkretisierung des in dieser Arbeit zugrunde gelegten Ressourcenbegriffs, bevor in Teilkapitel 6.3.1 drei für den Einsatz von Vermittlungshandlungen bedeutsame Ressourcenarten vorgestellt werden. Ihre Ausprägungen werden durch strukturelle und kulturelle Rahmenbedingungen beeinflusst, die an dieser Stelle konkretisiert werden können, um somit der zweiten Fragestellung der Arbeit Rechnung zu tragen. Die drei unterschiedlichen Ressourcenarten fungieren als Vergleichskategorien, anhand derer die in die Untersuchung einbezogenen Einzelfälle systematisch auf ihre Ähnlichkeiten und Unterschiede hin untersucht und entsprechend gruppiert werden können. In Teilkapitel 6.3.2 erfolgt die Darstellung der Ergebnisse dieser Gruppierungsvorgänge, indem zunächst die theoretisch denkbaren Ressourcenkombinationen unter Zuhilfenahme des Konzepts des Merkmalsraumes beschrieben werden und darauf aufbauend eine Übersicht über die tatsächlich empirisch vorgefundenen Ressourcenkombinationen vermittelt wird. Diese Gruppen können nun in Teilkapitel 6.3.3 anhand der für sie charakteristischen Ressourcenverfügbarkeit beschrieben werden, wobei dieser Vorgang unter Rückgriff auf das Datenmaterial einzelner besonders aussagefähiger Fälle stattfindet. Die in Teilkapitel 6.3.2 und 6.3.3 gewonnenen Erkenntnisse ermöglichen die Beantwortung der dritten forschungsleitenden Fragestellung, die nach der Ausprägung der für den Einsatz von Vermittlungshandlungen bedeutsamen Einflussfaktoren in der eingebundenen Gruppe der erwerbstätigen Pflegenden fragt.

Die in der empirischen Analyse entwickelten Konzepte werden in Verbindung mit den Ergebnissen, die im Rahmen der Literaturanalyse in Kapitel 3 erarbeitet wurden, in den ursprünglichen heuristisch-analytischen Theorierahmen integriert und inhaltlich miteinander verzahnt. Auf diese Weise entsteht das in Teilkapitel 6.4.1 dargestellte theoretische Modell der Vermittlung erwerbstätiger pflegender Frauen. Es konkretisiert inhaltliche Sinnzusammenhänge, die der Typologie der Vermittlung erwerbstätiger Pflegender zugrunde liegen, die in Teilkapitel 6.4.2 beschrieben wird.

6.1 Charakteristika der Befragten und der Vereinbarungssituation

Im Rahmen des Forschungsprojekts werden 21 Interviews mit Frauen im Alter zwischen 35 und 63 Jahren geführt, die in die informelle Versorgung einer oder eines Pflegebedürftigen eingebunden sind und gleichzeitig einer Berufstätigkeit nachgehen. Das Sample umfasst sowohl verheiratete, in Partnerschaft und in Scheidung lebende bzw. geschiedene wie auch ledige Personen, die teilweise zusätzlich noch Versorgungsverpflichtungen gegenüber einem oder mehreren Kindern unter 18 Jahren haben.

Die Pflegeübernahme durch die Befragten erfolgte entweder sukzessiv aufgrund sich kontinuierlich verschlechternder eigenständiger Versorgungsfähigkeiten des älteren Menschen oder stellt das Ergebnis einer plötzlich auftretenden Erkrankung dar. Auch Mischformen sind als Ursache im Sample vertreten: Bereits geraume Zeit vor dem Auftreten einer schweren Erkrankung haben sich die Selbstbewältigungsfähigkeiten verschlechtert, konnten jedoch durch die oder den Pflegebedürftigen alleine oder unter Zuhilfenahme begrenzter Hilfeleistungen aus dem sozialen Umfeld noch kompensiert werden. Erst durch das Auftreten erheblicher gesundheitlicher Einschränkungen bestehen umfassende Unterstützungsnotwendigkeiten, die den Einsatz der Befragten fordern. In allen einbezogenen Fällen wird die Pflege bereits länger als ein halbes Jahr durchgeführt, wobei auch Frauen an den Interviews partizipieren, die diese Aufgabe seit über sieben Jahren übernehmen.

Ohne Ausnahme stehen sie in einem engen familiären Verhältnis zu der oder dem Pflegebedürftigen, wobei in der Mehrzahl der Fälle die Sorgearbeit für die Eltern erbracht wird. Hierbei handelt es sich häufig um die Mütter. Vor dem Hintergrund dessen, dass Frauen aufgrund ihrer höheren Lebenserwartung und dem geschlechterspezifischen Morbiditätsgeschehen in stärkerem Maße von Pflegebedürftigkeit im Alter betroffen sind (s. Teilkapitel 3.1.1) und lediglich Frauen im Erwerbsalter in die Untersuchung einbezogen werden, ist die große Repräsentanz dieser intergenerationellen, weiblich geprägten Versorgungskonstellation in der Stichprobe zu erklären.

Gemäß der Samplingkriterien weisen nahezu alle Pflegebedürftigen eine Pflegestufe auf, wobei zehn der Pflegestufe I, sieben der Pflegestufe II und drei Personen der Pflegestufe III zugeordnet wurden. Befragte, die Versorgungsleistungen für ältere Menschen mit der Pflegestufe III erbringen, konnten nur vergleichsweise selten für die Untersuchung gewonnen werden. Dies mag einerseits auf generell bestehende Schwierigkeiten zurückzuführen sein, eine anforderungsreiche, zeitlich intensive Pflegearbeit mit einer Berufstätigkeit zu verbinden, wobei sich Hinweise auf die Existenz dieses Zusammenhangs ja bereits aus der Darstellung des Forschungsstandes in Teilkapitel 4.2 und 4.3 ableiten lassen. Darüber hinaus ist die Teilnahme an einer qualitativen Befragung mit einem größeren Zeitaufwand verbunden, der sich unter diesen Bedingungen möglicherweise nur schwer mit den alltäglichen Abläufen verbinden lässt, sodass die Bereitschaft zur Partizipation bei dieser Gruppe gering ausfällt.

In einem der einbezogenen Fälle handelt es sich um eine Frau, die die Versorgung für ihren Ehepartner erbringt, der noch über keine Pflegestufe verfügt. Ausschlaggebend für die trotzdem stattfindende Einbindung in die Stichprobe ist der aus dem Krankheitsbild der Epilepsie erwachsende umfassende Beaufsichtigungsbedarf des Pflegebedürftigen. Dieser begründet wegen der rigiden Begutachtungskriterien (s. Teilkapitel 3.1.3) des Medizinischen Dienstes zwar keine Einstufung, fordert die Befragte jedoch in erheblichem Maße, sodass ein regelmäßiger Einsatz von Vermittlungshandlungen zu beobachten ist. Die in Teilkapitel 5.2.2 beschriebenen Samplingkriterien sind also auch in diesem Fall erfüllt.

Die Pflegebedürftigen weisen in der Mehrzahl ein stark altersassoziiertes Krankheitsgeschehen auf, das ganz überwiegend durch chronische Verläufe gekennzeichnet ist und beispielsweise demenzielle Erkrankungen, Krebserkrankungen und die Folgewirkungen von Herz- und Kreislauferkrankungen umfasst. In der Mehrheit der einbezogenen Fälle ist jedoch nicht nur die Existenz einer einzelnen Krankheit für das Auftreten der Pflegebedürftigkeit ausschlaggebend, sondern häufig handelt es sich um ein sehr komplexes Morbiditätsgeschehen, das sich durch das Ineinandergreifen unterschiedlicher Erkrankungen auszeichnet und mit einem hohen Grad an körperlicher Gebrechlichkeit verbunden ist. Infolgedessen weisen die Pflegebedürftigen eine Vielzahl von Einschränkungen auf, die zu umfassenden Unterstützungsbedarfen bei der Bewältigung des Alltags führen. Sie bedingen mehrheitlich eine Angewiesenheit auf Hilfen im körperpflegerischen, hauswirtschaftlichen, sozial-betreuerischen Bereich und beim Management des Alltags.

Die Mehrheit der Befragten lebt in unmittelbarer Nähe zu der oder dem Pflegebedürftigen, wobei insbesondere Konstellationen des gemeinschaftlichen Wohnens in einem Haushalt oder in nebeneinanderliegenden Haushalten bestehen. Eine geringe räumliche Entfernung ist dabei möglicherweise ein wichtiges Befähigungskriterium für die parallele Bewältigung von Erwerbstätigkeit und Pflege. Es wurden aber auch Frauen in die Untersuchung eingebunden, die in größerer räumlicher Distanz zum älteren Menschen leben und infolgedessen Strecken von bis zu 120 Kilometern überwinden müssen, um sich an der Versorgungserbringung zu beteiligen.

In der Erwerbssphäre gehen die Befragten unterschiedlichen Berufen nach: Neben Beschäftigten in sozial-pflegerischen Berufsgruppen (z. B. eine Kindergärtnerin, Pflegekräfte und eine Sozialarbeiterin) sind beispielsweise auch kaufmännische und verwaltende Berufe (z. B. eine Bürokauffrau, eine Verwaltungsfachangestellte und eine Steuerfachangestellte) sowie technische Berufe (z. B. eine Zahntechnikerin) im Sample vertreten. Die Frauen sind auf unterschiedlichen Qualifikationsniveaus tätig: Das Spektrum reicht von Personen mit akademischen Abschlüssen (z. B. eine Anwältin, eine Lehrerin, eine Sozialarbeiterin) bis hin zu Personen ohne eine der beruflichen Tätigkeit entsprechende berufliche Ausbildung (z. B. eine Zeitungsausträgerin und eine Küchenhilfe). Die Mehrzahl der Befragten arbeitet in abhängigen Beschäftigungsverhältnissen, wobei auch eine Selbstständige in die Stichprobe aufgenommen wurde, die in ihrer eigenen Anwaltskanzlei tätig ist. Alle der Befragten gehen regelmäßig einer Erwerbstätigkeit nach, wobei der Umfang ihrer Arbeitszeit stark differiert: Während einige 16 Stunden in der Woche berufstätig sind, weisen andere eine wöchentliche Arbeitszeit von mehr als 40 Stunden auf. Ähnlich große Unterschiede bestehen auch hinsichtlich der Lage und der Verteilung der Arbeitszeit: In der Stichprobe sind sowohl feststehende, wie auch variable Arbeitszeitformen vertreten, die sich durch reguläre wie auch atypische Arbeitszeitlagen auszeichnen.

	soziodemografische Charakteristika der Befragten			
	Alter	Familienstand	Kinder unter 18 Jahren	Haushaltsform
I1	51	verheiratet	-	mit der Pflegebedürftigen zusammenlebend
I2	35	verheiratet	eine zweijährige Tochter	mit dem Pflegebedürftigen zusammenlebend
I3	58	in einer Partnerschaft lebend	-	mit der Pflegebedürftigen zusammenlebend
I4	57	verheiratet	-	mit dem Pflegebedürftigen zusammenlebend
I5	53	verheiratet	-	mit der Pflegebedürftigen zusammenlebend
I6	60	verheiratet	eine 16-jährige Tochter mit Down-Syndrom	mit der Pflegebedürftigen zusammenlebend
I7	52	verheiratet	-	der Pflegebedürftige lebt in einem anderen Dorf
I8	49	verheiratet	-	mit dem Pflegebedürftigen zusammenlebend
I9	47	ledig	-	mit der Pflegebedürftigen zusammenlebend
I10	52	geschieden	-	die Pflegebedürftige lebt in der gleichen Stadt
I11	60	verheiratet	-	die Pflegebedürftige lebt in der gleichen Stadt
I12	42	in einer Partnerschaft lebend	eine 17-jährige Tochter und ein 13-jähriger Sohn	die Pflegebedürftige lebt in einer Stadt etwa 130 Kilometer entfernt

	soziodemografische Charakteristika der Befragten			
	Alter	Familienstand	Kinder unter 18 Jahren	Haushaltsform
I13	41	verheiratet	ein sechs-jähriger Sohn	mit der Pflegebedürftigen zusammenlebend
I14	55	verheiratet	-	die Pflegebedürftige lebt im gleichen Dorf
I15	63	in Scheidung lebend	-	die Pflegebedürftige lebt im gleichen Dorf
I16	54	verheiratet	-	die Pflegebedürftige lebt in der gleichen Stadt
I17	52	verheiratet	-	mit der Pflegebedürftigen zusammenlebend
I18	58	verheiratet	-	mit der Pflegebedürftigen zusammenlebend
I19	41	verheiratet	ein 15-jähriger Sohn und eine 12-jährige Tochter	mit der Pflegebedürftigen zusammenlebend
I20	55	verheiratet	-	mit der Pflegebedürftigen zusammenlebend
I21	62	verheiratet	-	die Pflegebedürftige lebt im Nachbarhaus

	Charakteristika der Pflegesituation		
	Familiäre Beziehung zur oder zum Pflegebedürftigen	Pflegestufe der oder des Pflegebedürftigen	Hauptdiagnosen
I1	Tochter - Mutter	Pflegestufe II	allgemeine Schwäche, Herz- und Nierenerkrankung, demenzielle Erkrankung im Anfangsstadium
I2	Schwiegertochter - Schwiegervater	Pflegestufe II	allgemeine Schwäche, demenzielle Erkrankung im fortgeschrittenen Stadium
I3	Tochter - Mutter	Pflegestufe II	allgemeine Schwäche und damit einhergehende Sturzgefährdung
I4	Ehefrau - Ehemann	Pflegestufe I	Lähmung der linken Körperhälfte infolge eines Schlaganfalls, Aphasie, Depression
I5	Tochter - Mutter	Pflegestufe II	Nervenerkrankung in den Füßen, die mit Bewegungseinschränkungen einhergeht, Hautkrebs
I6	Tochter - Mutter	Pflegestufe I	allgemeine Schwäche, Verschleiß der Knie- und der Hüftgelenke, Herz- und Kreislauferkrankung, demenzielle Erkrankung im Anfangsstadium

	Charakteristika der Pflegesituation		
	Familiäre Beziehung zur oder zum Pflegebedürftigen	Pflegestufe der oder des Pflegebedürftigen	Hauptdiagnosen
I7	Tochter - Vater	Pflegestufe I	Nervenerkrankung, die mit Gleichgewichtsstörungen und einem fehlenden Gefühl in den Händen einhergeht, Herz-und Kreislauferkrankung, Hautkrebs, Beeinträchtigung des Kurzzeitgedächtnisses
I8	Ehefrau - Ehemann	Pflegestufe 0	Epilepsie, die mit regelmäßigen Anfällen, kognitiven Einschränkungen und Gleichgewichtsstörungen einhergeht
I9	Tochter - Mutter	Pflegestufe II	demenzielle Erkrankung im fortgeschrittenen Stadium
I10	Tochter - Mutter	Pflegestufe I	Lähmung einzelner Körperteile infolge eines Schlaganfalls, schlaganfallähnliche Symptome, Depression, Arthrose
I11	Tochter - Mutter	Pflegestufe I	allgemeine Schwäche, Medikamentenabhängigkeit, demenzielle Erkrankung im mittleren Stadium, Sturzgefährdung
I12	Tochter - Mutter	Pflegestufe I	Demenz
I13	Tochter - Mutter	Pflegestufe II	epileptische Anfälle, Gleichgewichtsstörungen und kognitive Einschränkungen infolge eines Hirntumors
I14	Tochter - Mutter	Pflegestufe I	allgemeine Schwäche und damit einhergehende ausgeprägte Sturzgefahr, Herz- und Kreislauferkrankung
I15	Tochter - Mutter	Pflegestufe II	demenzielle Erkrankung im fortgeschrittenen Stadium, Herz- und Kreislauferkrankung
I16	Tochter - Mutter	Pflegestufe I	allgemeine Schwäche, schwerwiegende Sehbeeinträchtigung, chronische Magen-Darm-Erkrankung
I17	Ehefrau - Ehemann	Pflegestufe III	multiple Sklerose, regelmäßige und schwerwiegende Harnwegsinfekte, Depressionen
I18	Tochter - Mutter	Pflegestufe III	Aphasie und rechtsseitige Lähmung infolge eines Schlaganfalls, allgemeine Schwäche, demenzielle Erkrankung im mittleren Stadium
I19	Schwiegertochter - Schwiegermutter	Pflegestufe I	demenzielle Erkrankung im fortgeschrittenen Stadium
I20	Tochter - Mutter	Pflegestufe I	allgemeine Schwäche und damit einhergehende Sturzgefahr, demenzielle Erkrankung im fortgeschrittenen Stadium
I21	Schwiegertochter - Schwiegermutter	Pflegestufe III	Aphasie und linksseitige Lähmung infolge eines Schlaganfalls, demenzielle Erkrankung im fortgeschrittenen Stadium

	Charakteristika der beruflichen Situation		
	vertraglich geregelte Arbeitszeitdauer	Arbeitszeitlage und -verteilung	Beruf
I1	20 Stunden/Woche	feste Arbeitszeiten von montags bis freitags von 08:00 Uhr bis 12:00 Uhr	Kaufmännische Angestellte
I2	18 Stunden/Woche	variable Arbeitszeiten von montags bis freitags	Versicherungskauffrau
I3	38,5 Stunden/Woche	feste Arbeitszeiten von montags bis freitags von 07:00 Uhr bis 16:30 Uhr	Sozialarbeiterin
I4	16 Stunden/Woche	feste Arbeitszeiten von montags bis donnerstags von 09:00 Uhr bis 13:00 Uhr	Verwaltungsangestellte
I5	39 Stunden/Woche	Wechselschichtdienst wochentags und am Wochenende (Frühschicht von 06:00 Uhr bis 14:00 Uhr und Spätschicht von 13:00 Uhr bis 21:00 Uhr)	Examinierte Altenpflegekraft
I6	14 Unterrichtsstunden und Vorbereitungszeit	variable Arbeitszeiten von montags bis freitags	Berufsschullehrerin
I7	40 Stunden/Woche	feste Arbeitszeiten von montags bis freitags von 08:00 Uhr bis 17:00 Uhr	Pflegedienstleitung
I8	Keine vertraglich geregelte Arbeitszeit	variable Arbeitszeiten von montags bis freitags und sonntags, nachts und teilweise auch am Vormittag	Zeitungsausträgerin
I9	39 Stunden/Woche	feste Arbeitszeiten von montags bis freitags von 08:30 Uhr bis 16:30 Uhr	Zahntechnikerin
I10	38 Stunden/Woche	Wechselschichtdienst wochentags und am Wochenende (Frühschicht von 06:00 Uhr bis 13:00 Uhr und Spätschicht von 13:00 Uhr bis 20:00 Uhr), sporadisch Nachtdienste	Pflegehelferin
I11	20 Stunden/Woche	variable Arbeitszeiten von montags bis samstags	Verkäuferin, Gymnastiklehrerin
I12	25 Stunden/Woche	feste Arbeitszeiten von montags bis freitags von 07:00 Uhr bis 13:00 Uhr	Polizistin
I13	Keine vertraglich geregelte Arbeitszeit	variable Arbeitszeiten, teilweise von ca. 09:00 Uhr bis ca. 13:00 Uhr und in den Abendstunden	Rechtsanwältin
I14	30 Stunden/Woche	variable Arbeitszeiten von montags bis freitags	Haushaltshilfe

	Charakteristika der beruflichen Situation		
	vertraglich geregelte Arbeitszeitdauer	Arbeitszeitlage und -verteilung	Beruf
I15	20 Stunden/Woche	Dreischichtdienst von montags bis freitags (Frühschicht von 06:00 Uhr bis 10:30 Uhr, Mittagsschicht von 10:00 Uhr bis 14:30 Uhr und Spätschicht von 15:00 Uhr bis 19:30 Uhr)	Küchenhelferin
I16	41 Stunden/Woche	feste Arbeitszeiten von montags bis freitags von 07:45 Uhr bis 16:15 Uhr, sporadisch am Wochenende	Verwaltungs-fachstellenleiterin
I17	41 Stunden/Woche	feste Arbeitszeiten von montags bis freitags von 07:00 Uhr bis 16:30 Uhr	Bürokauffrau
I18	20,5 Stunden/Woche	variable Arbeitszeiten, Frühschichten wochentags und am Wochenende (von 07:00 Uhr bis 11:00 Uhr), teilweise geteilte Dienste und Bereitschaftsdienste	Examinierte Pflegekraft
I19	20 Stunden/Woche	feste Arbeitszeiten von montags bis freitags von 08:00 Uhr bis 12:00 Uhr	Steuerfachangestellte
I20	16 Stunden/Woche	feste Arbeitszeiten von 08:15 Uhr bis 12:15 Uhr von montags bis donnerstags	Verwaltungsangestellte
I21	27 Stunden/Woche	feste Arbeitszeiten von 08:00 Uhr bis 12:00 Uhr bzw. 13:00 Uhr, stundenweise nachmittags	Kindergärtnerin

Abbildung 6: Charakteristika der Befragten und der Vereinbarungssituation (eigene Darstellung)

6.2 Vermittlungshandlungen erwerbstätiger pflegender Frauen

Das Auftreten von Pflegebedarfen eines Familienmitglieds ist für die Befragten mit einer Veränderung ihrer ursprünglichen Muster Alltäglicher Lebensführung verbunden: Charakteristisch ist die Integration von sogenannten ‚Vermittlungshandlungen' in ihr tägliches Tun. Diese Begrifflichkeit bezieht sich auf Handlungsströme, die in den unterschiedlichen Tätigkeitsfeldern der Frauen angesiedelt sind und nunmehr einen neuen Teil ihrer Alltäglichen Lebensführung darstellen. Im Rahmen der durchgeführten Analyse konnten entgegen der theoretischen Annahme aus dem heuristisch-analytischen Theorierahmen aus Teilkapitel 2.3 nicht nur die zwei Sphären Pflege und Beruf, sondern noch eine dritte Sphäre, nämlich der weitere reproduktive Bereich, identifiziert werden, innerhalb derer Vermittlungshandlungen verortet sein können. Letzterer umfasst alle reproduktiven Tätigkeiten, ausgenommen der Pflegearbeit. Er dient der Aufrechterhaltung und Wiederherstellung der eigenen Arbeits-und Lebenskraft und der Arbeits- und Lebenskraft anderer Personen aus dem sozialen Umfeld. Er kann Hausarbeit, Versorgungsaufgaben gegenüber Familienmitgliedern (z. B. gegenüber Kindern oder dem Ehepartner) sowie die eigene Regeneration und Freizeit umfassen.

Durch den Einsatz der Vermittlungshandlungen verfolgen erwerbstätige Pflegende die Zielsetzung, die Versorgungserbringung für den älteren Menschen in einem Alltag zu realisieren, der auch durch die Existenz der weiteren reproduktiven und der beruflichen Sphäre geprägt ist, ohne auf die Einbindung in eines dieser Tätigkeitsfelder zu verzichten. Aus dieser Begriffsbestimmung ist eine vergleichsweise zentrale Position des pflegerischen Lebensbereichs abzuleiten, die in dem ursprünglichen heuristisch-analytischen Rahmen noch nicht vorgesehen war, sondern als Ergebnis erst aus den empirischen Analysen hervorgeht und die Perspektive der Befragten spiegelt. Ausschlaggebend hierfür ist, dass das Auftreten von Hilfebedarfen eines Familienmitglieds nach subjektiver Einschätzung der Frauen eine Zäsur in ihrem Leben darstellt, die die bisher bestehenden Systeme Alltäglicher Lebensführung grundlegend verändert. Kennzeichnend ist, dass die Versorgungstätigkeit ab dato kontinuierlich in ein bereits bestehendes Arrangement Alltäglicher Lebensführung integriert werden muss, wodurch im Vergleich zu der Situation vor der Übernahme der Versorgungstätigkeit grundlegende Komplexitätssteigerungen des Alltags hervorgerufen werden. Insgesamt erwachsen also aus der Übernahme von Pflegeaufgaben regelmäßig zusätzliche Anforderungen, denen durch den Einsatz von Vermittlungshandlungen in den drei Lebensbereichen begegnet wird.

Vermittlungshandlungen stellen entweder reguläre Bestandteile der modifizierten Arrangements Alltäglicher Lebensführung dar, kommen also grundsätzlich und mit einer gewissen Regelmäßigkeit zum Einsatz, oder finden situativ als Reaktion auf temporär auftretende Bedarfssituationen Anwendung. Ihre Einbindung erfolgt bewusst oder unbewusst, in jedem Fall aber zielgerichtet, sodass ihre Nutzung durchaus als strategisch bezeichnet werden kann.

Grundsätzlich weisen Vermittlungshandlungen fünf unterschiedliche Ausrichtungen auf: Es existieren zeitliche, inhaltliche, personelle, räumliche und hilfsmittelbezogene Strategien. In der Realität sind die unterschiedlichen Handlungsformen nicht nur einer dieser Ebenen zuzuordnen, sondern sie überschneiden sich auch. Beispielsweise werden Hilfsmittel immer in bestimmten räumlichen Umgebungen eingesetzt, wodurch sich an dieser Stelle Konnexionen zwischen der räumlichen und der hilfsmittelbezogenen Ebene der Vermittlung ergeben können. Dennoch erfolgt die Beschreibung der Strategien aus Gründen der Nachvollziehbarkeit für die Leser(innen) separierend, wobei es sich jedoch um eine analytische Trennung handelt. Die Zuordnung zu den fünf Ebenen wird dabei jeweils orientiert an der vorrangigen Ausrichtung der einzelnen Vermittlungshandlung vorgenommen. Kennzeichnend ist, dass die Mehrheit der Handlungsformen in allen drei Lebensbereichen auftritt, wobei jedoch die Ausgestaltung sphärenspezifisch variieren kann.

	pflegerische Sphäre	**weitere reproduktive Sphäre**	**berufliche Sphäre**
zeitliche Vermittlungshandlungen	• Reduktion der investierten Zeit • Verschiebung des Zeiteinsatzes • zeitliche Abstimmung • Beschleunigung • zeitliche Bündelung und Abarbeiten • Nutzung von Zeitlücken	• Reduktion der investierten Zeit • Verschiebung des Zeiteinsatzes • zeitliche Abstimmung • Beschleunigung • zeitliche Bündelung und Abarbeiten • Nutzung von Zeitlücken	• Reduktion der investierten Zeit • Verschiebung des Zeiteinsatzes • zeitliche Abstimmung • Beschleunigung • zeitliche Bündelung und Abarbeiten • Nutzung von Zeitlücken
inhaltliche Vermittlungshandlungen	• Konzentration und Verzicht auf Tätigkeiten • Verminderung des Gründlichkeitsgrades der Tätigkeitsdurchführung • Verhinderung des Tätigkeitsanfalls	• Konzentration und Verzicht auf Tätigkeiten • Verminderung des Gründlichkeitsgrades der Tätigkeitsdurchführung • Verhinderung des Tätigkeitsanfalls	• Konzentration und Verzicht auf Tätigkeiten • Verminderung des Gründlichkeitsgrades der Tätigkeitsdurchführung • Verhinderung des Tätigkeitsanfalls

	pflegerische Sphäre	weitere reproduktive Sphäre	berufliche Sphäre
personelle Vermittlungshandlungen	• Einbindung von Unterstützung • Generierung von Informationen über Unterstützungsmöglichkeiten • Gewinnung von Unterstützung • Organisation der Einsätze der Unterstützungsleistenden • Befähigung zur Unterstützungserbringung • Bewahrung der Einsatzbereitschaft • Reglementierung, Überwachung und Kontrolle der Unterstützungsleistenden	• Einbindung von Unterstützung • Gewinnung von Unterstützung • Organisation der Einsätze der Unterstützungsleistenden • Befähigung zur Unterstützungserbringung • Bewahrung der Einsatzbereitschaft • Reglementierung, Überwachung und Kontrolle der Unterstützungsleistenden	• Einbindung von Unterstützung • Generierung von Informationen über Unterstützungsmöglichkeiten • Gewinnung von Unterstützung • Befähigung zur Unterstützungserbringung • Bewahrung der Einsatzbereitschaft
räumliche Vermittlungshandlungen	• Einflussnahme auf räumliche Distanzen • effektive Gestaltung von Wegen • Einflussnahme auf die Gestaltung von Räumlichkeiten	• Einflussnahme auf räumliche Distanzen • effektive Gestaltung von Wegen • Einflussnahme auf die Gestaltung von Räumlichkeiten	• Einflussnahme auf räumliche Distanzen • effektive Gestaltung von Wegen
Hilfsmittelbezogene Vermittlungshandlungen	• Einsatz technischer, medizinischer oder medikamentöser Hilfsmittel • Einsatz von Wissen und Erfahrungen • Einsatz von Routinen und Flexibilität • Einsatz von Planung	• Einsatz technischer Hilfsmittel • Einsatz von Wissen und Erfahrungen • Einsatz von Routinen und Flexibilität • Einsatz von Planung	• Einsatz technischer Hilfsmittel • Einsatz von Wissen und Erfahrungen • Einsatz von Routinen und Flexibilität • Einsatz von Planung

Abbildung 7: Übersicht über die Vermittlungshandlungen (eigene Darstellung)[74]

74 Die Leerstellen in der Tabelle verweisen darauf, dass diese Vermittlungshandlungen im Datenmaterial nicht aufgetreten sind.

6.2.1 Zeitliche Vermittlungshandlungen

Zeitliche Vermittlungshandlungen stellen Maßnahmen dar, mit deren Hilfe steuernd oder regulierend auf das Ausmaß der Einbindung in einen Lebensbereich und auf die Lage und Verteilung der einer Sphäre zugehörigen Tätigkeiten eingewirkt wird. Die Befragten streben durch den Einsatz der Strategie an, mit einem bestehenden Zeitkontingent so zu disponieren, dass unterschiedliche Handlungen, die entweder der gleichen Sphäre oder unterschiedlichen Sphären zuzuordnen sind, bewältigt und aufeinander abgestimmt werden können. Hierzu ist in vielen Fällen der Einsatz der im Folgenden noch zu beschreibenden inhaltlichen, personellen, räumlichen und hilfsmittelbezogenen Vermittlungshandlungen notwendig (s. Teilkapitel 6.2.2, 6.2.3, 6.2.4, 6.2.5).

Reduktion der investierten Zeit

Vermittlungshandlungen, die auf die Reduktion der investierten Zeit ausgerichtet sind, verfolgen die Zielsetzung, durch eine reguläre oder situative[75] Verminderung des eigenen Einsatzes in einem Lebensbereich Freiräume für die Einbindung in andere Tätigkeitsbereiche oder Sphären zu schaffen. Die verringerte Zeitinvestition wird dabei, anders als bei der nachfolgend darzustellenden Verschiebungsstrategie, nicht zu einem späteren Moment nachgeholt.

Im pflegerischen Bereich kommt diese Form des Vermittelns in einigen der einbezogenen Fälle im Zuge der Arrangementreformierung nach Auftreten der Pflegebedarfe zur Anwendung. Charakteristisch ist in dieser Situation eine akute Gesundheitsverschlechterung des alten Menschen, die mit umfassenden Unterstützungsnotwendigkeiten einhergeht. Auf die veränderte Situation wird zunächst durch einen gesteigerten persönlichen Zeiteinsatz der Befragten reagiert, der einer Stabilisierung des Zustandes dienen soll („*So, und wo sie dann nach Hause gekommen ist, dann haben wir sie wieder eine Woche zu mir genommen, dass sie sich wieder ein bisschen erholt, dass wir sie wieder ein bisschen aufpäppeln. (...) Und dann haben wir sie so weit aufgepäppelt, dass sie dann nach K. in ihr Haus gegangen ist, ihre Wohnung. Von da ab wurde es dann leichte*r." I14 00:08:02-0). Da jedoch diese intensive zeitliche Investition in die Pflege über einen längeren Zeitraum nach subjektivem Empfinden der Frauen ihre Kräfte übersteigt und/oder zu Konflikten mit den anderen Lebensbereichen führt, wird der eigene Einsatz regulär zeitlich reduziert („*Ich hatte das ja mal kurz abgelehnt und meine Tochter hat dann immer geputzt und hat eingekauft für sie und hat*

75 Diese Differenzierungskategorien werden am Ende von Teilkapitel 6.2 definiert.

geguckt nach ihr jeden Tag. Weil ich das 'ne Zeit nicht mehr gemacht habe. Ein paar Wochen oder Monate. Es kann auch ein bisschen länger gewesen sein. Ich konnte das nicht mehr." I15 00:24:12-4).

Auch situativ wenden die Vereinbarerinnen diese Form der Vermittlung in der pflegerischen Sphäre an. Ursächlich hierfür ist zumeist Zeitnot durch das spontane Auftreten von Anforderungen aus den anderen Lebensbereichen („*Ich wollte ja eigentlich heute Morgen zu meiner Mutter, aber wegen dem Gespräch, ich wollte es dann ja auch nicht verschieben, werde ich wohl heute nicht hinkommen. Ich muss sie dann noch anrufen und ihr sagen, dass ich heute nicht komme.*" I14 00:31:43-3).

In der weiteren reproduktiven Sphäre wird die beschriebene Vermittlungshandlung in mehreren Fällen regulär in Form einer Verkürzung von nächtlichen Regenerationszeiten genutzt, um auf diese Weise Freiräume für pflegerische oder hauswirtschaftliche Aktivitäten zu schaffen („*Also spätestens um 04:00 Uhr klingelt heutzutage schon der Wecker. Sonst schafft man das mit der Versorgung vor der Arbeit gar nicht. Bei diesem Wetter oft auch schon um 03:45 Uhr.*" I17 00:24:37-4). Darüber hinaus nehmen die Vereinbarerinnen sowohl grundsätzlich wie auch situativ zeitliche Reduktionen im Freizeitbereich vor („*Meistens ist das so, wenn man wirklich Stress hat. Man muss los und dann kommt er [der Pflegebedürftige] dazwischen. Und dann ist man wieder genervt. Also, dann kommt er und sagt: Ich muss mal eben auf Toilette. Hat er früher immer noch gesagt. Jetzt sagt er das nicht mehr. Aber ich sehe das an seinem Verhalten. Wenn er immer hoch vom Stuhl, hoch, runter, hoch, runter. Irgendwas ist da wieder los. Und dann muss man ihn wieder komplett neu anziehen. Mit duschen und allem. Musst du vielleicht zum Kaffeetrinken hin. Musst du anrufen und sagen: Du, ich schaffe das nicht. Ich komme 'ne Stunde später.*" I2 00:35:50-7; „*Es ist schon so, dass ich in meinem Freizeitbereich viel zurückgesteckt habe. Ich bin doch auch lange Jahre ehrenamtlich in vielen Bereichen doch sehr stark tätig gewesen. Alles, was so Kirchengemeinde angeht, habe ich doch mittlerweile auf null zurückgefahren, weil es eben mittlerweile parallel nicht mehr geht.*" I9 00:55:45-5).

In der beruflichen Sphäre kann diese Strategie beispielsweise in Form einer regulären Verminderungen der Arbeitszeit auftreten. In der vorliegenden Stichprobe greift jedoch nur eine der Befragten auf diese Handlungsform auch tatsächlich arbeitsvertraglich fixiert zurück, indem sie ihre Halbtagsbeschäftigung um wenige Stunden in der Woche verkürzt *(„(...) und habe mir jetzt den Freitagmorgen freigeschaufelt irgendwie. Ich muss aber auch dazu sagen - vielleicht passt das auch so ein bisschen als Antwort - weil ich eben ständig das Gefühl habe, nicht allem gerecht werden zu können, habe ich jetzt eben meine Arbeitszeit reduziert. Ich hatte 'ne halbe Stelle, 19,2 Stunden, und bin jetzt ab Mai auf 16 Wochenstunden, sodass ich jetzt den Freitag freihabe.*" I4 00:40:42-0).

Zwei andere Interviewpersonen nehmen ebenfalls eine Reduktion der Arbeitszeit vor. Diese findet aber ohne formelle Genehmigung und nur geduldet durch den Vorgesetzten statt. In beiden Fällen überschneiden sich entweder zu Arbeitsbeginn oder zum Arbeitsende die arbeitszeitlichen Vorgaben mit den pflegerischen Versorgungsbedarfen, sodass die reguläre Arbeitszeit zwangsweise täglich um einen Zeitraum von 15 Minuten bis zu einer halben Stunde verringert werden muss. („*Wir haben die Kernzeit von 08:30 Uhr bis um 16:00 Uhr und freitags arbeiten wir eigentlich nur bis um 13:30 Uhr. Also 39-Stunden-Woche habe ich. Und das müsste dann eben an den anderen Tagen entsprechend vorgearbeitet werden, dass man dann am Freitag um 13:30 Uhr gehen kann. Und das klappt ja bei mir ja zurzeit nicht. Ich hatte im vergangenen Jahr recht viele Überstunden gehabt, die sind dann aber Ende Januar sozusagen zu Ende gewesen und ich mache jetzt eigentlich so pro Monat, abhängig davon, ob Feiertage mit drin sind, aber wenn es ein voller Monat ist ohne Feiertage drinnen, mache ich 20 Stunden Miese. (...) Im Moment wird es noch toleriert, aber ich trage mich schon mit dem Gedanken, die Arbeitsstundenzahl zu reduzieren, aber da muss mein Chef mitspielen.*" I9 00:26:20-8).

Neben den vertraglich fixierten und stillschweigend vorgenommenen Verminderungen der regulären Arbeitszeit besteht eine weitere Form der Reduktion der in den Beruf investierten Zeiten in dem grundsätzlichen Verzicht auf Überstunden, um auf diese Weise den eigenen Einsatz in anderen Lebensbereichen zeitlich verlässlich einhalten zu können („*Aber um 12:00 Uhr muss ich hier das Büro verlassen, damit der Tagesrhythmus so bleibt.*" I3 00:19:47-5). Hierzu wird ergänzend auf andere Vermittlungshandlungen zurückgegriffen, z. B. indem die Vereinbarerinnen auf die berufliche Terminvergabe Einfluss nehmen („*Üblicherweise weiß ich das dann aber ja schon vorher meistens, wann ich zu Mama fahre. Dann versuche ich schon so, Termine so zu legen, dass ich mir das freihalte, sodass ich halt sagen kann, ich nehme halt dienstags oder freitags um 12:00 Uhr keine Vernehmungen mehr. Die lade ich mir ja auch schriftlich vor. Mhm, dann lade ich mir halt keinen mehr vor. Dann lasse ich mir die Zeit eben frei und lege das dann auf einen anderen Tag.*" I12 00:23:30-8). Außerdem verzichten sie zu diesem Zweck auf die Teilhabe an erwerbsbezogenen Veranstaltungen außerhalb der eigentlichen Arbeitszeit (z. B. Fortbildungen oder Informationsveranstaltungen) („*I: Inwiefern kommt es denn vor, dass Sie beruflich mal Überstunden machen müssen? B4: Eigentlich weniger. Ich hatte das vorher, als das alles noch anders planbar war. Als ich mein persönliches Leben auch noch anders planen konnte, da habe ich eher mehr gearbeitet. Eben, weil ich das auch gerne mache. Mal irgendwo zu Informationsveranstaltungen oder so. Das war für mich überhaupt kein Problem. Ich hatte immer auch eine lange Latte an Überstunden. Habe ich mir auch überhaupt keinen Kopf gemacht. Jetzt ist es immer auch so, dass ich sehr genau gucke mit der Zeit, dass, wenn Feierabend ist, dass ich dann nach Hause komme.* I4 00:50:05-0). Alternativ unterbrechen sie auch die berufliche Aufgabenbewältigung oder beschleunigen sie („*Früher habe ich dann begonnen, den Antrag ruhig noch um 11:30 Uhr auszufüllen, weil ich konnte auch später nach Hause kommen. Heute muss ich den zur Seite legen und morgen ausfüllen. Oder ich fülle das schon aus, aber unter Stress.*" I19 01:04:15-1), um über das reguläre Maß hinausgehende zeitliche Einsatznotwendigkeiten zu umgehen.

Reduktionen des eigenen Zeiteinsatzes im beruflichen Bereich können nicht nur regulär, sondern auch situativ erfolgen. Von großer Bedeutung sind hierbei insbesondere der spätere Arbeitsbeginn (z. B. aufgrund von Verzögerungen bei der morgendlichen Versorgung: *„(...) aber ich kann dann wirklich mal sagen: Es wird heute Morgen ein bisschen später. Sie hat, was weiß ich, irgendwelche Probleme, ich muss auf die Ärztin warten oder so was, ne?"* I1 00:51:41-3) oder das frühere Arbeitsende (z. B. aufgrund einer plötzlich auftretenden Verschlechterung des Gesundheitszustandes: „*Er ruft an um 11:30 Uhr auf der Arbeit. Ich hätte bis 13:30 Uhr arbeiten müssen. Mama gehts wieder so schlecht. Ich glaube, die hatte wieder einen Schlaganfall. Ich sag: Gut, ich sehe zu, dass ich hier jetzt wegkomme. Ich bin gleich da. Und dann von A. (Arbeitsort) da hin, das sind auch noch einmal fünf Kilometer. Ich habe kein Auto. Ich mache alles mit dem Fahrrad. Jedenfalls durfte ich gleich gehen.*" I10 00:21:50-9). Außerdem wird kurzfristig auf ganze Arbeitstage verzichtet, indem einzelne Urlaubstage eingesetzt („*Nein, der Termin ist jetzt morgens um 08:30 Uhr. Das heißt, für den Tag muss ich mir freinehmen. Und dann muss ich halt spontan 'nen Urlaubstag nehmen.*" I12 00:43:40-2) oder Krankschreibungen erwirkt werden. Auch Arbeitszeitunterbrechungen (z. B. aufgrund unerwartet auftretender Gesundheitsverschlechterungen des älteren Menschen) werden von den interviewten Frauen als situativ eingesetzte Zeitreduktionsstrategie benannt („*Die Zeitung [der Arbeitgeber] weiß, dass mein Mann nicht mehr ganz gesund ist und dass ich auch mal zwischendurch zu ihm nach Hause muss.*" I8 00:24:50-7).

Verschiebung des Zeiteinsatzes

Eine weitere Form der Vermittlung besteht in der Verschiebung des Zeiteinsatzes. Hierunter sind Handlungen zu fassen, die darauf abzielen, Tätigkeiten entweder zu verzögern oder vorzuverlegen, um ihnen gerecht zu werden, gleichzeitig aber auch Freiräume für andere Aktivitäten zu schaffen. Im Vergleich zur Reduktion der investierten Zeit wird aber der Umfang der Tätigkeit in einer Sphäre nicht verändert, sondern lediglich regulär oder situativ auf die Zeitallokation Einfluss genommen.

In der pflegerischen und weiteren reproduktiven Sphäre besteht die Möglichkeit des Verschiebens eigener Einsätze häufig in Abhängigkeit von externen Zeitvorgaben (z. B. den Versorgungszeiten der oder des Pflegebedürftigen oder den Ladenöffnungszeiten). Im Vergleich zum beruflichen Lebensbereich sind jedoch die Zeitvorgaben in der Regel weniger rigide und die eigenen Einflussmöglichkeiten größer. Daher wird auf diese Vermittlungshandlung auch in umfassendem Maße zurückgegriffen. Sie tritt in unterschiedlichen Erscheinungsformen auf: Beispielsweise werden Tätigkeiten, die ursprünglich später terminiert waren, nun regulär früher durchgeführt. Auf diese Weise können Vorentlastungen von Phasen herbeigeführt werden, in denen auch andere Aufgaben anfallen und die daher potenziell stressauslösend sind. Beispielsweise verlagern einige Befragte die Vorbereitung von Mahlzeiten vor, die ansonsten in Zeiten des Tages bereitet werden müssten, die durch die Heimkehr von der Arbeit und die dann auftretenden Versorgungstätigkeiten generell schon als anforderungsreich erlebt werden („*Mittagessen habe ich den Tag vorher schon abends gekocht. Mhm, ich wärme das dann und wir essen gemeinsam.*“ I3 00:20:56-1).

Situativ kommt die Verschiebungsstrategie zum Einsatz, indem im Bedarfsfall entweder präventiv bereits Zeitpuffer erwirtschaftet („*So, dass wenn wirklich mal Situationen sind, dass meine Mutter wirklich mal mehr Zeit braucht, ich soweit organisiert bin, dass ich mir das auch leisten kann. Ich bin auch so ein Perfektionist, muss ich dazu sagen, dass ich immer soweit mit allen Tätigkeiten, mit allen Bereichen, soweit in Anführungsstrichen auf dem Laufenden bin, dass ich sagen kann: Ich kann es mir eben auch mal leisten, dass ich heute das mal nicht mache.*“ I11 00:39:47-5) oder Tätigkeiten kurzfristig auf andere Zeitpunkte verschoben werden („*Also, wenn ich mal einen Tag mehr arbeite, das ist dann dienstags oder Mittwochsmorgens oder Montagsmorgens, dass ich dann Mutti ein bisschen auf eine spätere Zeit verschiebe, je nachdem, wie lange wir brauchen.*“ I11 00:30:48-9).

Im beruflichen Bereich sind die eigenständigen Dispositionsmöglichkeiten eingeschränkter, da zumindest im Falle abhängiger Beschäftigung durch die vertraglich geregelte Arbeitszeit mehr oder weniger feststehende Zeitregime vorgegeben werden, denen sich die Betroffenen unterordnen müssen. Zwar bestehen in der Regel Autonomiespielräume, die zeitliche Verschiebemöglichkeiten eröffnen. Beispielsweise können kurze Unterbrechungen der Arbeit oft ohne Absprachen mit den Vorgesetzten durch entsprechende Verlängerungen der Arbeitszeit ausgeglichen werden („*I: Kommt es denn auch vor, dass Sie Ihre Arbeit für Telefonate mal unterbrechen müssen, in Zusammenhang mit der Pflegesituation? B12: Ja, aber das sind immer nur kurze Minuten. Von daher ist das nicht so wild. Dann mache ich dann eben die Frühstückspause kürzer oder arbeite mal ein bisschen länger.*“ I12 00:46:13-5). Zeitlich umfassendere Verschiebungen setzten aber häufig das Bestehen von Arbeitszeitregelungen voraus, die größere Flexibilitätspotenziale eröffnen. Von besonderer Bedeutung sind im vorliegenden Sample Arbeitszeitkonten, die den Aufbau von Plus- und Minusstunden ermöglichen. Außerdem spielen auch Gleitzeitregelungen eine wichtige Rolle, die den Akteurinnen die Möglichkeit bieten, Lage und Dauer der eigenen Arbeitszeit in einem geregelten Rahmen frei zu bestimmen. Dieser Rahmen definiert zum Beispiel den frühestmöglichen Arbeitsbeginn, das spätestmögliche Arbeitsende und anwesenheitspflichtige Kernarbeitszeiten. Unter Rückgriff auf diese Instrumente können regulär oder situativ Verschiebungen stattfinden.

Regulär kommen Verkürzungen des eigenen Einsatzes in der beruflichen Sphäre zum Einsatz, die zu einem anderen Zeitpunkt durch eine Verlängerung der Arbeitszeit wieder ausgeglichen werden („*Und von daher geht das sehr gut, dass ich dienstags dann sage: Ich mache ‘ne Stunde eher Feierabend. Die arbeite ich dann meist vor. Dann fahre ich halt schon um 12:00 Uhr statt um 13:00 Uhr, sodass ich dann bei Mama ‘ne Stunde mehr habe und dass das hier abends nicht so spät wird, hier.*“ I12 00:16:32-8).

Finden Verschiebungen situativ statt, handelt es sich hierbei ganz überwiegend um Reaktionen auf spontan auftretende Zwischenfälle in der pflegerischen Sphäre. Die Befragten verweisen in den Interviews auf zwei unterschiedliche Formen: Entweder werden Zeitpuffer erwirtschaftet, indem eine vorausschauende Sammlung von Überstunden erfolgt. Diese können im Bedarfsfall abgebaut werden und dann der Schaffung zeitlicher Freiräume dienen („*(...) sonst wird einfach was abgehängt. Man hat so oder so Überstunden. Wenn jetzt ‘ne Kollegin krank ist, dann vertrete ich die auch und dann gibt es ja auch immer Plusstunden. Und, mhm, da fallen halt im Jahr immer zwanzig, dreißig, vierzig Plusstunden immer an. Und wenn man dann die Plusstunden hat, dann kann man auch mal die siebte, achte Stunde abhängen. Dann sagt man: Okay, die haben dann nur sechs Stunden.*“ I6 00:44:33-5). Prinzipiell können Verschiebungen des

Zeiteinsatzes in temporär auftretenden Bedarfssituationen aber auch durch den Aufbau von Minusstunden realisiert werden („*Ich kann auch mal eine Woche Minus machen und dann mal in der anderen Woche die Minusstunden abbauen.*" I2 00:15:52-8). Dieses Vorgehen wird jedoch von den Befragten teilweise als belastend erlebt. Sie sehen sich in der Bringschuld und wissen, dass der Ausgleich der Fehlzeiten aufgrund der Anforderungen im privaten Bereich mit Schwierigkeiten verbunden sein könnte („*Und von da aus muss das eben über Überstunden gehen und dann muss ich sehen, dass ich das mühsam Stündchen für Stündchen wieder aufhole.*" I12 00:43:40-2).

Zeitliche Abstimmung

Häufig kann auf die Lage von Aktivitäten in den Lebensbereichen Einfluss genommen werden, ohne dass Verschiebungen vorgenommen werden müssen. Unter Rücksichtnahme auf die zeitliche Strukturierung anderer Tätigkeiten werden sie regulär oder situativ so getaktet, dass durch die Anforderungsbewältigung möglichst wenige zeitliche Konflikte auftreten.

Die Einsatzmöglichkeiten dieser Strategie sind in der pflegerischen und weiteren reproduktiven Sphäre im Vergleich zum beruflichen Lebensbereich aufgrund der häufig geringeren zeitlichen Vorstrukturierung größer. Beispielsweise können regulär und situativ anfallende Versorgungstätigkeiten für den älteren Menschen teilweise in Abstimmung mit den Arbeitszeiten festgelegt werden („*(...) und bin meistens bis 17:00 Uhr oder 18:00 Uhr hier. Fahre dann zu meinen Eltern (...).*" I7 00:10:38-6; „*Nein, ich sag mal, diese normalen Arztbesuche, dass sie dann wieder ihre Herztabletten braucht oder dass sie dann wieder 'ne Bronchitis hat oder so, das versuche ich schon so zu legen, dass das dann am Nachmittag läuft.*" I6 00:46:12-9). Im weiteren reproduktiven Bereich sind die eigenständigen Dispositionsmöglichkeiten häufig noch umfassender, da viele der hier zu verrichtenden Tätigkeiten nur geringen Zeitbindungen unterliegen. Dies gilt beispielsweise für die eigene Regeneration oder Freizeitaktivitäten, hauswirtschaftliche Aufgaben oder auch für Einkäufe, die dank langer Ladenöffnungszeiten zu nahezu allen Tages- und Abendstunden durchführbar sind („*I: Klar. Und wenn ich Sie richtig verstehe, dann schläft Ihr Mann dann morgens noch, wenn Sie aufstehen. Und diese Zeit nutzen Sie dann für sich?" B8: Für mich, ja. Das ist meine Zeit, wo ich auch hierhin gehen kann oder mit meiner Freundin auch frühstücken kann. Oder, dass ich dann nur für mich alleine mal im Internet rumsurfe. Oder wo ich meinen Film gucken kann, ohne dass er mir alles zerpflückt.*" I8 00:13:28-4). Zeichnen sich die zu verschiebenden Tätigkeiten in der weiteren reproduktiven und pflegerischen Sphäre durch eine besondere Zeitintensität aus, fallen jedoch nicht täglich an, werden sie in einigen Fällen bewusst während arbeitsfreier Zeiten (z. B. im Urlaub oder am Wochenende) durchgeführt. Hierdurch können Wochentage entlastet werden, an denen sich der Aufgabenanfall bündelt („*Und dann fahre ich samstags um 08:30 Uhr jetzt in letzter Zeit immer zu ihr und fahre sie immer zum Friseur und warte dann da. Und samstags habe ich ja frei.*" I15 00:39:28-3; „*Jetzt gut, die Woche Urlaub. Das sind dann solche Sachen, wo ich sage: Wir sind jetzt schon 5 Jahre hier im Haus und ja so langsam sieht man es an den Tapeten. Ein neuer Anstrich wäre jetzt nicht schlecht. Und das mache ich dann im Urlaub halt mit.*" I12 00:42:20-8).

Im beruflichen Bereich erfolgt die Anpassung von Arbeitszeiten regulär oder situativ durch die Beeinflussung von Dienstplänen entsprechend der Versorgungsnotwendigkeiten der Pflegebedürftigen („*Ja, ich habe drauf gedrängt, dass ich nicht mehr die durchgängigen Dienste machen kann, weil ich auf meine Eltern Rücksicht nehmen muss in der Beziehung.*" I10 00:23:01-4) und eine den Pflegezeiten entsprechende Taktung der Pausenzeiten („*Um 12:00 Uhr mache ich Pause. Das sag ich auch manchmal meinen Klienten, wenn die spät kommen, dass ich sage: Ich habe eine pflegebedürftige Mutter. Ich muss um 12:00 Uhr hier raus.*" I3 00:19:47-5). Einige der Befragten verfügen auch über umfassende arbeitszeitliche Souveränitätspotenziale und können die Lage und Verteilung der Arbeitszeit eigenständig bestimmen. Besonders groß sind die Handlungsspielräume bei der einzigen selbstständig Tätigen in der Stichprobe („*Ich habe Tage, da arbeite ich sehr wenige Stunden, wo ich dann wirklich wegen der Familie nur zwei Stunden schaffe oder so. Und Tage, mhm, wo ich dann wirklich am Block sitze und fünf oder sechs Stunden habe, wenn ich dann wirklich ganz wichtige Sachen habe, die unbedingt raus müssen. Aber dann nehme ich mir beispielsweise dann auch ein Wochenende und setze mich dann ins Büro.*" I13 00:30:19-9).

Beschleunigung

Eine weitere zeitliche Vermittlungshandlung, die regulär oder situativ angewendet wird, besteht in der Beschleunigung. Es handelt sich um eine in jedem Lebensbereich auf ähnliche Art und Weise angewendete Intensivierungsstrategie, die darauf abzielt, durch eine Steigerung der Durchführungsgeschwindigkeit von Aufgaben („*Dann haste ich in das Geschäft, dann haste ich wieder nach Hause, weil zu Hause die andere Arbeit wartet.*" I14 00:43:21-3; „*Es ist dann alles irgendwo abgespeckt. Die Zeit, die ich dann bei Mama bin, ist dann nur so ein reines Durchfliegen (...)*" I12 00:21:23-3; „*(...) einmal wurde ich von der Tagesstätte angerufen, weil sie Zahnschmerzen hatte. Dann muss ich von der Arbeit schnell nach Hause fahren.“* I19 01:17:07-5) oder die Anwendung von Abkürzungsstrategien Zeiteinsparungen zu erreichen („*Bei uns wird jeden Tag gekocht. Es gibt mittlerweile auch mal was Schnelles, was früher nie so war, weil wir ja selber noch schlachten. Und dann war das Fleisch in der Truhe. Warum gibt es kein Fleisch. Mein Vater ist ein Fleischesser, sozusagen. Aber mittlerweile ist er an dem Punkt, es reicht heute einfach mal Reis.*“ I18 00:34:30-5). Die Intention ist, trotz begrenzter zeitlicher Ressourcen allen anfallenden Aufgaben gerecht zu werden.

Zeitliche Bündelung und Abarbeiten

Ebenfalls zu den zeitlichen Formen des Vermittlungshandelns zählt die Tätigkeitsbündelung, die in allen drei Sphären eher regulär als situativ zur Anwendung kommt, indem Aufgaben nicht separiert voneinander, sondern in zeitlicher Koppelung durchgeführt werden. Zu diesem Zweck findet ihre Bewältigung nicht sofort statt, sondern sie werden gesammelt durchgeführt. Intention ist, in einem bestimmten Zeitraum mehreren Anforderungen gleichzeitig gerecht zu werden, um somit Zeiteinsparungen zu erwirtschaften.

Im reproduktiven und/oder pflegerischen Lebensbereich führen die Befragten beispielsweise Großeinkäufe anstelle von täglichen kleineren Erledigungen durch, die durch die Notwendigkeit mehrmaliger Fahrten, das wiederholte Suchen von Parkplätzen und den häufigeren Wartezeiten mit einem größeren zeitlichen Aufwand verbunden wären („*Ich versuche, das wirklich mit einem Großeinkauf in der Woche mich da zu konzentrieren.*“ I12 00:57:46-6).

Auch in der beruflichen Sphäre kommt diese Strategie zum Einsatz, indem zum Beispiel Mehrarbeit an bestimmten Tagen gebündelt durchgeführt wird, an denen auf Unterstützung aus dem sozialen Umfeld zurückgegriffen werden kann („*Gut, meine eine Schwester muss eben 35 Kilometer fahren, bevor sie hier ist. Und die sagt dann, gerade am Anfang des Monats, wenn ich bei Lohnabrechnungen dabei bin: Mach doch ruhig 'ne Stunde länger, oder zwei. Sonst lohnt sich die Fahrt fast nicht, ne?*“ I1 00:38:13-9).

Im Gegensatz dazu besteht jedoch auch eine Vermittlungshandlung im sofortigen Abarbeiten anfallender Aufgaben. Dieses ebenfalls regulär oder situativ angewendete Vorgehen ist mit dem Vorteil verbunden, dass sich das Gesamtaufgabenpensum (zumindest kurzfristig) reduzieren lässt und die Tätigkeiten die Befragten nicht weiterhin als Verbindlichkeit oder Rückstand belasten. Darüber hinaus beugt eine zügige Bewältigung von Aufgaben dem Vergessen vor und ermöglicht eine sofortige Befriedigung der Bedürfnisse anderer Menschen aus dem privaten oder beruflichen Umfeld („(...) *und am besten fahre ich immer damit, dass ich immer alles sofort abarbeite, was sofort abzuarbeiten ist. Wenn jetzt zum Beispiel was mit Schwiegermutter ist. Ich komme zu Schwiegermutter und sie sagt: Guck mal, da muss jetzt noch dort und da was hingeschickt werden. Dann sage ich: Ja okay, nehme ich mit und dann sofort.*" I4 00:15:46-8).

Nutzung von Zeitlücken

Die letzte zeitliche Vermittlungshandlung bezieht sich auf die Nutzung von Zeitlücken. Sie kommt ebenfalls regulär und situativ in der pflegerischen, in der weiteren reproduktiven und in der beruflichen Sphäre zum Einsatz. Das charakteristische Kennzeichen dieser Handlungsform besteht in einer gezielten Belegung verfügbarer Phasen im Tagesverlauf mit Tätigkeiten, um Leerzeiten möglichst zu vermeiden („*Gut, ich will damit jetzt sagen, dass ich jetzt immer so gucke: Da sind noch zehn Minuten und da, was kann ich auf dem Weg jetzt noch erledigen und was kann ich jetzt noch eben schnell machen.*" I4 00:14:44-4). Ziel ist, den Anforderungen der Lebensbereiche gerecht zu werden, indem eine Verdichtung von Prozessen herbeigeführt wird und auf diese Weise Zeiteinsparungen erwirtschaftet werden, die wiederum für andere Aktivitäten eingesetzt werden können.

6.2.2 Inhaltliche Vermittlungshandlungen

Inhaltlich ausgerichtete Vermittlungshandlungen beziehen sich auf das steuernde oder regulierende Einwirken auf das Tätigkeitsspektrum in den Lebensbereichen oder auf die Art und Weise der Tätigkeitsdurchführung. Ihr Einsatz stellt eine wichtige Voraussetzung dar, um den Anforderungen der Lebensbereiche gerecht zu werden und sie zeitlich aufeinander abzustimmen.

Konzentration und Verzicht auf Tätigkeiten

Konzentrieren sich die Befragten auf Aktivitäten, nehmen sie eine inhaltliche Schwerpunktsetzung vor, indem sie sich regulär oder situativ auf die Durchführung bestimmter Aufgaben fokussieren. Da die Einspeisungsmöglichkeiten eigener Arbeitskraft durch äußere Vorgaben, insbesondere durch begrenzte zeitliche Potenziale und Kraftreserven, strikten Limitationen unterliegen, setzt dieses Vorgehen im Gegenzug Abstriche bei anderen Tätigkeiten voraus. Hierzu werden Aktivitäten aus dem Tätigkeitsspektrum ausgegrenzt. Ziel ist, eigene Zuständigkeiten zu beschränken, um hierdurch Zeiteinsätze zu reduzieren. Auf diese Weise entstehen Spielräume für die Einbindung in andere Aktivitäten.

In der pflegerischen Sphäre konzentrieren sich die Vereinbarerinnen entweder grundsätzlich oder nur situativ auf die Übernahme einzelner Tätigkeiten, anstelle alle hauswirtschaftlichen, sozial-emotionalen, managementbezogenen und körperpflegerischen Aufgaben durchzuführen. Hierbei sind vier unterschiedliche Ausformungen zu unterscheiden: primär managementbezogene und sozial-emotionale Versorgungsaufgaben, primär hauswirtschaftliche und sozial-emotionale Versorgungsaufgaben, primär persönlich-pflegerische und sozial-emotionale Versorgungsaufgaben und Mischformen, die im Folgenden vorgestellt werden. Diese Differenzierung soll verdeutlichen, dass die Teilhabe der Befragten an der Pflege häufig inhaltliche Schwerpunktsetzungen aufweist. In der Stichprobe zeigt sich jedoch kein einziger Fall, in dem diese Ausformungen tatsächlich auch in Reinform auftreten. Beispielsweise wurden keine Personen in die Untersuchung eingebunden, die ausschließlich managmentbezogene Hilfen erbringen und dabei keine einzige hauswirtschaftliche und/oder persönliche Versorgungsaufgabe übernehmen. Deswegen wird das Attribut ‚primär' vorangestellt.

Sind die Befragten primär in managementbezogene Tätigkeiten eingebunden, umfasst ihr Aktivitätsbereich in erster Linie die Organisation von Unterstützungsnetzwerken, die Erledigung administrativer Aufgaben (z. B. Bankgeschäfte), die Begleitung zu Arzt- und Behördenterminen und Fahrdienste („*(...) ich sage mal, ich kümmere mich, seit mein Vater tot ist, kümmere ich mich sowieso schon um meine Mutter. In welcher Art auch immer. Und das ist eigentlich peu à peu immer mehr geworden. Kümmern heißt, mhm, eigentlich alles rund um das Thema Papierkram, Behördenkram und so weiter.*" I16 00:08:23-7; „*Also ich sage jetzt mal, es ist ganz einfach. Wenn man jetzt mal an Weihnachten denkt, dann ist es auch mein Job, bei den Diensten anzurufen, um zu sagen: Wir wollen meine Mutter an diesem Abend holen.*" I16 00:09:19-0). Diesen Aktivitäten ist gemein, dass sie zeitlich mit vergleichsweise wenig Aufwand zu bewältigen sind, in der Regel nicht täglich anfallen und einer geringen zeitlichen und örtlichen Bindung unterliegen, da sie häufig unabhängig von der Anwesenheit und den Zeitstrukturen der Pflegebedürftigen durchgeführt werden können. Lediglich die zeitlichen und räumlichen Vorgaben der Kontaktpersonen und -institutionen (z. B. Öffnungszeiten von Arztpraxen) begrenzen die Flexibilitätspotenziale der Befragten. Die Durchführung managementbezogener Unterstützungsaufgaben lässt sich mit der sozial-emotionalen Begleitung der Pflegebedürftigen verbinden. Diese pflegerische Aktivität bezieht sich auf gemeinsame Gespräche, Beschäftigung der älteren Menschen sowie Hilfen in psychologischen Krisensituationen („*Wir machen nur Kreuzworträtsel zusammen und gucken uns Bilder an und erzählen uns was von früher.*“ I15 00:18:31-2). Vergleichbar mit den managementbezogenen Aufgaben unterliegen auch diese Tätigkeiten nur vergleichsweise geringen zeitlichen Bindungen und können teilweise (z. B. durch den Rückgriff auf Telefonate) räumlich flexibel durchgeführt werden.

Andere Vereinbarerinnen konzentrieren sich schwerpunktmäßig auf die Erbringung hauswirtschaftlicher Unterstützungsleistungen, indem sie insbesondere instrumentelle Aktivitäten des täglichen Lebens (z. B. die Erledigung von Einkäufen, die Wäscheversorgung, die Zubereitung von Mahlzeiten und die Instandhaltung der Wohnung und des Gartens) übernehmen („*Und ich habe halt die Arbeiten übernommen mit Saubermachen (...)*“ I14 00:08:02-0; „*Was ist sonst noch alles? Wäsche aufhängen, wenn gewaschen ist. Wenn ihm ein Malheur passiert ist, muss ich die ganzen Betten abziehen und das fertigmachen.*“ I17 00:24:37-4; „*Dann ist es so, dass ich auch in den letzten Jahren alles für meine Mutter einkaufe, was in den Haushalt gehört.*“ I16 00:08:23-7). Im Gegensatz zu managementbezogenen Aktivitäten erfordert ihre Verrichtung größere Zeitinvestitionen, die in regelmäßigen Abständen getätigt werden müssen. Zwar besteht die Möglichkeit, den Zeitpunkt der Durchführung geringfügig zu verschieben („*Habe ich viel Zeit, dann mache ich ein bisschen mehr in der Woche schon und schiebe nicht so viel auf den Freitag oder Samstag (...).*“ I14 00:21:36-1). Insgesamt sind die Flexibilitätsspielräume bei diesen Tätigkeiten aber eingeschränkter, da die Aufgaben kaum verzichtbar sind und regelmäßig wieder auftreten. Auch in räumlicher Hinsicht können sie weniger flexibel erbracht werden als managementbezogene Aktivitäten, da sie überwiegend an den Haushalt der Pflegebedürftigen gebunden sind. Lediglich einige dieser Leistungen sind transportabel. Zu ihnen zählen zum Beispiel das Kochen von Speisen oder die Reinigung und das Bügeln von Wäsche. Auch primär auf die hauswirtschaftliche Versorgung fokussierte Vereinbarerinnen verbinden ihren Einsatz häufig mit der Durchführung sozial-emotionaler Betreuungsaufgaben.

In wenigen Fällen findet eine primäre Fokussierung der Befragten auf persönlich-pflegerische Versorgungsleistungen und sozial-emotionale Betreuungsaufgaben statt. Hierzu zählt die Behandlungspflege, z. B. das Tablettenstellen, Verbandswechsel und die Dekubitusversorgung („*Zwischendurch brauchte sie beispielsweise auch so eine Thrombosespritze. Dafür haben wir jetzt nicht extra den Pflegedienst genommen oder ihre Medikamente, dass die zusammengestellt werden. Das mache ich.*“ I6 00:06:32-6) und die Grundpflege, z. B. Waschen, Duschen, Baden, Kontinenzversorgung, An- und Auskleiden und Mundpflege („*Ja, und wenn wir gefrühstückt haben, dann muss er ja geduscht oder fertig-*

gemacht werden. Und, ja, rasieren, Zähne putzen, duschen, Beine eincremen, Körper eincremen, Stützstrümpfe anziehen und so weiter. Fönen. Also eigentlich alles, was dazu gehört für den Tag jetzt." I17 00:24:37-4). Außerdem fallen in diesen Bereich ernährungsbezogene Aktivitäten, z. B. die Hilfen bei der Aufnahme der Speisen („*Naja, Fleisch muss ich ganz klein schneiden. Ich sitze dann neben ihr und schneide ihr das Fleisch und Gemüse. Das machen wir so klein, wie es geht. Kartoffeln, dass wirklich alles klein ist.*" I18 00:22:59-7) und die Unterstützung bei der Mobilität, z. B. Hilfe beim Aufstehen oder bei der Fortbewegung („*Das fängt schon bei den kleinen Handgriffen an. Jemanden vom Stuhl hoch zu helfen.*" I10 00:18:27-5). Neben diesen Tätigkeitsbereichen kommt auch der Anleitung der Pflegebedürftigen bei der Durchführung der Aufgaben ein wichtiger Stellenwert zu. Dies gilt insbesondere bei der Versorgung von alten Menschen mit kognitiven Einschränkungen, z. B. in Folge einer demenziellen Erkrankungen („*Und, mhm, dann hatte ich ihr gesagt: Du, zieh mal deine Jeans aus und dann ziehst du deine Strumpfhose aus und die Jeans wieder an. Eigentlich ein relativ leichter Handgriff, sollte man denken. Aber sie war nicht dazu in der Lage, das ohne Anleitung umzusetzen.*" I12 00:05:05-7). Darüber hinaus umfassen persönliche Pflegeaufgaben aber zum Beispiel auch die Beaufsichtigung („*Also, es ist auch so, dass er [der Pflegebedürftige] die Straße manchmal so auf und ab geht. Wenn er nach fünfzehn Minuten, maximal nach zwanzig Minuten, noch nicht wieder da ist, dann gucken wir schon, wo er ist.*" I7 00:25:26-6). Diese Versorgungsleistungen sind oft zeitaufwendig und treten ganz überwiegend in einem mehrfach täglich wiederkehrenden Turnus auf. Sie lassen aufgrund der häufig unmittelbar anfallenden Bedarfe des alten Menschen selten einen Aufschub zu. Sowohl die Durchführung selbst wie auch die Anleitung und die Beaufsichtigung sind an die Anwesenheit der Pflegebedürftigen gebunden und daher räumlich nicht flexibel zu erbringen.

Im Datenmaterial lassen sich auch Mischformen zwischen diesen drei inhaltlichen Ausrichtungen beobachten. Beispielsweise ist unter den Befragten die Verbindung hauswirtschaftlicher und sozial-emotionaler Aufgaben mit leichten persönlichen Versorgungsaufgaben verbreitet. In diesen Fällen werden intensive körperpflegerische oder intimhygienische Verrichtungen aus dem Tätigkeitsspektrum ausgegrenzt.

Auch im weiteren reproduktiven Lebensbereich, der, wie oben dargestellt, hauswirtschaftliche Tätigkeiten, Versorgungsaufgaben gegenüber anderen Familienmitgliedern, Freizeitaktivitäten und die eigene Regeneration umfasst, kommt die Konzentrations- und Verzichtsstrategie zum Einsatz. Anders als in der pflegerischen Sphäre zeigen sich jedoch hier weniger stark ausdifferenzierte Muster.

Vielmehr lassen sich grundsätzlich Aufgaben mit mehr oder weniger großem Zentralitätsgrad identifizieren: Die Vereinbarerinnen setzen ganz überwiegend Prioritäten auf Versorgungsverpflichtungen gegenüber anderen Familienmitgliedern im direkten räumlichen Umfeld, grundlegenden hauswirtschaftlichen Aufgaben und existenziell für den Erhalt der Lebenskraft notwendigen Formen der Regeneration. Regulär oder situativ wird demgegenüber häufiger auf die Ausübung von Hobbys oder die Pflege sozialer Kontakte verzichtet („*Üblicherweise oder die meisten Abstriche mache ich natürlich bei mir. Da bleibt natürlich von der Zeit her am wenigsten über. Es gibt so ein paar Sachen, die ich eigentlich ganz gerne mache. Lesen. Ich habe auch immer viel gestrickt oder ich nähe mir eben auch gerne so selber was. Das bleibt dann alles komplett so liegen. Weil ich dafür dann einfach die Zeit nicht finde.*“ I12 00:41:39-7; „*Ja, dass man gebundener ist und eben den Freundeskreis jetzt eben nicht so bedienen kann, wollte ich jetzt fast sagen. Bedienen will ich die nicht, aber so pflegen kann.*“ I1 00:55:50-4).

Im beruflichen Bereich sind die Möglichkeiten des Rückgriffs auf die Konzentrations- und Verzichtsstrategie eingeschränkter als in der pflegerischen und weiteren reproduktiven Sphäre, da an das Bestehen des Beschäftigungsverhältnisses arbeitgeber(innen)seitig inhaltliche Erwartungen geknüpft sind. Insbesondere im Falle geringer eigener Souveränitätsspielräume müssen die Befragten diesen oft umgehend weisungsgebunden nachkommen („*Das ist eben kein Bürojob, wo ich den Computer ausmache und sage: So, ich gehe. Sondern, wenn da 'ne Arbeit ist, die Terminsache ist, dann müsste ich die eigentlich zu Ende machen.*“ I9 00:26:20-8). Verzichte setzen unter diesen Bedingungen ganz überwiegend Zustimmungen der Vorgesetzten voraus und können nicht in Eigenregie beschlossen werden. Gleiches gilt für die reguläre oder situative Konzentration auf berufliche Aufgaben, die zeitlich mit dem außerberuflichen Leben leichter zu verbinden sind. Auch hier sind die Vereinbarerinnen normalerweise auf wohlwollende Arbeitszuweisungen durch die Führungskräfte angewiesen („*Dann kann es aber passieren, dass dann doch noch einmal eine eilige Arbeit kommt. Sei es in Form einer Reparatur oder einer Reklamation (...) [, die dann spontan Mehrarbeit erfordert]. (...) Und im Moment ist es so, dass ich solche Sachen auch nicht so häufig bekomme.*“ I9 00:52:15-8).

Verminderung des Gründlichkeitsgrades der Aufgabendurchführung

Auf inhaltlicher Ebene greifen Vereinbarerinnen auch auf eine Verminderung des Gründlichkeitsgrades der Tätigkeitsdurchführung als Vermittlungshandlung zurück („*Ja, darum passiert vieles so im Vorbeigehen.*“ I10 01:01:14-0). Kern dieser Strategie ist, das Präzisionsniveau mit dem Aufgaben verrichtet werden, regulär und situativ einzuschränken, um auf diese Weise eine beschleunigte Tätigkeitsdurchführung zu realisieren. Hierdurch wird die Möglichkeit eröffnet, auch in Stresssituationen nicht auf die Anforderungsbewältigung in einem Bereich zu verzichten, gleichzeitig aber Reduktionen des eigenen Zeiteinsatzes herbeizuführen und dadurch Partizipationsmöglichkeiten an anderen Tätigkeitsfeldern zu sichern.

Vornehmlich handelt es sich hierbei um eine Vermittlungshandlung, die im weiteren Reproduktionsbereich, seltener auch in der pflegerischen Sphäre zum Einsatz kommt. Beispielsweise senkt eine Befragte im Bedarfsfall den Gründlichkeitsgrad der hauswirtschaftlichen Erledigungen und nimmt Einbußen in Bezug auf die Ergebnisqualität in Kauf, um zeitliche Spielräume zu erwirtschaften. Diese werden dafür eingesetzt, ihre Mutter bei der Pflege sozialer Kontakte zu unterstützen („*Damit kann ich gut mit umgehen. Ich kann auch gut dreckige Fenster haben. Ich kann auch gut so einen Haufen von Wäsche da liegen haben. Ich kann auch gut ... Klar, bestimmte Sachen, die müssen gemacht werden. Zum Beispiel, wenn meine Mutter Besuch kriegt, nach 'ner Stunde oder anderthalb Stunden ist sie dann immer ganz schön geschafft. Geschafft hört sich jetzt so negativ an. Dann ist sie immer ganz froh, wenn ich dann als Unterhalter mit dazu komme, weil sie dem Gespräch dann oft nicht mehr so gut folgen kann oder nicht mehr weiß, was sie mit denen reden soll.*“ I6 01:17:32-8). Eine andere Interviewte berichtet von Phasen in ihrem Alltag, in denen sie zwar die notwendigsten Sicherheitsvorkehrungen trifft, aber den regelmäßigen Wechsel des Inkontinenzmaterials und die Mobilisierung der Schwiegermutter vernachlässigt, um Freiräume für ihr berufliches Engagement zu schaffen („*In solchen Fällen stellt man ein Gitter, wie ein Babygitter. Und das war wirklich. Das hat so lange gedauert, bis wir das doch gemacht haben. So ist es einfacher. Dann weiß ich einfach, sie kann mit nassen Hosen sitzen, sie kann diese vier Stunden liegen, aber sie ist nicht von Treppen runtergeflogen.*“ I19 00:41:01-8).

Im beruflichen Bereich wird diese Vermittlungshandlung kaum thematisiert. Ausschlaggebend hierfür ist, dass in dieser Sphäre durch eine Verminderung des Gründlichkeitsgrades der Aufgabendurchführung regulär normalerweise keine grundlegenden Zeiteinsparungen erzielt werden können, da der Umfang der Arbeitszeit überwiegend arbeitsvertraglich festgelegt ist. Höchstens das Auftreten von Überstunden ist durch den Rückgriff auf diese Strategie in einigen Fällen zu verhindern („*Früher habe ich dann begonnen, den Antrag ruhig noch um 11:30 Uhr auszufüllen, weil ich konnte auch später nach Hause kommen. Heute muss ich den zur Seite legen und morgen ausfüllen. Oder ich fülle das schon aus, aber unter Stress. Und das ist bei meiner Arbeit nicht schön. Weil dann kann ich auch Fehler machen und davon hängt das Geld ab, was die Leute hinterher bekommen.*“ I19 01:04:15-1). Von größerer Bedeutung ist diese Vermittlungshandlung wahrscheinlich für Personen, die entweder in Vertrauensarbeitszeitverhältnissen tätig sind oder aber deren Entlohnung nicht an eine bestimmte Arbeitszeit, sondern an die Erfüllung vorab definierter Arbeitsaufträge gebunden ist. Werden berufliche Aufgaben unter diesen Bedingungen mit einem reduzierten Gründlichkeitsgrad durchgeführt, kann der Zeitaufwand, der bis zur Erreichung des festgelegten Arbeitsergebnisses eingesetzt werden muss, verringert werden. Auf diese Weise lassen sich Spielräume für die Partizipation an anderen Tätigkeitsfeldern gewinnen. In der vorliegenden Stichprobe sind betreffende Personen (z. B. Selbstständige, Freelancer) jedoch kaum repräsentiert, sodass sich diese Strategie im Datenmaterial nicht zeigt. Außerdem ist die Möglichkeit nicht auszuschließen, dass diese Handlungsform sozial als nicht erwünscht eingeschätzt und daher kaum beschrieben wird.

Verhinderung des Tätigkeitsanfalls

Eine weitere regulär oder situativ zur Anwendung kommende inhaltliche Vermittlungshandlung besteht in der Verhinderung des Tätigkeitsanfalls. Kern dieser Strategie ist, durch die Beeinflussung des eigenen Verhaltens oder des Verhaltens des sozialen Umfelds das Auftreten von Arbeit zu unterbinden und vermeidbare eigene Einsätze zu umgehen. Auf diese Weise lässt sich der mit der Teilhabe an einem Lebensbereich verbundene Aufwand senken, wodurch wiederum Reduktionen der investierten Zeiten und Beschleunigungen der Tätigkeitsdurchführung realisiert werden können.

Exemplarisch ist in diesem Zusammenhang das Vorgehen einer Vereinbarerin in der pflegerischen Sphäre anzuführen, die Gefahrenquellen aus dem Umfeld des demenziell erkrankten Schwiegervaters entfernt, um nach Zeiten des Präsenzverzichts nicht umfängliche Aufräum- und Reinigungsarbeiten vornehmen zu müssen („*(...) Haste da ‘nen Obstkorb stehen, hast nicht dran gedacht, den wegzustellen, dann hat er alles abgepellt, den Apfel durch die Gegend geschmissen, Banane kaputt gemacht. Dann musst du den ganzen Schweinkram wieder wegräumen.*“ I2 00:46:42-4).

Im weiteren reproduktiven Bereich kommt diese Strategie beispielsweise zur Anwendung, indem die Entstehung von hauswirtschaftlichen Nachlässigkeiten im eigenen Haushalt durch ein präventives Verhalten soweit wie möglich verhindert wird („*Klappt gut. Ich mache mit Absicht nicht so viel Dreck.*“ (I10 00:40:26-9).

Auch im beruflichen Bereich kann ihr Einsatz beobachtet werden. Einzelne Befragte leiten Arbeitsergebnisse beispielsweise verzögert an den Vorgesetzten weiter, um so einen zeitnahen Anfall neuer Aufgaben zu unterbinden („*Dass ich entweder Arbeiten hatte, die einen langen Termin haben, die ich dann eben auch noch mal von einem Tag auf den nächsten schieben kann. Die kann ich dann einfach auch mal ein bisschen später abgeben. Manchmal sind die dann schon ein, zwei Tage fertig. Aber dann hab ich zwischendurch ein bisschen Luft.*“ I9 00:36:04-5).

6.2.3 Personelle Vermittlungshandlungen

Personelle Vermittlungshandlungen umfassen alle Aktivitäten, die auf die Hinzuziehung von Unterstützung durch die Pflegebedürftigen oder andere Akteure/ Akteurinnen des sozialen Umfelds und die Aufrechterhaltung dieser Hilfen ausgerichtet sind. Ihr Einsatz ermöglicht die Aufgabenbewältigung innerhalb der Sphären und stellt eine bedeutsame Voraussetzung für die zeitliche Abstimmung dar.

Einbindung von Unterstützung

Um den Anforderungen im Alltag gerecht zu werden, greifen die Frauen regulär oder situativ in allen drei Lebensbereichen auf die Hilfen der dort angesiedelten Akteure/Akteurinnen zurück. Diese Personen entlasten sie (zeitweise) von Aufgaben, wodurch sich Zeitersparnisse realisieren lassen, die wiederum für die Teilhabe an anderen Tätigkeitsfeldern eingesetzt werden. Außerdem können sie die Vereinbarerinnen bei ihrer Aufgabendurchführung unterstützen, indem sie ihnen helfend zur Seite stehen.

Im pflegerischen Lebensbereich sind zwei Hilfequellen zu differenzieren: die Pflegebedürftigen und Personen aus dem sonstigen sozialen Umfeld. Wird der Fokus zunächst auf die älteren Menschen gerichtet, treten diese in der Mehrzahl der wissenschaftlichen Arbeiten als Empfänger(innen) von Unterstützungsleistungen auf. Der Fokus ist in der Regel jedoch seltener auf ihre Potenziale zur Bewältigung der täglichen Anforderungen[76] und die damit verbundenen Entlas-

76 Eine bedeutsame Ausnahme bildet Schroeters Auseinandersetzung mit der Kapitalausstattung unterschiedlicher Akteure/Akteurinnen im Feld der Pflege. Seinen Ausführungen zufolge verfügen auch Pflegebedürftige über Kapital, das in mehr oder minder großem Umfang in das Pflegegeschehen eingebracht werden kann, jedoch aufgrund der Vulnerabilität dieses Personenkreises prinzipiell in der Abnahme begriffen ist (vgl. Schroeter 2004, S. 136ff).

tungsmöglichkeiten der Pflegenden gerichtet. Demgegenüber zeigt sich im Rahmen der vorliegenden Untersuchung, dass der Rückgriff auf die noch verbliebenen Fähigkeiten der Pflegebedürftigen und ihre gezielte Einbindung in die Bewältigung der täglichen Anforderungen durchaus eine zentrale Vermittlungshandlung darstellt. Sie kann dazu beitragen, Einsatzzeiten der erwerbstätigen Pflegenden oder anderer Helfer(innen) aus dem sozialen Umfeld zu beschränken und sie bei ihrer Aufgabenbewältigung zu unterstützen. Zwei Formen der Einbindung der Pflegebedürftigen sind zu unterscheiden:

Eine erste Strategie besteht in der regulären oder situativen Übertragung von einzelnen Aufgaben (z. B. leichten hauswirtschaftlichen Tätigkeiten, der Organisation von Unterstützung oder körperpflegerischen Aktivitäten) auf den alten Menschen („*(...) und dann gebe ich ihr einen Putzlappen und dann sage ich: Kannst du wohl mal eben das Wohnzimmer putzen?*“ I20 00:38:27-0; „*Oder ich bin ja auch mal weg, wie letzten Samstag, dann sage ich meiner Mutter schon, dass sie jetzt mal rumtelefonieren soll, um irgendjemanden zu fragen, ob er sie zur Kirche bringt. Also das macht sie selber.*“ I6 00:52:47-9). Von Bedeutung ist, dass die Verantwortung für die Bewältigung dieser Aufgaben zuverlässig an die Pflegebedürftigen abgegeben werden kann und keine begleitende Beaufsichtigung und Anleitung geleistet werden muss. Andernfalls ist die Einbindung kaum mit Entlastungen für die Vereinbarerinnen verbunden („*(...) und dann muss ich mit ihr ins Badezimmer gehen und dann muss ich ihr Schritt für Schritt mit Waschen und mit allem das erklären, sonst ist es schlecht. (...) Ich gehe zwischendurch wohl mal eben kurz raus, aber es ist wirklich so, dass sie manchmal nur einen Schritt macht und dann steht sie da und sagt: So, und was ist jetzt? (...) Dann muss man den nächsten Schritt wieder erklären. So ist das im Grunde, obwohl sie das selbst macht, eine Rund-um Betreuung.*“ I20 00:10:40-8).

Eine zweite Strategie besteht in dem regulären oder situativen Präsenzverzicht. Über einen bestimmten Zeitraum, der in manchen Fällen kürzer als eine Stunde ist, teilweise aber sogar ganze Tage umfasst, werden die Pflegebedürftigen unbeaufsichtigt gelassen („*Wir lassen den [den Pflegebedürftigen] dann zwei Stunden alleine. Also non-stop 'ne Betreuung haben wir nicht. (...) Der ist dann mal zwei Stunden alleine. Und dieses Risiko gehe ich dann jetzt auch ein.*“ I2 00:08:30-7). Diese durch die Beaufsichtigung nicht gebundenen Zeiten können für andere Aktivitäten genutzt werden.

Neben der Einbindung der noch verbliebenen Fähigkeiten des alten Menschen besteht in der pflegerischen Sphäre auch die Möglichkeit auf andere Akteure/Akteurinnen aus dem sozialen Umfeld zurückzugreifen, um eigene Einsatzzeiten zu reduzieren und Erleichterungen bei der Aufgabendurchführung herbeizuführen. Ihr Aufgabenbereich kann sich auf drei unterschiedliche Felder beziehen: die Versorgungserbringung, die Übergangsgestaltung sowie die Beratung und das Management des Pflegearrangements.

Die Versorgungserbringung kann entweder spezifisch oder unspezifisch erfolgen. Im ersten Fall wird das Aufgabenspektrum der Helfer(innen) detailliert festgelegt. Es bezieht sich in der Regel auf einzelne haushaltsbezogene, persönlich-pflegerische und/oder sozial-emotionale Versorgungsaufgaben. Überschreitungen dieser eng begrenzten inhaltlichen Verantwortungsbereiche finden nicht statt. Im zweiten Fall begegnen die Unterstützungspersonen allen in einem festgelegten Zeitraum anfallenden Hilfe-, Beaufsichtigungs- und Anleitungsbedarfen der Pflegebedürftigen vollumfänglich, ohne sich dabei auf ein genau definiertes Tätigkeitsfeld zu beschränken.

Außerdem können Unterstützungspersonen auch in die Übergangsgestaltung eingebunden werden. Eine Übergangssituation liegt beispielsweise dann vor, wenn die pflegerische Versorgung nach einem Krankenhausaufenthalt der oder des Pflegebedürftigen in der Häuslichkeit realisiert werden muss. Diese Situation ist für die Befragten teilweise mit Schwierigkeiten verbunden, da die Phase des stationären Aufenthalts in einigen Fällen als zu kurz empfunden wird, um neben der Teilhabe am Beruf ein tragfähiges Pflegearrangement zu entwickeln, das auf die nunmehr häufig gesteigerten Versorgungsbedarfe des älteren Menschen abgestimmt ist. In diesen Situationen besteht die Möglichkeit, auf Unterstützungsleistende zurückzugreifen, die für einen begrenzten Zeitraum alle mit der Pflege verbundenen Aufgaben vollumfänglich übernehmen und teilweise gleichzeitig auch rehabilitative Maßnahmen mit den Pflegebedürftigen durchführen. Ihr Einsatz eröffnet den Befragten einerseits zeitliche Spielräume, um die anschließende Versorgung zu organisieren, ohne Fehlzeiten im Erwerbssystem in Kauf nehmen zu müssen. Andererseits kann in diesen Phasen durch den Einsatz befähigender Maßnahmen (s. unten) der Gesundheitszustand stabilisiert und die Selbstversorgungsfähigkeiten der alten Menschen verbessert werden. Hierdurch wird die spätere Pflegeübernahme durch die Befragten erleichtert.

Der letzte Aufgabenbereich, der von Unterstützungsleistenden des sozialen Umfelds übernommen werden kann, bezieht sich auf die Beratung der Vereinbarerinnen und das Management der Pflegearrangements. Er umfasst die Vermittlung von Informationen über die Handhabung der Pflegesituation, die Organisation und Kontrolle der Versorgungsdurchführung, die Beschaffung von Ersatz beim Ausfall einer Unterstützungsperson und teilweise auch die Kostenabrechnung.

Um diese drei Hilfeformen zu nutzen, stehen formelle Angebote zur Verfügung, die (teilweise) unter Rückgriff auf Sachleistungen des SGB XI finanzierbar sind. Darüber hinaus kann auf weitere formelle Angebote, die nicht im Leistungsspektrum des SGB XI vorgesehen sind und auf informelle Unterstützungsformen zurückgegriffen werden.[77]

Unter den formellen Hilfen des SGB XI nehmen ambulante Pflegedienste und Tagespflegeeinrichtungen einen relevanten Stellenwert ein. Diese Unterstützungsquellen werden überwiegend regulär in die Arrangements eingebunden und kommen teilweise täglich zum Einsatz. Nur in seltenen Fällen nutzen die Vereinbarerinnen diese Angebote unter Zuhilfenahme der Verhinderungspflege als flexible Puffer in von den Routinen abweichenden Situationen. Ursächlich hierfür ist, dass sie weitgehend nicht spontan und ohne eine längerfristige Planung hinzugezogen werden können („*Und da habe ich halt durch die ambulante Pflegestation die Möglichkeit, über die Verhinderungspflege halt jemanden zu organisieren. Aber das geht ja auch nicht von jetzt auf gleich. Da muss man ja schon mal fragen: Wie sieht es aus jetzt am Wochenende, kann da jemand kommen?*“ I9 00:55:45-5). Das innerhalb der Arrangements übernommene Leistungsspektrum ist stark abhängig von der Art des Dienstes: Während Tagespflegeeinrichtungen unspezifische Leistungen erbringen, indem sie innerhalb einer festgelegten Zeitspanne den anfallenden Bedarfen vollumfänglich begegnen[78], werden ambulanten Pflegediensten überwiegend spezifische versorgerische Aufgaben übertragen, die vornehmlich im körper- und behandlungspflegerischen Bereich angesiedelt sind („*Jetzt habe ich das Baden erst mal abgegeben. Dann machen sie das, der Pflegedienst.*“ I14 00:10:07-0). Unspezifische Leistungen werden hingegen von ambulanten Pflegediensten in den einbezogenen Fällen kaum in Anspruch genommen. Ausschlaggebend hierfür ist, dass diese nicht mit pauschalen, sondern mit leistungskomplexbezogenen Vergütungssystemen arbeiten, die den erbrachten Einzelleistungen bestimmte Zeitwerte und Kostensätze zuordnen. Eine unspezifische Versorgung würde die Kombination mehrere Leistungskomplexe voraussetzen, wodurch Kostensteigerungen auftreten würden. Nach Ausschöpfung des für die jeweilige Pflegestufe vorgesehenen Sachleistungsbetrags der Pflegeversicherung müssten die noch verbleibenden Kosten dann durch eigene finanzielle Ressourcen der alten Menschen oder ihrer Familienmitglieder getragen werden. Darüber hinaus sind über die Sachleistungen der sozialen Pfle-

---

77 Eine Unterscheidung zwischen formellen und informellen Unterstützungsleistungen wird in Teilkapitel 4.4 vorgenommen.

78 Lediglich hauswirtschaftliche Aufgaben am Wohnort des Pflegebedürftigen werden nicht erbracht.

geversicherung qua Gesetz (s. Teilkapitel 3.1.3) nur Verrichtungen in den Bereichen Körperpflege, Ernährung, Mobilität und hauswirtschaftliche Versorgung abzurechnen. Andere versorgerische Tätigkeiten, z. B. die zeitintensive Betreuung der oder des Pflegebedürftigen, müssen unter Rückgriff auf eigene finanzielle Mittel hinzugekauft werden („*(...), als wenn ich mir einen Pflegedienst nehmen würde, der eine Stunde mit meiner Mutter spazieren gehen würde. Ich weiß mittlerweile, das würde ein Vermögen kosten, was man aus eigener Tasche bezahlen müsste.*" I11 00:46:48-7). In der Praxis werden abseits dieser formellen Vergütungsmodalitäten im Einzelfall andere Regelungen zwischen den Diensten und den Nutzer(inne)n getroffen, die größere Flexibilitätsspielräume eröffnen. Beispielsweise berichtet eine Interviewpartnerin von einem Abkommen mit dem ortsansässigen Pflegedienst, demzufolge eigens für ihre Mutter eine Pflegekraft eingestellt wurde. Diese erbringt über mehrere Stunden des Tages unspezifische Versorgungsaufgaben, wird dabei jedoch über die Sachleistungen der Pflegeversicherung und die Betreuungsleistungen für Personen mit erheblich eingeschränkter Alltagskompetenz finanziert („*Ich möchte eine stundenweise Versorgung und immer von derselben Kraft, weil ich auch denke, das ist für Demenz auch sehr wichtig. Nicht dieses Wechselnde immer zu haben, sondern immer dieselbe Bezugsperson immer zu haben. Und daraufhin haben die für mich jemanden eingestellt.*" I13 00:23:01-9 (…) *Mhm, ja, ich habe das natürlich so gestaltet und von vorneherein so geguckt und kalkuliert, dass das über die Pflegesachleistungen und die Betreuungsleistungen bei Demenz abgedeckt ist.*" I13 00:25:24-4). Eine flexiblere Position nehmen in den Arrangements der Vereinbarerinnen grundsätzlich zusätzliche Betreuungsleistungen für demenziell Erkrankte ein, die ebenfalls zu den formellen Angeboten des SGB XI zählen. Sie werden überwiegend in Form von Einzelbetreuungen in Anspruch genommen, die flexibler eingebunden werden können als Gruppenangebote mit fester Zeit- und Ortsbindung („*Das sind meistens Hausfrauen, die das ein bisschen ehrenamtlich oder für einen Appel und ein Ei machen. Und die haben ja eigentlich nachmittags viel Zeit, es sei denn, die müssen dann mal nachmittags Kaffee trinken. Und dann sag ich einen Tag vorher mal Bescheid.*" I2 00:21:09-2). Die eingesetzten Kräfte sind über Organisationen beschäftigt (z. B. bei ambulanten Pflegediensten oder bei gemeinnützigen Vereinen zur regionalen Versorgung älterer Menschen) und werden über die Betreuungsleistungen für Personen mit erheblich eingeschränkter Alltagskompetenz finanziert. In den vorliegenden Fällen stellen diese Angebote sowohl regulär wie auch situativ Elemente des Pflegearrangements dar. Sie werden in der Regel für spezifische Aufgaben hinzugezogen. Ausschlaggebend hierfür ist, dass sie aus rechtlichen Gründen lediglich im sozial-emotionalen

Bereich, nicht jedoch im körperpflegerischen oder hauswirtschaftlichen Bereich eingesetzt werden dürfen („*Die sollen also nur Betreuung machen. Die dürfen eigentlich auch keinen Haushalt machen. Die bügelt wohl mal mit ihr [der Pflegebedürftigen] zusammen, so was sie noch kann. Sie muss sie ja auch ein bisschen beschäftigen oder falten mal ein bisschen Wäsche oder irgendwas, ne? So leichte Tätigkeiten. Aber sonst soll sie hier eigentlich nichts machen, weil das ja eigentlich Betreuungsgeld ist.*" I20 00:17:18-3). In einigen Fällen werden allerdings informelle Absprachen mit den Betreuungspersonen selbst oder den Diensten getroffen, um auf eine Ausweitung des Leistungsspektrums hinzuwirken und somit diese Unterstützungsform auch als unspezifisches versorgerisches Angebot nutzen zu können („*Obwohl, manchmal macht sie trotzdem was [hauswirtschaftliche und persönlich-pflegerische Aufgaben] und ich habe das auch mit der Sozialstation abgesprochen. Die haben sogar gesagt, sie dürfte nicht mit ihr [der Pflegebedürftigen] zur Toilette gehen. Und da habe ich gesagt: Also jetzt überlegen sie sich mal, wenn sie nicht mit ihr zur Toilette darf, dann brauche ich überhaupt keine Betreuung, weil sie kann mich ja nicht anrufen und sagen, sie muss jetzt zur Toilette, dass ich dann wiederkomme.*" I20 00:21:28-8). Ausschließlich situativ, d. h. in von den Routinen des Alltags abweichenden Situationen, wird auf Kurzzeitpflege zurückgegriffen, die ebenfalls den formellen Angeboten des SGB XI zuzuordnen ist. Einen bedeutenden Stellenwert nimmt diese Hilfeleistung beispielsweise während der Urlaubszeiten der Befragten („*Und wir haben inzwischen auch in den letzten Jahren es so gemacht, dass wir einmal im Jahr zusammen in den Urlaub fahren und dann geht sie [die Pflegebedürftige] in die Kurzzeitpflege, ne?*" I21 01:22:08-8) oder aber in den oben beschriebenen Übergangssituationen ein („*Nur da ich ja auch arbeite, wusste ich nicht, wo ich sie [die Pflegebedürftige] lassen sollte. Und dann haben die im Krankenhaus so einen Pflegebericht geschrieben, was sie denn für eine Pflegestufe wäre. Sie konnte da nur Pflegestufe I bekommen, obwohl sie wirklich nicht viel konnte, ne? Und ja, dann habe ich mich um einen Pflegeplatz bemüht für sechs Wochen. (I: So Kurzzeitpflege, oder?). Ja, zur Kurzzeitpflege hin.*" I5 00:04:33-5). Ebenfalls nur situativ und zumeist zu Beginn einer Pflegephase werden im SGB XI vorgesehene Beratungsangebote der Kommunen oder der gesetzlichen Pflegeversicherung eingebunden, deren Leistungen sich spezifisch auf die Informationsvermittlung beziehen. Thematische Schwerpunkte liegen hierbei auf den Versorgungs- und Finanzierungsstrukturen im Pflege- und Gesundheitssystem („*Da war ich hier in A. [Wohnort der Befragten] bei einer Betreuungsstelle und hier beim Pflegestützpunkt. In A. und ich glaube sogar in jedem Landkreis gibt es jetzt ja einen Pflegestützpunkt. Pflegestützpunkt nennt sich das, wo man sich beraten lassen kann, was so Senioren- und Altenheime angeht und die Versorgung an sich, was jetzt die Pflege angeht.*“ I12 01:11:30-9).

Neben den Leistungen, die im SGB XI vorgesehen sind, ziehen die Befragten noch weitere formelle Angebote hinzu, die aus eigenen finanziellen Mitteln und/oder unter Zuhilfenahme des Pflegegeldes erworben werden. Zu diesen Unterstützungsformen, die sowohl regulär wie auch situativ zum Einsatz kommen, zählen zum einen komplementäre Dienste im vorpflegerischen Versorgungsbereich (z. B. Mahlzeitendienste und hauswirtschaftliche Hilfen). Sie erbringen spezifische Leistungen, z. B. bei der Bewältigung des Haushalts oder bei der Nahrungsbereitung und -lieferung („*Das Mittagessen wird ihr seit einem Jahr schon gebracht. Da bekommt sie Essen auf Rädern.*“ I12 00:02:22-5). Zum anderen sind unter die sonstigen formellen Angebote auch Einzelpersonen zu subsumieren, die entweder in geringfügigen oder Teilzeitbeschäftigungsverhältnissen tätig sind oder aber dem grauen Markt angehören. Sie leisten üblicherweise unspezifische Versorgungsaufgaben, indem sie für einen festgelegten Zeitraum im Pflegehaushalt zugegen sind und nahezu allen anfallenden Bedarfen begegnen. Sie werden eingesetzt, da das Leistungsspektrum der ambulanten Pflegedienste und Kurzzeitpflegeeinrichtungen, wie oben bereits beschrieben, inhaltlich und zeitlich als nicht bedarfsgerecht und zu kostenintensiv erachtet wird. Formelle, privat finanzierte Kräfte können nicht zuletzt auch Aufgaben im Bereich Management Care erbringen. In den einbezogenen Fällen werden zu diesem Zweck professionelle Pflegekoordinationsstellen oder Pflegevereine konsultiert, die für ein Entgelt nicht nur beraterische Leistungen, sondern ein umfassendes Case-Management anbieten. Ihre Hinzuziehung erfolgt nicht nur situativ zu Beginn der Pflegeübernahme, sondern teilweise durchaus prozessbegleitend (*Dann ging es darum, jetzt kurzfristig noch einen Termin beim Neurologen zu bekommen und Frau S. (Leiterin vom Pflegeverein) sagte dann: Ich rufe dann da mal eben an. Und dann hatten wir für die nächste Woche schon gleich einen Termin. Die halten extra noch ein paar Termine zurück, sage ich jetzt mal so, bei diversen Arztpraxen, wenn sie dann mit den Demenzkranken zusammenarbeiten. Und dann geht das da auf kurzem Wege. Also das ist enorm. Auch jegliche fachliche Unterstützung oder Rat überhaupt. Wie regele ich das? Was kommt als Nächstes? Ist das okay, die Veränderung, die ich jetzt bemerke? Gehört das mit zur Krankheit oder so? Oder einfach Literaturhinweise.*“ I12 01:03:30-2).

Die Vereinbarerinnen greifen jedoch nicht nur auf formelle Angebote zurück, sondern binden regulär und situativ auch informelle Hilfsquellen in ihre Arrangements ein. Diese kommen für versorgerische Tätigkeiten, die Übergangsgestaltung und auch für managementbezogene Aufgaben zum Einsatz. Handelt es sich bei den Befragten um die (Schwieger-) Töchter der Pflegebedürftigen, spielen die Ehepartner(innen) der alten Menschen eine bedeutsame Rolle. Dies gilt zumindest dann, wenn sie noch dazu in der Lage sind, sich aktiv an der Bewältigung der pflegerischen Anforderungen zu beteiligen. Aufgrund der gemeinschaftlichen Wohnsituation können sie in diesen Fällen insbesondere bei der Sicherstellung der Beaufsichtigung einen wesentlichen Beitrag leisten, nehmen aber auch für die Erbringung unspezifischer Versorgungsaufgaben im Allgemeinen einen wichtigen Stellenwert ein. Neben den Partner(inne)n der Pflegebedürftigen stellt auch der Partner der Interviewten eine relevante Hilfsquelle dar. Insbesondere dann, wenn die Vereinbarerin ein Schwiegerelternteil pflegt, beteiligt sich dieser häufig nicht nur an managementbezogenen Aufgaben oder springt sporadisch in von den Routinen abweichenden Situationen ein, sondern partizipiert auch an der regulären versorgerischen Arbeit („*Und er [der Ehemann der Befragten] macht auch absolut, was für einen Mann ja auch nicht selbstverständlich ist, er macht also auch die Grundpflege. Also er windelt sie [seine Mutter], er wäscht auch die Intimbereiche.*“ I21 00:21:20-9). Ist demgegenüber ein Elternteil der Befragten pflegebedürftig, werden in der Stichprobe häufiger Geschwister für diese regulären Versorgungstätigkeiten hinzugezogen („*Meine Schwester wohnt bei uns zu Hause mit. Dann hilft sie unserem Papa beim Anziehen, weil er die Knöpfe und alles nicht mehr alleine zu bekommt. Hilft auch in der Pflege, zieht ihm die Kompressionsstrümpfe an.*“ I7 00:05:45-6). Nicht zuletzt kann in diesen Konstellationen mitunter auch auf ältere Kinder zurückgegriffen werden. Ihr Einsatz findet in dem vorliegenden Sample vorrangig situativ in von den Routinen abweichenden Situationen statt, innerhalb derer die Beaufsichtigung und grundlegende körperpflegerische Tätigkeiten nicht anders sichergestellt werden können („*Es gibt zwar mal, dass meine Tochter meine Schwiegermutter Abendbrot gerichtet und gegeben hat (...).*“ I19 00:52:30-8). Wird der eigenen Ehepartner versorgt, bestehen nur begrenzte Möglichkeiten der Einbindung von Unterstützungsleistenden. In den untersuchten Arrangements sind entweder keine Geschwister (des Partners) vorhanden oder sie werden nicht hinzugezogen. Ursächlich hierfür mag sein, dass die Versorgungsübernahme für den Ehemann von den Befragten selbst und ihrem sozialen Umfeld als Aufgabe der Ehefrau wahrgenommen wird. Treten die Pflegebedarfe im fortgeschrittenen Erwerbsalter auf, leben Kinder des Ehepaares häufig nicht mehr im gleichen Haushalt und teilweise (z. B. aufgrund arbeitsmarktbezogener Flexibilitätsanforderungen) auch nicht mehr im näheren Umfeld. Sie sind für die Unterstützungserbringung daher oftmals nicht unmittelbar und regelmäßig verfügbar und beteiligen sich, wenn überhaupt, nur situativ („*Also, ich kann sie für irgendwelche Dinge jetzt nicht einplanen, weil sie alle nicht hier wohnen. Die wohnen wo anders. (...) Der eine Sohn hat schon Familie und der andere ist voll im Beruf und hätte dann ja auch nur seinen Urlaub. Wenn sie hier in der Nähe wären ... Also als mein Mann verunglückt ist und als wir alle zwei Wochen lang nicht wussten, was das dann wird, waren die schon alle da und mhm, haben dann auch geguckt und geholfen und haben auch dafür Urlaub genommen. Aber so den Alltag, das muss ich dann schon selber machen.*“ I4 00:45:24-2). Akteure/ Akteurinnen aus dem weiteren Verwandtschaftskreis werden in den vorliegenden Fällen ganz überwiegend nachrangig eingebunden und übernehmen dann in erster Linie situative Versorgungsaufgaben. Gleiches gilt für die Nachbarn, auf die die Befragten aufgrund der räumlichen Nähe jedoch in stärkerem Maße zurückgreifen als auf andere entfernt lebende Verwandte. Teilweise wird dieser Personenkreis über die Leistungen der Verhinderungspflege symbolisch vergütet.

Im weiteren reproduktiven Lebensbereich binden die Vereinbarerinnen Hilfen aus dem sozialen Umfeld ein, um eigene Einsatzzeiten im Haushalt, bei der Kindererziehung oder der Haustierbetreuung zu reduzieren oder die Aufgabendurchführung zu erleichtern. Ähnlich wie in der pflegerischen Sphäre, werden die Hilfen entweder von den Pflegebedürftigen oder aber vom sonstigen sozialen Umfeld erbracht. Der ältere Mensch nimmt jedoch in diesem Zusammenhang aufgrund seiner häufig reduzierten körperlichen und kognitiven Fähigkeiten einen vergleichsweise geringen Stellenwert ein. In den einbezogenen Fällen wird auf seinen Arbeitseinsatz lediglich sporadisch und vorrangig für die Bewältigung leichter hauswirtschaftlicher Aufgaben zurückgegriffen („*Oder dann fängt es natürlich auch irgendwann an, dass das Mittagessen gekocht wird. Da mache ich es meistens so, also wenn es Kartoffeln gibt oder wenn so Tätigkeiten wie Kartoffeln schälen [anfallen] oder heute Morgen habe ich schon einen Kuchen gebacken, also dass ich diese Tätigkeiten an meine Mutter gebe.*“ I6 00:12:01-7). Diese Form der Einbindung entspricht der Einschätzung einiger Befragten zufolge den Wünschen der Pflegebedürftigen und trägt zur Steigerung ihres Wohlbefindens bei. Folglich erscheint sie auch als Form der Beschäftigung geeignet („*Ja, sie ist halt dabei und ist nicht untätig. Sie hat 'ne Beschäftigung, ne? Oder auch wenn ich Wäsche aufhänge, dann muss sie mir halt die Wäscheklammern abzählen und zureichen oder solche Sachen halt, ne? So, dass sie auch für sich das Gefühl hat, was getan zu haben.*“ I9 00:32:38-6). Im Datenmaterial zeigt sich jedoch auch eine entgegengesetzte Vorgehensweise: Bewusst wird auf die Einbindung des alten Menschen in die Aufgabenbewältigung verzichtet, da seine noch verbliebenen Fähigkeiten der Wahrnehmung der Befragten zufolge nicht zuverlässig abrufbar sind oder aber die Qualität seines Einsatzes nicht ihren Vorstellungen entspricht („*Wenn sie mal richtig gut drauf ist, dann geht sie mal mit dem Staublappen rüber, aber das ist nichts Halbes und nichts Ganzes.*" I10 00:13:40-4). Hierdurch lässt sich ein zusätzlicher Arbeitsanfall verhindern („*I: Und mal Aufgaben im Haushalt? B8: Nee. Mal Tisch abräumen. Aber sonst habe ich ja noch mehr Arbeit.*" I8 00:59:18-0).

Neben der oder dem Pflegebedürftigen wird auch das sonstige soziale Umfeld an der Bewältigung reproduktiver Aufgaben beteiligt, wobei auch in diesem Kontext zwischen informellen und formellen Hilfequellen zu unterscheiden ist. Werden Unterstützungsleistende aus dem formellen Umfeld hinzugezogen, übernehmen sie in der Regel regulär spezifische Aufgaben im hauswirtschaftlichen, kinderbetreuerischen oder haustierbetreuerischen Bereich („*Die [die Reinigungskraft] kommt an vier festgelegten Tagen in der Woche. Die kommt auch vier Tage die Woche, wenn ich nur drei Tage Unterricht habe. Weil dafür bei uns auch einfach zu viel anliegt. Ja, mit vier Kindern, zwei Wohnungen.*" I2 00:55:01-4). Teilweise kommt den Kräften auch eine Doppelfunktion zu, indem sie parallel in die Bewältigung des Haushalts der Befragten und die Beaufsichtigung der Pflegebedürftigen eingebunden sind („*In der Zeit kann F. [Reinigungs- und Betreuungskraft] ja auch schon mal sein Zimmer sauber machen oder die Küche. Ein bisschen Haushalt macht die ja auch noch. Räumt mal eben den Küchentisch ab, räumt die Spülmaschine aus. So ein paar Sachen, die dann so anfallen. Aber ich versuche auch, dass F., wenn sie Zeit hat, zum Beispiel: Kannst du mal die Küche aufräumen, wo Opa auch ist. Damit dann jemand immer bei Opa ist. Nicht, dass sie dann zum Beispiel in der Stube ist, sondern in dem Bereich, wo Opa ist. Da soll sie dann auch sein.*" I2 00:55:01-4). Dieser Einsatz in Personalunion birgt Vorteile, da gleichzeitig Aufgaben in zwei unterschiedlichen Lebensbereichen bewältigt werden und für die Vereinbarerinnen größere zeitliche Spielräume für die Partizipation an anderen Tätigkeitsfeldern entstehen.

Unterstützungsleistungen aus dem informellen Sektor erbringen überwiegend Mitglieder des engeren Familienkreises, die im gleichen Haushalt mit den Befragten leben. Sie beziehen sich auf alle oben angeführten Tätigkeiten. Ihr Einsatz erfolgt entweder regulär („*Das Badezimmer müssen die Kinder immer abwechselnd putzen. Also ist sie [die Tochter] alle drei Wochen dran. Weil der eine [Sohn] jetzt ja in Köln ist, müssen die Drei das jetzt machen. Dann muss sie vorne mal den Eingang fegen. Dann muss sie mal Brot kaufen, weil sie das eigentlich auch ganz gut mit dem Fahrrad erledigen kann.*" I6 00:36:44-0) oder aber situativ als Reaktion auf kurzfristig auftretende Bedarfssituationen („*Oder ich habe manchmal auch Fortbildungen, bei denen ich dann ein oder zwei Tage wegfahren muss und dann kümmert sich mein Mann um die Familie. Das ist dann überwiegend am Wochenende und dann hört mein Mann früher auf zu arbeiten*“ I13 00:09:51-9). Nur wenige Befragte berichten auch über die Hinzuziehung von Personen aus dem weiteren Verwandtschaftskreis oder von Nachbar(inne)n. Wenn überhaupt, wird ihre Hilfe vornehmlich situativ im Bedarfsfall in Anspruch genommen („*Also, ich habe eine Nachbarin gehabt, die mir in der ganzen Zeit, wo ich nach O. [Ort] musste oder eben in die Klinik musste, da hat sie mir den Hund oft abgenommen.*“ I4 00:14:44-4).

Im beruflichen Umfeld greifen die Frauen auf Unterstützung durch ihre Vorgesetzten zurück, die helfend zur Seite stehen können, indem sie dem Einsatz von zeitlichen Vermittlungshandlungen in der beruflichen Sphäre zustimmen und ihn ermöglichen. Hierzu lassen sich die Vereinbarerinnen beispielsweise im Falle von situativ auftretenden Zwischenfällen in der pflegerischen Sphäre Freistellungen oder Arbeitszeitverkürzungen genehmigen („*Gut, als es ihr mal ganz, ganz schlecht ging, da habe ich auch bei Frau F. [Vorgesetzte] angerufen und gesagt: Also heute kann ich wirklich nicht. Ich muss ins Krankenhaus. Meiner Mutter geht es wirklich sehr, sehr schlecht. Und dann hat Frau F. gesagt: Ja, macht ja nichts.*“ I5 00:23:57-1; „*Und dann habe ich gesagt: Frau O. [Vorgesetzte], ich muss dann und dann gehen. Ich möchte meine Mutter besuchen.*“ I14 00:40:55-3).

Außerdem ziehen die Interviewten auch Unterstützung durch Kolleg(inn)en hinzu, die den Arbeitseinsatz der Vereinbarerinnen (zeitweise) ersetzen. Von großer Bedeutung ist diese Hilfeleistung in Arbeitsverhältnissen, die sich durch eine eng verzahnte Aufgabendurchführung der Beschäftigten (z. B. durch tayloristische Produktionsprinzipien) auszeichnen. In diesen Fällen greifen die Befragten zum Beispiel auf Angebote zurück, Tätigkeiten an die Kolleg(inn)en abzugeben, sich stundenweise oder auch über länger andauernde Phasen vertreten zu lassen („*Mit meiner Kollegin verstehe ich mich sehr gut. Wenn ich dann mal unbedingt einen Tag freihabe wegen was anderem, dann sage ich: Ich brauche den Tag. Und wenn sie das weiß und hat nichts anderes, dann macht sie das möglich.*“ I14 00:37:34-8) oder Dienste zu tauschen („*Da war ein unverhoffter Krankenhausaufenthalt von meiner Mutter. Und dann Arztgespräche oder Entlassung. Da musste ich sie ja auch abholen und da musste ich praktisch den Beruf anpassen dahingehend. Wir sind Gott sei Dank bei uns im Körperpflegebereich drei Teilzeitkräfte. Wenn ich unterrichte, ist damit die Chance groß, dass meine Kollegin keinen Unterricht hat. Und dann tauschen wir eben. Dann mache ich die ersten zwei Stunden, obwohl ich eigentlich die fünfte und sechste Stunde gehabt hätte. Aber weil um 11:00 Uhr, 11:30 Uhr die Entlassung anfällt, dann mache ich das.*" I6 00:42:45-5).

Generierung von Informationen über Unterstützungsmöglichkeiten

Die Einbindung von Unterstützung setzt weitere personelle Vermittlungshandlungen voraus. Unter anderem ist der Zugang zu den Hilfen an das Wissen der Vereinbarerinnen über ihre Existenz gebunden. Da viele der Befragten erstmalig mit Pflegebedarfen von Angehörigen konfrontiert werden, sind insbesondere in der initialen Phase der Arrangementbildung situativ Informationsgenerierungsprozesse notwendig.

In der pflegerischen Sphäre können beispielsweise Erkundigungen über formelle Hilfsangebote und ihre Finanzierung eingeholt werden. Quellen für die Informationsbeschaffung sind in erster Linie private, teilweise auch berufliche Netzwerke, wobei insbesondere Kontakte zu Akteur(inn)en als wertvoll erachtet werden, die selbst über pflegerische Erfahrungen verfügen. Sie fungieren als Wissensmultiplikatoren und sind teilweise auch in der Lage, formelle Unterstützungsangebote als (ehemalige) Kund(inn)en zu bewerten („*Es ist schon so, dass ich dann schon einmal ein paar Kollegen anspreche und frage, welcher Dienst wäre da nicht schlecht oder wäre da ganz gut.*" I15 00:10:47-7). Darüber hinaus stellen Angehörigengruppen und auch die Anbieter von Pflegeleistungen (z. B. ambulante Pflegedienste, Tagespflegeeinrichtungen, Pflegevereine) Informanden dar („*Das, was man sonst so von der Selbsthilfegruppe kennt. Wir schnacken. Die kennen sich schon länger über die Krankheit und die antworten mir auch, wenn ich 'ne Frage habe.*" I8 00:40:01-3). Die Frauen bewerten diese Informationsquellen im Vergleich zu den Beratungsangeboten der gesetzlichen Kranken- und Pflegeversicherung oder der Ärzte in mehreren Fällen als zugänglicher und die Auskünfte als hilfreicher („*Was jetzt so die Gelder, die meiner Mutter zustehen, anbelangt, da bin ich schon von der Tagespflege auf das ein oder andere aufmerksam gemacht worden. Oder auch vom gerontopsychiatrischen Dienst. Die haben mir schon das ein oder andere gesagt. Fragen sie mal da nach oder achten sie da drauf. Das wurde mir schon gesagt. Aber was so diesen ganzen Behördenalltag angeht, speziell jetzt mit dem Behindertenausweis, wo man sich dahin wenden muss oder wann sie Anspruch hat oder auf was sie Anspruch hat, da hat kein Arzt irgendwas gesagt. Das hätte ich zum Beispiel vom Neurologen erwartet.*" I9 01:41:08-5). Mediale Informationsquellen, z. B. das Internet, werden zumindest bei der Beschaffung von Wissen über bestehende Unterstützungsmöglichkeiten und ihre Finanzierung kaum genannt.

In der beruflichen Sphäre bezieht sich die Informationsgenerierung beispielsweise auf arbeits- oder tarifvertragliche Möglichkeiten der Anpassung des beruflichen Umfelds an die Anforderungen im privaten Bereich. In diesem Zusammenhang wird auf Erfahrungen von Arbeitskolleg(inn)en zurückgegriffen, die neben ihrem Beruf ebenfalls in die Versorgungserbringung für Familienmitglieder eingebunden sind und Anpassungen in der Erwerbssphäre vorgenommen haben („*Nee, das ist eine Regelung des Arbeitgebers. Ich denke wohl, das ist Beamtenrecht. Das gilt wohl für ganz Niedersachsen. Das gibt es erst seit einem Jahr für die Pflegepersonen. (...) Das haben sie [die Kolleg(inn)en] mir neulich gesagt: Wenn es hart auf hart käme, dann könnte ich dafür auch Sonderurlaub bekommen.*" I20 00:46:08-0). Institutionalisierte Beratungsinstanzen, z. B. den Betriebsrat, nehmen die Frauen für die Informationsbeschaffung hingegen kaum in Anspruch.

Durch die Gewinnung von Informationen im pflegerischen und beruflichen Lebensbereich wird auf eine Ausweitung des eigenen Wissens abgezielt, wodurch Unterstützungspotenziale erkannt, Vor- und Nachteile sowie Kosten und Nutzen der Einbindung eingeschätzt und möglicherweise bestehende Alternativen gegeneinander abgewogen werden können („*Die [die Beschäftigten des Pflegevereins] stellen Gesellschafterinnen zur Verfügung für einen sehr guten Stundenlohn, sage ich mal. Und das bewirkt mehr, als wenn ich mir einen Pflegedienst nehmen würde, der eine Stunde mit meiner Mutter spazieren gehen würde. Durch meine Recherchen weiß ich mittlerweile, das würde ein Vermögen kosten. Oder einmal baden 50 Euro. Von daher, das kann man eigentlich gar nicht machen.* I11 00:46:48-7). Auf diese Weise versetzen sich Vereinbarerinnen in die Lage, in den folgenden Verhandlungen mit den Unterstützungspersonen ihre Interessen besser vertreten zu können („*Ich kenne jetzt meine Rechte. Und das ist ja auch schon sehr gut. Im Ernstfall kann ich mich da auch immer drauf berufen.*" I20 00:46:08-0).

Informationsgenerierungsprozesse treten wahrscheinlich auch im weiteren reproduktiven Bereich auf, z. B. bei der Beschaffung professioneller Unterstützungskräfte. Sie werden jedoch in den Interviews nicht thematisiert.

Gewinnung von Unterstützung

Neben der Generierung von Informationen stellt die Gewinnung von Unterstützung eine weitere Vermittlungshandlung dar. Sie wird vornehmlich situativ eingesetzt, wenn die Pflegebedürftigen oder das soziale Umfeld Hilfeleistungen nicht von sich aus offerieren (z. B. aufgrund von Informationsdefiziten, einer fehlenden Bereitschaft oder vermeintlich mangelnden Fähigkeiten). Durch ihren Einsatz sollen diese Akteure/Akteurinnen aktiviert werden.

In der pflegerischen Sphäre treten diese Handlungen gegenüber dem älteren Menschen überwiegend in Form von Ermutigungen und Aufforderungen in Erscheinung, die dazu fungieren, sie zum Einsatz der noch vorhandenen Fähigkeiten zu motivieren („*Oder ich bin ja auch mal weg, wie letzten Samstag, dann sage ich meiner Mutter schon, dass sie jetzt mal rumtelefonieren soll, um irgendjemanden zu fragen, ob er sie zur Kirche bringt.*" I6 00:52:47-9; „*Dass ich dann sage: Also hier, hast du Lust, was zu machen?*" I6 00:12:01-7). Mitunter wird als Überzeugungshilfe die Aktivität der Pflegebedürftigen als vorteilhaft für ihre Gesundheit dargestellt („(…) *und ich habe gesagt: Mutti, dass tut dir doch gut. Besser als Fernsehgucken.*" I11 00:21:10-8) oder bewusst Aktivitätsanreize gesetzt, die zum Einsatz der noch verbliebenen Fähigkeiten verleiten sollen („*Deswegen hatte ich den Hund angeschafft, damit er [der Pflegebedürftige] mit dem irgendwo hingeht. (I: Sich bewegt.) Ja, ne?*" I8 00:12:28-2).

Bringen sich Akteure/Akteurinnen des privaten Umfelds im pflegerischen und weiteren reproduktiven Bereich in unzureichendem Maße von sich aus ein, werden zur Gewinnung ihrer Unterstützung beispielsweise Anfragen gestellt („*Da muss man ja schon mal fragen: Wie sieht es aus jetzt am Wochenende, kann da jemand kommen?*" I9 00:55:45-5). Wie sich im Rahmen eines Interviews zeigt, nehmen die Befragten ihre Position in diesen Situationen teilweise bittstellerisch wahr: Sie sind auf die Hilfeleistung angewiesen, befinden sich somit in einem Abhängigkeitsverhältnis und greifen auf defensive Rekrutierungsstrategien, z. B. die freundliche Bitte, zurück („*Aber da muss man ja schon mal höflich anfragen, ob die das machen dann, ne?*" I5 00:30:22-2). Andere Befragte nutzen offensivere Handlungsweisen, um Unterstützung zu gewinnen. Sie verdeutlichen in Diskussionen mit dem sozialen Umfeld ihre Position, klagen Hilfeleistungen ein und setzen deutliche Grenzen in Bezug auf die eigene Verfügbarkeit („*Das habe ich aber mit meinem Bruder und mit meinem Vater abgesprochen. Ich habe gesagt: So, damit ihr Bescheid wisst, ich bin jetzt heute Nachmittag weg. Ich kümmere mich heute Morgen drum, aber heute Nachmittag möchte ich auch weg.*" I18 00:29:58-0). Die aktive Aufgabenübernahme durch das Umfeld wird unter diesen Bedingungen als verpflichtend dargestellt („*Und weil das eben mit dem Putzen nicht mehr geklappt hat, da haben wir gesagt: Sie [die Schwester der Befragten] muss. Ich habe es vorher auch immer alleine gemacht, aber das ging nicht mehr, weil ich eben zu Hause auch meinen Haushalt habe. Ich bin auch verheiratet. Und von daher musste das dann aufgeteilt werden.*" I7 00:06:56-7) und Sanktionen aufgezeigt, die sich auf die Reduzierung oder die Aufgabe des eigenen Einsatzes beziehen („*Es war abgemacht, dass ich um 17:00 Uhr weg muss und er [der Ehepartner der Pflegebedürftigen] müsste bitte um 17:00 Uhr wieder da sein und die [der Ehepartner der Pflegebedürftigen und sein Sohn] haben das verzogen. Dann waren sie dann irgendwo anders. Dann wurde es später und dann habe ich gesagt: Das mache ich nicht mehr mit. Auf mich könnt ihr dann nicht mehr zählen.*" I10 01:00:06-6).

Die Gewinnung von Unterstützung durch formelle Akteure/Akteurinnen in der pflegerischen und weiteren reproduktiven Sphäre wird von den Befragten seltener als problematisch beschrieben. Die Bereitschaft zur Hilfeleistung ist aufgrund der damit verbundenen Gewinnerzielungsabsichten in der Regel gegeben, sodass neben der Geschäftsanbahnung und der Vermittlung von Informationen über den Hilfebedarf keine spezifischen Strategien zur Einbeziehung genutzt werden. Lediglich in einem Fall wird im Zuge der Rekrutierung einer selbst beschafften und finanzierten Pflegekraft von Überzeugungsarbeit berichtet, die zuvor geleistet werden musste („*Weil sie meinte, ich mach das jetzt zehn Jahre und die wollte das eigentlich nicht mehr so gerne. Weil es halt auch so ein Arbeitsplatz ist, mit einer gewissen Dauer. Wo man dann kurz vor der Rente ist. Fällt der dann weg und dann kann es natürlich sein, dass sie nichts mehr kriegt. Also so war ihre ... Und weil es auch eine sehr starke psychische Belastung ist. Und dann wollte sie es eigentlich nicht mehr so gerne, aber wir haben sie überzeugen können.*" I2 00:11:59-8).

Im beruflichen Lebensbereich ist die Gewinnung von Unterstützung in den einbezogenen Fällen häufig an die Vermittlung von Informationen über die häusliche Pflege gebunden. Das Wissen von Vorgesetzten, Kolleg(inn)en und Kund(inn)en über die Vereinbarungssituation stellt eine bedeutsame Voraussetzung dafür dar, Verständnis für die Lage der Befragten aufbringen zu können („*I: Ja. Und was denkt Ihre Vorgesetzte so über Ihre Vereinbarung von Pflege und Beruf? B14: Ja, die ist dann schon ein bisschen genervt, aber wenn ich es ihr erkläre, dann geht das.* I14 00:38:36-4). Wie sich am folgenden Beispiel zeigt, werden in einigen Fällen zu diesem Zweck sehr bewusst Einblicke in die private Situation gewährt: („*Ja, das muss ich dann auch so machen. Also, was 12:00 Uhr angeht, da kann ich sagen: Also um 11:30 Uhr können sie [die Klienten] kommen aber um 12:00 Uhr ist das Gespräch beendet und dann erkläre ich es auch gleich, weil ich denke, dann kann man es leichter annehmen. Ich bin zwar nicht im Erklärungszwang ... Ich könnte ja auch sagen: Da habe ich 'ne Besprechung oder irgendwas. Aber dann denke ich immer: Erst mal sind wir hier in einer Kleinstadt. Ich bin hier einheimisch. Viele kennen einen auch. Oder man hört über andere. Und dann denke ich auch, es ist einfacher zu verstehen, warum muss sie wirklich pünktlich abbrechen.“* I3 01:10:45-1). Das Datenmaterial leistet Hinweise darauf, dass der Erfolg dieser Vermittlungshandlung nach Auffassung der Befragten stark von dem in dem Unternehmen vorherrschenden Arbeitsklima abhängig ist. Wird der Anspruch auf eine umfassende Verfügbarkeit propagiert, die sich aus der Grundhaltung einer möglichst maximalen Ausschöpfung der arbeitnehmer(innen)eigenen Arbeitskraft speist, werden die Möglichkeiten des Verständniserwerbs durch die Informationsübermittlung als begrenzt wahrgenommen. Eine Befragte verdeutlicht dies am Beispiel ihrer kindererziehenden Kolleginnen („*Aber inzwischen werden die Zügel doch sehr straff gehalten, weil immer mehr Leistungsdruck ist und immer mehr Konkurrenzdruck ist. Der wird natürlich auch nach unten durchgeschoben und der ist natürlich auch bei uns zu verspüren. Wir haben also wenig Personal, das also wirklich sehr intensiv arbeiten muss. Also, dass man mal Luft holen kann, das muss man sich schon fast verkneifen, sozusagen. Und da kann auch keiner heute mehr fragen: Ist das da 'ne Mutter mit zwei kleinen Kindern, alleinerziehend auf einem Mal, die sehen muss, dass sie die Stunden irgendwie vereinbart. Es wird versucht, aber man hört immer wieder, dass Kollegen, nur weil da irgendwo angeblich mal einer sagt, die wird aber bevorzugt, dann wird das schon wieder geändert. Dann dürfen die halt auch in die Nachtstunden und dann brauchst du 'nen Babysitter. Da muss man auf Verständnis nicht hoffen.“* I11 00:33:38-6). Neben dem betriebsinternen Arbeitsklima spielen aber auch eigene Erfahrungen der Vorgesetzten und der Kolleg(inn)en mit familiären Sorgeaufgaben eine bedeutsame Rolle. Sie können zu einem größeren Verständnis für die Situation der Vereinbarerinnen führen („*Weil sie [die Vorgesetzte] jetzt eben auch selber in der Situation ist und mal schnell weg muss. Dieses Verständnis hatte sie vorher nicht, aber jetzt, wo ihr Vater krank ist, kommt sie da doch so ein bisschen rein. Und jetzt sagt sie: Okay, habe ich vorher gar nicht so gesehen.* I7 00:13:11-1“). Auf dieser Grundlage können bei Bedarf häufig problemlos Unterstützungsanfragen gestellt werden („*Mit meinem Chef muss ich das immer absprechen, dass ich dann sage: Ich habe dann einen Arzttermin und würde gerne freihaben.*“ I12 00:44:20-1).

Organisation der Einsätze der Unterstützungsleistenden

Die Einbindung der Unterstützung setzt außerdem organisatorisches Handeln voraus, das sich in allen drei Sphären auf die inhaltliche und zeitliche Gestaltung der Helfer(innen)einsätze bezieht. In der pflegerischen, weiteren reproduktiven und beruflichen Sphäre werden zu diesem Zweck Absprachen zwischen den Vereinbarerinnen und den Unterstützungsleistenden getroffen, die darauf ausgerichtet sind, Aufgaben und Verantwortungsbereiche zu verteilen und die Arbeitsprozesse zu planen und aufeinander abzustimmen.

Das Ziel hierbei kann sein, längerfristig gültige Regelungen zu etablieren. Diese Form des Organisationshandelns kommt insbesondere dann zum Tragen, wenn die Unterstützungsbedarfe absehbar und regelmäßig anfallen und ermöglicht eine reguläre Einbindung der Helfer(innen) („*Meine Geschwister haben dann gesagt, wir übernehmen jeder einen Tag, beziehungsweise eine, muss ich sagen, die hat einen landwirtschaftlichen Betrieb zu Hause, bei der ist es schlecht. Die springt immer ein, wenn es um abends geht, wenn die anderen mal keine Zeit haben und so weiter. Das haben wir alles so abgesprochen.*“ I1 00:05:46-7). Anfänglich ist hierbei zwar ein umfassender Verständigungsbedarf notwendig. Langfristig reduziert sich dieser jedoch, da sich die Prozesse routinierter vollziehen. Die eingebundenen Akteure/Akteurinnen verfügen durch ihre regelmäßige Partizipation an den Versorgungsarrangements mit der Zeit über infrastrukturelle und ablaufbezogene Kenntnisse, die nicht mehr ständig vermittelt werden müssen, um eine zuverlässige Unterstützungsleistung sicherzustellen („*I: Also müssen Sie sich dann schon intensiv mit Ihr abstimmen? B6: Aber nicht über die Pflege. (...) So mit der Pflege, das ist ja immer so das Gleiche.*“ I6 00:23:50-1).

Alternativ können aber auch situative Absprachen vorgenommen werden, die eine spontane Reaktion auf den Arbeitsanfall ermöglichen („*Feste Aufgaben nicht. Wir regeln das jeden Tag neu. Weil es gibt halt Tage, da muss keine Wäsche gewaschen werden oder da muss der Geschirrspüler nicht ausgeräumt werden oder so etwas oder irgendwelche andere Dinge.*“ I12 00:26:02-8). Diese Form des Organisationshandelns erfordert aufgrund der fehlenden Routinen und Handlungssicherheiten ein umfangreiches Maß an Kommunikation zwischen den beteiligten Parteien, das mitunter über den Einsatz von Hilfsmitteln (z. B. Aufgabenlisten oder schriftliche Nachrichten) aufrechterhalten wird („*Deshalb mach ich das meistens schon so, dass ich das ganz strukturiert mit denen abspreche: Du saugst heute, du gießt die Blumen, du kümmerst dich nachher um die Wäsche. So richtig mit gezielter Ansprache oder dass ich einen Zettel hinlege oder einen Zettel habe oder irgendwas (...).*“ I12 00:56:56-2).

Der Partizipationsgrad bei der Organisation der Einsätze variiert: Es bestehen egalitäre Regelungsformen, die stark auf die Herstellung einvernehmlicher Lösungsstrategien ausgerichtet sind („*Wir sitzen dann irgendwann halt mittags oder abends auch komplett zusammen und besprechen den nächsten Tag, dass alle wissen, was Sache ist.*“ I12 00:11:16-7). Darüber hinaus wird aber auch mit Aufgabenzuweisungen gearbeitet, die die Einflussnahme der Unterstützungsleistenden begrenzen („*Und das wurde dann auch bestimmt: Du machst das, du machst das, du machst das.*“ I7 00:06:56-7). Im beruflichen Bereich kommt diese wenig partizipative Organisationsform vornehmlich dann zur Anwendung, wenn die Vereinbarerinnen in Führungspositionen eingebunden sind („*Wenn jetzt meine Mutter anrufen würde und das ist eine Situation, wo ich hin muss und ich hätte eine Besprechung meinetwegen in meiner Funktion als Leitung und meine Stellvertretung wäre da und hätte nicht selber einen Hausbesuch, dann könnte ich die natürlich ansprechen und sagen: Ich muss jetzt gehen. Übernimm du bitte meine Aufgabe. Das ist ja auch so ein Vorteil als Führungskraft.*“ I16 00:47:39-2).

Befähigung zur Unterstützungserbringung

Damit die Akteure/Akteurinnen aus dem pflegerischen, weiteren reproduktiven und beruflichen Umfeld die Befragten bei der Anforderungsbewältigung unterstützen können, werden sie in vielen der einbezogenen Fälle regulär oder situativ zur Hilfeerbringung befähigt. Ziel ist, Voraussetzungen zu schaffen, damit das vorhandene Unterstützungspotenzial eingebracht werden kann. Grundsätzlich ist in diesem Zusammenhang zwischen regelmäßig und einmalig bzw. selten angewendeten Befähigungsstrategien zu unterscheiden: Erstere umfassen all jene Tätigkeiten, die einen kontinuierlichen Einsatz der Vereinbarerinnen oder alternativ auch der damit beauftragten Akteure/Akteurinnen des sozialen Umfelds voraussetzen. Charakteristisch ist, dass diese Befähigungshandlungen zeitlich unabhängig von der Erbringung der Unterstützung durch die Helfer(innen) stattfinden. Durch die Entkopplung dieser Vermittlungshandlung von dem Einsatz der Hilfepersonen können diese in die Lage versetzt werden, eine adäquate Unterstützung zu leisten, gleichzeitig ist jedoch die ständige Präsenz der Befragten für die Befähigung nicht notwendig. Einmalig oder selten angewendete Strategien verfolgen die gleiche Absicht, wie die regelmäßig eingesetzten Vermittlungshandlungen, sind demgegenüber jedoch nicht kontinuierlich durchzuführen. Im Anschluss an die Initiierung ist kein oder nur noch ein sehr begrenztes Engagement der Befragten oder alternativ auch der damit beauftragten Akteure/Akteurinnen des sozialen Umfelds notwendig.

Im pflegerischen Bereich kann auch in diesem Fall zwischen Vermittlungshandlungen differenziert werden, die sich an die oder den Pflegebedürftigen oder aber das sonstige soziale Umfeld richten. Die auf die älteren Menschen fokussierten Befähigungsstrategien sollen sie in die Lage versetzen, die oben beschriebenen Aufgaben (z. B. hauswirtschaftliche Tätigkeiten, behandlungs- oder körperpflegerische Aktivitäten) teilweise oder vollständig selbst zu übernehmen oder auch über bestimmte Zeiträume unbeaufsichtigt zu bleiben.

Regelmäßig angewendete Vermittlungshandlungen umfassen dabei zum einen praktische Aktivitäten, beispielsweise die Vorbereitung des Einsatzes der Pflegebedürftigen durch das Zurechtlegen von Kleidung sowie die Bereitstellung von Pflegeutensilien, Inkontinenzmaterialien, Nahrungsmitteln und Medikamenten („*Weiß was ich, hole ihr die Strümpfe aus dem Schrank, hole ihr die Unterwäsche aus dem Schrank. Also dass sie sich praktisch morgens so fertig macht.*“ I5 00:12:01-7). Phasen des Präsenzverzichts werden vorab möglichst anforderungsarm gestaltet, um Überforderungen der Pflegebedürftigen vorzubeugen („*Für die Versorgung muss ich ja manche Sachen schicken lassen. Mhm, das kriege ich [aus Sicht der Pflegebedürftigen geschildert] dann nicht mehr voreinander. Bis ich an der Tür bin, ist der junge Mann dann nicht mehr da. Dann muss ich [aus Sicht der Befragten geschildert] schon zusehen, dass das dann am Wochenende kommt.*“ I3 00:38:08-4). Darüber hinaus fallen unter diesen Oberbegriff auch regelmäßige kommunikative Handlungen, die sich insbesondere auf die Vermittlung wichtiger Informationen an die älteren Menschen richten und ihnen die Bewältigung des Alltags erleichtern („*Und wenn es dann mal wirklich später werden sollte, dann rufe ich halt an. Dann rufe ich an: Mutti, wir kommen später. Und dann ist das auch in Ordnung. Und dann fragt sie: Kommst du zum Abendbrot? Und wenn ich dann sage, dass es später werden kann, dann kriegt sie das irgendwie hin.*“ I5 00:12:06-2). Regelmäßig angewendete Befähigungsstrategien umfassen auch Maßnahmen, die auf den Ressourcenausbau oder den Ressourcenerhalt abzielen, beispielsweise wiederkehrend eingesetzte physische oder kognitive Trainingsmaßnahmen („Sie *ist dann mit dem Rollstuhl in die anderen Räumlichkeiten gefahren. Das hat sie dann schon hingekriegt. Das hatten wir immer schon so trainiert.*“ I3 00:19:47-5; „*Ja, Ergotherapeuten und Krankengymnasten haben das alles ganz gut wieder hingekriegt, dass sie zumindest im Haushalt ihre Hände wieder gebrauchen konnte.*“ I10 00:03:39-7). Nicht zuletzt spielt auch die kontinuierliche Absicherung der eigenen Erreichbarkeit in Phasen des Präsenzverzichts eine bedeutsame Rolle. Auf diese Weise können die Pflegebedürftigen im Bedarfsfall Hilfe holen, wodurch sie in die Lage versetzt werden, mit potenziellen Risiken umzugehen, die mit einer fehlenden Beaufsichtigung verbunden sein können („*Und auch, wenn ich in Dienstbesprechungen bin, habe ich gesagt, dass ich mein Handy mitnehmen muss. Ich habe meinem Mann gesagt: Wenn was ist, kannst du anrufen. Das muss einfach sein.*“ I4 00:37:07-9).

Eine einmalig oder selten angewendete Befähigungshandlung besteht beispielsweise in der Anpassung des Wohnumfelds zu Beginn der Versorgungsübernahme. Ziel kann in diesem Zusammenhang sein, eine sichere Fortbewegung des älteren Menschen zu ermöglichen und auf diese Weise die Selbstständigkeit zumindest partiell zu erhalten[79] („*Also, wir haben die Wohnung umgebaut und er kann die Treppe jetzt deswegen auch alleine runter, also er geht dann rückwärts die Treppe runter und hält sich an den Griffen fest und das kann er dann.*“ I4 00:14:44-4). Als weitere einmalig bzw. selten eingesetzte Befähigungsstrategie wird aber auch auf die initiale Anleitung im Umgang mit technischen und medizinischen Hilfsmitteln zurückgegriffen („*Ich denke, ab der nächsten Woche geht es los, dass ich mit ihr üben werde mit dem Bett, dass sie wirklich immer auf die richtige Höhe mit dem Bett, dass sich das eben alles einspielt. Und dass mein Vater nicht immer nachts hoch muss, wenn sie auf den Toilettenstuhl muss. Mit dem Beutel, mit dem Gebamsel, da hat sie immer noch Sorge. Und dann ruft sie immer. Ich sage: Nachher steht der richtig an deinem Bett dran. Du musst die Beine nur rüberschwingen und sitzt quasi schon auf dem Ding. Ja, aber diese Strippen. Ich sage: Das zeige ich dir dann alles und das üben wir und gut ist es. Also werde ich wahrscheinlich da auch wieder 'ne Nacht da verbringen.*“ I10 00:31:29-3). Teilweise entwickeln die Interviewten auch Erinnerungshilfen, die der Schaffung von Orientierung im Alltag und dem Ausgleich kognitiver Einschränkungen dienen („*Wir haben ihr jetzt auch einen Kalender gemacht, wann wir nicht da sind.*“ I6 00:57:53-9).

Befähigungshandlungen in der pflegerischen Sphäre richten sich ebenfalls an die Unterstützungsleistenden aus dem sonstigen sozialen Umfeld und weisen teilweise Parallelen zu den Maßnahmen auf, die für die Pflegebedürftigen ergriffen werden. Finden sie regelmäßig statt, beziehen sich die Strategien beispielsweise auf die wiederkehrende Vorbereitung der Einsätze durch die Beschaffung und die Bereitstellung von Pflegeutensilien („*Dann machen wir sie frisch und legen alles bereit, was der Pflegedienst und wir so an Pflegeprodukten brauchen. Windel, Pflegeprodukte, Tabletten stellen, Insulin.*“ I21 00:16:10-7). Außerdem sichern die Vereinbarerinnen ihre Erreichbarkeit kontinuierlich auch für die Helfer(innen) aus dem sonstigen sozialen Umfeld, um im Bedarfsfall für Nachfragen zur Verfügung zu stehen („(…), *also sobald er unsicher wird, telefoniert er mit mir*“ I10 00:11:33-1).

79 Da das primäre Ziel dieser Vermittlungshandlung in der Einbeziehung der Unterstützungsleistungen der Pflegebedürftigen besteht und der Rückgriff auf Hilfsmittel bzw. die Anpassung der räumlichen Umgebung nur als Mittel zum Zweck dienen, handelt es sich hierbei um eine personelle und keine räumliche oder hilfsmittelbezogene Strategie.

Einmalig oder selten ergriffene Befähigungsstrategien zeigen sich in Form einer versorgungsgerechten Gestaltung des Wohnumfelds oder in der anfänglichen Anleitung der Unterstützungspersonen im Umgang mit der oder dem Pflegebedürftigen. Einen wichtigen Stellenwert nimmt in diesem Zusammenhang auch die Befähigung zur Krisenintervention ein. In spontan auftretenden Bedarfssituationen müssen zwischen den Befragten und den Helfer(inne)n Informationen (z. B. über den gesundheitlichen Zustand der Pflegebedürftigen oder neu entstandene Versorgungsnotwendigkeiten) ausgetauscht und rasch Maßnahmen zur Bewältigung der Krise eingeleitet werden. Um dann eine situationsangemessene Reaktion der Unterstützenden zu gewährleisten, werden die Helfer(innen) bewusst sensibilisiert. Hierzu informieren die Interviewten initial über das Krankheitsbild, Funktionseinschränkungen und möglicherweise hiermit in Verbindung stehende Veränderungen des Zustandes. Hierdurch sollen die Unterstützenden in die Lage versetzt werden, Indikatoren für Zustandsverschlechterungen der Pflegebedürftigen zu erkennen, Informationen adäquat weiterzuleiten und eigenständig Maßnahmen zur Bewältigung zu ergreifen („*Da habe ich die Leute, die hierher kommen, auch geimpft, dass die mich dann auch entsprechend anrufen oder Hilfe holen oder was in die Wege leiten, ne*?“ I17 01:14:53-7; „*Und der habe ich die Situation geschildert und die regelt das so ein bisschen. Mhm, das klappt ganz hervorragend. Die haben alle meine Handynummer, und wenn was ist, rufen die an. Das eine Mal rief sie mich an: Pass auf, das mit deiner Mutter mit dem Essen klappt nicht.*“ I12 00:36:15-8). Auf diese Weise besteht die Möglichkeit, auch in von den alltäglichen Routinen abweichenden Situationen, die Handlungsfähigkeit der Helfer(innen) zu sichern.

Im weiteren reproduktiven Bereich wurden Befähigungshandlungen selten thematisiert. Ausschlaggebend hierfür mag sein, dass die Durchführung der in dieser Sphäre zu verrichtenden Tätigkeiten häufig als trivial wahrgenommen und den Unterstützungsleistenden die Bewältigung möglicherweise auch ohne befähigende Maßnahmen zugetraut wird. Lediglich dann, wenn die Pflegebedürftigen in die hier anfallenden Aufgaben eingebunden sind, berichten die Vereinbarerinnen von dem Einsatz regelmäßig stattfindender Befähigungsmaßnahmen. Sie sind auf die Vorbereitung der Einsätze ausgerichtet („*Es ist so, dass der Haushalt überwiegend am Wochenende stattfindet. Abgesehen von der einen Waschmaschine, die jetzt unter der Woche läuft (...) damit ich einen gewissen Wäschehaushalt habe und meine Mutter Wäsche legen kann.*“ I9 01:25:39-2).

Befähigungshandlungen in der beruflichen Sphäre beziehen sich primär auf Maßnahmen, die Kolleg(inn)en in die Lage versetzen, die Aufgaben der Vereinbarerinnen in Abwesenheitszeiten zu übernehmen. Insbesondere dann, wenn sich die Tätigkeitsfelder üblicherweise nicht überschneiden, ist beispielsweise eine Anleitung erforderlich, damit die Helfer(innen) den inhaltlichen Anforderungen des fremden Einsatzbereichs gerecht werden können. Es handelt sich hierbei normalerweise um eine einmalig oder selten zur Anwendung kommende Befähigungsstrategie.

Die kollegiale Anleitung kann jedoch auch eine regelmäßig eingesetzte Strategie darstellen, wenn sich die Befragten zum Beispiel grundsätzlich in Zeiten der eigenen Abwesenheit für Rückfragen bereithalten. Ebenfalls zu den regelmäßig angewendeten Maßnahmen zählt in dieser Sphäre die Vorbereitung der Einsätze der Helfer(innen) („*Ich hab dann irgendwelche Arbeitszettel vorbereitet, dass die [die Schüler] dann für sich arbeiten können und dann mit kleiner Aufsicht, dass dann die Fachpraxiskollegin, wenn sie hört, dass es da lauter wird in der Klasse, dass sie dann schon hingeht.*“ I6 00:44:33-5).

Bewahrung der Einsatzbereitschaft und -fähigkeit

Das Datenmaterial gibt Aufschlüsse darauf, dass einige Befragte über ein ausgeprägtes Bewusstsein für den physischen und psychischen Anforderungsgrad der durch die Helfer(innen) übernommenen Aufgaben und für die damit verbundenen Zusatzbelastungen verfügen. Überforderungen der Unterstützungsleistenden könnten das fragile System Alltäglicher Lebensführung gefährden und die Vereinbarung der Lebensbereiche erschweren. Das Wissen über diese Zusammenhänge führt in einigen Fällen zum regulären und situativen Rückgriff auf Einsatzbewahrungsstrategien, die der Aufrechterhaltung stabiler Unterstützungsbeziehungen dienen. Sie sind in allen drei Sphären angesiedelt und liegen in drei Ausprägungen vor: die Schonung der Helfer(innen), die materielle oder die immaterielle Gegenleistung für ihren Einsatz und ihre positive Bestärkung.

Das Ziel der Schonung besteht darin, bestehende Unterstützungspotenziale nur in begrenztem Maße zu beanspruchen. Beispielsweise finden Rückgriffe auf Hilfsangebote nur in als notwendig erachteten Fällen oder gebunden an einen festen zeitlichen Rahmen statt. Hierdurch soll auf Bedürfnislagen der Helfer(innen) Rücksicht genommen und so ihre Bereitschaft zum Einsatz in Bedarfssituationen nicht übermäßig beansprucht werden.

Im pflegerischen und weiteren reproduktiven Lebensbereich zeigt sich beispielsweise das Bemühen, die alten Menschen oder die Helfer(innen) aus dem sonstigen sozialen Umfeld von der Durchführung bestimmter Aufgaben zu entlasten („*Aber ich mache ihr [der Pflegebedürftigen] dann schon, wenn sie dann alleine ist, abends dann schon ein Brot in die Tupperbox. Ja? Dass ich dann sage: Du musst jetzt gar nicht mehr so viel machen. Weil ich weiß, dass es sehr anstrengend für sie ist. Sie könnte es alleine, aber sich alles zusammenzusuchen, das macht der Rücken nicht mit.*" I3 00:38:08-4; „*Ich finde es ja schon toll, dass sie [die Nachbarin der Befragten] jeden Sonntag, wenn sie denn dann da ist, Zeit für meine Mutter hat. Und da möchte ich sie jetzt eigentlich auch nicht mit anderen Aufgaben betrauen (...).*" I9 01:20:17-8). Außerdem werden ihnen Erholungsphasen gewährt („(...) *und mein Mann, sonntags, der fährt in so ein Studio und hat dann auch mal 'ne Zeit für sich. Und ich lege auch Wert darauf, mittwochs gibt es hier so einen kleinen Männerstammtisch, wo ich ihn auch ganz oft hin schubse, dass er da auch mal so hingeht und mal was anderes sieht.*" I21 01:05:27-6).

Im beruflichen Bereich weisen einige Vereinbarerinnen das Bestreben auf, Beeinträchtigungen des eigenen Arbeitseinsatzes durch die Anforderungen der privaten Sphäre so gering wie möglich zu halten. Hierfür erfolgt beispielsweise ein Rückgriff auf zeitliche Vermittlungshandlungen, indem Einsätze in der pflegerischen oder weiteren reproduktiven Sphäre bewusst so terminiert werden, dass sie mit der beruflichen Aufgabenausübung möglichst nicht in Konflikt geraten können („*Und dann fahre ich, je nach Dienst, heute habe ich Spätdienst, dann fahre ich entweder vor der Arbeit oder nach der Arbeit zu ihr hin. (I: Okay.) Heute Nachmittag habe ich erst um 15:00 Uhr und dann fahre ich um 12:00 Uhr zu ihr hin.*" I15 00:11:36-5). Lassen sich zeitliche Überschneidungen nicht verhindern, werden diese zum Beispiel durch den Einsatz der Beschleunigungsstrategie im pflegerischen Bereich möglichst stark eingeschränkt. Ziel ist, die Geduld der Akteure/Akteurinnen aus dem beruflichen Umfeld nicht übermäßig zu strapazieren („*Und dann renne ich sofort zur Arbeit und ich habe immer ein schlechtes Gewissen, weil ich komme immer eine Viertelstunde zu spät. (I: Ja.) Mir sagt bisher keiner was, aber ich habe solch ein schlechtes Gewissen.*" I19 00:32:42-4).

Außerdem werden zur Bewahrung der Einsatzbereitschaft materielle und immaterielle Gegenleistungen erbracht.

In der pflegerischen und weiteren reproduktiven Sphäre stellt beispielsweise die Gewährung einer (zusätzlichen) Vergütung aus dem eigenen Budget oder dem Budget der Pflegebedürftigen eine Methode dar, sich für den Einsatz informeller oder formeller Helfer(innen) erkenntlich zu zeigen („*Dann muss Oma nur schnipp sagen und dann holen die [die Kinder] auch die Motorsäge raus oder auch die Leiter. Die machen eben auch was für Oma, ne? Und Oma lässt dann natürlich auch immer mal ein bisschen Geld rüber wachsen.*" I6 00:19:02-2). Darüber hinaus wird jedoch auch in allen drei Lebensbereichen auf immaterielle Tauschgüter zurückgegriffen, indem die Befragten sich durch die Investition von eigener Zeit oder Arbeitskraft für die Unterstützungsleistungen des sozialen Umfelds revanchieren („*Also es gleicht sich dann manchmal dadurch aus, dass ich dann manchmal vielleicht was für sie [die unterstützende Nachbarin] am Computer erledigen kann oder ihr Rat geben kann bei irgendwelchen Behördenangelegenheiten.*" I9 01:20:17-8). Bei einer weiteren Form der immateriellen Gegenleistung, die in den vorliegenden Fällen ebenfalls primär im pflegerischen und weiteren reproduktiven Bereich zur Anwendung kommt, handelt es sich um Zugeständnisse gegenüber den Helfer(inne)n bei ihrer Aufgabendurchführung. Beispielsweise wird der Unterstützungsperson als Gegenleistung für ihre zuverlässige Verfügbarkeit die Möglichkeit zugesichert, ihre Kinder im Bedarfsfall an den Arbeitsort mitzunehmen, um auf diese Weise eine Gefährdung der Unterstützungserbringung durch die anderweitigen Sorgeverpflichtungen zu umgehen („*Die Pflegeperson ist auch alleinstehend mit Kindern und, mhm, wenn sich das irgendwie vereinbaren lässt, bringt sie auch mal ihren kleinen Sohn mit her. Habe ich auch keine Probleme mit. Und dann geht das auch.*" I13 00:42:38-6).

Der Rückgriff auf immaterielle Gegenleistungen zeigt sich auch im beruflichen Bereich. Die Vereinbarerinnen revanchieren sich für die gewährten Autonomiespielräume durch die Vorgesetzten oder das Entgegenkommen der Kolleg(inn)en, indem sie beispielsweise Urlaubsvertretungen oder Dienste übernehmen, Mehrarbeit leisten oder aber eine besondere Verlässlichkeit zeigen („*Ja (...), mhm, deswegen hat er da auch so viel Verständnis für. Und ich gucke nicht so auf die Uhr und, wie gesagt, nehme dann auch viel mal mit nach Hause.*" I1 00:24:18-8; „*Ja, da ist eine Kollegin, die ist auch alleinstehend und die sagt dann: R. [Befragte], ich mache das für dich. Und dann sage ich: Wenn du mal was hast, tausche ich auch mal oder so.*" I15 00:31:53-8). Teilweise schließen sich die Interviewten, die in arbeitszeitlich restriktiv geregelten Beschäftigungsverhältnissen tätig sind und Abwesenheiten beispielsweise nur dann realisieren können, wenn Vertretungen durch Kolleg(inn)en übernommen werden, mit einigen von ihnen zu Unterstützungszirkeln zusammen. Es handelt sich hierbei um Gruppierungen mehrerer Personen, zumeist aus ein und derselben betrieblichen Organisationseinheit, die die Bereitschaft verbindet, sich in Bedarfssituationen gegenseitig zu vertreten („*Ich habe da so zwei oder drei. Wir arbeiten so Hand in Hand.*" I15 00:31:22-1). Die Zugehörigkeit zu diesen Zweckgemeinschaften führt dazu, dass Abweichungen vom Arbeitsplan leichter realisiert werden können. Im Gegenzug besteht jedoch auch eine Verpflichtung, Unterstützungsleistungen gegenüber Kolleg(inn)en auch selbst zu erbringen, um einen eigenen Beitrag zur Erfüllung dieses Reziprozitätsprinzips zu leisten.

Nicht zuletzt kommt in allen drei Lebensbereichen auch die positive Bestärkung als Strategie zur Aufrechterhaltung der Einsatzbereitschaft zum Tragen. Die Absicht der Vereinbarerinnen besteht darin, die Motivation der Pflegebedürftigen, der Helfer(innen) aus dem sozialen Umfeld oder aber auch der Kolleg(inn)en zur Unterstützungserbringung aufrechtzuerhalten, indem gezielt gelobt oder Rückmeldungen über den Grad der eigenen Entlastung durch ihren Einsatz vermittelt wird („*Und wenn er [der Pflegebedürftige] mich dann mal überrascht, dann sehe ich das ja auch. Wenn er dann das Badezimmer ausgefegt hat: Hast du das gesehen? Ja natürlich sehe ich das. Dann sage ich ihm das auch.*“ I8 00:27:56-5).

Reglementierung, Überwachung und Kontrolle

Eine weitere personelle Vermittlungshandlung besteht in dem Rückgriff auf Reglementierungen, Überwachungen und Kontrollen. Sie dienen dazu, eine Erbringung von Unterstützung zu sichern, die den eigenen Qualitätsanforderungen entspricht. Es handelt sich hierbei um Strategien, die in den einbezogenen Fällen lediglich im pflegerischen und weiteren reproduktiven Bereich zum Einsatz kommen und zumeist situativ angewendet werden. Primär den formellen Akteuren/Akteurinnen werden Regeln auferlegt, wie die von ihnen übernommenen Aufgaben durchzuführen sind („*Zum Beispiel das Kindermädchen [hier ist die formelle Pflegekraft gemeint, die als ‚Kindermädchen‘ bezeichnet wird], als die sich zum ersten Mal bei uns vorgestellt hat, habe ich schon gleich gesagt, wie das sein muss. Zum Beispiel das Kindermädchen, die hat jetzt letztens erst angefangen, habe ich ihr gesagt: Der [der Pflegebedürftige] liegt meistens im Bett, einmal neue Pampers anziehen, dann in die Küche zum Kaffeetrinken und dann einmal raus. Entweder mit dem Rollator oder mit dem Rollstuhl ein bisschen rumschieben. Dann sind sie meistens für 'ne Stunde draußen und dann wieder in der Küche.*“ I2 00:23:38-7). Kontrollen und Überwachungen der Leistungserbringungsprozesse und -ergebnisse sollen dazu beitragen, dass eine den Vorgaben entsprechende Versorgung erbracht wird („*I: Und welche Gründe bewegen Sie dann auch dazu, mit rüberzugehen? B21: Um einfach auch zu sehen, wie ist ihr Zustand. Wie gehen sie mit ihr um. Weil wir hatten einfach auch schon so Damen darunter, bei denen ging das ganz schnell. Da war dann die große Pflege in acht Minuten abgehakt. Und da haben wir dann schon gesagt: Das kann es nicht sein.*“ I21 00:29:35-0). Treten Abweichungen auf, nehmen die Befragten Einfluss, indem sie Gespräche suchen, Beschwerden einreichen oder einen Dienst- bzw. Personalwechsel anstreben („*Bei dem Dienst, der die haus-*

wirtschaftliche Arbeit macht, da habe ich auch schon einmal angerufen und rumgemeckert, dass die das nicht ordentlich machen.“ I16 00:10:06-5).

Gegenüber informellen Helfern der pflegerischen und weiteren reproduktiven Sphäre wie auch gegenüber den Pflegebedürftigen kommen die benannten Strategien im vorliegenden Sample hingegen kaum zum Einsatz. Ursächlich hierfür ist, dass die von diesen Personen erbrachten Hilfen anders als die Hilfen von den formellen Akteuren/Akteurinnen keine Dienstleistungen darstellen. Entsprechend treten die Befragten in diesen Beziehungen auch nicht als Kundinnen in Erscheinung, die einen Anspruch auf ein zuvor definiertes Qualitätsniveau erheben und die Einhaltung prüfen. Vielmehr wählen sie diplomatischere Wege (z. B. die Befähigungsstrategie oder Absprachen), um eigene Vorstellungen in Bezug auf die Unterstützungserbringung umzusetzen.

Auch im beruflichen Bereich wird auf Reglementierungen, Überwachungen und Kontrollen in den einbezogenen Fällen kaum zurückgegriffen, da das Verhältnis zu Kolleg(inn)en und Vorgesetzten ebenfalls keine Dienstleistungsbeziehung darstellt. Werden Unterstützungsleistungen erbracht, handelt es sich um ein Entgegenkommen mit geringerem Verbindlichkeitsgrad, das in nur begrenztem Maße eingeklagt und mit Ansprüchen belegt werden kann.

Eine gegensätzlich ausgerichtete Vermittlungshandlung besteht in dem bewussten, meist regulären Verzicht auf die Reglementierung, Kontrolle und Überwachung („*B: Nee. Nee, ich lass die machen. Ich lass die machen, wie die das meinen. Da mische ich mich auch gar nicht ein. Sondern ich denke mir: Den [den Pflegebedürftigen] habe ich gut versorgt, denke ich mir und ich lasse die machen.*“ I2 00:22:57-9). Den eingebundenen formellen Akteur(inn)en aus der pflegerischen und weiteren reproduktiven Sphäre werden umfassende Freiräume bei der Ausgestaltung ihrer Unterstützungsleistungen gewährt, da durch den Verzicht auf eine Einmischung der eigene Zeitaufwand reduziert werden kann und sich somit Einsatzpotenziale in anderen Tätigkeitsbereichen schaffen lassen. Voraussetzung ist jedoch das Vertrauen in die Zuverlässigkeit und Kompetenz der Helfer(innen).

6.2.4 Räumliche Vermittlungshandlungen

Sind Vermittlungshandlungen räumlich ausgerichtet, stellen entweder der Ort, an dem eine Tätigkeit durchgeführt wird oder die Wege zwischen unterschiedlichen Orten Ansatzpunkte für Anpassungen dar. Ihr Einsatz eröffnet Möglichkeiten, den Anforderungen der Lebensbereiche gerecht zu werden und bildet eine wichtige Voraussetzung, um die Tätigkeitsfelder zeitlich aneinander anzupassen.

Einflussnahme auf räumliche Distanzen

Die Aufgabenbewältigung in unterschiedlichen Lebensbereichen findet in der Regel an differenten Ausführungsorten statt. Zumindest abhängig Beschäftigte sind per Arbeitsvertrag beispielsweise überwiegend an eine definierte Arbeitsstätte gebunden, die sich von den Orten der pflegerischen und weiteren reproduktiven Sphäre unterscheidet. Ebenso können auch Aktivitäten innerhalb eines einzelnen Lebensbereichs voneinander abweichende örtliche Bindungen aufweisen. Diese verschiedene räumliche Strukturierung der Tätigkeitsbereiche ist mit Vorteilen und Nachteilen für die Vereinbarerinnen verbunden. Die Vorteile nutzen die Befragten, indem sie Distanzen gezielt aufrechterhalten. Die Nachteile versuchen sie auszugleichen, indem sie Entfernungen verringern. Durch dieses Vermittlungshandeln wird angestrebt, den Anforderungen innerhalb der Lebensbereiche nachzukommen, gleichzeitig aber auch den eigenen Zeiteinsatz zu reduzieren und Zeitlücken effizient zu nutzen.

Distanzen zwischen den unterschiedlichen Orten eröffnen die Möglichkeit, eine Sphäre vor dem Übergriff der anderen zu schützen. Insbesondere im pflegerischen und weiteren reproduktiven Bereich erhalten die Befragten diese Entfernungen regulär oder situativ bewusst aufrecht oder schaffen sie neu, um gegenseitige Beeinträchtigungen so gering wie möglich zu halten („*Es ist so dieses wichtige Gefühl für uns abends zu sagen, wir gehen jetzt nach Hause. Das kann ich absolut nur immer wieder betonen. Das ist so dieses nach Hause gehen, die Tür zu machen. Weil dieses ist für mich hier mein geschützter Bereich. Und den braucht man. Wenn sie [die Pflegebedürftige] jetzt in meinem lebendigen Alltag noch mehr wäre, das wäre schlimm.*“ I21 00:51:52-4). Auf diese Weise kann zum einen eine psychische Entlastung erreicht werden. Zum anderen lässt sich sicherstellen, dass ein Zeitfenster, das für die Aufgabenbewältigung in einem bestimmten Tätigkeitsfeld vorgesehen ist, auch tatsächlich für diese Zwecke genutzt werden kann.

Die bewusste Distanzaufrechterhaltung kommt in der beruflichen Sphäre demgegenüber kaum zum Tragen, da die Erwerbstätigkeit in der Regel generell schon in einem von dem sonstigen Lebensbereich separierten Raum stattfindet. Die einzige Ausnahme stellt in der Stichprobe eine selbstständig Beschäftigte dar, die in anstrengenden beruflichen Phasen situativ ihr Büro ihrem Heimarbeitsplatz vorzieht *("Und Tage, mhm, wo ich dann wirklich am Block sitze und fünf oder sechs Stunden habe, wenn ich dann wirklich ganz wichtige Sachen habe, die unbedingt raus müssen. Aber dann nehme ich mir beispielsweise dann auch ein Wochenende und setze mich dann ins Büro.*“ I13 00:30:19-9).

Räumliche Entfernungen schaffen aber nicht nur Abgrenzungsmöglichkeiten, sondern führen auch dazu, dass die (gleichzeitige) Bewältigung von Anforderungen in unterschiedlichen Lebensbereichen oder Tätigkeitsfeldern sich nur erschwert oder überhaupt nicht realisieren lässt. In diesem Zusammenhang kann sich eine Reduktion der Distanzen günstig auswirken und zu Zeiteinsparungen führen. Zu diesem Zweck werden Sphären oder aber auch nur einzelne Tätigkeiten räumlich verlagert.

Die Verlagerung ganzer Sphären stellt in der Regel eine grundsätzliche Veränderung im Alltag der Vereinbarerinnen dar und ist daher als regulär angewendete Vermittlungsstrategie zu bezeichnen. Sie kommt im pflegerischen und weiteren reproduktiven Bereich zum Einsatz, indem die Entfernung zwischen dem Wohnort der Befragten und der Pflegebedürftigen verringert wird („*Ich bin ja extra hierher gezogen, damit ich hier in der Nähe bin. Nur zwei Straßen weiter, weil das war nicht mehr tragbar.*“ I10 00:11:33-1). Insbesondere dann, wenn mehrfach täglich Versorgungseinsätze erforderlich sind, kann diese Maßnahme durch die Verkürzung von Wegen zu deutlichen Reduktionen des eigenen Zeiteinsatzes führen. Wird die Distanz zwischen beiden Wohnorten vollständig aufgelöst (z. B. durch einen Umzug der oder des Pflegebedürftigen in die Häuslichkeit der Befragten), besteht die Möglichkeit, die Versorgungstätigkeit gemeinsam mit weiteren reproduktiven Tätigkeiten durchzuführen, wodurch zeitliche und inhaltliche Synergien genutzt werden können. Beispielsweise verfügen die Frauen unter diesen Bedingungen über die Option, die Beaufsichtigung der Pflegebedürftigen mit der Verrichtung von Aufgaben im eigenen Haushalt zu verbinden („*Also sie [die Pflegebedürftige] kommt dann hoch zu uns und sie sitzt dann eigentlich den ganzen Tag dann hier oben. Also, das heißt, wir essen zusammen und reden zusammen und ich mach nebenbei den Abwasch.*“ I13 00:18:50-3), wodurch eine parallele Anforderungsbewältigung in beiden Sphären realisiert wird, sich Reduktionen der investierten Zeiten herbeiführen lassen und auch Zeitlücken in einem Lebensbereich für Tätigkeiten in dem jeweils anderen Feld genutzt werden können.

Denkbar ist, dass auf die räumliche Verlagerung ganzer Sphären auch im beruflichen Bereich zurückgegriffen wird, indem der Arbeitsort gewechselt, der Wohnort der Frauen dichter an die Stätte ihres beruflichen Wirkens verlagert oder ein Heimarbeitsplatz eingerichtet wird. Im vorliegenden Interviewmaterial treten jedoch diese Vermittlungshandlungen kaum in Erscheinung. Lediglich im Falle der selbstständig Tätigen wurde neben dem eigentlich außerhalb der eigenen Häuslichkeit befindlichen Arbeitsort ein Heimarbeitsplatz geschaffen, der regelmäßig in Anspruch genommen wird, um in Zeiten der Erwerbsarbeit gleichzeitig auch für die Pflegebedürftige verfügbar zu sein („*I: Okay. Und wenn Sie dann zuhause arbeiten, dann ist Ihre Mutter dabei? B13: Ja, weil dann kann ich gleichzeitig auch für meine Mutter und unseren Pflegesohn da sein.*" I13 00:19:02-0).

Neben der Einflussnahme auf die räumliche Positionierung ganzer Lebensbereiche, führen die Befragten auch einzelne Tätigkeiten regulär oder situativ räumlich verlagert durch, um den Anforderungen gerecht zu werden und Zeiteinsparungen zu erwirtschaften. In der pflegerischen und weiteren reproduktiven Sphäre werden beispielsweise transportable Leistungen für die Pflegebedürftigen (z. B. die Wäscheversorgung oder die Betreuung eines noch mobilen alten Menschen) nicht in ihrer Häuslichkeit, sondern in der Örtlichkeit erbracht, innerhalb derer Aufgaben aus dem weiteren reproduktiven Bereich bewältigt werden („*(...) sitzt sie [die Pflegebedürftige] aber bei mir am Esstische und schält die Kartoffeln oder faltet die Wäsche, ich bin dann in der Küche beschäftigt. Man redet und man erzählt dann auch viel mehr. Angefangen von ist das Wetter aber schön über ihren Blutdruck, wie sie sich fühlt. Das ist auch so eine Zeit, in der wir sprechen." I6 00:16:01-8*). Umgekehrt besteht auch die Möglichkeit, einzelne Verrichtungen der weiteren reproduktiven Sphäre, wenn sie räumlich flexibel durchführbar sind, in der Häuslichkeit der alten Menschen zu erledigen. In ein Tätigkeitsfeld investierte Zeit kann durch diese räumliche Strategie gleichzeitig für die Anforderungsbewältigung in anderen Bereichen genutzt werden, wodurch sich eine Reduktion des Zeiteinsatzes realisieren lässt, der aufzuwenden wäre, wenn beide Aktivitäten separat ausgeübt würden.

Auch im beruflichen Bereich kann diese lediglich auf die räumliche Verschiebung einzelner Tätigkeiten ausgerichtete Vermittlungshandlung zur Anwendung kommen. Hierzu werden beispielsweise Pausenzeiten aus dem beruflichen Umfeld heraus an den Wohnort der Pflegebedürftigen verlagert, um Zeitlücken in der beruflichen Sphäre für kurze Einsätze bei dem alten Menschen nutzen zu können („*Also dann verlasse ich um kurz vor 07:00 Uhr das Haus, arbeite dann hier bis 12 Uhr. Wenn ich keine auswärtigen Termine habe, dann bin ich so um 12:15 Uhr zu Hause, mache 'ne halbe Stunde Mittag. Das heißt, wir essen gemeinsam, trinken eventuell noch mal eine halbe Tasse Tee gemeinsam. Dann fahre ich wieder hierher.*" I3 00:36:02-5). Der Rückgriff auf diese Vermittlungshandlung setzt jedoch geringe Distanzen zwischen beiden Orten voraus. In anderen Fällen kommt die Strategie zur Anwendung, indem Überstunden in der Häuslichkeit der oder des Pflegebedürftigen erbracht werden. Auf diese Weise verfügen die Vereinbarerinnen über die Möglichkeit, erwerbsbezogenen Verfügbarkeitsansprüchen in Phasen eines hohen Arbeitsaufkommens flexibel zu begegnen, gleichzeitig aber die Versorgung der Pflegebedürftigen nicht zu vernachlässigen oder an andere Personen delegieren zu müssen („*Wie gesagt, wenn ich mir Arbeit mitgebracht habe, die ich auch in ihrer Wohnstube, wo ich mich ein bisschen ausbreiten kann, erledigen kann. Äh, das mache ich dann schon bei ihr.*“ I1 01:03:02-1; „*Was ich wohl mache, ist, dass ich für Veranstaltungen oder so mal was zu Hause vorbereite. Das fällt meiner Mutter aber so gar nicht auf, weil ich dann drüben im Wohnzimmer sitze und da was schreibe.*“ I3 00:47:07-2). Diese Parallelitäten erleichtern die Aufgabenbewältigung in beiden Sphären. Der Einsatz dieser Strategie ist jedoch von der räumlichen Verlagerbarkeit der beruflichen Aufgaben abhängig. An einen institutionellen Rahmen gebundene Tätigkeiten (z. B. Produktionsaufgaben, die nur mithilfe aufwendiger technischer Anlagen realisiert werden können oder Dienstleistungen, die die Anwesenheit der Kunden voraussetzen) weisen diesen Flexibilitätsgrad in der Regel nicht auf.

Effektive Gestaltung von Wegen

Finden Tätigkeiten des täglichen Lebens an unterschiedlichen Orten statt, werden durch die Bewältigung der Distanzen zeitliche Kapazitäten gebunden. Es handelt sich hierbei um „leere“ Zeiten, da sie in den vorliegenden Fällen nicht zur Anforderungsbewältigung in einer der Sphären zur Verfügung stehen. Eine effektive Gestaltung von Wegen kann neben der oben beschriebenen Einflussnahme auf die Distanzen dazu beitragen, diese Zeiten regulär oder situativ zu reduzieren. Zu diesem Zweck werden Erledigungen in den unterschiedlichen Bereichen durch den Rückgriff auf zeitliche Vermittlungshandlungen so aufeinander abgestimmt oder gebündelt, dass sie unter Zurücklegung einer Strecke bewältigt werden können („*Wenn ich dann nach der Arbeit nach Hause fahre, dann ist es auch oft, sodass ich noch überlege, ob ich noch irgendwas erledigen kann, weil ich ja jetzt gerade mit dem Auto unterwegs bin.*“ I4 00:21:33-8; „*Ich bringe sie [die Pflegebedürftige] morgens zur Tagespflege, weil das auf meinem Weg zur Arbeit ist (...).*“ I9 00:16:23-0).

Einflussnahme auf die Gestaltung von Räumlichkeiten

Neben der Einflussnahme auf Distanzen und Wegstrecken werden von den Befragten auch die Räumlichkeiten gestaltet. Diese Vermittlungshandlung kommt situativ zur Anwendung und tritt in den einbezogenen Fällen lediglich im pflegerischen oder weiteren reproduktiven Bereich auf. Ziel ist, die äußeren Gegebenheiten, innerhalb derer die anfallenden Tätigkeiten bewältigt werden, an die Bedarfe der Vereinbarerinnen anzupassen, um den Anforderungen der Sphären gerecht zu werden, gleichzeitig den eigenen Arbeitseinsatz aber auch zu beschleunigen und somit die in die Sphären investierte Zeit zu reduzieren („*Na ja, darauf habe ich dann halt auch gedrungen. Ich habe gesagt: Hier muss was raus. Und die können sie ja auch von nichts trennen. Es ist ja alles vollgestellt. Sie lag zwischen Bett und Tisch. (...) Ich sag: diesen Tisch raus. Ich kann mich hier nicht bewegen. Ich mache meinen Rücken kaputt.*“ I10 00:17:50-6; „*Ich habe das [den Garten] dann komplett umgestaltet. Mit Rindenmulch und so, also das, was sehr pflegeleicht ist.*“ I12 00:15:04-1). Außerdem können physische Belastungen eingeschränkt werden.

Im Gegensatz zu der Vermittlungshandlung ‚Befähigung zur Unterstützungserbringung‘ (s. Teilkapitel 6.2.3), steht bei dieser Strategie nicht eine Befähigung der Pflegebedürftigen oder des sonstigen sozialen Umfelds im Fokus, sondern die Erleichterung des Einsatzes der erwerbstätigen Pflegenden. Daher wird diese Handlungsform in der vorliegenden Arbeit unter die räumlichen Strategien subsumiert.

Im beruflichen Bereich wurde diese Strategie von den Befragten nicht thematisiert. Dies ist möglicherweise darauf zurückzuführen, dass räumliche Gestaltungsspielräume in der beruflichen Sphäre durch äußere Vorgaben begrenzter sind. Darüber hinaus kann durch den Rückgriff auf diese Strategie in den einbezogenen Fällen keine Verringerung des vertraglich fixierten Umfangs der Arbeit herbeigeführt werden, sodass auch die ins Erwerbssystem investierte Zeit hierdurch nicht zu reduzieren ist.

6.2.5 Hilfsmittelbezogene Vermittlungshandlungen

Die letzte Form der Vermittlung bezieht sich auf den Einsatz von Hilfsmitteln, die die Aufgabenbewältigung in den Sphären beschleunigen oder erleichtern. Der Hilfsmittelbegriff ist in der vorliegenden Arbeit sehr weit gefasst und bezieht sich auf (technische) Gegenstände, Medikamente sowie das Wissen bzw. die Erfahrung der Vereinbarerinnen. Auch Routinen und Planungsvorgänge können bedeutsame Hilfsmittel der erwerbstätigen Pflegenden darstellen. Ihre Nutzung ermöglicht, ähnlich wie die bisher dargestellten Handlungsformen, die Anforderungsbewältigung innerhalb der Sphären und ihre zeitliche Anpassung.

Einsatz technischer, medizinischer und medikamentöser Hilfsmittel

Auch der Rückgriff auf technische Ausrüstungsgegenstände nimmt einen wichtigen Stellenwert ein. Im pflegerischen Bereich ist exemplarisch der Einsatz von Hygieneschutzhosen anzuführen, die im Falle der Inkontinenz der Pflegebedürftigen das Austreten von Exkrementen verhindern. Sie können den mit der Kontinenzversorgung verbundenen Mehraufwand begrenzen, wodurch sich Zeiteinsparungen in den täglichen Abläufen erzielen lassen („*Dass die in die Hose machen und überall damit rumschmieren und ... Hätte ich sonst nie verstanden. Aber das mit Oma war vor zehn Jahren, ähm, das ganze Bett war ja immer eingeschittert und sie hat immer überall rumgeschmiert. Aber ich habe da jetzt so einen Anzug, den kannst du unten zu machen. Davon habe ich gleich drei Stück. In solchen Sachen bin ich schon schlauer. (I: Ah ja.) Also, dass ich zumindest so was morgens nicht habe.*“ I2 00:48:18-6). Bestimmte Pflegehilfsmittel werden von den Krankenkassen finanziert, wobei sich der Zugang unterschiedlich schwierig gestaltet. Während einige Befragte von aufwendigen bürokratischen Antragsverfahren berichten, die mit kämpferischen Auseinandersetzungen verglichen werden („*Seit einem Jahr geht es ihr so schlecht. Jetzt habe ich dafür gekämpft, mich auch mit der Ärztin zusammengesetzt, dass sie jetzt endlich ihr Pflegebett bekommt.*“ I10 00:04:15-2), scheint der Einsatz der Hilfsmittel insbesondere dann, wenn ambulante Pflegedienste an der Versorgungserbringung partizipieren, nur mit einem geringen Aufwand für die Befragten verbunden zu sein.

Außerdem spielen im pflegerischen Lebensbereich auch medizinische oder medikamentöse Hilfsmittel eine Rolle. Ihre Nutzung kann die Befragten bei der Bewältigung der mit der Pflege des alten Menschen verbundenen Anforderungen unterstützen und zeitliche Freiräume für andere Tätigkeiten schaffen. Der Einsatz erfolgt also nicht ausschließlich aus Gründen der medizinischen Indikation. Exemplarisch ist zum einen der Rückgriff auf Dauerkatheter oder -sonden anzuführen, die die Nahrungs- und Flüssigkeitszufuhr sowie die Darm- oder Blasenentleerung automatisieren, wodurch sich die Anzahl der Versorgungseinsätze reduzieren lässt („*Daraufhin hat sie dann vor gut einem Monat einen Dauerkatheter bekommen. Darauf habe ich gedrungen. Weil sie so oft auf Toilette muss. Gerade nachts.*“ I10 00:04:56-8). Zum anderen kommen auch medikamentöse Verfahren zum Einsatz, die den Umgang mit der oder dem Pflegebedürftigen im Alltag vereinfachen und zeitaufwendige Beaufsichtigungsbedarfe, die insbesondere im Falle von demenziellen Erkrankungen auftreten, verringern sollen („*Dann hab ich mit der Frau F. [Beschäftigte vom Pflegedienst] gesprochen, dass man ihn [den Pflegebedürftigen] mal medikamentös einstellen sollte, weil ich sehe es nicht ein. Ich bin zwar auch immer in Hektik, weil wir haben ein großes Haus, ich habe ein Kleinkind und ich bin am Arbeiten. Und dann hat man natürlich nicht so viel Zeit, dass man sich mit dem demenzkranken Opa da schön hinsetzt und erst mal einen Kaffee trinkt.*“ I2 00:07:50-1; „(…) *das war auch eine Phase, wo sie ein bisschen aggressiver wurde. (...) Und daraufhin hat sie jetzt noch ein Zusatzmedikament noch bekommen, das wohl relativ schwach dosiert ist. Aber sie ist noch offen für das Geschehen im Raum. Also dass ich sage, dass wir jetzt Abendbrot essen wollen und sie auch losgeht und anfängt, den Tisch zu decken. Das wäre in anderen Phasen, also in Phasen davor, nicht möglich gewesen.“* I9 01:35:05-9). Die Anwendung dieser Hilfsmittel geht jedoch für die Pflegebedürftigen mit umfassenden Eingriffen in körperliche Abläufe einher und kann insbesondere dann, wenn sie krankheitsbedingt nicht mehr einwilligungsfähig sind, ihr Selbstbestimmungsrecht beeinträchtigen. Vor diesem Hintergrund zeigen sich in den Interviews durchaus auch kritische Haltungen gegenüber dem Rückgriff („*Dann hat der Hausarzt gesagt: Das geht nicht. Wir legen ihr [der Pflegebedürftigen] eine Magensonde. Und das war wieder so ein Schritt. Im Nachhinein würde ich dem nicht wieder zustimmen. Aber in dem Moment habe ich gedacht: Ja, es wird mir helfen. Es ist für mich eine Erleichterung, aber es nimmt meiner Schwiegermutter ein Stück Menschsein, ne? Und aus meiner heutigen Erfahrung würde ich dem nicht wieder zustimmen. Sie wird im Grunde genommen nur noch versorgt durch diese Maschine. Hat dadurch alles, was sie braucht, alles in bester Qualität und diese Maschine, läuft im Grunde rund um die Uhr. Und das hinterfrage ich. Ist es des Menschen würdig? Ich glaube, ich würde so schnell nicht zustimmen, aber in dem Moment habe ich nur gedacht: Oh, dann geht es uns wahrscheinlich besser, ne? Weil diese viele Belastung mit alles vollschmieren, dreckige Bettwäsche.*“ I21 00:07:50-0).

Im weiteren reproduktiven Bereich und in der beruflichen Sphäre beschreiben die Befragten den Rückgriff auf technische Ausrüstungsgegenstände, insbesondere auf das Telefon. Es ermöglicht die Durchführung von Rückversicherungstelefonaten. Vor allem in Phasen, die sich durch einen instabilen Gesundheitszustand des alten Menschen auszeichnen, können auf diese Weise Informationen über dessen Zustand generiert werden, ohne einen zeitaufwendigen Ortswechsel vornehmen zu müssen („*Gut, ich muss auch hin und wieder mal vom Büro aus telefonieren. Wenn ich mit einem schlechten Gewissen ... schlechtes Gewissen nicht, aber wie es sich im Laufe des Vormittags mit unserer Mutter entwickelt hat, wenn es morgens vielleicht mal nicht so gut war, dass ich denjenigen, der hier morgens ist, anrufe.*“ I1 01:06:03-8).

Im weiteren reproduktiven Bereich wird beispielsweise auch die Zeitschaltuhrfunktion bei Waschmaschinen eingesetzt, die eine Terminierung der Laufzeiten ermöglicht. Unter Rückgriff auf dieses technische Hilfsmittel können nicht effizient nutzbare Wartezeiten umgangen und eine parallele Aufgabenbewältigung in anderen Tätigkeitsfeldern ermöglicht werde („ *(...) manchmal starte ich dann nebenbei noch die Waschmaschine, dass, wenn ich nach Hause komme, die Zeitschaltuhr das geregelt hat, dass die Wäsche dann fertig ist und ich sie nur aufhängen brauche.*“ I9 00:23:35-5).

In der beruflichen Sphäre verweist eine Befragte auf die Inanspruchnahme einer computergestützten Terminplanung („*Gut, ich habe zwar auch Outlook in der Firma.*“ I17 01:35:08-9), die ein effizienteres und zeitökonomisches Handeln ermöglicht. Durch die Anwendung dieser Strategie kann jedoch nur eine erleichterte Aufgabendurchführung und keine grundsätzliche Verringerung des Zeitumfangs realisiert werden, der für den Beruf eingesetzt werden muss.

Einsatz von Wissen und Erfahrungen

Eine weitere Handlungsform, die unter die hilfsmittelbezogenen Vermittlungsleistungen zu subsumieren ist, besteht in dem Einsatz von eigenem Wissen und Erfahrungen über die Anforderungsbewältigung in den Lebensbereichen.[80] Diese Kenntnisse entstehen im Zuge der Einbindung in die jeweiligen Sphären und der Erprobung von hier angesiedelten Problemlösungsstrategien. Haben sie sich bewährt, werden sie in den Erfahrungsschatz aufgenommen und können dort regulär oder situativ abgerufen werden. Neben dem „Learning by Doing“ stellen auch der Austausch mit anderen Betroffenen, Beratungsinstitutionen, professionellen Pflegeanbietern und Ärzten oder auch unterschiedliche Medien (z. B. das Internet, Zeitschriften oder Fachliteratur) bedeutsame Quellen dar. Die Verfügbarkeit über Wissen und Erfahrungen erspart regulär und situativ zeitintensive Abwägungsprozesse über das angemessene Handeln in bekannten Situationen und vermittelt beim Auftreten neuer Herausforderungen ein größeres Maß an Handlungssicherheit. Folglich können sie zu Reduktionen des eigenen Zeiteinsatzes in den Tätigkeitsfeldern beitragen und bei der Aufgabenbewältigung unterstützen.

Im pflegerischen Bereich spielen Wissen und Erfahrungen beispielsweise bei dem kompetenten Umgang mit Veränderungen des gesundheitlichen Zustandes des älteren Menschen eine große Rolle („*Ich kann viele Dinge schon bei ihr*

80 Im Vergleich zu der personellen Vermittlungshandlung ‚Generierung von Informationen über Unterstützungsmöglichkeiten‘ bezieht sich diese Strategie nicht auf den Einsatz anderer Personen, sondern auf den eigenen Einsatz der Vereinbarerin.

abschätzen. Wann geht es ihr gut, wann geht es ihr nicht so gut. Wann brauche ich Hilfe. Wann schaffe ich es alleine. Ich kann sehr gut nachempfinden, wann sie Fieber hat oder wann sich eine Lungenentzündung ankündigt und solche Dinge. Und ich denke, das bringt so die Routine mit sich." I21 00:43:38-4). Darüber hinaus trägt der Wissens- und Erfahrungsschatz der Vereinbarerinnen in dieser Sphäre dazu bei, zeitliche Abstimmungsprozesse zu erleichtern: Insbesondere für Pflegende von kognitiv stark eingeschränkten älteren Menschen mit umfassenden Beaufsichtigungsbedarfen sind die aktivitätsarmen Zeiten im Tagesverlauf (z. B. Schlafenszeiten der Pflegebedürftigen) von besonderer Bedeutung, da dann zeitliche Spielräume für die Verrichtung außerpflegerischer Tätigkeiten in dem weiteren reproduktiven oder beruflichen Lebensbereich bestehen. Um diese Phasen nutzen zu können, greifen die Vereinbarerinnen auf ihr Wissen zurück, auf welche Weise ihr Auftreten, ihre Terminierung und die Dauer beeinflusst werden können. Die Erkenntnis, dass zum Beispiel gezielte Beschäftigungen während der Wachzeiten der Pflegebedürftigen mit Ermüdungseffekten verbunden sein können und Ruhephasen außerhalb der nächtlichen Schlafenszeiten mitunter ein gesteigertes Aktivitätsniveau bedingen, sind in diesem Zusammenhang von großer Bedeutung für die Alltagsbewältigung („*Und dass er [der Pflegebedürftige] aus dem Bett kommt. Nicht, dass er ... Nach seinem Mittagsschlaf um 14:00, 14:30 Uhr, beziehungsweise 14:00 Uhr, 15:00 Uhr so, in diesem Zyklus, muss er aus dem Bett. Sonst wird der nachts aktiv. Dass er müde wird. Dass ich ihn mindestens fünf Stunden nachmittags in der Küche hab. Sonst ist er nachts zugange.*" I2 00:22:14-8).

Im weiteren reproduktiven Bereich kann beispielsweise Wissen der Vereinbarerinnen über Selbstschutzmechanismen dazu beitragen, den mannigfaltigen Anforderungen der unterschiedlichen Lebensbereiche langfristig nachzukommen („*Ja, ich habe Grenzen gesetzt. Das weiß ich mittlerweile. Aber auch nur durch Rat durch gute Bekannte. Die haben gesagt: Du gehst ein, wenn du dich unterbuttern lässt. (...) Deswegen fahre ich heute Nachmittag hin [zu einer Freundin], weil ich gesagt habe: Es kann nicht sein. Wir haben uns früher so oft gesehen und jetzt gar nicht mehr. Und irgendwo die Freundschaft muss man auch noch halten.* I18 00:35:09-0").

In der Erwerbssphäre ermöglicht das im Zuge längerer Berufserfahrung erworbene fach- und methodenspezifische Wissen den zeiteffizienten Umgang mit arbeitsbezogenen Aufgaben und verhindert, dass für die Anforderungsbewältigung umfassende Zeitinvestitionen getätigt und Überstunden erbracht werden müssen („*Wenn ein neues Lernfeld gemacht wird, dann gucke ich: Was hast du im letzten Jahr gemacht, was hast du im vorletzten Jahr gemacht. Was hast du im PC drin. Man kennt die Klasse dann ja auch. Dass man dann so grob strukturiert und sagt: So, ich mache jetzt dies, das, das. (…) I: Mhm. Und erspart Ihnen das nachmittags auch Vorbereitungsarbeit? B6: Ja, auf jeden Fall.*“ I6 01:23:20-4).

Einsatz von Routinen und Flexibilität

Routinen stellen im Alltag der Befragten regulär ein bedeutsames Hilfsmittel dar, um Tätigkeitsfolgen in den unterschiedlichen Sphären kräftesparend und effizient zu gestalten. Kennzeichnend für den Rückgriff auf dieses Hilfsmittel ist eine Alltagsgestaltung, die sich durch fix bestehende Abläufe, Terminierungen und Zuständigkeiten auszeichnet und nur eine geringe Veränderlichkeit aufweist („*Ich stehe um 5:30 Uhr auf, mach mich fertig, mache dann noch einige hauswirtschaftliche Tätigkeiten, z. B. Kartoffeln schälen und was weiß ich alles. Eventuell auch noch den Abwasch von abends, weil ich da keine Lust mehr hatte. Auf jeden Fall, dass alles wieder in Ordnung ist. Koche Tee für mich und meine Mutter dann schon, frühstücke, mhm, mache meine Mutter fertig. Sie kriegt Augentropfen dann immer so. Lehre den Toilettenstuhl. Gucke, dass sie das Wasser hat. (...) Also dann verlasse ich um kurz vor 07:00 Uhr das Haus, arbeite dann hier bis 12:00 Uhr. Wenn ich keine auswärtigen Termine habe, dann bin ich so um 12:15 Uhr zu Hause, mache ‘ne halbe Stunde Mittag.*“ I3 00:36:02-5). Dies verschafft Entlastung im Alltag, da viele Aufgaben automatisch und ohne zeitintensive Handlungsabwägungen durchführbar sind.

Nicht immer lässt sich jedoch der Einsatz von Routinen auch tatsächlich realisieren. Insbesondere dann, wenn Tätigkeiten in den unterschiedlichen Lebensbereichen den Befragten ein hohes situatives Reaktionsvermögen abverlangen, zeichnen sich die täglichen Abläufe in vielen der einbezogenen Fälle durch höhere Flexibilitätsforderungen aus. Spontan wird auf sich wandelnde Vorgaben der Umwelt reagiert und Handlungsfolgen, wenn nötig, unterbrochen, um den Anforderungen der Sphären gerecht zu werden („*Und dann gehe ich eben als Nächstes zu meiner Mutter rüber in die Wohnung und gucke: Ist sie schon auf? Ist sie wach? Ist sie noch nicht wach, gehe ich wieder weg und mache so normale Haushaltstätigkeiten. Ist sie auf, gehe ich erst mal zu ihr.*“ I6 00:12:01-7). Feste Durchführungszeiten bestehen unter diesen Bedingungen kaum („*Das mache ich den ganzen Tag über. Ich habe keine festen Zeiten. Wenn ich gerade Zeit habe, dann mache ich das.*“ I17 01:21:20-3). Diese Form der Aufgabendurchführung kann für die Vereinbarerinnen mit Belastungen verbunden sein, da Automatismen und Handlungssicherheiten in geringerem Maße bestehen und für die situative Abwägung eigener Vorgehensweisen mehr Zeit aufgewendet werden muss.

Einsatz von Planung

Eine weitere Vermittlungshandlung bezieht sich in allen drei Sphären auf den Einsatz von Planung, wobei hierbei zwei Formen zu differenzieren sind. Die erste Planungsform zeichnet sich durch die rigide Einhaltung der gedanklich vorweggenommenen Handlungsschritte aus, die zur Erreichung eines bestimmten Zieles notwendig erscheinen. Hierbei verschaffen sich die vereinbarenden Frauen entweder gedanklich oder unter Zuhilfenahme unterschiedlicher Planungshilfen, z. B. Kalender, To-do-Listen oder Ordnungssysteme, einen Überblick über in der Folgezeit anfallende Tätigkeiten, Aufgaben oder Termine und strukturieren diese zeitlich („*(...) und ich habe auch, mhm, ja einen Terminkalender natürlich. Also ohne geht das gar nicht. Und neben dem Telefon habe ich jetzt auch immer alles das liegen, was so für die Woche jetzt anliegt. Also die Überweisungen, die neuen Verordnungen für meinen Mann, die ich vom Arzt abgeholt habe. Die liegen da. Für den Hund muss ich beim Arzt einen Termin machen. Ich muss mir das dort alles hinlegen.*“ I4 00:15:46-8). Langfristige Planungen werden dabei bereits Wochen oder Monate vor dem Durchführungszeitpunkt vorgenommen und beziehen sich in der Regel auf Aufgaben und Termine, die nicht Teil der regulären Abläufe sind (z. B. Arztbesuche, arbeitsintensive aber unregelmäßig anfallende Reinigungsarbeiten). Kurzfristige Planungen kommen für Tätigkeiten zum Einsatz, die innerhalb kürzerer zeitlicher Abstände anfallen und häufig Teil des operativen Tagesgeschäfts sind.

Die zweite Planungsform ist zwar auch durch die gedankliche Vorwegnahme von Handlungsschritten gekennzeichnet. Diese werden jedoch in der Durchführungssituation flexibler gehandhabt und kurzfristig an die Anforderungen der Situation angepasst. Diese Strategie nimmt insbesondere in der pflegerischen, aber auch in der weiteren reproduktiven Sphäre einen großen Stellenwert ein, da sich die Abläufe hier nicht immer detailliert einhalten lassen und stark abhängig von den wandelnden Befindlichkeiten und Bedarfen der anderen beteiligten Personen sind („*Wenn ich alles fertig geplant habe. Das ist, wenn mein Mann [der Pflegebedürftige] früher aufsteht. Dieses Chaos dann. Wenn er mir dann hinterherhängt. Wenn ich dann meinen Weg nicht machen kann, so wie Essen kochen oder dies und jenes. So, dieses Chaos, damit muss ich dann lernen, umzugehen, ne? Dann muss ich immer flexibel umdenken, was mache ich dann, ne?*“ I8 00:44:18-6).[81]

---

81 Denkbar ist auch ein vollständiger Verzicht auf die Erstellung von Plänen. Ausschlaggebend hierfür könnte die Erfahrung sein, dass diese durch spontan auftretende Ereignisse nicht einzuhalten sind. Vereinzelte Hinweise auf dieses Vorgehen zeigen sich auch in den Daten („*Ich habe mit Planung schon aufgehört. Am Anfang habe ich das gemacht und jetzt aufgehört, weil*

Die Erkenntnisse dieses Teilkapitels zusammenfassend, lässt sich die erste der in Teilkapitel 4.5 formulierten forschungsleitenden Fragestellungen beantworten. Sie thematisiert die Vermittlungshandlungen, die im Alltag der Vereinbarerinnen zum Einsatz kommen, um die informelle Pflege eines Angehörigen und den Beruf miteinander zu verbinden. Es zeigt sich, dass Vermittlungshandlungen keine Einzelhandlungen im Esserschen Sinne darstellen, sondern Handlungsströme, also Verkettungen von mehreren Einzelhandlungen. Sie treten nicht in Form von Verbindungslinien zwischen den Lebensbereichen auf, sondern die Vermittlungshandlungen sind in die Sphären eingelassen. Entgegen der ursprünglich im heuristisch-analytischen Theorierahmen zugrunde gelegten Annahmen sind sie nicht nur im beruflichen und pflegerischen Lebensbereich angesiedelt, sondern auch in der weiteren reproduktiven Sphäre. Durch ihren Einsatz verfolgen die erwerbstätigen Pflegenden nicht vorrangig die Zielsetzung, Beruf und Pflege miteinander in Einklang zu bringen. Vielmehr dienen sie dazu, die Lebensbereiche so aneinander anzupassen, dass die Anforderungen des pflegerischen Lebensbereichs in einem auch durch den beruflichen und weiteren reproduktiven Lebensbereich geprägten Alltag zu realisieren sind. Hierzu unterstützen Vermittlungshandlungen zum einen bei der Bewältigung der sich in den Sphären stellenden Aufgaben und zum anderen bei ihrer zeitlichen Abstimmung. Analytisch können fünf unterschiedliche Formen der Vermittlung unterschieden werden: Mithilfe zeitlicher Vermittlungshandlungen wird steuernd und regulierend auf das Ausmaß, die Lage und die Verteilung des akteurinneneigenen Einsatzes in den drei Lebensbereichen eingewirkt, während inhaltliche Vermittlungshandlungen das Tätigkeitsspektrum und die Art und Weise der Tätigkeitsdurchführung beeinflussen. Personell ausgerichtete Vermittlungshandlungen sind auf den Rückgriff auf Hilfen des oder der Pflegebedürftigen oder von anderen Akteur(inn)en des sozialen Umfelds bei der Anforderungsbewältigung im Alltag und deren Erhalt ausgerichtet. Hilfsmittelbezogene Vermittlungshandlungen dienen demgegenüber dem Einsatz von (technischen) Geräten, Medikamenten, Wissen und Erfahrungen sowie Routinen und Planungsvorgänge, die die Aufgabenbewältigung beschleunigen oder erleichtern. Sind Vermittlungshandlungen räumlich ausgerichtet, stellen entweder die Orte der Tätigkeitsdurchführung oder die Wege zwischen den Orten Ansatzpunkte für das Handeln dar. Jeder dieser

ich mit meiner Schwiegermutter sowieso nicht planen kann. Ich kann mir was planen, runter gehen und sie ist nass oder das Bett ist vollgepinkelt. Und dann muss ich alles anders machen. Dann muss ich das Bett wechseln, sie waschen.“ I19 01:18:33-5). Allerdings besteht die Vermutung, dass diese Aussagen eher Ausdruck der Unzufriedenheit mit den häufigen Durchkreuzungen der Pläne und mit den hohen Flexibilitätsanforderungen sind, auf eine Vorstrukturierung des Handelns aber nicht prinzipiell verzichtet wird.

fünf Vermittlungsformen sind zahlreiche unterschiedliche Strategien zuzuordnen. Die Mehrheit von ihnen tritt in allen drei Lebensbereichen auf, wobei sich jedoch die Ausgestaltung aufgrund der jeweils spezifischen Strukturierung und den unterschiedlichen Anforderungsprofilen sphärenspezifisch häufig unterscheidet. Das Datenmaterial gibt Aufschlüsse darauf, dass sie nicht separiert, sondern in Kopplung auftreten. So ist der Rückgriff auf zeitliche Vermittlungshandlungen häufig an den Einsatz von inhaltlichen, personellen, räumlichen und hilfsmittelbezogenen Strategien gebunden. Der Rückgriff auf inhaltliche, personelle, räumliche und hilfsmittelbezogene Handlungsformen ermöglicht also die zeitliche Vermittlung zwischen den Sphären häufig erst.

6.3 Ressourcenverfügbarkeit als Einflussfaktor auf den Einsatz von Vermittlungshandlungen

Im vorangehenden Teilkapitel erfolgte eine Beschreibung der im gesamten Datenmaterial auftretenden Vermittlungshandlungen, die im Zuge der offenen und axialen Kodierungsprozesse sichtbar gemacht wurden. Eine stärker auf den Einzelfall ausgerichtete Analyse belegt jedoch, dass nicht alle Vermittlungshandlungen auch in jedem der einbezogenen Fälle zur Anwendung kommen. Vielmehr zeigen sich bestimmte Muster, die im Teilkapitel 6.4.2 vorgestellt werden. Zuvor sind jedoch im Rahmen des folgenden Unterkapitels Einflussfaktoren zu beschreiben, die ebenfalls unter Zuhilfenahme offener und axialer Kodierungsvorgänge datenbasiert erarbeitet wurden. Sie sind ausschlaggebend dafür, auf welche Weise sich die Muster ausprägen und können als Vergleichskategorien fungieren, um Ähnlichkeiten und Unterschiede zwischen den einbezogenen Fällen zu erfassen.

Im Rahmen der Analyse konnten drei unterschiedliche Vergleichskategorien identifiziert werden. Es handelt sich hierbei um subjektiv durch die Frauen wahrgenommene Bewältigungsressourcen. Ihre Verfügbarkeit ist bestimmend dafür, auf welche Vermittlungshandlungen zurückgegriffen wird, um den pflegerischen Anforderungen in einem Alltag gerecht zu werden, der bereits durch die Integration der Befragten in den beruflichen und weiteren reproduktiven Lebensbereich geprägt ist. Zu ihnen zählen die subjektiv wahrgenommenen Bewältigungsressourcen der oder des Pflegebedürftigen, die subjektiv wahrgenommenen Bewältigungsressourcen durch Unterstützungsleistende aus dem sozialen Umfeld und die subjektiv wahrgenommenen Selbstbewältigungsressourcen der Befragten. Der ausgeprägte pflegerische Bezug dieser Kategorien spiegelt die Relevanzsetzung der Frauen in den Interviews wider, auf die bereits am Anfang des

Teilkapitels 6.2 eingegangen wurde. Die Verfügbarkeit über die drei Ressourcenformen beeinflusst die Handlungsmöglichkeiten, die den Vereinbarerinnen ihrer Einschätzung zufolge offenstehen, um Vermittlungen zwischen den Lebensbereichen vorzunehmen und auf diese Weise mit dem Komplexitätszuwachs in ihrem Alltag umzugehen, der durch das Auftreten der Pflegebedarfe entsteht.

Im Folgenden wird bei allen drei Ressourcenformen zwischen zwei Ausprägungen unterschieden: eine eher geringe und eine eher umfassende Ressourcenverfügbarkeit. Ausschlaggebend für die Einschätzung im Einzelfall sind dabei bestimmte, auf der individuellen Ebene angesiedelte strukturelle und kulturelle Einflussfaktoren, die eine Indikatorenfunktion einnehmen. Auf der strukturellen Ebene spielen die Opportunitätsstrukturen eine bedeutsame Rolle, die durch die Befragten wahrgenommen werden. Es handelt sich um das Kapital, auf das potenziell zurückgegriffen werden kann, um den Anforderungen des Alltags zu begegnen. Die Verfügbarkeit ist dabei teilweise von den in Kapitel 3 beschriebenen institutionellen Regelungen abhängig, die Handlungsspielräume eröffnen oder beschränken können. Auf der kulturellen Ebene sind die Einstellungen der Befragten gegenüber der Inanspruchnahme des prinzipiell verfügbaren Kapitals von Relevanz. Es handelt sich hierbei um summarische Gesamtbewertungen, die sich in einer eher befürwortenden oder eher ablehnenden Haltung gegenüber der Nutzung des prinzipiell vorhandenen Kapitals niederschlagen. Die Einstellungen sind Ausdruck der Wertehaltungen der Akteurinnen. Diese sind als Überzeugungen, Ideale, Ideen oder Vorstellungen von Wünschenswertem zu bezeichnen, deren Erreichung als erstrebenswert erachtet wird. Eine Hintergrundfolie für die Ausgestaltung der Einstellungen und Wertehaltungen bilden die auf einer übergeordneten Ebene bestehenden kulturellen Bezugsrahmen, die für die Einbindung von Frauen in den pflegerischen und beruflichen Lebensbereich bereits in Kapitel 3 dargelegt wurden. Sie wirken sich jedoch nicht determinierend aus, sondern werden von den Befragten vor dem Hintergrund ihrer eigenen Situation wahrgenommen und teilweise auch umgedeutet. Akteurinneneigene Wertehaltungen und daraus resultierende Einstellungen können also von den grundsätzlich innerhalb einer Gesellschaft existenten kulturellen Leitbildern abweichen.

Diese Überlegungen zusammenfassend werden aus dem subjektiv wahrgenommenen Kapital nur dann Bewältigungsressourcen, wenn die Einstellungen der Befragten auf die Inanspruchnahme ausgerichtet sind. Die Verfügbarkeit über Bewältigungsressourcen stellt also immer ein Konglomerat aus subjektiv wahrgenommenen Opportunitätsstrukturen und ihrer Bewertung durch das Individuum dar. Sind entweder die Opportunitäten hinderlich ausgestaltet oder lassen die Einstellungen die Hinzuziehung des bestehenden Kapitals nicht zu, verfügen die Befragten auch nicht in umfassendem Maße über Ressourcen.

Bei der Bestimmung der Ressourcenausprägung im Einzelfall ist zum einen zu berücksichtigen, dass die subjektiv wahrgenommenen Opportunitätsstrukturen und Einstellungen oft gewisse Korrelationen aufweisen. Es ist beispielsweise davon auszugehen, dass strukturelle Rahmenbedingungen mit Handlungsrestriktionen für die Vereinbarerinnen verbunden sein können, die sie antizipiert haben und die sich entsprechend bereits auf der Ebene der Einstellungen niederschlagen. Gleichzeitig sind die Einstellungen der Akteurinnen auch ausschlaggebend für die Ausgestaltung der strukturellen Gegebenheiten. Unter Bezugnahme auf den heuristisch-analytischen Theorierahmen lässt sich diese Verzahnung von Einstellungen und Strukturen erklären: Äußere Rahmenbedingungen in Form von Opportunitäten, institutionellen Regelungen und kulturellen Bezugsrahmen sind nicht a priori gegeben, sondern stellen immer das Ergebnis von aggregierten akteur(innen)eigenen Handlungen dar. Diese wiederum werden nachhaltig durch Einstellungen beeinflusst, die auf der Ebene der Subjekte bestehen. Auf diese Weise schließt sich der Kreis der gegenseitigen Beeinflussung. Diese ausgeprägten Wechselwirkungen von Opportunitäten und Einstellungen treten auch bei der Datenauswertung zutage: Nicht immer lässt sich für ein bestimmtes Textsegment trennscharf festlegen, an welcher Stelle die Einstellung und an welcher Stelle die Opportunitätsstruktur angesprochen ist. Dies führt dazu, dass Sequenzen im transkribierten Material teilweise doppelt kodiert werden und somit Rückschlüsse auf beide Einflussfaktoren zulassen.

Zum anderen ist bei der Festlegung der Ausprägungen zu berücksichtigen, dass hierbei lediglich Momentaufnahmen abgebildet werden. Würden die Interviews zu einem späteren Zeitpunkt in der Vermittlungsphase geführt, würden möglicherweise andere Ausprägungen auftreten, da sich die Ressourcenverfügbarkeit im Zeitverlauf durch einen Wandel der Opportunitätsstrukturen oder Einstellungen verändert hat.

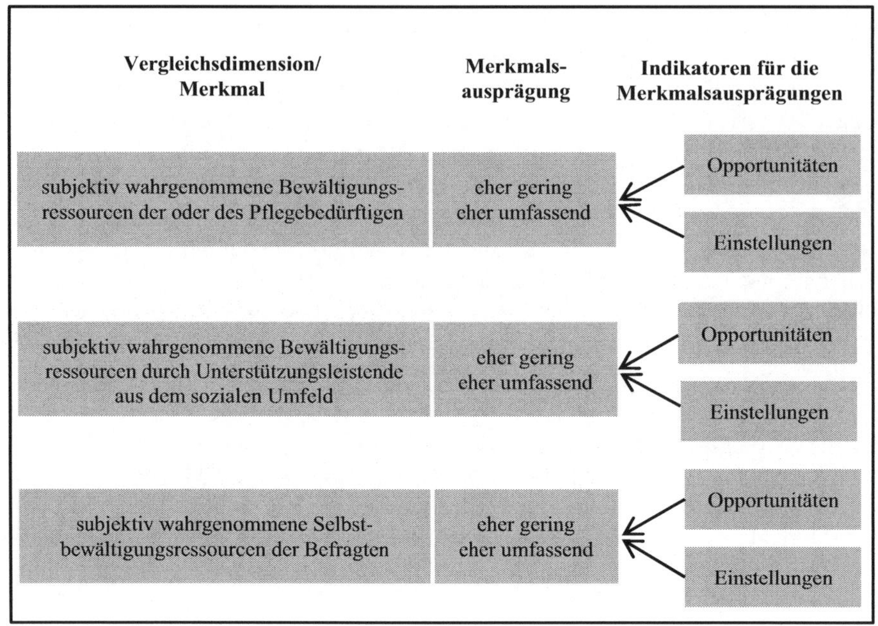

Abbildung 8: Übersicht über Vergleichskategorien, ihre Ausprägungen und die Indikatoren (eigene Darstellung)

6.3.1 Beschreibung der Ressourcen

Im Folgenden werden die drei datenbasiert entwickelten Ressourcenformen beschrieben, deren Verfügbarkeit bedeutsam für den Einsatz von Vermittlungshandlungen ist und die als Vergleichskategorien der Untersuchung fungieren. In diesem Kontext finden auch die jeweils relevanten Opportunitätsstrukturen und Einstellungen Berücksichtigung, die als Indikatoren herangezogen werden können, um das Ausmaß der Ressourcenverfügbarkeit im Einzelfall zu bestimmen. Wie Kluge beschreibt, stellen diese Definitionsprozesse eine wesentliche Voraussetzung dar, um die Vergleichskategorien präzise festzulegen und die anschließenden Gruppierungsverfahren transparent zu gestalten (vgl. Kluge 1999, S. 269).

Subjektiv wahrgenommene Bewältigungsressourcen der oder des Pflegebedürftigen

Die erste Vergleichsdimension spiegelt wider, inwieweit die oder der Pflegebedürftige nach Einschätzung der Befragten noch in der Lage ist, aktive oder passive Selbstsorge zu betreiben und inwieweit die Einstellungen der Vereinbarerin einen Rückgriff auf diese noch verbliebenen Fähigkeiten zulassen.

Der Begriff der aktiven Selbstsorge bezieht sich auf das regelmäßig[82] bestehende Vermögen zur eigenständigen Übernahme grundpflegerischer (z. B. Körperpflege, An- und Auskleiden, Ernährung und Ausscheidungen), hauswirtschaftlicher (z. B. Erledigung von Einkäufen für den täglichen Bedarf, Zubereitung von Mahlzeiten und Aufräum- und Reinigungsarbeiten), mobilitätsbezogener (z. B. Fortbewegungen innerhalb des Wohnbereichs) und behandlungspflegerischer (z. B. Medikation, Wundversorgung oder Messung und Deutung von Körperzuständen) Aufgaben sowie zur Gestaltung des Alltagslebens, der sozialen Kontakte und der Kommunikation (z. B. Gestaltung des Tagesablaufs, Interaktion mit Personen, Mitteilung elementarer Bedürfnisse). Dieser Definition folgend setzt die Fähigkeit zur aktiven Selbstsorge einen bestimmten Grad an Selbstständigkeit voraus. Bedingung ist, dass die Tätigkeiten auch ohne permanente Anwesenheit, Unterstützung, Anleitung und Beaufsichtigung einer anderen Person vollzogen werden können. Teilweise Selbstständigkeiten, die dann vorliegen, wenn die oder der Pflegebedürftige die beschriebenen Aufgaben unter Rückgriff auf diese Hilfen erbringt, werden nicht als Fähigkeit zur aktiven Selbstsorge gewertet. Ausschlaggebend für diese Betrachtungsweise ist die aus dem Datenmaterial abgeleitete Annahme, dass die Selbstsorge des alten Menschen nur dann als Ressource zur Vermittlung der Lebensbereiche nutzbar ist, wenn ihr Vorliegen zeitliche Freiräume für andere Aktivitäten der Befragten oder der Unterstützungspersonen eröffnet.

Die passive Selbstsorge bezieht sich demgegenüber auf die Fähigkeit der oder des Pflegebedürftigen, grundsätzlich und nicht nur in Ausnahmesituationen für mindestens zwei Stunden unbeaufsichtigt zu bleiben und in dieser Zeit (wenn auch unter Rückgriff auf technische Hilfsmittel, z. B. Sonden oder Katheter) nicht der Unterstützung anderer Personen zu bedürfen. Präsenzverzichtszeiten, die unterhalb dieser Schwelle angesiedelt sind, werden von den befragten Ver-

82 Verfügt die oder der Pflegebedürftige nicht regelmäßig, sondern nur sporadisch und nicht garantiert über die benannten Fähigkeiten, müssen die Befragten trotzdem darauf vorbereitet sein, Unterstützungsleistungen zu organisieren oder zu erbringen. Folglich werden sie von diesen Aufgaben nicht verlässlich entlastet, wodurch diese beschränkte Ressourcenverfügbarkeit nur begrenzt zur Alltagsbewältigung beitragen kann.

einbarerinnen üblicherweise nicht für außerhäusige Erledigungen genutzt und kaum als eigenständige Ressource für die Alltagsbewältigung wahrgenommen.

Die Verfügbarkeit über diese Formen der Bewältigungsressourcen ist abhängig von den wahrgenommenen Opportunitätsstrukturen und den Einstellungen der Befragten.

<table>
<tr><td rowspan="2">subjektiv wahrgenommene Bewältigungsressourcen der oder des Pflegebedürftigen</td><td>subjektiv wahrgenommene Opportunitätsstrukturen</td><td>• Ausmaß der aktiven und passiven Selbstsorgefähigkeiten der oder des Pflegebedürftigen
o noch bestehende Fähigkeiten der oder des Pflegebedürftigen zur Bewältigung des Alltags
o Erkrankungen und krankheits- und altersbedingte Einschränkungen der oder des Pflegebedürftigen
o Kooperationsbereitschaft der oder des Pflegebedürftigen</td></tr>
<tr><td>Einstellungen</td><td>• Einstellungen der Befragten gegenüber der Aktivität und Selbstständigkeit der oder des Pflegebedürftigen
• Einstellungen gegenüber dem Präsenzverzicht</td></tr>
</table>

Abbildung 9: Vergleichskategorie ‚subjektiv wahrgenommene Bewältigungsressourcen der oder des Pflegebedürftigen' (eigene Darstellung)

Die Opportunitätsstrukturen werden vorrangig durch die nach subjektiver Einschätzung der Vereinbarerin regelmäßig und zuverlässig abrufbaren Fähigkeiten der oder des Pflegebedürftigen zur aktiven und passiven Selbstsorge bestimmt. Rückschlüsse sind beispielsweise aus Schilderungen der Befragten abzuleiten, inwiefern grundpflegerische, hauswirtschaftliche, behandlungspflegerische sowie auf die Fortbewegung, die Kommunikation und den Erhalt sozialer Kontakte ausgerichtete Aufgaben von dem alten Menschen noch eigenständig wahrgenommen werden können, ob die oder der Pflegebedürftige ohne eigene Gefährdung in der Lage ist, unbeaufsichtigt zu bleiben und ob Einschränkungen und Unterstützungsbedarfe bestehen. Erste Hinweise können in diesem Zusammenhang auch aus der vorliegenden Pflegestufe abgeleitet werden. Es handelt sich hierbei jedoch nur um einen vagen Indikator, da für die vorliegende Betrachtung nicht die Einschätzung durch den Medizinischen Dienst der Krankenkassen, sondern durch die Befragte von Relevanz ist, die der Bewertungen des Medizinischen Dienstes nicht immer entsprechen muss.

Die aktiven und passiven Selbstsorgefähigkeiten werden maßgeblich durch zwei Faktoren beeinflusst, die bei der Einschätzung der Opportunitätsstrukturen ebenfalls zu berücksichtigen sind. Zu ihnen zählen zum einen die durch die Vereinbarerin geschilderten Erkrankungen des alten Menschen sowie seine krankheits- und altersbedingten Einschränkungen. Zum anderen ist auch das kooperative Verhalten der oder des Pflegebedürftigen von Bedeutung, d. h. ihre oder seine Bereitschaft, sich aktiv einzubringen, unbeaufsichtigt zu bleiben und sich den Anforderungen entsprechend zu verhalten. Nimmt die Befragte diesbezügliche Widerstände wahr, können die Selbstsorgefähigkeiten trotz fehlender körperlicher und kognitiver Symptomatiken Beschränkungen unterliegen.

Neben den Opportunitätsstrukturen sind die Einstellungen der Befragten gegenüber der Inanspruchnahme der noch bestehenden aktiven und passiven Selbstsorgefähigkeiten der oder des Pflegebedürftigen für die Ressourcenverfügbarkeit von Relevanz, wobei hierbei zwei unterschiedliche Formen zu differenzieren sind:

Einerseits kommen die persönlichen Einstellungen gegenüber der Aktivität und Selbstständigkeit des alten Menschen zum Tragen. Sie können entweder befürwortend oder ablehnend ausgerichtet sein. Im ersten Fall ist eine Haltung kennzeichnend, der zufolge die oder der Pflegebedürftige trotz körperlicher und/oder kognitiver Einschränkungen noch eigenständig jene Tätigkeiten übernehmen soll, zu denen sie oder er noch in der Lage ist. Die hierdurch potenziell entstehenden Risiken sind in Kauf zu nehmen und werden grundsätzlich als verantwortbar eingeschätzt. Die Vereinbarerin ist der Überzeugung, die mit dem selbstständigen Handeln des alten Menschen verbundenen eigenen Ängste aushalten zu müssen. Leitende Motive für diese auf Aktivität und Selbstständigkeit ausgerichtete Einstellung sind, durch die Einbindung der oder des Pflegebedürftigen einer Verschlechterung ihres oder seines Gesundheitszustandes vorzubeugen und somit die noch verbliebenen Fähigkeiten zu erhalten, eine eigene Entlastung bzw. eine Entlastung anderer Hilfeleistender herbeizuführen und/oder das Wohlbefinden der oder des zu Pflegenden zu steigern.

Im zweiten Fall sollen eigenständige Aufgaben nicht übernommen werden. Ausschlaggebend hierfür kann das Bestreben sein, potenziell mit der Tätigkeitsausübung verbundene Gefahren zu reduzieren, die als nicht mehr verantwortbar eingeschätzt werden. Außerdem besteht in diesen Fällen die Überzeugung, dass die Entlastung und Inaktivität der oder des Pflegebedürftigen erstrebenswerte Ziele darstellen, da der alte Mensch auf diese Weise verwöhnt und geschont werden kann. Nicht zuletzt setzt die Vertreterin dieser Einstellung die aktive Einbindung der oder des zu Pflegenden mit einem Mehraufwand gleich, den es zu vermeiden gilt.

Neben den Einstellungen gegenüber der Aktivität und Selbstständigkeit nehmen andererseits auch die Einstellungen gegenüber dem Präsenzverzicht einen wesentlichen Stellenwert für die subjektiv wahrgenommene Ressourcenverfügbarkeit ein. Grundsätzlich sind auch in diesem Zusammenhang eine befürwortende und eine ablehnende Ausformung zu differenzieren: Im ersten Fall wird der Präsenzverzicht als legitimes Mittel zur Schaffung von Freiräumen für andere Aktivitäten des täglichen Lebens bewertet. Er gilt als zu verantworten und damit verbundene Risiken sind nach Einschätzung der Vereinbarerin in Kauf zu nehmen. Das Wohlergehen des alten Menschen gilt durch den Präsenzverzicht als nicht grundlegend beeinträchtigt und es ist die Überzeugung vorherrschend, eventuell bestehende eigene Ängste in diesen Phasen aushalten zu müssen.

Im zweiten Fall wird der Präsenzverzicht demgegenüber als suboptimaler Zustand eingeschätzt, den es möglichst zu vermeiden gilt. Ausschlaggebend hierfür ist, dass diese Handlungsweise nach Einschätzung der Befragten dem Wohlbefinden der oder des Pflegebedürftigen nicht zuträglich ist und sie nicht verantwortbare Gefährdungen hervorruft. Dem Wunsch des alten Menschen nach permanenter Anwesenheit einer anderen Person ist unter diesen Bedingungen unbedingt Folge zu leisten.

Lediglich beim Vorliegen einer auf die Befürwortung von Aktivität, Selbstständigkeit und/oder des Präsenzverzichts ausgerichteten Haltung kann von einer Bereitschaft der Befragten ausgegangen werden, auf noch bestehende Fähigkeiten zur aktiven und passiven Selbstsorge tatsächlich auch zurückzugreifen.

Subjektiv wahrgenommene Bewältigungsressourcen durch Unterstützungsleistende aus dem sozialen Umfeld

Neben den subjektiv wahrgenommenen Bewältigungsressourcen der oder des Pflegebedürftigen sind die subjektiv wahrgenommenen Bewältigungsressourcen durch Unterstützungsleistende aus dem sozialen Umfeld der Befragten oder der bzw. dem Pflegebedürftigen zu berücksichtigen. Es handelt sich um Hilfen von formellen und informellen Akteur(inn)en, die im Bereich der haushaltsbezogenen, persönlich-pflegerischen (d. h. ernährungs- und mobilitätsbezogenen sowie grund- und behandlungspflegerischen) und sozial-emotionalen Versorgung des alten Menschen oder dessen Beaufsichtigung erbracht werden und nach Einschätzung der Befragten regelmäßig im Alltag eingebunden werden können.[83]

83 Unter dieser Maßgabe stellt beispielsweise der Hausarzt des alten Menschen, der regelmäßig aufgrund gesundheitlicher Einschränkungen konsultiert wird, keine Bewältigungsressource dar, da sich sein Aufgabengebiet nicht auf die Begegnung von versorgerischen Bedarfen erstreckt. Auch die Kurzzeitpflegeeinrichtung, die die Vereinbarerin für die Übergangsbewältigung hinzuzieht, zählt aufgrund der fehlenden Regelmäßigkeit ihrer Einbindung nicht zu den hier berücksichtigten Bewältigungsressourcen.

Vergleichbar mit der vorangehend beschriebenen Ressourcenform ist die Verfügbarkeit auch in diesem Fall abhängig von den subjektiv wahrgenommenen Opportunitätsstrukturen und den Einstellungen der Vereinbarerin.

<table>
<tr><td rowspan="2">subjektiv wahrgenommene Bewältigungsressourcen durch Unterstützungsleistende aus dem sozialen Umfeld</td><td>subjektiv wahrgenommene Opportunitätsstrukturen</td><td>• Vorhandensein, Verfügbarkeit und Eignung von informellen Unterstützungsleistenden
o strukturelle Ausgestaltung des informellen Unterstützungsnetzwerks
o zeitliche Verfügbarkeit der informellen Unterstützungsleistenden
o räumliche Verfügbarkeit der informellen Unterstützungsleistenden
o Eignung (körperlich, fachlich, sozial-emotional) der informellen Unterstützungsleistenden
o Bereitschaft der informellen Unterstützungsleistenden zur Hilfeerbringung
o Haltung der oder des Pflegebedürftigen oder anderer Personen aus dem sozialen Umfeld gegenüber der Einbeziehung der informellen Unterstützungsleistenden[84]
• Vorhandensein, Verfügbarkeit und Eignung von formellen Unterstützungsleistenden
o strukturelle Ausgestaltung des formellen Unterstützungsnetzwerks
o zeitliche Verfügbarkeit der formellen Unterstützungsleistenden
o räumliche Verfügbarkeit der formellen Unterstützungsleistenden
o Eignung (fachlich, sozial-emotional) der formellen Unterstützungsleistenden
o Einschätzung der Kosten für formelle Unterstützungsleistungen und ihrer Finanzierung
o Haltung der oder des Pflegebedürftigen oder anderer Personen aus dem sozialen Umfeld gegenüber der Einbeziehung der formellen Unterstützungsleistenden</td></tr>
<tr><td>Einstellungen</td><td>• Einstellungen gegenüber der Einbeziehung der informellen Unterstützungsleistenden
• Einstellungen gegenüber der Einbeziehung der formellen Unterstützungsleistenden</td></tr>
</table>

Abbildung 10: Vergleichskategorie ‚subjektiv wahrgenommene Bewältigungsressourcen durch Unterstützungsleistende aus dem sozialen Umfeld' (eigene Darstellung)

84 Es handelt sich hierbei auch um eine Einstellung, allerdings um eine Einstellung der oder des Pflegebedürftigen und/oder anderer Personen aus dem sozialen Umfeld und nicht um eine Einstellung der Vereinbarerin selbst. Daher wird dieser Aspekt als äußere Bedingung des Handelns unter die Opportunitätsstrukturen und nicht unter die Einstellungen der Befragten subsumiert.

Die Opportunitätsstrukturen werden maßgeblich durch das Vorhandensein von informellen Unterstützungsleistenden im sozialen Umfeld sowie ihre Verfügbarkeit und Eignung bestimmt. Von Bedeutung ist in diesem Zusammenhang die Ausformung des informellen Netzwerks. Umso umfänglicher es ist, desto größer ist auch das supportive Potenzial, das sich hieraus ableiten lässt. Ob jedoch aus den bestehenden Beziehungen auch tatsächlich Hilfen erwachsen, ist von weiteren Bedingungen abhängig. Einen großen Stellenwert nimmt in diesem Zusammenhang die zeitliche und räumliche Verfügbarkeit der Akteure/Akteurinnen ein. Beispielsweise muss ihr Einsatz in den Phasen möglich sein, innerhalb derer die Versorgungs- und Beaufsichtigungsbedarfe der oder des zu Pflegenden auftreten und er muss auch in der räumlichen Umgebung stattfinden können, an die der alte Mensch gebunden ist. Einschränkungen können sich in diesem Zusammenhang beispielsweise aus der Berufstätigkeit oder Schulpflicht der potenziellen Unterstützungsleistenden ergeben, da diese Tätigkeiten oft nur an vom Pflegehaushalt abweichenden Orten stattfinden können und sie sich zeitlich teilweise nicht mit der Versorgungserbringung verbinden lassen. Für die räumliche Verfügbarkeit ist außerdem die Entfernung entscheidend, die zwischen dem Wohn- bzw. Arbeitsort der möglicherweise infrage kommenden informellen Helfer(innen) und dem Wohnort der oder des Pflegebedürftigen liegt. Neben den zeitlichen und räumlichen Bedingungen nimmt auch die subjektiv wahrgenommene körperliche, sozial-emotionale und fachliche[85] Eignung der potenziellen Helfer(innen) einen relevanten Stellenwert für ihre Einbindung ein. Ist eine im Blickfeld der Befragten stehende Person beispielsweise physisch oder kognitiv eingeschränkt oder wird ihr die Fähigkeit abgesprochen, eine tragfähige Beziehung zu dem alten Menschen aufzubauen, kann sie möglicherweise nicht für die Anforderungsbewältigung in der pflegerischen Sphäre hinzugezogen werden. Außerdem ist auch ihre Bereitschaft von Bedeutung, sich an der Versorgung aktiv zu beteiligen: Haben die potenziellen Unterstützer(innen) Hemmungen bei der Durchführung körperpflegerischer Aktivitäten oder stehen traditionelle Geschlechterrollenvorstellungen einem Einsatz entgegen, kann dies ihre Engagementbereitschaft beschränken. Liegen demgegenüber enge Bindungen an die Vereinbarerin oder die bzw. den Pflegebedürftigen vor, resultiert hieraus mitunter eine förderliche Wirkung für ihre Teilhabe an der Versorgungserbringung. Nicht zuletzt ist auch die durch die Vereinbarerinnen wahrgenommene Haltung des alten Menschen und anderer Personen aus dem sozialen Umfeld gegenüber

85 Im vorliegenden Kontext wird der Begriff ‚fachlich' auch im Zusammenhang mit informellen Unterstützungsleistungen benutzt, wohl wissend, dass private Hilfepersonen häufig über keine Ausbildung im pflegerischen Bereich verfügen.

der Einbeziehung der privaten Unterstützungspersonen von Relevanz. Ist sie ablehnend ausgerichtet, können hieraus Widerstände erwachsen, die sich in Aushandlungsprozessen nicht immer auflösen lassen und die Hilfeerbringung erschweren oder verhindern.

Außerdem sind für die Ausprägung der Opportunitätsstrukturen das Vorhandensein, die Verfügbarkeit und die Eignung von potenziellen formellen Unterstützungsleistenden von Bedeutung. Auch in diesem Zusammenhang nehmen die strukturelle Ausgestaltung des sozialen Netzwerks, die fachliche und sozial-emotionale Eignung[86] der hierin eingebundenen Akteure/Akteurinnen und ihre zeitliche Verfügbarkeit einen großen Stellenwert ein. Letztere wird maßgeblich durch die Dienst- und Öffnungszeiten der Einrichtungen, die Flexibilität der Einsatzzeiten und die Einbindung der (insbesondere privat beschäftigten) professionellen Kräfte in andere (familiäre) Versorgungsaufgaben beeinflusst. Neben der zeitlichen Verfügbarkeit sind auch Kosten- und Finanzierungsaspekte zu berücksichtigen. Sie sind von der Verfügbarkeit über finanzielle Mittel der oder des Pflegebedürftigen oder eigene finanzielle Mittel, von dem Anspruch auf Pflegegeldleistungen und vom Deckungsgrad der anfallenden Kosten durch die Sachleistungen der Pflegeversicherung abhängig. Außerdem wirken sich auch in diesem Fall die durch die Vereinbarerinnen wahrgenommenen Einstellungen der oder des Pflegebedürftigen oder anderer Personen aus dem sozialen Umfeld gegenüber der Inanspruchnahme der formellen Hilfen aus[87]. Beispielsweise ist die Bereitschaft des alten Menschen von großer Bedeutung, professionelle Dienstleistungen zu akzeptieren. Theoretisch stellt zuletzt auch die räumliche Verfügbarkeit der professionellen Dienstleister einen relevanten Einflussfaktor dar. Anhand des vorliegenden Datenmaterials bestätigt sich diese im Forschungsprozess aufgetretene hypothetische Überlegung jedoch nicht. Es finden sich keine Hinweise darauf, dass für die Pflegeerbringung notwendige formelle Hilfen aufgrund großer Entfernungen zwischen den Standorten der Dienstleister(innen) und den Wohnorten der Pflegebedürftigen nicht in Anspruch genommen werden können. Räumliche Bedingungen stehen also scheinbar einer Nutzung nicht entgegen, was auf eine angemessene infrastrukturelle Ausstattung der Ortschaften schließen lässt, in denen die Pflegehaushalte angesiedelt sind. Denkbar ist aber auch, dass räumlich nicht verfügbare Angebote sich außerhalb des Blickfeldes der Befragten befinden und möglicherweise hinderliche räumliche Distanzen deswegen auch nicht wahrgenommen werden.

---

86 Die körperliche Eignung formeller Hilfepersonen tritt als Einflussfaktor im Datenmaterial nicht in Erscheinung, da sie von den Befragten bereits vorausgesetzt wird, wenn Personen in dieses berufliche Feld eingebunden sind.

87 s. Fußnote 84

Inwieweit die potenziell bestehenden Hilfeleistungen auch tatsächlich als Bewältigungsressource wahrgenommen werden, ist abhängig von den Einstellungen der Befragten gegenüber der Inanspruchnahme von informeller und formeller Unterstützung.

Wird zunächst auf die Einstellungen fokussiert, die die Hinzuziehung informeller Unterstützung betreffen, zeigen sich zwei unterschiedliche Ausprägungen: Im ersten Fall besteht eine auf die Einbindung ausgerichtete Haltung, die durch eine Befürwortung der Teilung der Pflegeverantwortung zwischen den Familienmitgliedern gekennzeichnet ist (z. B. aufgrund einer positiven Bewertung des Zusammenhalts der Familie oder der egalitären Verteilung von Aufgaben zwischen den Geschlechtern). Der eigene Einsatz wird grundsätzlich als substituierbar und die Qualität der Versorgungserbringung nicht an die Durchführung durch die eigene Person gebunden wahrgenommen. Die Hinzuziehung anderer Akteure/Akteurinnen des informellen Netzwerks gilt als bedeutsame Entlastung und als grundlegende Voraussetzung für die Realisierung der Verbindung der drei Lebensbereiche. Im Bedarfsfall wird der Rückgriff auf die Unterstützungsleistungen auch entgegen dem Wunsch der oder des Pflegebedürftigen oder anderer Personen aus dem sozialen Umfeld befürwortet.

Im zweiten Fall besteht eine auf die Nicht-Einbeziehung von Hilfen der informellen Akteure/Akteurinnen ausgerichtete Einstellung. Charakteristisch ist die Überzeugung, dass die Abgabe von Versorgungsaufgaben an (bestimmte) andere Personen aus dem privaten Umfeld zu vermeiden ist. Ausschlaggebend können hierfür zum Beispiel traditionelle Vorstellungen über die geschlechterspezifische Verteilung von Arbeit sein, die die Einbindung von männlichen Familienmitgliedern in die pflegerische Sphäre als nicht normkonform erscheinen lassen. Teilweise wird der eigene Einsatz auch als nicht substituierbar und die Hinzuziehung der Akteure/Akteurinnen als nachteilig für die Qualität der Pflegeerbringung eingeschätzt. Ihre Integration in das Versorgungsarrangement gilt unter diesen Bedingungen als kaum entlastend und daher als verzichtbar, um die Verbindung der Lebensbereiche zu realisieren. Teilweise ist die ablehnende Haltung aber auch Ausdruck des Bestrebens, Angehörige des informellen Netzwerks zu schonen oder die Inanspruchnahme von Unterstützungsleistungen nicht entgegen dem Wunsch der oder des Pflegebedürftigen oder anderer Personen aus dem sozialen Umfeld zu erzwingen.

Wird auf die Einstellungen gegenüber der Einbindung von potenziellen formellen Helfer(inne)n Bezug genommen, lassen sich ebenfalls eine befürwortende und eine ablehnende Einstellung unterscheiden. Im ersten Fall wird der (eigene) informelle Einsatz prinzipiell als substituierbar eingeschätzt und der

Hinzuziehung von formellen Akteur(inn)en ein wichtiger Stellenwert beigemessen. Nach Überzeugung der Befragten geht diese Form der Unterstützung mit einer förderlichen Wirkung für das Wohlergehen der oder des Pflegebedürftigen einher. Ausschlaggebend hierfür ist, dass die Pflege als genuiner Kompetenzbereich von Professionellen betrachtet und ihre Einbindung als Garant für eine qualitativ hochwertige pflegerische und sozial-emotionale Versorgung bewertet wird. Außerdem gilt der Rückgriff auf formelle Unterstützung als Entlastung, als Voraussetzung für die Verbindung der drei Lebensbereiche und für die Wahrung eigener Freiräume. Diese Einstellung wird auch dann vertreten, wenn durch die Einbindung professioneller Helfer(innen) den Versorgungswünschen der oder des Pflegebedürftigen oder anderer Personen aus dem sozialen Umfeld nicht entsprochen wird. Um auf formelle Hilfen zurückgreifen zu können, befürworten die Vereinbarerinnen im Bedarfsfall auch private Investitionen.

Im zweiten Fall ist die Einstellung auf die Nicht-Einbeziehung der formellen Unterstützungsquellen ausgerichtet. Kennzeichnend ist die Überzeugung der Befragten, dass die Versorgung nicht an (bestimmte) formelle Kräfte delegiert werden soll, die Substituierbarkeit (eigener) informeller Leistungen nicht gegeben und eine Einbeziehung formeller Hilfepersonen für eine Verbindung der Lebensbereiche nicht notwendig ist bzw. nicht mit Entlastungen einhergeht. In einigen Fällen ist diese ablehnende Haltung Ausdruck einer Überzeugung, dass die Hinzuziehung dieser Unterstützungsformen mit Eingriffen in die Privatsphäre verbunden ist oder sie nicht den Wünschen der oder des Pflegebedürftigen oder anderer Personen aus dem sozialen Umfeld entspricht und daher zu umgehen ist. Außerdem kann eine geringe Bereitschaft vorherrschen, Tätigkeiten, die auch in Eigenregie oder unter Rückgriff auf Hilfeleistungen des privaten Umfelds erbracht werden können, auf formelle Dienste zu übertragen. Dies gilt insbesondere dann, wenn für die Inanspruchnahme finanzielle Zuzahlungen aus dem eigenen oder dem Privatvermögen der oder des Pflegebedürftigen zu leisten sind oder auf das Pflegegeld vollständig oder anteilig verzichtet werden muss.

Subjektiv wahrgenommene Selbstbewältigungsressourcen der Befragten

Die dritte Ressourcenform bezieht sich auf die subjektiv wahrgenommenen Selbstbewältigungsressourcen der Befragten. Es handelt sich um ihre durch Opportunitätsstrukturen beeinflusste Möglichkeit und ihre durch Einstellungen bedingte Bereitschaft, sich neben der Einbindung in die Erwerbsarbeit und den weiteren reproduktiven Lebensbereich auch in die Versorgung der oder des Pflegebedürftigen einzubringen.

<table>
<tr><td rowspan="2">subjektiv wahrgenommene Selbstbewältigungsressourcen der Befragten</td><td>subjektiv wahrgenommene Opportunitätsstrukturen</td><td>• zeitliche Verfügbarkeit der Befragten
o zeitliche Einbindung in den beruflichen Lebensbereich und diesbezügliche Souveränitätspotenziale und -beschränkungen
o zeitliche Einbindung in den weiteren reproduktiven Lebensbereich und diesbezügliche Souveränitätspotenziale und -beschränkungen
• räumliche Verfügbarkeit der Befragten
o Verortung des beruflichen Lebensbereichs
o Verortung des weiteren reproduktiven Lebensbereichs
• Eignung der Befragten (gesundheitlich, fachlich, sozial-emotional)
• Haltung der oder des Pflegebedürftigen oder anderer Personen aus dem sozialen Umfeld gegenüber der Einbeziehung der Befragten</td></tr>
<tr><td>Einstellungen</td><td>• Einstellungen gegenüber dem Einsatz eigener Arbeitskraft für die Versorgung der oder des Pflegebedürftigen</td></tr>
</table>

Abbildung 11: Vergleichskategorie ‚subjektiv wahrgenommene Selbstbewältigungsressourcen der Befragten' (eigene Darstellung)

Die Opportunitätsstrukturen werden dabei unter anderem durch die zeitliche Verfügbarkeit der Vereinbarerin beeinflusst. Diese ist zum einen abhängig von ihrer Einbindung in den Beruf und in den weiteren reproduktiven Lebensbereich und zum anderen von ihren in diesen Sphären jeweils bestehenden Souveränitätspotenzialen und -beschränkungen. Beide Faktoren sind entscheidend dafür, inwieweit die Befragte nach eigener Einschätzung während der Versorgungszeiten des alten Menschen zur Verfügung stehen kann, um dessen Bedarfen zu begegnen.

Im beruflichen Bereich ist in diesem Zusammenhang der Umfang der Erwerbsarbeit von großer Relevanz, der einerseits durch die vertraglich festgelegten Arbeitszeiten zuzüglich der Wegezeiten zwischen dem Wohn- und Versorgungsort und der Arbeitsstelle und andererseits durch die notwendige Mehrarbeit bestimmt wird. Darüber hinaus stellt die Lage der Arbeitszeiten ein Kriterium für die zeitliche Verfügbarkeit dar. Findet die Erwerbstätigkeit beispielsweise regelmäßig parallel zu den Versorgungszeiten des alten Menschen statt, ist die Möglichkeit der Einspeisung eigener Bewältigungsressourcen in die pflegerische Sphäre gering. Wird demgegenüber in den Nachtstunden gearbeitet, in denen möglicherweise keine Beaufsichtigungsnotwendigkeit besteht, sind die lagebedingten Voraussetzungen für die eigene Beteiligung an der Pflege günstiger. Für die zeitliche Verfügbarkeit der Befragten sind darüber hinaus die arbeitszeitlichen Souveränitätspotenziale und -beschränkungen von Bedeutung. Hiermit sind ihre Möglichkeiten angesprochen, Einfluss auf die Lage und Verteilung der Arbeitszeiten und der arbeitsfreien Zeiten zu nehmen. Die zeitliche Verfügbarkeit der Vereinbarerin wird von den inhaltlichen Rahmenbedingungen (z. B. der Art der Erwerbstätigkeit) und den personellen Rahmenbedingungen in der beruflichen Sphäre (z. B. der Bereitschaft der Kolleg(inn)en zum Diensttausch oder der Akzeptanz von Fehlzeiten oder des Verzichts auf Mehrarbeit durch die Vorgesetzten) bestimmt. Darüber hinaus wirken sich auch staatliche und betriebliche Arbeitszeitpolitiken (insbesondere flexible Arbeitszeitregelungen, z. B. Gleitzeitsysteme) aus.[88] Diese drei Faktoren beeinflussen die Möglichkeiten der Teilhabe der Vereinbarerin an der pflegerischen Versorgung aber nicht direkt, sondern nur vermittelt über die zeitliche Ebene.

Die subjektiv wahrgenommene zeitliche Verfügbarkeit wird darüber hinaus auch durch die Einbindung in die weitere reproduktive Sphäre und die hier bestehenden Souveränitätspotenziale und -beschränkungen bestimmt. Ähnlich wie in der beruflichen Sphäre sind der zeitliche Umfang der hier angesiedelten Tätigkeiten, ihre Lage sowie die hierdurch bedingten Überschneidungen mit den Versorgungsaufgaben von Relevanz. Darüber hinaus spielen auch in diesem Lebensbereich die zeitlichen Souveränitätspotenziale und -beschränkungen eine große Rolle, da sie bestimmen, inwieweit die Vereinbarerin auf die Verteilung ihrer Einsatzzeiten in dieser Sphäre Einfluss nehmen kann. Wie auch im beruflichen Lebensbereich sind die jeweils vorherrschenden inhaltlichen Rahmenbedingungen (insbesondere die Art der Tätigkeiten in der weiteren reproduktiven Sphäre) von Bedeutung für ihre zeitliche Verfügbarkeit. Beispielsweise geht die Kindererziehung mit zeitlichen Bindungen einher, die gegenüber anderen Aktivitäten in dieser Sphäre häufig vergleichsweise umfassend sind und weniger flexibel gehandhabt werden können. Außerdem spielen auch hier die personellen Rahmenbedingungen eine relevante Rolle. Eine Befragte, die bei Verrichtungen im eigenen Haushalt auf Unterstützung aus dem sozialen Umfeld zurückgreifen kann, verfügt beispielsweise zumindest potenziell über umfassendere Möglichkeiten, Zeit für die Versorgung der oder des Pflegebedürftigen aufzuwenden.

Neben der zeitlichen ist auch die räumliche Verfügbarkeit der Vereinbarerin ausschlaggebend für die subjektiv wahrgenommene Möglichkeit, ihre Arbeitskraft in den pflegerischen Bereich einzubringen. Sie wird durch die Verortung des beruflichen und des weiteren reproduktiven Lebensbereichs beeinflusst. In beiden Sphären ist in diesem Zusammenhang die Entfernung zwischen dem Wohn- bzw. Arbeitsort der Befragten und dem Wohnort der oder des Pflege-

88 Die Bedeutung anderer institutioneller Regelungen im Erwerbssystem wird von den Befragten kaum bewusst reflektiert.

bedürftigen von Bedeutung, da hiervon die Abrufbarkeit im Bedarfsfall und der Aufwand abhängig sind, der bei jedem Sphärenwechsel in Kauf genommen werden muss. Darüber hinaus wirken sich die räumlichen Souveränitätspotenziale und -beschränkungen aus. Es handelt sich hierbei um die Möglichkeiten der Befragten, erwerbsbezogene oder weitere reproduktive Aufgaben in der Häuslichkeit des alten Menschen durchzuführen und sie auf diese Weise mit der Versorgungserbringung zu verbinden.

Außerdem ist auch die körperliche, fachliche und sozial-emotionale Eignung der Vereinbarerin für die Übernahme pflegerischer Aufgaben bedeutsam. Beispielsweise können eine eingeschränkte physische und psychische Leistungsfähigkeit, eine mangelnde Fachexpertise im Umgang mit anforderungsreichen versorgerischen Aufgaben oder aber die fehlende Geduld und Gelassenheit in Pflegesituationen die subjektiv wahrgenommenen eigenen Einsatzmöglichkeiten beschränken.

Nicht zuletzt wird die Übernahme von Pflegeaufgaben auch von der Haltung des alten Menschen und des sonstigen sozialen Umfelds beeinflusst. Abhängig davon, ob diese Akteure/Akteurinnen einer Teilhabe der Vereinbarerin an dieser Sphäre ablehnend oder befürwortend gegenüberstehen, werden ihre Möglichkeiten der Mitwirkung entweder gestärkt oder verringert.

Inwieweit Selbstbewältigungsressourcen der Befragten verfügbar sind, ist neben den subjektiv wahrgenommenen Opportunitätsstrukturen auch von ihren Einstellungen gegenüber dem Einsatz der eigenen Arbeitskraft für die Versorgung der oder des Pflegebedürftigen abhängig. Von Bedeutung ist in diesem Zusammenhang der Stellenwert, den sie dem Beruf und dem weiteren reproduktiven Lebensbereich in Relation zu dem pflegerischen Lebensbereich zuordnet. Abhängig davon unterscheiden sich ihre Motivations- und Bedürfnislagen und damit auch ihre Bereitschaft, prinzipiell bestehende persönliche Bewältigungsressourcen für die Versorgung der oder des Pflegebedürftigen einzusetzen. Zwei Ausprägungen sind in diesem Zusammenhang zu unterscheiden:

Zum einen besteht eine auf den intensiven Einsatz der eigenen Arbeitskraft ausgerichtete Haltung. In diesem Fall ist der Fokus im Leben der Befragten primär auf die Versorgung der oder des Pflegebedürftigen gerichtet. Sie strebt an, den Bedürfnissen des alten Menschen möglichst umfassend Rechnung zu tragen und stellt einen hohen Anspruch an die Qualität der eigenen Versorgungstätigkeit, der über eine rein funktionale Pflegeerbringung deutlich hinausgeht. Persönliche Ansprache und gemeinsam verbrachte Zeit werden in diesem Zusammenhang als wichtig erachtet. Die Befragte identifiziert sich selbst stark mit der Rolle als Pflegende, was sich in Aussagen zeigt, die auf eine bewusste Übernahme der Sorgearbeit und ein hohes Maß an Selbstverpflichtung und Verantwortung (z. B. aus Reziprozitätsgründen, moralischen Erwägungen oder aufgrund eines guten Verhältnisses zu der oder dem Pflegebedürftigen) schließen lassen. Typischerweise werden der Pflegeerbringung positive Wirkungen für die eigene Persönlichkeitsentwicklung zugeschrieben. Ein Delegieren der Versorgung an eine stationäre Einrichtung oder an andere formelle oder informelle Unterstützungsleistende wird nicht oder nur im Notfall in Erwägung gezogen. Demgegenüber stellt die Aufgabe der Erwerbsarbeit im Bedarfsfall eine Handlungsoption dar, wenn dies aus finanziellen und absicherungsbezogenen Gründen möglich erscheint und auch andere Abstriche in der Erwerbssphäre (z. B. Arbeitszeitverkürzungen, Unterbrechungen) kommen zur Aufrechterhaltung der pflegerischen Versorgung infrage. Hieraus lässt sich jedoch nicht schlussfolgern, dass der Beruf im Leben dieser Befragten einen marginalen Stellenwert einnimmt. Aus der Tatsache, dass alle einbezogenen Frauen trotz einer häufig umfassenden Einbindung in die Versorgung noch erwerbstätig sind, lässt sich bereits ableiten, dass vornehmlich Personen mit einer stark ausgeprägten Erwerbsorientierung an den Interviews partizipierten. Diese Orientierung ist bei Frauen mit der hier beschriebenen Einstellung vornehmlich instrumentell inspiriert, d. h., sie speist sich häufig aus Motiven der Einkommenserzielung und der Gewährleistung der sozialen Absicherung. Charakteristisch ist jedoch, dass der Pflege der Vorrang gegenüber der Erwerbstätigkeit eingeräumt wird. Eine ähnliche Haltung zeigt sich auch gegenüber dem weiteren reproduktiven Lebensbereich. Der Wunsch, den hier anfallenden Anforderungen gerecht zu werden, besteht zwar prinzipiell, jedoch ist die Identifikation mit dieser Sphäre begrenzt. Es besteht die Überzeugung, dass die hier angesiedelten Aufgaben unterzuordnen sind und im Bedarfsfall Abstriche zugunsten der Pflege vorgenommen werden müssen. Die Vereinbarerin erhebt nicht den Anspruch, allen weiteren reproduktiven Anforderungen (eigenständig und ohne Hinzuziehung von Unterstützung) vollumfänglich zu begegnen. Vielmehr wird eine Teilung der Verantwortung für die Bewältigung der in dieser Sphäre angesiedelten Aufgaben im Ehe- oder Familienverbund befürwortet und im Bedarfsfall auch die Einbindung formeller Kräfte zu Entlastungszwecken in Erwägung gezogen.

Zum anderen können Einstellungen auch auf den peripheren Einsatz der eigenen Arbeitskraft ausgerichtet sein. In diesem Fall setzt die Befragte ihre Prioritäten primär im beruflichen und/oder im weiteren reproduktiven Lebensbereich. Charakteristisch ist eine stark ausgeprägte inhaltliche Arbeitsorientierung, die sich durch eine positive affektive Bindung an die Erwerbsarbeit, eine ausgeprägte Identifikation mit den arbeitsbezogenen Inhalten, einem hohen Maß an

Sinnerfüllung durch den Beruf und große persönliche Ansprüche an die Qualität der eigenen Arbeit und die Pflichterfüllung zeigt. Die inhaltliche Arbeitsorientierung kann durchaus in Verbindung mit einer instrumentellen Arbeitsorientierung auftreten. Hierdurch wird die Bindung an den Beruf noch verstärkt. In wenigen Fällen zeigt sich auch eine ausschließlich instrumentelle Arbeitsorientierung, die sehr stark ausgeprägte Züge aufweist. Die Einkommenserzielung und Einkommensmaximierung stellt dann ein übergeordnetes Ziel dar und ein Verlust der Erwerbstätigkeit wird als grundlegende Gefährdungen der eigenen Existenz gewertet. Der Beruf nimmt außerdem den Stellenwert eines eigenen Refugiums ein. Vor diesem Hintergrund sind berufliche Abstriche oder die Aufgabe der Erwerbstätigkeit zugunsten der Versorgungserbringung nicht zu befürworten. Typischerweise lässt sich eine ausgeprägte Bereitschaft der Vereinbarerin beobachten, sich im weiteren reproduktiven Bereich umfassend einzubringen und den sich hier stellenden Anforderungen vollumfänglich selbst nachzukommen (z. B. aufgrund der Überzeugung, dass der eigene Einsatz in dieser Sphäre nicht verzicht- und substituierbar ist oder dass ein eigener Anspruch auf Regeneration und Freizeit besteht, dem Folge zu leisten ist). Demgegenüber stellt die Pflegeerbringung der Einstellung der Befragten zufolge eine von außen aufgezwungene Notwendigkeit dar, die aber kaum der eigenen Präferenzsetzung entspricht und als belastend und die eigene Handlungsfreiheit behindernd erlebt wird. Den grundlegenden Bedarfen des alten Menschen ist zwar zu begegnen, darüber hinausgehende Bedürfnisse können allerdings auch zurückgestellt werden, um den Anforderungen aus dem beruflichen und weiteren reproduktiven Lebensbereich zu begegnen. Auch das Delegieren der Pflege an eine stationäre Einrichtung oder an andere formelle oder informelle Unterstützungsleistende aus dem sozialen Umfeld wird als eine Handlungsoption in Erwägung gezogen.

Auf die Ergebnisse dieses Teilkapitels Bezug nehmend, lässt sich die zweite forschungsleitende Fragestellung beantworten. Sie bezieht sich auf die strukturellen und kulturellen Einflussfaktoren, die für das Vermittlungshandeln von Relevanz sind. Die Analyse bestätigt in diesem Zusammenhang grundsätzlich den Einfluss dieser Parameter.

Auf der strukturellen Ebene nehmen die durch die erwerbstätigen Pflegenden wahrgenommenen Opportunitätsstrukturen einen bedeutenden Stellenwert ein. Es handelt sich hierbei um unterschiedliche Kapitalformen, nämlich die Fähigkeit der oder des Pflegebedürftigen zur aktiven und passiven Selbstsorge, regelmäßig einsetzbare Hilfeleistungen von formellen und informellen Akteur(inn)en aus dem sozialen Umfeld und die Möglichkeit der erwerbstätigen Pflegenden, sich trotz der Einbindung in den beruflichen und weiteren reproduktiven

Lebensbereich an der Versorgung des alten Menschen zu beteiligen. Diese Opportunitätsstrukturen sind grundsätzlich auf der mikrostrukturellen Ebene verankert, werden jedoch teilweise durch die institutionellen Rahmenbedingungen auf der makrostrukturellen Ebene beeinflusst. Insbesondere das Leistungsrecht der Pflegeversicherung nimmt in diesem Zusammenhang einen bedeutsamen Stellenwert ein und bestimmt die subjektiv wahrgenommene Verfügbarkeit über Unterstützungsleistungen von formellen Diensten. Darüber hinaus wirken sich aber auch Arbeitszeitpolitiken auf die Möglichkeiten der Frauen aus, sich selbst in die Versorgung der alten Menschen einzubringen.

Auf der kulturellen Ebene spielen die Einstellungen gegenüber der Inanspruchnahme der drei Kapitalformen eine bedeutsame Rolle. Sie sind Bestandteil der Frames der Vereinbarung von Pflege und Beruf und somit auf der mikrostrukturellen Ebene angesiedelt. Die Einstellungen weisen teilweise Parallelen zu den kulturellen Bezugsrahmen auf der makrostrukturellen Ebene auf. Beispielsweise wird in mehreren Fällen der Selbstständigkeit und Selbsthilfe des alten Menschen ein großer Stellenwert eingeräumt oder aber auch die (durch formelle Kräfte unterstützte) Übernahme der Pflege durch die Familie befürwortet. Die Vereinbarerinnen erachten darüber hinaus auch nahezu alle eine eigenständige Berufstätigkeit der Frau als wünschenswerten Zustand.

Einstellungen und Opportunitätsstrukturen wirken zusammen und beeinflussen die Verfügbarkeit über die drei Bewältigungsressourcen, die wiederum entscheidend für die Handlungsmöglichkeiten ist, die den Vereinbarerinnen für die Vermittlung zwischen den Lebensbereichen offenstehen.

6.3.2 Theoretisch mögliche und empirisch vorgefundene Ressourcenverfügbarkeitsmuster

Im vorangehenden Teilkapitel wurden relevante Vergleichskategorien beschrieben. Auf dieser Grundlage können nun die Einzelfälle auf ihre konkrete Merkmalsausprägung hin untersucht, d. h., die jeweilig bestehende Ressourcenverfügbarkeit bestimmt werden. Zu diesem Zweck erfolgt, wie in Teilkapitel 5.2.3 bereits beschrieben, ein Rückgriff auf die Methode des selektiven Kodierens, indem das Datenmaterial anhand der oben beschriebenen Indikatoren für jede Untersuchungseinheit systematisch verkodet wird. Dabei müssen jedoch nicht Informationen zu allen der angeführten Aspekte in den Einzelfällen verfügbar sein. Ausschlaggebend hierfür ist, dass ihre Bedeutsamkeit für die Befragten sehr unterschiedlich ausgeprägt ist: Während in einigen Fällen beispielsweise die mangelhafte Verfügbarkeit über soziale Unterstützung durch das informelle Netzwerk maßgeblich durch die räumliche Entfernung zwischen den Wohnorten der Helfer(innen) aus dem sozialen Umfeld und den Wohnorten der Pflegebedürftigen bedingt wird, mögen in anderen Fällen hierfür die geringen zeitlichen Einsatzmöglichkeiten dieser Personen von Bedeutung sein. In Anlehnung an die Auffassung des Symbolischen Interaktionismus findet an dieser Stelle eine auf die Rekonstruktion der Sichtweise der interviewten Frauen ausgerichtete Analyse statt, die sich an ihren Relevanzsetzungen orientiert. Folglich werden die prinzipiell existierenden Indikatoren zur Bestimmung der Ressourcenverfügbarkeit auch nicht grundsätzlich hierarchisch nach ihrer Bedeutung geordnet, sondern es wird dem Faktum Rechnung getragen, dass ihr Stellenwert im Einzelfall variieren kann. Die Bedeutung dieses Vorgehens lässt sich am folgenden Beispiel zeigen: Es bestehen Hinweise darauf, dass die Bereitschaft zur Einspeisung eigener Arbeitskraft in die Versorgung der oder des Pflegebedürftigen in der Mehrzahl der einbezogenen Fälle stärker von der Einstellung gegenüber dem Verhältnis zwischen Erwerbstätigkeit und Pflegetätigkeit bestimmt wird als durch die Einstellung gegenüber dem Verhältnis zwischen Pflegetätigkeit und den weiteren reproduktiven Tätigkeiten. Diese Hierarchisierung zeigt sich jedoch teilweise nicht bei den eingebundenen Personen, die noch eigene Kinder im sorgepflichtigen Alter haben, wodurch bereits eine Ausnahme von der Regel bestimmt ist. Würde grundsätzlich die Annahme zugrunde gelegt, dass Einstellungen gegenüber dem Verhältnis von Beruf und Pflege in jedem Fall einen wichtigeren Stellenwert einnehmen als Einstellungen gegenüber dem Verhältnis von weiterer reproduktiver Sphäre und Pflege, würde der individuellen Bedeutungszuschreibung dieser Gruppe nicht ausreichend begegnet.

Anhand der Textsegmente, die Informationen über die Ausprägung der Indikatoren bieten, werden Rückschlüsse auf die Ressourcenverfügbarkeit im Einzelfall gezogen. Wie vorangehend dargestellt, wird in diesem Zusammenhang zwischen einer eher geringen und einer eher umfassenden Rückgriffsmöglichkeit unterschieden. Diese bipolare Zuordnung ist mit dem Nachteil verbunden, dass der Facettenreichtum der Ressourcenverfügbarkeit nur eingeschränkt dargestellt werden kann. Dennoch wird aus durchführungspraktischen Gründen dieses Vorgehen bewusst gewählt: Würden mehr Ausprägungen der Vergleichskategorien berücksichtigt, wäre hiermit ein deutlicher Anstieg der Zahl der Merkmalskombinationen verbunden. Diese Gruppen könnten bei der späteren Idealtypenbildung nicht mehr trennscharf gegeneinander abgegrenzt werden.

Wurden für die einbezogenen Einzelfälle die Ausprägungen aller drei Ressourcenformen bestimmt, können die Merkmalskombinationen dargestellt werden. Hierzu werden zunächst die theoretisch möglichen und im Anschluss die empirisch vorgefundenen Gruppierungen unter Rückgriff auf das in Teilkapitel 5.2.3 präsentierte Konzept des Merkmalsraumes tabellarisch angeführt.

Im Rahmen der vorliegenden Untersuchung ergaben sich die drei Vergleichskategorien ‚subjektiv wahrgenommene Bewältigungsressourcen der oder des Pflegebedürftigen', ‚subjektiv wahrgenommene Bewältigungsressourcen durch Unterstützungsleistende des sozialen Umfelds' und ‚subjektiv wahrgenommene Selbstbewältigungsressourcen der Befragten', die jeweils die zwei Ausprägungen ‚eher geringe Ressourcenverfügbarkeit' (-) oder ‚eher umfassende Ressourcenverfügbarkeit' (+) aufweisen. Werden diese nun in einer dreidimensionalen Mehrfeldertafel abgebildet, ergeben sich acht theoretisch denkbare Kombinationsmöglichkeiten.

subjektiv wahrgenommene Bewältigungsressourcen der oder des Pflegebedürftigen	**subjektiv wahrgenommene Bewältigungsressourcen durch Unterstützungsleistende aus dem sozialen Umfeld**	**subjektiv wahrgenommene Selbstbewältigungsressourcen der Befragten**	
		+	-
+	+	Typ 1: +++	Typ 2: ++-
	-	Typ 3: +-+	Typ 4: +--
-	+	Typ 5: -++	Typ 6: -+-
	-	Typ 7: --+	Typ 8: ---

Abbildung 12: Darstellung aller theoretisch möglichen Ressourcenverfügbarkeitsmuster (eigene Darstellung)

Nachdem der Merkmalsraum theoretisch definiert ist, kann die tatsächliche empirische Verteilung der Fälle auf die unterschiedlichen Gruppen geprüft werden.

subjektiv wahrgenommene Bewältigungsressourcen der oder des Pflegebedürftigen	subjektiv wahrgenommene Bewältigungsressourcen durch Unterstützungsleistende aus dem sozialen Umfeld	subjektiv wahrgenommene Selbstbewältigungsressourcen der Befragten	
		+	-
+	+	Typ 1: +++ (I6)	Typ 2: ++- (I2, I5, I10, I11, I14, I16)
	-	Typ 3: +-+ (I3, I4, I8, I17)	Typ 4: +--
-	+	Typ 5: -++ (I1, I13, I18, I20)	Typ 6: -+- (I7, I9, I12)
	-	Typ 7: --+ (I15, I19, I21)	Typ 8: ---

Abbildung 13: Darstellung aller empirisch vorgefundenen Ressourcenverfügbarkeitsmuster (eigene Darstellung)

Wie die tabellarische Darstellung zeigt, sind nicht alle Felder gleichermaßen stark mit empirischen Fällen besetzt. Zu den schwach belegten Merkmalskombinationen zählt Typ 1, der lediglich von einem Fall repräsentiert wird. Kennzeichnend für diesen Typus ist die umfassende Verfügbarkeit über alle drei Ressourcen. Dass diese Merkmalskombination in der Stichprobe kaum auftritt, kann aufgrund der geringen einbezogenen Fallzahl dem Zufall geschuldet sein. Grundsätzlich ist jedoch auch eine andere Erklärung denkbar: Sind Selbstbewältigungsressourcen vorhanden und ist auch die oder der Pflegebedürftige noch in der Lage, sich aktiv in die Anforderungsbewältigung einzubringen und phasenweise unbeaufsichtigt zu bleiben, ist die Einbindung von umfangreichen Unterstützungsleistungen aus dem sozialen Umfeld nicht zwingend notwendig. Besteht eine ressourcenbewusste Haltung, die auf die Schonung des finanziellen und sozialen Kapitals ausgerichtet ist, wird unter diesen Bedingungen auf die Hinzuziehung dieser Unterstützungsform verzichtet. Da die Mehrheit der in die Stichprobe einbezogenen Vereinbarerinnen weder überdurchschnittlich gut situiert ist, noch in einem sozialen Umfeld lebt, aus dem sich Hilfeleistungen problemlos umfassend rekrutieren lassen, ist diese ressourcenbewusste Einstellung mehrheitlich vorherrschend.

Die Abbildung zeigt außerdem, dass nicht alle Felder des Merkmalsraums auch tatsächlich belegt sind und somit nicht alle theoretisch existenten Kombinationen auch eine Entsprechung im einbezogenen Sample finden (s. Typ 4 und Typ 8). Dieses Phänomen kann prinzipiell auf dreierlei Gründe zurückzuführen sein: Zum einen ist denkbar, dass bestimmte Merkmalskombinationen in der Realität im Alltag nicht existieren und daher auch nicht in der einbezogenen Stichprobe auftreten. Darüber hinaus bestünde theoretisch auch die Möglichkeit, dass im Zuge des theoretischen Samplings, z. B. durch eine zu geringe Größe der Stichprobe oder durch eine Auswahl, die nicht ausreichend auf die Einbeziehung kontrastierender Fälle ausgerichtet war, die Heterogenität des eigentlich bestehenden Fallspektrums nicht umfassend abgebildet wurde. Nicht zuletzt mag auch der Rückgriff auf die in Teilkapitel 5.2.2 beschriebenen Auswahlkriterien bei der Stichprobenbildung zu der Nicht-Belegung einzelner Zellen geführt haben, da bestimmte Fälle, die in Realität existieren, bewusst nicht aufgenommen wurden.

Die fehlende empirische Repräsentanz des Typus 4, der sich durch eine eher umfassende subjektive Verfügbarkeit über Bewältigungsressourcen der oder des Pflegebedürftigen sowie die eher geringe subjektive Verfügbarkeit über Selbstbewältigungsressourcen und Bewältigungsressourcen durch Unterstützungsleistende aus dem sozialen Umfeld auszeichnet, ist auf diesen letztgenannten Grund zurückzuführen. Wie bereits in Teilkapitel 5.2.2 dargelegt, wurden grundsätzlich nur Interviewpersonen befragt, die in die Betreuung eines älteren Menschen mit einem umfassenden Versorgungsaufwand eingebunden sind. Als Indikator fungierte hier in der überwiegenden Mehrheit der Fälle das Vorliegen einer Pflegestufe. Dieses Kriterium schließt zwar nicht aus, dass noch begrenzte Selbstbewältigungsressourcen des alten Menschen bestehen, jedoch sind die verbleibenden Fähigkeiten nicht mehr in dem Maße vorhanden, dass ein eher umfassender Grad an Unterstützung durch die Vereinbarerin und/oder das soziale Umfeld im Alltag verzichtbar erscheint.

Die Auswahlkriterien bei der Stichprobenbildung führen auch dazu, dass dem Typus 8 keine Fälle zugeordnet werden können. Charakteristisch für diese Merkmalskombination ist, dass Repräsentanten nur in geringem Maße über die Bereitschaft und Fähigkeit verfügen würden, eigene Ressourcen einzuspeisen. Unterstützung durch das soziale Umfeld wäre ebenfalls nicht umfassend verfügbar, um den Versorgungsbedarfen der alten Menschen zu begegnen, die nur noch in geringem Maße zur aktiven Selbstsorge in der Lage wären und weniger als zwei Stunden unbeaufsichtigt bleiben könnten. Folglich würde eine massive

Unterversorgungssituation bestehen. Die häusliche Pflege ließe sich unter diesen Bedingungen nicht sicherstellen. Mit großer Wahrscheinlichkeit wären die Frauen dazu gezwungen, eine Entscheidung für die Weiterführung des Berufs bei gleichzeitiger Abgabe der Versorgung an eine stationäre Einrichtung oder aber für die Fortsetzung der Pflege bei gleichzeitiger Aufgabe oder Reduktion der Arbeitszeit zu treffen. Alternativ könnten auch Unterstützungsleistungen aus dem sozialen Umfeld hinzugezogen werden. Sowohl erwerbstätige Frauen, deren Angehörige in einer stationären Einrichtung versorgt werden, wie auch Frauen, die den Beruf zugunsten der häuslichen Pflege des alten Menschen aufgegeben haben, sind jedoch nicht Teil der Stichprobe, da nur Personen eingebunden wurden, die zum Zeitpunkt der Interviewdurchführung aktiv an beiden Lebensbereichen partizipierten. Frauen, die zur Bewältigung dieser Unterversorgungssituation ihre Arbeitszeit reduzieren oder auf (mehr) Unterstützungsleistungen des sozialen Umfelds zurückgreifen, würden auf diese Weise ihren Ressourcenstatus ändern. Folglich müssten sie entweder dem Typus 7 oder dem Typus 6 zugeordnet werden.

In der Zusammenschau zeigt die Betrachtung, dass die Versorgung eines erheblich pflegebedürftigen älteren Menschen von den Vereinbarerinnen nur dann mit den übrigen Anforderungen ihres Alltags verbunden werden kann, wenn bestimmte Ressourcenkombinationen vorliegen: Ist lediglich eine Ressource umfassend verfügbar, muss es sich hierbei um diejenige der Befragten selbst oder der Unterstützungsleistenden aus dem sozialen Umfeld handeln. Bewältigungsressourcen der oder des Pflegebedürftigen können demgegenüber als einzige umfassend verfügbare Ressource nicht auftreten, sondern immer nur in Kombination mit zumindest einer weiteren in großem Umfang bestehenden Ressource. Sie sind also im Gegensatz zu den andern beiden Formen alleine nicht wirkungsmächtig und stellen für sich genommen keine verlässliche Quelle für die Realisation des Alltags dar. Sie können also immer nur eine ergänzende Funktion einnehmen.

6.3.3 Beschreibung empirisch vorgefundener Ressourcenverfügbarkeitsmuster anhand ausgewählter Einzelfälle

Nachdem die theoretisch bestehenden Merkmalskombinationen dargestellt und die Fälle entsprechend zugeordnet wurden, können nun die entstandenen Gruppen anhand der für sie jeweils charakteristischen Ausprägungen der Vergleichskategorien beschrieben werden. Zu diesem Zweck wird Textmaterial eines ausgewählten Falles jeder Gruppe zusammengestellt. Als Beispiele werden Fälle herangezogen, die die jeweils spezifischen Merkmalsausprägungen eindeutig repräsentieren und möglichst viele Informationen zu den vorangehend dargestellten Indikatoren bieten. Ziel ist, die spezifischen Eigenschaften in Hinblick auf die Ressourcenverfügbarkeit zu verdeutlichen und die Zuordnung der Fälle zu den Gruppen transparent zu gestalten. Darüber hinaus können auch bestehende Unterschiede gegenüber anderen Typen bzw. Fällen aufgezeigt und somit die geforderte externe Heterogenität zwischen den gebildeten Gruppen belegt werden. Wie Kluge konstatiert, ist *„dieser Überblick über die Charakteristika der einzelnen Gruppen von zentraler Bedeutung, um auf der nächsten Stufe die inhaltlichen Sinnzusammenhänge innerhalb und zwischen den Gruppen möglichst untersuchen zu können*“ (Kluge 1999, S. 275).

Typ 1

Typ 1 verfügt über eine umfassende subjektiv wahrgenommene Ressourcenausstattung in allen drei angesprochenen Bereichen. Exemplarisch kann dies an Fall 6 verdeutlicht werden. Es handelt es sich um eine 60-jährige, teilzeitbeschäftigte Berufsschullehrerin, die ihre im gleichen Haushalt lebende Mutter (Pflegestufe I) betreut.

Subjektiv wahrgenommene Bewältigungsressourcen der Pflegebedürftigen

Als charakteristisches Merkmal zeigen sich stark ausgeprägte Bewältigungsressourcen der Pflegebedürftigen, die trotz Knie- und Hüftbeschwerden und einer demenziellen Erkrankung im Anfangsstadium nach Einschätzung der Interviewten noch vergleichsweise umfassend in der Lage ist, aktive Selbstsorge zu betreiben. Nur wenige Aufgaben, z. B. die Bewältigung anforderungsreicher hauswirtschaftlicher Tätigkeiten, müssen vollumfänglich für sie übernommen werden (*„Ältere Leute können nicht mehr sehen, ob da nun Spinnengewebe sind. Ne, und so dieses da mal klar Schiff zu machen, einmal durchputzen, Gardinen zu waschen. So diese körperlich anstrengenden Arbeiten. Diese Aufgaben hat sie [die Betreuungskraft] dann immer schon peu à peu von meiner Mutter übernommen.*“ I6 00:26:06-6). Bei vielen körperlichen Verrichtungen, beispielsweise der morgendlichen Hygiene, ist lediglich Unterstützung zu leisten (*„(...) [Ich] hole ihr die Strümpfe aus dem Schrank, hole ihr die Unterwäsche aus dem Schrank. Also dass sie sich praktisch morgens so fertig macht. Dabei bin ich morgens eben mit behilflich.*“ I6 00:12:01-7). Andere Tätigkeiten werden vollständig und freiwillig von der Mutter selbst übernommen. Zu ihnen zählen beispielsweise die Bereitung kalter Mahlzeiten, die Regelung von Geldangelegenheiten, leichte hauswirtschaftliche Verrichtungen, abendliche Teilwaschungen, das An- und Auskleiden, die Fortbewegung und ganz überwiegend auch Toilettengänge („*Abends ist das eigentlich nicht das Problem bei meiner Mutter. Von ihrer Körperlichkeit her hat sie da irgendwie eine andere Energie. Vom Prinzip her ist Ausziehen ja auch einfacher als Anziehen, ne? Und das kriegt sie dann auch alles alleine hin.*" I6 00:39:05-8; „*Dann gibt es noch ein Haus vor uns. Da ist auch ein älterer Herr. Der ist, glaube ich, so 85. Also, da geht sie dann auch schon mal hin. Die beiden sitzen dann bei denen auf der Bank oder in der Küche und erzählen sich was. Da geht meine Mutter so meist nachmittags noch hin. Schiebt sie dann meist noch so eine Runde mit dem Rollator, ne?*" I6 00:24:54-4; „*Das muss alles meine Mutter machen. Da mische ich mich überhaupt nicht ein. Ich gehe mit ihr zur Bank und warum soll sie das [die Bankgeschäfte] nicht machen.*" I6 01:12:59-3). Ohne dass hiermit nach Einschätzung der Vereinbarerin Gefährdungen der Pflegebedürftigen verbunden sind, kann sie über mehrere Stunden des Tages unbeaufsichtigt bleiben („I: *Ja. Aber sowohl Ihre Mutter wie auch die J. [Tochter der Befragten] können demnach auch alleine bleiben. Es muss nicht immer jemand da sein, der die Zeiten Ihrer Abwesenheit abdeckt? B6: Nein, das muss überhaupt nicht. Mhm, also ich sage dann auch nachmittags: So, ich fahre in die Schule. Meistens sind die Konferenzen hier um 14:45 Uhr bis 15:00 Uhr. Und dann ist meine Mutter bis 16:30 Uhr oder 17:00 Uhr ganz alleine zu Hause.*" I6 00:37:12-0).

Die umfassende Fähigkeit zur aktiven und passiven Selbstsorge der alten Frau ist jedoch nicht nur potenziell gegeben, sondern die Inanspruchnahme dieses Kapitals wird auch befürwortet. Ausschlaggebend hierfür ist eine Einstellung, der zufolge die Abwesenheit über mehrere Stunden als legitimes Mittel zur Schaffung eigener Freiräume erachtet wird. Kennzeichnend ist die Überzeugung, dass der Präsenzverzicht grundsätzlich zu verantworten ist und hiermit verbundene Risiken in Kauf zu nehmen sind („*I: Und dadurch, dass sie [die Pflegebedürftige] normalerweise alleine zurechtkommt, ist diese Rücksichtnahme im normalen Alltag jetzt nicht mehr notwendig? B6: Ja, weil sie braucht nicht mehr ... Sie hat einen Wasserkocher, der sich von alleine ausstellt. Also, sie hat auch schon einmal eine Thermoskanne auf ein Stövchen gestellt, mhm, meine Mutter, ne? Ja gut, das ist dann halt passiert.*" I6 01:00:57-5). Darüber besteht auch eine große Bereitschaft, auf die vorhandenen aktiven Bewältigungspotenziale zurückzugreifen. Dies ist auf die Selbstständigkeit und Aktivität befürwortende Haltung zurückzuführen, der zufolge die Pflegebedürftige noch all jene Aufgaben in Eigenregie durchführen soll, zu denen sie noch in der Lage ist

(*„Oder ich stelle ihr die Wäsche aus dem Trockner hin und sie faltet die dann zusammen. Ja, die Beschäftigung, naja, ich würde das jetzt nicht so als Beschäftigung sehen. Aber so die normalen Tätigkeiten, mit denen ich versuche, Mama das, was sie noch kann, ihr das eben auch zu überlassen.*" I6 00:12:01-7). Die zugrunde liegenden Motive hierbei sind, die noch verbliebenen Fähigkeiten der Pflegebedürftigen zu erhalten, einer Verschlechterung der Situation vorzubeugen, der Mutter das Gefühl von Selbstständigkeit und Wohlbefinden zu vermitteln und gleichzeitig eine eigene Entlastung herbeizuführen (*„Da mache ich es meistens so, also wenn es Kartoffeln gibt oder wenn so Tätigkeiten wie Kartoffeln schälen oder heute Morgen habe ich schon einen Kuchen gebacken, also dass ich diese Tätigkeiten an meine Mutter gebe. (...) Macht sie eigentlich auch immer ganz gerne. Also da ist dann eben noch so eine gewisse Aufgabe. Weil sie eben auch zwanzig Jahre immer für uns gekocht hat. Und jetzt kann sie es nicht mehr. Mhm, ich denke, es muss aber eben so ein gewisser Aufgabenbereich eben bleiben.*" I6 00:12:01-7; *„Mhm, ich glaube, sie braucht auch so dieses Körperliche. Ich glaube, sie neigt auch dazu, sich möglichst wenig zu bewegen. Und, mhm, umso weniger die sich bewegen, das wissen Sie ja auch, da kommt dann immer mehr so ein Abbau. Das ist dann ein Teufelskreis. Irgendwann können sie dann auch nicht mehr aufstehen. Und das wird durch diese Sache dann immer auch ganz gut gefördert.*" I6 00:13:00-8).

Subjektiv wahrgenommene Bewältigungsressourcen durch Unterstützungsleistende aus dem sozialen Umfeld

In Fall 6 bestehen außerdem sowohl im formellen wie auch im informellen Umfeld umfassende Bewältigungsressourcen, die sich auf der Ebene der Opportunitätsstrukturen unter anderem aus der Verfügbarkeit über ein gut ausgestattetes soziales Netzwerk speisen. Ihm gehören im informellen Bereich vornehmlich der Ehepartner der Befragten und die zwei erwachsenen Söhne an, die alle im gleichen Haushalt mit der Pflegebedürftigen leben. Außerdem wohnen im direkten Umfeld auch mehrere Geschwister. Wenngleich diese Akteure/Akteurinnen durch ihre eigene Erwerbstätigkeit nicht immer unmittelbar zeitlich und räumlich verfügbar sind, weisen sie doch eine große Bereitschaft auf, sich in Anwesenheitszeiten zumindest in den nicht-körperpflegerischen Aufgabenbereich einzubringen (*„Weil die ja mit der Oma aufgewachsen sind. Oma muss nur schnipp sagen. Was weiß ich. Ich glaube, die Dachrinne ist voll mit Laub oder ich möchte, dass vorne die Büsche geschnitten werden. Dann muss Oma nur schnipp sagen und dann holen die auch die Motorsäge raus oder auch die Leiter. Die machen eben auch was für Oma, ne?*" I6 00:19:02-2; *„Wenn mein Mann oder* *meine Kinder da nicht mitziehen würden, dann würde es nicht gehen.*" I6 01:31:16-7). Da der Ehepartner selbstständig ist, kann er sich seine Arbeitszeit einteilen. Somit weist er hohe zeitliche Souveränitätspotenziale auf, die für die Unterstützungserbringung als förderlich erachtet werden („*(...) dann muss mein Mann. Der ist selbstständig und ist der Chef. Er kann seine Zeiten Gott sei Dank auch selber festlegen.*" I6 00:47:25-7). Auch formelle Helfer(innen) sind im Umfeld der Befragten vertreten. Zu ihnen zählt erstens eine privat angestellte „Kinderfrau", die für hauswirtschaftliche und betreuerische Aufgaben herangezogen wird. Sie steht in einem Vertrauensverhältnis zu der Pflegebedürftigen und weist daher einen ausgeprägten sozial-emotionalen Eignungsgrad auf („*Wir haben schon seit 22 Jahren immer die gleiche Kinderfrau im Haus. Wir sagen immer noch Kinderfrau, aber eigentlich ist das jetzt die Omafrau. Die ist sehr vertraut mit meiner Mutter (...).*" I6 00:21:18-5). Außerdem gilt sie als zuverlässig und flexibel („*Die ist flexibel. Das ist kein Problem.*" I6 00:46:22-2) und ihr Einsatz kann über mehrere Stunden am Tag aus dem Privatvermögen und den eigenen Einkünften finanziert werden („*Sie [die Pflegebedürftige] bekommt eine Rente. Mein Vater war Beamter. Sie kriegt eine gute Rente. Sie braucht nichts für ihre Wohnung zu bezahlen. Das finanzieren wir sowieso alles so und so mit. Wir haben das Glück, das wir es uns leisten können. Für uns ist das überhaupt kein Problem, die Kinderfrau zu bezahlen und die auch für fünf Stunden oder zehn Stunden mehr in der Woche zu bezahlen.*" I6 01:06:32-5). Zusätzlich wird mehrfach in der Woche ein ambulanter Pflegedienst in Anspruch genommen („*Zweimal in der Woche kommt morgens auch der Pflegedienst. Dienstags und freitags. Und die duschen und waschen meine Mutter dann.*" I6 00:06:32-6). Die erbrachten körperpflegerischen Tätigkeiten werden vollständig über die Leistungen der Pflegeversicherung abgerechnet. Somit entstehen keine zusätzlichen Aufwendungen, die aus eigenen Mitteln finanziert werden müssen.

Die Einstellungen der Befragten sind auf die Nutzung der verfügbaren Hilfen ausgerichtet. Im informellen Bereich ist hierfür die Idee einer Verpflichtung aller Familienmitglieder ausschlaggebend. Die Vereinbarerin vertritt in diesem Zusammenhang die Meinung, dass das familiäre Umfeld, insbesondere die Schwestern, ihren Teil dazu beitragen sollen, dass die Versorgung der Mutter gelingt („*Und man muss denen auch ganz klar sagen: Ihr müsst die auch ganz klar in die Verpflichtung mit reinnehmen.*" I6 01:31:16-7). Für den Ehepartner und die Söhne gilt dieses Prinzip grundsätzlich zwar auch, allerdings steht die Orientierung an einem traditionellen Bild der geschlechterbezogenen Aufgabenverteilung der Einbindung in körperliche Versorgungstätigkeiten entgegen („*Ja, wobei sich so vor dem Schwiegersohn ausziehen ... Das ist für beide, glaube ich, ein bisschen unangenehm. (...) Ich glaube, wenn meine Schwiegermutter noch leben würde, könnte ich das bei ihr besser als mein Mann das bei meiner Mutter machen kann. Ich denke, das hängt aber mit dem Geschlecht zusammen und das wir Frauen sowieso etwas mehr diesen sozial-körperlichen oder im wahrsten Sinne Körperkontakt zu der Person haben. Das ist einfach so. Bei uns zumindest in unserer Ehe ist das noch so unterteilt, ne?*“ I6 00:49:05-0). Zumindest eine Teilhabe an Beaufsichtigungs- und Transportaufgaben erscheint jedoch legitim („*Also, wenn nachmittags der Arzt mal kommen muss, da ist sie [die Kinderfrau] ganz flexibel. Also da versucht sie, alles rauszuholen. Und wenn das nicht der Fall ist, dann muss mein Mann.*“ I6 00:47:25-7; „*Also die fahren schon mal mit Oma zur Kirche und fahren mit ihr zum Friedhof, aber in die Pflege überhaupt nicht. Ich glaube, da wären die auch mit überfordert.*“ I6 00:21:18-5). Auch die Einbeziehung der formellen Unterstützer wird befürwortet, da sie als maßgebliche Voraussetzung gilt, den Pflegebedarfen in einem Alltag gerecht zu werden, der maßgeblich durch die eigene Berufstätigkeit geprägt wird („*Und ich brauche auch noch ein gewisses Umfeld dazu, wie die Kinderfrau (...). Wenn wir jetzt ganz allein in W. (Wohnort) wohnen würden. (...) Ich würde niemanden hier kennen, dann geht das nicht mit Beruf und Pflege, nach meiner Ansicht.*“ I6 01:31:16-7). Außerdem gilt die Hinzuziehung des ambulanten Pflegedienstes als förderlich für das Wohlergehen der Mutter. Ausschlaggebend hierfür ist, dass er als Garant für eine qualitativ hochwertige Versorgung betrachtet wird, da sein originäres Aufgabengebiet sich auf die körperliche Pflege bezieht („*Wo ich dann aber ganz klar gesagt habe: Dafür gibt es professionelle Dienste. Also ich habe wirklich einen sehr guten Kontakt zu meiner Mutter. Aber diese Intimität mit Waschen, unter die Dusche, intensiv abtrocknen mhm, da habe ich einfach auch für mich gesagt: Das ist etwas, dafür gibt es die professionellen Dienste. Ne? (...) Aber mhm, eben dass es zweimal die Woche, dass dann wirklich auch eine systematische Pflege vollzogen wird.*“ I6 00:06:32-6). Vor dem Hintergrund dieser Positivwahrnehmung werden finanzielle Investitionen als Voraussetzung für die Hinzuziehung professioneller Kräfte grundsätzlich befürwortet und ihre Einbindung auch entgegen den Versorgungswünschen der Pflegebedürftigen als gangbarer Weg wahrgenommen („*Bei mir würde meine Mutter natürlich viel schneller sagen: Ach, heute fühle ich mich nicht gut. Heute will ich nicht duschen. (I: Mhm.) Wenn aber der Pflegedienst kommt. Das hat sie bisher noch nicht gemacht. Der kommt ja auch extra. Muss ja bezahlt werden. Also wird das auch gemacht, ne? Also, da fügt sie sich auch eher den Gegebenheiten.*“ I6 00:06:32-6).

Subjektiv wahrgenommene Selbstbewältigungsressourcen der Befragten

Nicht zuletzt bestehen auch umfassende Selbstbewältigungsressourcen, was unter anderem auf die günstigen Opportunitätsstrukturen zurückzuführen ist. Durch ihre Teilzeitbeschäftigung als Berufsschullehrerin, die sich nur in geringem Maße mit den intensiven Pflegezeiten der Mutter überschneidet („*Das tangiert die Pflege überhaupt nicht (...).*" I6 00:44:51-8), ist die Befragte vergleichsweise umfassend zeitlich für die Versorgungserbringung verfügbar. Förderlich wirken sich in diesem Zusammenhang auch die ausgeprägten arbeitszeitlichen Souveränitätsspielräume aus, die sich in der Möglichkeit widerspiegeln, Einfluss auf die Lage und Verteilung der Arbeitszeit zu nehmen und kurzfristig Überstunden abzubauen. Das kooperationsbereite Verhalten der Kolleg(inn)en und Vorgesetzten stellt in diesem Zusammenhang eine wichtige Voraussetzung dar („*Also, wenn ich der Schulleitung sagen würde, dass ich nur drei Tage in der Woche unterrichten möchte, würden die das auch machen, ne?*" 00:29:02-7; „*Ja, und sonst wird einfach was abgehängt. Man hat so oder so Überstunden.*" I6 00:44:33-5). Nicht nur in zeitlicher, sondern auch in räumlicher Hinsicht verfügt die Interviewte über für die Pflegeerbringung sehr förderliche berufliche Rahmenbedingungen, da sie viele Aufgaben z. B. die Unterrichtsvorbereitung, von zu Hause aus verrichten und somit gleichzeitig für die Pflegebedürftige verfügbar sein kann („*Das ist für mich zum Beispiel so eine Erleichterung. Dass ich zumindest zu Hause präsent bin. (...) Ich muss dafür ja nicht hier [in der Schule] vor Ort sein.*" I6 00:33:19-6). Bei der Bewältigung des Haushalts als weiterem Anforderungsbereich neben dem Beruf erhält die Interviewte Unterstützung durch die ‚Kinderfrau' und ihre Söhne, sodass zeitliche Potenziale entstehen, die in die Pflege eingebracht werden können („*Unser Haus ist also auch dementsprechend groß, ne? Und draußen im Garten ist natürlich auch noch einiges zu machen. (...) Und jetzt hat sie dann zwischendurch die sogenannten Putztätigkeiten übernommen*" I6 00:27:25-3; „*Dass sie [die Kinder] also auch ihre Zimmer selber sauber machen müssen oder die Kinderbadezimmer. Da müssen die sich abwechseln.*" I6 00:19:02-2). Die eigene Verfügbarkeit wird potenziell nur durch die Teilhabe der Befragten an der Versorgung ihrer am Downsyndrom erkrankten Tochter eingeschränkt. Da jedoch die Versorgung nahezu den ganzen Tag durch andere Institutionen, z. B. eine Behinderteneinrichtung, übernommen wird, ist die zeitliche Belastung der Befragten hierdurch begrenzt („*Unsere J. [behinderte Tochter] kommt, mhm, montags bis mittwochs um 16:15 Uhr nach Hause und freitags um 15:15 Uhr. Dann ist es aber häufig so, dass sie dann noch Musik macht. In dem Musikhaus von der R. [Musiklehrerin] und bei der Kreisvolkshochschule. Da fährt sie dann aber selbst mit dem Fahrrad hin. (...) Aber grundsätzlich ist nachmittags bei uns viel Ruhe (...).*" I6 00:34:25-1). Die Einbindung in die noch verbleibenden hauswirtschaftlichen und betreuerischen Aufgaben findet überwiegend in der gleichen Örtlichkeit wie die Versorgung der Mutter statt, sodass die räumliche Verfügbarkeit der Befragten für pflegerische Aktivitäten hierdurch nicht maßgeblich gefährdet wird. Lediglich die Freizeitaktivitäten finden außerhalb des eigenen Haushalts statt. Ihnen geht die Interviewte jedoch eher unregelmäßig nach und sie überschneiden sich kaum zeitlich mit den Pflegeerfordernissen („*Ich kriege schon mal meine Auszeiten. Bei dem schönen Wetter machen wir manchmal abends, nachdem alles erledigt ist, noch mit meinem Mann 'ne Fahrradtour.*" I6 01:19:05-2).

Grundsätzlich besteht eine auf den intensiven Einsatz der eigenen Arbeitskraft ausgerichtete Einstellung der Befragten, die aus einer ausgeprägten Zentralität der Pflege in der eigenen Präferenzsetzung resultiert. Kennzeichnend ist das Bestreben, die pflegerische Versorgung aus Reziprozitätsmotiven in jedem Fall in der eigenen Häuslichkeit sicherzustellen. Hierfür ist die Einstellung ausschlaggebend, dass die frühere Unterstützung ihrer Mutter bei der Erziehung der Kinder und bei der Bewältigung des Haushalts nach dem Prinzip der Gegenseitigkeit nun auch das eigene pflegerische Engagement erfordert („*Für mich war immer klar, dass ich im Prinzip immer weiterarbeiten konnte, weil wir meine Mutter im Prinzip immer als feste Säule im Haushalt hatten, als die Kinder kleiner waren. Die Kinder sind von 1986 bis 1990 geboren. Und für mich war immer klar: Dann muss es schon verdammt weit kommen, dass sie nicht mehr zu Hause ist.*" I6 00:57:53-9). Berufliche Abstriche oder sogar die zeitweise Aufgabe des Berufs werden als legitime Mittel erachtet, um dieser persönlichen Verpflichtung nachzukommen („*Also dafür würde ich zum Beispiel auch meinen Beruf aufgeben. Da würde ich zum Beispiel sagen, dass ich dafür für ein Jahr aus meinem Beruf rausgehen würde.*" I6 00:57:53-9). Der eigene Haushalt nimmt lediglich einen nachgeordneten Stellenwert ein („*Damit kann ich gut umgehen. Ich kann auch gut dreckige Fenster haben. Ich kann auch gut so einen Haufen von Wäsche da liegen haben. Ich kann auch gut ... Klar, bestimmte Sachen, die müssen gemacht werden. Zum Beispiel, wenn meine Mutter Besuch kriegt, nach 'ner Stunde oder anderthalb Stunden ist sie dann immer ganz schön geschafft. Geschafft hört sich jetzt so negativ an. Dann ist sie immer ganz froh, wenn ich dann als Unterhalter mit dazu komme, weil sie dem Gespräch dann oft nicht mehr so gut folgen kann oder nicht mehr weiß, was sie mit denen reden soll. Und da habe ich auch kein Problem, andere Dinge liegen zu lassen.*" I6 01:17:32-8). Anders verhält es sich jedoch mit anderen Tätigkeiten der weiteren reproduktiven Sphäre: Der eigene Einsatz für die Tochter wird partiell trotz ihrer zunehmenden Selbstständigkeit noch als notwendig erachtet („*Gut, die Pflege der Tochter natürlich schon seit ihrer Geburt. Diagnose Downsyndrom. Damit war dann natürlich klar, dass da eine intensivere Begleitung notwendig ist.*“ I6 00:06:32-6) und es herrscht außerdem auch die Überzeugung vor, einen Anspruch auf Zeit für sich selbst zu haben („*Und was ich auch noch sagen würde, ist, dass man ganz klar auch konsequent sein muss, so ein bisschen egoistisch sein muss.*“ I6 01:31:16-7). Da jedoch, wie im vorangehenden Teilkapitel dargestellt, der Sorgeaufwand für die behinderte Tochter durch die Versorgungsübernahme anderer Institutionen zeitlich begrenzt ist, die noch verbleibenden Betreuungsaufgaben räumlich mit der Pflege verbunden werden können und sich Freizeitaktivitäten der Interviewten nur auf begrenzte Zeitfenster im Alltag beschränken, entstehen aus diesen persönlichen Haltungen der Befragten keine Gefährdung ihrer Selbstbewältigungsressourcen.

In der Zusammenschau verdeutlicht die Darstellung der in dem Interview auftretenden Indikatoren, dass sowohl die Opportunitäten wie auch die vorliegenden Einstellungen der Befragten eine umfassende Ressourcenverfügbarkeit in allen drei Bereichen bedingen.

Typ 2:

Typ 2 zeichnet die ausgeprägte Verfügbarkeit über Bewältigungsressourcen der oder des Pflegebedürftigen und über Bewältigungsressourcen durch Unterstützungsleistende aus dem sozialen Umfeld aus. In Relation zu Typus 1 sind jedoch die geringen Selbstbewältigungsressourcen der Befragten kennzeichnend. Ein Repräsentant stellt unter anderem Fall 11 dar. Es handelt sich hierbei um eine 60-jährige, teilzeitbeschäftigte Gymnastiklehrerin und Verkäuferin im Einzelhandel, die in die Versorgung ihrer in einer Altenwohnung in der gleichen Stadt lebenden Mutter (Pflegestufe I) eingebunden ist.

Subjektiv wahrgenommene Bewältigungsressourcen der Pflegebedürftigen

Auf der Ebene der Opportunitätsstrukturen weist die Pflegebedürftige aufgrund einer demenziellen Erkrankung im Anfangsstadium sowie ihrer allgemeinen körperlichen Schwäche Einschränkungen bei der eigenständigen Bewältigung des Alltags auf. Beispielsweise benötigt sie nach Einschätzung der Befragten Unterstützung beim Duschen, beim Anziehen der Kompressionsstrümpfe und der Kleidung, bei der Erledigung fordernder hauswirtschaftlicher Tätigkeiten, der Durchführung von Einkäufen sowie bei Arztbesuchen. Dennoch verfügt sie über aktive Selbstsorgepotenziale, zu denen beispielsweise die Fähigkeiten zählen, sich fortzubewegen, sich zu waschen und Mahlzeiten selbstständig zuzubereiten und einzunehmen („*Und dann hat die Frau von der Pflege auch gesagt: Ihre Mutter ist eigentlich noch so fit, die wäscht sich auch selber.*“ I11 00:45:20-5; „*Das Einzige, was sie macht, ist kochen.*“ I11 00:11:11-8). Teilweise werden auch hauswirtschaftliche Verrichtungen noch durchgeführt und Termine wahrgenommen („*I: Und Sie bewältigt die Wege auch eigenständig und taktet sich auch selbst? B11: Das kriegt sie momentan wieder sehr gut hin.*“ I11 00:21:27-0). Darüber hinaus bestehen auch passive Selbstsorgefähigkeiten, die sich in der Möglichkeit zeigen, viele Stunden des Tages ohne durch die Interviewte wahrgenommene Gefährdungen alleine zu sein („*Mhm, dienstags ist dann der Tag, an dem sie ganz alleine ist (...).*“ I11 00:19:36-1). Nach Einschätzung der Befragten ist die Bereitschaft der Pflegebedürftigen sehr stark ausgeprägt, die noch bestehenden Fähigkeiten einzusetzen und unbeaufsichtigt zu bleiben („*Das hat sich auch ganz gut eingespielt inzwischen, sodass sie auch gerne viele Dinge wieder alleine machen möchte (...)*“ I11 00:05:52-0; „*Ihre Sonntage will sie alleine verbringen.*“ I11 00:58:03-1).

Die Einstellungen der Vereinbarerin sind auf die Nutzung der noch vergleichsweise umfassenden aktiven und passiven Selbstsorgefähigkeiten ausgerichtet. Kennzeichnend hierbei ist grundsätzlich die Überzeugung, dass die Selbstständigkeit ein wichtiges Gut darstellt, das von der Pflegebedürftigen eingefordert wird und das auch zu gewähren ist („*Ich lasse sie. Am Anfang habe ich gedacht, ich müsste sie so ein bisschen beeinflussen und da haben wir ziemliche Auseinandersetzungen gehabt. Und dann habe ich gesagt: Das kann ich ihr eigentlich nicht antun.*“ I11 00:28:40-2). Um die Selbstständigkeit zu erhalten, wird der Aktivität der Mutter ein großer Stellenwert beigemessen, da sie nach Einschätzung der Befragten dazu beiträgt, die noch verbliebenen Fähigkeiten zu wahren („*Heute hat sie es irgendwann mal, ich weiß nicht wie oder wodurch, verstanden, dass es für sie lebensnotwendig ist. Das hilft ihr auch, um ihre Beweglichkeit zu behalten.*“ I11 00:29:50-4). Außerdem befürwortet sie grundsätzlich auch den Präsenzverzicht über mehrere Stunden. Lediglich die eigene Abwesenheit über ganze Tage wird als suboptimaler Zustand eingeschätzt. Da die Pflegebedürftige diese Phasen des Verzichts auf Beaufsichtigung allerdings für sich selbst beansprucht, vertritt die Interviewte die Überzeugung, eigene Ängste aushalten und sich im Bedarfsfall mit kurzen Stippvisiten begnügen zu müssen („*Ich denke ja immer: Ist was? Könnte was sein? Es ist ja schon schwierig, mit ihr abzusprechen, wenn ich sage, wir telefonieren einmal in der Woche, einmal am Tag. Das will sie ja nicht. Das sind ja auch alles so Blockaden. Folg-*

lich muss ich, wenn ich denke, dass es nicht in Ordnung ist, muss ich einmal öfter hin, kurz.“ I11 00:24:01-8).

Subjektiv wahrgenommene Bewältigungsressourcen durch Unterstützungsleistende aus dem sozialen Umfeld

Bewältigungsressourcen durch Unterstützungsleistende aus dem sozialen Umfeld sind vergleichsweise umfassend verfügbar, was unter anderem auf die Opportunitätsstrukturen zurückzuführen ist. Im informellen Bereich nimmt der Ehepartner der Befragten eine wichtige Position ein. Er ist nicht mehr erwerbstätig und daher räumlich und zeitlich umfassend verfügbar („*Also ich habe den Vorteil, dass mein Mann auch noch da ist. Der ist Hausmann. Wenn dann was ist, dann muss mein Mann dann eben mal kurz hin. Er geht auch einkaufen teilweise und so.*“ I11 00:25:21-4). Weitere informelle Hilfen, insbesondere durch den erwachsenen Sohn der Befragten, bestehen hingegen nicht. Ausschlaggebend hierfür ist die Wohnentfernung von mehreren hundert Kilometern, die seine Einsatzmöglichkeiten stark begrenzt. Professionelle Unterstützungsleistende sind in Form einer stundenweise beschäftigten Haushälterin, einer in ähnlichem Umfang tätigen Gesellschafterin und eines morgens und abends zu den Versorgungszeiten der Pflegebedürftigen zum Einsatz kommenden Pflegedienstes eingebunden. Darüber hinaus partizipiert die Mutter der Befragten an Betreuungsgruppen, die wöchentlich über mehrere Stunden stattfinden. Vor allem die Gesellschafterin wird als fachlich und sozial-emotional als überaus geeignet eingeschätzt, was der Wahrnehmung der Vereinbarerin zufolge eine bedeutsame Voraussetzung dafür darstellt, dass die Pflegebedürftige ihre Einbindung überhaupt akzeptiert („*Aber das ist schwierig, das [die Hinzuziehung der Unterstützungsleistenden] so mit ihr zu vereinbaren (...). Da habe ich Glück mit der Gesellschafterin. Das war Liebe auf den ersten Blick. Die ist ausgebildete Fachkraft für Demenzkranke.*“ I11 00:10:25-9). Den Schilderungen der Interviewten zufolge stehen die Kosten der Dienste einer Inanspruchnahme nicht entgegen, obwohl zusätzlich zu den Leistungen der Pflegeversicherung noch eigene finanzielle Mittel eingesetzt werden müssen. Ausschlaggebend hierfür ist, dass nicht nur auf Dienstleistungen von ambulanten Pflegediensten zurückgegriffen wird, sondern auch auf teilweise durch die Pflegeversicherung erstattungsfähige Einzel- und Gruppenbetreuungsangebote für demenziell Erkrankte, die von einem gemeinnützigen Verein zur regionalen Versorgung alter Menschen zur Verfügung gestellt werden und zu einem günstigeren Tarif bezogen werden können („*Die stellen Gesellschafterinnen zur Verfügung für einen sehr guten Stundenlohn, sage ich mal. Und das bewirkt mehr, als wenn ich mir einen Pflegedienst nehmen würde, der eine Stunde mit meiner Mutter spazieren gehen würde. Durch meine Recherchen weiß ich mittlerweile, das würde ein Vermögen kosten. Oder einmal baden 50 Euro.*“ I11 00:46:48-7). Prinzipiell ist im sozialen Netzwerk neben den bereits benannten Hilfequellen auch ein Essensdienst verfügbar, der von der Mutter zur Aufnahme der Mahlzeiten aufgesucht werden könnte. Die räumliche Distanz ist allerdings nach Einschätzung der Befragten zu groß, als dass sich die Inanspruchnahme realisieren ließe („(...) *und so bin ich auf die Gruppe P.D. aufmerksam gemacht worden. Die machen auch Essen. Die Personen können theoretisch auch zum Essen dahin gefahren werden. Aber das machen wir nicht. Das ist ja viel zu weit*“ I11 00:48:02-5).

Wie die Darstellung belegt, ist durch den Ehepartner, den Pflegedienst, die Gesellschafterin, die Haushälterin und die Betreuungsgruppen ein engmaschiges Unterstützungsnetzwerk gegeben. Die Einstellungen der Befragten sind auf die Inanspruchnahme dieses Kapitals ausgerichtet. Gegenüber dem Ehepartner ist in diesem Zusammenhang die Befürwortung einer ehelichen Verantwortungsteilung von Relevanz. Sein Einsatz wird als verpflichtend erachtet und gilt als eine wesentliche Voraussetzung, um den Anforderungen des Alltags begegnen zu können („*Aber wir haben das momentan ganz gut im Griff. (...) mein Mann muss ein bisschen was machen, ich mache ein bisschen was. Also wir teilen das auf eigentlich.*“ I11 00:05:52-0; „*So, dass wir uns das so ein bisschen teilen können. Das würde ich sonst gar nicht mehr schaffen.*“ I11 00:25:21-4). Ihren eigenen pflegerischen Einsatz schätzt die Vereinbarerin grundsätzlich als substituierbar ein und befürwortet in diesem Zusammenhang auch die Hinzuziehung von formellen Diensten. Sie werden als Entlastungsquellen wahrgenommen und tragen dazu bei, eigene Freiräume zu wahren („*Und dann habe ich gesagt: Das und das kann ich machen. Das lässt sich auch mit unserem Zeitablauf gut vereinbaren. Und dann habe ich gesagt: Gut, diese Dinge müssten irgendwie extern. Und da habe ich ja gute Hilfe bekommen durch diese Organisation P.D. [Pflegeverein].*“ I11 00:46:48-7; „*Ich habe einiges weggegeben, damit ich mich nicht kontinuierlich drum kümmern muss.*“ I11 00:05:52-0). Mitunter spricht ihnen die Befragte auch förderliche Wirkung für das Wohlergehen der Pflegebedürftigen zu. Dies gilt insbesondere für die einzel- und gruppenbetreuerischen Angebote des gemeinnützigen Vereins („*Und das hat sich positiv ausgewirkt. Auch auf meine Mutti, auf ihre Selbstständigkeit und auf ihr Selbstwertgefühl.*“ I11 00:48:02-5). Vor diesem Hintergrund wird die Hinzuziehung formeller Unterstützung grundsätzlich auch entgegen der Wünsche der Pflegebedürftigen als legitim erachtet.

Subjektiv wahrgenommene Selbstbewältigungsressourcen der Befragten

Während die Bewältigungsressourcen durch die Pflegebedürftige und durch die Helfer(innen) aus dem sozialen Umfeld eher umfassend ausgeprägt sind, gilt dies für die Selbstbewältigungsressourcen der Interviewten nicht. Ihre Möglichkeit, sich in die Versorgung der Pflegebedürftigen selbst einzubringen, wird zum einen durch die opportunitätsstrukturellen Bedingungen begrenzt. Einen wichtigen Stellenwert nimmt in diesem Zusammenhang die Ausgestaltung der Erwerbstätigkeit ein. Die Befragte geht einer Teilzeitarbeit als Verkäuferin in einem Möbelhaus nach und leitet darüber hinaus als Gymnastiklehrerin drei Sportgruppen. Die zuletzt genannte Tätigkeit erfordert eine Vorbereitungszeit, sodass die Interviewte insgesamt etwa 20 Stunden in der Woche beruflich gebunden ist. Kennzeichnend ist dabei eine ausgeprägte Variabilität der Lage der Arbeit: Teilweise wird in den Morgen-, teilweise in den Abendstunden gearbeitet, wobei regelmäßig Überschneidungen mit den Versorgungszeiten der Pflegebedürftigen auftreten. Nicht selten ist auch Mehrarbeit erforderlich, die als Extraeinsatz von der Befragten zusätzlich bewältigt werden muss („*Also, wenn ich mal einen Tag mehr arbeite, das ist dann dienstags oder mittwochmorgens oder montagmorgens, (...).*" I11 00:30:48-9). Die Arbeitseinsätze treten in der Regel planbar auf, allerdings kann auf die Dienstplangestaltung kaum Einfluss genommen werden („*I: Hatten Sie da Mitspracherecht in Bezug auf die Lage der Arbeitszeiten? B11: Nein, nein, das musste ich so akzeptieren.*" I11 00:22:27-9). Selbst der Tausch von Arbeitszeiten erweist sich in Bedarfssituationen als außerordentlich schwierig („*Man versucht sich, da so ein bisschen miteinander abzusprechen. Aber das ist manchmal ganz schwierig. Es hängt auch so ein bisschen davon ab, wie die Grundstimmung gerade ist. Wenn sehr viel Stress ist oder wenn sehr viel Druck ausgeübt wird, dann geht so etwas schon gar nicht. Generell kann man das nicht sagen, dass das alles klappt.*" I11 00:36:42-2). Aufgrund der Lage der Arbeitszeit und den geringen zeitlichen Souveränitätsspielräumen wird die eigene Erwerbstätigkeit als schwer kompatibel mit dem außerberuflichen Leben wahrgenommen („*(...) und jetzt arbeite ich im Einzelhandel und habe da natürlich nicht die idealen Arbeitszeiten, die schwierig mit allem zu vereinbaren sind.*" I11 00:16:46-6). Hinzu kommt, dass die beruflichen Tätigkeiten an den Arbeitsort gebunden und somit nicht in der Häuslichkeit der Pflegebedürftigen durchführbar sind. Über ihre Erwerbsarbeit hinaus ist die Interviewte auch in andere Lebensbereiche eingebunden. Hierzu zählt zum einen die Bewältigung des Haushalts, wobei sie hierbei Unterstützung durch ihren Ehepartner erfährt („*Er muss für mich kochen, er kocht und geht auch teilweise einkaufen für uns* (…)." I11 00:25:32-2). Hinzu kommt ihre Tätigkeit als Hobbykünstlerin, die die Befragte zeitlich zusätzlich bindet. Beide Teilbereiche der weiteren reproduktiven Sphäre finden an andere Örtlichkeiten statt, als die Versorgung der Pflegebedürftigen, sodass räumliche Synergien nicht genutzt werden können. Auch die ablehnende Haltung der Pflegebedürftigen wirkt sich hemmend auf die Teilhabe der Befragten an der Versorgungserbringung aus („*Aber ich glaube, das [eine stärkere Beteiligung der Vereinbarerin an der Versorgungserbringung] würde meine Mutter auch nicht akzeptieren. Jedenfalls im Moment noch nicht. Teilweise habe ich gekocht für sie. Das war dann aber auch nicht okay.*" I11 00:27:39-1). Die Betrachtung verdeutlicht, dass die Opportunitätsstrukturen in Form der betrieblichen Flexibilitätsforderungen, der Einbindung in den Freizeitbereich, der räumlichen Distanz zwischen dem Wohn- und Arbeitsort und der ablehnenden Haltung der Pflegebedürftigen den Einsatz der Vereinbarerin im Versorgungsbereich erschweren.

Darüber hinaus wirken sich auch die Einstellungen der Vereinbarerin hemmend auf die Verfügbarkeit über Selbstbewältigungsressourcen aus, da sie nur auf einen peripheren Einsatz der eigenen Arbeitskraft für die Pflege ausgerichtet sind. Kennzeichnend ist in diesem Zusammenhang eine Prioritätensetzung, die stark auf den beruflichen Bereich und auf die Freizeitaktivitäten ausgerichtet ist und erst nachrangig auf die Pflegeerbringung. Die Befragte weist eine starke Identifikation mit ihrer Tätigkeit als Trainerin auf, die eine wesentliche sinngebende Funktion in ihrem Leben erfüllt und als Quelle ihres Selbstwertgefühls erachtet wird („*(...) ich habe meine Sportgruppen. Die habe ich aber schon, seit ich 30 bin, seit wir hier eingezogen sind und ganz alleine waren und niemanden kannten und dann bin ich zum Sport gegangen, weil ich gesagt habe: Ich muss ja irgendwelche Menschen kennenlernen. Und ein halbes Jahr später stand ich da und hatte meine eigene Sportgruppe. Das hat mir sehr viel gegeben. Das hat mir sehr viel Selbstbewusstsein gegeben und mir auch geholfen, meinen Alltag gut zu strukturieren und auch, ja, ein bisschen Selbstwertgefühl zu geben, dass ich nicht nur Mutter und Hausfrau bin.*" I11 00:43:09-0). Die ausgeprägte intrinsische Motivation, mit der diese Aufgabe erfüllt wird, schlägt sich in dem hohen persönlichen Anspruch an die Qualität der eigenen Arbeit nieder („*Da habe ich aber meine Vorbereitungen dafür [für die Sportkurse] zu machen. Weil ich gehe auch nicht unvorbereitet in irgendeine Geschichte.*" I11 00:15:34-0). Die Aufgabe der Sportkurse zugunsten der Pflege zieht die Vereinbarerin daher nicht in Erwägung. Gleiches gilt für die berufliche Tätigkeit im Möbelhaus, die jedoch primär extrinsisch motiviert durchgeführt wird. Der zentrale Beweggrund ist hierbei die Einkommenserzielung („*Da müsste ich meinen Beruf aufgeben. Und das kann ich mir fast nicht leisten. Das möchte ich mir auch nicht leisten.*"

I11 00:56:35-6). Auch der Freizeitbereich nimmt einen wesentlichen Stellenwert im Leben der Befragten ein und wird als bedeutsam für die eigene Persönlichkeitsentwicklung erachtet („*Oder ich brauche so für mich auch so das Gefühl, dass ich Dinge gemacht habe, die mir weiterhelfen. Und die muss ich ja mit in meinen Freizeitplan einbauen. Ich bin nicht der Typ, der hier nur Wäsche wäscht und putzt und sonstige Dinge macht. Ich brauche auch andere.*" I11 00:41:49-3). Es herrscht die Haltung vor, in diesem Zusammenhang noch über eigene Bedürfnisse verfügen zu dürfen, deren Befriedigung für die Aufrechterhaltung der eigenen Kraft unerlässlich ist („*Mhm, ich habe ja 'ne Freundin, die hat einen demenzkranken Mann zu Hause. (...) Ich kann ihr immer nur sagen: Nimm Dir die Zeit, dass du auch an dich selber denkst. Das ist ein ganz entscheidender Punkt, dass man sich den eigenen persönlichen Freiraum nimmt, damit man selber nicht untergeht.*" I11 01:03:45-2). Demgegenüber misst die Befragte der Einbindung in die pflegerische Versorgung eine untergeordnete Relevanz zu. Ihre Integration in diesen Lebensbereich wird als Notwendigkeit erachtet, die sich vor dem Hintergrund des verschlechterten gesundheitlichen Zustandes der Pflegebedürftigen nicht mehr verhindern lässt („*I: Okay, als Erstes würde mich interessieren, wie es überhaupt dazu gekommen ist, dass Sie diese beiden Lebensbereiche miteinander verbinden? B11: Einfach aus der Notwendigkeit heraus.*" I11 00:04:33-2). Abstriche bei der Versorgung der Mutter werden sowohl zugunsten des Berufs wie auch zugunsten des Freizeitbereichs als legitim erachtet. Sollte sich der gesundheitliche Zustand der Pflegebedürftigen noch weiter verschlechtern, fasst die Vereinbarerin auch die vollständige Aufgabe der pflegerischen Tätigkeit ins Auge („*Dann müsste ich den pflegerischen Job aufgeben. Also das würde bedeuten, dass meine Mutter ein regelrechter Pflegefall wird, dass sie gar nicht mehr alleine leben könnte. Das würde ich auch gar nicht machen.*" I11 00:27:39-1).

In der Zusammenschau wird deutlich, dass die Befragte aufgrund förderlicher Opportunitätsstrukturen und Einstellungen in umfassendem Maße auf Bewältigungsressourcen der Pflegebedürftigen und auf Bewältigungsressourcen von Unterstützungsleistenden des sozialen Netzwerks zurückgreifen kann. Insbesondere die Möglichkeit und Bereitschaft, Präsenzverzichte über viele Stunden zu realisieren und regelmäßig auf formelle Dienste zurückgreifen zu können, eröffnet große Handlungsspielräume für den Einsatz der Arbeitskraft für den beruflichen und weiteren reproduktiven Lebensbereich. Was die Selbstbewältigungsressourcen anbelangt, ist die Befragte zwar nur Teilzeit berufstätig. Allerdings erschwert die äußerst variable Lage der Arbeitszeit, die geringen Einflussmöglichkeiten auf den Dienstplan und die räumliche Bindung an den Arbeitsort das eigene Engagement in Zeiten anfallender Versorgungsbedarfe. Da außerdem die familiäre Pflege auch nicht das Zentrum der eigenen Relevanzsetzung darstellt, sondern die Selbstdefinition in erster Linie über die Trainer- und die Hobbykünstlertätigkeit erfolgt, ist die Bereitschaft zum Einsatz der verbleibenden eigenen Ressourcen beschränkt. Hierin unterscheidet sich Fall 11 maßgeblich von dem voran beschriebenen Fall 6 (Typ 1, Ressourcenverfügbarkeit: +++[89]).

Typ 3:

Kennzeichnend für den Typ 3 ist die subjektiv umfassende Verfügbarkeit über Bewältigungsressourcen der oder des Pflegebedürftigen und Selbstbewältigungsressourcen der Befragten. Lediglich aus dem sozialen Umfeld resultiert keine oder nur begrenzte Unterstützung bei dem Umgang mit der pflegerischen Situation. Exemplarisch wird diese Ressourcenverfügbarkeitssituation anhand des Interviews 3 beschreiben. Es handelt sich hierbei um eine 58-jährige Sozialarbeiterin, die in einer örtlichen Niederlassung eines kirchlichen Wohlfahrtsverbandes eine Leitungsfunktion bekleidet und diese berufliche Vollzeitbeschäftigung mit der Versorgung ihrer im gleichen Haushalt lebenden Mutter (Pflegestufe II) verbindet.

Subjektiv wahrgenommene Bewältigungsressourcen der Pflegebedürftigen

Werden zunächst die noch bestehenden Bewältigungsressourcen der Pflegebedürftigen eingehend beleuchtet, zeigt sich auf der Ebene der Opportunitätsstrukturen, dass die Pflegebedürftige in Folge einer bisher nicht diagnostizierten Darmerkrankung und einem darauf folgenden körperlichen Totalzusammenbruch sehr schwach, gebrechlich und sturzgefährdet ist. Außerdem weist sie erste Anzeichen einer beginnenden Demenz auf. Nach Einschätzung der Befragten verfügt ihre Mutter jedoch aufgrund deutlicher Verbesserungen des gesundheitlichen Zustandes im Zeitverlauf und insbesondere auch aufgrund der inneren Einstellung, die durch einen starken Willen zur Selbstbewältigung und Entlastung der Tochter gekennzeichnet ist, dennoch über umfassende aktive Selbstsorgepotenziale („*Da hat sie [die Pflegebedürftige] noch 'nen unheimlichen Aufwand an Energie, den sie betreibt, um mir ja ... Das sagt sie manchmal auch: Ich*

89 Um den Leser(inne)n die Orientierung zu erleichtern, wird bei der vergleichenden Bezugnahme auf die vorab dargestellten Typen immer das jeweilige Ressourcenverfügbarkeitsmuster angegeben. Das erste Zeichen (+ oder -) steht hierbei für die Verfügbarkeit über Bewältigungsressourcen des Pflegebedürftigen, das zweite Zeichen für die Verfügbarkeit über Bewältigungsressourcen von Unterstützungsleistenden aus dem sozialen Umfeld und das dritte Zeichen für die Verfügbarkeit über Selbstbewältigungsressourcen der Befragten.

will dir nicht zur Last fallen. Nicht mehr, als nötig. Und ich habe ja Zeit, und wenn ich nicht mehr kann, dann setze ich mich eben. Und vieles kann man ja auch vom Rollstuhl aus machen, ne? Das versucht sie alles, das hinzukriegen." I3 01:03:16-7; „*Aber in ihrem Reich kommt sie ganz gut zurecht.*" I3 01:03:16-7). Das von der Befragten wahrgenommene kooperative Verhalten der Pflegebedürftigen tritt beispielsweise in Schilderungen über das Bemühen der Mutter hervor, die eigenen körperlichen Fähigkeiten durch gezielte Übungen zu erhalten („*Meine Mutter ist aber eine Frau, da bewundere ich sie, die sehr viel Energie aufbringen kann dafür. Sie wird immer kleiner jetzt, ne? Sie war früher eine sehr große Frau. Aber sie macht ihre Übungen am Rücken und alles das, was sie damals von der Physiotherapie gelernt hat, das macht sie.*" I3 00:19:47-5). Infolge dessen hat sie nach Einschätzung der Befragten sukzessiv die Fähigkeit zurückerworben, sich morgens anzukleiden, sich kalte Mahlzeiten zu bereiten und sie zu sich zu nehmen, sich fortzubewegen und die Blasen- und Darmentleerung zu bewältigen („*Sie kann sich wieder ziemlich selbst anziehen.*" I3 00:19:47-5; „*Früher musste ich ihr auch noch das Brot schmieren. Dann irgendwann hat sie es einfach auch selbst begonnen.*" I3 00:19:47-5; „*Sie geht jetzt ja manchmal so ein paar Schritte am Gehstock, sitzt aber am Tisch im Rollstuhl, geht aber von der Küche, gleich angrenzend ist das Wohnzimmer, rüber.*" I3 00:32:47-1; „*Und da hat sie beim vorletzten Mal erlebt, dass eine Dame, die sogar älter war als sie, das [die Stomaversorgung] sogar selbst konnte. Dann muss ich [die Pflegebedürftige] das auch selbst können. Und damit war meine Aufgabe [die Aufgabe der Befragten] erledigt. Sie hat es ein paar Mal versucht und es klappt.*" I3 00:20:56-1). Darüber hinaus ist sie auch in der Lage, über viele Stunden des Tages unbeaufsichtigt zu bleiben („*Mhm, weil ich dann weiß, dass meine Mutter dann vielleicht schon den ganzen Tag alleine war.*" I3 00:44:09-8) und im Bedarfsfall Hilfe zu holen, sodass Selbstgefährdungssituationen beherrschbar erscheinen („*Und sie ruft manchmal auch hier an. Das kriegt sie alles noch gut hin. Sie weiß dann, mhm, wenn ich da und da anrufe, dann bekomme ich Hilfe.*" I3 00:26:22-9). Unterstützung benötige die Pflegebedürftige hingegen bei der Körperpflege und der hauswirtschaftlichen Versorgung.

Die Einstellungen der Befragten sind grundsätzlich auf die Befürwortung von Aktivität und Selbstständigkeit ausgerichtet. Hierbei ist die Überzeugung ausschlaggebend, dass der Erhalt der Eigenständigkeit ein zentrales Bedürfnis der Mutter darstellt und somit als grundlegende Voraussetzungen für die Aufrechterhaltung ihres Wohlbefindens fungiert („*Das [die Stomaversorgung] ist so ein Bereich, wo man eigentlich auch nicht gerne jemanden anders ran lässt.*

Kann ich auch gut verstehen. Und, mhm, sie [die Pflegebedürftige] findet es ganz angenehm, dass sie es selbst macht. Wobei ich sage: Es stört mich nicht. (...) Aber sie sagt, für sie ist das es ein großer Gewinn, dass sie weiß, sie kann es alleine machen.“ I3 00:20:56-1). Die Einstellung gegenüber dem Präsenzverzicht weist Parallelen zu dem vorherig geschilderten Fall 11 auf: Prinzipiell wird die Meinung vertreten, dass die Pflegebedürftige keine ständige Beaufsichtigung benötigt („*Sie braucht keine Aufpasserin (...).*“ I3 01:14:46-6). Abwesenheiten über mehrere Stunden gelten folglich als zulässig. Dennoch ist den Äußerungen der Interviewten zu entnehmen, dass lange Phasen des Alleinseins als potenziell gefährdend und mit Einsamkeitsgefühlen verbunden erachtet werden. Es besteht jedoch die Überzeugung, eigene Ängste aushalten zu müssen („*Oder sie haben es auch manchmal hier [bei der Arbeit], dass sie auf einmal so einen Gedanken haben. Und dann rufe ich eben an und dann geht keiner ran. Ja, dann geraten sie in Panik. Dann versuche ich es aber noch einmal. Jetzt habe ich mir abgewöhnt, gleich loszudüsen, ja? Ich habe es ja nicht weit. Ich düse nicht mehr los, weil ich damit auch meiner Mutter auch Unsicherheit gebe, mhm, sondern rufe dann vielleicht in einer halben Stunde noch mal an, weil sie vielleicht nur im Bad war oder das Telefon nicht gehört hat oder nicht schnell genug war. Das sind dann so Sachen, bei denen ich denke: Da musst du jetzt wirklich nicht gleich losdüsen, nur weil deine Mutter nicht ans Telefon geht.*“ I3 01:08:42-9).

Subjektiv wahrgenommene Bewältigungsressourcen durch Unterstützungsleistende aus dem sozialen Umfeld

Im Vergleich zu den vorangehend vorgestellten Fällen sind nach Einschätzung der Befragten in Fall 3 kaum Bewältigungsressourcen aus dem sozialen Umfeld verfügbar. Dies ist nicht darauf zurückzuführen, dass im Blickfeld der Interviewten nicht potenzielle Hilfequellen bestehen. Im informellen Bereich wird durchaus eine mögliche Unterstützungserbringung durch Nachbar(inne)n, Freunde/ Freundinnen, ehrenamtliche Helfer(innen), ihre Schwester oder auch den Lebensgefährten der Befragten in Erwägung gezogen. Im formellen Sektor scheinen zumindest potenziell der Pflegedienst oder auch ausländische Pflegekräfte des grauen Marktes als Hilfeleistende fungieren zu können. Einer Wahrnehmung dieser möglichen Hilfequellen als tatsächliche Ressourcen stehen aber einige opportunitätsstrukturelle Bedingungen entgegen: Ihre Schwester verfügt der Wahrnehmung der Befragten zufolge nicht über die fachliche und sozialemotionale Eignung, die Versorgungstätigkeit durchzuführen und ist darüber hinaus auch räumlich nicht direkt verfügbar. Nach Einschätzung der Interviewten wird ihr Einsatz außerdem durch die Pflegebedürftige abgelehnt („*Meine*

Schwester hat mich mal vertreten. Die wohnt im Ruhrgebiet. Meine Schwester konnte meine Mutter nicht versorgen, weil meine Mutter dann lieber alles selbst gemacht hat, mit ganz viel Aufwand. Die war kaputt hoch drei. Weil das war wohl so anstrengend für sie, sich selbst zu versorgen. Aber meine Schwester durfte das nicht machen." I3 00:32:47-1). Ressentiments der Mutter bestehen den Äußerungen der Befragten zufolge auch gegenüber der Einbindung des Lebensgefährten der Vereinbarerin in körperpflegerische Aktivitäten („*Wenn sie was braucht, dann ruft sie ihn [den Lebensgefährten] und sagt: Kannst du mir mal dies reichen oder das. Aber so die Pflege an sich nicht. Da hat sie es auch gar nicht so gerne, wenn ...*" I3 00:32:47-1). Darüber hinaus lebt er in den Niederlanden und ist daher auch für die Übernahme anderer versorgerischer Aufgaben nur sporadisch verfügbar. Der regelmäßige Rückgriff auf ausländische Pflegekräfte, die während einer Phase akuter Gesundheitsverschlechterung beschäftigt wurden, in dieser Zeit 24 Stunden am Tag verfügbar waren und aufgrund der Kontinuität und Individualität der Betreuung noch am ehesten als adäquate Unterstützungsform Akzeptanz fanden, kommt aufgrund der begrenzten finanziellen Ressourcen nicht infrage („*(...) wir können das aber nicht auf Dauer, ne? Ich bekam zwar das Pflegegeld. Sie müssen aber für die Pflegekraft etwa 1800 Euro hinlegen. Dann die ganzen Nebenkosten noch: Essen, Strom, Wäsche. Ist ja eine Person mehr im Haushalt. Das macht schon 'ne ganze Masse aus. Und meine Mutter ist ja Witwe. So viel Rente hat sie auch nicht.*" I3 00:19:47-5)

Neben den Opportunitätsstrukturen führen aber auch die Einstellungen der Befragten dazu, dass eventuell verfügbares Unterstützungspotenzial nicht als Ressource zur Bewältigung der pflegerischen Anforderungen wahrgenommen wird. Kennzeichnend ist in diesem Zusammenhang eine Ablehnung des Rückgriffs auf Hilfeleistungen aus dem sozialen Umfeld, da die Vereinbarerin Pflege primär als Angelegenheit zwischen Mutter und Tochter definiert („*I: Und ist der Lebensgefährte irgendwie mit in die Betreuung involviert? Nein. Das ist wirklich Mutter Tochter.*" I3 00:32:47-1). Die Einbeziehung anderer Hilfeleistender wurde zwar in der Phase akuter Gesundheitsverschlechterung der Pflegebedürftigen gebilligt, jedoch erschien der eigene Einsatz schon in diesen Zeiten kaum substituierbar („*Ich bin jeden Mittag hingefahren, um sie zu füttern, weil ich immer sagte: Ich habe länger Zeit, als wenn das eine Pflegekraft macht oder eine Praktikantin. Die würden dann sagen, mhm, Frau L. (Mutter) mag nicht mehr. Das habe ich immer gesagt: Ich komme.*" I3 00:12:06-3).

Subjektiv wahrgenommene Selbstbewältigungsressourcen der Befragten

Die opportunitätsstrukturellen Voraussetzungen für den Einsatz der eigenen Arbeitskraft im pflegerischen Bereich sind eher förderlich ausgestaltet. Die Befragte ist in einem Vollzeitbeschäftigungsverhältnis mit festgelegten Arbeitszeiten tätig, kann jedoch aufgrund ihrer Position die Erledigung der beruflichen Aufgaben weitgehend an die situativen Erfordernisse in der pflegerischen Sphäre anpassen. Beispielsweise verfügt sie über die Möglichkeit, ihre Arbeitsabläufe zu unterbrechen („*Wenn ich jetzt anrufe, in B. (Ort). Dort ist die Kreisgeschäftsstelle und sage: Ich muss jetzt mal eben schnell nach Hause, da ist irgendwas. Da würde keiner sagen: Das geht nicht.*“ I3 00:40:56-1; „*Und ich kann auch weg. Also das würde, also das geht dann. Da muss ich aber auch sagen, dass bisher auch das Klientel immer gut mitgespielt hat.*“ I3 01:09:42-7). Zeiten ihrer beruflichen Abwesenheit sind in der Regel planbar und Abweichungen treten kaum auf („*Also, dann rufe ich zumindest an und sage: Ich komme später oder was auch immer. Das kommt aber selten vor.*“ I3 00:40:15-6). Außerdem ist sie nicht in andere zeitlich anforderungsreiche Lebensbereiche, z. B. die Sorge für Kinder, eingebunden. Hinzu kommen die für die Pflegeerbringung förderlichen räumlichen Bedingungen, da die Vereinbarerin im Haushalt der Pflegebedürftigen wohnt und gegebenenfalls auch Arbeit mit nach Hause nehmen kann („*Was ich wohl mache, ist, dass ich für Veranstaltungen oder so mal was vorbereite. Das fällt meiner Mutter aber so gar nicht auf, weil ich dann im Wohnzimmer sitze und da was schreibe.*“ I3 00:47:07-2). Aufgrund der räumlichen Nähe zwischen Arbeits- und Wohnort ist sie in der Lage, regelmäßig Besuche in der Mittagspause zu realisieren („*Also dann verlasse ich um kurz vor 07:00 Uhr das Haus, arbeite dann hier bis 12:00 Uhr. Wenn ich keine auswärtigen Termine habe, dann bin ich so um 12:15 Uhr zu Hause, mache 'ne halbe Stunde Mittag.*“ I3 00:36:02-5). Durch diese zeitlichen und räumlichen Rahmenbedingungen verfügt die Befragte trotz ihrer Vollzeitbeschäftigung über die Möglichkeit, in Zeiten, in denen die Pflegebedürftige ihrer Unterstützung bedarf, verfügbar zu sein. Darüber hinaus ist sie nach eigener Einschätzung aufgrund ihres pragmatischen Umgangs mit herausfordernden Situationen und ihrer persönlichen Neigung zur Übernahme von Pflege gut für die Einbindung in die Versorgung geeignet („*Also, was ich sicherlich habe, ist, dass ich das einfach so ganz pragmatisch sehen will und sage: Es ist jetzt so, mhm. Das machen wir jetzt einfach so. Da habe ich sicherlich so eine Neigung.*“ I3 01:06:02-4).

Die eigenen Einstellungen spiegeln eine Bereitschaft zum intensiven Einsatz ihrer Arbeitskraft für die Versorgungserbringung wider: Diese Aufgabe wurde aufgrund der starken familiären Verbundenheit übernommen. Die Befragte fühlt sich sehr durch die frühere Pflegeleistung ihrer Mutter für deren Eltern geprägt und folgt dem Vorbild nun bewusst („*Ich denke, um das mal ganz klar zu sagen, ich bin auch in die Fußstapfen meiner Mutter getreten. Sie hat ihre Eltern versorgt. Das habe ich eigentlich sehr bewusst miterlebt. Und habe auch immer gesagt: Kann ich mir eigentlich auch vorstellen.*“ I3 00:32:47-1). Es zeigt sich ein großes Selbstverständnis, als „*Familienmensch*“ (I3 00:49:55-9) die Versorgung zu leisten und den Bedürfnissen der Pflegebedürftigen bestmöglich Rechnung zu tragen. Dabei besteht ein ausgeprägter Anspruch an die eigene Versorgungstätigkeit, der auf die Sicherstellung eines hohen körperpflegerischen Qualitätsniveaus ausgerichtet ist. Darüber hinaus wird aber auch die Vermittlung von Kontinuität, sozialer Teilhabe und Ansprache sowie gemeinsam verbrachte Zeit als bedeutsam erachtet („*Von daher sage ich dann auch, ich möchte so eine gewisse Zeit am Tage schon mit ihr verbringen.*“ I3 00:48:10-8; „*Aber um 12:00 Uhr muss ich hier das Büro verlassen, damit der Tagesrhythmus so bleibt. Vom Mittagsschlaf angefangen bis zur Tabletteneinnahme.*“ I3 00:19:47-5). Die Abgabe der Pflege an eine stationäre Einrichtung entspricht unter diesen Bedingungen nicht der eigenen Wertehaltung und wird nur Ultima Ratio in Erwägung gezogen („*Aber ich würde jetzt nicht mit einem guten Gewissen meine Mutter auch ins Pflegeheim geben wollen. Ich glaube, da wäre ich sehr schlecht auch im Loslassen.*“ I3 00:49:55-9). Andere Teilbereiche der weiteren reproduktiven Sphäre, z. B. Freizeitaktivitäten, gelten zwar als bedeutsam für das eigene Gleichgewicht. Allerdings besteht die Bereitschaft, zugunsten der Pflegeerbringung Abstriche zu machen, wodurch aus diesem Lebensbereich keine Gefährdung für den Einsatz der vorhandenen Selbstbewältigungsressourcen im pflegerischen Bereich erwächst („*Ich gehe wohl zum Sport, gehe aber nach dem Sport nicht mehr ins Vereinsheim. Ein Teil der Gruppe geht da immer hin. Das mache ich ganz selten. Mhm, weil ich dann weiß, dass meine Mutter dann vielleicht schon den ganzen Tag alleine war.*“ I3 00:44:09-8). Auch in der beruflichen Sphäre besteht die Bereitschaft, Abstriche zugunsten der Versorgungsübernahme vorzunehmen („*Da hat sich auch was verändert, ne? Wo ich früher ... Da gab es ja gar nicht die pflegebedürftige Mutter, aber da war das mein Stück. Im Jugend- und Sozialamt habe ich immer Akten mit nach Hause genommen, um irgendwelche Berichte zu schreiben. Das fällt ja hier nicht so an. Aber mir fällt heute auch weniger ein, Gläubigerunterlagen mit nach Hause zu nehmen, um die zu Hause zu sortieren.*“ I3 00:47:07-2). Lediglich die Aufgabe des Berufs wird von der Befragten als alleinstehende Frau aus finanziellen Motiven und aus Gründen der sozialen Absicherung nicht in Erwägung gezogen („*Also ich glaube, dass das wirklich jeder für sich entscheiden muss. Und ich kann auch gut verstehen, wenn man dann sagt: Ich kann nicht. Ich würde ja auch nicht meinen Beruf aufgeben. Ich muss auch zusehen, dass ich meine Rente kriege und dass ich meinen Lebensunterhalt verdiene.*“ I3 01:13:50-1).

Zusammenfassend lässt die Betrachtung den Schluss zu, dass die Bewältigungsressourcen der eigenen Mutter eine maßgebliche Quelle für die Realisierung der häuslichen Pflege im Alltag der Befragten darstellen. Es wird die Zielsetzung verfolgt, die Versorgung als Angelegenheit zwischen Mutter und Tochter zu realisieren. Zu diesem Zweck besteht eine große Bereitschaft, die durch die Vollzeitberufstätigkeit nicht gebundene Arbeitskraft in großem Maße einzusetzen. Hieraus ergibt sich eine eher umfassende Verfügbarkeit über Selbstbewältigungsressourcen, wodurch sich der vorliegende Fall maßgeblich von Fall 11 (Typ 2, Ressourcenverfügbarkeit: ++-) unterscheidet. Andere Unterstützungsquellen werden demgegenüber, im Gegensatz zu Fall 11 und Fall 6 (Typ 1, Ressourcenverfügbarkeit +++), als nicht geeignet, räumlich nicht verfügbar oder durch die Pflegebedürftige nicht akzeptiert eingeschätzt. Auch die Einstellungen sind ganz überwiegend auf eine Ablehnung dieser Hilfen ausgerichtet. Die einzige Ausnahme könnte in diesem Zusammenhang die von ausländischen Pflegekräften erbrachte 24-Stunden-Versorgung darstellen, deren Inanspruchnahme jedoch langfristig nicht finanzierbar erscheint.

Typ 5:

Typ 5 zeichnet sich durch ein hohes Maß an subjektiv wahrgenommenen eigenen und aus dem sozialen Umfeld entstammenden Bewältigungsressourcen aus. Bewältigungsressourcen der oder des Pflegebedürftigen bestehen hingegen kaum. Diese Konstellation zeigt sich beispielsweise im Fall 13. Die 41-Jährige arbeitet als selbstständige Rechtsanwältin mit einer etwa einer Teilzeitberufstätigkeit entsprechenden Stundenanzahl und versorgt ihre Mutter (Pflegestufe II) im gleichen Haushalt.

Subjektiv wahrgenommene Bewältigungsressourcen der Pflegebedürftigen

Die geringe Verfügbarkeit über Bewältigungsressourcen der Pflegebedürftigen wird auf der opportunitätsstrukturellen Ebene maßgeblich durch Spätfolgen einer Krebserkrankung beeinflusst. Sie treten in Form von schweren epileptischen Anfällen in Erscheinung, die immer wieder zu einer gravierenden Destabilisierung des Gesamtzustandes der Pflegebedürftigen führen („*Sie ist in 1985 an einem Gehirntumor erkrankt. (...) Aber es ist auch so, Gehirnzellen sterben ab dadurch. Sie hat epileptische Anfälle bekommen. Das fing vor zwei Jahren wie-*

der an. Das hatten wir schon einmal und das fing vor zwei oder drei Jahren wieder sehr extrem an.“ I13 00:09:51-9). Aufgrund dieser Erkrankung und der damit einhergehenden Operationen am Kopf weist die Mutter der Vereinbarerin demenzähnliche, kognitive Einschränkungen auf, die sich in einer zeitlichen, örtlichen und personenbezogenen Desorientierung zeigen. Darüber hinaus ist die alte Frau sehr sturzgefährdet. Zum Zeitpunkt des Interviews schätzt die Befragte jedoch den Gesundheitszustand als relativ stabil ein und berichtet sogar von geringfügigen Verbesserungen („*Ja, weil ihr Zustand so extrem gewechselt hat, letztes Jahr. Das war so ganz extrem. Also da war sie ja mitunter kaum ansprechbar und war absolut desorientiert und wusste gar nichts mehr, sage ich mal. Und mittlerweile hat sie auch schon helle Phasen.*“ I13 00:15:58-2). Die Pflegebedürftige kann noch ohne Unterstützung Toilettengänge bewältigen, benötigt jedoch bei allen übrigen persönlich-pflegerischen Verrichtungen, z. B. der Körperpflege oder der Nahrungsaufnahme, ständige Anleitung („*Aber sie braucht bei allem die Anleitung sonst kann sie einfachste Dinge nicht machen.*“ I13 00:11:10-9; „*Und, mhm, man muss ihr sagen: Jetzt waschen, jetzt so waschen, jetzt das Körperteil waschen, jetzt das Körperteil waschen, jetzt das Körperteil waschen, sonst würde sie sich so auch nicht waschen oder duschen oder so etwas. Duschen könnte sie gar nicht alleine.*“ I13 00:11:10-9). Hauswirtschaftliche Tätigkeiten, behandlungspflegerische und administrative Aufgaben müssen vollständig von anderen Personen übernommen werden („*Und, mhm, oder Essen kochen sowieso nicht, Raumpflege auch nicht. Wir haben eine Raumpflegerin. Also das könnte sie alles gar nicht mehr.*“ I13 00:11:10-9; „*Die Tabletten bekommt sie von mir zugewiesen. Wir haben die Tabletten, die werden eingefüllt. Entweder von mir oder der Pflegerin. Und die darf sie nicht mehr selber nehmen, weil das nicht funktionieren würde.*“ I13 00:19:57-1). Den Äußerungen der Interviewten zufolge kann ihre Mutter außerdem nicht länger als eine Stunde unbeaufsichtigt bleiben („*Wobei es auch schwierig ist. Ich könnte die Zwei [die Pflegebedürftige und den minderjährigen Sohn] also nicht alleine lassen.*“ I13 00:29:32-0; „*Dass sie [die Pflegebedürftige] dann vielleicht maximal eine Stunde alleine ist und länger nicht.*“ I13 00:18:07-6).

Der geringen Verfügbarkeit über aktive Selbstsorgepotenziale der Pflegebedürftigen entsprechend sind auch die Einstellungen der Vereinbarerin nicht auf eine Befürwortung von Aktivität und Selbstständigkeit ausgerichtet. Kennzeichnend ist in diesem Zusammenhang die Überzeugung, dass aus der eigenständigen Übernahme von Aufgaben nicht verantwortbare Gefährdungen erwachsen, die es möglichst zu umgehen gilt. Diese Haltung kommt beispielsweise in einem Interviewsegment zum Ausdruck, das Rückschlüsse auf die Bemühungen der Befragten zulässt, die eigenständige Fortbewegung der Pflegebedürftigen zu kontrollieren, um das Sturzrisiko zu begrenzen („*Dann muss ich auch immer, also ich habe immer die Türen offen, weil ich immer mit einem Ohr unten bin und ich kontrolliere auch nachts immer noch einmal öfters, ob da alles okay ist, wenn da Geräusche sind, weil sie ja auch ganz häufig nachts stürzt und ich muss da zwingend immer gucken.*“ I13 00:20:20-2). Darüber hinaus zeigt sich auch eine ablehnende Einstellung gegenüber dem Verzicht auf Präsenz. Ursächlich hierfür ist, dass Phasen des Alleinseins als nicht mehr verantwortbar („*Also das [Präsenzverzichte von mehr als einer Stunde] möchten wir auf gar keinen Fall und das mag ich auch nicht verantworten.*“ I13 00:18:07-6) und als dem Wohlbefinden der Pflegebedürftigen nicht zuträglich eingeschätzt werden, da hiermit verbunden Angstzustände auftreten („*(...) dann mag ich meine Mutter auch nicht alleine lassen. Dann hat sie Angst. Dann muss ich nach ihr auch gucken (...).*“ I13 00:45:56-1).

Subjektiv wahrgenommene Bewältigungsressourcen durch Unterstützungsleistende aus dem sozialen Umfeld

Bewältigungsressourcen von Hilfeleistenden aus dem sozialen Umfeld sind demgegenüber umfassend verfügbar, was unter anderem auf die förderlichen Opportunitätsstrukturen zurückzuführen ist. Im Vergleich zu Fall 3 kann die Befragte auf ein gut ausgestattetes Unterstützungsnetzwerk zurückgreifen. Einen wesentlichen Stellenwert nimmt in diesem Gefüge der eigene Ehepartner ein, der zwar einer Erwerbstätigkeit nachgeht und jeden Tag eine weite Strecke zurücklegen muss, jedoch über ausgeprägte Arbeitszeitsouveränitäten verfügt. Beispielsweise hat er die Möglichkeit, sich Urlaub zu nehmen oder Arbeitstage zu verkürzen („*Aber die Firma ist halt auch, die sehen, dass er viel arbeitet. Und wenn die Arbeit dann geschafft ist und alles vorbereitet ist, dann kann er auch mal früher weg. (I: Mhm.) Also das ist möglich. Das sollte in der Regel vorher angezeigt sein, aber da sind die auch flexibel und akzeptieren das. Dafür, wenn wichtige Sachen anstehen, macht er halt auch länger. Das ist dann auch kein Thema.*“ I13 00:40:14-1; „*Mhm, und [ich] habe natürlich auch Unterstützung durch meinen Mann, weil wenn dann gar nichts ging und ich ganz wichtige Termine wahrzunehmen hatte, hat sich mein Mann dann Urlaub genommen (...).*“ I13 00:09:51-9). Da er gleichzeitig bereit ist, seine Frau in arbeitsfreien Zeiten regelmäßig zu unterstützen, nimmt sie ihn als bedeutsame Hilfequelle wahr. Im informellen Bereich gehört dem potenziellen Unterstützungsnetzwerk außerdem eine Freundin der Pflegebedürftigen an, die zeitlich flexibel hinzugezogen werden kann („*Und wenn ich ansonsten weg bin mit meinem Mann und dem Kind oder mein Mann ist bei der Arbeit, dann haben wir dann auch öfter mal eine ältere Freundin von ihr [der Pflegebedürftigen] (...).*" I13 00:13:26-5). Weitere Unterstützungspersonen aus dem informellen Umfeld sind nach Einschätzung der Befragten nicht verfügbar. Zwar wird auch von einer Schwester berichtet, die jedoch aufgrund ihrer mangelnden Eignung nicht als Hilfeleistende bei der Bewältigung der Pflegesituation in Erwägung gezogen wird („*Nein, also meine Schwester, die kann das nicht und sie war gerade mal einmal da. Sie sagt auch selber, dass sie das nicht kann.*" I13 00:25:02-6). Neben den informellen Akteur-(inn)en partizipiert eine Beschäftigte eines ambulanten Pflegedienstes an dem Arrangement. Nach vorherigen Verhandlungen mit dem Dienst wurde die Absprache getroffen, die Pflegeversicherungsleistungen (Betreuungsleistungen bei eingeschränkter Alltagskompetenz in Kombination mit Pflegesachleistungen) für die Einbindung einer eigens für die Pflegebedürftige eingestellten Betreuungskraft einsetzen zu können. Ihre Finanzierung erscheint unter Rückgriff auf diese Leistungen gesichert („*Mhm, ja, ich habe das natürlich so gestaltet und von vorneherein so geguckt und kalkuliert, dass das über die Pflegeversicherung abgedeckt ist.*" I13 00:32:14-3). Als vorteilhaft wird von der Befragten die Möglichkeit hervorgehoben, die Kraft unter Berücksichtigung eigener Vorstellungen selbst auswählen zu können, sodass ihre fachliche und sozial-emotionale Eignung gegeben erscheint. Die Vereinbarerin betont in diesem Zusammenhang die fachliche Kompetenz im Umgang mit Epilepsieerkrankungen, die Verlässlichkeit und Geduld sowie die personelle Kontinuität, die sich durch die Einbindung dieser Unterstützungsleistungen sicherstellen lässt („*Ich habe einen Pflegedienst, von dem ich meine, dass er einen ganz guten Ruf hat. (...) Und, mhm, dann hatte ich denen gesagt, ich möchte eigentlich nicht diese typischen Zeittaktungen, die es immer gibt. Kleine Morgentoilette, Abendtoilette und so was, sondern ich möchte eine stundenweise Versorgung und immer von derselben Kraft, weil ich auch denke, das ist für Demenz auch sehr wichtig. Nicht dieses Wechselnde immer zu haben, sondern immer dieselbe Bezugsperson immer zu haben. Und daraufhin haben die für mich jemanden eingestellt. Und, mhm, so läuft das. Diese Kraft konnte ich selber aussuchen. Ich habe sehr darauf geachtet, dass das jemand ist, der vielleicht schon einmal irgendwie so damit zu tun hatte mit Epilepsieanfällen oder so etwas in dieser Richtung und, mhm, ja auch dass das jemand ist, der schon mal eine Erfahrung hat und auch nicht zu jung ist. Und jetzt habe ich eine Frau. Die ist Ende 40 und das klappt eigentlich sehr gut. Die ist sehr ruhig und, mhm, die Zwei mögen sich sehr und das klappt sehr gut.*" I13 00:23:01-9). Darüber hinaus schätzt die Befragte auch die zeitliche Verfügbarkeit als angemessen ein, da die Betreuungskraft in Zeiten ihrer beruflichen Abwesenheit täglich über mehrere Stunden einsetzbar ist und auch in von den regulären Abläufen abweichenden Situationen umfassende Flexibilitätspotenziale aufweist. Zusätzlich wird regelmäßig auch eine Raumpflegerin eingesetzt. Sie erscheint im Bedarfsfall zeitlich verfügbar und übernimmt dann die Reinigung der Wohnung der Pflegebedürftigen und teilweise auch ihre Betreuung („*An diesem Tag ist dann die Raumpflegerin da. Diese Zeit ist dann durch die Raumpflegerin abgedeckt, dass sie dann nicht großartig allein ist.*“ I13 00:13:26-5).

Die Einstellungen der Interviewten sind eindeutig auf die Inanspruchnahme der von ihr wahrgenommenen formellen und informellen Unterstützungsquellen ausgerichtet. Kennzeichnend ist hierfür eine Haltung, der zufolge die Einbindung von Hilfen aus dem sozialen Umfeld eine Notwendigkeit für die Bewältigung des Alltags darstellt („*Mhm, und ich habe natürlich auch Unterstützung durch meinen Mann, weil es nicht anders geht.*“ I13 00:09:51-9). Den Unterstützungsleistenden werden bedeutsame Funktionen für die eigene Entlastung zugesprochen und ihre Einbindung gilt daher als legitim *(„(...) zu meiner Entlastung jetzt auch irgendwo, weil ich jetzt auch sage, ich muss mich jetzt auch ein Stück weit entlasten.“* I13 00:24:33-7). Dem Datenmaterial sind Hinweise darauf zu entnehmen, dass die Interviewte anfänglich ihre eigene Leistung durch die professionelle Betreuungskraft nur als eingeschränkt substituierbar einschätzte. Prozesse des Vertrauensaufbaus bedingen jedoch einen Einstellungswandel: Nunmehr können den Überzeugungen der Befragten folgend auch anforderungsreiche, potenziell risikobehaftete Aufgaben, z. B. die Medikamentengabe, an diese Kraft delegiert werden („*Wobei ich schon auch sagen muss, dass ich mittlerweile schon auch mehr abgegeben habe. Ich habe bisher immer darauf bestanden, die Medikamente selbst einzuzählen und zu gucken, dass ich das wirklich auch ganz genau im Griff hatte, was und welches Medikament. Aber da ich sehe, dass diese Frau sehr verlässlich ist und auch eher guckt, ob es zu viel wird oder zu wenig oder dies und das, habe ich ihr das auch schon aufgegeben, also dass sie das auch machen kann.“* I13 00:24:15-9). Außerdem herrscht mittlerweile die Überzeugung vor, dass sich der Einsatz professioneller Akteure/Akteurinnen förderlich auf das Wohlergehen der Pflegebedürftigen auswirkt („*(...) ich war jetzt bei diesem Wellnesstag für pflegende Angehörige und, mhm, da gab es auch viele, die dieses Pflegegeld nehmen und da habe ich gesagt: Nee, das möchte ich ja gar nicht, weil ich mich daran ja nicht bereichern will, sondern ich möchte eigentlich, dass sie gut versorgt ist (...).*“ I13 00:26:10-5).

Subjektiv wahrgenommene Selbstbewältigungsressourcen der Befragten

Die subjektiv wahrgenommenen Opportunitätsstrukturen lassen auf eine umfassende Verfügbarkeit über Selbstbewältigungsressourcen schließen: Die Befragte arbeitet als selbstständige Rechtsanwältin mit eigener Kanzlei. Regulär ist sie morgens drei bis vier Stunden oder alternativ auch in den Abendstunden beschäftigt. Feste zeitliche Rahmenvorgaben bestehen in Form von regelmäßig wahrzunehmenden Gerichtsterminen und Fortbildungen am Wochenende. Begrenzt durch diese fixen Vorgaben kann die Vereinbarerin jedoch ihre Arbeitszeit eigenständig festlegen und sie an die pflegerischen Anforderungen anpassen. Hierbei unterstützt sie auch das Büropersonal, das während der Öffnungszeiten der Kanzlei die Präsenz sichert („*Und, mhm, dadurch, dass ich jetzt eine selbstständige Rechtsanwaltskanzlei habe, habe ich die, meine Zeiten immer sehr angepasst. Ich habe Büropersonal und, mhm, kann dann sozusagen kommen und gehen, wie ich will, abgesehen von meinen Gerichtsterminen und Ähnlichem und habe mir die Besprechungstermine, die ich hatte, immer so gelegt, wie es gerade passte.*“ I13 00:09:51-9). Außerdem kann sie die überwiegende Mehrheit ihrer beruflichen Aufgaben räumlich flexibel auch in der eigenen Häuslichkeit durchführen, die sie sich mit der Mutter teilt („*Wie heute zum Beispiel hatte ich Sachen mitgenommen und bin nicht ins Büro gefahren, sondern habe die oben gemacht (...).*“ I13 00:35:34-6). Neben ihrem Beruf ist die Befragte in die Betreuung ihres sechsjährigen Pflegesohnes eingebunden, die jedoch aufgrund der günstigen Wohnsituation zeitlich und räumlich parallel zu der Versorgung der Pflegebedürftigen stattfinden kann („*(...) und dann ist sie [die Pflegebedürftige] eigentlich die ganze Zeit bei mir oder vielmehr bei mir und dem Kleinen.*“ I13 00:13:26-5). Daher besteht nach Einschätzung der Vereinbarerin zwischen beiden Sorgeaufgaben in der Regel kein konfliktreiches Verhältnis. Die einzige Ausnahme bilden in diesem Zusammenhang einmal wöchentlich stattfindende Therapeutenbesuche mit dem Pflegekind, die nicht mit der Beaufsichtigung der Mutter kombiniert werden können. Auch die Einbindung in die Bewältigung des eigenen Haushalts stellt aufgrund der Wohnverhältnisse kein Hindernis für den Einsatz der Arbeitskraft in die Pflegeerbringung dar. Gleiches gilt für die Freizeitaktivitäten, die im Alltag der Interviewten nur einen geringen Stellenwert einnehmen („*Wir waren jetzt gerade zu dem Wellnesstag für Angehörige und haben gedacht, dass wir das eigentlich öfter machen müssten, weil wir so was eigentlich gar nicht machen. Wir sind entweder am Arbeiten oder hier zu Hause mit der Familie. Aber was anderes ist eher selten. Auch, dass man mal weggeht, ist eher selten (...).*“ I13 00:43:11-3).

Das Datenmaterial lässt Rückschlüsse auf eine Einstellung zu, die auf den intensiven Einsatz der eigenen Arbeitskraft im pflegerischen Bereich ausgerichtet ist. Sie spiegelt sich in der Bestrebung wider, den Bedürfnissen der Mutter um fast jeden Preis gerecht zu werden und dafür auch eigene Regenerationszeiten oder Zeiten mit dem Partner zu opfern („*Aber sonst ist meine Mutter abends bis 22:00 Uhr, 22:30 Uhr, 23:00 Uhr auch bei uns, was dann wirklich auch sehr schwierig ist. Aber ich mag sie dann auch nicht immer vor den Kopf stoßen und sagen: Jetzt musst du runter. Das ist schon schwierig.*“ I13 00:47:40-5). Ausdrücklich entspricht es dem Wunsch der Befragten, die häusliche Pflegesituation aufrechtzuerhalten und die Versorgung möglichst nicht an eine stationäre Einrichtung abzugeben („*(...) Und für mich ist wichtig, dass ich meine Mutter versorgt sehen möchte und nicht im Heim sehen möchte. Solange, wie es geht, sage ich jetzt mal. Wenn es natürlich eine extrem gefährliche Situation wäre, dass das schon extreme pflegerische Kräfte bedarf, die man körperlich nicht mehr bewältigen könnte, weiß ich nicht, was dann passieren könnte. Aber ich würde mir wünschen, dass es so bliebe, wie es ist.*“ I13 00:51:58-8). Eher schon werden im Falle einer weiteren Verschlechterung des Gesundheitszustandes Abstriche im beruflichen Bereich als akzeptabel erachtet („*I: Okay, wie würde denn die Situation aussehen, wenn sich die Pflegesituation noch weiter verschlechtern würde? B13: Dann würde ich arbeitsmäßig noch weiter zurückstecken. I: Also ist das schon durchaus der Beruf, der angepasst würde? B13: Ja, ja, weil wie sollte ich es anders machen? Ich mag meine Mutter nicht sich selbst überlassen und ich möchte sie nicht im Heim sehen.*“ I13 00:51:06-7). Die Aufgabe des Berufs wäre für die Befragten aufgrund einer ausgeprägten intrinsischen Arbeitsmotivation mit persönlichen Opfern verbunden. Dennoch wurde diese Option in der Vergangenheit bereits konkret in Erwägung gezogen, hat jedoch zum Zeitpunkt des Interviews vorübergehend wieder an Bedeutung verloren, da sich der Gesundheitszustand der Pflegebedürftigen verbessert hat („*Ich hatte Phasen, wo ich mir wirklich vorstellen konnte: Ich höre auf. Weil es wirklich sehr viel wurde, aber mittlerweile ist es auch gut, mal rauszukommen, immer wieder. Und von daher ist das Aufhören doch wieder in den Hintergrund getreten. Und man hat ja auch Spaß irgendwo an seinem Beruf und von daher hat der schon einen Stellenwert.*“ I13 00:40:58-5“).

Zusammenfassend ist für Fall 13 eine umfassende Verfügbarkeit über Selbstbewältigungsressourcen kennzeichnend, die ihn von Fall 11 (Typ 2, Ressourcenverfügbarkeit: ++-) unterscheidet. Hierzu tragen die förderlichen Opportunitätsstrukturen, insbesondere der zeitlich vergleichsweise geringe Umfang der Arbeitszeit, die umfassenden arbeitszeitlichen und -räumlichen Souveränitätsspielräume und die günstige Wohnsituation, bei. Hinzu kommen die auf den intensiven Einsatz der eigenen Arbeitskraft ausgerichteten Einstellungen. Außerdem sind auch die Bewältigungsressourcen durch Unterstützungsleistende aus dem sozialen Umfeld im Vergleich zu der Interviewten Nr. 3 (Typ 3, Ressourcenverfügbarkeit: +-+) ausgeprägt, wobei im Falle der Befragten dem Ehepartner, der Betreuerin und der Reinigungskraft eine zentrale Bedeutung zukommt. Sie bilden Stützpfeiler, um die im Gegensatz zu Fall 3, Fall 11 und Fall 6 (Typ 1, Ressourcenverfügbarkeit: +++) kaum noch verfügbaren Bewältigungsressourcen der Pflegebedürftigen auszugleichen.

Typ 6:

Typ 6 verfügt nur über subjektiv umfassende Bewältigungsressourcen von Unterstützungsleistenden aus dem sozialen Umfeld. Diese Form der Ressourcenausstattung zeigt sich beispielsweise in Fall 12. Es handelt sich hierbei um eine 42-jährige teilzeitberufstätige Polizistin, die in die Versorgungserbringung für ihre Mutter (Pflegestufe I) eingebunden ist, die etwa 130 Kilometer entfernt lebt.

Subjektiv wahrgenommene Bewältigungsressourcen der oder des Pflegebedürftigen

Die geringe Verfügbarkeit über Bewältigungsressourcen der Pflegebedürftigen wird primär durch die vorliegenden Opportunitätsstrukturen bedingt. Kennzeichnend sind in diesem Zusammenhang massive Einschränkungen der Selbstsorgefähigkeiten, die durch eine demenzielle Erkrankung im fortgeschrittenen Stadium hervorgerufen werden. In diesem Zusammenhang ist die Pflegebedürftige beispielsweise eigenständig nicht mehr in der Lage, Nahrung zuzubereiten oder zu sich zu nehmen, hauswirtschaftliche Tätigkeiten zu verrichten, Einkäufe, Bankgeschäfte oder andere administrative Aufgaben zu erledigen, den Arzt eigenständig aufzusuchen oder sich den Außentemperaturen entsprechend zu kleiden („*Wie gesagt, es ist das Kochen, was sie nicht mehr kann, es ist das Essen, mhm, mit der Waschmaschine kann sie nicht mehr umgehen, den Staubsauger kann sie schon lange nicht mehr bedienen oder Fenster putzen und solche Sachen.*" I12 00:03:35-3; „*(...) sie hat im Winter 'ne Perlonstrumpfhose drunter und da 'ne Jeanshose oder 'ne Hose drüber. Und das hatte sie im Sommer auch und das ist natürlich viel zu warm.*" I12 00:05:05-7). Zwar verfügt sie über die Fähigkeit, die meisten körperlichen Abläufe noch zu realisieren, kann jedoch aufgrund ihrer kognitiven Defizite nicht mehr planvoll agieren und ist auf die Anleitung durch andere Personen angewiesen („*Sich Essen zuzubereiten oder einfach dran zu denken und das umzusetzen erfordert ein gewisses Maß an Planung und das kann meine Mutter nicht mehr mit ihrer Krankheit. Und deswegen muss sie halt überall bei betreut sein. Es muss halt jemand da sein, der ihr sagt, mit ihr auch das Essen zubereitet und bei ihr bleibt, bis sie es gegessen hat. Weil ansonsten vergisst sie, es zu essen. Es steht dann zwar da aber dann isst sie es nicht wirklich.*" I12 00:02:22-5; „*Man muss sie schon langsam dran erinnern, dass sie Zähne putzen muss, dass sie zwischendurch duschen muss, dass sie Haare waschen muss und solche Sachen dann halt auch. Die Sachen selber kann sie dann noch. Wenn man zu ihr sagt oder sie zur Dusche bringt und ihr sagt, jetzt musst du duschen, dann setzt sie das selber um.*" I12 00:04:23-7). Die Pflegebedürftige bleibt über mehrere Stunden des Tages notgedrungen unbeaufsichtigt, wobei sie jedoch hierzu nach Einschätzung der Befragten eigentlich nicht mehr in der Lage ist und prinzipiell der ständigen Beaufsichtigung bedarf („*Ich merke das in der Zeit, wo das mit Mama jetzt eng wird, dass sie alleine bleibt.*" I12 01:05:30-9). Andernfalls ist sie aufgrund ihrer eingeschränkten Orientierungsfähigkeit und der verminderten Möglichkeit zum situationsadäquaten Handeln Gefahren ausgesetzt („*Es ist schon bewiesen, dass sie bei sich zu Hause auf der Straße stand und 'ne Nachbarin zu ihr sagte: Komm, ich bringe dich nach Hause. Weil sie halt in der Straße stand, das ist so ein kleines Wohngebiet, und nicht wusste, wo sie hin musste halt, ne?*" I12 00:14:22-2; „*Wenn sie dann nachts beginnt, rumzulaufen und dann auch noch orientierungslos ist. Das ist dann natürlich fatal. Gerade jetzt im Winter. Sie hat kein Kälte-Wärmeempfinden mehr (...). Und, mhm, durch dieses fehlende Kälte-Wärme-Empfinden geht sie auch nicht mit Winterjacke raus. (...) Aber wenn es noch kälter wird, dann wird es echt lebensgefährlich.*" I12 00:14:22-2).

Aus diesen Äußerungen lassen sich auch Hinweise darauf ableiten, dass die Befragte dem Präsenzverzicht ablehnend gegenübersteht. Er wird als nicht verantwortbar und daher auch als nicht mehr länger tragbar eingeschätzt („*Von daher zeichnet sich das jetzt schon ab, dass wir uns um eine Unterbringung kümmern müssen. Das geht so nicht länger.*" I12 00:14:22-2). Demgegenüber befürwortet die Interviewte die Aktivität und Selbstständigkeit der Pflegebedürftigen, um ihr Wohlbefinden zu verbessern („*Das sie halt schon das Gefühl hat, sie steuert was dazu bei, obwohl natürlich letztendlich dieser Teil immer geringer wird, aber dass sie letztendlich schon ein gutes Gefühl dabei hat und dass es ihr letztendlich Spaß macht.*" I12 00:28:16-6). Da jedoch das selbstständige Handeln aufgrund der hinderlichen Opportunitätsstrukturen starken Begrenzungen unterworfen ist, führt diese Aktivität und Selbstständigkeit befürwortende

Haltung nicht dazu, dass die Befragte umfängliche Bewältigungsressourcen der Pflegebedürftigen wahrnimmt.

Subjektiv wahrgenommene Bewältigungsressourcen durch Unterstützungsleistenden aus dem sozialen Umfeld

Bewältigungsressourcen durch Hilfeleistende aus dem sozialen Umfeld sind in umfassendem Maße verfügbar. Auf der Ebene der Opportunitätsstrukturen wirkt sich in diesem Zusammenhang die Ausgestaltung des formellen Unterstützungsnetzwerks aus. Es umfasst einen ambulanten Pflegedienst, eine Gesellschafterin, die durch einen Verein zur wohnortnahen Versorgung demenziell Erkrankter beschäftigt wird, einen Mahlzeitendienst und ein Demenzgruppenbetreuungsangebot. Die benannten Akteure/Akteurinnen kommen teilweise mehrfach täglich zum Einsatz („*Ansonsten kommt morgens, mittags und abends halt der Pflegedienst und versorgt sie halt morgens und abends (...)*" I12 00:05:53-7; „*Und ein oder zweimal die Woche kommt dann 'ne Gesellschafterin.*" I12 00:09:08-7; „*Das Mittagessen wird ihr seit einem Jahr schon jeden Tag gebracht. Da bekommt sie Essen auf Rädern.*" I12 00:02:22-5; „*Mittwochs ist morgens 'ne Demenzgruppe.*" I12 00:09:08-7). Im Interview finden sich keine Aussagen, die auf eine mangelnde zeitliche oder räumliche Verfügbarkeit zu den Versorgungszeiten der Pflegebedürftigen oder auf eine fehlende fachliche oder sozial-emotionale Eignung schließen lassen. Die Finanzierung ist durch die Inanspruchnahme von Kombinationsleistungen der Pflegeversicherung und den Rückgriff auf eigene Einkünfte und Vermögensbestände der Mutter gesichert („*Es hält sich von den Kosten, sage ich mal, noch in Grenzen. Es ist zwar auch nicht ganz günstig aber es ist alles noch bezahlbar, sodass Mama es noch tragen kann (...).*" I12 00:51:13-1; „*Und wir haben eben auch die Möglichkeit, mein Bruder, Mama und ich, ihre Wohnung oben zu vermieten, sodass wir diese Differenz, die sie nicht mehr aufbringen könnte, dass wir die dann damit abdecken könnten.*" I12 00:51:13-1). Neben den formellen Kräften treten im Netzwerk der Befragten auch potenzielle informelle Hilfeleistende auf. Zu ihnen zählen ihr Lebenspartner und ihr Bruder, ihre zwei Kindern im Jugendalter, der Partner der Pflegebedürftigen und Nachbarn. Für die regelmäßige pflegerische Unterstützungserbringung kommt jedoch vorrangig nur der Lebensgefährte der Mutter infrage. Dieser lebt 40 Kilometer von der Pflegebedürftigen entfernt und ist somit nicht unmittelbar räumlich verfügbar. Außerdem wird sein Einsatzpotenzial durch seine Einbindung in die Hilfeerbringung für seine Tochter zeitlich beschränkt, die ein eigenes Restaurant führt („*Er ist zwar Rentner aber dadurch, dass seine Tochter eine Gastronomie macht, macht er da eben noch sehr viel mit. Da ist noch ein großes Gelände mit bei, dass er da dann Rasen mäht oder jetzt zu dieser Jahreszeit Äpfel erntet oder solche Sachen halt, dass er seinen Kindern da eben hilft, dass er in der Woche da dann üblicherweise hilft.*" I12 00:12:42-5). Aufgrund der langjährig bestehenden Beziehung weist er jedoch die Bereitschaft auf, sich zumindest an den Wochenenden und im Urlaub in die Versorgung der Pflegebedürftigen einzubringen und hierfür die räumlichen Distanzen zu überwinden. Andere Akteure/Akteurinnen des sozialen Netzwerks kommen für die Erbringung von Pflegeleistungen kaum infrage. Der Lebensgefährte der Befragten arbeitet bei einer Sondereinheit der Polizei und muss in diesem Zusammenhang abrufbereit sein, was seine räumliche und zeitliche Verfügbarkeit für die Pflegeerbringung stark einschränkt („*Mein Partner hilft, wo er kann. Er arbeitet bei der Sondereinheit der Polizei und hat daher einen sehr unregelmäßigen Dienst und kann dann eben auch ganz spontan mal zum Einsatz fahren müssen. Von daher ist das halt nicht planbar.*" I12 00:11:16-7). Darüber hinaus wirkt sich seine nach Einschätzung der Befragten mangelnde Eignung zur Sorgeerbringung hinderlich aus, die einerseits aus Gefühlen der Unsicherheit im Umgang mit der demenziellen Erkrankung und andererseits aus dem distanzierten Verhältnis zu der Pflegebedürftigen resultiert („*Er ist recht unsicher, was das angeht. Weil er merkt, dass halt immer weniger von ihr überbleibt. Und weil er nicht so die Bindung zu ihr hat, sage ich mal, wie ich jetzt oder die Kinder, ist er da nicht so stark eingebunden.*" I12 00:11:46-2). Der Bruder der Befragten lebt den Großteil des Jahres im Ausland und kann aufgrund der räumlichen Distanz kaum an den versorgerischen Tätigkeiten teilhaben („*Mein Bruder und ich sind alleine und er ist wie gesagt halt die ganze Zeit in Brasilien und da ist nicht viel mithelfen.*" I12 00:33:17-0). Der subjektiven Wahrnehmung der Interviewten zufolge zeigt er jedoch zumindest große Bestrebungen, bei der Übernahme administrativer Aufgaben zu unterstützen, die am Computer erledigt werden können („*Er macht viel halt, alles das, was er über den Computer machen kann, übernimmt er.*" I12 00:33:06-5). Im sozialen Netzwerk der Befragten sind auch zwei Kinder im Alter von 13 und 17 Jahren vertreten, die schon als sehr selbstständig beschrieben werden und eine enge Verbindung zu ihrer Großmutter haben. Dennoch werden sie im regulären Alltag als Unterstützungsleistende nicht in Betracht gezogen, da die Familie etwa 130 Kilometer von der Pflegebedürftigen entfernt lebt und die Kinder diese Distanz nicht eigenständig überwinden. Hinzu kommt, dass sowohl der Sohn wie auch die Tochter schulpflichtig sind und daher nur über eingeschränkte Möglichkeiten verfügen, sich für die Betreuung der alten Frau einzusetzen. Die letzte potenzielle Unterstützungsquelle des informellen Netzwerks stellen die Nachbar(inne)n der Pflegebedürftigen dar, zu denen ein gutes Verhältnis besteht und die nach Einschätzung der Vereinbarerin eine ausgeprägte Bereitschaft aufweisen, zumindest sporadisch die Beaufsichtigung zu übernehmen („*Die Nachbarn, die Nachbarn einfach. Das ist halt 'ne altgewachsene Nachbarschaft. (...) Meine Mutter hat sich jetzt in jüngster Zeit auch mehrmals ausgesperrt, dass sie halt den Schlüssel drinnen vergessen (...). Dann saß sie halt nachmittags bei den Nachbarn. Die haben gesagt: Das ist überhaupt kein Problem.*" I12 00:48:51-6). Als reguläre Unterstützungsquelle im Alltag werden sie jedoch nicht in Erwägung gezogen.

Die Einstellungen der Befragten sind auf die Inanspruchnahme der verfügbaren Unterstützungsquellen ausgerichtet. Gegenüber den formellen Hilfeleistenden ist die Überzeugung vorherrschend, dass ihre Hinzuziehung eine maßgebliche Voraussetzung für das Gelingen der Vereinbarung darstellt („*I: Würden Sie denn sagen, dass Sie momentan mit der pflegerischen Situation so ganz zufrieden sind, wie Sie jetzt organisiert ist? B12: Ja, jetzt aktuell ja. Noch ist das irgendwie zu bewerkstelligen. Auch mit der Unterstützung des Pflegedienstes und des Essensdienstes.*" I12 00:53:41-2). Ohne ihre Einbindung scheint die sofortige Aufgabe der häuslichen Versorgung angezeigt. Vor diesem Hintergrund werden auch private Investitionen des Pflegehaushaltes befürwortet („*Also einen Teil muss sie immer dazu bezahlen, aber das ist halt so. Sie hat sich was angespart und das ist halt letztendlich das, wofür wir heute sparen, damit das dann letztendlich irgendwann gesichert ist.*" I12 00:51:13-1). Auch die Einbindung des Lebensgefährten der Pflegebedürftigen wird grundsätzlich positiv bewertet, da sie zur Entlastung der Vereinbarerin beiträgt („*Dadurch, dass sie [die Pflegebedürftige] jetzt eben wie gesagt bei M., ihrem Lebensgefährten, ist, ist mir auch sehr viel Sorge genommen auf der einen Seite.*" I12 00:53:41-2). Lediglich gegenüber den Kindern und in Ansätzen auch gegenüber dem eigenen Lebenspartner ist eine auf die Schonung ausgerichtete Einstellung vorherrschend, die sich aus dem Motiv speist, das enge familiäre Umfeld aufgrund der schulischen und beruflichen Einbindung nicht mit pflegerischen Aufgaben belasten zu wollen („*Ich kann meinen Kindern nicht alles aufdrücken. Ich kann nicht alles bei meinen Kindern lassen. Das geht nicht.* I12 00:39:56-5).

Subjektiv wahrgenommene Selbstbewältigungsressourcen der Befragten

Die Verfügbarkeit über Selbstbewältigungsressourcen wird in opportunitätsstruktureller Sicht zum einen durch die Erwerbstätigkeit der Befragten beeinflusst, die wöchentlich 25 Stunden umfasst und teilweise parallel zu den Versorgungs- und Betreuungszeiten der Pflegebedürftigen liegt. Nach eigener Einschätzung verfügt die Interviewte über die Möglichkeit des souveränen Umgangs mit ihrer Arbeitszeit, da sie ihre Anwesenheitszeiten bei Bedarf verringern und kurzfristig Urlaub nehmen kann („*Und von daher lässt er [der Vorgesetzte] uns allen da relativ freie Hand, was das angeht. Wir sind alle erwachsen und von daher sind wir alle selbst in der Lage, alles selbst einzuschätzen und uns selbst einzuteilen. Und von daher geht das sehr gut, dass ich dienstags dann sage: Ich mache 'ne Stunde eher Feierabend.*“ I12 00:16:32-8; „*Das heißt, für den Tag muss ich mir freinehmen. Und dann muss ich halt spontan 'nen Urlaubstag nehmen.*“ I12 00:43:40-2). Souveränitätsbeschränkend wirkt sich allerdings die Notwendigkeit aus, im Falle unvorhergesehener beruflicher Ereignisse Mehrarbeit leisten zu müssen, die nicht plan- oder verschiebbar ist („*Ja, das kommt durchaus schon mal vor, dass dann da wirklich so eine aktuelle Vergewaltigungssache ist. (...) Das heißt, es ist eben ein enormer Zeitaufwand und auch ein logistischer Aufwand mit solchen Extremsachen. Und von da aus, wenn so was dazwischen kommt, dann schmeißt das natürlich alles durcheinander.*“ I12 00:20:14-5). Die zeitliche Verfügbarkeit der Befragten wird darüber hinaus aber auch durch die Teilhabe an den Erziehungsaufgaben für ihre zwei Kinder beeinflusst. Beide sind zwar zum selbstständigen Handeln in der Lage („*Die werden auch nicht, wie sagt man, vor dem gefüllten Kühlschrank verhungern, weil sie durchaus auch wissen, wie die Tür aufgeht.*“ I12 01:10:09-3), jedoch ist aber zumindest eines der Kinder insbesondere in schulischen Belangen noch auf die umfassende Hilfe der Mutter angewiesen („*Die Große wird jetzt 18 Jahre alt. Also das ist nicht so schlimm. Das ist relativ leicht. Es ist halt immer 'ne Frage der Absprache und Organisation. Die Kinder kriegen es beide geregelt. Problematisch wird es halt nur, wenn Klassenarbeiten anstehen, weil mein Sohn relativ faul ist und halt nicht lernt. Sonst sage ich mal, ist das halt nicht so dramatisch. Dann macht er halt die Hausaufgaben mal später abends. Das ist zwar nicht so toll aber das ist halt irgendwie noch zu vertreten. Aber wenn dann Klassenarbeiten anstehen, dann ist es halt für mich problematisch. Dann ist es wirklich so eine Zerreißprobe.*“ I12 00:11:16-7). Zusätzlich werden die zeitlichen Verfügbarkeitsmöglichkeiten auch durch die Einbindung in hauswirtschaftliche Aufgaben beschränkt. Wenngleich die Befragte hierbei Unterstützung durch ihre Kinder erfährt und die Lage und Verteilung dieser Tätigkeiten teilweise beeinflussbar ist („*Meistens mache ich dann am Wochenende, was unter der Woche so liegen geblieben ist.*“ 00:41:39-7), wird der mit der Versorgung eines Vier-Personen-Haushalts verbundene Arbeitsaufwand dennoch als nicht unerheblich eingeschätzt („*So, ich habe dann halt auch viele andere Sachen. Wäsche bügeln oder so das Übliche, was in einem Haushalt halt dazugehört.*“ I12 00:39:56-5). Lediglich aus der Einbindung in den Freizeitbereich resultieren keine Beschränkungen der eigenen zeitlichen Verfügbarkeit, da dieser nahezu vollständig aufgegeben wurde („*Es gibt so ein paar Sachen, die ich eigentlich ganz gerne mache. Lesen. Ich habe auch immer viel gestrickt oder ich nähe mir eben auch gerne so selber was. Das bleibt dann alles komplett so liegen. Weil ich dafür dann einfach die Zeit nicht finde.*“ I12 00:41:39-7). Im vorliegenden Fall sind neben den zeitlichen aber insbesondere auch die räumlichen Rahmenbedingungen hinderlich für den Einsatz der eigenen Arbeitskraft. Ausschlaggebend hierfür ist die große Distanz zwischen dem Arbeitsort und dem Wohnort der Pflegebedürftigen. Für ihre Überwindung werden pro Besuch drei Stunden veranschlagt („*Gerade, wenn ich dann unterwegs bin. Ohne Stau bin ich drei Stunden im Auto. Hin und zurück, ne?* I12 00:31:58-9).

Die Einstellungen der Befragten sind auf den peripheren Einsatz der eigenen Ressourcen für die Versorgungserbringung ausgerichtet. Ursächlich hierfür ist die größere Zentralität der beruflichen Sphäre und der Erziehung der Kinder. Im Erwerbssystem resultiert diese Haltung primär aus einer ausgeprägten instrumentellen Arbeitsorientierung. Sie ist dadurch gekennzeichnet, dass der Erwirtschaftung eines eigenen Einkommens und der Gewährleistung der sozialen Absicherung im Rentenalter ein hoher Stellenwert beigemessen wird. Vor diesem Hintergrund stellt die Aufgabe des Berufs kein erstrebenswertes Ziel dar („*I: Manche Vereinbarerinnen überlegen sich dann, ob sie nicht vielleicht ihren Beruf aufgeben. Inwiefern war das für Sie zu irgendeinem Zeitpunkt mal eine Option? B12: Nein, nein, weil mein Partner und ich sind nicht verheiratet. Das heißt, von daher bin ich da nicht mit versorgt. Mhm, ich arbeite halt durch die Kinder schon relativ viel in Teilzeit. Das heißt, meine Rente ist eh, der Anspruch ist eh noch nicht, da fehlt halt noch einiges, damit ich dann irgendwann eine halbwegs vernünftige Rente oder Pension dann bekomme.*“ I12 00:52:58-3). Neben der Erwerbstätigkeit nehmen in der persönlichen Relevanzstruktur der Befragten auch die Erziehungsaufgaben eine bedeutsame Rolle ein. Es herrscht die Überzeugung vor, dass der eigene Einsatz insbesondere für das jüngere Kind, nicht verzichtbar und von großer Bedeutung für dessen Wohlergehen ist („*Aber der Kleine, der ist 13. Da kann ich schon noch so einiges verbaseln oder falsch machen oder da was in die falsche Richtung schieben. Und da muss ich schon gucken, ich muss wirklich sehen, dass ich die nicht zu viel alleine lasse.*“ I12 01:10:09-3). Um diesen Anforderungen begegnen zu können, werden Abstriche im pflegerischen Bereich, z. B. die Absagen oder das Verschieben von Besuchen, als legitim erachtet („*Ich sag ihr ab. Ich sag ihr ab. Oder ich verschiebe das dann halt einfach, dass ich sage: Ich komme ein bisschen später. Ich muss noch länger arbeiten.*“ I12 00:20:40-4). Auch die Abgabe der Versorgungstätigkeit an eine stationäre Einrichtung gilt prinzipiell als erstrebenswert und wird bereits konkret in Erwägung gezogen („*Und von da aus haben wir dann gesagt, dass ich versuche, für sie hier in A. [Heimatort der Befragten] einen Platz zu bekommen, dass ich und die Kinder dann die Fahrerei nicht mehr haben*“ I12 00:52:58-3).

Zusammenfassend verdeutlicht die Fallbeschreibung, dass Bewältigungsressourcen aus dem sozialen Umfeld im Vergleich zu Fall 3 (Typ 3, Ressourcenverfügbarkeit: +-+) nach subjektiver Einschätzung der Befragten insbesondere aus formellen Quellen umfassend verfügbar sind. Ausschlaggebend hierfür ist zum einen die fachliche und zeitliche Eignung der Dienste, zum anderen die grundsätzlich auf die Einbindung ausgerichteten Einstellungen. Im informellen Netzwerk nimmt auch der Lebensgefährte der Mutter einen relevanten Stellenwert ein, der zwar räumlich und zeitlich nur an den Wochenenden einsetzbar ist, dessen Partizipation an der Pflege dann aber als Entlastung wahrgenommen wird. Demgegenüber sind die eigenen Bewältigungsressourcen der Befragten, anders als in Fall 6 (Typ 1, Ressourcenverfügbarkeit: +++), Fall 3 (Typ 3, Ressourcenverfügbarkeit: +-+) und Fall 13 (Typ 5, Ressourcenverfügbarkeit: -++), nur in geringem Maße vorhanden. Auf der opportunitätsstrukturellen Ebene tragen hierzu in erster Linie die große räumliche Entfernung zwischen dem Arbeitsort der Befragten und dem Wohnort der Pflegebedürftigen sowie die Sorgeverantwortung gegenüber den Kindern bei. Zusätzlich sind auch die Einstellungen der Befragten aufgrund der ausgeprägten instrumentellen Arbeitsorientierung und dem Verpflichtungsgefühl gegenüber den Kindern eher auf eine periphere Einbindung in das Versorgungsgeschehen ausgerichtet. Folglich verfügt die Interviewte kaum über die Möglichkeit und die Bereitschaft, sich selbst umfassend für die Pflegebedürftige einzusetzen, die im Vergleich zu Fall 6, Fall 11 (Typ 2, Ressourcenverfügbarkeit: ++-) und Fall 3 nur noch über gering ausgeprägte Bewältigungsressourcen verfügt.

Typ 7:

Typ 7 zeichnet sich durch umfassende Selbstbewältigungsressourcen der Befragten aus. Demgegenüber kann nur in geringem Maße auf Ressourcen der oder des Pflegebedürftigen oder der Unterstützungsleistenden aus dem sozialen Umfeld zurückgegriffen werden. Dieses Muster zeigt sich beispielsweise in Fall 19. Es handelt sich hierbei um eine Russlanddeutsche, die als teilzeitbeschäftigte Steuerfachangestellte arbeitet und die Pflege für ihre Schwiegermutter (Pflegestufe I) im gleichen Haushalt erbringt.

Subjektiv wahrgenommene Bewältigungsressourcen der Pflegebedürftigen

Die geringe Verfügbarkeit über Bewältigungsressourcen der Pflegebedürftigen wird unter anderem durch die Ausprägung der Opportunitätsstrukturen beeinflusst. Der Wahrnehmung der Befragten zufolge ist die Pflegebedürftige aufgrund ihrer demenziellen Erkrankung, der Sturzgefährdung und der Inkontinenz nicht mehr in der Lage, ihren Alltag eigenständig zu bewältigen. Diese körperlichen Einbußen bedingen eine Vielzahl von Funktionseinschränkungen: Die Zubereitung von Nahrung, die Haushaltsführung, die Körperpflege und die Strukturierung des Tages müssen ihr vollständig abgenommen werden. Sie kann zwar einige Tätigkeiten, zum Beispiel Teilwaschungen, den Wechsel von Inkontinenzmaterial und das An- und Auskleiden noch selbst durchführen und sich auch noch eigenständig fortbewegen, ist aber nahezu immer auf Anleitung und Unterstützung durch andere Personen angewiesen („*Sie muss aufgefordert werden zum Anziehen, zum Waschen, mhm, Pampers wechseln.*" I19 00:09:10-9; „*Sie wird nicht kämmen, sie wird nicht Gesicht waschen, sie wird mit nassen Hosen sitzen, sie wird nicht aufstehen, sie isst und legt sich dann wieder hin.*" I19 00:09:33-1). Aus eigenem Antrieb führt sie die Tätigkeiten nur selten durch, was der Einschätzung der Befragten zufolge Ausdruck ihrer krankheitsbedingt geringen Kooperationsbereitschaft ist („*Also sie wird, wenn sie nicht aufgefordert wird, nichts machen. Überhaupt nichts. Überhaupt nichts.*" I19 00:08:34-1; „*Aber sie will nicht. Sie sieht es nicht ein, dass sie es braucht. Wozu braucht sie sich umziehen?*" I19 00:10:33-4). Lediglich die Nahrungsaufnahme erfolgt ohne Interventionen durch andere Personen („*Also außer essen. Da muss ich sagen, Lust aufs Essen hat sie immer. (I: Ah, okay.) Wenn man es ihr hinstellt, dann isst sie sofort ohne Aufforderung und bis zum letzten Krümel.*" I12 00:09:10-9). Die Pflegebedürftige bleibt zwar über mehrere Stunden allein, gefährdet sich aber in diesen Fällen aufgrund ihrer Sturzneigung selbst („*Nee, Treppe ist das Schlimmste. Aber Rest macht sie auch nicht allein. Es gibt natürlich, sie kann natürlich, wenn ich sie bade oder dusch, ausrutschen, aber dann bin ich dabei. Das ist das Einzige, was sie wirklich machen kann, wenn sie alleine ist.*" I19 00:41:30-9).

Vergleichbar mit Fall 12 (Typ 6, Ressourcenverfügbarkeit: -+-) geht diese Geringschätzung der passiven Bewältigungsressourcen mit einer auf die Ablehnung des Präsenzverzichts ausgerichteten Einstellung einher. Zeiten der fehlenden Beaufsichtigung werden als Vernachlässigungen gewertet und sind mit dem eigenen Gewissen nur schwer zu vereinbaren („*Mein Mann sagt auch: Mach deine Arbeit ruhig weiter. Es passiert ihr gar nichts. Wenn sie Mittagessen eine Stunde später bekommt, dann passiert ihr gar nichts. Aber er ist so ein Typ, er kann sich abschalten. Ich nicht. Ich kann dann nicht arbeiten. Ich muss ihr*

Essen geben, ich muss nach ihr schauen und dann kann ich meine Arbeit weiter machen (...)." I19 01:16:18-1; „*Ja, sonst, jetzt am Donnerstag war bei uns zum Beispiel Feiertag und wir wollten nach S. (Stadt). Das ist von uns etwa 200 Kilometer entfernt. Und wir sind nur wegen Oma nicht gefahren, weil ich wollte sie nicht alleine zu Hause lassen. Wobei mein Mann sagte: Wir stellen ihr mehr Essen, mehr Trinken, es passiert schon gar nichts. Aber ich konnte nicht, weil ich wusste, sie isst sofort alles auf. Sie kann nichts zur Seite legen. Dann sitzt sie den ganzen Tag rum. Also ich konnte nicht.*" I19 00:48:54-4). Der Rückgriff auf die wenigen verbliebenen Fähigkeiten der Pflegebedürftigen wird prinzipiell befürwortet, da eine auf die Aktivität ausgerichtete Einstellung besteht („*Und ich kann sie [die Pflegebedürftige] nicht einfach liegen lassen. Ich habe einfach so eine Verpflichtung, wenn ich sie pflege, dass sie auch mal rausgeht, dass sie auch mal frische Luft schnappt, dass sie sich bewegt. Mir wurde schon einmal gesagt: Lass sie einfach sitzen, wenn sie nicht will. Aber ich kann so nicht. Ich habe so einen Druck, wenn sie bei mir wohnt. Ich muss dafür sorgen, dass sie auch mal raus geht. Vielleicht liegt das an mir. Vielleicht gibt es Leute, die sich keine Sorgen darüber machen, aber bei mir geht das nicht. Ich kann mich nicht überreden.*", I19 00:18:47-5). Leitendes Motiv hierbei ist der Erhalt der noch verbliebenen Fähigkeiten der Pflegebedürftigen. („*Wenn sie sich nicht bewegt, dann wird sie in einer absehbaren Zeit bettlägerig.*", I19 00:20:08-6). Trotz dieser Aktivität und Selbstständigkeit befürwortenden Einstellung sind die Bewältigungsressourcen der Pflegebedürftigen insgesamt nur gering. Ausschlaggebend hierfür ist, dass die opportunitätsstrukturellen Bedingungen, wie oben dargestellt, hinderlich ausgestaltet sind.

Subjektiv wahrgenommene Bewältigungsressourcen durch Unterstützungsleistende aus dem sozialen Umfeld

Auch Bewältigungsressourcen durch Unterstützungsleistende aus dem sozialen Umfeld sind nur in vergleichsweise geringem Maße existent. Zwar hat die Befragte sowohl einen Ehepartner wie auch zwei Kinder im Alter von 12 und 15 Jahren. Ihre berufliche oder schulische Einbindung begrenzt jedoch ihre Möglichkeiten zur Hilfeerbringung während den Versorgungs- und Beaufsichtigungszeiten der Pflegebedürftigen. Dies gilt insbesondere für den Sohn, der häufig nicht nur morgens, sondern auch nachmittags aufgrund des Unterrichts nicht zu Hause ist („*Also der Sohn hat jetzt mehr ganztags Schule. Er ist weniger zu Hause.*" I19 00:51:01-9) und auch für den Partner, der zwar die Bereitschaft zeigt Hilfe zu leisten, dessen Verfügbarkeit sich aufgrund seiner umfassenden Arbeitszeit und den geringen Souveränitätspotenzialen jedoch auf Einsätze in den Abendstunden beschränkt („*Er würde schon viel machen, aber er arbeitet.*" I19 00:52:49-9; „*Er fängt um 07:30 Uhr an und er arbeitet weiter als ich. Also bei ihm geht es definitiv nicht. Einmal haben wir das gemacht und dann mussten wir das mit dem Chef erst mal absprechen, dass er zwei Stunden später kommt und diese zwei Stunden musste er dann nacharbeiten (...).*" I19 00:56:58-2). Im Umfeld der Interviewten bestehen auch potenzielle formelle Unterstützungsquellen. Zu ihnen zählt eine Tagespflegeeinrichtung, die einmal wöchentlich am Vormittag in Anspruch genommen wird. Die von dieser Institution abgedeckten Betreuungszeiten erscheinen jedoch kaum kompatibel mit den Arbeitszeiten der Befragten („*In Deutschland sind diese Häuser gemacht für Leute, die eh zu Hause sitzen und, mhm, seine pflegebedürftige Person einfach zur Abwechslung wegbringen wollen. Weil sie machen um 08:00 Uhr auf und ich muss um 08:00 Uhr bei der Arbeit sein. Also das ist überhaupt nicht vereinbar. (I: Ja.) Das verstehe ich nicht, warum die um 08:00 Uhr erst aufmachen. Warum nicht um 06:00 Uhr, um 07:00 Uhr?*" I19 00:32:42-4). Die Vereinbarerin berichtet auch von einer Bekannten, die die Versorgung der Pflegebedürftigen gegen Bezahlung sporadisch übernimmt. Sie verfügt über keinerlei andere Sorgeverpflichtungen, ist nicht mehr ins Erwerbsleben eingebunden und daher zeitlich flexibel. Darüber hinaus wird sie auch sozial-emotional und fachlich als geeignet eingeschätzt, da sie geduldig mit der Pflegebedürftigen umgeht und sie angemessen beschäftigt („*Aber sie hat auch Zeit. Sie hat keine Kinder. Sie spielt mit ihr. Sie hat dafür Zeit und Nerven.*" I19 00:47:42-3). Eine umfassendere Inanspruchnahme ist allerdings aus finanziellen Gründen nicht möglich, da dieses formelle Angebot gegenwärtig über die Leistungen der Verhinderungspflege bezahlt wird, deren Begrenzung auf maximal 1510 Euro im Kalenderjahr einer umfassenden Einbeziehung entgegensteht („*Wir würden sie schon natürlich gerne mehr abgeben, damit wir mehr Zeit für uns haben. Aber wir haben nur 1500 Euro zur Verfügung. Nur diese vier Wochen. (...) Und das ist mir, weil ich berufstätig bin, zu wenig.*" I19 00:54:49-8). Auch ein ambulanter Pflegedienst wird als reguläre Unterstützungsform nicht in Erwägung gezogen, da eine angemessene Versorgung durch diesen Akteur ausschließlich unter Zuhilfenahme der Pflegeversicherungsleistungen nicht zu gewährleisten ist („*Dafür würde gerade Pflegegeld reichen, wenn sie einmal pro Tag kommen. Dann müssen wir entscheiden, ob morgens oder abends. Dann müssen wir entscheiden, wo uns die Hilfe lieber ist. Das reicht aber nicht.*" I19 00:59:36-7).

Wie die Betrachtung zeigt, wird der Ressourcenbestand durch die Opportunitätsstrukturen eingeschränkt. Darüber hinaus sind aber auch die Einstellungen kaum auf die Einbeziehung formeller oder informeller Unterstützungsleistungen ausgerichtet. Die einzige Ausnahme zeigt sich hinsichtlich des Ehemannes. Die Befragte vertritt die Meinung, seine direkte verwandtschaftliche Beziehung zu der Pflegebedürftigen geht mit der Verpflichtung einher, zumindest in den nicht durch die Erwerbsarbeit besetzten Zeiten Verantwortung für die Versorgung zu tragen und die Interviewte auf diese Weise zu entlasten („*Und nachdem er [der Ehepartner] Abendbrot gegessen hat, dann beschäftigt er sich grundsätzlich mit der Oma (I: Okay.). Das habe ich gemacht, nachdem sie drei Monate bei uns war. Dann habe ich gemerkt: Erstens wird mir das zu viel.*“ I19 00:27:55-9). Gegenüber den Kindern zeigt sich eine grundlegend andere Einstellung, die von der Überzeugung geprägt ist, dass sie der Schonung und des Schutzes bedürften und durch die Pflegeübernahme möglichst wenig in ihrem Wohlbefinden beeinträchtigt werden sollen („*Weil ich will, aber wie gesagt, vielleicht liegt es auch an mir, aber ich möchte, dass sie schon fertig ist, bevor sie [die Kinder] nach Hause kommen. Ich möchte nicht, dass sie sie [die Pflegebedürftige] sehen im Schlafanzug, dass sie sich nicht gewöhnen, dass sie nicht denken, dass sie im Krankenhaus wohnen, wo die Leute im Schlafanzug rumlaufen. Deswegen ist die Zeit, bis sie aus der Schule kommen, bei mir sehr stressig. Ich will sie fertigmachen, umziehen, kämmen, umziehen, Zähne putzen. Ich möchte, dass sie eine gepflegte Oma sehen, damit sie sich nicht schämen, wenn sie jemanden nach Hause mitbringen.*“ I19 01:01:35-7). Auch gegenüber den professionellen Akteur(inn)en wird eine auf die Ablehnung der Unterstützung ausgerichtete Haltung vertreten. Ausschlaggebend hierfür ist die Überzeugung, dass die Hinzuziehung von professionellen Unterstützungsquellen nicht mit zusätzlichen Investitionen aus dem Privatvermögen oder dem Einkommen des Pflegehaushaltes verbunden sein soll. Vor dem Hintergrund, dass eine bedarfsgerechte Versorgung durch die Leistungen der Pflegeversicherung nicht realisierbar erscheint, werden die Betreuungskraft und der Pflegedienst nicht als regulär einsetzbare Bewältigungsressourcen wahrgenommen. Im Falle des ambulanten Pflegedienstes kommt darüber hinaus noch die Überzeugung zum Tragen, dass der Einsatz dieses Akteurs mit Eingriffen in die Privatsphäre der Familie einhergeht, die es zu verhindern gilt („*Sie hat keinen extra Wohnbereich. Wir wohnen sozusagen in einer Wohnung, nicht? Ich habe keine Einliegerwohnung. Und dann würden die [der Pflegedienst] hier durch das Haus latschen und dann sind hier noch die Kinder, die auch mal Besuch mal nach Hause bringen. Und das wollen wir einfach nicht, dass aus unserem Haus wie Krankenhaus wird.*“ I19 00:58:40-2). Der Inanspruchnahme der Tagespflegeeinrichtung stehen diese Haltungen nicht entgegen, da das Angebot zum Zeitpunkt des Interviews vollständig aus den Leistungen der Pflegeversicherung finanziert werden kann, nicht in der eignen

Häuslichkeit erbracht wird und somit auch nicht in den privaten Bereich eingreift. Ihm wird sogar eine förderliche Wirkung für das Wohlergehen der Pflegebedürftigen zugeschrieben, da ihr durch die Inanspruchnahme Abwechslung verschafft wird. Diese prinzipiell positive Einstellung kann jedoch nicht die restriktiven Opportunitäten in Form der mangelnden zeitlichen Passgenauigkeit des Angebots ausgleichen, sodass auch die Tagespflege nicht als Bewältigungsressource wahrgenommen wird („*Mir wäre es einfacher, wenn sie einfach zu Hause bleiben würde. Also diese Tagesstätte, mir persönlich, hilft gar nichts. Das hilft nur vielleicht meiner Schwiegermutter, weil sie Abwechslung hat und andere Leute sieht. Also das ist keine Hilfe für berufstätige Leute.*“ I19 00:38:02-3; „*Nee, ich würde das als Unterstützung nicht nennen, weil das ist für mich noch mehr Arbeit. Das ist alleine nur wegen meiner Schwiegermutter. Unterstützung kannst du wegstreichen. Das ist keine Unterstützung für mich. Das ist für sie eine Abwechslung.*“ I19 00:46:56-2).

Subjektiv wahrgenommene Selbstbewältigungsressourcen der Befragten

Die Befragte verfügt allerdings über umfassende Selbstbewältigungsressourcen. Ausschlaggebend hierfür ist auf der opportunitätsstrukturellen Ebene unter anderem, dass die Vereinbarerin lediglich einer Teilzeitberufstätigkeit von 20 Stunden in der Woche nachgeht. Sie liegt außerhalb der intensiven pflegerischen Versorgungszeiten ihrer Schwiegermutter und kann durch den Einsatz von Urlaubstagen oder den Abbau von Überstunden an Bedarfslagen im Versorgungsbereich angepasst werden („*(...) weil ich nehme mir frei, weil ich kann dann mal nachmittags diese Zeit nacharbeiten.*“ I19 00:57:59-1). Gelegentlich ist Mehrarbeit zu leisten, die als Extraeinsatz an den Nachmittagen anfällt („*Dann komme ich noch einmal zurück und mache meine Arbeit zu Ende. Das war schon. Das ist schon einmal passiert. Und nicht nur einmal.*“ I19 01:14:18-7). Diese zeitliche Organisationsform der Überstunden in Kombination mit einer geringen räumlichen Distanz zwischen dem gemeinsamen Wohnort der Befragten und der Pflegebedürftigen und dem Arbeitsort eröffnet ihr die Möglichkeit, mittags den Versorgungsbedarfen der Pflegebedürftigen zu begegnen, bevor die Überstunden im Büro erbracht werden („*Dann renne ich nach Hause, gebe meiner Schwiegermutter Mittagessen, gucke nach ihr und fahre zurück.*“ I19 01:14:08-9). Neben dem Beruf führt die Befragte regelmäßig auch noch hauswirtschaftliche Aufgaben durch, wobei sie Unterstützung durch die Familienmitglieder erhält („*Also mein Sohn tut Staubsaugen. Also sein Zimmer und dann macht er die Treppe und den Keller. Meine Tochter tut Staub abwischen. Die Spülmaschine, je nach dem. Also der Sohn hat jetzt mehr ganztags Schule. Er ist weniger zu Hause. Aber staubsaugen, das ist seine feste Aufgabe. Das tut er. Das muss er immer machen. Die Tochter hilft mehr, weil sie einfach nachmittags mehr zu Hause ist.“* I19 00:51:01-9). Darüber hinaus nimmt sie sich regelmäßig eigene Regenerationszeiten und versorgt ihre beiden Kinder, die jedoch bereits als sehr selbstständig beschrieben werden („*Ich versuche dann, bei den Kindern Hausaufgaben zu prüfen oder ich nehme mir einfach Zeit für mich, wobei ich kann die Zeit nicht aktiv nutzen. Früher habe ich immer gejoggt. Das mache ich jetzt nicht mehr. Manchmal tue ich einfach im Internet was lesen für irgendwas.*“ I19 00:29:59-6). Alle drei Tätigkeitsformen des weiteren reproduktiven Bereichs binden zwar Zeit, werden aber ganz überwiegend in der eigenen Häuslichkeit verrichtet, die gemeinsam mit der Pflegebedürftigen bewohnt wird. Folglich steht eine Einbindung in diese Sphäre einer räumlichen Verfügbarkeit für die Pflegebedürftige nicht entgegen.

Dem Datenmaterial sind Hinweise zu entnehmen, die auf eine positive Einstellung gegenüber dem Einsatz der eigenen Arbeitskraft für die Versorgung der Pflegebedürftigen schließen lassen. Kennzeichnend hierfür ist die Überzeugung, dass die Begegnung der (schwieger-)elterlicher Pflegebedarfe eine zwingende Verpflichtung der Kindergeneration darstellt. Die Abgabe der Versorgung an eine stationäre Einrichtung wird vor diesem Hintergrund in keinem Fall in Erwägung gezogen und von der Befragten als moralisch verwerflich bewertet („*I: Inwiefern hast du dich denn moralisch dazu verpflichtet gefühlt? B19: Auf jeden Fall. Auf jeden Fall. Vielleicht betrifft das uns, weil aus diesen Ländern, aus denen wir kommen, da steckt man die Eltern nicht ins Altersheim. Das war so unmoralisch, asozial und so weiter.*“ I19 00:06:54-3). Gleichzeitig sieht die Interviewte auch ihren Beruf als elementaren Bestandteil des eigenen Lebens an. Sie weist eine ausgeprägte intrinsische Arbeitsmotivation auf. Kennzeichnend ist eine große Arbeitsfreude („*Aber das ist halt meine Arbeit. Ich mag sie. Ich mag sie wirklich sehr gerne.*“ I12 01:04:41-1; „*Ich liebe meinen Beruf. Ich habe den ausgesucht.*“ I19 01:15:03-1) und die Bedeutung des Berufs als Bestandteil der eigenen Identität („*Und der Zweite: Ich will einfach nicht nur Hausfrau sein. Mir fällt einfach. Ich fühle mich einfach so. Also das ist nicht meine [Bestimmung]: nur Pflegeperson sein.*“ I19 00:15:44-4). Trotzdem die Aufgabe ihrer Erwerbstätigkeit vor diesem Hintergrund für sie mit großen persönlichen Opfern verbunden wäre, wurde bereits ein Abbruch des Arbeitsverhältnisses zugunsten der Versorgungsübernahme in Erwägung gezogen („*Ich hatte schon Gedanken gehabt, mich zu kündigen, weil dann denke ich, hätte ich es vielleicht ein bisschen einfacher und entspannter mit der Oma, die ganze Arbeit durchzuführen.*“ I19 00:15:44-4). Der Einstellung der Befragten zufolge stellt diese Option jedoch nur eine Lösung im Notfall dar. Demgegenüber werden Abstriche im weiteren reproduktiven Bereich durchaus befürwortet. Dies gilt insbesondere für die Versorgung der ohnehin schon selbstständigen Kinder („*Nach den Kindern wirklich schaue ich nicht mehr, weil die können sich mit 12 auch alleine Essen warm machen oder zum Notfall Pizza backen.*" I19 01:14:08-9; „*Auch, wenn ich anfange, sie wegen der Schule was zu fragen, dann kann jeden Moment Oma was brauchen. Dann muss ich sowieso alles liegen lassen*" I19 00:24:09-0).

Wie die Betrachtung dieses Falls zeigt, erwachsen insbesondere aus der vergleichsweise geringen zeitlichen Bindung durch den Beruf sowie der Ausrichtung des außerberuflichen Lebens auf den häuslichen Bereich Potenziale für den umfassenden eigenen Einsatz in der pflegerischen Sphäre. Der Rückgriff auf diese Ressourcen wird aufgrund einer starken moralischen Verpflichtung zur familiären Versorgungsübernahme befürwortet, sodass im Vergleich zu Fall 11 (Typ 2, Ressoucenverfügbarkeit: ++-) insgesamt eine eher umfassende Verfügbarkeit über Selbstbewältigungsressourcen festgestellt werden kann. Ressourcen von Unterstützungsleistenden des informellen sozialen Umfelds sind hingegen, im Gegensatz zu Fall 6 (Typ 1; Ressourcenverfügbarkeit: +++), Fall 11 und Fall 13 (Typ 5, Ressourcenverfügbarkeit: -++), nur in begrenztem Maße vorhanden, was auf die geringe zeitliche Verfügbarkeit der Familienmitglieder und die auf eine Schonung ausgerichtete Einstellung gegenüber den Kindern zurückzuführen ist. Gleiches gilt auch für die formellen Unterstützungsquellen, die entweder zeitlich nicht passgenau einsetzbar sind oder aber ausschließlich unter Rückgriff auf die Pflegeversicherungsleistungen ohne eigene Zuzahlungen nicht bedarfsdeckend in Anspruch genommen werden könnten. Da außerdem eine ablehnende Haltung gegenüber der Einbindung professioneller Dienste besteht, werden sie kaum als Bewältigungsressourcen wahrgenommen. Auch die Pflegebedürftige wird schon alleine aufgrund ihrer geringen noch verbliebenen Fähigkeiten zur aktiven und passiven Selbstsorge, anders als in Fall 6, Fall 11 und Fall 3 (Typ 3, Ressourcenverfügbarkeit: +-+), nicht als Ressource in Erwägung gezogen.

Die in Teilkapitel 6.3.2 und 6.3.3 dargestellten Ergebnisse zusammenfassend, kann die dritte forschungsleitende Fragestellung beantwortet werden. Sie ist darauf ausgerichtet, wie die Einflussfaktoren unter den in die Untersuchung eingebundenen erwerbstätigen Pflegenden ausgeprägt sind, die den Einsatz von Vermittlungshandlungen bedingen. Bedeutsam ist in diesem Zusammenhang die Erkenntnis, dass die drei Bewältigungsressourcen diese Einflussfaktoren darstellen und dass sie in eher geringem oder hohem Maße verfügbar sein können. Unter diesen Bedingungen lassen sich in der in Teilkapitel 6.3.2 dargestellten dreidimensionalen Mehrfeldertafel acht theoretisch mögliche

Merkmalskombinationen erkennen. Wie sich durch die Fallanalysen zeigen ließ, deren Ergebnisse exemplarisch in Teilkapitel 6.3.3 beschrieben wurden, sind in der berücksichtigten Gruppe der erwerbstätigen Pflegenden sechs dieser Merkmalskombinationen zu identifizieren. Es handelt sich um Ressourcenkombinationsmuster, die zumindest durch die Existenz einer umfassend verfügbaren Ressource geprägt sind, wobei es sich um die Selbstbewältigungsressourcen oder die Bewältigungsressourcen von Unterstützungsleistenden aus dem sozialen Umfeld handelt. Bewältigungsressourcen der oder des Pflegebedürftigen müssen demgegenüber selbst dann, wenn sie in umfassendem Maße verfügbar sind, immer in Kombination mit zumindest einer weiteren umfassend bestehenden Ressource zum Einsatz kommen. Dies ist auf die Samplingkriterien zurückzuführen, denen zufolge alle Pflegebedürftigen in starkem Maße der Beaufsichtigung und/oder Unterstützung bedürfen und daher schon grundsätzlich nur eingeschränkt zur Alltagsbewältigung beitragen können.

6.4 Zusammenführung der Erkenntnisse: theoretisches Modell und Typologie der Vermittlung erwerbstätiger pflegender Frauen

Im Zuge der bisherigen Ergebnispräsentation wurden im Datenmaterial existente Vermittlungshandlungen beschrieben und Einflussfaktoren dargelegt, die für ihre Nutzung relevant sind. Diese fungieren als Vergleichskategorien, anhand derer die einbezogenen Fälle gruppiert werden konnten. Es handelt sich hierbei um Teilschritte auf dem Weg hin zur Bildung einer Typologie, die Aufschluss über die Muster der Vermittlung und die Bestimmungsgrößen gibt, die für ihre Ausprägung ausschlaggebend sind. Das Ziel besteht dabei zum einen in einer Beschreibung der komplexen empirischen Phänomene, zum anderen aber auch in einer Erklärung der Sinnzusammenhänge, die zu ihrer Ausbildung führen.

Um eben jene Sinnzusammenhänge zu verdeutlichen, wird an dieser Stelle der Arbeit erneut Bezug auf den heuristisch-analytischen Theorierahmen genommen, der eingangs in Teilkapitel 2.3 entwickelt wurde. Wie bereits dargestellt, handelt es sich um ein abstraktes, durch einen geringen empirischen Gehalt gekennzeichnetes Modell. Dieses wird nun fortentwickelt und auf den Forschungsgegenstand zugeschnitten. Hierzu werden die Erkenntnisse, die im Rahmen der Literaturanalyse und der empirischen Untersuchung gewonnen, bisher allerdings nur thematisch separiert voneinander aufgeführt wurden, nun konzeptionell miteinander verbunden. Das hieraus resultierende modifizierte Modell wird in Teilkapitel 6.4.1 beschrieben.

Im Anschluss erfolgt die Konstruktion der Typologie der Vermittlung erwerbstätiger Pflegender, die die vorangehend beschriebenen theoretischen Zusammenhänge konkretisiert. Zu diesem Zweck wird auf das in Kapitel 5 bereits dargelegte Konzept der Idealtypen zurückgegriffen, indem charakteristische Eigenschaften der Gruppen gezielt herausgegriffen und partiell auch überspitzt dargestellt werden. Für diese Konstruktionsleistung ist die vorangehende Weiterentwicklung des heuristisch-analytischen Theorierahmens von großer Bedeutung, da auf dieser Grundlage Rückschlüsse auf die inhaltlichen Verbindungslinien zwischen dem Auftreten bestimmter Ausprägungen der Einflussfaktoren und spezifischer Muster der Vermittlung gezogen werden können.

Sowohl bei dem Modell der Vermittlung wie auch bei der Typologie der Vermittlung handelt es sich um theoretische Regelsysteme, die Erkenntnisse der bisherigen Arbeit bündeln und sie auf ein höheres Abstraktionsniveau transferieren, das die konkrete Fallebene übersteigt. Folglich können die darzustellenden Zusammenhänge in den nachfolgenden Ausführungen nicht anhand einzelner Fälle exemplarisch veranschaulicht werden und es wird auch nicht mehr auf wörtliche Zitate aus dem Datenmaterial Bezug genommen.

6.4.1 Theoretisches Modell der Vermittlung

Der ursprüngliche theoretische Rahmen beinhaltet auf einem allgemeinen konzeptionellen Niveau Überlegungen, auf welche Weise erwerbstätige Pflegende in ihrem Alltag Handlungen initiieren, um Beruf und Pflege miteinander zu verbinden. Eine wesentliche Annahme hierbei ist, dass diese Handlungen in gesellschaftliche Bezüge eingebettet sind, die von kulturellen Bezugsrahmen (1)[90] und institutionellen Regelungen (2) maßgeblich bestimmt werden. Beide Konzepte wurden in dem Ausgangsmodell lediglich auf einer sehr allgemeinen Ebene definiert. Auf der Grundlage der Erkenntnisse der Literaturanalyse in Kapitel 3 können diese nun konkreter bestimmt werden. Kulturelle Bezugsrahmen beziehen sich in der vorliegenden Arbeit auf innerhalb einer Gesellschaft bestehende Werte und Leitbilder über den ‚richtigen' Umgang mit Pflegebedarfen älterer Menschen und über die ‚richtige' Form der Einbindung von Frauen in den Arbeitsmarkt. Institutionelle Regelungen gelten hier als formelle, sozial-, steuer-

90 Die Zahlen in Klammern finden sich auch in Abbildung 14 am Ende dieses Teilkapitels und sollen den Leser(inne)n Orientierung bieten. Sie bilden also ein Leitsystem, mithilfe dessen die im Text angesprochenen Sachverhalte in der Grafik leichter identifizierbar sind. Die Abbildung liegt der Arbeit noch einmal lose in der Kunststofftasche bei, die am Einband befestigt ist. Sie kann entnommen und beim Lesen dieses Teilkapitels parallel verfolgt werden.

und abgabenpolitische sowie arbeitsmarktpolitische Regulierungen, die die weibliche Einbindung in die Übernahme von informeller Pflegearbeit für ältere Menschen und ihre Integration in das Erwerbssystem potenziell hemmen oder fördern. Zwischen diesen beiden Einflussfaktoren bestehen komplexe Wechselwirkungen, die jedoch in der Arbeit nicht analysiert wurden (s. hierzu z. B. Pfau-Effinger 2008; Pfau-Effinger 2009).

Wie sich insbesondere unter Bezugnahme auf die Frauen- und Geschlechterforschung zeigt, übt die Ausgestaltung der kulturellen Bezugsrahmen und der institutionellen Regelungen Einfluss auf die Position aus, die Frauen im Spannungsfeld zwischen den unterschiedlichen Lebensbereichen zugeordnet wird. In Deutschland ist diese durch eine „*doppelte Vergesellschaftung*" (Becker-Schmidt 1987, S. 10-25) geprägt, die sich durch eine Integration in den beruflichen und den familiären Lebensbereich auszeichnet. Die familiäre Sphäre ist bedingt durch epidemiologische und demografische Wandlungsprozesse dabei vermehrt von einem Anforderungsprofil geprägt, das sich durch die Notwendigkeit der Bewältigung von Pflegebedarfen älterer Menschen auszeichnet.

Die Analyse der empirischen Daten lässt jedoch Hinweise darauf zu, dass das Bild einer doppelten Vergesellschaftung von erwerbstätigen pflegenden Frauen die Komplexitäten ihres Alltags nicht ausreichend widerspiegelt: Der hier interessierende Personenkreis ist nicht nur gleichzeitig in Familie und Beruf integriert, sondern vielmehr lässt sich der familiäre Lebensbereich in zumindest zwei Felder, nämlich die pflegerische und die weitere reproduktive Sphäre, aufspalten. Alle drei Bereiche sind funktional differenziert, das heißt, sie sind auf die Erfüllung unterschiedlicher Zielsetzungen ausgerichtet: Während die Einbindung in den beruflichen Bereich (3) vornehmlich der Erwirtschaftung eines Einkommens und der sozialen Sicherung dient, wird in der pflegerischen Sphäre (4) die Versorgung eines älteren Familienmitgliedes in dessen eigener Häuslichkeit sichergestellt. Dem weiteren reproduktiven Lebensbereich (5) kommt die Funktion zu, die Arbeits- und Lebenskraft der Frauen und ihres sonstigen familiären Umfelds aufrechtzuerhalten oder wiederherzustellen. Wie die vorangehende Betrachtung in Teilkapitel 6.2 belegte, umfasst diese letzte Sphäre unterschiedliche Tätigkeitsfelder, z. B. die Arbeit im eigenen Haushalt, die Erziehung von Kindern, die Regeneration oder die Teilhabe an Freizeitaktivitäten. Sie werden lediglich aus pragmatischen Gründen zusammengefasst. Faktisch könnten an dieser Stelle weitere Differenzierungen in andere Lebensbereiche stattfinden, worauf jedoch verzichtet wird, um den Komplexitätsgrad der Darstellung nicht zu vergrößern. Bereits diese vereinfachte Sichtweise lässt jedoch Rückschlüsse darauf zu, dass das Gesamtanforderungsspektrum, dem erwerbstätige pflegende

Frauen in ihrem Alltag ausgesetzt sind, deutlich differenzierter ist, als dies die Begrifflichkeit der doppelten Vergesellschaftung aber auch der ursprüngliche heuristisch-analytische Theorierahmen in Teilkapitel 2.3 suggerieren. Letzterer berücksichtigt ebenfalls nur die pflegerische und die berufliche Sphäre.

Die Frauen sind mit der Herausforderung konfrontiert, den Ambivalenzen und Widersprüchen zu begegnen, die aus der Einbindung in diese unterschiedlichen Lebensbereiche erwachsen. Anders, als in dem ursprünglichen Theorierahmen angenommen, geht es dabei nicht vorrangig darum, die berufliche und die pflegerische Sphäre zu vereinbaren. Vielmehr stellt sich die Aufgabe, in einem Alltag, der durch die Einbindung in den beruflichen und weiteren reproduktiven Bereich geprägt ist, die Pflege eines Angehörigen zu realisieren. Ausschlaggebend für diese veränderte, stark auf die pflegerische Sphäre fokussierende Perspektive ist die Tatsache, dass die Versorgung eines Angehörigen im Zeitverlauf als neue Anforderung kontinuierlich in die bereits durch die anderen beiden Sphären bestimmten Abläufe integriert wird. Das Auftreten des Pflegebedarfs führt zu einer grundlegenden Komplexitätssteigerung, mit der die Betroffenen von nun an umgehen müssen, um den versorgerischen Aufgaben zu begegnen und gleichzeitig nicht auf die Teilhabe an einem der anderen beiden Lebensbereiche zu verzichten. Hierzu stimmen sie die Sphären aktiv aufeinander ab (6). Von Bedeutung ist in diesem Zusammenhang, Handlungen in den drei Lebensbereichen so auszugestalten, dass den dort angesiedelten Anforderungen begegnet werden kann und sie zeitlich miteinander kompatibel sind. Ursächlich hierfür ist, dass Zeit im Alltag eine sphärenübergreifend bedeutsame Währung darstellt: Menschen verfügen nur über ein begrenztes Zeitkontingent, das sie zur Bewältigung der Anforderungen einsetzen können. Umso größer beispielsweise die Zeiterfordernisse im beruflichen und weiteren reproduktiven Lebensbereich, desto weniger Zeit bleibt für die Aufgabenausübung in der pflegerischen Sphäre. Unter diesen Bedingungen müssen Menschen mit dem ihnen zur Verfügung stehenden Zeitkontingent aktiv haushalten.

Diese Abstimmungsleistungen können unter Rückgriff auf drei unterschiedliche Ressourcenformen vorgenommen werden. Zu ihnen zählen die noch verbliebenen Bewältigungsressourcen der oder des Pflegebedürftigen (7), die Selbstbewältigungsressourcen (8) und die Bewältigungsressourcen durch Unterstützungsleistende aus dem sozialen Umfeld (9).

Inwieweit die erwerbstätigen Pflegenden tatsächlich diese drei Ressourcen nutzen können, ist maßgeblich abhängig von den Opportunitätsstrukturen (10). Es handelt sich hierbei, wie in Teilkapitel 6.3 beschrieben, um das nach Einschätzung der Befragten bestehende Kapital, auf das potenziell zurückgegriffen werden kann, um den pflegerischen Anforderungen zu begegnen. Im Gegensatz zum Ursprungsmodell, das lediglich sehr allgemeingültig zwischen ökonomischen, sozialen, politischen und kulturellen Kapitalarten sowie dem Humankapital unterschied, können nun für jede der drei Ressourcenformen weitaus differenzierter relevante Kapitalformen beschrieben werden:

Für die Verfügbarkeit über Bewältigungsressourcen der oder des Pflegebedürftigen ist bedeutsam, inwiefern sie/er noch in der Lage ist, aktive und passive Selbstsorge zu leisten, um die Vereinbarerinnen zu entlasten. Für die Existenz dieser Form des sozialen Kapitals spielen die noch verbliebenen Fähigkeiten des älteren Menschen zur Bewältigung des Alltags eine große Rolle. Diese werden wiederum von seinen Erkrankungen und den krankheits- und altersbedingten Einschränkungen und auch seiner Bereitschaft geprägt, zu kooperieren und die bestehenden Fähigkeiten einzusetzen.

Das Bestehen von Bewältigungsressourcen durch Unterstützungsleistende aus dem sozialen Umfeld ist abhängig von deren Einsatzpotenzial, d. h. davon, ob regelmäßig einsetzbare, geeignete Helfer(innen) im Blickfeld der Befragten existieren, die für die Bewältigung der pflegerischen Aufgaben hinzugezogen werden können. Es handelt sich um eine weitere Form des sozialen Kapitals, deren Vorhandensein von der Ausgestaltung des potenziell infrage kommenden formellen und informellen Unterstützungsnetzwerks beeinflusst wird. Hinzu kommt die räumliche und zeitliche Verfügbarkeit der potenziellen Hilfeleistenden, ihre Eignung sowie die Haltung der oder des Pflegebedürftigen und des sonstigen sozialen Umfelds gegenüber ihrer Einbeziehung. Für Einsatzmöglichkeiten von formellen Diensten ist außerdem die Möglichkeit der Kostendeckung von Relevanz. Im Falle der informellen Akteure/Akteurinnen spielt ihre Bereitschaft zum Einsatz der Arbeitskraft eine maßgebliche Rolle.

Ausschlaggebend für die Verfügbarkeit über Selbstbewältigungsressourcen der Vereinbarerinnen ist ihr eigenes Einsatzpotenzial, d. h. ihre Möglichkeit, sich neben der Einbindung in den Beruf und den weiteren reproduktiven Bereich auch für die Pflegeerbringung zu engagieren. Es handelt sich hierbei um eine Form des Humankapitals. Ausschlaggebend für dessen Existenz ist zum einen die zeitliche Verfügbarkeit der erwerbstätigen Pflegenden. Diese wird von ihrer Teilhabe an der beruflichen Sphäre bestimmt, die wiederum von der Dauer der Arbeits- und Wegezeiten, der Lage der Arbeitszeit, der Notwendigkeit zur Mehrarbeit und arbeitszeitlichen Souveränitäten abhängig ist. Außerdem ist die zeitliche Einbindung in den weiteren reproduktiven Lebensbereich von Bedeutung, die ebenfalls durch den Umfang der hier angesiedelten Tätigkeiten, ihre Lage und die bestehenden Souveränitätsspielräume bestimmt wird. In beiden Sphären stellen inhaltliche und personelle Rahmenbedingungen (z. B. die Art der Tätigkeiten und die Unterstützungspotenziale durch das Umfeld) bedeutsame Voraussetzungen für das Bestehen von Zeitpotenzialen dar. Für die Möglichkeit zur Einspeisung eigener Arbeitskraft in die Pflege spielt darüber hinaus die räumliche Verfügbarkeit eine maßgebliche Rolle. Sie wird durch die in der beruflichen und weiteren reproduktiven Sphäre vorhandenen Möglichkeiten zur Einflussnahme auf den Ort der Tätigkeitsdurchführung sowie durch die Entfernung zwischen dem Arbeits- und Lebensort und dem Wohnort der oder des Pflegebedürftigen beeinflusst. Hinzu kommen die Eignung der erwerbstätigen Pflegenden und die Haltung der oder des Pflegebedürftigen bzw. des sonstigen sozialen Umfelds gegenüber ihrem Engagement.

Die Ausprägungen der Opportunitätsstrukturen sind dabei zumindest teilweise auch von den institutionellen Regelungen auf der gesellschaftlichen Ebene abhängig (11). Dies gilt zumindest für die Opportunitätsstrukturen, die bedeutsam für den Rückgriff auf Selbstbewältigungsressourcen und Bewältigungsressourcen durch Unterstützungsleistende des sozialen Umfelds sind: Beispielsweise beeinflusst das Pflegeversicherungsgesetz die von den Akteurinnen wahrgenommenen Möglichkeiten der Deckung von Kosten für professionelle Pflegedienste und definiert die über diese Quellen finanzierbaren Leistungsarten. Hiervon abhängig können die inhaltliche Eignung und die zeitliche Verfügbarkeit der formellen Kräfte sein. Neben dem Pflegeversicherungsrecht wirkt sich auch die Arbeitszeitpolitik aus. Sie bestimmt maßgeblich die Verfügbarkeit der erwerbstätigen Pflegenden über eigene Zeitpotenziale, die für den pflegerischen Bereich genutzt werden können. Beispielsweise eröffnen betrieblicherseits bestehende Gleitzeitsysteme den Beschäftigten arbeitszeitliche Souveränitätspotenziale und durch die Einführung des Teilzeit- und Befristungsgesetzes besteht für die Vereinbarerinnen nunmehr die Möglichkeit, die eigene Arbeitszeit zu verkürzen und im Gegenzug die für die Bewältigung der Pflegearbeit bestehenden Freiräume zu vergrößern.

Die Opportunitätsstrukturen werden von den erwerbstätigen Pflegenden wahrgenommen und gelangen so in ihr Blickfeld. Auf dieser Grundlage können sie das Kapital einschätzen, über das sie zumindest potenziell verfügen, um den Anforderungen zu begegnen. Ob das Kapital jedoch tatsächlich als eine für die Anforderungsbewältigung einzusetzende Ressource betrachtet wird, ist abhängig von dessen Bewertung im Zuge der akteurinneneigenen Situationsdefinition (12), die vor dem Hintergrund der eigenen Einstellungen vorgenommen wird. Einstellungen (13) kommen in einer eher befürwortenden oder eher ablehnenden Haltung gegenüber der Nutzung des prinzipiell vorhandenen Kapitals zum Ausdruck und können unter Bezugnahme auf den heuristisch-analytischen Theorierahmen als ein Bestandteil der im Gedächtnis bestehenden Frames zur Vereinbarung von Pflege und Beruf betrachtet werden.[91] Sie sind abhängig von den vertretenen Werten als Überzeugungen, Ideale, Ideen oder Vorstellungen von Wünschenswertem, dessen Erreichung als erstrebenswert erachtet wird. Im Rahmen der vorliegenden Arbeit sind für die Verfügbarkeit über Bewältigungsressourcen der oder des Pflegebedürftigen insbesondere Einstellungen gegenüber der Aktivität und Selbstständigkeit des alten Menschen und dem Präsenzverzicht im Pflegehaushalt von Bedeutung. Die Verfügbarkeit über Bewältigungsressourcen durch Unterstützungsleistende des sozialen Umfelds ist abhängig von Einstellungen gegenüber der Einbeziehung formeller und informeller Helfer(innen) und die Verfügbarkeit über Selbstbewältigungsressourcen von Einstellungen gegenüber dem Einsatz eigener Arbeitskraft für die pflegerische Versorgung.

Die Einstellungen werden durch die auf der gesamtgesellschaftlichen Ebene bestehenden kulturellen Bezugsrahmen geprägt (14), sodass in diesem Zusammenhang inhaltliche Nähen zu beobachten sind: Beispielsweise wird eine häusliche Pflege von den Befragten ganz überwiegend als die beste Versorgungsform angesehen und die Aufrechterhaltung der Erwerbstätigkeit als erstrebenswerter Zustand erachtet. Selten zeigen sich jedoch auch Abweichungen von diesen mehrheitsgesellschaftlich dominierenden kulturellen Leitbildern. So wird in einzelnen Fällen beispielsweise eine Versorgung des alten Menschen durch eine stationäre Einrichtung befürwortet. Diese Haltung entspricht nicht dem in Teilkapitel 3.1.2 geschilderten kulturellen Primat einer Aufrechterhaltung der häuslichen Versorgung im Pflegefall. Als Erklärungsansatz kann hierbei Essers Frame-und Skriptselektionsmodell fungieren: Kulturelle Bezugsrahmen spiegeln sich normalerweise in Form der gedanklichen Frames und damit verbunden in den Einstellungen der Handelnden auf der mikrostrukturellen Ebene. Liegt ein ‚Missmatch' vor, d. h. ist die Passung zwischen den bestehenden Frames und der vorliegenden Situation nicht gegeben, wird auf andere Frames zurückgegriffen, die von den Maßgaben des kulturellen Bezugsrahmens auf gesamtgesellschaftlicher Ebene abweichen. Damit verbunden ändern sich auch die Einstellungen gegenüber der jeweiligen Situation. Im vorliegenden Fall tritt dieser Missmatch insbesondere dann auf, wenn die Pflegeerbringung in der eigenen Häuslichkeit

91 Im heuristisch-analytischen Theorierahmen wurde die Annahme zugrunde gelegt, dass sich im Gedächtnis gespeicherte Frames immer auf das *„Repertoire an Wissen, Bewertungen und Einstellungen"* (Gresshoff/Schimank 2003, S. 16) beziehen. Einstellungen bilden also nur einen Bestandteil der Frames, scheinen jedoch für das Vermittlungshandeln von großer Bedeutung zu sein.

nach Einschätzung der erwerbstätigen Frauen mit großen Risiken für den alten Menschen verbunden ist.

Letztlich setzt die Verfügbarkeit über die Ressourcenformen immer sowohl die Existenz von förderlichen Opportunitätsstrukturen wie auch die auf Inanspruchnahme des Kapitals ausgerichteten Einstellungen voraus. Diese Betrachtung verdeutlicht, dass sich der im Rahmen der vorliegenden Arbeit eingesetzte Ressourcenbegriff maßgeblich von dem Ressourcenbegriff aus Essers Frame- und Skriptselektionsmodell unterscheidet, da die Verfügbarkeit über Kapital eine notwendige, aber keine hinreichende Voraussetzung für die Verfügbarkeit über Ressourcen darstellt. Zusätzlich müssen auch die Einstellungen auf eine Inanspruchnahme ausgerichtet sein. Sind beide Voraussetzungen gegeben, bestehen die Ressourcen, mithilfe derer die Lebensbereiche zeitlich aufeinander abgestimmt werden (15).

Für diese Abstimmung werden Vermittlungshandlungen verwendet (16). Sie sind als innerhalb der drei Lebensbereiche angesiedelte Handlungsströme zu bezeichnen und zielen darauf ab, verfügbare Ressourcen nutzbar zu machen, um die Pflege in einen Alltag zu integrieren, in dem auch der berufliche und weitere reproduktive Lebensbereich Plätze einnehmen. Gemeinsam mit den ausschließlich sphärenimmanenten Handlungsströmen, die nicht auf eine Abstimmung der Einsätze in den Lebensbereichen, sondern auf die Anforderungsbewältigung innerhalb einer Sphäre gerichtet sind (z. B. Arbeitsvorgänge im beruflichen Bereich), bilden sie das System Alltäglicher Lebensführung der Befragten (17).[92] Vermittlungshandlungen werden entweder regulär oder situativ als kurzfristige Reaktion auf eine temporär bestehende Bedarfssituation angewendet und automatisch oder bewusst abgewogen genutzt. Sie setzen auf einer zeitlichen, inhaltlichen, personellen, räumlichen und hilfsmittelbezogenen Ebene an. Auf jeder dieser Ebenen sind unterschiedliche Handlungsformen angesiedelt, die bis auf wenige Ausnahmen sowohl im pflegerischen, wie auch im weiteren reproduktiven und beruflichen Bereich auftreten können. Die jeweilige Ausformung differiert jedoch teilweise, da jede Sphäre unterschiedliche Anforderungen stellt und unterschiedliche Handlungsmöglichkeiten und Handlungsrestriktionen offeriert. Die zeitlichen Vermittlungshandlungen nehmen in dem Kanon unterschiedlicher Strategien einen bedeutsamen Stellenwert ein. Durch ihren Einsatz besteht die Möglichkeit, die Verfügbarkeit über Zeit in den Tätigkeitsfeldern direkt zu beeinflussen. Inhaltliche, personelle, räumliche und hilfsmittelbezogene Vermittlungshandlungen sind demgegenüber nicht alleine wirksam. Sie können jedoch

92 Sphärenimmanente Handlungsströme wurden im Rahmen der vorliegenden Arbeit nicht berücksichtigt.

die Verfügbarkeit über Zeit indirekt beeinflussen. Beispielsweise führt die Reduktion der Arbeitszeit unmittelbar dazu, dass für den Einsatz in der pflegerischen Versorgung größere Zeitpotenziale bestehen. Demgegenüber lassen sich beispielsweise unter Rückgriff auf die Strategie der effektiven Gestaltung von Wegen im weiteren reproduktiven Bereich Mehrfachfahrten umgehen, wodurch mittelbar Reduktionen des eigenen Zeiteinsatzes in dieser Sphäre erfolgen. Die gewonnenen Zeitpotenziale im reproduktiven Bereich können dann für die Anforderungsbewältigung in der Pflege eingesetzt werden.

Die Hinzuziehung der drei Ressourcenformen ist über den Einsatz jeweils differenter Vermittlungshandlungen möglich: Die Einbindung von Bewältigungsressourcen der Pflegebedürftigen und der Unterstützungsleistenden des sozialen Umfelds erfolgt über personelle Strategien, die in der pflegerischen Sphäre eingesetzt werden (18). Die Selbstbewältigungsressourcen kommen durch den Rückgriff auf zeitliche, inhaltliche, räumliche, personelle und hilfsmittelbezogene Vermittlungshandlungen im beruflichen und weiteren reproduktiven Bereich und durch zeitliche, inhaltliche, räumliche und hilfsmittelbezogene Strategien in der pflegerischen Sphäre zur Anwendung (19).

Inwieweit die beschriebenen Handlungsformen genutzt werden, in welcher Sphäre sie vornehmlich zum Einsatz kommen und welche Folgewirkung für die Tragfähigkeit des Vermittlungsarrangements hieraus erwachsen, ist abhängig von den jeweiligen Ressourcenverfügbarkeitsmustern. In diesem Zusammenhang sind unterschiedliche Typen der Vermittlung zu differenzieren, die im folgenden Teilkapitel vorgestellt werden.

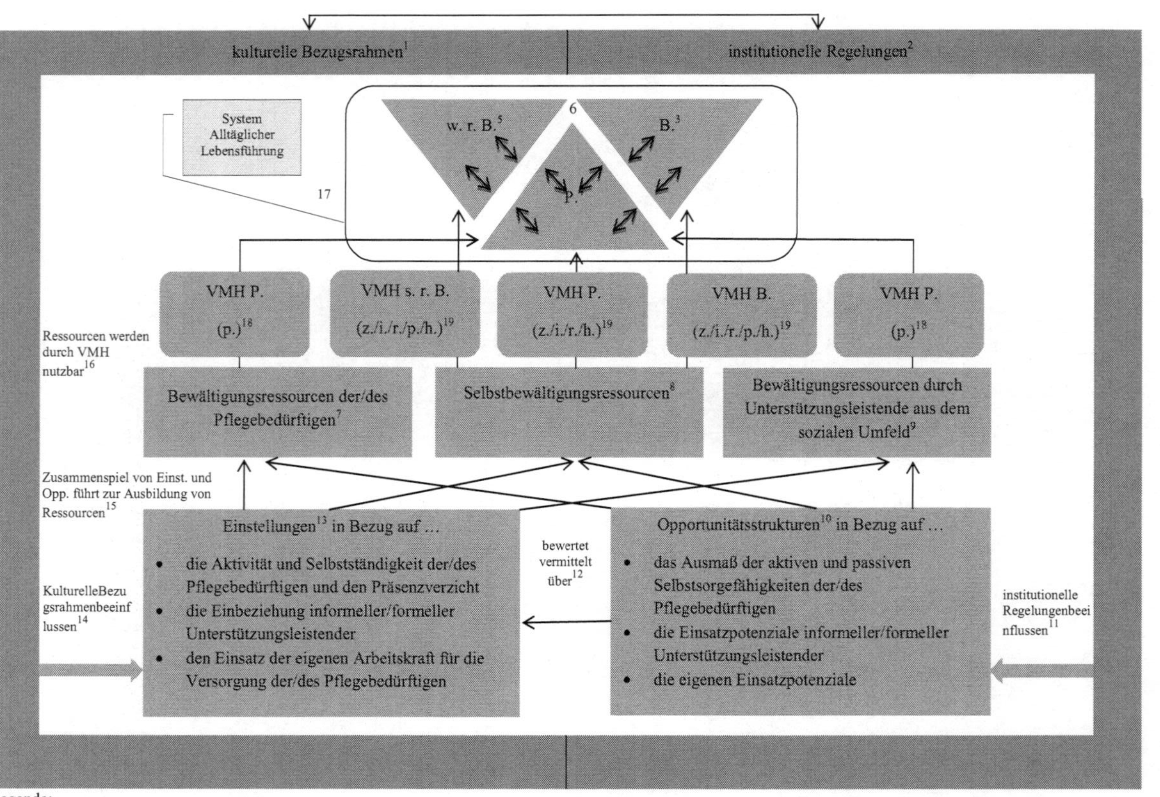

Abbildung 14: Theoretisches Modell der Vermittlung erwerbstätiger pflegender Frauen (eigene Darstellung)

6.4.2 Typologie der Vermittlung

Nachfolgend besteht die Zielsetzung darin, eine Typologie der Vermittlung erwerbstätiger pflegender Frauen zu bilden, die darüber Auskunft gibt, welche Vermittlungshandlungen bei welcher Form der Ressourcenverfügbarkeit zum Einsatz kommen. Hierfür sind die im vorherigen Teilkapitel dargestellten theoretischen Erkenntnisse von großer Bedeutung, da auf ihrer Grundlage das Verhältnis zwischen den drei interessierenden Ressourcenformen und den Vermittlungshandlungen auf einer allgemeinen Ebene bestimmt werden kann: Es zeigte sich, dass jede der Ressourcen nur unter Rückgriff auf bestimmte Formen der Vermittlung zugänglich gemacht werden kann, die in spezifischen Lebensbereichen zum Einsatz kommen. Sie fungieren dazu, die Sphären zeitlich so aufeinander abzustimmen, dass den pflegerischen Anforderungen begegnet werden kann, ohne auf die Einbindung in die anderen beiden Lebensbereiche zu verzichten. Eine zweite wichtige Erkenntnisquelle stellen die Ergebnisse des selektiven Kodierungsvorgangs dar. Wie in Teilkapitel 5.2.3 beschrieben, wurden sie gewonnen, indem alle jeweils einer Merkmalskombination zugeordneten Fälle (s. Teilkapitel 6.3.2) durch systematische Vergleiche des Datenmaterials auf ihre Gemeinsamkeiten und auf die gegenüber anderen Gruppen abgrenzenden Eigenschaften bezüglich des Vermittlungshandelns hin untersucht wurden.[93] Werden die durch diese fall- und gruppenspezifischen Analysen generierten Erkenntnisse in Verbindung mit den theoretischen Erkenntnissen gebracht, entsteht hieraus inhaltliche Substanz, die für die Idealtypenbildung genutzt wird.

Bevor jedoch nachfolgend die Typen beschrieben werden, ergibt sich aus der Analyse zunächst einmal die Notwendigkeit, die sechs Merkmalskombinationen zusammenzufassen. Ausschlaggebend hierfür ist zum einen, dass zwischen den jeweiligen Gruppen inhaltliche Korrelationen in Bezug auf die eingesetzten Vermittlungshandlungen bestehen. Durch die Zusammenschlüsse ist die Möglichkeit gegeben, die Unterschiede der Gruppen, also ihre externe Heterogenität, eindeutiger hervorzuheben, ohne jedoch die interne Homogenität, also die Ähn-

93 Da Idealtypen, wie in Teilkapitel 5.2.3 dargestellt, auf einem vergleichsweise hohen Abstraktionsniveau gebildet werden und nicht darauf abzielen, soziale Wirklichkeit möglichst detailgetreu und realitätsnah abzubilden, könnten die Konstruktionsprozesse auch ohne eine weitere Analyse der einbezogenen Fälle vorgenommen werden. Eigenschaften der Gruppen mit unterschiedlicher Ressourcenausstattung würden in diesem Fall ausschließlich auf Grundlage der vorangehend erarbeiteten Sinnzusammenhänge eruiert, wodurch die Idealtypenbildung einen ausschließlich theoretischen Konstruktionsschritt darstellen würde. Da jedoch im Rahmen der vorliegenden Arbeit der Anspruch besteht, mithilfe der gebildeten Typen in der Realität bestehende soziale Phänomene zu veranschaulichen, wird auf ein Konstruktionsverfahren zurückgegriffen, das eine Rückkopplung mit eben jener empirischen Realität vorsieht.

lichkeit der jeweils zugeordneten Elemente, zu gefährden. Zum anderen ist der Typus 1 in der Stichprobe nur mit einem Fall vertreten. Würde diese Gruppierung separat betrachtet, könnten Fallvergleiche nicht eingesetzt werden, um Erkenntnisse über die charakteristischen Vermittlungshandlungen abzuleiten. Aus den beiden genannten Gründen erscheint die Zusammenlegung der Gruppen sinnvoll. Insgesamt sind nun drei Gruppen zu unterscheiden. Wird von der konkreten Fallebene abstrahiert, lassen sich diese in drei Idealtypen überführen. Sie werden als „die Ersetzerin“ (A), „die Selbstbewältigerin“ (B) und „die Kombiniererin“ (C) bezeichnet und sind durch ein jeweils eigenes Muster der Vermittlung geprägt.

subjektiv wahrgenommene Bewältigungsressourcen der oder des Pflegebedürftigen	**subjektiv wahrgenommene Bewältigungsressourcen durch Unterstützungsleistende aus dem sozialen Umfeld**	**subjektiv wahrgenommene Selbstbewältigungsressourcen der Befragten**	
		+	-
+	+ (C)	Typ 1: +++ (I6)	Typ 2: ++- (I2, I5, I10, I11, I14, I16)
	-	Typ 3: +-+ (I3, I4, I8, I14, I17)	(A)
-	+ (B)	Typ 5: -++ (I1, I13, I18, I20)	Typ 6: -+- (I7, I9, I12)
	-	Typ 7: --+ (I15, I19, I21)	

Abbildung 15: Zusammenfassung der Typen (eigene Darstellung)

Kennzeichnend ist, dass alle Fälle, die Nähen zu einem der drei Idealtypen aufweisen, hinsichtlich der Verfügbarkeit über Bewältigungsressourcen von Unterstützungsleistenden aus dem sozialen Umfeld wie auch über Selbstbewältigungsressourcen die gleichen Ausprägungen aufweisen. Durch die Analyse der jeweils zugeordneten Fälle zeigt sich, dass die Ausprägung eben jener beiden Bewältigungsressourcen primär prägend für die jeweilig vorherrschende Form der Vermittlung ist.

Die drei Formen der Vermittlung können idealtypisch sowohl dann zum Einsatz kommen, wenn den pflegerischen Anforderungen eines älteren Menschen mit eher geringen Bewältigungsressourcen begegnet wird, als auch dann, wenn diese in eher umfassendem Maße bestehen. Abhängig von dem Ausmaß der nach subjektiver Einschätzung der Vereinbarerinnen noch verbliebenen Ressourcen variiert allerdings die wahrgenommene Tragfähigkeit des Vermittlungssystems. Die Tragfähigkeit bezieht sich auf die Möglichkeit, den subjektiv als grundlegend empfundenen Bedarfen des älteren Menschen im Alltag zu entsprechen und dessen Versorgungsniveau auf einem gleichmäßig hohen Level zu halten, auch wenn Störungen (z. B. durch den Ausfall einer Unterstützungsperson oder die Verschlechterung des Gesundheitszustandes der oder des Pflegebedürftigen) auftreten, ohne gleichzeitig den grundlegenden Anforderungen aus den anderen Lebensbereichen nicht mehr gerecht zu werden. Die Sicherung eines tragfähigen Zustandes setzt dabei idealtypisch immer die umfassende Verfügbarkeit über zumindest zwei der drei Bewältigungsressourcen voraus. Im Umkehrschluss ist hieraus abzuleiten, dass die Existenz lediglich einer dieser Ressourcen zumindest in von den Routinen abweichenden Situationen mit Gefährdungen der Versorgungslage der Pflegebedürftigen und/oder Einbußen bei der Anforderungsbewältigung in den anderen beiden Lebensbereichen verbunden ist.

<table>
<tr><td>subjektiv wahrgenommene Selbstbewältigungsressourcen der Befragten</td><td colspan="4">+</td><td colspan="2">-</td></tr>
<tr><td>subjektiv wahrgenommene Bewältigungsressourcen durch Unterstützungsleistende aus dem sozialen Umfeld</td><td colspan="2">+</td><td colspan="2">-</td><td colspan="2">+</td></tr>
<tr><td></td><td colspan="2"></td><td colspan="2"></td><td colspan="2"></td></tr>
<tr><td>Idealtypus</td><td colspan="2">Kombiniererin</td><td colspan="2">Selbstbewältigerin</td><td colspan="2">Ersetzerin</td></tr>
<tr><td>subjektiv wahrgenommene Bewältigungsressourcen der oder des Pflegebedürftigen</td><td>+</td><td>-</td><td>+</td><td>-</td><td>+</td><td>-</td></tr>
<tr><td></td><td colspan="2"></td><td colspan="2"></td><td colspan="2"></td></tr>
<tr><td>Tragfähigkeit des Vermittlungssystems</td><td>gegeben</td><td>gegeben</td><td>gegeben</td><td>nicht gegeben</td><td>gegeben</td><td>nicht gegeben</td></tr>
</table>

Abbildung 16: Bedeutung der Ressourcenformen für die Ausprägung der Typen (eigene Darstellung)

Eine Ausnahme von der beschriebenen Zwei-Ressourcen-Regel wäre im ambulanten Bereich theoretisch dann denkbar, wenn für die Unterstützungserbringung für einen hochgradig pflegebedürftigen und kaum noch über Bewältigungsressourcen verfügenden alten Menschen eine formelle oder informelle Pflegeperson eingesetzt werden könnte, die die Versorgung nahezu rund um die Uhr erbringt und die geringen Selbstbewältigungspotenziale der Vereinbarerinnen ausgleicht. Möglich wäre in diesem Zusammenhang beispielsweise der Einsatz einer 24-Stunden-Pflegekraft oder der Rückgriff auf einen Familienangehörigen (z. B. die Ehepartnerin bzw. den Ehepartner des alten Menschen), der in der Lage ist, die Pflege in diesem umfassenden Maße zu leisten. Die Hinzuziehung dieser spezifischen Unterstützungsquellen würde allerdings den Einsatz der im Rahmen dieser Untersuchung im Fokus stehenden Personen für die Bewältigung der Pflegesituation nicht mehr erforderlich machen. Ziel der Arbeit ist jedoch, eine Typologie von Vermittlungsmustern tatsächlich vereinbarender Frauen zu entwickeln, die neben ihrer Einbindung in den beruflichen und weiteren reproduktiven Lebensbereich in ihrem Alltag regelmäßig auch mit der organisatorischen und aktiv-versorgerischen Bewältigung von Pflegebedarfen konfrontiert sind (s. auch die Beschreibung der Stichprobenbildung in Teilkapitel 5.2.2). Für diesen Personenkreis ist der Rückgriff auf die beschriebene vollumfängliche Form der Unterstützung aus dem sozialen Umfeld untypisch, wodurch die im Folgenden zu bildende Typologie auch nicht für diese Versorgungsarrangements generalisierbar ist.

Würden demgegenüber auch Pflegende einbezogen, die nicht in den Arbeitsmarkt eingebunden bzw. nur geringfügig beschäftigt und kaum mit Verpflichtungen im weiteren reproduktiven Bereich konfrontiert sind, könnte von einer zweiten Ausnahme von der oben benannten Zwei-Ressourcen-Regel ausgegangen werden. Wären in diesem Fall ihre Einstellungen auf den Einsatz der eigenen Arbeitskraft für die Pflege ausgerichtet, könnte alleinig unter Rückgriff auf die umfassend verfügbaren Selbstbewältigungsressourcen ein tragfähiges System geschaffen werden.

Für den hier interessierenden Personenkreis der Pflegenden, der sich in der personellen und der managementcarebezogenen Versorgung aktiv engagiert und gleichzeitig mehr als geringfügig erwerbstätig ist, gilt jedoch die Faustregel, der zufolge zumindest zwei Ressourcenformen umfassend verfügbar sein müssen, um ein tragfähiges Versorgungssystem im Alltag und in von Alltagsroutinen abweichenden Situationen zu sichern.

Zu begründen ist, warum offensichtlich die Verfügbarkeit über Selbstbewältigungsressourcen und über Bewältigungsressourcen durch Unterstützungsleistende aus dem sozialen Umfeld typenbegründet ist. Warum prägen gerade diese beiden Einflussfaktoren das Vermittlungshandeln grundlegend, während die Verfügbarkeit über Bewältigungsressourcen der oder des Pflegebedürftigen zwar die Tragfähigkeit des Vermittlungssystems bestimmt, jedoch die Ausgestaltung der jeweiligen Handlungsmuster nicht maßgeblich charakterisiert? Zur Beantwortung dieser Fragestellung ist die bereits in Teilkapitel 6.3.3 gewonnene Erkenntnis von Bedeutung, dass die drei Ressourcenformen unterschiedlich großes Potenzial zur Anforderungsbewältigung im pflegerischen Bereich bieten. Die Bewältigungsressourcen der Pflegebedürftigen sind durch die innerhalb der Stichprobenziehung vorgenommene Beschränkung auf Pflegende von Personen mit großem Versorgungsbedarf so begrenzt, dass den eingeschränkten Alltagsbewältigungsfähigkeiten in jedem Fall durch den Einsatz eines anderen Akteurs oder einer anderen Akteurin (in Form der Vereinbarerinnen selbst und/oder Unterstützungsleistenden aus dem sozialen Umfeld) begegnet werden muss. Sind die Ressourcen des alten Menschen noch in umfassendem Maße verfügbar, kann ein gezielter Rückgriff mithilfe von Vermittlungshandlungen zwar dazu beitragen, die pflegerischen Anforderungen im Alltag leichter handhabbar zu machen und auch den Verzicht auf eine andere umfassend verfügbare Ressource ermöglichen.[94] Die Handlungspotenziale können allerdings dennoch nur als sehr eingeschränkt beschrieben werden. Die Bewältigungsressourcen der Unterstützungsleistenden aus dem sozialen Umfeld und die Selbstbewältigungsressourcen der erwerbstätigen Pflegenden sind demgegenüber weitaus wirkungsmächtiger und bieten mehr Ansatzpunkte für den Einsatz von Strategien zur Verbindung der Lebensbereiche. Folglich sind sie auch prägender für die Muster der Vermittlung.

Nachdem die beschriebenen Gruppenzusammenlegungen vorgenommen und die Bedeutungen der einzelnen Ressourcen für das Typenbildungsverfahren geschildert wurden, besteht nun die Möglichkeit, die Idealtypen der Vermittlung zu beschreiben. Hierzu wird ihr jeweiliger Vermittlungsstil charakterisiert. Er bezieht sich auf das Zusammenspiel zwischen den verfügbaren Ressourcen und den zum Einsatz kommenden Vermittlungshandlungen, die dadurch erzielten zeitlichen Anpassungen der Lebensbereiche und die Folgen für die Tragfähigkeit des Vermittlungssystems. Im Folgenden wird zur Beschreibung auf ein mehrstufiges Verfahren zurückgegriffen: Zunächst gibt eine Kurzzusammenfassung einen Überblick über den für den jeweiligen Typus kennzeichnenden Vermittlungsstil. Danach werden jene charakteristischen Vermittlungshandlungen dargestellt, die genutzt werden, um die jeweils verfügbaren Selbstbewältigungsressourcen im pflegerischen, beruflichen und weiteren reproduktiven Lebensbereich zugänglich zu machen. Im Anschluss erfolgt eine Beschreibung der Vermittlungshandlungen in der pflegerischen Sphäre, die auf die Einbindung von Unterstützungsleistenden des sozialen Umfelds gerichtet sind. Zuletzt wird auf die Handlungen eingegangen, mit deren Hilfe die Bewältigungsressourcen der oder des Pflegebedürftigen in diesem Lebensbereich nutzbar gemacht werden. In diesem Zusammenhang lässt sich dann auch auf Unterschiede verweisen, die bezüglich der Tragfähigkeit der Vermittlungssysteme bestehen.

A: Die Ersetzerin

Um den pflegerischen Anforderungen in ihrem Alltag zu begegnen, greift die Ersetzerin auf einen Vermittlungsstil zurück, der durch die Nutzung der umfassend verfügbaren Bewältigungsressourcen von Unterstützungsleistenden aus ihrem formellen und/oder informellen sozialen Umfeld geprägt ist. Darüber hin-

94 Wie in Teilkapitel 6.3.2 dargestellt, muss die eine Ressource, die zusätzlich zu den umfassenden Bewältigungsressourcen der oder des Pflegebedürftigen besteht, dann aber ebenfalls in umfassendem Maße vorliegen.

aus werden alle noch verfügbaren Bewältigungsressourcen der oder des Pflegebedürftigen mobilisiert. In beiden Fällen erfolgt die Einbindung der Ressourcen über personelle Vermittlungshandlungen, die in der pflegerischen Sphäre angesiedelt sind. Intention dieser Verfahrensweise ist, eigene Einsätze im pflegerischen Bereich zeitlich einzugrenzen, um Abstriche in der beruflichen und weiteren reproduktiven Sphäre zu umgehen. Ob unter diesen Bedingungen den pflegerischen Bedarfen subjektiv befriedigend begegnet werden kann, ist abhängig von den noch verfügbaren Bewältigungsressourcen des älteren Menschen. Sind diese gering ausgeprägt, zeigen sich im pflegerischen Bereich Einbußen bezüglich der Tragfähigkeit, die zu Erwägungen einer Heimübersiedlung führen können.

Auf die Selbstbewältigungsressourcen gerichtete Vermittlungshandlungen

Kennzeichnend für diesen Typus ist seine im Vergleich zu den anderen beiden Typen vergleichsweise geringe Verfügbarkeit über Selbstbewältigungsressourcen. Ausschlaggebend hierfür sind erstens die Opportunitätsstrukturen: Charakteristischerweise ist sie in einen zeitlich hochgradig fordernden Beruf eingebunden, der ihr nur eingeschränkte Souveränitätspotenziale zur eigenständigen Disposition ihrer Arbeitszeit überlässt. Hinzu kommt eine größere räumliche Distanz zwischen dem eigenen Wohn- bzw. Arbeitsort und dem Wohnort der oder des Pflegebedürftigen. Zusätzlich ist die weitere reproduktive Sphäre anforderungsreich ausgestaltet und zeichnet sich durch Sorgetätigkeiten gegenüber eigenen Kindern und dem Ehepartner, umfassenden hauswirtschaftlichen Aufgaben oder auch durch die Einbindung in zeitintensive Freizeitaktivitäten aus. Nicht zuletzt hält sich die Vereinbarerin dieses Typus selbst für eine umfassende Pflegeerbringung für nicht geeignet, da sie körperliche Einschränkungen aufweist und sich nicht auf den alten Menschen einlassen kann. Diese Faktoren tragen dazu bei, dass sich die Ersetzerin nur in eingeschränktem Maße in der Versorgungserbringung engagiert. Neben den Opportunitätsstrukturen bedingen typischerweise aber auch ihre Einstellungen eine geringe Verfügbarkeit über Selbstbewältigungsressourcen: Die Prioritätensetzung ist eindeutig auf den Beruf und teilweise auch auf den weiteren reproduktiven Lebensbereich gerichtet. Der pflegerischen Versorgung des Angehörigen wird demgegenüber ein geringerer Stellenwert beigemessen. Ihre Übernahme gilt als Bürde, die eigene Handlungsspielräume beschränkt.

Unter diesen Bedingungen zeigt sich im Normalfall ein im Vergleich zu den anderen beiden Typen zurückhaltender eigener Einsatz in der pflegerischen Sphäre. Dieser wird so gut wie möglich zeitlich an die bereits bestehenden beruflichen und weiteren reproduktiven Zeitstrukturen angepasst, die als Taktgeber im Alltag fungieren. Die Ersetzerin engagiert sich immer nur in den Phasen des Tages- oder des Wochenverlaufs für die oder den Pflegebedürftigen, die mit der Anforderungsbewältigung in den anderen Sphären nicht konfligieren. Kennzeichnend ist beispielsweise, dass die pflegerischen Aufgaben wenige Male in der Woche während längerer arbeitsfreier Zeiten (z. B. am Wochenende) oder aber während kurzer, mehr oder weniger täglich stattfindender Besuche übernommen werden, wenn die sonstige Arbeit getan ist. Diese Präsenzzeiten nutzt die Ersetzerin effizient, indem sie die anfallenden Tätigkeiten dann beschleunigt und in gebündelter Form durchführt. Auf diese Weise kann zum einen die Gesamtdauer, die für diese Aufgaben eingeplant werden muss, reduziert und Wegezeiten begrenzt werden. Hieraus erwachsen im pflegerischen Bereich Zeiteinsparungsmöglichkeiten, die wiederum für die Bewältigung der Anforderungen in den anderen beiden Sphären nutzbar sind. Dieser zeitliche Vermittlungsstil, der auf eine Begrenzung, Anpassung und Bündelung der eigenen Pflegetätigkeiten ausgerichtet ist, setzt bestimmte inhaltliche Vermittlungshandlungen voraus. Von besonderer Bedeutung ist hierbei die Konzentration des eigenen Tätigkeitsspektrums auf Aufgaben, die zeitlich flexibel, wenig anforderungsreich und mit einer vergleichsweise geringen Frequenz durchgeführt werden können. Zu ihnen zählen in erster Linie managementcarebezogene und auf die sozial-emotionale Unterstützung fokussierte Tätigkeiten und Aufgaben im hauswirtschaftlichen Bereich, die nicht täglich anfallen. Im Vergleich zu persönlich-pflegerischen Versorgungsaufgaben, die bewusst aus dem eigenen Zuständigkeitsbereich ausgegrenzt werden, sind diese Tätigkeiten schon hinsichtlich ihrer Anforderungsstrukturen mit den umfassenden zeitlichen Erfordernissen der anderen beiden Lebensbereiche besser zu verbinden. Auf einer räumlichen Ebene erreicht die Ersetzerin Zeiteinsparungen in der pflegerischen Sphäre durch eine Nutzung von Synergien. Beispielsweise werden hauswirtschaftliche Aufgaben für die oder den Pflegebedürftigen in ihrer oder seiner unmittelbaren Nähe durchgeführt, wodurch gleichzeitig dem Bedürfnis nach sozial-emotionaler Unterstützung Rechnung getragen werden kann. Auch eine Gestaltung des pflegerischen Umfelds, die einen zeitsparenden Einsatz ermöglicht, trägt zur Erreichung dieser Zielsetzung bei. Der beschriebene Vermittlungsstil setzt einen Rückgriff auf das Hilfsmittel der Planung voraus: Um in den vergleichsweise begrenzten Phasen der Anwesenheit beim älteren Menschen möglichst allen Aufgaben nachzukommen und den eigenen Einsatz nicht noch ausweiten zu müssen, werden Aufgabenlisten erstellt, die dann akribisch abgearbeitet werden. In Zeiten der eigenen Abwesenheit spielt der Einsatz von medikamentösen und medizinischen Hilfsmitteln, zum

Beispiel Medikamente mit sedierender Wirkung, Sonden zur Automatisierung der Nahrungs- und Flüssigkeitszufuhr und Dauerkatheder für die Blasenentleerung, eine bedeutsame Rolle. Ihre Verordnung wurde nicht alleine aus medizinischen Gründen angestrebt, sondern um in Phasen der fehlenden Beaufsichtigung durch die Ersetzerin oder eine Unterstützungsperson das Risiko der Selbstgefährdung des alten Menschen zu reduzieren und Versorgungsmängel zu umgehen.

Treten im beruflichen oder weiteren reproduktiven Lebensbereich kurzfristig erhöhte Anforderungen auf, die ein verstärktes Engagement der Ersetzerin notwendig erscheinen lassen (z. B. aufgrund anfallender Mehrarbeit oder der Erkrankung eines Kindes), wird der pflegerische Lebensbereich angepasst. In diesen Fällen findet auf der zeitlichen Ebene bereitwillig eine Verschiebung von Einsätzen in dieser Sphäre statt. Auch die für die Versorgung investierte Zeit wird reduziert, indem die Frequenz der Durchführung phasenweise gesenkt wird und die Aufgaben beschleunigt erbracht werden. Zu diesem Zweck passt die Ersetzerin auf der inhaltlichen Ebene den Gründlichkeitsgrad der Durchführung befristet an die begrenzten zeitlichen Kapazitäten an oder verzichtet auch auf bestimmte pflegerische Tätigkeiten. Auf der hilfsmittelbezogenen Ebene setzt die Bewältigung spontan auftretender Anforderungen in der beruflichen und weiteren reproduktiven Sphäre den Einsatz von Flexibilität voraus, um Abweichungen von den ansonsten vorherrschenden pflegerischen Routinen zu realisieren.

Im Normalfall führen diese auf eine Beschränkung des eigenen versorgerischen Einsatzes ausgerichteten Vermittlungshandlungen dazu, dass der berufliche und der weitere reproduktive Lebensbereich weitgehend unangetastet von der Pflege bleiben und der Rückgriff auf hier angesiedelte Vermittlungshandlungen kaum notwendig ist. Typischerweise erfolgt beispielsweise auf der zeitlichen Ebene keine Veränderung der Lage oder der Dauer der Arbeitszeit, keine Einschränkung der zeitlichen Investitionen in die Hausarbeit oder die Kindererziehung und nur begrenzte zeitliche Abstriche im eigenen Freizeitbereich. Wenn in der beruflichen Sphäre überhaupt Anpassungen vorgenommen werden, beschränken sich diese zum einen auf einen Verzicht auf eine grundsätzliche Ausweitung der für die Erwerbsarbeit oder weitere Reproduktionstätigkeiten eingesetzten Zeit, um den eigenen Beitrag zur Begegnung der pflegerischen Bedarfe auch weiterhin verlässlich erbringen zu können. Entsprechend werden auf der inhaltlichen Ebene der Vermittlung keine neuen Aufgaben in das Tätigkeitsspektrum integriert. Zum anderen wird auf das Hilfsmittel des Rückversicherungstelefonats zurückgegriffen. Es bietet die Möglichkeit, den Zustand des

Angehörigen zu überprüfen oder sozial-emotionale Unterstützung zu leisten, ohne jedoch Zeit für die Überwindung räumlicher Distanzen einsetzen zu müssen. Diese Strategie kommt jedoch nur dann infrage, wenn der Zustand der oder des Pflegebedürftigen nicht durch kognitive Einschränkungen beeinträchtigt ist. Andernfalls können telefonisch durch den älteren Menschen in der Regel keine verlässlichen Informationen mehr vermittelt werden. Andere Strategien auf der inhaltlichen, personellen, räumlichen oder hilfsmittelbezogenen Ebene werden nicht angewendet.

Lediglich in pflegerischen Notsituationen (z. B. der schwerwiegenden Erkrankung der oder des Pflegebedürftigen oder dem längerfristigen Ausfall einer zentralen Unterstützungsperson) kommt auch die Erwerbssphäre, vorrangig aber der weitere reproduktive Lebensbereich zeitlich befristet als Ansatzpunkt für Vermittlungshandlungen infrage. Denkbar ist beispielsweise eine kurzfristige zeitliche Reduktion des Einsatzes in diesen Sphären, indem inhaltlich auf bestimmte Aufgaben verzichtet wird. Alternativ kann auch auf die Lage oder die Verteilung der hier investierten Zeit Einfluss genommen werden. Im Vergleich zu den zwei anderen Typen ist jedoch die Schwelle, die erreicht sein muss, damit diese Abstriche im beruflichen und weiteren reproduktiven Bereich vorgenommen werden, vergleichsweise hoch. Ausschlaggebend hierfür sind die größeren Souveränitätseinschränkungen in Bezug auf die Gestaltung des eigenen beruflichen und weiteren reproduktiven Einsatzes, aber auch die im Vergleich zu den anderen Typen geringere Bereitschaft, sich in die Versorgung in umfassendem Maße selbst einzubringen. Um die Übergriffe des pflegerischen Lebensbereichs außerhalb der regulär eingerichteten Versorgungszeiten auf diese Notsituationen zu begrenzen, wird die räumliche Distanz bewusst aufrechterhalten, die üblicherweise zwischen dem Wohn- bzw. Arbeitsort der Vereinbarerin und dem Wohnort der oder des Pflegebedürftigen liegt.

Auf die Bewältigungsressourcen durch Unterstützungsleistende aus dem sozialen Umfeld gerichtete Vermittlungshandlungen

Um den eigenen Einsatz in der pflegerischen Sphäre zugunsten der Anforderungsbewältigung im beruflichen und weiteren reproduktiven Lebensbereich zeitlich begrenzen zu können, gleichzeitig den pflegerischen Anforderungen aber gerecht zu werden, nimmt der Rückgriff auf die Bewältigungsressourcen des formellen und informellen sozialen Umfelds einen bedeutsamen Stellenwert ein. Diese erscheinen in umfassendem Maße verfügbar, was zum einen auf die Opportunitätsstrukturen zurückzuführen ist: Die zeitliche und räumliche Verfügbarkeit sowie die Eignung der Unterstützungspersonen ist nach Einschätzung der

Ersetzerin gegeben und auch auf finanzielle Mittel kann zurückgegriffen werden, um bei Bedarf professionelle Kräfte einzubinden. Zum anderen wird die umfassende Verfügbarkeit über diese Ressourcenform auch durch die Einstellungen der Ersetzerin bedingt, die grundsätzlich auf eine Inanspruchnahme des bestehenden sozialen Kapitals ausgerichtet sind: Der Rückgriff auf Unterstützungsleistungen aus dem sozialen Umfeld wird entlastend wahrgenommen und als legitimes Mittel erachtet, den pflegerischen Anforderungen Rechnung zu tragen, ohne sich jedoch im beruflichen und teilweise auch im sonstigen privaten Lebensbereich grundlegend einschränken zu müssen. Dies gilt auch dann, wenn die oder der Pflegebedürftige einer Einbindung dieser Hilfen eher negativ gegenübersteht. Sind informelle Unterstützungsquellen nicht in subjektiv ausreichendem Maße verfügbar, kann diese Funktionen den Einstellungen der Ersetzerin zufolge von bezahlten Kräften übernommen werden, deren Hinzuziehung nicht mit Ressentiments begegnet wird. Ursächlich hierfür ist, dass die pflegerische Versorgung als Kompetenzbereich formeller Dienste und ihr Einsatz als Garant für die Sicherung einer hohen pflegerischen und betreuerischen Qualität gilt, die aufgrund der subjektiv nur gering verfügbaren eigenen Bewältigungsressourcen selbst nicht sichergestellt werden könnte.

Die Bewältigungsressourcen aus dem sozialen Umfeld werden über differente personelle Vermittlungshandlungen zugänglich gemacht. Beispielsweise bindet die Ersetzerin im Vergleich zu den anderen beiden Typen Unterstützung aus diesen Quellen zeitlich besonders umfassend ein. Sie wird für die Bewältigung eines Großteils der anfallenden Bedarfe des älteren Menschen hinzugezogen. Die Akteure/Akteurinnen erfüllen substitutive Aufgaben, d. h. der Rückgriff auf ihre Hilfeleistungen erfolgt nicht, um bei der Durchführung einer Versorgungsaufgabe unterstützt zu werden, sondern um den eigenen Einsatz zu umgehen. Hierdurch können zeitliche Freiräume für die Einbindung in andere Lebensbereiche eröffnet werden. Grundsätzlich lassen sich drei Unterstützungsarrangements unterscheiden, die bei der Ersetzerin auftreten können:

Erstens existieren Arrangements, innerhalb derer die elementare Unterstützung vornehmlich durch eine einzelne Person des informellen Netzwerks geleistet wird. Hierbei kann es sich zum einen um die Ehepartnerin oder den Ehepartner des alten Menschen handeln. Ist diese/dieser gesundheitlich nicht zu stark eingeschränkt und in ihrer/seiner Aufgabenübernahme nicht durch rigide Vorstellungen von der geschlechterspezifischen Arbeitsteilung blockiert, nimmt sie/er in der Hierarchie von Personen, die für die Hilfeleistung infrage kommen, den vordersten Platz ein. Die moralische Bindung durch das Eheversprechen und die geringe Wohnentfernung prädestinieren sie/ihn für die Versorgungsübernahme. Ist die Ehepartnerin oder der Ehepartner nicht verfügbar, kommt für die Übernahme dieser zentralen Versorgerposition auch der Ehepartner der Ersetzerin oder aber ihre Geschwister infrage. Da diese Aufgaben üblicherweise mit einem hohen zeitlichen Aufwand für die Hilfeleistenden verbunden sind, gehen sie typischerweise (z. B. aufgrund der eigenen Arbeitslosigkeit oder Verrentung) keiner Erwerbstätigkeit (mehr) nach oder sind nur Teilzeit berufstätig und leben in geringer räumlicher Entfernung. Die benannten Akteure/Akteurinnen fungieren in den Versorgungsarrangements in der Regel als Hauptpflegepersonen. Ihr Aufgabengebiet beschränkt sich nicht nur auf einige wenige, genau definierte Tätigkeiten, sondern sie begegnet den Bedarfen des älteren Menschen in bestimmten Zeitfenstern vollumfänglich. Diese Personen werden in ihrer Aufgabendurchführung teilweise durch andere Akteure/Akteurinnen des formellen oder informellen Netzwerks bei spezifischen Tätigkeiten unterstützt.

Zweitens kann die Ersetzerin für die Erbringung der elementaren Versorgungsaufgaben auch auf einzelne professionelle Unterstützungsquellen zurückgreifen, die in den von ihnen abgedeckten Zeiträumen für ein großes Spektrum unterschiedlicher Aufgaben im persönlich-pflegerischen, sozial-emotionalen, teilweise auch hauswirtschaftlichen und managementbezogenen Bereich zuständig sind. Diese allgemeinen Versorgungstätigkeiten werden entweder von Tagespflegeeinrichtungen geleistet, die unter Rückgriff auf Sachleistungen der Pflegeversicherung und auf eigene finanzielle Mittel der oder des Pflegebedürftigen und/oder der Ersetzerin finanziert werden. Alternativ kommen auch mithilfe des Pflegegeldes und privater Ressourcen bezahlte Kräfte des grauen Marktes infrage. Im Vergleich zu dem finanziellen Aufwand, der für eine ähnlich zeitlich intensive und inhaltlich facettenreiche Übernahme der Aufgaben durch einen ambulanten Pflegedienst anfallen würde, sind die für diese Akteure/Akteurinnen aufzuwendenden Mittel geringer. Dieses Faktum begünstigt die Inanspruchnahme dieser Quellen und führt dazu, dass ambulante Pflegedienste für diese zentralen Funktionen im Versorgungsarrangement nicht eingesetzt werden.

Drittens kommt für die Unterstützungserbringung auch eine Kombination unterschiedlicher formeller und teilweise zusätzlich auch informeller Hilfeleistender infrage, die im Gegensatz zu den zwei vorangehend dargestellten Formen nicht für die Übernahme allgemeiner, sondern spezifischer Tätigkeiten herangezogen werden. Die Einsatzgebiete jeder Akteurin oder jedes Akteurs werden genau definiert. Beispielsweise erfolgen die Bereitung und Lieferung von Nahrung durch einen ambulanten Mahlzeitendienst, die Erbringung sozial-emotionaler Verrichtungen durch niederschwellig tätige Betreuer(innen) und die

Grundpflege durch einen ambulanten Pflegedienst. Durch diese Taylorisierung der anfallenden Aufgaben können einzelne Tätigkeitsbereiche auch an Personen und Institutionen vergeben werden, deren Einsatz mit einem geringeren finanziellen Aufwand verbunden ist. Auf diese Weise entstehen Kosteneinsparungspotenziale. Hierdurch wird die Attraktivität dieser Form der Unterstützung insbesondere für einen Personenkreis unter den Ersetzerinnen gesteigert: Es handelt sich um Frauen, deren Angehörige über umfassende, nicht (ausschließlich) informell zu deckende Versorgungsbedarfe verfügen, die jedoch gleichzeitig die hohen Kosten nicht tragen können oder wollen, die der Einsatz eines einzelnen, intensiv eingebundenen Dienstes mit sich bringt. Im Gegensatz zu den beiden vorangehend vorgestellten Unterstützungsformen kann jedoch in diesen Arrangements in der Regel keine durchgängige Betreuung über mehrere Stunden realisiert werden. Umso wichtiger ist eine gezielte Terminierung der Einsätze, um regelmäßige ‚Versorgungs- und Beaufsichtigungsinseln' im Tages- oder Wochenverlauf zu schaffen.

Die Unterstützungspersonen nehmen für die Ersetzerin anders als für die Selbstbewältigerin eine überaus bedeutsame Position ein, da sie einem großen Anteil der anfallenden Versorgungsbedarfe begegnen. Folglich ist die Bildung eines tragfähigen Arrangements in diesem Falle von großer Wichtigkeit. Während die oder der Pflegebedürftige vorübergehend in einer Kurzzeitpflegeeinrichtung untergebracht ist, beschafft sich die Ersetzerin umfassend Informationen über Möglichkeiten der Bewältigung von Pflegebedarfen und lotet Unterstützungsmöglichkeiten im formellen und informellen Umfeld akribisch aus. Sollen professionelle Akteure/Akteurinnen hinzugezogen werden, vergleicht die Ersetzerin die angebotenen Unterstützungsleistungen und wägt die mit ihrer Inanspruchnahme möglicherweise verbundenen Kosten ab, um eine langfristige Finanzierbarkeit eines möglichst bedarfsdeckenden Arrangements auch ohne einen umfassenden persönlichen Einsatz sicherzustellen. Außerdem werden Erkundigungen eingeholt, ob die potenziell infrage kommenden professionellen Dienstleister sich flexibel in die eigenen Zeitstrukturen einfügen können, ohne dass grundlegende Veränderungen innerhalb des eigenen beruflichen oder sonstigen privaten Lebensbereichs vorgenommen werden müssen. Die Inanspruchnahme von Beratungseinrichtungen (z. B. Pflegestützpunkten) stellt für diese Vereinbarerin eine wesentliche Strategie der Informationsgenerierung dar, da Informationen in gebündelter Form abgerufen werden können und vergleichsweise wenig Zeit in die Recherchearbeit investiert werden muss. Auf diese Weise können Lösungsstrategien zügig entwickelt und die Unterstützung zeitnah gewonnen werden. Insbesondere im informellen Bereich zeigen sich mitunter offensive Formen der Einforderung von Hilfe, wenn eine mangelnde Bereitschaft der potenziellen Helfer(innen) einer Einbindung im Wege zu stehen scheint. Die für die Ersetzerin kennzeichnende Überzeugung, dass die Bewältigung des Pflegebedarfs nicht nur die eigene Aufgabe darstellt, sondern von anderen Familienmitgliedern ebenfalls mitzutragen ist, bildet hierbei das grundlegende Motiv.

Die Ersetzerin ist bestrebt, die Unterstützungserbringung zu verselbstständigen und den mit der Hinzuziehung der Unterstützungsleistenden verbundenen eigenen Arrangementaufwand soweit wie möglich zu begrenzen. Auf diese Weise sollen die eigenen managementcarebezogenen Einsätze eingeschränkt und somit zeitliche Ressourcen für die Einspeisung in andere Lebensbereiche erwirtschaftet werden. Eine bedeutsame Voraussetzung hierfür besteht darin, eine verlässliche, möglichst selbstständige und den Bedarfen der oder des Pflegebedürftigen entsprechende Aufgabenübernahme durch die Helfer(innen) sicherzustellen. Zu diesem Zweck ist die Ersetzerin um eine sorgfältige Organisation der Einsätze bemüht, indem sie Verantwortungsbereiche feststehend und langfristig zuweist. Darüber hinaus greift sie auf einmalig oder selten zur Anwendung kommende Befähigungsstrategien zurück, indem sie im Anfangsstadium der Unterstützungseinbindung umfassende Einweisungen vornimmt, die Helfer(innen) für Zustandsverschlechterungen der oder des Pflegebedürftigen sensibilisiert und über in diesem Falle zu ergreifende Handlungsoptionen informiert. Ziel der Organisations- und Befähigungsstrategien ist, Handlungssicherheit zu vermitteln und die Unterstützungsleistenden im Sinne eines Empowerments in die Lage zu versetzen, den Einsatz der erwerbstätigen Pflegenden auch in Krisensituationen zu ersetzen. Unter diesen Bedingungen agieren die informellen und formellen Hilfeleistenden weitgehend selbstständig und ohne regelmäßige Rückversicherungen.

Die Ersetzerin ist sich über ihre Abhängigkeit von den Unterstützungsleistenden und über ihre hohen Ansprüche an die Aufgabenbewältigung der Helfer(innen) bewusst. Folglich ist sie sehr darum bemüht, deren Einsatzbereitschaft und -fähigkeit langfristig aufrechtzuerhalten. Von besonderer Bedeutung sind hierbei materielle Gegenleistungen in Form einer (zusätzlichen) Vergütung, deren Gewährung keinen eigenen Zeiteinsatz erfordert, sich aber dennoch motivationsstärkend auf die Hilfeleistenden auswirkt. Vermittlungshandlungen, die auf eine psychische und physische Schonung der Unterstützungsleistenden ausgerichtet sind, kommen als regelmäßig angewendete Strategie nur dann infrage, wenn sie nicht mit einem Mehraufwand für die Vereinbarerin verbunden sind. Denkbar ist beispielsweise das Einräumen von Regenerationszeiten für die

Helfer(innen) durch die Organisation eines Aufenthalts der oder des Pflegebedürftigen in einer Kurzzeitpflegeeinrichtung.

Andere personelle Vermittlungshandlungen, die sich auf Absprachen mit den Unterstützungsleistenden, den Einsatz von dafür notwendigen Kommunikationsmitteln (z. B. Aufgabenlisten) und die regelmäßige Überwachung und Kontrolle ihrer Leistungserbringung beziehen, werden regulär nicht angewendet. Ausschlaggebend hierfür ist der zusätzliche Zeitaufwand, der mit dem Einsatz dieser Strategien im pflegerischen Bereich verbunden ist. Dieser erscheint verzichtbar, da die Unterstützungsleistenden aufgrund ihrer gezielten Auswahl, der gründlichen Organisation ihrer Einsätze und ihrer initialen Befähigung nach Einschätzung der Ersetzerin zu einem selbstständigen und verlässlichen pflegerischen Handeln in der Lage sind. Die mit dem Nicht-Einsatz dieser Qualitätssicherungsstrategien potenziell verbundenen Gefährdungen für die oder den Pflegebedürftigen werden bewusst in Kauf genommen.

In von den Routinen abweichenden Situationen im beruflichen, pflegerischen und weiteren reproduktiven Lebensbereich wird den Unterstützungspersonen und -institutionen ein hohes Maß an Flexibilität abverlangt. Sie müssen in der Lage sein, Schwankungen der Versorgungsbedarfe des alten Menschen oder Schwankungen der Einsatzmöglichkeiten der Ersetzerin, die insbesondere durch die hohen Anforderungen im beruflichen und/oder weiteren reproduktiven Bereich immer wieder auftreten können, aufzufangen. In diesen Situationen sind Absprachen und der Einsatz von Kommunikationsmitteln entgegen den normalen Routinen kaum umgänglich. Sollten die Hilfeleistenden den Flexibilitätsanforderungen, z. B. aufgrund einer Erkrankung oder in Urlaubszeiten, nicht nachkommen können, verfügt die Ersetzerin über alternative Hilfequellen. Von besonderer Bedeutung sind hierbei Kurzzeitpflegeeinrichtungen, die unter Einsatz der entsprechenden Leistungen der Pflegeversicherung und teilweise zusätzlich noch mit privaten finanziellen Mitteln bezahlt werden. Ihre Einbindung eröffnet die Möglichkeit, die pflegerische Versorgung in diesen von den Routinen abweichenden Situationen sicherzustellen, gleichzeitig aber eigene zeitliche Abstriche im beruflichen und weiteren reproduktiven Bereich zu verhindern. In diesen Zeiten finden typischerweise nur selten oder überhaupt keine Besuche statt. Die Verantwortung wird für diese begrenzten Phasen vollständig an die Institution abgegeben.

Auf die Bewältigungsressourcen der oder des Pflegebedürftigen gerichtete Vermittlungshandlungen

Zusätzlich zu den Vermittlungshandlungen, die auf die Einbindung der Bewältigungsressourcen aus dem formellen und informellen sozialen Umfeld ausgerichtet sind, greift die Ersetzerin auch auf personelle Vermittlungshandlungen zurück, die darauf gerichtet sind, die noch verfügbaren Ressourcen des alten Menschen zu nutzen. Diese Handlungsformen setzen ebenfalls in der pflegerischen Sphäre an und stellen eine zusätzliche Möglichkeit dar, das eigene Engagement in diesem Lebensbereich zu beschränken und zeitliche Potenziale zu schaffen, die wiederum im beruflichen und weiteren reproduktiven Lebensbereich zur Verfügung stehen. Die Vermittlungshandlungen werden weitgehend unabhängig vom Ausmaß der bestehenden Bewältigungsressourcen der oder des Pflegebedürftigen eingesetzt. Die Einstellungen sind in jedem Fall auf eine Einbindung der noch bestehenden Selbstbewältigungsfähigkeiten des älteren Menschen ausgerichtet.

Vor diesem Hintergrund besteht eine Vermittlungshandlung der Ersetzerin in der gezielten Einbindung der oder des Pflegebedürftigen in die anfallenden Aufgaben. Zu ihnen zählen beispielsweise die Erledigung leichter körperpflegerischer oder hauswirtschaftlicher Tätigkeiten oder die eigenständige Einnahme der Medikamente. Welche Tätigkeiten konkret übertragen werden und in welchem Umfang ist abhängig von den noch verbliebenen Fähigkeiten zur aktiven Selbstsorge. In jedem Fall fungiert diese Strategie, anders als bei der Kombiniererin, nicht nur dazu, das Wohlbefinden des alten Menschen zu fördern. Vielmehr ist das Delegieren der Aufgaben bedeutsam für die Bewältigung des Alltags. Außerdem wird die oder der Pflegebedürftige auch unbeaufsichtigt gelassen. Abhängig von den jeweils bestehenden Fähigkeiten zur passiven Selbstsorge können diese Phasen teilweise mehrere Stunden am Tag umfassen. Diese Strategie ist immer dann von Bedeutung, wenn bestimmte Zeiträume nicht durch den Einsatz der Unterstützungspersonen aus dem sozialen Umfeld oder der Vereinbarerin selbst abgedeckt werden können.

Um dem alten Menschen diese Aufgaben der aktiven und passiven Selbstsorge übertragen zu können, nehmen auch in diesem Zusammenhang Befähigungsstrategien einen wesentlichen Stellenwert ein. Vergleichbar mit den Vermittlungshandlungen, die gegenüber dem sozialen Umfeld zur Anwendung kommen, greift die Ersetzerin auch hier primär auf einmalig oder selten eingesetzte Strategien zurück. Sie beziehen sich beispielsweise auf eine Anpassung des Wohnraums, die Entfernung von Gefahrenquellen und die Beschaffung von Mobilitätshilfen, technischen Gegenständen (z. B. Notrufsystemen) und Erinnerungshilfen sowie die Anleitung bei ihrer Verwendung. Auch hier gilt die Befähigung als eine Form der langfristigen Investition, die zwar initial mit einem zeitlichen Mehraufwand für die erwerbstätige Pflegende verbunden ist, langfristig jedoch im Sinne eines Empowerments die selbstständigen Handlungsmöglichkeiten des alten Menschen stärkt. Verfügt dieser nur noch über begrenzte Selbstbewältigungsressourcen, wird die Wirksamkeit dieser Strategien von der Ersetzerin allerdings als sehr begrenzt eingeschätzt. Sie kommen aber dennoch zur Anwendung, da hieran die Hoffnung geknüpft ist, einer weiteren Reduktion der Selbstsorgefähigkeiten vorzubeugen. Regelmäßige Befähigungsstrategien, z. B. gezielte Trainingsmaßnahmen zur Aufrechterhaltung der Bewältigungsressourcen, werden von der Ersetzerin demgegenüber nicht angewendet, da der hiermit verbundene kontinuierlich anfallende Zeitaufwand mit den zeitlichen Anforderungen der anderen Lebensbereiche in Konflikt geraten könnte. Kommen sie dennoch zum Einsatz, werden Vertreter(inne)n des sozialen Umfelds mit der Durchführung dieser Befähigungsarbeit beauftragt. Gleiches gilt auch für Vermittlungshandlungen, die auf eine Bewahrung der Einsatzbereitschaft der oder des Pflegebedürftigen ausgerichtet sind, z. B. die sporadische Entlastung von bestimmten Aufgaben, die eigentlich noch selbst übernommen werden können: Wird sie nicht von anderen Personen ausgeführt, kommt sie auch nicht zur Anwendung, um die eigene Einbindung in andere Lebensbereiche nicht zu gefährden.

Abhängig von den noch verfügbaren Bewältigungsressourcen der oder des Pflegebedürftigen differiert die Tragfähigkeit des Vermittlungssystems der Ersetzerin. Bestehen diese noch in umfassendem Maße, kann den subjektiv wahrgenommenen Bedarfen des alten Menschen mit den beschriebenen Vermittlungshandlungen in ausreichendem Maße Rechnung getragen werden. Sind demgegenüber die Bewältigungsressourcen eingeschränkt, gelingt es nach Einschätzung der Ersetzerin nicht mehr, unter Einsatz der verfügbaren (Selbst-) Bewältigungsressourcen den pflegerischen Anforderungen adäquat zu begegnen. Unter diesen Bedingungen gilt der zeitweise Verzicht auf Unterstützung und Beaufsichtigung eigentlich als nicht mehr zu verantworten, da hieraus Gefährdungen für die oder den Pflegebedürftigen erwachsen. Um keine Abstriche in den anderen beiden Lebensbereichen vornehmen zu müssen, werden diese Risiken allerdings in Kauf genommen und die fehlenden Bewältigungsressourcen nicht vollständig kompensiert. Die Ersetzerin arrangiert sich mit der fehlenden Tragfähigkeit des Vermittlungssystems und entwickelt eine pragmatische oder resignierende Haltung. Typischerweise wird die gegenwärtige Versorgungssituation vor diesem Hintergrund jedoch nur noch als vorübergehender Zustand betrachtet, der entweder durch den prognostizierten zeitnahen Tod der oder des Betreuten oder durch eine geplante Heimübersiedlung beendet werden wird. Die gegenüber der Heimversorgung prinzipiell nicht ablehnende Haltung trägt dazu bei, dass diese Option durchaus als legitimierbar wahrgenommen wird, solange auf diese Weise Abstriche in den anderen Lebensbereichen verhindert werden können.

B: Die Selbstbewältigerin

Um den pflegerischen Bedarfen gerecht zu werden und dennoch den Anforderungen des beruflichen und weiteren reproduktiven Lebensbereichs zu begegnen, ist für die Selbstbewältigerin ein Vermittlungsstil kennzeichnend, der durch einen umfassenden Rückgriff auf eigene Bewältigungsressourcen geprägt ist. Sie werden durch den Einsatz von zeitlichen, inhaltlichen, personellen, räumlichen und hilfsmittelbezogenen Vermittlungshandlungen nutzbar gemacht, die in allen drei Sphären angesiedelt sind. Diese tragen dazu bei, die Lebensbereiche zeitlich aufeinander abzustimmen. Auf Bewältigungsressourcen aus dem sozialen Umfeld wird demgegenüber kaum zurückgegriffen. Um unter diesen Bedingungen ein tragfähiges Vermittlungssystem aufzubauen, bedarf es umfassender Bewältigungsressourcen der oder des Pflegebedürftigen, die mithilfe von personellen Vermittlungshandlungen eingebunden werden und dazu dienen, zusätzliches zeitliches Anpassungspotenzial im pflegerischen Bereich zu schaffen. Sollten diese Bewältigungsressourcen jedoch nur in geringem Maße bestehen, drohen Einbußen bezüglich der Tragfähigkeit des Arrangements, die sich, ähnlich wie bei der Ersetzerin, auf den Versorgungszustand des alten Menschen, darüber hinaus aber auch auf die Aufgabenbewältigung im beruflichen Bereich und die Regeneration der Vereinbarerin beziehen können.

Auf die Selbstbewältigungsressourcen gerichtete Vermittlungshandlungen

Die Selbstbewältigerin verfügt über umfangreiche eigene Ressourcen, die sie in die Versorgung der oder des Pflegebedürftigen einbringt. Dies ist zum einen auf die Opportunitätsstrukturen zurückzuführen: Im beruflichen Bereich ist sie typischerweise nicht in eine Vollzeit-, sondern in eine Teilzeitberufstätigkeit eingebunden und/oder geht ihrem Beruf vornehmlich in Phasen des Tages nach, die nur in geringem Maße mit den Versorgungszeiten kollidieren. Darüber hinaus kann sie auf arbeitszeitliche Souveränitätspotenziale zurückgreifen, um die berufliche Sphäre an die Erfordernisse des privaten Umfelds anzupassen. Im weiteren reproduktiven Bereich ist die Selbstbewältigerin nur geringen Anforderungen ausgesetzt, da sie keine Kinder im betreuungsintensiven Alter versorgt und nicht in aufwendige hauswirtschaftliche Arbeiten oder zeitintensive Freizeitaktivitäten eingebunden ist. Sie lebt typischerweise in einer Wohnung mit dem älteren Menschen und ist daher räumlich außerhalb ihrer Arbeitszeiten umfassend verfügbar. Körperliche Einschränkungen oder eine mangelnde fachliche oder sozial-emotionale eigene Eignung stehen der Teilhabe an der Versorgungserbringung nicht entgegen. Darüber hinaus zeichnet die Selbstbewältigerin aber auch eine Einstellung aus, die auf einen intensiven Rückgriff auf das bestehende Kapital ausgerichtet ist. Kennzeichnend ist in diesem Zusammenhang, dass die Versorgung der oder des Pflegebedürftigen im eigenen Leben einen großen Stellenwert einnimmt und prägend für das Selbstkonzept der Vereinbarerin ist. Es dominiert die Vorstellung, den pflegerischen Bedarfen möglichst umfassend selbst Rechnung tragen zu wollen, auch wenn hierfür Abstriche im weiteren reproduktiven oder beruflichen Lebensbereich in Kauf genommen werden müssen. Diese den eigenen Einsatz stark befürwortende Haltung wird auch durch die Überzeugung beeinflusst, die eigene Tätigkeitsdurchführung sei nicht durch andere Unterstützungsleistende substituierbar.

Die umfassend verfügbaren eigenen Bewältigungsressourcen werden eingesetzt, um den Versorgungsbedarfen des alten Menschen bestmöglich selbst zu begegnen. In Phasen des Tages, die nicht beruflich besetzt sind, bringt sich die Selbstbewältigerin daher in großem Umfang in die Pflege ein. Im Gegensatz zu der Ersetzerin konzentriert sie dabei ihren Einsatz nicht nur auf zeitlich und räumlich flexibel zu erbringende sozial-emotionale, hauswirtschaftliche und managementbezogene Aufgaben, sondern übernimmt auch persönliche Versorgungsaufgaben, die einer starken zeitlichen und räumlichen Bindung unterliegen und teilweise mehrfach im Tagesverlauf durchgeführt werden müssen. Aufgrund ihrer überwiegenden Alleinzuständigkeit für dieses anforderungsreiche Tätigkeitsspektrum bestehen im Gegensatz zu den anderen beiden Typen nur sehr eingeschränkte Möglichkeiten, den pflegerischen Lebensbereich zeitlich an die Strukturen der anderen beiden Lebensbereiche anzupassen. Die Selbstbewältigerin ist jedoch bemüht, durch den Einsatz von zeitlichen, inhaltlichen, hilfsmittelbezogenen und räumlichen Vermittlungshandlungen die in diesem engen Rahmen prinzipiell bestehenden Handlungspotenziale soweit wie möglich auszuschöpfen, um zumindest den beruflichen Anforderungen gerecht zu werden. Auf der zeitlichen Ebene werden zu diesem Zweck diejenigen versorgerischen Tätigkeiten, deren Durchführung flexibler gehandhabt werden kann, auf die Arbeitszeit abgestimmt. Beispielsweise führt die Selbstbewältigerin aufwendige Aufgaben (z. B. das Baden des Pflegebedürftigen oder das Kochen von Mahlzeiten), die nicht an einen bestimmten Zeitpunkt gebunden sind, vorzugsweise in den Abendstunden oder am Wochenende durch, wenn kein Zeitdruck durch den bevorstehenden Einsatz in der beruflichen Sphäre besteht. Anforderungsreiche Phasen des Tages oder der Woche können auf diese Weise entlastet werden. Da sich jedoch ihr Aufgabenspektrum auch auf körperpflegerische und hauswirtschaftliche Tätigkeiten bezieht, die einer engen Zeitbindung unterliegen, sind der Anwendung dieser Strategie Grenzen gesetzt. Im Gegensatz zu der Ersetzerin kann die Selbstbewältigerin diese beispielsweise nicht in einem so umfassenden Maße nutzen, dass eine Bündelung ihrer Aufgaben an einigen wenigen Tagen in der Woche möglich ist. Zusätzlich werden auch inhaltliche, räumliche und hilfsmittelbezogene Vermittlungsstrategien hinzugezogen, die dazu dienen, sich bei der Aufgabenbewältigung im Alltag Erleichterung zu verschaffen und dadurch den Einsatz in der pflegerischen Sphäre mittelbar zeitökonomisch zu gestalten. Auf einer inhaltlichen Ebene wendet die Selbstbewältigerin hierzu Strategien an, die auf eine Verhinderung eines zusätzlichen pflegerischen Tätigkeitsanfalls ausgerichtet sind. Beispielsweise wird das Inkontinenzmaterial vor Zeiten der eigenen Anwesenheit gewissenhaft gewechselt, um eine Verschlechterung des Hautzustandes zu vermeiden. Die dann erforderliche Behandlung würde zeitlich noch umfassendere eigene Interventionen erfordern und mit Gefährdungen der Teilhabe der Vereinbarerin an den anderen beiden Lebensbereichen verbunden sein. Auf einer räumlichen Ebene tragen Distanzverringerungen dazu bei, die Selbstbewältigerin bei ihrer Aufgabendurchführung zu entlasten: Lebte sie nicht bereits vor dem Auftreten des Pflegebedarfs in einem Haushalt mit dem alten Menschen, wird diese Wohnsituation herbeigeführt, um Wegezeiten einzusparen und inhaltliche und zeitliche Synergien bei der Versorgung zu nutzen. Nicht zuletzt erzielt die Vereinbarerin durch einen umfassenden Rückgriff auf unterschiedliche Hilfsmittel Erleichterungen bei der Aufgabenbewältigung. Beispielsweise werden Versorgungsabläufe strikten Routinen folgend initiiert. Auf diese Weise können zum einen Automatismen in den Alltag integriert werden, die von zeitintensiven Reflexions- und Planungsarbeiten entlasten. Zum anderen besteht hierdurch die Möglichkeit, den Umgang mit der oder dem Pflegebedürftigen zu erleichtern, indem Verhaltensauffälligkeiten durch die Einhaltung fester Tagesstrukturen vermindert werden. Hierdurch kann aktiv dazu beigetragen werden, einen reibungslosen, zeitsparenden Ablauf im Alltag zu gewährleisten. Neben dem Rückgriff auf Routinen nutzt die Selbstbewältigerin mitunter auch medikamentöse Hilfsmittel, um steuernd auf das Verhalten der oder des Pflegebedürftigen einzuwirken. Die Absicht hierbei ist, den Beaufsichtigungsaufwand zum Beispiel durch die Ausdehnung von Schlaf- oder Ruhezeiten zu reduzieren.

Die hierdurch gewonnene Zeit kann wiederum für die Einbindung in andere Lebensbereiche eingesetzt werden. Nicht zuletzt wird die eigene Aufgabenbewältigung auch durch den gezielten Rückgriff auf eigenes Wissen und Erfahrungen in Bezug auf die Bewältigung von Pflegebedarfen erleichtert. Die Kenntnisse sind von großer Bedeutung, um komplexe pflegerische Aufgaben, z. B. die Behandlungspflege, auch ohne Rückgriff auf professionelle Unterstützungsleistende inhaltlich angemessen und zeitökonomisch sicherzustellen. Diese Kompetenzen werden im Alltag ganz überwiegend mithilfe der ‚Learning-by-Doing-Strategie' entwickelt, indem mit den Versorgungsanforderungen umgegangen und dieser Umgang dann reflektiert und bei Bedarf angepasst wird. Darüber hinaus beschafft sich die Selbstbewältigerin in Eigenregie (z. B. durch das Lesen von Fachliteratur oder durch Internetrecherchen) Informationen über das Krankheitsbild des alten Menschen, seine Versorgungsbedarfe und die pflegerischen Bewältigungsmöglichkeiten. Auch die halb- oder vierteljährig stattfindenden Beratungseinsätze von Pflegediensten nach § 37 SGB XI spielen in diesem Zusammenhang eine bedeutsame Rolle, an denen die Selbstbewältigerin als Pflegeperson einer Pflegegeldempfängerin oder eines Pflegegeldempfängers partizipiert. Der Einsatz medizinischer Hilfsmittel, zum Beispiel Dauerkatheter oder Sonden, die ebenfalls dazu beitragen können, den mit der pflegerischen Versorgung verbundenen Aufwand zu reduzieren, werden demgegenüber nicht eingesetzt. Anders als die Ersetzerin steht die Selbstbewältigerin ihrer Einbindung ablehnend gegenüber, da die Gewährleistung der Flüssigkeits- und Nahrungszufuhr sowie die Inkontinenzversorgung im Bedarfsfall als ihr eigener Aufgabenbereich betrachtet wird, der nicht automatisiert durchgeführt werden soll.

Treten im beruflichen oder weiteren reproduktiven Bereich zusätzliche Anforderungen auf, kommen in der pflegerischen Sphäre situativ Vermittlungshandlungen zum Einsatz, die denen der Ersetzerin ähneln: Typischerweise werden auf der zeitlichen Ebene alle Vorgänge beschleunigt durchgeführt oder bestimmte pflegerische Aufgaben solange nur mit einer verringerten Frequenz erbracht, bis sich die Belastungssituation aufgelöst hat. In inhaltlicher Hinsicht wird der gewohnte Gründlichkeitsgrad der Aufgabendurchführung gesenkt. Ähnlich wie bei der Ersetzerin ist auch im Falle der Selbstbewältigerin in diesen Situationen ein umfassender Rückgriff auf das Hilfsmittel der Flexibilität erforderlich, um spontan auf die veränderten Vorgaben der anderen Sphären reagieren zu können. Während jedoch die Ersetzerin auf diese situativen zeitlichen, inhaltlichen und hilfsmittelbezogenen Vermittlungshandlungen im Bedarfsfall selbstverständlich zurückgreift, ist ihre Anwendung bei der Selbstbewältigerin typischerweise mit Selbstvorwürfen und dem Gefühl der eigenen Unzulänglichkeit verbunden. Verschiebungen des eigenen Einsatzes in der pflegerischen Sphäre oder gar der Verzicht auf bestimmte Aufgaben kann sie mit ihrem Gewissen kaum vereinbaren. Diese Vorgehensweisen entsprechen nicht ihren Vorstellungen von einer guten Versorgung und werden daher auch nur in Situationen großer zeitlicher Bedrängnis eingesetzt.

Um den umfassenden pflegerischen Anforderungen im Alltag begegnen zu können, stimmt die Selbstbewältigerin sowohl den beruflichen wie auch den weiteren reproduktiven Lebensbereich zeitlich auf die pflegerischen Anforderungen ab. Dieses Vorgehen unterscheidet sie stark von dem der Ersetzerin und dem der Kombiniererin.

Im beruflichen Bereich finden auf der zeitlichen Ebene Verschiebungen des eigenen Einsatzes statt. Sie dienen dazu, die Ausübung der Erwerbsarbeit an jene pflegerischen Aktivitäten anzupassen, die einer festen Zeitbindung unterliegen und mit den Berufszeiten kollidieren. Die erwerbstätige Pflegende beeinflusst deshalb die Lage der Arbeitszeit. Kennzeichnend ist beispielsweise, dass sie Dienstpläne verändert oder die Terminvergabe an Kund(inn)en, Kolleg(inn)en und Vorgesetzte entsprechend gestaltet, um den Arbeitsbeginn zugunsten der morgendlichen Pflege des Angehörigen nach hinten zu verschieben. Darüber hinaus nimmt sie Einfluss auf die Lage der Pausen, um diese beruflich nicht besetzten Zeiten für die Erbringung von nicht flexibel durchführbaren Versorgungsaufgaben nutzen zu können. Neben den Verschiebungen des eigenen Zeiteinsatzes im beruflichen Bereich wird der Umfang der Einbindung in diese Sphäre reduziert, um den pflegerischen Anforderungen zu begegnen. Bevor jedoch auf eine arbeitsvertraglich fixierte Verminderung der Arbeitszeit zurückgegriffen wird, versucht die Vereinbarerin zunächst, Überstunden zu umgehen, die vor der Pflegeübernahme noch sporadisch geleistet wurden. Die Intention hierbei ist, Phasen der berufsbedingten Nicht-Verfügbarkeit für die oder den Pflegebedürftigen möglichst stark einzuschränken und den anfallenden Versorgungsbedarfen mit geringem zeitlichem Flexibilitätspotenzial pünktlich zu begegnen. Um das Auftreten von Mehrarbeit zu verhindern, wird im beruflichen Bereich die Arbeitsgeschwindigkeit gesteigert und nicht zwingend an einen bestimmten Zeitpunkt gebundene berufliche Aufgaben verzögert bewältigt oder vorverlegt. Auf inhaltlicher Ebene besteht die Möglichkeit, den Gründlichkeitsgrad der Aufgabendurchführung zu verringern oder Tätigkeiten grundsätzlich zu vermeiden. Teilweise lässt sich Mehrarbeit durch diese zeitlichen und inhaltlichen Strategien jedoch nicht verhindern. In diesem Fall werden auf der räumlichen Ebene kurzfristig die Distanzen zwischen dem Arbeitsort und dem Wohnort des Pflegebedürftigen aufgelöst, indem die Überstunden in der Häuslichkeit des alten Menschen erbracht werden. Auf diese Weise kann die Vereinbarerin die berufliche Aufgabenbewältigung mit der Anwesenheit in der pflegerischen Sphäre verbinden. Sind Überstunden nicht örtlich flexibel durchführbar, unterbricht die Selbstbewältigerin ihre Arbeitszeit für eine kurze Visite im Pflegehaushalt oder greift auf der hilfsmittelbezogenen Ebene auf das Telefon zurück, um sich zwischendurch nach dem Zustand der oder des Pflegebedürftigen zu erkundigen.

In von den Routinen abweichenden Situationen im pflegerischen und seltener auch im weiteren reproduktiven Bereich (z. B. im Falle einer kurzfristigen Verschlechterung des Gesundheitszustandes des alten Menschen) kann die Selbstbewältigerin kaum auf Unterstützung aus ihrem sozialen Umfeld zurückgreifen. Anstelle dessen muss sie den beruflichen Bereich mithilfe zeitlicher Vermittlungshandlungen an die anderen Lebensbereiche anpassen, damit den gesteigerten Anforderungen begegnet werden kann. Um sich hier die notwendigen Freiräume zu schaffen, verfügt sie im Gegensatz zu der Kombiniererin, typischerweise nicht über die Möglichkeit, auf ein gefülltes Überstundenkonto zurückzugreifen, die zu diesem Zweck abgegolten werden könnten. Um ihre zeitliche Einbindung in den beruflichen Bereich situativ zu reduzieren, muss sie vielmehr mit ihren Urlaubstagen im Vorhinein planvoll und flexibel haushalten, um sie in diesen Situationen zum Erhalt der eigenen Handlungsfähigkeit einsetzen zu können. Sollten Urlaubstage nicht mehr zur Verfügung stehen, ist die Selbstbewältigerin gezwungen, ihr Arbeitszeitkonto zu überziehen. Allerdings hat sie kaum die Möglichkeit, das Negativsaldo kurzfristig durch Mehrarbeit auszugleichen.

Der Einsatz der beschriebenen Vermittlungshandlungen im beruflichen Bereich setzt die Akzeptanz oder zumindest die Duldung durch die Vorgesetzten und die Kolleg(inn)en voraus. Um hierfür günstige Voraussetzungen zu schaffen, greift die Selbstbewältigerin auf Formen der personellen Vermittlung zurück. Zu diesem Zweck leitet sie bewusst umfassende Informationen über die häusliche Situation an diese Akteure/Akteurinnen weiter und wirbt gezielt ihr Verständnis ein. Im Gegensatz zu der Kombiniererin ist die Selbstbewältigerin darauf angewiesen, dass sich die Unterstützungsbereitschaft allein durch diese Strategien langfristig aufrechterhalten lässt. Immaterielle Gegenleistungen als ansonsten übliches Mittel des Revanchierens (z. B. Diensttausch oder Überstunden im Bedarfsfall) kann sie nur sehr eingeschränkt und immer nur unter Berücksichtigung der Bedarfe der oder des Pflegebedürftigen erbringen. Sollten die Informationsvermittlung und die Verständniseinwerbung von der Selbstbewältigerin als nicht zielführend eingeschätzt werden, da zum Beispiel in dem Unternehmen kein vereinbarkeitsfreundliches Klima vorherrscht, wird das berufliche Umfeld bewusst nicht über die Vereinbarungssituation und möglicherweise bereits angewendete Vermittlungshandlungen in Kenntnis gesetzt. Ausschlaggebend für dieses Verhalten ist die Angst vor negativen Sanktionen. Hierdurch steigt jedoch für die Selbstbewältigerin der psychische Druck.

Der umfassende Einsatz im pflegerischen Bereich ist trotz der beruflichen Einbindung auch möglich, da die weitere reproduktive Sphäre prinzipiell vergleichsweise anforderungsarm ausgestaltet ist. Dieser Lebensbereich bietet nicht nur in Notsituationen, sondern generell ein umfassendes zeitliches Anpassungspotenzial für die Bewältigung der Anforderungen aus dem pflegerischen und im Bedarfsfall auch aus dem beruflichen Bereich. Zu diesem Zweck kommen hier zeitliche, inhaltliche und hilfsmittelbezogene Vermittlungshandlungen zum Einsatz. Auf der inhaltlichen Ebene wird beispielsweise auf viele Tätigkeiten, die vor dem Auftreten des Pflegebedarfs einen wichtigen Stellenwert im Leben der Selbstbewältigerin eingenommen haben (insb. Freizeitaktivitäten oder die Pflege von sozialen Kontakten), vollständig verzichtet oder sie werden mit einer geringeren Intensität durchgeführt. Auf der zeitlichen Ebene erfolgt eine größtmögliche Einschränkung des Zeitumfangs, der für die noch verbliebenen Tätigkeiten eingesetzt wird. Kennzeichnend ist beispielsweise, dass die Schlafenszeit reduziert oder der für die Bewältigung der hauswirtschaftlichen Aufgaben eingesetzte Aufwand auf ein Minimum begrenzt wird. Die Vereinbarerin passt die Durchführung des noch verbliebenen Aufgabenspektrums im weiteren reproduktiven Bereich an die zeitlichen Strukturen der anderen Sphären an, indem sie für ihre Bewältigung Zeitlücken nutzt: Die Verrichtung hauswirtschaftlicher Tätigkeiten oder die eigene Regeneration erfolgt immer nur dann, wenn in den anderen Lebensbereichen gerade keine Einsätze gefordert sind (vornehmlich in den frühen Morgen- oder späten Abendstunden) oder wenn Leerzeiten bestehen, die produktiv nicht anders genutzt werden können. In diesen Phasen agiert die Selbstbewältigerin unter Rückgriff auf die Beschleunigungsstrategie, um die begrenzten zeitlichen Potenziale umfassend nutzen zu können. Sobald jedoch im pflegerischen Bereich Versorgungsbedarfe auftreten, werden die Vorgänge unterbrochen. Um unter diesen Bedingungen den Anforderungen des weiteren reproduktiven Lebensbereichs zumindest in seinen Grundzügen nachkommen zu können, greift die Selbstbewältigerin auf das Hilfsmittel der Planung zurück, um die begrenzen zeitlichen Potenziale möglichst umfassend ausschöpfen zu können. Andererseits muss sie aber auch zu spontanen Planänderungen bereit sein und von den regulären Routinen flexibel abweichen können. Auf der hilfsmittelbezogenen Ebene spielt darüber hinaus der Rückgriff auf technische Geräte, z. B. die Waschmaschine mit Zeitschaltfunktion oder ein Auto für die schnelle Bewältigung von Distanzen, eine große Rolle, die einen effizienten Zeiteinsatz in den begrenzten Phasen ermöglichen.

Auf die Bewältigungsressourcen durch Unterstützungsleistende aus dem sozialen Umfeld gerichtete Vermittlungshandlungen

Im Gegensatz zu der Ersetzerin und der Kombiniererin greift die Selbstbewältigerin nicht oder nur in geringem Maße auf Ressourcen aus ihrem formellen oder informellen sozialen Umfeld zurück. Ausschlaggebend ist zum einen die Strukturschwäche der sozialen Netzwerke: In der Regel sind nach Einschätzung der Frauen kaum potenzielle Helfer(innen) verfügbar, die in zeitlicher und räumlicher Hinsicht regelmäßig einsetzbar erscheinen. Hinzu kommt ihre begrenzte fachliche Eignung. Ursächlich für die mangelnde Verfügbarkeit von Unterstützungspersonen ist mitunter aber auch die selektive Wahrnehmung der Vereinbarerin, die stark durch eine auf die Ablehnung von Unterstützung ausgerichtete Einstellung geprägt ist. Kennzeichnend ist in diesem Zusammenhang die Überzeugung, dass die Versorgungsübernahme vornehmlich die eigene Aufgabe darstellt, die durch andere Akteure/Akteurinnen kaum substituierbar ist. Daher wird potenziellen Unterstützungsleistenden keine entlastende Funktion zugeschrieben. Unter diesen Bedingungen besteht auch keine Bereitschaft, die geringen finanziellen Mittel des Pflegehaushaltes in professionelle Dienstleistungen zu investieren.

Diese Hintergrundbedingungen erklären, warum die Selbstbewältigerin Unterstützungsleistende aus dem formellen oder informellen Netzwerk im Vergleich zu den anderen beiden Typen kaum in die allgemeine Pflegeerbringung einbindet. Insbesondere Versorgungsaufgaben, die nach ihrer Einschätzung eine große Gewissenhaftigkeit voraussetzen (z. B. die Gabe von Medikamenten), werden nicht an diese Akteure/Akteurinnen delegiert. Wenn überhaupt kommen sie lediglich dann zum Einsatz, wenn die oder der Pflegebedürftige nicht mehr über längere Zeiten unbeaufsichtigt bleiben kann. In diesen Fällen beschränkt sich ihre Unterstützung auf punktuelle, auf kurze Zeiträume begrenzte Visiten, die der Kontrolle des Zustandes des alten Menschen und/oder der Durchführung einzelner, nicht verschiebbarer pflegerischer Handlungen (z. B. Toilettengänge) dienen. In der Regel wird zu diesem Zweck entweder auf ambulante Pflegedienste, Verwandte oder Nachbar(inne)n zurückgegriffen. Insbesondere dann, wenn formelle Kräfte eingebunden werden, reglementiert und kontrolliert die Selbstbewältigerin ihren Einsatz. Ursächlich hierfür ist die vergleichsweise kritische und misstrauische Haltung, die sie typischerweise den Unterstützungsleistenden entgegenbringt. Diese regelmäßige eigene Einflussnahme erscheint der Vereinbarerin notwendig, um den Qualitätsstandard der Versorgung trotz der Hinzuziehung von Hilfeleistenden bewahren zu können.

Nach Einschätzung der Selbstbewältigerin treten selten von den Routinen abweichende Situationen auf, die den zusätzlichen Einsatz von Unterstützungsleistenden zwingend erforderlich machen. Ursächlich hierfür ist, dass dieser Typus, anders als die Ersetzerin, dem weiteren reproduktiven Lebensbereich nur einen geringen Stellenwert beimisst und daher typischerweise weder an Freizeitaktivitäten partizipiert, die mit den Versorgungsaufgaben nicht zu verbinden sind, noch Urlaubszeiten von der Pflege für sich beansprucht. Im Falle einer eigenen Erkrankung weist die Selbstbewältigerin eine große Selbstdisziplin auf und vernachlässigt ihre pflegerischen Aufgaben möglichst nicht. Wie oben beschrieben, bestehen typischerweise auch kaum von den Routinen abweichende Anforderungen im beruflichen Bereich (z. B. Dienstreisen), die mit den pflegerischen Anforderungen nur schwer zu verbinden sind und daher den Einsatz von Unterstützungsleistenden erfordern würden. Auch für die Gestaltung des Übergangs vom Krankenhaus in den häuslichen Bereich wird die Einbindung von Hilfeleistungen aus dem sozialen Umfeld typischerweise nicht als notwendig erachtet, da diese anforderungsreichen Zeiten entweder durch die Inanspruchnahme des Jahresurlaubs oder unter Rückgriff auf die zwei Freistellungsformen des Pflegezeitgesetzes selbst bewältigt werden können. Sollte die Hinzuziehung von Helfer(inne)n dennoch einmal unumgänglich sein (z. B. weil sich der Gesundheitszustand des Pflegebedürftigen vorübergehend stark verschlechtert oder die Selbstbewältigerin schwerwiegend erkrankt), wird anders als im Falle der Ersetzerin und teilweise auch der Kombiniererin nicht auf Angebote der Kurzzeitpflege zurückgegriffen. Aufgrund einer ablehnenden Haltung gegenüber institutionellen Versorgungsformen kommt diese Art der Unterstützung nicht infrage. Eher schon werden in diesem Fall Personen des informellen Netzwerks mittels der Leistungen der Verhinderungspflege eingebunden, denen die Vereinbarerin noch am ehesten die Erbringung einer persönlichen und auf die individuellen Bedarfe abgestimmten Versorgung zutraut.

Auf die Bewältigungsressourcen der oder des Pflegebedürftigen gerichteten Vermittlungshandlungen

Die noch verfügbaren Ressourcen des alten Menschen sind für die Selbstbewältigerin, ähnlich wie für die Ersetzerin, von großer Relevanz. Sie dienen dazu, den pflegerischen Lebensbereich zumindest soweit anzupassen, dass eine Teilzeitberufstätigkeit und eine auf ein Minimum reduzierte Einbindung in den weiteren reproduktiven Bereich realisiert werden können. Lässt der Gesundheitszustand eine aktive und passive Selbstsorge der oder des Pflegebedürftigen zu, stehen die Einstellungen der Selbstbewältigerin einem Rückgriff auf diese Fähigkeiten nicht entgegen. Sie sind in diesem Fall durch die Überzeugung geprägt, der alte Mensch selbst solle einen eigenständigen Beitrag zur Bewältigung der Situation leisten und auf diese Weise zur Entlastung beitragen.

Vor diesem Hintergrund kommen personelle Vermittlungshandlungen zum Einsatz: Die Selbstbewältigerin überträgt der oder dem Pflegebedürftigen soweit wie möglich eigene Aufgaben der aktiven und passiven Selbstsorge, indem sie über mehrere Stunden auf die eigene Anwesenheit oder die Anwesenheit einer Unterstützungsperson im Pflegehaushalt verzichtet oder der bzw. dem zu Betreuenden in diesen Phasen leichte Tätigkeiten im hauswirtschaftlichen und körperpflegerischen Bereich überlässt. Durch das Delegieren von Aufgaben soll, ähnlich wie im Falle der Ersetzerin, nicht nur eine Steigerung des Wohlbefindens herbeigeführt werden. Vielmehr ist die Einbindung der oder des Pflegebedürftigen elementar notwendig, um während der Arbeitszeit der Vereinbarerin nicht (umfassender) auf Unterstützungsleistende aus dem sozialen Umfeld zurückgreifen zu müssen. Folglich schafft die Selbstbewältigerin mit großem eigenem Einsatz Voraussetzungen, damit das noch vorhandene Unterstützungspotenzial des alten Menschen eingebracht werden kann. Beispielsweise wendet sie Befähigungsstrategien an, die in einmalig oder selten eingesetzter Form ähnlich ausgeprägt sind wie jene Vermittlungshandlungen, die durch die Ersetzerin genutzt werden. Sie beziehen sich beispielsweise auf die Anpassung der Wohnumgebung, den Einsatz von Erinnerungshilfen und technischen Hilfsmitteln und die initiale Anleitung im Umgang mit ihnen. Bei diesem Typus nehmen insbesondere Hausnotrufsysteme einen bedeutsamen Stellenwert ein, da sie die oder den Pflegebedürftigen in Phasen des Präsenzverzichts die Möglichkeit eröffnen, im Bedarfsfall Hilfe zu organisieren. Im Gegensatz zu der Ersetzerin greift die Selbstbewältigerin aber auch auf regelmäßig angewendete Strategien zurück, die einen kontinuierlichen eigenen Einsatz erfordern. Zu ihnen zählen gezielte Trainingsmaßnahmen, die eigenständig durchgeführt werden. Sie dienen dem Erhalt oder auch der Ausweitung der noch verbliebenen Fähigkeiten des pflegebedürftigen Angehörigen und sollen sich nicht nur auf sein Wohlbefinden förderlich auswirken. Außerdem wird die Aufgabenübernahme des alten Menschen durch Vorentlastungsstrategien (z. B. das Bereitlegen der Kleidung oder die Vorbereitung der Mahlzeiten) erleichtert und Phasen der eigenen Abwesenheit möglichst arbeitsarm gestaltet, um Überforderungen zu verhindern. Als regelmäßige Befähigungshandlungen kommen auch kommunikative Strategien zum Einsatz: Der oder dem Pflegebedürftigen werden wiederkehrend für die Alltagsbewältigung relevante Informationen (z. B. über Zeiten der Abwesenheit der Vereinbarerin) übermittelt, um sie oder ihn in die Lage zu versetzen, Anforderungen selbst begegnen zu können. Nicht zuletzt sichert die Selbstbewältigerin ihre ständige Erreichbarkeit in Phasen des Präsenzverzichts, indem sie ihr Mobiltelefon auch im beruflichen Kontext regelmäßig mit sich führt und somit im Bedarfsfall abrufbar ist. Neben den Befähigungsstrategien kommen auch Strategien zur Bewahrung der Einsatzbereitschaft zur Anwendung, wobei in diesem Zusammenhang insbesondere auf die positive Bestärkung zurückgegriffen wird.

Die Bewältigungsressourcen sind jedoch bei den zu Betreuenden unterschiedlich stark ausgeprägt. Insbesondere dann, wenn diese nur noch in geringem Maße verfügbar sind, können sie durch die Befähigungs- und Einsatzbewahrungsstrategien kaum noch mobilisiert werden. In diesen Fällen stellen die beschriebenen Vermittlungshandlungen hilflose Versuche dar, Ressourcen zur Anforderungsbewältigung aufzutun. Unter diesen Bedingungen engagiert sich die Selbstbewältigerin stark, opfert sich selbst auf und überschreitet Grenzen im beruflichen Bereich (z. B. in Form von nicht durch den Vorgesetzten genehmigten Abwesenheiten), um die pflegerische Versorgung auch in dieser Situation noch eigenständig zu realisieren und negative Folgen für den Versorgungszustand des alten Menschen abzuwenden. Hierbei ist sie im Besonderen der Gefahr ausgesetzt, Raubbau an sich selbst zu betreiben und die eigene Regeneration zu vernachlässigen. Dennoch kann in dieser Situation nicht verhindert werden, dass Versorgungsmängel auftreten, die in latenten oder manifesten Gefährdungen des Pflegebedürftigen münden. Die Frauen sind sich typischerweise über diese Problemlage bewusst. Da die Aufgabe der Berufstätigkeit aus finanziellen Gründen nicht realisierbar erscheint und sie einer Hinzuziehung von Unterstützung kritisch gegenüberstehen, werden diese Risiken jedoch gezwungenermaßen zunächst in Kauf genommen. Erst eine weitere Verschlechterung des Gesundheitszustandes oder aber ein erschöpfungsbedingter Zusammenbruch der Selbstbewältigerin können Modifizierungen des Arrangements bedingen. Typischerweise ist in diesen Situationen ein Einstellungswandel möglich. Kennzeichnend ist dann zum einen eine größere innere Distanzierung der Vereinbarerin von der pflegerischen Situation, zum anderen eine Abkehr von der auf die Nicht-Einbeziehung von Unterstützung ausgerichteten Einstellung. Unter diesen Umständen erscheint die Einbindung von Helfer(inne)n aus dem sozialen Umfeld zwar immer noch nicht als die optimalste Betreuungsform, jedoch zumindest als eine Möglichkeit, die Heimübersiedlung des alten Menschen zu umgehen.

C: Die Kombiniererin

Der Vermittlungsstil der Kombiniererin verbindet Elemente der vorangehend dargestellten Vermittlungsstile der Ersetzerin und der Selbstbewältigerin: Vergleichbar mit der Selbstbewältigerin bringt sie ihre eigenen umfassend bestehenden Bewältigungsressourcen ein, um den Pflegebedarfen des Angehörigen gerecht zu werden. Hierzu nutzt sie primär Vermittlungshandlungen in der beruflichen und weiteren reproduktiven Sphäre und erzielt durch ihren Einsatz moderate Anpassungen in beiden Bereichen. Mit der Ersetzerin verbindet sie demgegenüber der starke Rückgriff auf Bewältigungsressourcen durch Unterstützungsleistende aus dem sozialen Umfeld. Sie werden durch personelle Vermittlungshandlungen zugänglich gemacht und kommen in der pflegerischen Sphäre zur Anwendung. Ihr Einsatz ermöglicht die Entstehung zeitlicher Freiräume, die der weiteren reproduktiven und beruflichen Tätigkeitsdurchführung zugutekommen. Durch die Einbeziehung beider Formen der Bewältigungsressourcen kann ein im Vergleich zu den anderen beiden Typen sehr tragfähiges Vermittlungssystem geschaffen werden. Mit dessen Hilfe ist die Möglichkeit gegeben, selbst einen ausgeprägten Mangel an Bewältigungsressourcen der oder des Pflegebedürftigen zu kompensieren und ihren/seinen Bedarfen vollumfänglich zu begegnen, ohne die Aufgabenbewältigung im beruflichen und weiteren reproduktiven Lebensbereich zu gefährden.

Auf die Selbstbewältigungsressourcen gerichtete Vermittlungshandlungen

Die Kombiniererin verfügt, ähnlich wie die Selbstbewältigerin, über umfassende eigene Ressourcen zur Begegnung der pflegerischen Bedarfe. Dies ist zum einen auf die förderlichen Opportunitätsstrukturen zurückzuführen: Wie auch die Selbstbewältigerin geht die Kombiniererin einer Teilzeitberufstätigkeit nach und verfügt über umfassende arbeitszeitliche Souveränitätsspielräume, um ihren Einsatz in der beruflichen Sphäre auf die Erfordernisse im privaten Lebensbereich abzustimmen. Zum anderen ist sie auch im weiteren reproduktiven Bereich keinen Anforderungen ausgesetzt, die ihre Versorgungsübernahme wesentlich einschränken. Zwar geht sie durchaus Freizeitaktivitäten nach, ist jedoch, anders als die Ersetzerin, selten in die Versorgung von Kindern oder die Bewältigung eines anforderungsreichen Haushalts eingebunden. Darüber hinaus hält sie sich selbst für den Einsatz in der pflegerischen Sphäre als körperlich, fachlich und sozial-emotional geeignet. Die aktive Teilhabe an der Bewältigung der hier entstehenden Anforderungen wird nicht zuletzt auch durch die räumlichen Bedingungen erleichtert, die durch eine geringe Distanz zwischen dem eigenen Wohn- und Arbeitsort und dem Wohnort des alten Menschen gekennzeichnet sind. Neben den strukturellen Bedingungen erweisen sich auch die Einstellungen der Kombiniererin grundsätzlich als förderlich für die eigene Partizipation an der Pflegeerbringung: Es besteht das Bestreben, den Bedürfnissen des Angehörigen selbst nachzukommen und ein hohes pflegerisches Versorgungsniveau zu realisieren. Dafür werden im Bedarfsfall auch Abstriche im beruflichen und weiteren reproduktiven Bereich als legitim erachtet.

Unter diesen Bedingungen setzt sich die Kombiniererin umfassend für die Pflegeerbringung ein und unterscheidet sich in diesem Zusammenhang grundlegend von der Ersetzerin. Außerhalb ihrer Arbeitszeiten begegnet sie einem Großteil der anfallenden Bedarfe und ist in ein breites Spektrum unterschiedlicher Tätigkeiten im persönlich-pflegerischen, managementbezogenen, sozialemotionalen und hauswirtschaftlichen Bereich eingebunden. Im Vergleich zu der Selbstbewältigerin sind ihr jedoch größere Freiheiten gegeben, über die Ausgestaltung ihrer Einsätze mitzubestimmen und diese an die anderen Lebensbereiche anzupassen. Ursächlich hierfür ist, dass sie, wie nachfolgend dargestellt wird, über viele Bewältigungsressourcen aus dem sozialen Umfeld verfügt. Daher kann sie inhaltlich besonders unliebsame Aufgaben (z. B. sehr körpernahe Pflegetätigkeiten) oder mit den beruflichen Anforderungen konfligierende versorgerische Aktivitäten aus dem eigenen Tätigkeitsspektrum ausgrenzen. Im Gegensatz zu der Selbstbewältigerin besteht auf der zeitlichen Ebene auch kaum die Notwendigkeit, die eigenen Pflegetätigkeiten entsprechend der Arbeitszeit zu takten: Sollten Pflegebedarfe während der Erwerbsarbeit auftreten, wird nicht auf die eigenen Versorgungszeiten Einfluss genommen, sondern die Unterstützungseinbindung aus dem sozialen Umfeld entsprechend organisiert. Die Bedürfnisse des alten Menschen (z. B. die Einnahme des Mittagessens zu einer bestimmten Uhrzeit) bilden hierbei die Orientierungsgrößen. Um den eigens übernommenen Aufgaben bestmöglich gerecht zu werden, greift die Kombiniererin, vergleichbar mit der Selbstbewältigerin, auf ihr pflegerisches Wissen und ihre Erfahrungen als Hilfsmittel zurück. Da sie ebenfalls in viele versorgerische Tätigkeiten selbst aktiv eingebunden ist, können diese Kompetenzen maßgeblich über die ‚Learning-by-Doing-Strategie‘ entwickelt werden. Darüber hinaus sind die Informationen aber auch aus unterschiedlichen medialen Quellen und nicht zuletzt auch durch die regelmäßigen Kontakte mit den formellen Unterstützungspersonen zu generieren. Die zuletzt beschriebene Strategie der Wissensausweitung unterscheidet die Kombiniererin von der Selbstbewältigerin, die durch ihren kaum bestehenden Kontakt zu professionellen Helfer(inne)n über diese Möglichkeit im Alltag in der Regel nur während der Beratungseinsätze der Dienste nach

§ 37 SGB XI verfügt. Im Gegensatz zu der Ersetzerin und teilweise auch der Selbstbewältigerin werden andere Hilfsmittel, z. B. sedierende Medikamente, Katheter oder Sonden, nur aus Gründen der medizinischen Indikation eingesetzt. Sie dienen bei diesem Typus nicht dazu, den mit der Pflege des alten Menschen verbundenen Aufwand zu reduzieren und somit indirekt Zeiteinsparungen bei der Versorgungserbringung zu erwirtschaften.

Sollten im beruflichen oder weiteren reproduktiven Lebensbereich von den Routinen abweichende Situationen auftreten, ist die Kombiniererin im Gegensatz zu den anderen beiden Typen vergleichsweise selten auf zusätzliche zeitliche, inhaltliche und hilfsmittelbezogene Vermittlungshandlungen angewiesen. Beispielsweise greift sie kaum auf eine Reduktion der in die Pflege investierten Zeit, eine Beschleunigung der Versorgungserbringung oder einen Verzicht auf bestimmte Pflegetätigkeiten zurück und vermindert auch nicht den Gründlichkeitsgrad der Aufgabendurchführung. Außerdem ist sie auch nicht dazu gezwungen, besonders flexibel und spontan ihre Handlungsabläufe umzustellen. Ausschlaggebend hierfür ist, dass auch für diese von den täglichen Routinen abweichenden Bedarfssituationen Unterstützungspersonen bereitstehen. Sie bilden ein Sicherheitsnetz und gleichen die situativ auftretenden zeitlichen Mehrbedarfe der Kombiniererin in den anderen Sphären aus.

Aufgrund der Rückgriffsmöglichkeiten auf Unterstützungsleistungen des sozialen Umfelds werden Vermittlungshandlungen im beruflichen Bereich grundsätzlich lediglich in begrenztem Maße eingesetzt. Zu den angewendeten Strategien zählt auf der zeitlichen Ebene die Anpassung der Lage und Verteilung der Arbeitszeit an die Verfügbarkeit der Helfer(innen). Hierfür nimmt die Kombiniererin Einfluss auf die Dienstpläne und die Terminvergabe an Kund(inn)en, Kolleg(inn)en und Vorgesetzte. Darüber hinaus erfolgt eine Reduktion der beruflich gebundenen Zeit, indem das Auftreten von ungeplanten Überstunden, wenn möglich, vermieden wird. Zwar ist grundsätzliche die Möglichkeit gegeben, Unterstützungsleistende in diesen von den Routinen abweichenden Situationen einzubinden (s. auch im folgenden Absatz) und somit auch sporadisch über die vertraglich vereinbarte Arbeitszeit hinaus verfügbar zu sein. Der Einsatz der Helfer(innen) ist jedoch in diesen durch sehr kurze Planungshorizonte gekennzeichneten Situationen mit einem großen organisatorischen Mehraufwand verbunden. Wenn möglich wird dieser umgangen, indem auf ähnliche Strategien zurückgegriffen wird, die auch die Selbstbewältigerin zur Vermeidung von Mehrarbeit nutzt: Kennzeichnend ist beispielsweise eine zeitliche Verschiebung bestimmter beruflicher Tätigkeiten oder aber ein beschleunigtes Handeln, um das Arbeitsvolumen doch noch in der regulären Arbeitszeit zu bewältigen. Auf der inhaltlichen Ebene kann der Gründlichkeitsgrad der Tätigkeitsdurchführung sporadisch verringert oder der Tätigkeitsanfall verhindert werden, um Überstunden zu umgehen. Im Bedarfsfall kommt auch eine räumliche Vermittlungshandlung zum Einsatz, indem die Mehrarbeit in der Häuslichkeit der oder des Pflegebedürftigen durchgeführt wird. Auf diese Weise können die beruflichen Aufgaben mit der Beaufsichtigung des alten Menschen kombiniert werden. Andere in der beruflichen Sphäre angesiedelte Vermittlungshandlungen, die von der Selbstbewältigerin regulär eingesetzt werden, kommen bei der Kombiniererin im Alltag hingegen nicht zur Anwendung: Beispielsweise steht in zeitlicher Hinsicht eine Reduktion des vertraglich fixierten Umfangs der Erwerbsarbeit nicht zur Disposition. Darüber hinaus können ebenfalls Unterbrechungen der Arbeitszeit oder der Verzicht auf Pausen zwecks kurzer Versorgungs- und Beaufsichtigungsbesuche beim Angehörigen umgangen werden. Nicht zuletzt greift die Kombiniererin unter normalen Umständen auch nicht auf das Hilfsmittel der Rückversicherungstelefonate zurück. Ursächlich für den Verzicht auf die beschriebenen Vermittlungshandlungen ist, dass die Versorgung der oder des Pflegebedürftigen während der Arbeitszeiten der Kombiniererin umfassend sichergestellt ist. Sollten pflegerische Zwischenfälle auftreten, wird die erwerbstätige Pflegende von den als vertrauenswürdig eingeschätzten Unterstützungspersonen des formellen und informellen Umfelds umgehend in Kenntnis gesetzt. Folglich muss sie nicht selbst aktiv werden, um sich über den Versorgungszustand des alten Menschen kontinuierlich zu informieren.

Im Falle temporär auftretender Bedarfssituationen in der pflegerischen Sphäre (z. B. dem vorübergehenden Ausfall von Unterstützungsleistenden aufgrund von Urlaub oder Krankheit) findet nach einer Rücksprache mit den Vorgesetzten und den Kolleg(inn)en auf der zeitlichen Ebene eine Verschiebung des beruflichen Arbeitseinsatzes statt. Alternativ kommt auch eine kurzfristige Reduktion der Arbeitszeit infrage. Im Gegensatz zu der Selbstbewältigerin muss die Kombiniererin in diesen Situationen üblicherweise keinen Urlaub nehmen, da sie in der Regel über ein gefülltes Überstundenkonto verfügt, auf dass sie in diesen Fällen zurückgreifen kann. Die Kombiniererin baut das hier gespeicherte Zeitguthaben auf, indem sie im beruflichen Alltag gezielt absehbar auftretende Überstunden leistet. Aufgrund des in diesem Falle bestehenden Planungshorizonts ist sie in der Lage, sich Unterstützung aus dem sozialen Umfeld zu organisieren. Handelt es sich lediglich um kurze Abwesenheitszeiten, kann der alte Mensch alternativ auch unbeaufsichtigt gelassen werden, wenn seine Bewältigungsressourcen es zulassen. Diese Erbringung von geplanten Überstunden ist für die Kombiniererin nicht nur mit dem Vorteil verbunden, sich in spontan auftretenden Situationen Zeitpuffer verschaffen zu können. Gleichzeitig erwächst hieraus auch die Möglichkeit, sich bei den Akteuren/Akteurinnen des beruflichen Umfelds, die über die Vereinbarungssituation zu Beginn der Pflegeübernahme in Kenntnis gesetzt und um Unterstützung gebeten wurden, für ihre Zugeständnisse zu revanchieren. Durch die Anwendung dieser personellen Vermittlungshandlung soll ihre generelle und situative Unterstützungsbereitschaft kontinuierlich aufrechterhalten werden.

Dieser Typus verfügt auch im weiteren reproduktiven Bereich über die Möglichkeit und die Bereitschaft, seinen Einsatz zeitlich zu reduzieren und hierfür auf der inhaltlichen Ebene auf einzelne Tätigkeiten zu verzichten, um den pflegerischen Anforderungen oder Bedürfnissen des alten Menschen begegnen zu können. Im Gegensatz zu der Selbstbewältigerin existiert jedoch im Alltag selten die Notwendigkeit, diese Abstriche bei hauswirtschaftlichen, regenerativen oder freizeitbezogenen Tätigkeiten in großem Umfang vorzunehmen. Außerdem müssen diese Aufgaben im Normallfall auch nicht zwangsweise beschleunigt durchgeführt und in die noch bestehenden Zeitlücken eingepasst werden. Ursächlich hierfür ist, dass die Kombiniererin, wie im nachfolgenden Abschnitt beschrieben wird, durch die Unterstützungspersonen aus dem sozialen Umfeld auch über die beruflichen Abwesenheitszeiten hinaus Entlastung in der pflegerischen Sphäre erfährt. Folglich verfügt sie in ihrer beruflich nicht besetzten Zeit über vergleichsweise große Freiräume, die sie nutzt, um im Tages- oder Wochenablauf feststehende Phasen zu reservieren, die für hauswirtschaftliche, regenerative und freizeitbezogene Tätigkeiten einsetzbar sind. Ihre Lage und Verteilung wird zu Beginn der Pflegeübernahme an die Zeiten der Unterstützungsleistenden und die eigenen Einsatzzeiten in der pflegerischen Sphäre angepasst. Im weiteren Verlauf nehmen diese durch Tätigkeiten des weiteren reproduktiven Lebensbereichs gebundene Phasen dann eine feste Position in den alltäglichen Abläufen ein. Auf der hilfsmittelbezogenen Ebene entlasten diese Routinen von Planungsaktivitäten, die zu Beginn der Pflegeübernahme noch von Bedeutung waren, um Freiräume für diese Sphäre zu schaffen.

Lediglich in nicht regulär auftretenden Bedarfssituationen im pflegerischen Bereich (z. B. während Krankheits- oder Urlaubszeiten der Unterstützungsleistenden) müssen Tätigkeiten in der weiteren reproduktiven Sphäre beschleunigt durchgeführt und im Zweifelsfall die eigene Partizipation an diesem Lebensbereich vorübergehend reduziert werden. Auf der inhaltlichen Ebene setzt die zuletzt benannte Strategie dann den Verzicht auf bestimmte Tätigkeiten voraus. Es handelt sich hierbei jedoch um Ausnahmesituationen.

Auf die Bewältigungsressourcen durch Unterstützungsleistende aus dem sozialen Umfeld gerichtete Vermittlungshandlungen

Soziales Kapital aus dem formellen und/oder informellen sozialen Umfeld ist nach Einschätzung der Kombiniererin zeitlich und räumlich in angemessener Weise verfügbar. Auch die Eignung der Unterstützungsleistenden wird von der Vereinbarerin nicht infrage gestellt und deren Einsatz durch die oder den Pflegebedürftigen und das weitere soziale Umfeld akzeptiert. Neben diesen Opportunitätsstrukturen sind auch die Einstellungen der erwerbstätigen Pflegenden auf eine Inanspruchnahme ausgerichtet: Die Einbindung von Hilfeleistungen aus dem sozialen Umfeld wird als überaus bedeutsam erachtet, um den pflegerischen Anforderungen nachkommen zu können, ohne den eigenen Beruf aufzugeben und dabei auch eigene Freiräume zu wahren. Vor diesem Hintergrund befürwortet die Kombiniererin auch private Investitionen, um professionelle Dienste hinzuzuziehen.

Unter diesen Voraussetzungen greift die Vereinbarerin dieses Typus mithilfe personeller Vermittlungshandlungen auf die Bewältigungsressourcen der Unterstützungsleistenden aus dem sozialen Umfeld zurück, um den pflegerischen Lebensbereich zeitlich an die anderen Sphären anzupassen. Zwei unterschiedliche Formen der Unterstützung sind in diesem Zusammenhang zu unterscheiden, die in den Arrangements der Kombiniererin regulär zum Einsatz kommen und parallel eingebunden werden:

Erstens treten Akteure/Akteurinnen auf, die über mehrere Stunden an allen Tagen hinzugezogen werden, an denen die Kombiniererin ihrer Berufstätigkeit nachgeht. Sie decken diese Abwesenheitsphasen vollumfänglich oder doch zumindest weitgehend ab. Die Helfer(innen) übernehmen dann im pflegerischen und sozial-emotionalen Bereich nahezu die gleichen Aufgaben, die die erwerbstätige Pflegende selbst auch erfüllt. Zusätzlich delegiert sie teilweise auch einige managementbezogene und hauswirtschaftliche Tätigkeiten an die Unterstützungsleistenden. Leben die oder der Pflegebedürftige und die Kombiniererin in einem Haushalt, sind die Helfer(innen) somit manchmal auch in Personalunion gleichzeitig als Pfleger(innen) und Betreuer(innen) für den alten Menschen und als Reinigungskraft in der gemeinsamen Wohnung tätig. Auf diese Weise kann nicht nur im pflegerischen, sondern auch im weiteren reproduktiven Bereich Entlastung herbeigeführt werden. Da die Unterstützer zeitlich umfassend und für ein breites Spektrum unterschiedlicher Aufgaben eingebunden werden, handelt es sich hierbei in der Regel nicht um Pflegekräfte eines ambulanten Pflegedienstes. Ihre Einsatzmöglichkeiten werden von der Kombiniererin als inhaltlich zu unflexibel und als zu kostenintensiv bewertet. Anstelle dessen greift sie im formellen Sektor auf Kräfte des grauen Marktes oder aber auf eigens angestellte Geringfügig- oder Teilzeitbeschäftigte zurück, die unter Zuhilfenahme von privaten finanziellen Mitteln und dem Pflegegeld bezahlt werden. Alternativ kommen auch über die Sachleistungen der Pflegeversicherung (teil-)finanzierte Tagespflegeangebote zum Tragen. Werden für diese Unterstützungsaufgaben informelle Akteure/Akteurinnen eingebunden, wird auf Angehörige des engeren familiären Netzwerks (z. B. Geschwister der erwerbstätigen Pflegenden oder die Ehepartnerin bzw. der Ehepartner der oder des Pflegebedürftigen) zurückgegriffen, die nicht berufstätig sind. Die Hinzuziehung der beschriebenen formellen oder informellen Unterstützungsquellen zielt darauf ab, Zeiten der beruflichen Abwesenheit möglichst umfassend abzudecken. Im optimalsten Fall greifen die Einsätze der Hilfeleistenden und der Kombiniererin wie die Zähne eines Zahnrades formschlüssig ineinander. Zeitliche Lücken, innerhalb derer keine Beaufsichtigung der oder des Pflegebedürftigen sichergestellt ist, treten in diesen Fällen nicht auf. Solche Organisationsformen setzen eine große Pünktlichkeit und Verlässlichkeit der eingebundenen Akteure/Akteurinnen voraus. Sie kommen insbesondere dann zum Tragen, wenn der pflegebedürftige Angehörige nur noch über geringe eigene Bewältigungsressourcen verfügt.

Zweitens wird zusätzlich zu diesen über mehrere Stunden des Tages eingesetzten Unterstützungsleistenden bei Bedarf regulär auch auf ambulante Pflegedienste zurückgegriffen, die einige ausgewählte Versorgungsaufgaben erfüllen. Nach Einschätzung der Kombiniererin bedürfen diese Tätigkeiten entweder besonderer qualifikatorischer Voraussetzungen (z. B. im Fall der Behandlungspflege) oder es handelt sich um versorgerische Aktivitäten, zu deren Übernahme ihnen selbst die Bereitschaft fehlt (z. B. im Fall sehr körpernaher pflegerischer Aufgaben). Je nach Auftreten der Bedarfe sind die professionellen Pflegekräfte teilweise sogar täglich eingebunden. Die Finanzierung erfolgt in der Regel über Leistungen des SGB XI oder des SGB V.

Wie die Betrachtung zeigt, ist das Arrangement der Kombiniererin personell großzügig ausgestattet. Die Einbindung mehrerer Hilfeleistender konfrontiert sie jedoch insbesondere zu Beginn der Pflegeübernahme mit Informationsgenerierungs- und Organisationserfordernissen, denen die Selbstbewältigerin (in diesem Maße) nicht ausgesetzt ist. Die Kombiniererin begegnet ihnen unter Einsatz entsprechender Handlungsstrategien, die sich in der Anfangsphase kaum von jenen Handlungsstrategien unterscheiden, die von der Ersetzerin genutzt werden: Unter Berücksichtigung der Pflegebedarfe des älteren Menschen im Tagesverlauf und der eigenen beruflichen Einbindung werden Unterstützungspersonen gesucht, die während der eigenen Arbeitszeiten die Versorgung übernehmen und somit Lücken passgenau schließen können. Hierzu sammelt die Kombiniererin überwiegend selbst Informationen über potenziell geeignete Unterstützungsquellen und Finanzierungsmöglichkeiten und eruiert die Unterstützungsbereitschaft und -fähigkeit der potenziell infrage kommenden Helfer(innen). Konnten diese gewonnen werden, erfolgt die Organisation ihrer Einsätze. Hierfür nimmt die erwerbstätige Pflegende mit den regulär eingebundenen Unterstützungsleistenden Absprachen über die Zeiten, die inhaltlichen Verantwortungsbereiche und die Art und Weise der Aufgabendurchführung vor. Diese initialen Abstimmungsprozesse nehmen einen großen Stellenwert ein, um die Tragfähigkeit des Arrangements langfristig zu sichern. Den Helfer(inne)n wird auf diese Weise Handlungssicherheit vermittelt. Längerfristig kann die Kombiniererin hierdurch, ähnlich wie die Ersetzerin, ihren Organisationsaufwand senken und Zeiteinsparungen erwirtschaften. Da diese Abstimmungsprozesse als aufwendig wahrgenommen werden, lässt sich die Vereinbarerin dieses Typus für einen gewissen Zeitraum freistellen. Dieses Vorgehen unterscheidet sie von dem der Ersetzerin, die aufgrund ihrer geringen Bereitschaft, im beruflichen Bereich Abstriche zugunsten der Pflege vorzunehmen, auf diese Handlungsform nicht zurückgreifen würde. Um die Freistellung realisieren zu können, nutzt die Kombiniererin nach Absprache mit den Vorgesetzten die Leistungen des Pflegezeitgesetzes oder setzt eigene Urlaubstage ein.

Das Management des Arrangements erfordert auch im weiteren Zeitverlauf noch ein im Vergleich zum Arrangement der Ersetzerin großes organisatorisches Engagement der erwerbstätigen Pflegenden. Ursächlich hierfür ist, dass die Kombinierer und ihre Helfer(innen) die pflegerischen Einsätze nicht als voneinander entkoppelte Einheiten erbringen. Vielmehr sind sie durch die Übernahme derselben Aufgaben in enger inhaltlicher Verzahnung tätig. Faktisch wird gemeinsam, wenn auch überwiegend zu unterschiedlichen Zeitpunkten, an der Versorgungserbringung gearbeitet, sodass die Einsätze in der Regel in unmittelbarer Abhängigkeit voneinander erbracht werden. Um unter diesen Bedingungen den pflegerischen Anforderungen gerecht zu werden, ist eine regelmäßige Informationsweitergabe zwischen den beteiligten Akteur(inn)en erforderlich. Hierfür wird sporadisch ein schriftlicher oder mündlicher Austausch über den Gesundheitszustand des alten Menschen und daraus erwachsene pflegerische Erfordernisse initiiert und im Bedarfsfall auch partizipativ Problemlösungsstrategien entwickelt. Von besonderer Bedeutung sind diese Kommunikationsprozesse insbesondere dann, wenn neue Versorgungsbedarfe auftreten. Der Rückgriff auf diese organisatorischen Vermittlungshandlungen nicht nur zu Beginn der Pflegeübernahme, sondern über den gesamten Verlauf, unterscheidet die Kombiniererin maßgeblich von der Ersetzerin.

Ihr kontinuierliches Engagement tritt jedoch nicht nur bei der Organisation der Unterstützungseinsätze zutage, sondern auch bei der Befähigung der Helfer(innen). Anders als die Ersetzerin greift die Kombiniererin nämlich in diesem Zusammenhang nicht nur auf einmalig oder selten zur Anwendung kommende Strategien zurück, die lediglich eines initialen Einsatzes bedürfen, sondern auch auf regelmäßig nutzbare Formen. Die einmaligen bzw. seltenen Befähigungsstrategien ähneln denen von der Ersetzerin genutzten Vermittlungshandlungen. Sie beziehen sich beispielsweise auf die anfängliche Anleitung im Umgang mit der oder dem Pflegebedürftigen, die Sensibilisierung für Zustandsverschlechterungen und die versorgungsgerechte Gestaltung des Wohnumfelds. Regelmäßig angewendete Befähigungsstrategien werden ergriffen, indem die Kombiniererin die Einsätze der Helfer(innen) durch die Beschaffung und Bereitstellung der Pflegeutensilien vorbereitet. Sie ist zur Anwendung dieser Vermittlungshandlung in der Lage, da sie vor den Einsätzen der Unterstützer(innen) im Pflegehaushalt zugegen ist und gleichzeitig auch eine große Bereitschaft aufweist, sich für die Gewährleistung einer qualitativ hochwertigen pflegerischen Versorgung selbst einzubringen. Durch den Rückgriff auf die beschriebenen Befähigungsstrategien verfolgt dieser Typus, anders als die Ersetzerin, nicht die Zielsetzung, die Versorgungserbringung durch das soziale Umfeld zum Selbstläufer zu machen und den eigenen Arrangementaufwand soweit wie möglich zu begrenzen. Vielmehr wird angestrebt, eine qualitativ hochwertige Aufgabenbewältigung durch die Helfer(innen) zu ermöglichen, die in Zeiten der eigenen Abwesenheit den Bedürfnissen des alten Menschen umfassend begegnen kann. Gelingt ein zielführender Einsatz dieser Strategien, kann auf ständige Regulationen und Kontrollen verzichtet werden.

Um die Einsatzbereitschaft der Unterstützungsleistenden langfristig aufrechtzuerhalten, wird auf Einsatzbewahrungsstrategien zurückgegriffen. Anders als die Ersetzerin nutzt die Kombiniererin hierbei jedoch nicht nur materielle Vergütungen. Vielmehr kommen als Anerkennung auch immaterielle Tauschgüter infrage. Hierfür investiert die Vertreterin dieses Typus, wenn sie nicht in den pflegerischen und weiteren reproduktiven Lebensbereich eingebunden ist, eigene Zeit und Arbeitskraft, um sich durch kleine Gegenleistungen für die erfahrene Hilfe erkenntlich zu zeigen. Darüber hinaus ist ihr an der Schonung der Unterstützungsleistenden gelegen, indem sie sie nach Arbeitsende möglichst pünktlich ablöst, um ihre Zeit nicht übermäßig in Anspruch zu nehmen.

Sollte die Kombiniererin in von den Routinen abweichenden Situationen in der weiteren reproduktiven oder in der beruflichen Sphäre (z. B. aufgrund einer Urlaubsreise oder aufgrund einer eigenen Erkrankung) für einen begrenzten Zeitraum nicht zur Verfügung stehen oder sollten die regulären Unterstützungsleistenden ausfallen, verfügt dieser Typus über folgende Handlungsmöglichkeiten: Zum einen kann er auf weitere Akteure/Akteurinnen des informellen Netzwerks (z. B. den Ehepartner, andere Geschwister oder erwachsene Kinder) zurückgreifen. Sie übernehmen zwar nicht regulär Aufgaben bei der Versorgung im Alltag, bekleiden jedoch flexible Springerpositionen. Sie werden spontan oder geplant eingebunden, um in diesen Fällen die Versorgungsaufgaben zu übernehmen. Primär sind sie dann für Beaufsichtigungsaufgaben zuständig, übernehmen aber auch grundlegende persönlich-pflegerische und hauswirtschaftliche Tätigkeiten, die in diesen Phasen anfallen. Ihre Partizipation an der Versorgungserbringung setzt eine inhaltliche und zeitliche Organisation voraus, die in Form von situativen Abstimmungen erfolgt. Bestehen keine Möglichkeiten, auf diese Akteure/Akteurinnen des informellen Netzwerks zurückzugreifen, verfügt die Kombiniererin zum andern über die Option, die oder den Pflegebedürftigen in einer Kurzzeitpflegeeinrichtung unterzubringen. Obgleich die Kombiniererin grundsätzlich einer institutionellen Pflege des alten Menschen ablehnend gegenübersteht, erscheint diese Versorgungsmöglichkeit jedoch zeitlich begrenzt durchaus legitimierbar. Die Phase des eigenen Ausfalls wird dann umfassend vorbereitet, indem zum Beispiel versorgungsrelevante Informationen an die Einrichtung weitergeleitet werden. Im Gegensatz zu der Ersetzerin findet in den Urlaubszeiten typischerweise keine vollständige eigene Abgrenzung von den pflegerischen Aufgaben statt. Die Kombiniererin tätigt vielmehr regelmäßige Rückversicherungstelefonate und besucht den pflegebedürftigen Angehörigen in der Kurzzeitpflegeeinrichtung, wenn es ihr möglich ist. Diese Handlungsweisen dienen dazu, die Qualität der Versorgungserbringung zu kontrollieren. Sollte diese Kontrollfunktion nicht eigenständig übernommen werden können, werden hierfür die Helfer(innen) aus dem privaten Umfeld eingesetzt.

Auf die Bewältigungsressourcen der oder des Pflegebedürftigen gerichtete Vermittlungshandlungen

Im Gegensatz zu den anderen beiden Vermittlungstypen ist die Kombiniererin zur Begegnung der pflegerischen Anforderungen in einem auch durch die Einbindung in den Beruf und den weiteren reproduktiven Lebensbereich geprägten Alltag weniger auf die Bewältigungsressourcen der oder des Pflegebedürftigen angewiesen. Sollten diese in geringem Maße verfügbar sein, bestehen durch die

Selbstbewältigungsressourcen und die Bewältigungsressourcen aus dem sozialen Umfeld umfassende Kompensationspotenziale.

Im optimalsten Falle führt diese Situation dazu, dass der alte Mensch so gut wie nie unbeaufsichtigt gelassen werden muss. Ist er noch zu einer eigenständigen Aufgabenübernahme imstande und sind die Einstellungen der Kombiniererin auf eine Befürwortung von Aktivität und Selbstständigkeit ausgerichtet, überträgt ihm die erwerbstätige Pflegende noch einige Tätigkeiten. Anders als bei der Ersetzerin und der Selbstbewältigerin erfüllt jedoch seine Einbindung nicht primär eine funktionale Aufgabe zur Aufrechterhaltung der häuslichen Pflegesituation. Vielmehr gilt sie als Strategie, die der Steigerung des Wohlbefindens dient. Sollte der Gesundheitszustand demgegenüber in stärkerem Maße durch physische und kognitive Einschränkungen gekennzeichnet sein, würde durch die Einbeziehung der oder des Pflegebedürftigen die grundlegende Zielsetzung dieses Typus verfehlt, eine möglichst bedarfsgerechte Versorgung sicherzustellen. In diesem Fall ist seine Einstellung eher durch eine Aktivität und Selbstständigkeit ablehnende Haltung geprägt. Unter diesen Bedingungen ist ein Leitbild kennzeichnend, das auf die Schonung und den Schutz des pflegebedürftigen Angehörigen ausgerichtet ist. Folglich werden ihm dann kaum eigene Aufgaben überlassen. Anstelle dessen nimmt die Kombiniererin einen größeren eigenen Aufwand oder eine umfassendere Einbindung von Unterstützungsleistenden in Kauf. Anders als die Ersetzerin und die Selbstbewältigerin ist sie nicht gezwungen, das Risiko einzugehen, den Versorgungszustand des alten Menschen zu gefährden.

Da der Rückgriff auf die noch verbleibenden Ressourcen der oder des Pflegebedürftigen entweder grundsätzlich nicht oder lediglich aus Gründen der Wohlbefindensverbesserung stattfindet, kommen personelle Vermittlungshandlungen, die einer gezielten Gewinnung von Unterstützung durch den alten Menschen, der Organisation seiner Einsätze, seiner Befähigung oder der Bewahrung der Einsatzbereitschaft dienen, bei diesem Typus nicht oder zumindest weniger strategisch zum Einsatz als bei der Ersetzerin und der Selbstbewältigerin. Diese Handlungsformen sind unabhängig vom Gesundheitszustand der oder des Pflegebedürftigen nicht elementar für die Aufrechterhaltung des pflegerischen Versorgungsniveaus oder die Einbindung und Anforderungsbewältigung im beruflichen oder weiteren reproduktiven Bereich. Die Tragfähigkeit kann unter diesen Bedingungen sowohl im Normalfall wie auch in von den Routinen abweichenden Situationen schon durch den Rückgriff auf die Selbstbewältigungsressourcen und die Bewältigungsressourcen aus dem sozialen Umfeld gesichert werden.

7 Reflexion und Ausblick

Das grundsätzliche Erkenntnisinteresse der Arbeit bestand darin, zu eruieren, auf welche Weise Frauen ihr tägliches Leben arrangieren, um die häusliche Pflege eines älteren Familienmitgliedes und die eigene Erwerbstätigkeit miteinander zu verbinden. Von Bedeutung waren in diesem Zusammenhang insbesondere die hierfür angewendeten akteurinneneigenen Vermittlungshandlungen sowie die strukturellen und kulturellen Einflussfaktoren, die ihren Einsatz bedingen. In den vorangehenden zwei Teilkapiteln wurden die Erkenntnisse der Arbeit in dem theoretischen Modell der Vermittlung und in der Typologie der Vermittlung erwerbstätiger pflegender Frauen zusammengefasst. Bei beiden Ergebnisbestandteilen handelt es sich um theoretische Regelsysteme, die auf einem die konkrete Fallebene übersteigenden Abstraktionsniveau Aufschlüsse über die Funktionslogik des Vermittlungshandelns leisten. Das Modell der Vermittlung integriert zentrale Kategorien, die im Zuge des Forschungsprozesses entstanden und konkretisiert wurden, und verbindet sie konzeptionell durch Hypothesen. Diese bieten Hinweise über Zusammenhänge zwischen den einzelnen Elementen. Es lässt Rückschlüsse darauf zu, auf welche Weise Akteurinnen den beruflichen, pflegerischen und weiteren reproduktiven Lebensbereich unter Rückgriff auf Vermittlungshandlungen so aufeinander abstimmen, dass den pflegerischen Anforderungen kontinuierlich im Alltag begegnet werden kann. In diesem Zusammenhang verweist das Modell auf die zentrale Bedeutung der Verfügbarkeit über drei spezifische Ressourcenformen. Sie bilden die Verbindungslinien zwischen den auf der mikrostrukturellen Ebene angesiedelten strukturellen und kulturellen Bedingungen (d. h. den Opportunitätsstrukturen und den Einstellungen) und dem Vermittlungshandeln der Akteurinnen. Die Typologie der Vermittlung erwerbstätiger Pflegender konkretisiert die beschriebenen Zusammenhänge idealtypisch für unterschiedliche Ressourcenverfügbarkeitsmuster und verweist auf die sich hieraus ergebenden Folgen für die Tragfähigkeit der Vermittlungssysteme.

Die Erkenntnisse der vorliegenden Arbeit sind untrennbar verbunden mit dem Forschungsprozess, der zu ihrer Generierung beitrug. Diesen gilt es, im ersten Teil des abschließenden Kapitels zu reflektieren. Hierbei ist in der Retrospektive zu berücksichtigen, inwieweit die einzelnen Teilschritte des theoretischen und empirischen Vorgehens im Rahmen der Arbeit indiziert erscheinen (d. h. vor dem Hintergrund des Erkenntnisinteresses der Arbeit als angezeigt bewertet werden können) und inwieweit sie intersubjektiv nachvollziehbar sind (d. h. eine kritische Verständigung über das Vorgehen zwischen Forscher(inne)n bzw. zwischen Autorin und Leser(inne)n möglich ist). Darüber hinaus werden die verwendeten Auswertungsmethoden zusätzlich daraufhin geprüft, ob sie empirisch verankerte (d. h. durch die Daten begründete) und kohärente (d. h. konsistente, in sich stimmige und widerspruchsfreie bzw. -reflektierte) Ergebnisse hervorgebracht haben. Die Indikation, die intersubjektive Nachvollziehbarkeit sowie die Sicherstellung der empirischen Verankerung und der Kohärenz der Ergebnisse im Forschungsprozess wurden von Steinke (vgl. Steinke 1999, S. 207-227, S. 239-241; dies. 2000, S. 319-331, S. 324-329, S. 330) als bedeutsame Qualitätsmerkmale qualitativer Forschung definiert.[95]

Im Anschluss sind die Ergebnisse der Arbeit zu reflektieren, indem auch an dieser Stelle wieder Bezug auf Steinkes Kernkriterien genommen wird. Im Fokus der Betrachtung stehen nun die Relevanz der Ergebnisse (d. h. die Erkenntnismöglichkeit von Neuem, die Existenz von Erklärungsansätzen für das untersuchte Phänomen und die Verallgemeinerbarkeit der Resultate) und ihre Limitation (d. h. die Grenzen der Verallgemeinerbarkeit)(vgl. Steinke 2000, S. 329f, S. 227-231, S. 241-248).

Abschließend können im Rahmen eines Ausblicks Perspektiven über die vorliegende Arbeit hinaus eröffnet werden.

7.1 Reflexion des Forschungsprozesses

Den Ausgangspunkt des Forschungsprozesses bildete die Konstruktion eines heuristisch-analytischen Theorierahmens. Die Schaffung einer solchen theoretischen Fundierung für eine qualitativ ausgerichtete Untersuchung entspricht nicht der Perspektive des klassischen Induktivismus, dessen Verfechter teilweise von einem naiven Tabula-Rasa-Modell der menschlichen Erkenntnis ausgehen. Sie ist jedoch kompatibel mit Argumentationslinien, die sich insbesondere in der jüngeren wissenschaftlichen Diskussion finden und die Generierung neuen

95 Die von Steinke vorgeschlagenen Qualitätskriterien sind vornehmlich darauf ausgerichtet, die empirischen Methoden und die Ergebnisse von Untersuchungen auf ihre Güte hin zu bewerten. Die Indikation und die intersubjektive Nachvollziehbarkeit des gewählten Vorgehens stellen aber Kriterien dar, die auch angelegt werden können, um das Vorgehen im ersten Teil der Arbeit (insbesondere den Rückgriff auf den heuristisch-analytischen Theorierahmen und die anschließende literaturbasierte Analyse) zu bewerten.

Wissens nicht vorrangig auf „*geniale Einfälle und [die] mystische Intuition von Forschern*" (Kelle et al. 1993, S. 46) zurückführen. Vielmehr wird der Erkenntniserwerb als Folge logischer Schlussfolgerungen betrachtet, die auf der Grundlage von Heuristiken gezogen werden können (s. Teilkapitel 2 und Teilkapitel 5.1.2).

In Anlehnung an diese auch von Blumer vertretenen Annahmen (s. Teilkapitel 2) erschien daher der Rückgriff auf vage theoretische Konzepte und theoretische Annahmen mit hohem Allgemeinheitsgrad indiziert. Sie zeichnen sich durch einen niedrigen empirischen Gehalt aus und lassen eine abduktive, auf die Modifizierung und Revidierung ursprünglicher Wissensbestände ausgerichtete Forschungshaltung zu. Es war sinnvoll, diese theoretischen Annahmen und ‚Sensitizing Concepts' aus der Frame- und Skriptselektionstheorie und dem Ansatz der Alltäglichen Lebensführung abzuleiten und sie in einem neuen heuristisch-analytischen Theorierahmen zu verbinden. Ausschlaggebend hierfür war, dass beide Ansätze für den im Rahmen der Arbeit interessierenden Forschungsgegenstand maßgeblichen Erklärungswert besitzen, für sich genommen jedoch auch Begrenzungen aufweisen. Durch die Verzahnung lässt sich die Perspektive des Ansatzes Alltäglicher Lebensführung, die stark auf die praktischen Organisationsprinzipien in einem durch unterschiedliche Anforderungsbereiche gekennzeichneten Alltag ausgerichtet ist, mit der Perspektive der Frame- und Skriptselektionstheorie verbinden. Letztere charakterisiert das Handeln von Menschen im Allgemeinen als Resultat spezifischer struktureller (d. h. institutioneller und opportunitätsstrukturbezogener) und kultureller (d. h. durch kulturelle Bezugsrahmen und Frames beeinflusster) Rahmenbedingungen und ihrer subjektiven Wahrnehmung durch die Akteure/Akteurinnen und legt somit Bestimmungsgrößen für das Handeln vor. Dieser Rahmen wird nicht dem Anspruch einer eigenständigen Theorie gerecht. Dennoch erscheint sein Einsatz indiziert, da er dazu beigetragen hat, ein vages Vorverständnis über das für den nachfolgenden Forschungsprozess zentrale Konzept der Vermittlung zu vermitteln. Darüber hinaus lenkte er den forschenden Blick im Rahmen der sich anschließenden Literaturanalyse, Datenerhebung und -auswertung auf die Bedeutung der strukturellen und kulturellen Rahmenbedingungen und der Situationsdefinition.

Um die intersubjektive Nachvollziehbarkeit des Konstruktionsprozesses zu gewährleisten, wurden sowohl die Frame- und Skriptselektionstheorie wie auch der Ansatz der Alltäglichen Lebensführung zunächst in Reinform dargestellt. Somit bestand für die Leser(innen) die Möglichkeit, die ursprüngliche kontextuelle Einbettung der später extrahierten ‚Sensitizing Concepts' zu erfassen.

Darüber hinaus wurde auf die Potenziale und Beschränkungen der Ansätze verwiesen, wodurch sich die Auswahl der Elemente begründen ließ. Durch die anschließende Darstellung des heuristisch-analytischen Theorierahmens konnte ein Beitrag zur Steigerung der intersubjektiven Nachvollziehbarkeit des Forschungsprozesses im Ganzen geleistet werden, da sich auf diese Weise das theoretische Vorverständnis der Arbeit explizieren ließ. Hierdurch konnte Transparenz darüber vermittelt werden, auf welchen Voranahmen die gewonnenen Ergebnisse fußen und inwieweit sie mit einer Fortentwicklung des ursprünglichen Kenntnisstandes einhergehen.

Der heuristisch-analytische Theorierahmen wurde im Verlauf des Forschungsprozesses weiterentwickelt und spezifiziert, um abschließend das theoretische Modell der Vermittlung zu entwickeln. Es impliziert gehaltvollere theoretische Konzepte, die wiederum für die Bildung der Typologie der Vermittlung von Bedeutung waren. Hierzu bot sich ein zweistufiges methodisches Vorgehen an:

Um die auf der makrostrukturellen Ebene angesiedelten strukturellen und kulturellen Rahmenbedingungen zu erfassen, auf die Akteurinnen mit ihren Handlungen Bezug nehmen und die die Einbindung von Frauen in die pflegerische und berufliche Sphäre zumindest potenziell bedingen, erschien eine Literaturanalyse indiziert. Eine eigenständige Erhebung war zum einen im Rahmen der vorliegenden Arbeit wegen der begrenzten Ressourcen nicht möglich, zum anderen aber auch aufgrund der umfassenden, bereits bestehenden Literaturgrundlage nicht notwendig. In Anlehnung an eine Annahme des heuristisch-analytischen Theorierahmens, der zufolge Akteure/Akteurinnen in ihrem Alltag in funktional differenzierten Bereichen agieren, wurde für die Beschreibung dieser makrostruktukturellen Einflussgrößen eine sphährengetrennte Betrachtungsform gewählt. Neben der theoretischen Indikation war für diese Vorgehensweise auch die Strukturierung der Forschungsfelder wesentlich: Während die Einbindung von Frauen in die informelle Pflege sowie die hierfür bedeutsamen institutionellen und kulturellen Rahmenbedingungen primär von der gerontologischen Forschung und der Pflege- und Versorgungsforschung bearbeitet wird, stellt ihre Integration in das Erwerbssystem und die hierfür relevanten Einflussgrößen in erster Linie einen Gegenstandsbereich der (geschlechtersensiblen) Arbeitsmarktforschung dar. Die Frauen- und Geschlechterforschung sowie die (vergleichende) feministische Wohlfahrtsstaatenforschung bringen Brückenschläge zwischen beiden Sphären hervor. Sie haben somit zur Überwindung der thematischen Trennlinien beigetragen, die kennzeichnend für die interessierenden Forschungsfelder sind. Fehlte eine angemessene Strukturierung der Felder selbst, war teilweise unter Rückgriff auf Konzepte der feministischen Wohlfahrtsstaatenforschung (z. B. das Konzept der Family Values, der Familialisierung und Defamilialisierung und der Kommodifizierung und De-Kommodifizierung) die Bildung von Analyserastern angezeigt, anhand derer sich die bestehenden Forschungsergebnisse dem heuristisch-analytischen Theorierahmen entsprechend strukturieren ließen. Diese breit angelegte Auseinandersetzung mit dem Literaturbestand zu strukturellen und kulturellen Rahmenbedingungen erwies sich insgesamt als indiziert, um die theoretische Sensibilität der Autorin für möglicherweise relevante makrostrukturelle Einflüsse auf das Akteurinnenhandeln zu steigern.

Darüber hinaus leistete die Literaturarbeit auch für die intersubjektive Nachvollziehbarkeit des Forschungsprozesses einen wertvollen Beitrag, da bereits bestehende Wissensbestände umfassend dargelegt werden konnten. Auf diese Weise bestand die Möglichkeit, das theoretische Vorwissen nach außen hin zu dokumentieren, auf dessen Basis die Ergebnisse der vorliegenden Arbeit entwickelt wurden.

Als Nächstes wurden die Vermittlungshandlungen erwerbstätiger Pflegender und die hierfür bedeutsamen strukturellen und kulturellen Rahmenbedingungen auf der mikrostrukturellen Ebene unter Rückgriff auf eigens erhobene empirische Daten untersucht. Dieses Vorgehen war indiziert, da diese Aspekte in der pflegebezogenen Vereinbarungsforschung bisher nur lückenhaft Berücksichtigung fanden. Gemäß dem heuristisch-analytischen Theorierahmen stellt der Einsatz von Vermittlungshandlungen das Resultat der Wahrnehmung und Bewertung ihrer Situation durch die erwerbstätigen Pflegenden dar. Folglich wurde ein methodisches Vorgehen konzipiert, das in der Lage ist, diese Situationsdefinitionen und die darauf aufbauenden Vermittlungshandlungen zu erfassen. Eine qualitativ orientierte, interpretative Forschungsstrategie, die den aus dem Symbolischen Interaktionismus abgeleiteten Grundsätzen der Kommunikation, Offenheit und Flexibilität gerecht wird, erschien in diesem Zusammenhang angezeigt, da sie den Selbstdeutungen und -beschreibungen dieses Personenkreises angemessen Rechnung tragen konnte.

Im Einzelnen kamen 21 leitfadengestützte problemzentrierte Interviews mit erwerbstätigen pflegenden Frauen zur Anwendung, die in die aktive Versorgungserbringung für einen Pflegebedürftigen mit umfassendem Pflegebedarf eingebunden sind. Sie wurden unter Rückgriff auf das Verfahren des Theoretical Samplings sukzessiv eingebunden. Die Indikation dieser Erhebungsmethode ist gegeben, da das zuvor explizierte theoretische Vorwissen durch die Orientierung an dem Leitfaden systematisch einbezogen werden konnte, die Relevanzsetzung der Interviewpartnerinnen jedoch dennoch durch den Einsatz erzählungsgenerierender Stimuli Berücksichtigung erfuhr. Außerdem ermöglichte die schrittweise Einbindung der Befragten in die Stichprobe eine stetige Überprüfung, Erhärtung und Modifizierung der bereits erworbenen Erkenntnisse anhand des Datenmaterials, wodurch diese systematisch empirisch verankert werden konnten.

Dem Kriterium der intersubjektiven Nachvollziehbarkeit des Erhebungsverfahrens wurde entsprochen, indem die Erhebungsmethode, die Fallauswahl und das Transkriptionsverfahren eingehend dokumentiert, der Interviewleitfaden zugänglich gemacht (s. Anhang) und Kontextinformationen (z. B. Störungen der Interviewverläufe) in den Transkripten festgehalten wurden.

Die Interviewauswertung orientierte sich in ihrem Ablauf an dem Modell der empirisch begründeten Typenbildung, das zentrale Handlungsschritte auf dem Weg hin zur Konstruktion einer qualitativen Typologie definiert. Als ein grundlegender Vorteil dieses Verfahrens ist hervorzuheben, dass sich diese Teilschritte methodisch flexibel gestalten lassen, sodass dem jeweilig bestehenden Erkenntnisinteresse entsprochen werden kann. Da die vorliegende Arbeit nicht nur auf die Bildung einer Typologie, sondern auch auf die Fortentwicklung des heuristisch-analytischen Rahmens ausgerichtet war, erschien in diesem Zusammenhang eine Verzahnung mit Kodierungsverfahren der Grounded Theory indiziert. Auf diese Weise ließen sich inhaltliche Synergien nutzen, da zentrale Kategorien, die für die Typenbildung entscheidend waren, gleichzeitig Elemente des überarbeiteten theoretischen Modells darstellten. Hierdurch bestehen beide Ergebnisse des Forschungsprozesses nicht entkoppelt voneinander, sondern sie sind inhaltlich unmittelbar aufeinander bezogen. Im Einzelnen wurden zunächst Handlungsformen erwerbstätiger Pflegender zur Verbindung der für sie relevanten Lebensbereiche sowie zentrale Vergleichskategorien mittels der offenen Kodierungsstrategie der Grounded Theory aus dem Datenmaterial abgeleitet. Diese Auswertungsmethode erwies sich aufgrund der Bezugnahme auf feingliedrige Sinneinheiten und der Anwendung auf einen Großteil des Datenmaterials als arbeitsintensiv. Sie ermöglichte allerdings auch eine differenzierte Analyse, die der Komplexität des Untersuchungsgegenstandes Rechnung tragen konnte. Da die Kategorien in dieser ersten Phase ohne Zugrundelegung eines vorformulierten Kategorienschemas aus dem Datenmaterial abgeleitet und erst in der Phase des axialen Kodierens dezidiert mit den ‚Sensitizing Concepts' des heuristisch-analytischen Theorierahmens in Verbindung gebracht wurden, ließ sich in diesem Stadium ein vergleichsweise großes Maß an Offenheit gegenüber den Relevanzsetzungen der Befragten realisieren, wodurch auch unerwartete Erkenntnisse zutage traten (s. unten). Auf dieser Grundlage konnten Vergleichskategorien entwickelt werden, die nicht á priori theoriebasiert festgelegt, sondern theoretisch sensibilisiert aus dem Datenmaterial abgeleitet wurden. Dieses Vorgehen stellte eine bedeutsame Voraussetzung dar, um bei der später vorzunehmenden inhaltlichen Charakterisierung der gebildeten Typen tautologischen Schlüssen vorzubeugen, also nicht die Vermittlungsstile lediglich als logische Konsequenz einer bereits vor der Datenanalyse bekannten Ordnung zu entwickeln. Im Anschluss konnten die einbezogenen Fälle anhand der Vergleichskategorien auf ihre Ausprägungen hin überprüft werden. Der Rückgriff auf die selektive, ausschließlich auf die zentralen Schlüsselkategorien bezogene Kodierungsstrategie der Grounded Theory erschien in diesem Zusammenhang angemessen. Dabei wurde jedoch entgegen der ursprünglichen Verfahrensweise nicht fallübergreifend, sondern fallspezifisch kodiert. Auf diese Weise blieb der für das Typenbildungsverfahren notwendige Fallbezug erhalten und es konnten Fallvergleiche vorgenommen werden, die wiederum eine Gruppierung der Fälle ermöglichten. Im Anschluss wurden die gebildeten Gruppen wieder unter Rückgriff auf die selektive Kodierungsstrategie auf ihre Eigenschaften hinsichtlich der Vermittlungshandlungen und der Tragfähigkeit der Vermittlungssysteme untersucht und zusammengelegt. Das kontinuierliche Verfassen von Memos im Forschungsprozess, das in der Phase des axialen Kodierens unter Rückgriff auf das Verfahren der qualitativen Induktion erfolgte, eröffnete die Möglichkeit, in diesem Stadium der Auswertung inhaltliche Sinnzusammenhänge zu erkennen. Diese konnten gemeinsam mit den weiteren im Zuge der Daten- und Literaturanalyse gewonnenen Konzepten und Hypothesen herangezogen werden, um den ursprünglichen heuristisch-analytischen Theorierahmen fortzuentwickeln. Außerdem konnten auf der Grundlage der empirischen Erkenntnisse nun schlussendlich auch die Typen der Vermittlung gebildet werden. Dabei handelt es sich um Idealtypen im Weberschen Sinne, da die empirischen Realitäten der 21 eingebundenen Fälle nicht exakt abgebildet wurden. Vielmehr wurden bestimmte, im Datenmaterial vorhandene Merkmale gezielt weggelassen, herausgegriffen, übersteigert dargestellt und teilweise auch ohne explizite Entsprechungen im Datenmaterial hinzugezogen, um komplexe Zusammenhänge modellhaft darzustellen. Für die vorliegende Arbeit erschien dieses Vorgehen indiziert, da sich der hier interessierende Ausschnitt der sozialen Wirklichkeit unter Rückgriff auf dieses Verfahren systematisch ordnen und präzise auf einem über der konkreten Fallebene liegenden Abstraktionsniveau beschreiben ließ. Ambivalenzen und eine mangelnde Trennschärfe in der Darstellung der typenspezifischen Eigenheiten konnten durch die Konzentration auf einige kennzeichnende Merkmale umgangen werden. Diese Schwierigkeiten wären bei der Bildung von Realtypen möglicherweise stärker aufgetreten, da die individuellen Besonderheiten und Abweichungen der zugeordneten Fälle Berücksichtigung hätten finden müssen. Hierdurch wäre der Kernbestand bzw. der Wesensgehalt der Typen weniger prägnant und nachvollziehbar hervorgetreten.

Die intersubjektive Nachvollziehbarkeit der verwendeten Auswertungsmethode wurde sichergestellt, indem durch den Rückgriff auf das Modell der empirisch begründeten Typenbildung und Instrumente der Grounded Theory grundsätzlich nur kodifizierte Verfahren zur Anwendung kamen. Sie ermöglichten ein regelgeleitetes Vorgehen. In diesem definierten Rahmen bestanden jedoch auch Spielräume, die verwendeten Methoden an den Forschungsgegenstand anzupassen. Die Auswahl orientierte sich dabei maßgeblich an dem Bestreben, einen systematischen und nach außen nachvollziehbaren Umgang mit den Daten zu realisieren. Exemplarisch lässt sich dies anhand der verwendeten Fallgruppierungsmethode verdeutlichen: In Anlehnung an Kluge (1999) wurde auf das Instrument der diversiven Fallzuordnung zurückgegriffen. Im Gegensatz zu von außen wenig einsichtigen agglomerativen Verfahren vermittelt es den Leser(inne)n umfassende Transparenz über die Vorgänge. Die Nutzung des Konzepts des Merkmalsraumes trug in dieser Phase zusätzlich zur Transparenzsteigerung bei, da sowohl die potenziell möglichen Merkmalskombinationen wie auch die empirische Verteilung auf die Gruppen dezidiert abgebildet und Abweichungen auf dieser Grundlage überhaupt erst offengelegt werden konnten. Die umfassende Dokumentation der verwendeten Verfahren in Teilkapitel 5.2.3 stellte eine bedeutsame Voraussetzung dar, um den Leser(inne)n Orientierung über das Vorgehen zu vermitteln. Zusätzlich trugen der Einsatz wörtlicher Zitate bei der Darstellung der Ergebnisse und die damit verbundene Offenlegung der Informationsquellen zur Steigerung der intersubjektiven Nachvollziehbarkeit bei. Nicht zuletzt wurde diesem Qualitätskriterium durch die Interpretationsprozesse in Gruppen Rechnung getragen. Relevanzsetzungen und Deutungen innerhalb des Auswertungsverfahrens konnten auf diese Weise kommunikativ validiert und somit auf ihre intersubjektive Schlüssigkeit geprüft werden.

Die auf diesem Wege gewonnenen Erkenntnisse zeichnen sich durch ihre empirische Verankerung aus, d. h. sie sind in den Daten begründet und wurden nicht nur aus dem theoretischen Vorwissen abgeleitet. Einen bedeutsamen Indikator für die Erfüllung dieses Qualitätskriteriums stellt die Irritierbarkeit der Vorannahmen dar, die in der Arbeit gegeben scheint. Hinweise hierauf sind daraus abzuleiten, dass Konzepte und Perspektiven aus dem ursprünglichen heuristisch-analytischen Theorierahmen im Zuge des Forschungsprozesses nicht nur spezifiziert, sondern teilweise auch grundlegend verändert wurden. Besonders deutlich zeigt sich dies zum einen an dem neuen Verständnis über Vermittlungshandlungen, das sich durch die Datenauswertung ergab: Diese akteurinneneigenen Handlungsformen fungieren anders, als eingangs vermutet, nicht vorrangig dazu, Beruf und Pflege miteinander zu verbinden. Vielmehr lassen die neuen Erkenntnisse darauf schließen, dass die Vermittlungshandlungen zur Realisierung der Pflege in einem Alltag beitragen, der durch die Einbindung in den beruflichen und den weiteren reproduktiven Lebensbereich geprägt ist. Zum anderen zeigt sich die Irritierbarkeit der theoretischen Vorannahmen auch darin, dass im Ursprungsrahmen vorgesehene Konzepte in das überarbeitete Modell nicht mehr aufgenommen wurden. Dies gilt beispielsweise für den Frame-Begriff, der sich als für die im Datenmaterial beobachteten Phänomene als zu breit angelegt erwies. Anstelle dessen wurde nun der Begriff der Einstellungen aufgegriffen, der in dem Ursprungsmodell lediglich einen sehr randständigen Stellenwert einnahm. Sein Relevanzgewinn war zu Beginn des Forschungsprozesses noch nicht absehbar, was auf das explorative Potenzial schließen lässt, das sich durch das gewählte Vorgehen freisetzen ließ.

Um die Kohärenz der Ergebnisse zu sichern, wurden die gewonnenen Erkenntnisse unter Rückgriff auf das in der Grounded Theory verankerte Verfahren des ständigen Vergleichens kontinuierlich am Datenmaterial überprüft und erhärtet. Auf diese Weise traten auch Widersprüche in den Daten zutage, die zwecks einer Kohärenzsteigerung im Rahmen der Ergebnisdarstellung dokumentiert wurden. Exemplarisch ist in diesem Zusammenhang auf die in Teilkapitel 6.3.2 dargelegten Ausführungen zu verweisen, die sich auf den unterschiedlichen Stellenwert von Einstellungen für den Einsatz der Selbstbewältigungsressourcen beziehen. Weiterhin kohärenzsteigernd wirkte sich die Zusammenführung der generierten Kategorien zu einem in sich konsistenten Theorierahmen aus. Die Kategorien stehen durch dieses Vorgehen nicht nur unverbunden nebeneinander, sondern konnten logisch miteinander verbunden werden. Nicht zuletzt trägt auch der Rückgriff auf das Verfahren der Idealtypenbildung zur Sicherstellung der Kohärenz bei, da durch die gezielte Betonung bzw. Nicht-Berücksichtigung von im Datenmaterial existenten sozialen Phänomenen in sich schlüssige Gedankenbilder konstruiert werden konnten. Sie zeichnen sich durch ein höheres Maß logischer Widerspruchsfreiheit aus, als dies beispielsweise bei Realtypen der Fall ist.

7.2 Reflexion der Ergebnisse

Die im Rahmen der Arbeit gewonnenen Erkenntnisse sind von Relevanz, da sie in mehrfacher Hinsicht zu einer Erweiterung des Standes der gegenwärtigen Forschung beitragen:

Erstens konnten Strategien der Vermittlung zwischen divergierenden Anforderungsbereichen im Alltag von Sorgeleistenden, die bisher umfassend nur für die Gruppe der erwerbstätigen Eltern Berücksichtigung fanden (s. Teilkapitel 2.1.2 und Teilkapitel 4.), nun auch für erwerbstätige Pflegende konkretisiert werden. Die gewonnenen Erkenntnisse leisten einen Beitrag dazu, eine im Mainstream der gegenwärtigen pflegebezogenen Vereinbarkeitsforschung weitverbreitete Perspektive zu überwinden, die vornehmlich auf die strukturelle Ausgestaltung der Pole der Erwerbs- und Pflegearbeit fokussiert und Verbindungslinien vornehmlich in Form von negativen Folgewirkungen in der beruflichen Sphäre diskutiert. Durch die dezidierte Bezugnahme auf die Vermittlungshandlungen gewinnt nunmehr eine Sichtweise an Bedeutung, die erwerbstätige Pflegende nicht bloß als den sie umgebenden strukturellen Bedingungen ausgesetzt und mit den negativen Folgewirkungen konfrontiert beschreibt. Vielmehr wird auf ihr Handlungspotenzial Bezug genommen, mit den Möglichkeiten und Begrenzungen ihrer Lebenssituation im Alltag umzugehen und eine Verbindung der Lebensbereiche somit aktiv selbst herzustellen. Diese Sichtweise ließ sich in den bisher bestehenden Veröffentlichungen der pflegebezogenen Vereinbarkeitsforschung nur vereinzelt beobachten. Wurde sie überhaupt eingenommen, wurden die Handlungsformen in der Regel nur randständig und wenig systematisiert thematisiert. Durch die neu gewonnenen Erkenntnisse konnte nun ein konzeptioneller Begriff entwickelt werden, der diese Regulierungs-, Strukturierungs- und Ausbalancierungsleistungen fasst. Dem Terminus der Vermittlung ist dabei eine grundlegend neue Vorstellung über das Verhältnis der zu verbindenden Lebensbereiche inhärent: Zum einen ergibt sich eine Kombination nicht durch eine Addition der zwei Elemente Beruf und Pflege, sondern durch das aktive Handeln der erwerbstätigen Pflegenden. Zum anderen geht es nicht vorrangig darum, zwei gleichrangig nebeneinander bestehende Lebensbereiche in Einklang zu bringen, sondern den pflegerischen Anforderungen in einem durch den beruflichen und den weiteren reproduktiven Lebensbereich geprägten Alltag zu begegnen. Diese zentrale Position des pflegerischen Lebensbereichs wurde in bisherigen Forschungsarbeiten noch nicht berücksichtigt. Der Vermittlungsbegriff kann zukünftig möglicherweise anstelle des Vereinbarkeitsbegriffs zur Anwendung kommen, der im kritischen wissenschaftlichen Diskurs aufgrund seiner

Unterkomplexität und des ihm inhärenten Euphemismus (s. Teilkapitel 4.) beanstandet wird. Neben der Entwicklung des Vermittlungsbegriffs konnten die Vermittlungshandlungen differenziert beschrieben und unterschiedliche Ebenen differenziert werden. Hierdurch ließ sich im Vergleich zu den wenigen Forschungsarbeiten, die auf die Strategien der Vereinbarung Bezug nehmen, eine systematischere und tiefgehendere Betrachtung ermöglichen, die den Blick auch auf bisher völlig unbekannte Strategien lenkte.

Zweitens sensibilisiert das Konzept der Vermittlung für die Bedeutung des weiteren reproduktiven Lebensbereichs, der in bisherigen Arbeiten der pflegebezogenen Vereinbarkeitsforschung nur sehr randständig Berücksichtigung fand. Wurde er thematisiert, standen die hier angesiedelten negativen Folgewirkungen im Fokus, die aus dem divergierenden Verhältnis von pflegerischen und beruflichen Anforderungen erwachsen. Die im Rahmen der vorliegenden Arbeit durchgeführten Analysen verdeutlichen jedoch die Relevanz dieser Sphäre auch als Raum, der von den erwerbstätigen Pflegenden durch den Einsatz von Vermittlungshandlungen aktiv gestaltet wird. Die gewonnenen Erkenntnisse ermutigen dazu, die innerhalb der gegenwärtigen pflegebezogenen Vereinbarkeitsforschung noch verbreitete reduktionistische Betrachtungsweise zu überwinden, die von einem dichotomisierten Verhältnis von pflegerischem und beruflichem Lebensbereich ausgeht. Anstelle dessen regen die Ergebnisse dazu an, das aktiv durch die Handelnden beeinflusste Zusammenspiel aller für sie relevanten Lebensbereiche in den Blick zu nehmen.

Drittens kann durch das Konzept der Vermittlung die besondere Bedeutung der Dimension Zeit für den pflegebezogenen Vereinbarkeitsdiskurs hervorgehoben werden, indem Vermittlungshandeln mittelbar oder unmittelbar immer als Zeithandeln definiert wird. In einem häufig durch Zeitnöte gekennzeichneten Alltag zielen die Strategien auf die Schaffung von Zeitpotenzialen ab, die dann in Abhängigkeit von den strukturellen Gegebenheiten innerhalb der Sphären und den Einstellungen der erwerbstätigen Pflegenden genutzt werden, um den Anforderungen der Lebensbereiche zu begegnen.

Viertens wurden Vermittlungshandlungen im Rahmen der Untersuchung nicht nur konzeptionell gefasst und beschrieben, sondern ihr Einsatz wurde auch erklärt. Hierzu trug die Identifikation von Einflussfaktoren auf der mikrostrukturellen Ebene bei, die das Auftreten der Vermittlungshandlungen bestimmen. Im Gegensatz zu der Publikation von Kohler und Döhner (2011) als einzige Forschungsarbeit im deutschsprachigen Raum, die ebenfalls Einflussgrößen auf den Einsatz von Vereinbarungsstrategien systematisch herausstellt, wurden diese allerdings nicht à priori vorgegeben, sondern theoretisch sensibilisiert aus den

Daten entwickelt. Durch dieses Vorgehen konnte die Erkenntnis gewonnen werden, dass neben dem Umfang der Arbeitszeit und dem Pflegebedarf der alten Menschen eine Vielzahl unterschiedlicher Faktoren den Rückgriff auf Vermittlungshandlungen bedingt. Diese ließen sich im Rahmen der Arbeit durch das Konzept der Bewältigungsressourcen berücksichtigen. Dieses Konzept birgt den maßgeblichen Vorteil, dass es nicht nur auf die strukturellen Bedingungen des Handelns ausgerichtet ist. Vielmehr sieht es vor, dass die strukturellen Bedingungen in Form der Opportunitätsstrukturen immer nur vermittelt über die subjektive Wahrnehmung und Bewertung der Akteurinnen auf die Handlungsebene gelangen. Darüber hinaus wurden die auf der mikrostrukturellen Ebene angesiedelten kulturellen Bedingungen, die sich in den Einstellungen der erwerbstätigen Pflegenden zeigen, als ebenso bedeutsame Einflussfaktoren auf das Vermittlungshandeln identifiziert. Mit dieser Bezugnahme des Konzepts der Bewältigungsressourcen auf die Einstellungen und die Situationsdefinitionen der Akteurinnen lässt sich eine neue Perspektive einnehmen, die im gegenwärtigen pflegebezogenen Vereinbarkeitsdiskurs bisher noch keine Berücksichtigung fand. Indem dann das Konzept der Bewältigungsressourcen mit dem Konzept der Vermittlungshandlungen verbunden wurde, konnte ein theoretisches Modell entwickelt werden. Es sieht auf einem die konkrete Fallebene übersteigenden Abstraktionsniveau einen Erklärungsansatz dafür vor, auf welche Weise erwerbstätige pflegende Frauen ihr tägliches Leben arrangieren, um den pflegerischen Anforderungen in ihrem Alltag gerecht zu werden und bedingt durch welche Einflussfaktoren diese Vermittlungshandlungen zum Einsatz kommen.

Fünftens ließ sich der Stand der Forschung um die Erkenntnis erweitern, dass erwerbstätige Pflegende Vermittlungshandlungen in Form von aufeinander abgestimmten Mustern einsetzen, deren Ausgestaltung im Rahmen der vorliegenden Arbeit anhand der Idealtypen verdeutlicht wurde. Trotz ihres die reale Fallebene deutlich übersteigenden Abstraktionsniveaus weisen die gebildeten Typen eindeutige empirische Bezüge bzw. Nähen zur sozialen Wirklichkeit auf. Ausschlaggebend hierfür ist, dass sie inspiriert durch die konkreten Fälle gebildet wurden und nicht auf makrostrukturelle, sondern auf mikrostrukturelle soziale Phänomene Bezug nehmen und somit nur einen kleinen Ausschnitt der sozialen Welt beleuchten. Folglich zeichnen sie sich durch einen vergleichsweise großen Gegenstandsbezug aus.[96] Näherungsweise werden die Muster der Vermittlung also in der Realität zu beobachten sein, in ihrer Reinform jedoch nicht

96 Dieser ausgeprägte Gegenstandsbezug zeigt sich in anderen Untersuchungen, die ebenfalls auf eine idealtypische Klassifizierung abzielen, nicht in gleichem Maße, zum Beispiel bei Webers reinen Typen der legitimen Herrschaft (vgl. Weber 1904, S. 475-488).

oder nur äußerst selten vorkommen. Faktisch wurden also durch die Konstruktion der Typen begriffliche Instrumente geschaffen, mithilfe derer der komplexen Wirklichkeit des Vermittlungshandelns erwerbstätiger Pflegender ein eindeutiges, noch vergleichsweise realitätsnahes, aber dennoch nur modellhaftes Ausdrucksmittel verliehen werden kann.

Die im Rahmen der vorliegenden Arbeit gewonnenen Erkenntnisse sind auf einer theoretischen Ebene generalisierbar. In Anlehnung an Lewin (1927) ist in diesem Zusammenhang grundsätzlich zu konstatieren, dass sich die im Modell und der Typologie der Vermittlung gebündelten Regeln, die durch eine sukzessive Abstrahierung im Zuge des Forschungsprozesses entstanden, bereits anhand einer begrenzten Anzahl an Einzelfällen herausarbeiten ließen. Nicht auszuschließen ist zwar, dass durch die Einbeziehung weiterer Fälle neue Aspekte der erarbeiteten Regelsysteme entdeckt werden können. Ihre prinzipielle Gültigkeit muss jedoch nicht durch die Einbindung zusätzlicher Fälle bestätigt werden und ihre Geltung besteht unabhängig davon, wie häufig die Gesetzmäßigkeiten auftreten (vgl. Lewin 1927, S. 14f, S. 18-21; vgl. auch Kelle 1994, S. 349; Strauss/Corbin 1990, S. 140). Wie Corbin und Strauss darlegen, ist der Gültigkeitsbereich dieser Regeln allerdings zu beschreiben, um konkretere Rückschlüsse auf die theoretische Generalisierbarkeit ziehen zu können (vgl. Corbin/Strauss 1990, S. 422). Dieser bezieht sich lediglich auf den scharf begrenzten Ausschnitt sozialen Lebens, der in der vorliegenden Arbeit untersucht wurde. Konkret sind die Regeln über die Funktionslogik von Vermittlungshandlungen also mit Sicherheit für oberhalb der Geringfügigkeitsgrenze erwerbstätige Frauen gültig, die parallel zu ihrem Beruf regelmäßig in die aktive Erbringung und Organisation der Versorgung für einen älteren Menschen mit umfassendem Pflegebedarf eingebunden sind.

Der theoretischen Verallgemeinerbarkeit der gewonnenen Erkenntnisse sind jedoch auch Grenzen gesetzt, wodurch das von Steinke hervorgehobene Kriterium der Limitation angesprochen ist. Eine Möglichkeit, die Grenzen des Gültigkeitsbereichs zu eruieren, besteht in der gezielten Einbeziehung abweichender Fälle in die Untersuchung (vgl. Steinke 1999, S. 230f). Aufgrund des großen Aufwands, der mit dem verwendeten Erhebungs- und Auswertungsverfahren verbunden war, wurde auf die Hinzuziehung dieser zusätzlichen Fälle in der vorliegenden Arbeit verzichtet, wodurch die Möglichkeit eines realen „*testing the limits*" (Steinke 1999, S. 277) nicht gegeben ist. Alternativ kann jedoch zu diesem Zweck auf Webers Idee des gedankenexperimentellen „*Fortdenkens*" (Weber 1930, S. 33) zurückgegriffen werden.

Hierbei zeigt sich, dass sich der Geltungsbereich des theoretischen Modells und der Typologie der Vermittlung zum einen nicht auf erwerbstätige pflegende Frauen bezieht, die in die Versorgung eines älteren Menschen mit nur geringem Unterstützungsbedarf eingebunden sind. Wäre auch dieser Personenkreis in die Stichprobe aufgenommen worden, hätten sich mit großer Wahrscheinlichkeit abweichende Ergebnisse gezeigt. Hypothetisch ist davon auszugehen, dass sich unter diesen Bedingungen die Begegnung der täglichen Anforderungen auch unter Rückgriff auf umfassende Bewältigungsressourcen der oder des Pflegebedürftigen und nur gering ausgeprägte eigene Bewältigungsressourcen und Bewältigungsressourcen aus dem sozialen Umfeld tragfähig realisieren ließe. Ausschlaggebend hierfür ist, dass der alte Mensch unter diesen Bedingungen noch über umfassende Fähigkeiten zur Selbstsorge verfügen würde und den Mangel an anderen Ressourcen weitaus besser ausgleichen könnte, als dies für Pflegebedürftige mit umfassenderen Unterstützungsbedarfen gilt. Würde diese Erkenntnis bei der Idealtypenbildung berücksichtigt, erscheint eine Aufspaltung des Ersetzertypus in zwei Untertypen naheliegend: Einer der beiden würde den Anforderungen des Alltags vornehmlich durch die Einbindung von Unterstützungsleistenden aus dem sozialen Umfeld realisieren, während der andere zu diesem Zweck primär auf die noch verbliebenen Fähigkeiten der oder des Pflegebedürftigen zurückgreifen würde.

Darüber hinaus sind die Erkenntnisse der Arbeit auch nicht für den Personenkreis der erwerbstätigen pflegenden Frauen generalisierbar, der über nahezu keine Selbstbewältigungsressourcen verfügt und die anfallenden Versorgungsarbeiten fast vollständig an formelle oder informelle Unterstützungsleistende delegiert. Gleiches gilt auch für den Personenkreis der weiblichen Pflegenden, die keinem Beruf (mehr) nachgehen oder lediglich geringfügig erwerbstätig sind, gleichzeitig im weiteren reproduktiven Lebensbereich kaum Anforderungen ausgesetzt sind und infolgedessen über ein vergleichsweise großes Maß an Selbstbewältigungsressourcen verfügen. Für beide in der Untersuchung nicht berücksichtigte Gruppen gilt die Regel nicht, der zufolge zumindest zwei Bewältigungsressourcen umfassend verfügbar sein müssen, um ein tragfähiges Versorgungssystem zu sichern. Sie sind zumindest potenziell auch in der Lage, diese Zielsetzung unter Rückgriff auf die eine jeweils umfassend verfügbare Ressource zu erreichen.

Nicht zuletzt kann nicht mit Sicherheit bestimmt werden, ob sich der Geltungsbereich der Ergebnisse auch auf die Gruppe der erwerbstätigen pflegenden Männer bezieht. Sowohl den gegenwärtig bestehenden Arbeiten der Pflege- und Vereinbarkeitsforschung wie auch den Arbeiten der Forschung zur Alltäglichen

Lebensführung sind Hinweise darauf zu entnehmen, dass sich die familiären Anforderungsprofile und die Umgangsformen mit diesen Anforderungen zwischen den Geschlechtern maßgeblich unterscheiden. Ohne die Einbindung der Männer in die Stichprobe der Untersuchung lassen sich jedoch keine Rückschlüsse darauf ziehen, inwieweit sich diese Geschlechterdifferenzen auch in Bezug auf das Vermittlungshandeln erwerbstätiger Pflegender zeigen.

Neben den beschriebenen Limitationen der theoretischen Generalisierbarkeit ist auch auf die Grenzen der numerischen Generalisierbarkeit zu verweisen.[97] Auf der Grundlage der 21 in die Stichprobe einbezogenen Fälle lassen sich keine Häufigkeitsverteilungen ermitteln. Beispielsweise sind keine repräsentativen Aussagen darüber zu treffen, welche der beschriebenen Vermittlungshandlungen von erwerbstätigen pflegenden Frauen besonders oft zum Einsatz kommen, wie die Ressourcenverfügbarkeit in der Gesamtpopulation ausgeprägt ist oder ob bestimmte soziodemografische Merkmale (z. B. der soziale Status, Verwandtschaftsverhältnisse zum Pflegebedürftigen oder Zugehörigkeiten zu den neuen und den alten Bundesländern) einen statistisch messbaren Einfluss auf den Einsatz von Vermittlungshandlungen ausüben. Auch die quantitative Verteilung der Typen ist weder auf der Grundlage der Erkenntnisse der vorliegenden Arbeit noch generell zu bestimmen. Ausschlaggebend hierfür ist jedoch nicht allein die Stichprobengröße, sondern primär der idealtypische Charakter der gebildeten Typen, da es sich um Abstraktionen von real existierenden Erscheinungen handelt und sie daher in der sozialen Wirklichkeit in Reinform nicht existieren. Lediglich die Verteilung von Bestandteilen der Typen oder aber Zusammenhänge zwischen einzelnen ihrer Charakteristika sind quantitativ messbar. So kann beispielsweise die Stärke der statistischen Beziehung zwischen dem Auftreten bestimmter Einstellungen oder Opportunitätsstrukturen und dem Auftreten einzelner Vermittlungshandlungen unter Rückgriff auf eine hinreichend große Stichprobe gemessen werden. Grundsätzlich besteht aber nicht die Möglichkeit, die gebildete Typologie im Ganzen zu verifizieren oder zu falsifizieren.

7.3 Ausblick

Im Rahmen der vorliegenden Untersuchung konnten einige, möglicherweise sehr ertragreiche Themenfelder, die mit dem Vermittlungshandeln erwerbstätiger

---

97 Flick setzt den Begriff der theoretischen Generalisierung in Abgrenzung zu dem Begriff der numerischen Generalisierung ein (vgl. Flick 2012, S. 260).

Pflegender in Verbindung stehen, nicht berücksichtigt werden. An dieser Stelle tun sich Handlungsfelder für zukünftige wissenschaftliche Arbeiten auf, die im Folgenden exemplarisch skizziert werden sollen. Außerdem sind Aktionsmöglichkeiten und -notwendigkeiten für die gerontologische Praxis und die Sozialpolitik darzulegen, die aus den Ergebnissen abzuleiten sind.

Zukünftige Forschungsbemühungen könnten beispielsweise darauf ausgerichtet sein, die psychischen Strategien zu ermitteln und in die Typologie der Vermittlung zu integrieren, die im Rahmen der vorliegenden Arbeit nur äußerst randständig thematisiert wurden. Sie dienen der inneren Konfliktlösung und dem Umgang mit Stress und tragen somit ebenfalls zur Bewältigung divergierender Anforderungen in Alltagszusammenhängen bei. Ihre Erfassung setzt allerdings anstelle eines soziologischen einen stärker psychologisch ausgerichteten Forschungszugang voraus.

Außerdem bilden die geschlechterspezifischen Differenzen des Vermittlungshandelns erwerbstätiger Pflegender ein weiteres interessantes Forschungsfeld. In diesem Zusammenhang ist zu eruieren, ob vereinbarende Männer andere Handlungsformen einsetzen, als Frauen, ob für sie die ermittelten Vergleichskategorien und zugehörige Indikatoren zur Bestimmung der Ressourcenverfügbarkeit ebenfalls von Relevanz sind und ob ihre Eigenarten bezüglich des Vermittlungsstils durch die drei bereits konstruierten Typen abgebildet werden können. Wird die Annahme zugrunde gelegt, dass die Typologie prinzipiell auch für Männer anwendbar ist, liegt in Anlehnung an die bisher bereits bestehenden Erkenntnisse der angeführten Forschungsdisziplinen der Schluss nahe, dass der typische Vermittlungsstil erwerbstätiger pflegender Männer (insbesondere pflegender Söhne) besonders gut durch den Ersetzertypus oder den Kombinierertypus repräsentiert wird, da sich diese beiden durch eine umfassende Einbindung von Unterstützungsleistenden aus dem sozialen Umfeld auszeichnen. Dieses Handlungsmuster scheint gemäß der bisher bestehenden wissenschaftlichen Erkenntnisse für die Pflegebewältigungsmuster von Männern bedeutsam zu sein (s. Teilkapitel 3.1.1). Möglicherweise lässt sich durch eine eingehende Analyse jedoch auch belegen, dass die jeweilig kennzeichnenden Opportunitätsstrukturen und Einstellungen die Bedeutsamkeit der Kategorie Geschlecht überlagern. In diesem Fall würden keine oder nur noch wenige Geschlechtsspezifika hinsichtlich der Nähen der konkreten Fälle zu den drei Typen bestehen. Nicht unberücksichtigt sollte jedoch bleiben, dass bereits die Opportunitäten und Einstellungen durch die Geschlechterkategorie bestimmt werden. Hervorzuheben ist dabei jedoch, dass sich vereinbarende Männer bedingt durch strukturelle Zwänge und/oder durch eine auf den Einsatz eigener Arbeitskraft ausgerichtete Einstellung bereits an der Pflegeerbringung beteiligen und sie sich somit zumindest partiell aus den Mustern der geschlechterspezifischen Arbeitsteilung gelöst haben. Daher mag sich für diesen spezifischen Personenkreis möglicherweise tatsächlich die Hypothese bestätigen, dass Opportunitäten und Einstellungen für den eingesetzten Vermittlungsstil einen größeren Stellenwert einnehmen als die Kategorie Geschlecht.

Für die zukünftige wissenschaftliche Diskussion könnte sich außerdem ein Vergleich der Vermittlungshandlungen von erwerbstätigen Pflegenden und erwerbstätigen Müttern erkenntniserweiternd auswirken. Wenngleich die Tätigkeitsbereiche beider Gruppen grundlegende Differenzen aufweisen, stellen sich doch mitunter auch ähnliche Anforderungen, die sich zum Beispiel in der Integrationsnotwendigkeit unterschiedlicher zeitlicher Strukturen niederschlagen. Nichtsdestotrotz legen die Ergebnisse der vorliegenden Arbeit den Schluss nah, dass die Handlungsformen von Eltern und informell Pflegenden mit großer Wahrscheinlichkeit jeweils individuelle Spezifika aufweisen. Beispielsweise zeigt sich für den hier untersuchten Personenkreis nicht in jedem Fall eine Ausrichtung der freizeit- und berufsbezogenen Zeitstrukturen auf die Bedürfnisse der Sorgeempfänger, die jedoch für erwerbstätige Mütter in der bestehenden Literatur als typisch beschrieben wird (s. Teilkapitel 2.1.2). Auch fremdbestimmte Unterbrechungen und kurzzyklische Arbeitsphasen sind für erwerbstätige Pflegende nicht grundsätzlich obligatorisch. Rückschlüsse auf bestehende Differenzen können allerdings solange nicht systematisch gezogen werden, wie beide Gruppen nicht unter Zugrundelegung derselben Annahmen und unter Zuhilfenahme derselben Instrumente untersucht werden. Möglicherweise lassen sich bei der Anwendung gleicher Untersuchungsmethoden auch unter den erwerbstätigen Müttern ähnliche Handlungsstrukturen identifizieren, wie unter den erwerbstätigen Pflegenden, die jedoch in den bisher bestehenden Forschungsansätzen zur Alltäglichen Lebensführung aufgrund der starken Verallgemeinerung und der nur geringen Berücksichtigung der strukturellen und kulturellen Einflussfaktoren noch nicht aufgedeckt werden konnten.

Neben Vergleichen zwischen unterschiedlichen Gruppen von Sorgeleistenden empfiehlt sich zukünftig auch eine stärkere Fokussierung auf die Verbindungslinien, die zwischen den auf der makrostrukturellen Ebene angesiedelten strukturellen und kulturellen Bedingungen und den Vermittlungshandlungen bestehen. Der Schwerpunkt der vorliegenden Arbeit war vornehmlich auf das Handeln der erwerbstätigen Pflegenden und die auf der Mikroebene angesiedelten strukturellen und kulturellen Einflussfaktoren ausgerichtet. Lediglich potenziell relevante makrostrukturelle Rahmenbedingungen für die Integration von

Frauen in den beruflichen und pflegerischen Lebensbereich wurden dargelegt (s. Kapitel 3) und nur vereinzelt kamen Konnexionen zwischen diesen institutionellen Regelungen und kulturellen Bezugsrahmen und der Handlungsebene in den Blick (s. Teilkapitel 6.3.1 und 6.4.1). Ausschlaggebend hierfür war, dass sich in den vorliegenden Daten nur begrenzt Hinweise auf die bewusste Wahrnehmung und Verarbeitung dieser Rahmenbedingungen durch die Akteurinnen fanden. Zukünftige Forschungsarbeiten könnten ihre Bedeutung für das Vermittlungshandeln jedoch noch eingehender berücksichtigen und auch analysieren, auf welche Weise aggregiertes Akteur(innen)handeln im Zeitverlauf Veränderungen der äußeren Bedingungen des Handelns hervorbringt.

In Bezug auf den sozialwissenschaftlichen Theoriediskurs gilt es zukünftig zu prüfen, ob Elemente aus Essers Frame- und Skriptselektionstheorie auch über den vorliegenden Forschungszusammenhang hinaus wertvolle Ergänzungen für den Ansatz der Alltäglichen Lebensführung darstellen können. Potenzial bergen hierbei vornehmlich das Konzept der institutionellen Regelungen, der Opportunitätsstrukturen und der kulturellen Bezugsrahmen. Ihre Hinzuziehung könnte zu einer stärkeren Systematisierung des Einflusses der strukturellen und kulturellen Einflussfaktoren auf die Ausgestaltung von Systemen Alltäglicher Lebensführung beitragen. Die Integration des Konzepts der Situationsdefinition würde eine stärkere Berücksichtigung subjektiver Komponenten ermöglichen.

Perspektivisch sind die gewonnenen Erkenntnisse auch für die gerontologische Praxis nutzbar. Von Relevanz sind sie beispielsweise für die Konzeption einer auf den Einzelfall zugeschnittenen Angehörigenberatung, die verpflichtend durch die Pflegekassen sicherzustellen und seit der Reform der Pflegeversicherung 2008 in Form eines Case-Managements zu erbringen ist. Case-Management-Prozesse setzen Falleinschätzungen als Grundlage für eine auf die individuelle Situation abgestimmte Hilfeplanung voraus. Im Zuge dieser Falleinschätzungen wird neben der individuellen Bedarfssituation insbesondere auch die Ressourcenverfügbarkeit erfasst. Wie die Ergebnisse der vorliegenden Arbeit belegen, sind für erwerbstätige Pflegende als zukünftig immer bedeutsameres Klientel von Angehörigenberatungseinrichtungen die Bewältigungsressourcen der oder des Pflegebedürftigen, die Bewältigungsressourcen durch Unterstützungsleistende aus dem sozialen Umfeld und die Selbstbewältigungsressourcen von großer Relevanz für die Sicherung eines tragfähigen Vermittlungssystems. Die Feststellung ihrer Verfügbarkeit stellt eine bedeutsame Voraussetzung dar, um dem Einzelfall entsprechende Interventionen vorzunehmen. Die in Teilkapitel 6.3.1 beschriebenen Indikatoren können zukünftig zu einem standardisierten Erhebungs- und Bilanzierungsverfahren weiterentwickelt werden, mithilfe dessen die Ressourcenverfügbarkeit im Beratungskontext zeitökonomisch und einfach handhabbar festgestellt werden kann. Eine Orientierung an den im Rahmen der vorliegenden Arbeit entwickelten Indikatoren könnte dabei mit dem Vorteil verbunden sein, dass im Zuge der Assessments nicht nur strukturelle Dimensionen der jeweiligen Lebenssituation, sondern auch Einstellungen Berücksichtigung finden können, die sich für die Ressourcenverfügbarkeit als ebenso bedeutsam erwiesen haben. Im Zuge dieser Falleinschätzung kann auch die Typologie der Vermittlung einen wichtigen Stellenwert einnehmen: Zwar ist durch ihren idealtypischen Charakter nicht die Möglichkeit gegeben, sie als Klassifizierungssystem zu nutzen, in das die zu beratenden Vereinbarer(innen) eingruppiert werden können. Ursächlich hierfür ist, dass sie die Realität nicht in Reinform abbildet. Wurden die verfügbaren Ressourcen analysiert, lassen sich jedoch Nähen der einzelnen Fälle zu den drei Typen feststellen. Auf diese Weise kann der Blick für Problemlagen auf der Handlungsebne geschärft werden, die in Abhängigkeit von spezifischen Ressourcenverfügbarkeitsmustern bestehen oder sich im Zeitverlauf potenziell ergeben können und diesen Problemlagen gut nachvollziehbar Ausdruck verliehen werden.

Auf dieser Grundlage besteht dann die Möglichkeit, auf die individuelle Situation abgestimmte Interventionsstrategien zu entwerfen, die auf der alltäglichen Handlungsebene ansetzen und die Vermittlungsleistungen der Betroffenen unterstützen. Gemäß der Erkenntnisse der vorliegenden Arbeit sollten sie auf die Kompensation fehlender und die Stärkung schon bestehender Ressourcen ausgerichtet sein. Grundsätzliches Ziel jeder Maßnahme müsste sein, eine möglichst breite Ressourcenbasis zu schaffen, auf die für die Anforderungsbewältigung zurückgegriffen werden kann. Die Existenz von zumindest zwei umfassend verfügbaren Ressourcen erscheint dabei notwendig, um ein tragfähiges Vermittlungssystem zu sichern. Dies setzt jedoch voraus, dass sich die eingesetzten Interventionsstrategien auch an der individuellen Situation der erwerbstätigen Pflegenden orientieren. Ist diese durch einen Mangel an Kapital gekennzeichnet, während die Einstellungen grundsätzlich auf eine Inanspruchnahme ausgerichtet sind, mag die Eröffnung eines Zugangs zu dem fehlenden Kapital eine sinnvolle Unterstützungshandlung darstellen. Stehen jedoch die Einstellungen einer Einbindung des Kapitals entgegen, sind vielmehr Interventionsmaßnahmen angezeigt, die zunächst auf einer psychologischen Ebene ansetzen und dazu beitragen, den Einsatz von (möglicherweise schon bestehenden) Kapitalformen zu legitimieren. Die Orientierung an der gebildeten Typologie ermöglicht in diesem Stadium des Case-Management-Prozesses, die Folgewirkungen auf der Handlungsebene zu prognostizieren, die durch eine auf die Optimierung der Ressourcenausstattung ausgerichtete Intervention erzielt werden können. Um den Umgang mit der Typologie in der Praxis zu ermöglichen, sind komprimierte Kurzbeschreibungen zu entwickeln.

Die Ergebnisse der vorliegenden Arbeit lassen jedoch auch den Schluss zu, dass zukünftig neben einer stärker auf die individuelle Ressourcenverfügbarkeit ausgerichteten interventionsgerontologischen Beratungspraxis auch Maßnahmen auf der makrostrukturellen Ebene zu ergreifen sind, um erwerbstätige Pflegende in ihrem Vermittlungshandeln zu unterstützen. Wie die Darstellung in Teilkapitel 3.3 verdeutlicht, bestehen gegenwärtig nur in begrenztem Maße institutionelle Lösungsstrategien auf politischer Ebene für die Realisierung einer gleichzeitigen Einbindung in familiäre Pflegetätigkeiten und Beruf. Zwar trugen die Einführung der Pflegeversicherungsleistungen, die Ausweitung der Ansprüche und nicht zuletzt auch die Schaffung von Unterstützungsformen, die das reguläre Leistungsspektrum ergänzen (z. B. zusätzliche Betreuungsleistungen bei eingeschränkter Alltagskompetenz), schon maßgeblich zu einer Verbesserung der Situation bei. Dennoch nehmen die erwerbstätigen Pflegenden insbesondere die Möglichkeit, professionelle Unterstützungsleistende über das Sachleistungsprinzip des SGB XI einzubinden, zumindest zum Zeitpunkt der Untersuchungsdurchführung in den Jahren 2010 und 2011 als noch zu wenig bedarfsgerecht und flexibel war. Abzuwarten bleibt, ob durch die Schaffung des Pflege-Neuausrichtungs-Gesetzes und der damit verbundenen Option, anstelle von Leistungskomplexen auch Zeitkontingente der ambulanten Pflegedienste in Anspruch zu nehmen, ab dem 01.01.2013 eine Verbesserung der Situation erzielt werden kann. Sollte dies nicht oder in zu begrenztem Maße der Fall sein, empfiehlt sich möglicherweise ein Blick in die Vergangenheit: Auch die seit Abschluss der experimentellen Erprobungsphase bedauerlicherweise aus dem Blick geratene Perspektive einer Einführung personenbezogener Budgets könnte eine Möglichkeit zur Überwindung der strikt modularisierten und an enge zeitliche Vorgaben gebundenen Leistungsgewährung darstellen. In Kombination mit weiteren Maßnahmen, z. B. einem Ausbau der Quartiersarbeit und des bürgerschaftlichen Engagements sowie einer stärkeren Vernetzung professioneller und ehrenamtlicher Akteure/Akteurinnen (vgl. Klie et al. 2008, S. 488), könnte sich durch die Integration dieser Leistungsform ein stärker auf die individuelle Situation der Pflegenden zugeschnittenes Pflegeversicherungsrecht realisieren lassen, das größere Entscheidungs- und Handlungsspielräume für das Vermittlungsgeschehen auf der mikrostrukturellen Ebene eröffnet. Um diese Entscheidungs- und Handlungsspielräume perspektivisch nutzen zu können, sind jedoch auch Weiterentwicklungen der Angebotsstrukturen auf der Ebene der Pflegeanbieter von Bedeutung, die, wie auch im Datenmaterial deutlich wird, teilweise noch durch Inflexibilität geprägt sind.

Auf betrieblicher Ebene wurden insbesondere durch die Einführung des Teilzeit- und Befristungsgesetzes, des Pflegezeitgesetzes und der Familienpflegezeit bereits bedeutsame Grundlagen geschaffen, Arbeitszeiten zu flexibilisieren und somit eine Verbindung unterschiedlicher Lebensbereiche zu erleichtern. Wie sich jedoch zeigte, stellt die bloße Existenz institutioneller Regelungen noch keinen Garanten für die Umsetzung von familienfreundlichen Arbeitszeiten dar. In den vorliegenden Daten, die selbstverständlich nur einen äußerst begrenzten Ausschnitt der sozialen Wirklichkeit repräsentieren, zeigte sich sehr deutlich, dass keine der Vereinbarerinnen auf formelle gesetzlich oder kollektivvertraglich fixierte Maßnahmen zurückgegriffen hat, um das Vermittlungshandeln zu erleichtern. In ihrem Alltag tragen auf der betrieblichen Ebene insbesondere das vorherrschende Arbeitszeitsystem sowie informelle, auf den Individualfall ausgerichtete Regelungen mit Kolleg(inn)en und Vorgesetzten zu einer gelingenden Vermittlung zwischen den Lebensbereichen bei. Dies setzt eine familienbewusste Unternehmenskultur voraus. Sie kann sich zukünftig breitenwirksam und über das einzelne Unternehmen hinaus jedoch nur in einem gesellschaftlichen Umfeld ausprägen, das durch einen auf die Verbindung von familiären und betrieblichen Anforderungen ausgerichteten kulturellen Bezugsrahmen geprägt ist. Es muss sich hierbei um ein kollektiv geteiltes Modell handeln, demzufolge die Verantwortung für eine gelingende Vermittlung nicht nur auf die mikrostrukturelle Ebene verlagert, sondern auch von der Allgemeinheit getragen wird.

8 Literaturverzeichnis

Adorno, W. (1976): Studien zum autoritären Charakter. 2. Auflage, Frankfurt/Main: edition suhrkamp.

Alber, J./Köhler, U. (2004): Health and Care in an Enlarged Europe. Luxemburg: Office for Official Publications of the European Community.

Allmendinger, J./Eichhorst, W./Walwei, U. (2005) (Hrsg.): IAB Handbuch Arbeitsmarkt. Analysen, Daten, Fakten. Frankfurt/Main (u. a.): Campus.

Amrhein, L. (2008): Drehbücher des Alter(n)s: Die soziale Konstruktion von Modellen und Formen der Lebensführung und -stilisierung älterer Menschen. Wiesbaden: VS-Verlag für Sozialwissenschaften.

Anderson, R. (2004): Working Carers in the European Union. In: Harper, S. (Hrsg.): Families in Ageing Societies. Oxford: Oxford University Press, S. 95-113.

Anttonen, A./Baldock, J./Sipilä, J. (2003): The Young, the Old and the State: Social Care Systems in Five Industrial Nations. Cheltenham: Edward Elgar.

Anttonen, A./Sipilä, J. (1996): European Social Care Services: Is It Possible To Identify Models? In: Journal of European Social Policy, 6, 2, S. 87-100.

Anttonen, A./Sipilä, J. (2005): Comparative approaches to social care: diversity in care production. In: Pfau-Effinger, B./Geissler, B. (Hrsg.): Care and social integration in European societies. Bristol: Political Press, S. 115-134.

Arber, S./Ginn, J. (1999): Gender Differences in Informal Caring. In: Allan, A. G. (Hrsg.): The Sociology of the Family: A Reader. Oxford (u. a.): Blackwell, S. 321-339.

Arksey, H. (2002): Combining informal care and work: supporting carers in the workplace. In: Health and Social Care in the Community, 10, 3, S. 151-161.

Articus, S. (1987): Pflegende Angehörige – ihre Leistungen, ihre Belastungen, ihr Hilfebedarf. In: Begegnung und helfen. Zeitschrift für vinzentinische Caritas, 1, S. 4-6.

Atienza, A./Stephens, M. (2000): Social Interactions at Work and the Well-Being of Daughters Involved in Parent Care. In: Journal of Applied Gerontology, 19, 3, S. 243-263.

Attias-Donfut, C. (2001): The dynamics of elderly support. The transmission of solidarity patterns between generations. In: Zeitschrift für Gerontologie und Geriatrie, 34, 1, S. 9-15.

Attias-Donfut, C./Wolff, F.-C. (2000): Complementarity between Private and Public Transfers. In: Arber, S./Attias-Donfut, C. (Hrsg.): The Myth of Generational Conflict: The Family and the State in Ageing Society. London: Routledge, S. 47-68.

Au, C./Sowarka, D. (2007): Die Vereinbarkeit von Erwerbstätigkeit und Pflege. In: Informationsdienst Altersfragen, 3, 21, S. 2-8.

Babitsch, B./Ducki, A./Maschewsky-Schneider, U. (2012): Geschlecht und Gesundheit. In: Hurrelmann, K./Razum, O. (Hrsg.): Handbuch Gesundheitswissenschaften. 5. Auflage. Weinheim (u. a.): Beltz, S. 639-657.

Backes, G. M. (1994): Balancen pflegender Frauen – zwischen traditioneller Solidaritätsnorm und modernen Lebensformen. In: Zeitschrift für Frauenforschung, 12, 3, S. 113-128.

Backes, G. M./Amrhein, L./Wolfinger, M. (2008): Gender in der Pflege. Herausforderungen für die Politik. Bonn: Friedrich-Ebert-Stiftung.

Backes, G. M./Clemens, W./Künemund, H. (2004): Lebensformen und Lebensführung im Alter – objektive und subjektive Aspekte des Alter(n)s. In: Backes, G. M./Clemens, W./Künemund, H. (Hrsg.): Lebensformen und Lebensführung im Alter. Wiesbaden: VS-Verlag für Sozialwissenschaften, S. 7-22.

Backes, G. M./Wolfinger, M./Amrhein, L. (2011): Geschlechterpolitik zu Pflege/Care: Anregungen aus europäischen Ländern. Bonn: Friedrich-Ebert-Stiftung.

Bacon, F. (1720): Aphorismen über die Interpretation der Natur und das Reich des Menschen. Übersetzt von: Gawlick, G. (Hrsg.) (1980): Geschichte der Philosophie in Text und Darstellung. Stuttgart: Reclam, o. S.

Bäcker, G. (1998): Vereinbarkeit von Erwerbstätigkeit und Pflege – Anforderungen an die Arbeitswelt und die Tarifparteien. In: Reichert, M./Naegele, G. (Hrsg.): Vereinbarkeit von Erwerbstätigkeit und Pflege – Nationale und internationale Perspektiven. Band 1. Hannover: Vincentz, S. 35-59.

Bäcker, G. (2004): Berufstätigkeit und Verpflichtungen in der familiären Pflege – Anforderungen an die Gestaltung der Arbeitswelt. In: Badura, B./Schellschmidt, H./Vetter, C. (Hrsg.): Fehlzeitenreport 2003: Wettbewerbsfaktor Work-Life-Balance. Berlin (u. a.): Springer, S. 131-145.

Bäcker, G./Koch, A./Vornmoor, A. (2007): Chancengleichheitsorientierte Arbeitszeitpolitik in der betrieblichen Praxis. Eine Wirkungsanalyse des Bundeserziehungsgeldgesetzes und des Teilzeit- und Befristungsgesetzes. Duisburg: Universität Duisburg/Essen.

Bäcker, G./Naegele, G./Bispinck, R./Hofemann, K./Neubauer, J. (2008): Sozialpolitik und soziale Lage in Deutschland. Band 2: Gesundheit, Familie, Alter und Soziale Dienste. 4. Auflage. Wiesbaden: VS-Verlag für Sozialwissenschaften.

Bäcker, G./Naegele, G./Bispinck, R./Hofemann, K./Neubauer, J. (2010): Sozialpolitik und soziale Lage in Deutschland. Band 1: Grundlagen, Arbeit, Einkommen und Finanzierung. 5. Auflage. Wiesbaden: VS-Verlag für Sozialwissenschaften.

Baethge-Kinsky, V./Bartelheimer, P./Wagner, A./Aust, J./Müller-Schoell, T. (2008): Arbeitsmarktpolitik: Neusteuern oder neu orientieren? Anstöße zu einer überfälligen Debatte. Projektbericht für die Otto Brenner Stiftung und Hans Böckler Stiftung. Frankfurt/Main.

Bahrdt, H. P. (1975): Erzählte Lebensgeschichten von Arbeitern. In: Osterland, M. (Hrsg.): Arbeitssituation, Lebenslage und Konfliktpotenzial. Festschrift für Max E. Graf zu Solms-Roedelheim. Frankfurt: Europäische Verlagsanstalt, S. 9-37.

Barkholdt, C./Lasch, V. (2006): Vereinbarkeit von Pflege und Erwerbstätigkeit. In: Deutsches Zentrum für Altersfragen (Hrsg.): Förderung der Beschäftigung älterer Arbeitnehmer. Voraussetzungen und Möglichkeiten. Expertise zum Fünften Altenbericht der Bundesregierung. Münster: Lit, S. 261-361.

Barmer GEK (2011): Gesundheitsreport 2011. Beruf und Pflege: Herausforderung und Chance. Praxistipps für Unternehmen. Hamburg.

Barton, A. H. (1955): The Concept of Property – Space in Social Research. In: Lazarsfeld, P. F./ Rosenberg, M. (Hrsg.): The Language of Social Research. New York: Free Press, S. 40-53.

Bauer, F. (2001): Kann das neue Teilzeit- und Befristungsgesetz die Geschlechterdiskriminierung aufbrechen? In: WSI-Mitteilungen, 54, 8, S. 508-513.

Bauer, U. (2008): Die Zukunft der Pflege – Qualitäts- und Strukturfragen aus Nutzersicht. In: Böcken, J./Braun, B./Amhof, R. (Hrsg.): Gesundheitsmonitor 2008. Gütersloh: Bertelsmann-Stiftung, S. 231-249.

Bauer, F./Groß, H./Lehmann, K./Munz, E. (2004): Arbeitszeit 2003. Arbeitszeitgestaltung, Arbeitsorganisation und Tätigkeitsprofile. Köln.

Bauer, F./Groß, H./Schilling, G. (1996): Arbeitszeit ´95. Arbeitszeitformen, Arbeitszeitwünsche und Zeitverwendung der abhängig Beschäftigten in West- und Ostdeutschland. Düsseldorf: Ministeriums für Arbeit, Gesundheit und Soziales des Landes Nordrhein-Westfalen.

Bauernschuster, S./Rainer, H. (2010): From Politics to the Family: How Sex-Role Attitudes Keep on Diverging in Reunified Germany. CES Working Paper 2957, München: CES Ifo Institute for Economic Research at the University of Munich.

Bazo, M. T./Ancizu, I. (2003): Family and service support. In: Lowenstein, A./Ogg, J. (Hrsg.): OASIS. Old Age and Autonomy: The Role of Service Systems and Intergenerational Family Solidarity. Haifa: Center for Research and Study of Aging, S. 227-256.

Beck, B. (1997): Fallstudien über erwerbstätige Hilfe-/Pflegeleistende in der Bundesrepublik Deutschland. In: Bundesministerium für Familie, Senioren, Frauen und Jugend (Hrsg.): Vereinbarkeit von Erwerbstätigkeit und Pflege. Stuttgart (u. a): W. Kohlhammer, S. 159-237.

Beck, U. (1986): Risikogesellschaft. Auf dem Weg in eine andere Moderne. Frankfurt/Main: edition suhrkamp.

Beck, U./Giddens, A./Lash, S. (1996): Reflexive Modernisierung: Eine Kontroverse. Frankfurt/Main: edition suhrkamp.

Beck-Gernsheim, E. (1976): Der geschlechtsspezifische Arbeitsmarkt: Zur Ideologie und Realität von Frauenberufen. Frankfurt/Main (u. a.): Campus.

Beck-Gernsheim, E. (1983): Vom „Dasein für andere" zum Anspruch auf ein „Stück eigenes Leben": Individualisierungsprozesse im weiblichen Lebenszusammenhang. In: Soziale Welt, 34, 3, S. 307-340.

Beck-Gernsheim, E. (1985): Das halbierte Leben: Männerwelt Beruf, Frauenwelt Familie. Frankfurt/ Main: Fischer Taschenbuchverlag.

Beck-Gernsheim, E. (1992): Frauen – die heimliche Ressource der Sozialpolitik? Plädoyer für andere Formen der Solidarität. In: WSI-Mitteilungen, 44, 2, S. 58-66.

Beck-Gernsheim, E./Ostner, I. (1978): Frauen verändern – Berufe nicht? In: Soziale Welt, 28, 3, S. 257-287.

Becker, I./Hauser, R. (2006): Verteilungseffekte der Hartz-IV-Reform. Ergebnisse von Simulationsanalysen. Berlin: edition sigma.

Becker-Schmidt, R. (1980): Widersprüchliche Realität und Ambivalenz. Arbeitserfahrungen in Fabrik und Familie. In: Kölner Zeitschrift für Soziologie und Sozialpsychologie, 32, 4, S. 80-102.

Becker-Schmidt, R. (1987): Die doppelte Vergesellschaftung – die doppelte Unterdrückung: Besonderheiten der Frauenforschung in den Sozialwissenschaften. In: Unterkircher, L./Wagner, I. (Hrsg.): Die andere Hälfte der Gesellschaft. Österreichischer Soziologentag 1985. Soziologische Befunde zu geschlechtsspezifischen Formen der Lebensbewältigung. Wien: Verlag des Österreichischen Gewerkschaftsbundes, S. 10-25.

Becker-Schmidt, R. (1998): Trennung, Verknüpfung, Vermittlung: zum feministischen Umgang mit Dichotomien. In: Knapp, G.-A. (Hrsg.): Kurskorrekturen. Feminismus zwischen Kritischer Theorie und Postmoderne. Frankfurt/Main (u. a.): Campus, S. 84-126.

Becker-Schmidt, R. (2010): Doppelte Vergesellschaftung von Frauen: Divergenzen und Brückenschläge zwischen Privat- und Erwerbsleben. In: Becker, R./Kortendiek, B. (Hrsg.): Handbuch für Frauen- und Geschlechterforschung. Theorie, Methoden, Empirie. 3. Auflage, Wiesbaden: VS-Verlag für Sozialwissenschaften, S. 65-74.

Becker-Schmidt, R./Brandes-Erlhoff, U./Karrer, M./Axeli-Knapp, G./Rumpff, M./Schmidt, B. (1982): Nicht wir haben die Minuten, die Minuten haben uns. Zeitprobleme und Zeiterfahrungen von Arbeitermüttern in Fabrik und Familie. Bonn: Neue Gesellschaft.

Becker-Schmidt, R./Brandes-Erhoff, U./Rumpf, M./Schmidt, B. (1983): Arbeitsleben – Lebensarbeit. Konflikte und Erfahrungen von Fabrikarbeiterinnen. Bonn: Neue Gesellschaft.

Becker-Schmidt, R./Knapp, G.-A./Schmidt, B. (1984): Eines ist zuwenig - beides ist zuviel. Erfahrungen von Arbeiterfrauen zwischen Familie und Fabrik. Bonn: Neue Gesellschaft.

Beckmann, S. (2008): Geteilte Arbeit? Männer und Care Regime in Schweden, Frankreich und Deutschland. Münster: Westfälisches Dampfboot.

Beetzelt, S. (2008): Hartz IV – Folgen für Ungleichheit und das Gender Regime. Universelle Erwerbsbürgerschaft und Geschlechter(un)gleichheit. In: ZeS report, 13, 1, S. 1-8.

Bellmann, L./Gewiese, T. (2004): Entwicklung der Arbeitszeitkonten in Deutschland. In: Arbeit und Beruf, 55, 11, S. 329-331.

Benkhoff, B./Hermet, V. (2008): Zur Verbreitung und Ausgestaltung geringfügiger Beschäftigung im Einzelhandel. Eine explorative Studie aus der Perspektive von Management und Beschäftigten. In: Industrielle Beziehungen, 15, 1, S. 5-31.

Berger-Schmitt, R. (2003): Geringe familiale Pflegebereitschaft bei jüngeren Generationen. Analyse zur Betreuung und Pflege alter Menschen in den Ländern der Europäischen Union. In: Informationsdienst Soziale Indikatoren, 29, 1, S. 12-15.

Berghahn, S. (2004): Der Ehegattenunterhalt und seine Überwindung auf dem Weg zur individualisierten Existenzsicherung. In: Leitner, S./Ostner, I./Schratzenstaller, M. (Hrsg.): Wohlfahrtsstaat und Geschlechterverhältnis im Umbruch. Was kommt nach dem Ernährermodell? Wiesbaden: VS-Verlag für Sozialwissenschaften, S. 105-131.

Bergmann, J. (1998): Das Subsidiaritätsprinzip – zwischen Sozialstaat und Lebenswelt. In: Evers, A. (Hrsg.): Sozialstaat. Gießen: Verlag der Ferber'schen Universitätsbuchhandlung, S. 240-263.

Bernard, M./Phillips, J. (2007) Working carers of older adults: What helps and what hinders in juggling work and care? In: Community, Work and Family, 10, 2, S. 139-160.

Berninger, I. (2009): Welche familienpolitischen Maßnahmen fördern die Arbeitsmarktpartizipation von Müttern? In: Kölner Zeitschrift für Soziologie und Sozialpsychologie, 61, 3, S. 355-385.

berufundfamilie gGmbH. Eine Initiative der gemeinnützigen Hertie-Stiftung (2007): Vereinbarkeit von Beruf und Pflege – ein Thema für Unternehmen. Ein Praxisleitfaden. Frankfurt/Main.

berufundfamilie gGmbH. Eine Initiative der gemeinnützigen Hertie-Stiftung (2009): Eltern pflegen. So können Arbeitgeber Beschäftigte mit zu pflegenden Angehörigen unterstützen. Vorteile einer familienbewussten Personalpolitik. 2. Auflage, Frankfurt/Main.

Bettio, F./Plantenga, J. (2004): Comparing Care Regimes in Europe. In: Feminist Economics, 10, 1, S. 85-113.

Bickel, H. (2005): Epidemiologie und Gesundheitsökonomie. In: Wallesch, C. W./Förstl, H. (Hrsg.): Demenzen. Referenzreihe Neurologie. Stuttgart: Thieme, S. 1-15.

Bien, W. (2006): Familie zwischen Wunsch und Wirklichkeit, zwischen Ideologie und Realität. Expertise zum „Wandel und Entwicklung familialer Lebensformen". In: Bertram, H./ Krüger, H./Spiess, K. (Hrsg.): Wem gehört die Familie der Zukunft? Expertisen zum 7. Familienbericht der Bundesregierung. Opladen: Budrich, S. 259-278.

Bilden, H. (1991): Geschlechtsspezifische Sozialisation. In: Hurrelmann, K./Ulrich, D. (Hrsg.): Neues Handbuch der Sozialisationsforschung. Weinheim (u. a.): Beltz, S. 279-301.

Bird, C. (2005): How I Stopped Dreading and Learned to Love Transcription. In: Qualitative Inquiry, 11, 2, S. 226-248.

Bischofsberger, I./Lademann, J./Radvanszky, A. (2009): „work & care" – Erwerbstätigkeit und Pflege vereinbaren: Literaturstudie zu Herausforderungen für pflegende Angehörige, Betriebe und professionelle Pflege. In: Pflege, 22, 4, S. 277-286.

Bittmann, M./Hill, T./Thomson, C. (2007): The Impact of Caring on Informal Carers' Employment, Income and Earnings: A Longitudinal Approach. In: Australian Journal of Social Issues, 42, 2, S. 255-272.

Blinkert, B./Klie, T. (1999): Pflege im sozialen Wandel. Studie zur Situation häuslich versorgter Pflegebedürftiger. Hannover: Vincentz.

Blinkert, B./Klie, T (2001): Zukünftige Entwicklung des Verhältnisses von professioneller und häuslicher Pflege bei differenzierten Arrangements und privaten Ressourcen bis zum Jahr 2050. Expertise im Auftrag der Enquéte-Kommission Demografischer Wandel des Deutschen Bundestages (http://www2.soziologie.uni-freiburg.de/fifas/all/pdf/Expertise_Bundestag.pdf, letzter Rückgriff: 25.05.2012).

Blinkert, B./Klie, T. (2004): Solidarität in Gefahr? Pflegebereitschaft und Pflegebedarfsentwicklung im demografischen und sozialen Wandel. Die "Kasseler Studie". Hannover: Vincentz.

Blinkert, B./Klie, T. (2006): Die Zeiten der Pflege. In: Zeitschrift für Gerontologie und Geriatrie, 39, 3, S. 202-210.

Blinkert, B./Klie, T. (2006a): Der Einfluss von Bedarf und Chancen auf Pflegezeiten in häuslichen Pflegearrangements. In: Zeitschrift für Gerontologie und Geriatrie, 39, 6, S. 423-428.

Blome, A./Keck, W./Alber, J. (2008): Generationenbeziehungen im Wohlfahrtsstaat. Lebensbedingungen und Einstellungen von Altersgruppen im internationalen Vergleich. Wiesbaden: VS-Verlag für Sozialwissenschaften.

Blossfeld, H.-P. (2009): Globalisierung, Flexibilisierung und der Wandel von Lebensläufen. In: Szydlik, M. (Hrsg.): Flexibilisierung: Folgen für Arbeit und Familie. Wiesbaden: VS-Verlag für Sozialwissenschaften, S. 23-46.

Blüher, S./Stosberg, M. (2005): Pflege im Wandel veränderter Versorgungsstrukturen: Pflegeversicherung und ihre gesellschaftlichen Konsequenzen. In: Schroeter, K. R./Rosenthal, T. (Hrsg.): Soziologie der Pflege. Grundlage, Wissensbestände und Perspektiven. Weinheim (u. a.): Juventa, S. 177-209.

Blumer, H. (1938): Social Psychology. In: Schmidt, E. (Hrsg.): Man and Society. New York: Prentice Hall, S. 144-198.

Blumer, H. (1954): What's Wrong with Social Theory? In: American Sociological Review, 19, 1, S. 3-10.

Blumer, H. (1969): Symbolic Interactionism: Perspective and Method. Englewood Cliffs (u. a.): Prentice-Hall.

Blumer, H. (1973): Der methodologische Standort des Symbolischen Interaktionismus. In: Arbeitsgruppe Bielefelder Soziologen (Hrsg.): Alltagswissen, Interaktion und gesellschaftliche Wirklichkeit. Band 1: Symbolischer Interaktionismus und Ethnomethodologie. Reinbek: Rohwolt, S. 80-146.

Blumer, H. (1979): Methodologische Prinzipien empirischer Wissenschaft. In: Gerdes, K. (Hrsg.): Explorative Sozialforschung. Stuttgart: Enke, S. 41-62.

Boeckh, J./Huster, E.-U./Benz, B. (2006): Sozialpolitik in Deutschland. Eine systematische Einführung. 2. Auflage, Wiesbaden: VS-Verlag für Sozialwissenschaften.

Böhm, S./Herrmann, C./Trinczek, R. (2004): Herausforderung Vertrauensarbeitszeit. Zur Kultur und Praxis eines neuen Arbeitszeitmodells. Berlin: edition sigma.

Böttcher, S./Selinger, Y./Hauss, F. (2009): Vereinbarkeit von Erwerbsarbeit und Pflege im Land Brandenburg. Potsdam.

Bohnsack, R. (2010): Rekonstruktive Sozialforschung. Einführung in qualitative Methoden. Opladen (u. a.): Barbara Budrich.

Bolin, K./Lindgren, B./Lundborg, P. (2007): Your next of kin or your own career? Caring and working among 50+ of Europe. Tinbergen Institute Discussion Paper 032/3. Amsterdam: Tinbergen Institute.

Bolte, K. M. (1983): Subjektorientierte Soziologie – Plädoyer für eine Forschungsperspektive. In: Bolte, K. M./Treutner, E. (Hrsg.): Subjektorientierte Arbeits- und Berufssoziologie. Frankfurt/Main (u. a.): Campus, S. 12-36.

Bolte, K. M. (1995): Zur Entstehungsgeschichte des Projekts im Rahmen einer "subjektorientierten" Forschungsperspektive. In: Projektgruppe „Alltägliche Lebensführung" (Hrsg.): Alltägliche Lebensführung. Arrangements zwischen Traditionalität und Modernisierung. Opladen: Leske & Budrich, S. 15-22.

Bomsdorf, E./Babel, B./Kahlenberg, J. (2010): Care Need Projection for Germany until 2050. In: Doblhammer, G./Scholz, R. (Hrsg.): Ageing, Care Need and Quality of Life. The Perspective of Care Givers and People in Need of Care. Wiesbaden: VS-Verlag für Sozialwissenschaften, S. 29-40.

Bordet, K. E. (2009): Familienfreundliche arbeits- und sozialrechtliche Regelungen und Instrumente. Baden-Baden: Nomos.

Boss, A./Elender, T. (2005): Verstärkte Arbeitsanreize durch das Arbeitslosengeld II? In: Die Weltwirtschaft, 56, 2, S. 168-196.

Bothfeld, S. (2006): Arbeitsmarkt. In: Bothfeld, S./Klammer, U./Klenner, C./Leiber, S./Thiel, A./ Ziegler, A. (Hrsg.): WSI-FrauenDatenReport 2005. Handbuch zur wirtschaftlichen und sozialen Situation von Frauen. Berlin: edition sigma, S. 109-186.

Bothfeld, S./Betzelt, S. (2011): Der Geschlechterbias in der deutschen Arbeitsmarktpolitik: Eine institutionelle und empirische Analyse des SGB II und SGB III. In: Klammer, U./Motz, M. (Hrsg.): Neue Wege - gleiche Chancen. Expertisen zum Ersten Gleichstellungsbericht der Bundesregierung. Wiesbaden: VS-Verlag für Sozialwissenschaften, S. 199-251.

Bowen, G. A. (2006): Grounded Theory and Sensitizing Concepts. In: International Journal of Qualitative Methods, 5, 3, S. 1-9.

Bracker, M./Dallinger, U./Karden, G./Tegethoff, U. (1988): Die Pflegebereitschaft der Töchter. Zwischen Pflichterfüllung und eigenen Lebensansprüchen. Voraussetzungen, Belastungen und sozialpolitische Schlussfolgerungen. Wiesbaden: Hessische Landesregierung.

Braun, M. (1994): Entwicklungen der Einstellungen zur Rolle der Frau nach der Vereinigung. In: Beckmann, P./Engelbrech, G. (Hrsg.): Arbeitsmarkt für Frauen 2000 - Ein Schritt vor oder ein Schritt zurück? Kompendium zur Erwerbstätigkeit von Frauen. Beiträge zur Arbeitsmarkt- und Berufsforschung. Nr. 179, Nürnberg: Institut für Arbeitsmarkt- und Berufsforschung der Bundesagentur für Arbeit, S. 670-683.

Braun, M. (1995): Einstellung zur Berufstätigkeit der Frau: Steigende Zustimmung im Osten, Stagnation im Westen. In: Informationsdienst Soziale Indikatoren, 13, S. 6-9.

Breuer, F. (2010): Reflexive Grounded Theory. Eine Einführung für die Forschungspraxis. 2. Auflage, Wiesbaden: VS-Verlag für Sozialwissenschaften.

Brody, E. M./Kleban, M. H./Johnson, P. T./Hoffmann, C./Schoonover, C. B. (1987): Work Status and Parent Care: A Comparison of Four Groups of Women. In: The Gerontologist, 27, 2, S. 201-208.

Brög, W./Häberle, G.-F./Meibom, B./Schellhaas, U. (1980): Socialdata 1980: Anzahl und Situation zu Hause lebender Pflegebedürftiger. Stuttgart (u. a.): W. Kohlhammer.

Brückner, M. (2003): Care – Der gesellschaftliche Umgang mit zwischenmenschlicher Abhängigkeit und Sorgetätigkeiten. In: Neue Praxis, 33, 2, S. 162-172.

Brückner, M. (2004): Der gesellschaftliche Umgang mit menschlicher Hilfebedürftigkeit. Fürsorge und Pflege in westlichen Wohlfahrtsregimen. In: Österreichische Zeitschrift für Soziologie, 29, 2, S. 7-23.

Brückner, M. (2008): Kulturen des Sorgens (Care) in Zeiten transnationaler Entwicklungsprozesse. In: Homfeldt, H.-G./Schröer, W./Schweppe, C. (Hrsg.): Soziale Arbeit und Transnationalität. Weinheim (u. a.): Juventa, S. 167-184.

Brückner, M. (2009): Die Sorge um die Familie: Care im Kontext Sozialer Arbeit und öffentlicher Wohlfahrt. In: Beckmann, C./Otto, H.-U./Richter, M./Schrödter, M. (Hrsg.): Neue Familialität als Herausforderung der Jugendhilfe. Lahnstein: Neue Praxis, S. 39-48.

Brückner, M. (2010): Entwicklung der Care-Debatte – Wurzeln und Begrifflichkeiten. In: Apitzsch, U./Schmidtbaur, M. (Hrsg.): Care und Migration. Die Ent-Sorgung menschlicher Reproduktionsarbeit entlang von Geschlechter- und Armutsgrenzen. Opladen (u. a.): Barbara Budrich, S. 48-58.

Brussig, M. (2009): Die Erwerbsbeteiligung älterer Arbeitnehmer/-innen in Deutschland. In: Zeitschrift für Gerontologie und Geriatrie, 42, 4, S. 281-286.

Brussig, M. (2010): Anhaltende Ungleichheit der Erwerbsbeteiligung Älterer. Zunahme an Teilzeitbeschäftigung. In: Altersübergangsreport, 3, S. 1-15.

Brussig, M./Wojkowski, S. (2007): Mehr Ältere auf dem Arbeitsmarkt: Erwerbstätigkeit und Arbeitslosigkeit nehmen zu. In: Altersübergangsreport, 3, S. 1-14.

Buchholz-Will, W. (1992): Steuern, Staat und Frauen. Die Zusammenhänge zwischen Ehegattenbesteuerung und Erwerbstätigkeit von Frauen in der EG. In: Schunter-Kleemann, S. (Hrsg.): Herrenhaus Europa – Geschlechterverhältnisse im Wohlfahrtsstaat. Berlin: edition sigma, S. 59-84.

Bürmann, I./Micus-Loos, C. (2002): Generationenbeziehungen als Orte der Herstellung, Tradierung und Veränderung von Weiblichkeit. In: Breitenbach, E./Bürmann, I./Liebsch, K./Mansfeld, C./Micus-Loos, C. (Hrsg.): Geschlechterforschung als Kritik. Zur Relevanz der Kategorie „Geschlecht" heute. Festschrift für Carol Hagemann-White. Bielefeld: Kleine, S. 101-118.

Büssing, A./Glaser, J. (1998): Arbeitszeit und neue Organisations- und Beschäftigungsformen. Zum Spannungsverhältnis von Flexibilität und Autonomie. In: Kleinhenz, G. (Hrsg.): Schwerpunktheft "Wandel der Organisationsbedingungen von Arbeit" der Mitteilungen aus der Arbeitsmarkt- und Berufsforschung, 31, 3, S. 585-598.

Bundesagentur für Arbeit (2011): Statistik der Bundesagentur für Arbeit. Arbeitsmarkt in Deutschland. Zeitreihen bis 2010. Nürnberg.

Bundesagentur für Arbeit (2011a): Arbeitsmarktberichterstattung: Frauen und Männer am Arbeitsmarkt 2010. Nürnberg.

Bundesministerium für Arbeit und Soziales (2010): Zusätzliche Altersvorsorge. Bonn.

Bundesministerium für Familie, Senioren, Frauen und Jugend (1993): Erster Altenbericht der Bundesregierung über die Lebenssituation älterer Menschen in Deutschland. Bonn.

Bundesministerium für Familie, Senioren, Frauen und Jugend (2000): Dritter Bericht zur Lage der älteren Generation in der Bundesrepublik Deutschland: Alter und Gesellschaft. Berlin.

Bundesministerium für Familie, Senioren, Frauen und Jugend (2002): Vierter Bericht zur Lage der älteren Generation in der Bundesrepublik Deutschland: Risiken, Lebensqualität und Versorgung Hochaltriger unter besonderer Berücksichtigung demenzieller Erkrankungen. Berlin.

Bundesministerium für Familien, Senioren, Frauen und Jugend (2005): 1. Datenreport zur Gleichstellung von Frauen und Männern in der Bundesrepublik Deutschland. München.

Bundesministerium für Familie, Senioren, Frauen und Jugend (2006): Potenziale des Alters in Wirtschaft und Gesellschaft. Der Beitrag älterer Menschen zum Zusammenhalt der Generationen. Stellungnahme. Berlin.

Bundesministerium für Familie, Senioren, Frauen und Jugend (2008): Erwartungen an einen familienfreundlichen Betrieb. Berlin.

Bundesministerium für Familie, Senioren, Frauen und Jugend (2009): Familienbewusste Personalpolitik. Informationen für Arbeitnehmervertretungen, Unternehmens- und Personalleitungen. Berlin.

Bundesministerium für Familie, Senioren, Frauen und Jugend (2010): Unternehmensmonitor Familienfreundlichkeit 2010. Wie familienfreundlich ist die deutsche Wirtschaft? Stand, Forschung, Bilanz. Berlin.

Bundesministerium für Familie, Senioren, Frauen und Jugend (2011): Vereinbarkeit von Beruf und Pflege. Wie Unternehmen Beschäftigte mit Pflegeaufgaben unterstützen können. Berlin.

Bundesministerium für Familie, Senioren, Frauen und Jugend/Bundesministerium für Gesundheit (2010): Charta der Rechte hilfe- und pflegebedürftiger Menschen. Berlin.

Bundesministerium für Familie, Senioren, Frauen und Jugend/Statistisches Bundesamt (2003): Wo bleibt die Zeit? Die Zeitverwendung der Bevölkerung in Deutschland 2001/02. Wiesbaden.

Bundesministerium für Gesundheit (2008): Vierter Bericht über die Entwicklung der Pflegeversicherung. Berlin.

Bundesministerium für Gesundheit (2009): Soziale Pflegeversicherung. Leistungsempfänger nach Leistungsarten und Pflegestufen im Jahresdurchschnitt 2009. Berlin.

Bundesministerium für Gesundheit (2011): Zahlen und Fakten zur Pflegeversicherung (08/11). Berlin.

Burau, V./Theobald, H./Blank, R. H. (2007): Governing Home Care: A Cross-National Comparison. Cheltenham (u. a.): Edward Elgar.

Cameron, C./Moss, P. (2007): Care Work in Europe: Current understandings and future directions. London (u. a.): Routledge.

Chesley, N./Moen, P. (2006): When Workers Care: Dual-Earner Couples' Caregiving Strategies, Benefit Use, and Psychological Well-Being. In: The American Behavioral Scientist, 46, 9, S. 1248-1269.

Clemens W. (2006): Ältere Arbeitnehmer in Deutschland. Erwerbsstrukturen und Zukunftsperspektiven. In: Zeitschrift für Gerontologie und Geriatrie, 39, 1, S. 41-47.

Compensis, U. (2007): Vertrauensarbeitszeit – arbeitnehmerbestimmte Arbeitszeit (auch) im Arbeitgeberinteresse. In: Neue Juristische Wochenzeitschrift, 60, 43, S. 3090-3093.

Connidis, I./Rosenthal, C. J./McMullin, J. (1996): The Impact of Family Composition on Providing Help to Older Parents: A Study of Employed Adults. In: Research on Aging, 18, 4, S. 402-419.

Corbin, J./Strauss, A. L. (1990): Grounded Theory Research: Procedures, Canons and Evaluative Criteria. In Zeitschrift für Soziologie, 19, 6, S. 418-427.

Costa, G./Ranci, C. (2010): Disability and Caregiving: A Step Toward Social Vulnerability? In: Ranci, C. (Hrsg.): Social Vulnerability in Europe: The new Configuration of Social Risks. New York (u. a.): Palgrave Macmillan, S. 159-185.

Cox, D./Jakubson, G. (1995): The connection between public transfers and private interfamily transfer. In: Journal of Public Economics, 57, 1, S. 129-167.

Crespo, L. (2006): Caring for Parents and Employment Status of European Mid-Life Women. Working Paper. Madrid: Centro de Estudios Monetarios y Financieros.

Crompton, R. (1998): The Equality Agenda, Employment and Welfare. In: Geissler, B./Maier, F./ Pfau-Effinger, B. (Hrsg.): FrauenArbeitsMarkt. Der Beitrag der Frauenforschung zur sozioökonomischen Theorieentwicklung. Berlin: edition sigma, S. 165-176.

Daatland, S. O. (2001): Ageing, families and welfare systems: Comparative perspectives. In: Zeitschrift für Gerontologie und Geriatrie, 34, 1, S. 16-20.

Daatland, S. O./Herlofson, K. (2003): Families and welfare states. In: Lowenstein, A./Ogg, J. (Hrsg.): OASIS – Old Age and Autonomy: The Role of Service Systems and Intergenerational Family Solidarity. Haifa: Center for Research and Study of Aging, S. 281-305.

Daatland, S. O./Herlofson, K. (2003a): Norms and ideals about elder care. In: Lowenstein, A./Ogg, J. (Hrsg.): OASIS. Old Age and Autonomy: The Role of Service Systems and Intergenerational Family Solidarity. Haifa: Center for Research and Study of Aging, S. 125-159.

Dallinger, U. (1993): Die Pflege alter Eltern – Balanceakt zwischen Normerfüllung und Individualisierungschancen im weiblichen Lebenslauf. In: Sozialer Fortschritt, 42, 4-5, S. 110-113.

Dallinger, U. (1997): Erwerbstätige Pflegepersonen älterer hilfe- und pflegebedürftiger Menschen in der Bundesrepublik Deutschland: Partizipation im und Ausscheiden aus dem Erwerbsleben. In: Bundesministerium für Familie, Senioren, Frauen und Jugend (Hrsg.): Vereinbarkeit von Erwerbstätigkeit und Pflege. Stuttgart (u. a.): W. Kohlhammer, S. 111-157.

Dalllinger, U. (1997a): Ökonomie der Moral. Konflikt zwischen familiärer Pflege und Beruf. Opladen: Westdeutscher Verlag.

Dallinger, U./Theobald, H. (2008): Pflege und Ungleichheit. Ungleiche Citizenship rights im internationalen Vergleich. In: Bauer, U./Büscher, A. (Hrsg.): Soziale Ungleichheit und Pflege. Beiträge sozialwissenschaftlich orientierter Pflegeforschung. Wiesbaden: VS-Verlag für Sozialwissenschaften, S. 78-103.

Daly, M. (1995): Comparing Welfare States: Towards a Gender friendly Approach. In: Sainsbury, D. (Hrsg.): Gendering Welfare States. London (u. a.): Sage, S. 101-117.

Dammert, M. (2009): Angehörige im Visier der Pflegepolitik. Wie zukunftsfähig ist die subsidiäre Logik der deutschen Pflegeversicherung? Wiesbaden: VS-Verlag für Sozialwissenschaften.

Dautzenberg, M. G. H./Diederiks, J. P. M./Philipsen, H. (2000): The Competing Demands of Paid Work and Parent Care: Middle-Aged Daughters Providing Assistance to Elderly Parents. In: Research on Ageing, 22, 2, S. 165-187.

Degele, N. (2005): Arbeit konstruiert Geschlecht. Reflexionen zu einem Schlüsselthema der Geschlechterforschung. In: Freiburger Frauen Studien, 16, 11, S. 13-40.

Denzin, N. K. (2010): Symbolischer Interaktionismus. In: Flick, U./Kardoff, E. von/Steinke, I. (Hrsg.): Qualitative Forschung: Ein Handbuch. 8. Auflage, Reinbek: Rowohlt, S. 136-150.

Deppermann, A. (2008): Gespräche analysieren. Eine Einführung. Wiesbaden: VS-Verlag für Sozialwissenschaften.

Deutscher Bundestag (1993): Entwurf eines Gesetzes zur sozialen Absicherung des Risikos der Pflegebedürftigkeit (Pflege-Versicherungsgesetz – PflegeVG). Bonn.

Deutscher Bundestag (2001): Entwurf eines Gesetzes zur Ergänzung der Leistungen bei häuslicher Pflege von Pflegebedürftigen mit erheblichem allgemeinen Betreuungsbedarf. (Pflegeleistungs-Ergänzungsgesetz - PflEG). Berlin.

Deutscher Bundestag (2007): Entwurf eines Gesetzes zur strukturellen Weiterentwicklung der Pflegeversicherung (Pflege-Weiterentwicklungsgesetz). Berlin

Deutscher Bundestag (2011): Erster Gleichstellungsbericht. Neue Wege - Gleiche Chancen. Gleichstellung von Frauen und Männern im Lebensverlauf. Berlin.

Deutsches Institut für Wirtschaftsforschung (1999): Zur langfristigen Bevölkerungsentwicklung in Deutschland. In: Wochenbericht des DIW, 66, 42, S. 745-757.

Deutsches Institut für Wirtschaftsforschung (2001): Starker Anstieg der Pflegebedürftigkeit zu erwarten: Vorausschätzung bis 2020 mit Ausblick auf 2050. In: Wochenbericht des DIW, 5, 1, S. 65-77.

Deutsches Institut für Wirtschaftsforschung (2008): Zahl der Pflegefälle wird deutlich steigen. In: Wochenbericht des DIW, 75, 47, S. 736-745.

Dienel, C. (2007): Die Betreuung älterer Familienmitglieder im europäischen Vergleich – Perspektiven einer europäischen Politik für familiäre Pflege. In: Berliner Journal für Soziologie, 17, 3, S. 281-300.

Diewald, M. (1990): Soziale Beziehungen: Verlust oder Liberalisierung? Soziale Unterstützung in informellen Netzwerken. Berlin: edition sigma.

Diezinger, A. (2010): Alltägliche Lebensführung: die Eigenlogik alltäglichen Handelns. In: Becker, R./Kortendiek, B. (Hrsg.): Handbuch Frauen- und Geschlechterforschung: Theorie - Methoden - Empirie. 3. Auflage, Wiesbaden: VS-Verlag für Sozialwissenschaften, S. 228-233.

Dingeldey, I. (1999): Begünstigungen und Belastungen familialer Erwerbs- und Arbeitszeitmuster in Steuer- und Sozialversicherungssystemen. Ein Vergleich zehn europäischer Länder. Gelsenkirchen: Institut Arbeit und Technik.

Dingeldey, I. (2006): Aktivierender Wohlfahrtsstaat und sozialpolitische Steuerung. In: Aus Politik und Zeitgeschichte, 56, 8-9, S. 3-9.

Dittmann, J. (2008): Deutsche zweifeln an der Qualität und Erschwinglichkeit stationärer Pflege. Einstellungen zur Pflege in Deutschland und Europa. In: Informationsdienst Soziale Indikatoren, 40, S. 1-6.

Dittmar, N. (2004): Transkription. Ein Leitfaden mit Aufgaben für Studenten, Forscher und Laien. 2. Auflage, Wiesbaden: VS-Verlag für Sozialwissenschaften.

Döhner, H./Kofahl, C./Lüdecke, D./Mnich, E. (2008): Family Care for Older People in Germany: Results from the European Project EUROFAMCARE. Münster (u. a.): Lit.

Döhner, H./Lamura, G./Lüdecke, D./Mnich, E. (2007): Pflegebereitschaft in Familien – Entwicklung in Europa. In: Igl, G./Naegele, G./Hamdorf, S. (Hrsg.): Reform der Pflegeversicherung – Auswirkungen auf die Pflegebedürftigen und die Pflegepersonen. Münster (u. a.): Lit, S. 166-179.

Döhner, H./Rothgang, H. (2006): Pflegebedürftigkeit. Zur Bedeutung der familialen Pflege für die Sicherung der Langzeitpflege. In: Bundesgesundheitsblatt, 49, 6, S. 583-594.

Dölling, I. (1993): Gespaltenes Bewußtsein. Frauen- und Männerbilder in der DDR. In: Helwig, G./ Nickel, H. M. (Hrsg.): Frauen in Deutschland 1945-1992. Bonn: Bundeszentrale für politische Bildung.

Dorbritz, J./Lengerer, A./Ruckdeschel, K. (2005): Einstellungen zu demografischen Trends und zu bevölkerungsrelevanten Politiken. Wiesbaden: Bundesinstitut für Bevölkerungsforschung.

Dorbritz, J./Ruckdeschel, K. (2009): Die langsame Annäherung. Demografisch relevante Einstellungsunterschiede und der Wandel in den Lebensformen in West- und Ostdeutschland. In: Cassens, I./Luy, M./Scholz, R. (Hrsg.): Die Bevölkerung in Ost- und Westdeutschland. Demografische, gesellschaftliche und wirtschaftliche Entwicklung seit der Wende. Wiesbaden: VS-Verlag für Sozialwissenschaften, S. 261-294.

Doty P./Jackson M. E./Crown W. (1998): The impact of female caregivers' employment status on patterns of formal and informal eldercare. In: The Gerontologist, 38, 3, S. 331-341.

Doyle, M./Timonen, V. (2007): Home Care for Ageing Populations: A Comparative Analysis of Domiciliary Care in Denmark, the United States and Germany. Cheltenham (u. a.): Edward Elgar.

Drasch, K. (2011): Zwischen familiärer Prägung und institutioneller Steuerung. Familienbedingte Erwerbsunterbrechungen von Frauen in Ost- und Westdeutschland und in der DDR. In: Berger, P. A./Hank, K./Tölke, A. (Hrsg.): Reproduktion von Ungleichheit durch Arbeit und Familie. Wiesbaden: VS-Verlag für Sozialwissenschaften, S. 171-200.

Dresing, T./Pehl, T. (2010): Transkription. In: Mey, G./Mruck, K. (Hrsg.): Handbuch qualitativer Forschung in der Psychologie. Wiesbaden: VS-Verlag für Sozialwissenschaften.

Dressel, K./Wanger, S. (2010): Erwerbsarbeit: Zur Situation von Frauen am Arbeitsmarkt. In: Becker, R./Kortendieck, B. (Hrsg.): Handbuch Frauen- und Geschlechterforschung: Theorie - Methoden - Empirie. Wiesbaden: VS-Verlag für Sozialwissenschaften, S. 489-498.

Düll, H./Ellguth, P. (1999): Betriebliche Strukturen der Teilzeitbeschäftigung in West- und Ostdeutschland. In: Mitteilungen aus der Arbeitsmarkt- und Berufsforschung, 32, 3, S. 269-280.

Eckart, C. (1999): Fürsorglichkeit. Soziale Praxis und moralische Orientierung, In: Jansen, B./Karl, F./Radebold, H./Schmitz-Scherzer, R. (Hrsg.): Soziale Gerontologie. Ein Handbuch für Lehre und Praxis. Weinheim (u. a.): Beltz, S. 414-425.

Eckart, C. (2000): Zeit zum Sorgen. Fürsorgliche Praxis als regulative Idee der Zeitpolitik. In: Feministische Studien, Extraheft: Fürsorge - Anerkennung - Arbeit, S. 9-24.

Edwards, A./Zarit, S./Stephens, M./Townsend, A. (2002): Employed family members of cognitively impaired elderly: An examination of role strain and depressive symptoms. In: Aging & Mental Health, 6, 1, S. 55-61.

Egbringhoff, J. (2002): "Den Alltag beherrschen" – Ausprägungen und Folgen "neuer" Erwerbsformen am Beispiel von Ein-Personen-Selbstständigen. In: Weihrich, M./Voß, G.-G. (Hrsg.): Tag für Tag. Alltag als Problem - Lebensführung als Lösung? Mehring (u. a.): Rainer Hampp, S. 21-46.

Egbringhoff, J. (2007): Ständig selbst: Eine Untersuchung der alltäglichen Lebensführung von Ein-Personen-Selbständigen. München (u. a.): Rainer Hampp.

Eichhorst, W./Marx, P./Tobsch, V. (2011): Familienfreundliche flexible Arbeitszeiten – Ein Baustein zur Bewältigung des Fachkräftemangels. IZA Research Report, Nr. 33. Bonn: Institut zur Zukunft der Arbeit.

Eichler, M./Pfau-Effinger, B. (2005): Abschlussbericht für das Forschungsprojekt: Pflegeversicherung als Genderpolitik – Auswirkungen in Ost- und Westdeutschland. Teilprojekt 2 innerhalb des Forschungsprogramms „Genderpolitiken" im Rahmen des HWP-Programms des Thüringer Wissenschaftsministeriums. Jena: Friedrich-Schiller-Universität.

Eichler, M./Pfau-Effinger, B. (2009): The "consumer principle" in the care of elderly people – free choice and actual choice in the German welfare state. In: Social Policy and Administration, 43, 6, S. 617-633.

Engelbrecht, G. (2002): Beschäftigung und Arbeitslosigkeit von Männern und Frauen: Von der Arbeitsmarktkrise der 90er Jahre ins neue Jahrtausend. In: Engelbrecht, G. (Hrsg.): Arbeitsmarktchancen für Frauen. Nürnberg: Institut für Arbeitsmarkt- und Berufsforschung der Bundesanstalt für Arbeit, S. 3-13.

Engelbrecht, G./Gruber, H./Jungkunst, M. (1997): Erwerbsorientierung und Erwerbstätigkeit ost- und westdeutscher Frauen unter veränderten gesellschaftlichen Rahmenbedingungen. In: Mitteilungen aus der Arbeitsmarkt- und Berufsforschung, 30, 1, S. 148-169.

Enright, R. B. (1991): Time spent caregiving and help received by spouses and adult children of brain-impaired adults. In: The Gerontologist, 31, 3, S. 375-383.

Esping-Andersen, G. (1990): The Three Worlds of Welfare Capitalism. Princeton: Princeton University Press.

Esping-Andersen, G. (1999): Social foundations of postindustrial economies. New York (u. a.): Oxford University Press.

Esser, H. (1990): „Habits", „Frames" und „Rational Choice". Die Reichweite von Theorien der rationalen Wahl (am Beispiel der Erklärung des Befragtenverhaltens). In: Zeitschrift für Soziologie, 19, 4, S. 231-247.

Esser, H. (1991): Alltagshandeln und Verstehen. Tübingen: Mohr.

Esser, H. (1991a): Die Rationalität des Alltagshandelns. Eine Rekonstruktion der Handlungstheorie von Alfred Schütz. In: Zeitschrift für Soziologie, 20, 6, S. 430-445.

Esser, H. (1996): Soziologie. Allgemeine Grundlagen. 2. Auflage, Frankfurt/Main (u. a.): Campus.

Esser, H. (1996a): Die Definition der Situation. In: Kölner Zeitschrift für Soziologie und Sozialpsychologie, 48, 1, S. 1-34.

Esser, H. (1997): Die „Definition" der Situation und die Rationalität des Handelns. In: Melegy, T. (Hrsg.): Soziologie im Konzert der Wissenschaften: Zur Identität einer Disziplin. Opladen: Westdeutscher Verlag, S. 69-90.

Esser, H. (1999): Die Situationslogik ethnischer Konflikte. In: Zeitschrift für Soziologie, 28, 4, S. 245-262.

Esser, H. (1999a): Soziologie. Spezielle Grundlagen. Band 1: Situationslogik und Handeln. Frankfurt/Main (u. a.): Campus.

Esser, H. (2000): Soziologie. Spezielle Grundlagen. Band 2: Die Konstruktion der Gesellschaft. Frankfurt/Main (u. a.): Campus.

Esser, H. (2000a): Soziologie. Spezielle Grundlagen. Band 3: Soziales Handeln. Frankfurt/Main (u. a.): Campus.

Esser, H. (2000b): Soziologie. Spezielle Grundlagen. Band 4: Opportunitäten und Restriktionen. Frankfurt/Main (u. a.): Campus.

Esser, H. (2000c): Soziologie. Spezielle Grundlagen. Band 5: Institutionen. Frankfurt/Main (u. a.): Campus.

Esser, H. (2001): Soziologie. Spezielle Grundlagen. Band 6: Sinn und Kultur. Frankfurt/Main (u. a.): Campus.

Esser, H. (2001a): Integration und ethnische Schichtung. Arbeitspapiere des Mannheimer Zentrums für Europäische Sozialforschung Nr. 40. Mannheim: Zentrum für Europäische Sozialforschung.

Esser, H. (2002): In guten wie in schlechten Tagen? Das Framing der Ehe und das Risiko zur Scheidung. In: Kölner Zeitschrift für Soziologie und Sozialpsychologie, 54, 1, S. 27-63.

Esser, H. (2003): Das Modell der soziologischen Erklärung und die Paradigmen der Soziologie. In: Orth, B./Schwietring, T./Weiß, J. (Hrsg.): Soziologische Forschung: Stand und Perspektiven: ein Handbuch. Opladen: Leske & Budrich, S. 69-90.

Esser, H. (2004): Soziologische Anstöße. Frankfurt/Main (u. a.): Campus.

Esser, H. (2004a): Sinn, Kultur, Werte und soziale Konstitution. In: Gabriel, M. (Hrsg.): Paradigmen der akteurszentrierten Soziologie. Wiesbaden: VS-Verlag für Sozialwissenschaften, S. 103-119.

Esser, H. (2004b): Sinn, Kultur und Rational Choice. In Jaeger, F./Straub, J. (Hrsg.): Handbuch der Kulturwissenschaften. Band 2: Paradigmen und Disziplinen. Stuttgart (u. a.): J. B. Metzler, S. 249-265.

Esser, H. (2005): Rationalität und Bindung: Das Modell der Frame-Selektion und die Erklärung des normativen Handelns. In: Held, M./Kubon-Gilke, G./Sturn, R. (Hrsg.): Reputation und Vertrauen. Marburg: Metropolis, S. 85-111.

Ettner, S. L. (1996): The Opportunity Costs of Elder Care. In: The Journal of Human Resources, 31, 1, S. 189-205.

Europäischer Rat (2000): Schlussfolgerungen des Vorsitzes. SN 100/1, Lissabon.

European Foundation for the Improvement of Living and Working Conditions (2003): A new organisation of time over working life. Luxembourg: Office for Official Publications of the European Communities.

Evandrou, M./Glaser, K. (2003): Combining work and family life: the pension penalty of caring. In: Ageing & Society, 23, 5, S. 583-601.

Evercare & National Alliance for Caregiving (2006): Study of Caregivers in Decline. Findings from a National Survey. Minnetonka.

Evercare & National Alliance for Caregiving (2007): Family Caregivers - What They Spend, What They Sacrifice. Findings from a National Survey. Minnetonka.

Evers, A. (1993): The Welfare Mix Approach. Understanding the Pluralism of Welfare Systems. In: Evers, A./Svetlik, I. (Hrsg.): Balancing Pluralism: New Welfare Mixes in Care for the Elderly. Aldershot: Avebury, S. 3-32.

Evers, A. (1998): Zwischen Versorgung und Aktivierung. Das Pflegegesetz ermöglicht eine neue Kultur der Pflege - seine Umsetzung droht sie zu verbauen. In: Schmidt, R./Thiele, A. (Hrsg.): Konturen der neuen Pflegelandschaft. Positionen, Widersprüche, Konsequenzen. Regensburg: Transfer, S. 7-22.

Evers, A. (1998a): The new long-term care insurance program in Germany. In: Journal of Ageing and Social Policy, 10, 1, S. 77-95.

Evers, A. (2000): Schutz und Aktivierung. Das Beispiel häuslicher Hilfen und Pflegedienste im Rahmen der Pflegeversicherung. In: Mezger, E./West, K.-W. (Hrsg.): Aktivierender Sozialstaat und politisches Handeln. Marburg: Schüren, S. 131-149.

Evers, A. (2000a): Aktivierender Staat – Eine Agenda und ihre mögliche Bedeutung. In: Mezger, E./ West, K.-W. (Hrsg.): Aktivierender Sozialstaat und politisches Handeln. Marburg: Schüren, S. 13-39.

Evers, A./Olk, T. (1996): Wohlfahrtspluralismus – Analytische und normativ-politische Dimensionen eines Leitbegriffs. In: Evers, A./Olk, T. (Hrsg.): Wohlfahrtspluralismus. Vom Wohlfahrtsstaat zur Wohlfahrtsgesellschaft. Opladen: Westdeutscher Verlag, S. 9-60.

Evers, A./Sachße, C. (2003): Social Care Services for Children and Older People in Germany: Distinct and Separate Histories. In: Anttonen, A./Baldock, J./Sipilä, J. (Hrsg.): The Young, the Old and the State: Social Care Systems in Five Industrial Nations. Cheltenham (u. a.): Edward Elgar, S. 55-79.

Evers, A./Wintersberger, H. (1990): Shifts in the Welfare Mix. Frankfurt/Main (u. a.): Campus.

Fachinger, U. (2008): Das Ende der Diskriminierung in der Altersvorsorge? Anmerkungen zu den Wirkungen des Paradigmenwechsels aus der lebenslaufbezogenen Geschlechterperspektive. In: Zeitschrift für Gerontologie und Geriatrie, 41, 5, S. 360-373.

Fast, J. E./Williamson D. L./Keating N. C. (1999): The Hidden Costs of Informal Elder Care. In: Journal of Family and Economic Issues, 20, 3, S. 301-326.

Finch, J./Mason, J. (1990): Gender, Employment and Responsibilities to Kin. In: Work Employment Society, 4, 3, S. 349-367.

Flick, U. (1995): Qualitative Forschung: Theorie, Methoden, Anwendung in der Psychologie und den Sozialwissenschaften. Reinbek: Rowohlt.

Flick, U. (2011): Qualitative Sozialforschung: Eine Einführung. 4. Auflage, Reinbek: Rowohlt.

Flick, U. (2012): Design und Prozess qualitativer Forschung. In: Flick, U./Kardorff, E. von/Steinke, I. (Hrsg.): Qualitative Forschung: Ein Handbuch. 9. Auflage. Reinbek: Rowohlt, S. 252-265.

Flick, U./Kardoff, E. von/Steinke, I. (2010): Was ist qualitative Forschung? Einleitung und Überblick. In: Flick, U./Kardoff, E. von/Steinke, I. (Hrsg.): Qualitative Forschung: Ein Handbuch. 8. Auflage. Reinbek: Rowohlt, S. 13-29.

Fouarge, D./Muffels, R. (2008): Part-time work and childbirth in Europe: Scarring the career or meeting working-time preferences. Working Paper. Leuven: DAG van de Sociologie.

Franke, A. (2011): The Reconciliation of Work and Care in Europe - The Social Policy Context. Dortmund.

Franke, A./Reichert, M (2010): Carers@Work. Zwischen Beruf und Pflege: Konflikt oder Chance? Ein europäischer Vergleich. Analyse der internationalen Forschungsliteratur. Dortmund.

Franke, L. (2006): Demenz in der Ehe. Über die verwirrende Gleichzeitigkeit von Ehe- und Pflegebeziehung. In: Bauer, A./Gröning, K. (Hrsg.): Gerechtigkeit, Geschlecht und demografischer Wandel. Frankfurt/Main: Mabuse, S. 145-174.

Fredriksen-Goldsen, K. I./Scharlach, A. E. (2001): Families and work: new directions in the twenty-first century. New York (u. a.): Oxford University Press.

Frericks, P. R. H./Maier, R. M. (2008): Pension norms and pension reforms in Europe – the effects on gender pension gaps. In: Community, Work & Familiy, 11, 3, S. 253-271.

Frevel, B./Dietz, B. (2008): Sozialpolitik kompakt. 2. Auflage, Wiesbaden: VS-Verlag für Sozialwissenschaften.

Fries, J.F. (1980): Aging, Natural Death and the compression of morbidity. In: New England Journal of Medicine, 303, 3, S. 130-135.

Frommert, D./Thiede, R. (2011): Alterssicherung vor dem Hintergrund unterschiedlicher Lebensverläufe. In: Klammer, U./Motz, M. (Hrsg.): Neue Wege - Gleiche Chancen. Expertisen zum Ersten Gleichstellungsbericht der Bundesregierung. Wiesbaden: VS-Verlag für Sozialwissenschaften, S. 431-465.

Fuchs, J. (1998): Ressourcen für die Pflege im häuslichen Bereich: Pflegebereitschaft von Personen, die selbst nicht pflegen. In: Gesundheitswesen, 60, 7, S. 392-398.

Gadenne, V. (2001): Wozu sind Hypothesen gut? Zum Prinzip der Offenheit in der qualitativen Sozialforschung. In: Kontrapunkt. Jahrbuch für kritische Sozialwissenschaft und Philosophie, 1, S. 11-25.

Gaertner, T. (2009): Systemimmanente Prinzipien und Funktionen der sozialen Pflegeversicherung. In: Gaertner, T./Gansweid, B./Gerber, H./Schwegler, F./Mittelstadt, G. von. (Hrsg.): Die Pflegeversicherung. Handbuch zur Begutachtung, Qualitätsprüfung, Beratung und Fortbildung. 2. Auflage, Berlin (u. a.): de Gruyter.

Gamber, T./Börkircher, M. (2008): Vereinbarkeit von Familien- und Berufsleben bei der Gestaltung flexibler Arbeitszeiten. In: Deutscher Studienpreis (Hrsg.): Mittelpunkt Mensch. Leitbilder Modelle und Ideen für die Vereinbarkeit von Arbeit und Leben. Wiesbaden: VS-Verlag für Sozialwissenschaften, S. 227-247.

Garfinkel, H. (1967): Studies in Ethnomethodology. Englewood Cliffs (u. a.): Prentice-Hall.

Geissler, B. (2005): Flexibilität in Arbeit und Alltag. Das neue Paradigma der Postindustriellen Gesellschaft. In: Freiburger FrauenStudien. Schwerpunktheft "Arbeit und Geschlecht". Freiburg: Jos Fritz, S. 97-112.

Geissler, B./Oechsele, M. (1990): Lebensplanung als Ressource im Individualisierungsprozess. Arbeitspapier des Sonderforschungsbereichs 186 der Universität Bremen. Bremen.

Geissler, B./Oechsele, M. (1994): Lebensplanung als Konstruktion: Biographische Dilemmata und Lebenslauf-Entwürfe junger Frauen. In: Beck, U./Beck-Gernsheim, E. (Hrsg.): Riskante Freiheiten. Frankfurt/Main: edition suhrkamp, S. 139-167.

Geissler, B./Oechsele, M. (1996): Lebensplanung junger Frauen. Zur widersprüchlichen Modernisierung weiblicher Lebensläufe. Weinheim: Deutscher Studienverlag.

Geißler, R. (2011): Die Sozialstruktur Deutschlands. Zur gesellschaftlichen Entwicklung mit einer Bilanz zur Vereinigung. 6. Auflage, Wiesbaden: VS-Verlag für Sozialwissenschaften.

Gelphi, B. N./Hartsock, N. C. M./Novak, C. C./Strober, M. H. (1984): Women and Poverty. Chicago: University of Chicago Press.
Genesis-Online (2011): Ergebnisse des Mikrozensus. Wiesbaden.
Geramanis, O. (2002): Vertrauensarbeitszeit – die verpasste Chance? In: WSI-Mitteilungen, 55, 6, S. 347-352.
Gerhards, J./Hölscher, M. (2003): Kulturelle Unterschiede zwischen Mitglieds- und Beitrittsländern der EU. Das Beispiel Familien- und Gleichberechtigungsvorstellungen. In: Zeitschrift für Soziologie, 32, 3, S. 206-225.
Gerlinger, T./Röber, M. (2009): Die Pflegeversicherung. Bern: Hans Huber.
Gerstel, N./Gallagher, S. K. (2001): Men's Caregiving: Gender and the Contingent Character of Care. In: Gender and Society, 15, 2, S. 197-217.
Gerstel, N./Sarkisian, N. (2004): Explaining the Gender Gap in Help to Parents: The Importance of Employment. In: Journal of Marriage and Family, 66, 2, S. 431-451.
Gewiese, T. (2005): Die betriebliche Verbreitung von Arbeitszeitkonten. Nürnberg: Institut für Arbeitsmarkt- und Berufsforschung.
Giese, R./Runde P./Stierle, C. (2003): Einstellungen und Verhalten zur häuslichen Pflege und zur Pflegeversicherung unter den Bedingungen gesellschaftlichen Wandels. Analysen und Empfehlungen auf der Basis von repräsentativen Befragungen bei AOK Leistungsempfängern der Pflegeversicherung. Hamburg: Arbeitsstelle Rehabilitations- und Präventionsforschung der Universität Hamburg.
Gilberg, R. (2000): Hilfe- und Pflegebedürftigkeit im höheren Alter. Eine Analyse des Bedarfs und der Inanspruchnahme von Hilfeleistungen. Berlin: Max-Planck-Institut für Bildungsforschung.
Gilhooly, M. L./Redpath, C. (1997): Private Sector Policies for Caregiving employees: A Survey of Scottish Companies. In: Ageing and Society, 17, 4, S. 399-423.
Glaser, B. G. (1978): Theoretical Sensitivity: Advances in the Methodology of Grounded Theory. Mill Valley: The Sociology Press.
Glaser, B. G. (1992): Basics of Grounded Theory Analysis: Emergence Vs. Forcing. Mill Valley: Sociology Press.
Glaser, B. G./Strauss, A. L. (1967): The Discovery of Grounded Theory: Strategies for Qualitative Research. Chicago: Aldine.
Glaser, B. G./Strauss, A. L. (2008): Grounded Theory. Strategien qualitativer Forschung. 2. Auflage, Bern: Hans Huber.
Goffman, E. (1977): Rahmenanalyse. Ein Versuch über die Organisation von Alltagserfahrungen. Frankfurt/Main: edition suhrkamp.
Gomilschak, M./Haller, M./Höllinger, F. (2000): Weibliche Erwerbstätigkeit und Einstellungen zur Rolle von Frauen. In: Österreichische Zeitschrift für Soziologie, 25, 3, S. 65-78.
Gorey, K. M./Rice, R. W./Brice, G. C. (1992): The prevalence of elder care responsibilities among the work force population. In: Research on Aging, 14, 3, S. 399-418.
Gornick, J. C./Meyers, M. K. (2003): Families That Work: Policies for Reconciling Parenthood and Employment. New York: Russel Sage Foundation.
Gornick, J. C./Meyers, M. K./Ross, K. E. (1997): Supporting the employment of mothers: policy variation across fourteen welfare states. In: Journal of European Social Policy, 7, 1, S. 45-70.
Gornick, J. C./Meyers, M. K./Ross, K.E. (1998): Public policies and the employment of mothers: a cross-national study. In: Social Science Quarterly 79, 1, S. 35-54.
Gottfried, P./Witczak, D. (2006): Das Ehegattensplitting. Expertise für das Kompetenzzentrum für familienbezogene Leistungen im Bundesministerium für Familie, Senioren, Frauen und Jugend. Berlin.

Gottschall, K. (2001): Zwischen tertiärer Krise und tertiärer Zivilisation. Zur sozialwissenschaftlichen Analyse von Dienstleistungsgesellschaften. In: Berliner Journal für Soziologie, 11, 2, S. 217-235.

Gottschall, K./Schwarzkopf, M. (2010): Irreguläre Arbeit in Privathaushalten. Arbeitspapier 217. Düsseldorf: Hans-Böckler-Stiftung.

Gräßel, E. (1998): Häusliche Pflege dementiell und nicht dementiell Erkrankter. Teil I: Inanspruchnahme professioneller Pflegehilfe. In: Zeitschrift für Gerontologie und Geriatrie, 31, 1, S. 52-56.

Greshoff, R. (2006): Das Essersche „Modell der soziologischen Erklärung" als zentrales Integrationskonzept im Spiegel der Esser-Luhmann-Weber-Vergleiche – was resultiert für die weitere Theoriediskussion? In: Greshoff, R./Schimank, U. (Hrsg.): Integrative Sozialtheorie? Esser - Luhmann - Weber. Wiesbaden: VS-Verlag für Sozialwissenschaften, S. 515-580.

Greshoff, R. (2009): Strukturtheoretischer Individualismus. In: Kneer, M./Schroer, M. (Hrsg.): Handbuch soziologische Theorien. Wiesbaden: VS-Verlag für Sozialwissenschaften, S. 445-467.

Greshoff, R./Schimank, U. (2003): Die integrative Sozialtheorie von Hartmut Esser. Hagener Materialien zur Soziologie. Hagen: Fernuniversität Hagen.

Greve, J. (2006): Logik der Situation, Definition der Situation, framing und Logik der Aggregation bei Esser und Luhmann. In Greshoff, R./Schimank, U. (Hrsg.): Integrative Sozialtheorie? Esser - Luhmann - Weber. Wiesbaden: VS-Verlag für Sozialwissenschaften, S. 13-38.

Gröning, K./Kunstmann, A.-C./Rensing, E. (2004): In guten wie in schlechten Tagen. Konfliktfelder in der häuslichen Pflege. Frankfurt/Main: Mabuse.

Groß, H./Munz, E./Seifert, H. (2000): Verbreitung und Struktur von Arbeitszeitkonten. In: Arbeit, 9, 3, S. 217-229.

Groß, H./Seifert, H./Sieglen, G. (2007): Formen und Ausmaß verstärkter Arbeitszeitflexibilisierung. In: WSI-Mitteilungen, 69, 4, S. 202-209.

Hackler, D. (2009): Die Charta der Rechte hilfe- und pflegebedürftiger Menschen. In: Fix, E./ Kurzke-Maasmeier, S. (Hrsg.): Das Menschenrecht auf gute Pflege. Selbstbestimmung und Teilhabe verwirklichen. Freiburg/Breisgau: Lambertus, S. 21-32.

Häcker, J. (2008): Die Soziale Pflegeversicherung: Eine Generationenbilanz. Frankfurt/Main (u. a.): Peter Lang.

Häcker, J./Hackmann, T./Raffelhüschen, B. (2011): Soziale Pflegeversicherung heute und morgen. Köln: Deutsches Institut für Altersvorsorge.

Häcker, J./Raffelhüschen, B. (2007): Zukünftige Pflege ohne Familie: Konsequenzen des „Heimsog-Effekts". In: Zeitschrift für Sozialreform, 53, 4, S. 391-422.

Hahmann, W. (2005): Arbeitszeit flexibel gestalten. Vollzeit - Teilzeit - Befristung. Renningen: Expert.

Hakim, C. (1999): Models of the family, women's role and social policy: a new perspective from preference theory. In: European Societies, 1, 1, S. 33-58.

Haller, M./Höllinger, F. (1994): Female Employment and the Change of Gender Roles: The Conflictual Relationship between Participation and Attitudes in International Comparison. In: International Sociology, 9, 1, S. 87-112.

Haller, R. /Hemedinger, F. /Jenner, E. /Lehner, M./Stelzer-Orthofer, C. (2004): Vereinbarkeit von Berufstätigkeit und Pflege Angehöriger. Linz: Katholisch-theologische Privatuniversität.

Halsig, N. (1995): Hauptpflegepersonen in der Familie: Eine Analyse ihrer situativen Bedingungen, Belastungen und Hilfemöglichkeiten. In: Zeitschrift für Gerontopsychologie und –psychiatrie, 8, 4, S. 247-262.

Heien, T./Kortmann, K./Schatz, C. (2007): Altersvorsorge in Deutschland (AVID) 2005: Alterseinkommen und Biografie. Berlin.

Helmchen, H./Baltes, M. M./Geiselmann, B./Kanowski, S./Linden, M./Reischies, F. M./Wagner, M./ Wilms, H. U. (1999): Psychische Erkrankungen. In: Mayer, K. U./Baltes, P. B. (Hrsg.): Die Berliner Altersstudie. 2. Auflage, Berlin: Akademie, S. 185-219.

Helmchen, H./Baltes, M. M./Geiselmann, B./Kanowski, S./Linden, M./Reischies, F.M./Wagner, M./ Wilms, H.U. (2010): Psychische Erkrankungen. In: Lindenberger, U./Smith, J./Mayer, K. U./ Baltes, P. B. (Hrsg.): Die Berliner Altersstudie. 3. Auflage, Berlin: Akademie, S. 175-243.

Henninger, A./Wimbauer, C./Dombrowski, R. (2008): Geschlechtergleichheit oder „exklusive Emanzipation"? Ungleichheitssoziologische Implikationen der aktuellen familienpolitischen Reformen. In: Berliner Journal für Soziologie, 18, 1, S. 99-128.

Henz, U. (2006): Informal Caregiving at Working Age: Effects of Job Characteristics and Family Configuration. In: Journal of Marriage and Family, 68, 2, S. 411-429.

Hernes, H. M. (1987): Welfare states and women power: Essays in state feminism. Oslo: Norwegian University Press.

Heß, P. (2010): Noch immer ungeteilt? Einstellungen zu Müttererwerbstätigkeit und praktizierte familiale Arbeitsteilung in den alten und neuen Bundesländern. In: Feministische Studien, 2, 10, S. 243-256.

Heß, P. (2010a): Geschlechterkonstruktionen nach der Wende. Auf dem Weg zu einer gemeinsamen politischen Kultur? Wiesbaden: VS-Verlag für Sozialwissenschaften.

Hessel, P./Keck, W. (2009): How caring for an adult person affects employment? State of art report (http://www.equalsoc.org/uploaded_files/regular/Hessel-Keck-elderly-care-and-employment.pdf; letzter Rückgriff: 08.06.2012).

Heusinger, J./Klünder, M. (2005): „Ich lass' mir die Butter nicht vom Brot nehmen." Aushandlungsprozesse in häuslichen Pflegearrangements. Frankfurt/Main: Mabuse.

Hielscher, V. (2000): Entgrenzung von Arbeit und Leben? Die Flexibilisierung von Arbeitszeiten und ihre Folgewirkungen für die Beschäftigten. Eine Literaturstudie. Berlin: Wissenschaftszentrum Berlin.

Hildebrand, B. (1995): Fallrekonstruktive Forschung. In: Flick, U./Kardoff, E. von/Keupp, H./Rosenstiel, L. von/Wolff, S. (Hrsg.): Handbuch qualitative Sozialforschung. 2. Auflage, München: Beltz, S. 256-260.

Hildebrand, E. (2007): Die Entgrenzung von Arbeit und Leben: Flexible Arbeitszeiten zwischen ökonomischem Zugriff und individuellen Interessen. In: Hildebrandt, E./Jürgens, U./Oppen, M./Teipen, C. (Hrsg.): Arbeitspolitik im Wandel. Entwicklung und Perspektiven der Arbeitspolitik. Berlin: edition sigma, S. 57-85.

Hildebrand, E./Reinecke, K./Rinderspracher, J./Voß, J. (2000): Einleitung: Zeitwandel und reflexive Lebensführung. In: Hildebrand, E. (Hrsg.): Reflexive Lebensführung. Berlin: edition sigma, S. 9-45.

Höhn, M. (1995): Häusliche Pflege ... und sich selbst nicht vergessen. Was pflegende Angehörige wissen sollten. Köln: PapyRossa.

Höllinger, F. (1991): Frauenerwerbstätigkeit und Wandel der Geschlechterrollen im internationalen Vergleich. In: Kölner Zeitschrift für Soziologie und Sozialpsychologie, 43, 4, S. 753-771.

Hoff, A. (2002): Vertrauensarbeitszeit: einfach flexibel arbeiten. Wiesbaden: Gabler.

Hoff, A./Hamblin, K. (2011): Carers@Work. Cares between Work and Care. Conflict or Chance? International report. Oxford: Oxford Institute of Ageing.

Hoff, E.-H. (2008): Alte und neue Formen der Lebensgestaltung. Segmentation, Integration und Entgrenzung von Berufs- und Privatleben. In: Jurczyk, K./Oechsele, M. (Hrsg.): Das Private neu denken. Erosionen, Ambivalenzen, Leistungen. Münster: Westfälisches Dampfboot, S. 133-153.

Hoff, E.-H./Theobald, H./Hörrmann-Lecher, U. (1992): Sozialisation als Integration der Lebenssphären. In: Krell, G./Osterloh, M. (Hrsg.): Personalpolitik aus der Sicht von Frauen - Frauen aus der Sicht der Personalpolitik. Zeitschrift für Personalforschung. Sonderband. Mehring (u. a.): Rainer Hampp, S. 359-385.

Hoffmann, E. (2005): Fakten zum Pflegebedarf in Deutschland: Empfundene und anerkannte Pflegebedürftigkeit. In: Informationsdienst Altersfragen, 32, 6, S. 13-15.
Hoffmann, E./Nachtmann, J. (2007): Alter und Pflege. In: GeroStat Report Altersdaten, 3, S. 1-28.
Hoffmann, E./Walwei, U. (2002): Wandel der Erwerbsformen – Beschäftigungssituation von Frauen in Deutschland. In: Engelbrecht, E. (Hrsg.): Arbeitsmarktchancen für Frauen. Nürnberg: Institut für Arbeitsmarkt- und Berufsforschung der Bundesanstalt für Arbeit, S. 67-91.
Hoffmann-Riem, C. (1980): Die Sozialforschung einer interpretativen Soziologie – Der Datengewinn. In: Kölner Zeitschrift für Soziologie und Sozial-Psychologie, 32, 2, S. 339-372.
Hollstein, B/Künemund, H. (2000): Soziale Beziehungen und Unterstützungsleistungen. In: Die zweite Lebenshälfte: Gesellschaftliche Lage und Partizipation im Spiegel des Alters-Survey. Wiesbaden: VS-Verlag für Sozialwissenschaften, S. 212-276.
Holst, E./Maier, F. (1998): Normalarbeitsverhältnis und Geschlechterordnung. In: Mitteilungen aus der Arbeitsmarkt- und Berufsforschung, 31, 3, S. 506-518.
Holst, E./Schupp, J. (1994): Perspektiven der Erwerbsbeteiligung von Frauen im vereinten Europa. In: Beckmann, P./Engelbrecht, G. (Hrsg.): Arbeitsmarkt für Frauen 2000 - Ein Schritt vor oder ein Schritt zurück? Kompendium zur Erwerbstätigkeit von Frauen. Institut für Arbeitsmarkt- und Berufsforschung der Bundesanstalt für Arbeit. Nürnberg, S. 140-174.
Holzkamp, K. (1995): Alltägliche Lebensführung als subjektwissenschaftliches Grundkonzept. In: Das Argument, 37, 6, S. 817-846.
Hoock, C. (2001): Die sieben Dogmen des interpretativen Paradigmas. Eine Auseinandersetzung mit methodologischen Postulaten der Qualitativen Forschung. In: Jahrbuch für kritische Sozialwissenschaften und Philosophie. Band. 1: Methodologie qualitativer Sozialforschung. Münster: Kontrapunkt, S. 37-85.
Hoonaard, W. C. van den (1997): Working with Sensitizing Concepts: Analytical Field Research. Thousand Oaks (u. a.): Sage.
Hopf, C. (1978): Die Pseudo-Exploration – Überlegungen zur Technik qualitativer Interviews in der Sozialforschung. In: Zeitschrift für Soziologie, 7, 2, S. 97-115.
Hopf, C. (1985): Nicht-standardisierte Erhebungsverfahren in der Sozialforschung – Überlegungen zum Forschungsstand. In: Kaase, M./Küchler, M. (Hrsg.): Herausforderungen der Empirischen Sozialforschung. Mannheim: ZUMA e. V., S. 86-108.
Hopf, C. (1993): Soziologie und qualitative Sozialforschung. In: Hopf, C./Weingarten, E. (Hrsg.): Qualitative Sozialforschung. 3. Auflage, Stuttgart: Klett-Cotta, S. 11-37.
Hopf, C. (1996): Hypothesenprüfung und qualitative Sozialforschung. In: Strobl, R./Böttger, A. (Hrsg.): Wahre Geschichten? Zur Theorie und Praxis qualitativer Interviews. Baden-Baden: Nomos, S. 9-21.
Hoskins, I. (1993): Combining work and care for the elderly: An overview of issues. In: International Labour Review, 132, 3, S. 347-369.
Hummelsheim, D. (2009): Die Erwerbsbeteiligung von Müttern. Institutionelle Steuerung oder kulturelle Prägung. Wiesbaden: VS-Verlag für Sozialwissenschaften.
Igl, G. (2009): Weiterentwicklung der Pflegeversicherung – Nach der Reform ist vor der Reform. In: Bieback, K.-J. (Hrsg.): Die Reform der Pflegeversicherung 2008. Münster (u. a.): Lit, S. 61-68.
Jabsen, A./Blossfeld, H. P. (2008): Die Auswirkungen häuslicher Pflege auf die Arbeitsteilung in der Familie. In: Zeitschrift für Familienforschung, 20, 3, S. 293-321.
Jacobzone, S./Cambois, E./Robine, J. M. (2000): Is the Health of Older Persons in OECD Countries Improving Fast Enough to Compensate for Population Ageing? In: OECD Economic Studies, 30, S. 149-190.
Johansson, L./Sundström, G./Hassing, L. G. (2003): State Provision Down, Offspring's Up: The Revers Substitutions Old-Age Care in Sweden. In: Ageing and Society, 23, 3, S. 269-280.
Johnson, R./Lo Sasso, A. (2000): The Trade-off between Hours of Paid Employment and Time Asstistance to Elderly Parents at Midlife. Working paper. Washington: The Urban Institute.

Jürgens, K. (2002): Alltägliche Lebensführung als Dimension sozialer Ungleichheit? In: Voß, G.-G. /Weihrich, M. (Hrsg.): Tag für Tag. Alltag als Problem - Lebensführung als Lösung? Neue Beiträge zur Soziologie Alltäglicher Lebensführung II. Mehring (u. a.): Rainer Hampp, S. 71-94.

Jürgens, K. (2005): Kein Ende von Arbeitszeit und Familie. In: Mischau, A./Oechsele, M. (Hrsg.): Arbeitszeit - Familienzeit - Lebenszeit: Verlieren wir die Balance? In: Zeitschrift für Familienforschung. Sonderheft 5. Wiesbaden: VS-Verlag für Sozialwissenschaften, S. 34-53.

Jürgens, K. (2006): Arbeits- und Lebenskraft. Reproduktion als eigensinnige Grenzziehung. Wiesbaden: VS-Verlag für Sozialwissenschaften.

Jürgens, K./Reinecke, C. (1998): Zwischen Volks- und Kinderwagen. Auswirkungen der 28,8-Stunden-Woche auf Alltagsarrangements von Schichtarbeiterfamilien. Berlin: edition sigma.

Jürgens, K./Voß, G.-G. (2007): Gesellschaftliche Arbeitsteilung als Leistung der Person. In: Aus Politik und Zeitgeschichte, 57, 34, S. 3-9.

Jung, R./Trukeschitz, B./Schneider, U. (2007): Informelle Pflege und Betreuung älterer Menschen durch erwerbstätige Personen in Wien. Darstellung von Dimension und Struktur auf Basis bisheriger Erhebungen. Wien: Forschungsinstituts für Altersökonomie.

Jurczyk, K. (1993): Flexibilisierung für wen? Zum Zusammenhang von Arbeitszeiten und Geschlechterverhältnissen. In: Jurczyk, K./Rerrich, M. S. (Hrsg.): Die Arbeit des Alltags. Beiträge zu einer Soziologie der alltäglichen Lebensführung. Freiburg/Breisgau: Lambertus, S. 346-373.

Jurczyk, K. (1994): Zeit – Macht – Geschlecht: Frauen und Zeit in der alltäglichen Lebensführung. In: Claupein, E. (Hrsg.): Frauen und alltägliche Lebensführung. Niederkleen: Peter Fleck, S. 19-44.

Jurczyk, K. (1998): Zeitordnung als Ordnung der Geschlechter. Zeit als Machtfaktor. Stabilität und Erosion der unterschiedlichen Zeitmuster von Frauen und Männern. In: Weis, K. (Hrsg.): Was treibt die Zeit? Entwicklung und Herrschaft der Zeit in Wissenschaft, Technik und Religion. München: DTV, S. 159-192.

Jurczyk, K. (2000): Zwischen Selbstbestimmung und Bedrängnis. Zeit im Alltag von Frauen. In: Kudera, W./Voß, G.-G. (Hrsg.): Lebensführung und Gesellschaft. Beiträge zu Konzept und Empirie alltäglicher Lebensführung. Opladen: Leske & Budrich, S. 219-246.

Jurczyk, K. (2001): Individualisierung und Zusammenhalt. Neuformierungen von Geschlechterverhältnissen in Erwerbsarbeit und Familie. In: Brückner, M./Böhnisch, L. (Hrsg.): Geschlechterverhältnisse. Gesellschaftliche Konstruktionen und Perspektiven ihrer Veränderung. Weinheim (u. a.): Juventa, S. 11-38.

Jurczyk, K. (2002): Entgrenzung von Zeit und Gender: Neue Anforderungen und die Funktionslogik von Lebensführung? In: Voß, G.-G./Weihrich, M. (Hrsg.): Tag für Tag. Alltag als Problem - Lebensführung als Lösung? Neue Beiträge zur Soziologie Alltäglicher Lebensführung II. Mehring (u. a.): Rainer Hampp, S. 95-115.

Jurczyk, K. (2005): Work-Life-Balance und geschlechtergerechte Arbeitsteilung. Alte Fragen neu gestellt. In: Seifert, H. (Hrsg.): Flexible Zeiten in der Arbeitswelt. Frankfurt/Main (u. a.): Campus, S. 102-123.

Jurczyk, K. (2008): Geschlechterverhältnisse in Familie und Erwerb: Widersprüchliche Modernisierung. In: Wilz, S. M. (Hrsg.): Geschlechterdifferenzen – Geschlechterdifferenzierungen: Ein Überblick über gesellschaftliche Entwicklungen und theoretische Positionen. Wiesbaden: VS-Verlag für Sozialwissenschaften, S. 63-103.

Jurczyk, K./Lange, A. (2002): Familie und die Vereinbarkeit von Arbeit und Leben. Neue Entwicklungen, alte Konzepte. In: Diskurs, 12, 3, S. 9-16.

Jurczyk, K./Rerrich, M. S. (1993): Einführung: Alltägliche Lebensführung: der Ort, wo „alles zusammenkommt". In: Jurczyk, K./Rerrich, M. S. (Hrsg.): Die Arbeit des Alltags. Beiträge zu einer Soziologie der alltäglichen Lebensführung. Freiburg/Breisgau: Lambertus, S. 11-45.

Jurczyk, K./Rerrich, M. S. (1993a): Lebensführung, soziale Einbindung und die Strukturkategorie "Geschlecht". In: Jurczyk, K/Rerrich, M. S. (Hrsg.): Die Arbeit des Alltags. Freiburg/ Breisgau: Lambertus, S. 262-278.

Jurczyk, K./Rerrich, M. S. (1993b): Lebensführung weiblich - Lebensführung männlich. Macht diese Unterscheidung heute noch Sinn? In Jurczyk, K./Rerrich, M. S. (Hrsg.): Die Arbeit des Alltags. Freiburg/Breisgau: Lambertus, S. 279-309.

Jurczyk, K./Voß, G.-G. (1995): Zur gesellschaftsdiagnostischen Relevanz der Untersuchung von alltäglicher Lebensführung. In: Projektgruppe Alltägliche Lebensführung (Hrsg.): Alltägliche Lebensführung. Arrangements zwischen Traditionalität und Modernisierung. Opladen: Leske & Budrich, S. 371-407.

Kallmeyer, W./Schütze, F. (1977): Zur Konstitution von Kommunikationsschemata der Sachverhaltsdarstellung. In: Wegner, D. (Hrsg.): Gesprächsanalysen. Hamburg: Buske, S. 159-274.

Keck, W. (2011): Pflege und Beruf. Ungleiche Chancen der Vereinbarkeit. In: WZBrief Arbeit, 9, S. 1-6.

Keck, W./Saraceno, C. (2010): Caring for a parent while working for pay in the German welfare regime. In: International Journal of Ageing and Later Life, 5, 1, S. 107-138.

Keck W./Saraceno, C./Hessel, P. (2009): Balancing elderly care and employment in Germany. Discussion Paper. Berlin: Wissenschaftszentrum für Sozialforschung.

Kelle, U. (1994): Empirisch begründete Typenbildung. Zur Logik und Methodologie interpretativer Sozialforschung. Weinheim: Deutscher Studien Verlag.

Kelle, U. (1995): Die Bedeutung theoretischen Vorwissens in der Methodologie der Grounded Theory. In: Strobl, R./Böttger, A. (Hrsg.): Wahre Geschichten? Zur Theorie und Praxis qualitativer Interviews. Baden-Baden: Nomos Verlagsgesellschaft, S. 23-47.

Kelle, U. (2005): „Emergence“ vs. „Forcing“ of Empirical Data? A Crucial Problem of “Grounded Theory” Reconsidered. In: Forum: Qualitative Research, 6, 2, S. 1-22.

Kelle, U. (2007): Theoretisches Vorwissen und Kategorienbildung in der „Grounded Theory“. In: Kuckartz, U./Grunenberg, H./Dresing, T. (Hrsg.): Qualitative Datenanalyse: computergestützt. Methodische Hintergründe und Beispiele aus der Forschungspraxis. Wiesbaden: VS-Verlag für Sozialwissenschaften, S. 32-49.

Kelle, U. (2010): Computergestützte Analyse qualitativer Daten. In: Flick, U./Kardoff, E. von/Steinke, I. (Hrsg.): Qualitative Forschung. Ein Handbuch. 8. Auflage S. 485-502.

Kelle, U./Kluge, S. (2010): Vom Einzelfall zum Typus. Fallvergleich und Fallkontrastierung in der qualitativen Sozialforschung. 2. Auflage, Wiesbaden: VS-Verlag für Sozialwissenschaften.

Kelle, U./Kluge, S./Prein, G. (1993): Strategien der Geltungssicherung in der qualitativen Sozialforschung. Zur Validitätsproblematik im interpretativen Paradigma. Arbeitspapier Nr. 24, Bremen: Sonderforschungsbereich 186 der Universität Bremen.

Kerschbaumer, J. (2011): Das Recht der Deutschen Rentenversicherung und die Deutsche Einheit. Wiesbaden: VS-Verlag für Sozialwissenschaften.

Keupp, H. (1989): Auf der Suche nach der verlorenen Identität. In: Keupp, H./Bilden, H. (Hrsg.): Verunsicherungen. Das Subjekt im gesellschaftlichen Wandel. Göttingen: Hogrefe, S. 47-70.

Keupp, H. (1990): Identitäten im Umbruch. Das Subjekt in der »Postmoderne«. In: Initial, 1,7, S. 698-710.

Klammer, U./Klenner, C. (2004): Geteilte Erwerbstätigkeit - gemeinsame Fürsorge. Strategien und Perspektiven der Kombination von Erwerbs- und Familienleben in Deutschland. In: Leitner, S./Ostner, I./Schratzenstaller, M. (Hrsg.): Wohlfahrtsstaat und Geschlechterverhältnis im Umbruch. Was kommt nach dem Ernährermodell? Wiesbaden: VS-Verlag für Sozialwissenschaften, S. 177-207.

Kleining, G. (1982): Umriß zu einer Methodologie qualitativer Sozialforschung. In: Kölner Zeitschrift für Soziologie und Sozialpsychologie, 34, 2, S. 224-253.

Kleining, G. (1991): Methodologie und Geschichte qualitativer Sozialforschung. In: Flick, U./ Kardoff, E. von/Keupp, H./Rosenstiel, L. von/Wolff, S. (Hrsg.): Handbuch qualitative Sozialforschung. 1. Auflage, München: Beltz S. 11-22.

Klenner, C. (2005): Arbeitszeit. In: Bothfeld, S./Klammer, U./Klenner, C./Leiber, S./Thiel, A./ Ziegler, A. (Hrsg.): WSI-FrauenDatenReport 2005. Handbuch zur wirtschaftlichen und sozialen Situation von Frauen. Berlin: edition sigma, S. 187-240.

Klenner, C. (2005a): Gleichstellung von Frauen und Männern und Vereinbarkeit von Familie und Beruf. Eine Analyse von tariflichen Regelungen in ausgewählten Tarifbereichen. In: Bispinck, R. (Hrsg.): WSI-Tarifhandbuch 2005. Frankfurt/Main: Hans-Böckler-Stiftung, S. 39-65.

Klenner, C. (2007): Gleichstellungspolitik vor alten und neuen Herausforderungen – Welchen Beitrag leistet die Familienpolitik? In: WSI Mitteilungen, 60, 10, S. 523-530.

Klenner, C. (2007a): Familienfreundliche Betriebe – Anspruch und Wirklichkeit. In: Aus Politik und Zeitgeschichte, 57, 34, S. 17-25.

Klenner, C./Pfahl, C. (2008): Jenseits von Zeitnot und Karriereverzicht – Wege aus dem Arbeitszeitdilemma. Arbeitszeiten von Müttern, Vätern und Pflegenden und Umrisse eines Konzeptes. WSI-Diskussionspapier 158. Düsseldorf: Wirtschafts- und Sozialwissenschaftliches Institut.

Klenner, C./Schmidt, T. (2011): Teilzeitarbeit im Lebensverlauf von abhängig beschäftigten Frauen. In: Klammer, U./Motz, M. (Hrsg.): Neue Wege - Gleiche Chancen. Expertise zum Ersten Gleichstellungsbericht der Bundesregierung. Wiesbaden: VS-Verlag für Sozialwissenschaften, S. 253-311.

Klenner, C./Schmidt, T. (2012): Minijobs – Eine riskante Beschäftigungsform beim normativen Übergang zum ‚Adult-Worker-Model'. SOEPpapers 436. Berlin: Deutsches Institut für Wirtschaftsforschung.

Klie, T./Blaumeister, H. (2002): Perspektive Pflegemix. Pflegekulturelle Orientierungen im Wandel und die Zukunft der Pflege. In: Klie, T./Buhl, A./Entzian, H./Schmidt, R. (Hrsg.): Das Pflegewesen und die Pflegebedürftigen. Analysen zu Wirkungen der Pflegeversicherung und ihrem Reformbedarf. Frankfurt/Main: Mabuse, S. 132-152.

Klie, T./Pfundstein, T./Schumacher, B./Monzer, M./Klein, A./Störkle, M./Behrend, S. (2008): Das Pflegebudget. Abschlussbericht. Freiburg.

Kluge, S. (1999): Empirisch begründete Typenbildung. Zur Konstruktion von Typen und Typologien in der qualitativen Sozialforschung. Opladen: Leske & Budrich.

Kluge, S. (2000): Empirisch begründete Typenbildung in der qualitativen Sozialforschung. In: Forum: Qualitative Sozialforschung, 1, 1, S. 1-11.

Knapp, G. A. (1990): Zur widersprüchlichen Vergesellschaftung von Frauen. In: Hoff, E.-H. (Hrsg.): Die doppelte Sozialisation Erwachsener. Zum Verhältnis von beruflichem und privatem Lebensstrang. München: Verlag Deutsches Jugendinstitut, S. 17-52.

Knijn, T./Kremer, M. (1997): The Caring Dimension of Welfare States: Towards Inclusive Citizenship. In: Social Politics, 4, 3, S. 328-361.

Knijn, T./Ostner, I. (2002): Commodification and de-commodification. In: Hobson, B./Lewis, J./ Siim, B. (Hrsg.): Contested Concepts in Gender and Social Politics. Cheltenham (u. a.): Edward Elgar.

Koch, A. (2008): Elternzeit - Teilzeit - Aus(zeit)? Teilzeitrechte in Führungspositionen. In: WSI-Mitteilungen, 61, 11-12, S. 612-618.

Koch, A./Bäcker, G. (2004): Mini- und Midijobs - Frauenerwerbstätigkeit und Niedrigeinkommensstrategie in der Arbeitsmarktpolitik. In: Baatz, D./Rudolph, C./Satilmis, A. (Hrsg.): Hauptsache Arbeit? Feministische Perspektiven auf den Wandel von Arbeit. Münster: Westfälisches Dampfboot, S. 85-102.

Koch, S. (2002): Arbeitszeitrealität und Arbeitszeitwünsche von Männern und Frauen. In: Engelbrecht, G. (Hrsg.): Arbeitsmarktchancen für Frauen. Nürnberg: Institut für Arbeitsmarkt- und Berufsforschung der Bundesanstalt für Arbeit, S. 49-65.

Kochsiek, K. (2009): Hochaltrigkeit oder viertes Alter. In: Kocka, J./Staudinger, U. M. (Hrsg.): Altern in Deutschland. Halle/Saale: Akademie der Naturforscher Leopoldina, S. 227-239.

Kofahl, C. (2008): Motive von Angehörigen, ihre älteren Familienmitglieder zu betreuen: Ergebnisse aus dem europäischen Forschungsprojekt EUROFAMCARE. In: Zank, S./Hedtke-Becker, A. (Hrsg.): Generationen in Familie und Gesellschaft im demografischen Wandel. Europäische Perspektiven. Stuttgart (u. a.): W. Kohlhammer, S. 130-145.

Kohaut, S./Möller, I. (2009): Vereinbarungen zur Chancengleichheit. Kaum Fortschritt bei der betrieblichen Förderung. IAB-Kurzbericht, 26. Nürnberg: Institut für Arbeitsmarkt- und Berufsforschung.

Kohler, H./Spitznagel, E. (1995): Teilzeitarbeit in der Gesamtwirtschaft und aus der Sicht von Arbeitnehmern und Betrieben in der Bundesrepublik Deutschland. In: Mitteilungen aus der Arbeitsmarkt- und Berufsforschung, 28, 3, S. 339-364.

Kohler, S./Döhner, H. (2011): Carers@Work. Carers between Work and Care. Conflict or Chance? Results of Interviews with Working Carers. Hamburg.

Kohli, M. (1985): Die Institutionalisierung des Lebenslaufs. Historische Befunde und theoretische Argumente. In: Kölner Zeitschrift für Soziologie und Sozialpsychologie, 37, 1, S. 1-29.

Kohli, M. (1999): Private and Public Transfers between Generations: Linking the Family and the State. In: European Societies, 1, 1, S. 81-104.

Kohli, M. (2005): Der Alters-Survey als Instrument wissenschaftlicher Beobachtung. In: Kohli, M./Künemund, H. (Hrsg.): Die zweite Lebenshälfte: Gesellschaftliche Lage und Partizipation im Spiegel des Alters-Survey. 2. Auflage, Wiesbaden: VS: Verlag für Sozialwissenschaften, S. 11-33.

Kolip, P./Hurrelmann, K. (2002): Geschlecht - Gesundheit - Krankheit: Eine Einführung. In: Hurrelmann, K./Kolip, P. (Hrsg.): Geschlecht, Gesundheit und Krankheit: Männer und Frauen im Vergleich. Bern: Hans Huber, S. 18-26.

Kollmorgen, R. (2009): Postsozialistische Wohlfahrtsregime in Osteuropa – Teil der "Drei Welten" oder eigener Typus? Ein empirisch gestützter Rekonzeptionalisierungsversuch. In: Pfau-Effinger, B./Magdalenic, S. S./Wolf, C. (2009): Internationale vergleichende Sozialforschung. Wiesbaden: VS-Verlag für Sozialwissenschaften, S. 65-92.

Kowal, S./O'Connell, D. C. (2010): Zur Transkription von Gesprächen. In: Flick, U./Kardoff, E. von/Steinke, I. (Hrsg.): Qualitative Forschung. Ein Handbuch. Reinbeck: Rowohlt, S. 437-447.

Kramer, B. J./Kipnis, S. (1995): Eldercare and Work-Role-Conflict: Toward an Understanding of Gender Differences in Caregiver Burden. In: The Gerontologist, 35, 3, S. 340-348.

Kratzer, N. /Lange, A. (2006): Entgrenzung von Arbeit und Leben: Verschiebung, Pluralisierung, Verschränkung. Perspektiven auf ein neues Re-Produktionsmodell. In: Dunkel, W. (Hrsg.): Von der Allgegenwart der verschwindenden Arbeit. Berlin: edition sigma, S. 171-202.

Kreutzner, G. (2006): Zwischen Geschlechterkonstruktionen, Geschlechterverhältnis und Geschlechterrolle. In der älter werdenden Gesellschaft für alte Menschen sorgen. In: Zeitschrift für Frauen- und Geschlechterforschung, 24, 3-4, S. 16-24.

Kroismayr, S. (2010): „Nur zuhause bleiben wollte ich nie": Strategien von Akademikerinnen zur Vereinbarkeit von Beruf und Familie. Innsbruck: Studienverlag.

Kroll, L. E./Ziese, T. (2009) Kompression oder Expansion der Morbidität? In: Böhm K./Tesch-Römer C./Ziese T. (Hrsg.): Gesundheit und Krankheit im Alter. Berlin: Robert Koch-Institut, S. 105-112.

Kroneberg, C. (2005): Die Definition der Situation und die variable Rationalität der Akteure. Ein allgemeines Modell des Handelns. In: Zeitschrift für Soziologie, 34, 5, S. 344-363.

Krüger, H. (1991): Doing Gender – Geschlecht als Statuszuweisung im Berufsbildungssystem. In: Brock, D./Hantsche, B./Kühnlein, G./Meulemann, H./Schober, K. (Hrsg.): Übergänge in den Beruf. München: Deutsches Jugendinstitut, S. 139-169.

Krüger, H. (2003): Berufliche Bildung. Der deutsche Sonderweg und die Geschlechterfrage. In: Berliner Journal für Soziologie, 13, 4, S. 497-510.
Krüger, H. (2006): Geschlechterrollen im Wandel – Modernisierung der Familienpolitik. In: Bertram, H./Krüger, H./Spiess, K. (Hrsg.): Wem gehört die Familie der Zukunft? Expertisen zum 7. Familienbericht der Bundesregierung. Opladen: Leske & Budrich, S. 191-206.
Kuckartz, U. (1988): Computer und verbale Daten. Chancen zur Innovation sozialwissenschaftlicher Forschungstechniken. Frankfurt/Main (u. a.): Peter Lang.
Kuckartz, U. (2010): Einführung in die computergestützte Analyse qualitativer Daten. Wiesbaden: VS-Verlag für Sozialwissenschaften.
Kudera, W. (1995): Anlage und Durchführung der empirischen Untersuchung. In: Projektgruppe Alltägliche Lebensführung (Hrsg.): Alltägliche Lebensführung. Arrangements zwischen Traditionalität und Modernisierung. Opladen: Leske & Budrich, S. 45-68.
Kudera, W. (2000): Lebensführung als individuelle Aufgabe. In: Kudera, W. (2000): Lebensführung und Gesellschaft: Beiträge zu Konzept und Empirie alltäglicher Lebensführung. Opladen: Leske & Budrich, S. 77-90.
Kudera, W./Voß, G.-G. (2000): Alltägliche Lebensführung: Bilanz und Ausblick. In: Kudera, W./ Voß, G.-G. (Hrsg.): Lebensführung und Gesellschaft. Beiträge zu Konzept und Empirie alltäglicher Lebensführung. Opladen: Leske & Budrich, S. 11-26.
Küchler, M. (1983): ‚Qualitative' Sozialforschung. Ein neuer Königsweg? In: Garz, D./Kraimer, K. (Hrsg.): Brauchen wir andere Forschungsmethoden? Beiträge zur Diskussion interpretativer Verfahren. Frankfurt/Main: Scriptor, S. 9-30.
Kümmerling, A./Jansen, A./Lehndorff, S. (2008): Immer mehr Frauen sind erwerbstätig - aber mit kürzeren Wochenarbeitszeiten. In: IAQ-Report, 4, S. 1-12.
Kümmerling, A./Jansen, A./Lehndorff, S. (2009): Die Veränderung der Arbeitszeit- und Beschäftigungsstrukturen in Deutschland 2001 bis 2006. Datenbericht an die Hans-Böckler-Stiftung. Duisburg: Institut für Arbeit und Qualifikation.
Künemund, H. (2001): Gesellschaftliche Partizipation und Engagement in der zweiten Lebenshälfte. Empirische Befunde zu Tätigkeitsformen im Alter und Prognosen ihrer zukünftigen Entwicklung. Berlin: Weißensee.
Künemund, H. (2005): Gesundheit. In: Kohli, M./Künemund, H. (Hrsg.): Die zweite Lebenshälfte: Gesellschaftliche Lage und Partizipation im Spiegel des Alters-Survey. 2. Auflage. Wiesbaden: VS-Verlag für Sozialwissenschaften, S. 102-123.
Künemund, H. (2005a): „Produktive" Tätigkeiten. In: Kohli, M./Künemund, H. (Hrsg.): Die zweite Lebenshälfte: Gesellschaftliche Lage und Partizipation im Spiegel des Alters-Survey. 2. Auflage, Wiesbaden: VS-Verlag für Sozialwissenschaften, S. 277-317.
Künemund, H. (2006): Tätigkeiten und Engagement im Ruhestand. In: Tesch-Römer, C./Engstler, H./Wurm, S. (Hrsg.): Altwerden in Deutschland. Wiesbaden: VS-Verlag für Sozialwissenschaften, S. 289-327.
Künemund, H. (2006a): Changing Welfare States and the "Sandwich Generation": Increasing Burden for the Next Generation? International Journal of Aging and Later Life, 1, 2, S. 11-30.
Künemund, H. (2006b): Partizipation und Engagement älterer Menschen. In: Deutsches Zentrum für Altersfragen (Hrsg.): Gesellschaftliches und familiäres Engagement älterer Menschen als Potenzial. Münster: Lit, S. 283-431.
Künemund, H. (2008): Intergenerational relations within the family and the state. In: Saraceno, C. (Hrsg.): Families, Ageing and Social Policy. Intergenerational Solidarity in European Welfare States. Cheltenham (u. a.): Edward Elgar, S. 105-122.
Künemund, H./Hollstein, B. (2005): Soziale Beziehungen und Unterstützungsnetzwerke. In: Kohli, M./Künemund, H. (Hrsg.): Die zweite Lebenshälfte. Gesellschaftliche Lage und Partizipation im Spiegel des Alters-Surveys. 2. Auflage. Wiesbaden: VS-Verlag für Sozialwissenschaften, S. 212-276.

Künemund, H./Rein, M. (1999): There is More to Receive than Needing: Theoretical Arguments and Empirical Explorations of Crowding In and Crowding Out. In: Ageing and Society, 19, 1, S. 93-121.

Künemund, H./Vogel, C. (2006): Öffentliche und private Transfers und Unterstützungsleistungen im Alter – „crowding out" oder „crowding in"? In: Zeitschrift für Familienforschung, 18, 3, S. 269-289.

Kuhlmey, A. (2008): Altern: Gesundheit und Gesundheitseinbußen. In: Kuhlmey, A./Schaeffer, D. (Hrsg.): Alter, Gesundheit und Krankheit. Bern: Hans Huber, S. 85-96.

Kulawik, T. (1989): Auf unsicheren Wegen. Perspektiven der sozialen Sicherung von Frauen. In: Riedmüller, B./Rodenstein, M. (Hrsg.): Wie sicher ist die soziale Sicherung? Frankfurt/ Main: edition suhrkamp, S. 241-265.

Kunstmann, A.-C. (2010): Familiale Pflege als Angelegenheit der Frauen? Diskursive Deutung zur Zukunft der Altenfürsorge und -pflege. In: Moser, V./Pinhard, I. (Hrsg.): Care – Wer sorgt für wen? Jahrbuch Frauen- und Geschlechterforschung in der Erziehungswissenschaft. Opladen/Farmington Hills: Barbara Budrich, S. 99-118.

Kurz-Scherf, I. (1995): Zeit der Vielfalt – Vielfalt der Zeiten. Individuelle und betriebliche Arbeitszeiten und Arbeitszeitpräferenzen in Berlin. Berlin: BBJ.

Lademann, J. (2006): Gesundheit und Geschlecht: epidemiologischer Überblick und erste Erklärungsansätze für Geschlechterunterschiede. In: Bundesamt für Gesundheit (Hrsg.): Gender-Gesundheitsbericht Schweiz 2006. Grundlagen zur Entwicklung von forschungs- und handlungsbezogenen Aktivitäten. Bern, S. 34-52.

Lakatos, I. (1982): Die Methodologie der wissenschaftlichen Forschungsprogramme. Philosophische Schriften. Band 1. Wiesbaden: Vieweg.

Lambrecht, P./Bracker, M. (1992): Die Pflegebereitschaft von Männern. 50 Jahre kann man nicht einfach beiseite schieben. Kassel: Gesamthochschule Kassel.

Lamnek, S. (1995): Qualitative Sozialforschung. Band 1: Methodologie. München (u. a.): Psychologie-Verlags-Union.

Lampert, H./Althammer, J. (2007): Lehrbuch der Sozialpolitik. Berlin (u. a.): Springer.

Langehenning, M. (2009): Männer in der häuslichen Angehörigenpflege. Forschungsbefunde, Forschungsartefakte und Forschungsperspektiven. In: Jansen, M. (Hrsg.): Pflegende und sorgende Frauen und Männer. Aspekte einer zukünftigen Pflege im Spannungsfeld zwischen Privatheit und Professionalität. Wiesbaden: Hessische Landeszentrale für politische Bildung, S. 43-58.

Langehenning, M. (2009a): Pflegende Männer – erste empirische Befunde. In: Gumpert, H. (Hrsg.): Wenn die Töchter nicht mehr pflegen… Geschlechtergerechtigkeit in der Pflege. Werkstattbericht im Auftrag der Friedrich-Ebert-Stiftung. Bonn: Abteilung Wirtschafts- und Sozialpolitik der Friedrich-Ebert-Stiftung.

Laslett, P. (1996): A fresh map of life: The emergence of the third age. 2. Auflage, London: MacMillan Press.

Lazarsfeld, P. F. (1937): Some Remarks on the Typological Procedures in Social Research. In: Zeitschrift für Sozialforschung, 6, 1, S. 119-139.

Lazarsfeld, P. F./Barton, A. H. (1951): Qualitative Measurement in the Social Sciences. Classification, Typologies, and Indices. In: Lerner, D./Lasswell, H. D. (Hrsg.): The Policy Sciences. Palo Alto: Stanford University Press, S. 155-192.

Le Bihan, B./Martin, C. (2009): Working and caring for a dependent elderly parent. Comparative analysis of six European countries. Working Paper, Urbino: 7th ESPAnet conference.

Lehner, M./Stelzer-Orthofer, C./Jenner, E./Hemedinger, F./Haller, R. (2004): Vereinbarkeit von Beruf und Pflege Angehöriger. Linz.

Leiber, S. (2005): Formen und Verbreitung der betrieblichen Altersvorsorge – Eine Zwischenbilanz. In: WSI-Mitteilungen, 58, 6, S. 314-321.

Leibfried, S. (1990): Sozialstaat Europa? Integrationsperspektiven europäischer Armutsregimes. In: Nachrichtendienst des Deutschen Vereins für Öffentliche und Private Fürsorge, 70, 9, S. 295-305.

Leira, A./Saraceno, C. (2002): Care: actors, relationships and contexts. In: Hobson, J./Lewis, J./Siim, B. (Hrsg.): Contested Concepts in Gender and Social Politics. Cheltenham: Edward Elgar, S. 55-83.

Leitner, S. (2003): Varieties of familialism: The caring function of the familiy in comparative perspective. In: European Societies, 5, 4, S. 353-375.

Leitner, S. (2006): Von der indirekten zur direkten Förderung von Familienarbeit: Bekannte Enttäuschungen und neue (falsche) Hoffnungen. In: Degener, U./Rosenzweig, B. (Hrsg.): Die Neuverhandlung sozialer Gerechtigkeit. Feministische Perspektiven und Analysen. Wiesbaden: VS-Verlag für Sozialwissenschaften, S. 321-339.

Leitner, S. (2007): Das Demografieproblem der Sozialpolitik in Bezug auf „Geschlecht“: „Konservative“ Arrangements der Pflege- und Betreuungsarbeit in Kontinentaleuropa. In: Zeitschrift für Frauenforschung und Geschlechterstudien, 25, 3-4, S. 5-21.

Leitner, S./Ostner, I./Schratzenstaller, M. (2004): Was kommt nach dem Ernährermodell? Sozialpolitik zwischen Re-Kommodifizierung und Re-Familisierung. In: Leitner, S./Ostner, I./ Schratzenstaller, M. (Hrsg.): Wohlfahrtsstaat und Geschlechterverhältnis im Umbruch. Was kommt nach dem Ernährermodell? Jahrbuch für Europa- und Nordamerikastudien. Wiesbaden: VS-Verlag für Sozialwissenschaften, S. 9-28.

Lenhardt, G./Offe, C. (1977): Staatstheorie und Sozialpolitik. Politisch-soziologische Erklärungsansätze für Funktionen und Innovationsprozesse der Sozialpolitik. In: Ferber, C. von/Kaufmann, F.-X. (Hrsg.): Soziologie und Sozialpolitik. In: Kölner Zeitschrift für Soziologie und Sozialpsychologie. Sonderheft 19/1977. Opladen: Westdeutscher Verlag, S. 98-127.

Lepperhoff, J./Meyer, T./Riedmüller, B. (2001): Alterssicherung der Frau in Deutschland und in der Schweiz. In: Leviathan, 29, 2, S. 199-217.

Lessenich, S. (2000): Die Arbeit in der Sozialstaatsdebatte. Ein Plädoyer für eine realistische Theorie der Sozialpolitik. In: Ludwig, H./Gabriel, K. (Hrsg.): Gesellschaftliche Integration durch Arbeit. Über die Zukunftsfähigkeit sozialkatholischer Traditionen von Arbeit und Demokratie am Ende der Industriegesellschaft. Münster (u. a.): Lit, S. 41-66.

Lewin, K. (1927): Gesetz und Experiment in der Psychologie. Darmstadt: Wissenschaftliche Buchgesellschaft.

Lewis, J. (1992): Gender and the Development of Welfare Regimes. In: Journal of European Social Policy, 2, 3, S. 159-173.

Lewis, J. (2004): Auf dem Weg zur „Zwei-Erwerbstätigen“-Familie. In: Leitner, S./Ostner, I./ Schratzenstaller, M. (Hrsg.): Wohlfahrtsstaat und Geschlechterverhältnis im Umbruch. Was kommt nach dem Ernährermodell? Jahrbuch für Europa- und Nordamerikastudien. Wiesbaden: VS-Verlag für Sozialwissenschaften, S. 62-84.

Lewis, J./Ostner, I. (1994): Gender and the Evolution of European Social Policies. ZeS-Arbeitspapier 4. Bremen.

Lilly, M. B./Laporte, A./Coyte, P. C. (2007): Labor Market Work and Home Care's Unpaid Caregivers: A Systematic Review of Labor Force Participation Rates, Predictors of Labor Market Withdrawal, and Hours of Work. In: The Milbank Quarterly, 85, 4, S. 641-690.

Lindenberg, S. M. (1989): Social Production Functions, Deficits and Social Revolutions. Prerevolutionary France and Russia. In: Rationality and Society, 1, 1, S. 51-77.

Lindenberg, S. M. (1992): Cohorts, Social Production Functions and the Problem of Self Command. In: Becker, H. A. (Hrsg.): Dynamics of Cohort and Generations Research. Amsterdam: Purdue University Press, S. 283-308.

Linke, B. (2008): Die Reform der Pflegeversicherung und die neue Pflegezeit: Mit allen Änderungen. München: Haufe.

Linne, G. (2002): Flexibel arbeiten – flexibel leben? Die Auswirkungen flexibler Arbeitszeiten auf Erwerbschancen, Arbeits- und Lebensbedingungen. Düsseldorf: Hans Böckler Stiftung.
Lister, R. (1994): "She has other duties": Women, citizenship and social change. In: Baldwin, S./ Faklingham, J. (Hrsg.): Social Security and Social Change: New Challenges to the Beveridge Model. New York: Harvester Wheatsheaf, S. 31-44.
Lob-Hüdepol, A. (2009): Autonomie und soziale Menschenrechte in der Pflege. Ethische Grundsatzbemerkungen. In: Fix, E./Kurtze-Maasmeier, S. (Hrsg.): Das Menschenrecht auf gute Pflege. Selbstbestimmung und Teilhabe verwirklichen. Freiburg/Breisgau: Lambertus, S. 33-46.
Lobo, A./Launer L. J./Fratiglioni, L./Andersen, K./Di Carlo, A./Breteler, M. M./Copeland, J. R./ Dartiques, J. F./Jagger, C./Martinez-Lage, J./Hofman, A. (2000): Prevalence of Dementia in Europe: A Collaborative Study of 1980-1990 Findings. In: International Journal for Epidemiology, 20, 3, S. 736-748.
Luci, A. (2011): Frauen auf dem Arbeitsmarkt in Deutschland und Frankreich. Warum es Französinnen besser gelingt, Familie und Beruf zu vereinbaren. Berlin: Friedrich-Ebert-Stiftung.
Lüdecke, D./Mnich, E./Melchiorre, G. M./Kofahl, C. (2007): Familiale Pflege älterer Menschen in Europa unter einer Geschlechterperspektive. In: Zeitschrift für Frauenforschung und Geschlechterstudien, 24, 2-3, S. 85-101.
Luedtke, J. (1998): Lebensführung in der Arbeitslosigkeit. Differentielle Problemlagen und Bewältigungsmuster. Pfaffenweiler: Centaurus.
Lutz, H. (2009): Who cares? Migrantinnen in der Pflegearbeit in deutschen Privathaushalten. In: Larsen, C./Joost, A./Heid, S. (Hrsg.): Illegale Beschäftigung in Europa. Die Situation in Privathaushalten älterer Personen. München (u. a.): Rainer Hampp, S. 41-50.
Mackenbach, J./Avendano, M./Andersen-Ranberg, K./Aro, A. (2005): Physical Health. In: Bösch-Supan, A./Brugiavini, A./Jürges, H./Mackenbach, J./Siegrist, J./Weber, G. (Hrsg.): Health, Ageing and Retirement in Europe. First Results from the Survey of Health, Ageing and Retirement in Europe. Mannheim: Mannheim Research Institute for the Economics of Aging, S. 82-88.
Mager, H. C. (2007): Wenn Angehörige die Pflege übernehmen. Von Kosten und Nutzen intrafamiliärer Pflegevereinbarungen. In: Forschung aktuell, 25, 2, S. 71-74.
Maly, N. (2001): Töchter, die ihre Mütter pflegen. Analyse ihrer Lebenssituation. Münster (u. a.) : Lit.
Mantl, E. (2006): Gute Mütter - gute Töchter. Konzepte - Visionen - Lebenswirklichkeiten. Zur Kulturalität deutscher Erfahrungen seit 1870. In: Bertram, H./Krüger, H./Spiess, K. (Hrsg.): Wem gehört die Familie der Zukunft? Expertisen zum 7. Familienbericht der Bundesregierung. Opladen: Leske & Budrich, S. 235-257.
Manton, K. G./Gu, X. (2007): Changes in Physical and Mental Function of Older People: Looking Back and Looking Ahead. In: Wahl, H. W./Tesch-Römer, C./Hoff, A. (Hrsg.): New dynamics in old age: Individual, environmental and societal perspectives. Amityville (u. a.): Baywood, S. 25-42.
Marburger, H. (2005): Die Pflegeversicherung: Versicherungspflicht - Beitragspflicht - Leistungen. 2. Auflage, Stuttgart (u. a.): Boorberg.
Martin-Matthews, A./Campbell, L. D. (1995): Gender Roles, Employment and Informal Care. In: Arber, S./Ginn, J. (Hrsg.): Connecting Gender and Ageing: A sociological approach. Buckingham/Philadelphia: Open University Press, S. 129-143.
Martin-Matthews, A./Rosenthal, C. J. (1993): Balancing Work and Family in an Aging Society: The Canadian Experience. In: Maddox, G. L./Lawton, M. P. (Hrsg.): Annual Review of Gerontology and Geriatrics. New York: Springer Publishing Company, S. 96-119.
Martire, L. M./Stephens, M. A. P. (2003): Juggling Parent Care and Employment Responsibilities: The Dilemma of Adult Daughter Caregivers in the Workforce. In: Sex Roles, 48, 1, S. 167-173.
Marx, K. (1962): Das Kapital. Kritik der politischen Ökonomie. Band 1. 37. Auflage, Berlin: Dietz.

Maslow, A. H. (1954): Motivation und Personality. New York: Harper.
Masuy, A. J. (2009): Effects of Caring for an older person on women's lifetime participation. In: Work, Ageing and Society, 29, 5, S. 745-763.
Mayer, K. U./Baltes, P. B./Baltes, M. M./Borchelt, M./Delius, J./Helmchen, H./Linden, M./Smith, J./ Steinhagen-Thiessen, E./Wagner, M. (2010): Wissen über das Alter(n). Eine Zwischenbilanz der Berliner Altersstudie. In: Lindenberger, U./Smith, J./Mayer, K. U./Baltes, P. B. (Hrsg.): Die Berliner Altersstudie. 3. Auflage, S. 623-658.
Mayring, P. (1996): Lehrbuch qualitativer Forschung. Eine Einführung in qualitatives Denken. 3. Auflage, Weinheim: Psychologie Verlags Union.
Mayring, P. (2008): Qualitative Inhaltsanalyse. Grundlagen und Techniken. Weinheim (u. a.): Beltz.
McLaughlin, E./Glendinning, C. (1994): Paying for Care in Europe: Is there a feminist approach? In: Hantrais, L./Mangen, S. (Hrsg.): Family policy and welfare of women Cross-National Research Papers. Leicestershire: European Research Centre, S. 52-69.
MDK Bayern (2008): Die Soziale Pflegeversicherung. Landsberg: ecomed Medizin.
Mead, G. H. (1934): Mind, Self and society. Chicago: University of Chicago Press.
Meinefeld, W. (1995): Realität und Konstruktion. Erkenntnistheoretische Grundlagen einer Methodologie der empirischen Sozialforschung. Opladen: Leske & Budrich.
Menning, S./Hoffmann, E. (2009): Funktionale Gesundheit und Pflegebedürftigkeit. In: Böhm, K./ Tesch-Römer, C./Ziese, T. (Hrsg.): Beiträge zur Gesundheitsberichterstattung des Bundes. Berlin: Robert Koch-Institut, S. 62-78.
Merrill, D. M. (1997): Juggling Work, Family, and Caregiving in Middle and Working Class Families. Westport (u. a.): Auburn House.
Merton, R. K. (1957): On theoretical sociology: five essays, old and new. New York: The Free Press.
MetLife Mature Market Institute/National Alliance for Caregiving/The Center of Productive Aging at Towson University (2003): The MetLife Study of Sons at Work: Balancing Employment and Eldercare. Westport.
MetLife Mature Market Institute/National Alliance for Caregiving/Zogby International (2004): Miles away: The MetLife Study of long-distance caregiving. Westport.
Metlife Mature Market Institute/National Alliance for Caregiving (2006): The MetLife Caregiving Cost Study: Productivity Losses to U.S. Business. Westport.
Meuser, M. (2008): Lehr(er)buch Soziologie. Für die pädagogischen und soziologischen Studiengänge. Band 2. Wiesbaden: VS-Verlag für Sozialwissenschaften, S. 631-653.
Meyer, J. A. (1996): Der Weg zur Pflegeversicherung. Positionen, Akteure, Politikprozesse. Frankfurt/Main: Mabuse.
Meyer, M. (2007): Supporting Family Carers of Older People in Europe – The National Background Report for Germany. Münster (u. a.): Lit.
Meyers, M. K./Gornick, J. C./Ross, K. E. (1999): Public Childcare, Parental Leave, and Employment. In: Sainsbury, D. (Hrsg.): Gender and Welfare State Regimes. New York (u. a.): Oxford University Press, S. 117-146.
Meyer, T./Pfau-Effinger, B. (2006): The Gender Dimension of the Restructuring of Pension Systems – a comparison of Britain and Germany. In: International Journal of Ageing and Later Life, 1, 2, S. 67-110.
Ministerium für Arbeit und Soziales, Qualifikation und Technologie (2000): Arbeit und Betriebszeiten flexibel gestalten. Düsseldorf.
Moen, P./Robison, J./Fields, V. (1994): Women's work and caregiving roles: A life course approach. In: Journal of Gerontology, 49, 4, S. 176-186.
Möwisch, A./Ruser, C./Schwanenflügel, M. von (2008): Pflegereform 2008. Änderungen und Verbesserungen für Pflegebedürftige und Leistungserbringer. Heidelberg (u. a.): C. F. Müller.
Mooney, A./Stateham, J. (2002): The pivot generation: Informal care and work after fifty. Bristol: The Policy Press.

Morgenroth, S./Schindler, S. (2012): Feuerwehralltag: Eine soziologische Untersuchung zur Lebensführung von Feuerwehrmännern im 24-Stunden-Wachalltag. Mehring (u. a.): Rainer Hampp.

Motel, A./Künemund, H./Bode, C. (2000): Wohnen und Wohnumfeld. In: Kohli, M./Künemund, H. (Hrsg.): Die zweite Lebenshälfte. Gesellschaftliche Lage und Partizipation im Spiegel des Alters-Surveys. Opladen: Leske & Budrich, S. 124-175.

Motel-Klingebiel, A./Tesch-Römer, C./Kondratowitz, H.-J. (2005): Welfare states do not crowd out the family: evidence for mixed responsibility from comparative analyses. In: Ageing and Society, 25, 6, S. 863-882.

Mückenberger, U. (1985): Die Krise des Normalarbeitsverhältnisses. In: Zeitschrift für Sozialreform, 31, 7-8, S. 415-434/457-475.

Mühlman, R./Ludescher, M./Truckeschitz, B./Schneider, U. (2007): Auswirkungen informeller Pflegetätigkeit auf das Erwerbsverhalten und Konsequenzen für ArbeitgeberInnen. Ein Literatursurvey. Wien: Forschungsinstitut für Altersökonomie.

Müller, D. (2008): Der Traum einer kontinuierlichen Beschäftigung – Erwerbsunterbrechungen bei Männern und Frauen. In: Szydlik, M. (Hrsg.): Flexibilisierung – Folgen für Arbeit und Familie. Wiesbaden: VS-Verlag für Sozialwissenschaften, S. 47-67.

Munz, E./Bauer, F./Groß, H. (2002): Regelung und Praxis von Arbeitszeitkonten. In: WSI-Mitteilungen, 55, 6, S. 334-340.

Naegele, G. (1997): Zusammenfassung wichtiger Ergebnisse und erste sozialpolitische Schlussfolgerungen. In: Bundesministerium für Familie, Senioren, Frauen und Jugend (Hrsg.): Vereinbarkeit von Erwerbstätigkeit und Pflege. Stuttgart (u. a.): W. Kohlhammer, S. 5-21.

Naegele, G./Reichert, M. (1995): Eldercare and the workplace: A new challenge for all social partners in Germany. In: Phillips, J. (Hrsg.): Working Carers: International Perspectives on Working and Caring for Older People. Aldershot: Avebury, S. 73-92.

Naegele, G./Reichert, M. (1998): Vereinbarkeit von Erwerbstätigkeit und Pflege in Deutschland – ein Überblick. In: Naegele, G./Reichert, M. (Hrsg.): Vereinbarkeit von Erwerbstätigkeit und Pflege – Nationale und internationale Perspektiven. Band 1. Hannover: Vintentz, S. 13-34.

Naldini, M. (2009): Formal/Informal Care. Working Paper, Paris: WOUPS Final Conference.

National Alliance for Caregiving and AARP (2009): Caregiving in the U.S. 2009. Bethesda/Washington.

Norton, T. R./Gupta, A./Stephens, M. A./Martire, L. M./Townsend, A. L. (2005): Stress, Rewards, and Change in the Centrality of Women's Family and Work Roles: Mastery as a Mediator. In: Sex Roles, 52, 5-6, S. 325-335.

O'Connor, J. (1993): Gender, Class and Citizenship in the Comparative Analysis of Welfare Regimes: Theoretical and Methodological Issues. In: British Journal of Sociology 44, 3, S. 501-518.

OECD (2001): Employment Outlook. Paris: OECD.

OECD (2011): Help wanted? Providing and Paying For Long-Term Care. Paris: OECD.

Oechsele, M. (1998): Ungelöste Widersprüche: Leitbilder für die Lebensführung junger Frauen. In: Oechsele, M./Geissler, B. (Hrsg.): Die ungleiche Gleichheit. Junge Frauen und der Wandel im Geschlechterverhältnis. Opladen: Leske & Budrich, S. 185-200.

Oevermann, U. (1993): Die objektive Hermeneutik als unverzichtbare methodologische Grundlage für die Analyse von Subjektivität. Zugleich eine Kritik der Tiefenhermeneutik. In: Jung, T./Müller-Doohm, S. (Hrsg.): ‚Wirklichkeit' im Deutungsprozess. Verstehen in den Kultur- und Sozialwissenschaften. Frankfurt/Main: edition suhrkamp, S. 106-189.

Oevermann, U./Allert, T./Konau, E./Krambeck, J. (1979): Die Methodologie einer ‚objektiven Hermeneutik' und ihre allgemeine forschungslogische Bedeutung in den Sozialwissenschaften. In: Soeffner, H.-G. (Hrsg.): Interpretative Verfahren in den Sozial- und Textwissenschaften. Stuttgart: Metzler, S. 352-433.

Opp, K.-D. (2004): Review Essay. Hartmut Esser: Textbook of Sociology. In: European Sociological Review, 20, 3, S. 253-262.

Orloff, A. S. (1993): Gender and the Social Rights of Citizenship: The Comparative Analysis of Gender Relations and Welfare States. In: American Sociological Review 58, 3, S. 303-328.

Ortlieb, R./Krell, M. (2003): Umsetzung der „Vereinbarung zwischen der Bundesregierung und den Spitzenverbänden der deutschen Wirtschaft zur Förderung der Chancengleichheit von Frauen und Männern in der Privatwirtschaft“ vom 2.7.2001. Ergebnisse einer Unternehmensbefragung. Berlin.

Ostner, I. (1995): Sozialstaatsmodelle und die Situation der Frauen. In: Fricke, W. (Hrsg.): Zukunft des Sozialstaats. Jahrbuch für Arbeit und Technik, Bonn: Dietz, S. 57-68.

Ostner, I. (1995a): Arm ohne Ehemann. Sozialpolitische Regulierungen von Lebenschancen für Frauen im internationalen Vergleich. In: Aus Politik und Zeitgeschichte, 36-37, S. 3-12.

Ostner, I. (2011): Care – eine Schlüsselkategorie sozialwissenschaftlicher Forschung? In: Evers, A./ Heinze, R. G./Olk, T. (Hrsg.): Handbuch Soziale Dienste. Wiesbaden: VS-Verlag für Sozialwissenschaften, S. 461-481.

Ottnad, A. (2003): Die Pflegeversicherung: Ein Pflegefall. Wege zu einer solidarischen und tragfähigen Absicherung des Pflegerisikos. München: Olzog.

Otto, U. (2005): Soziale Netzwerke und soziale Unterstützung älterer Pflegebedürftiger – Potenziale, Grenzen und Interventionsmöglichkeiten im Lichte demografischer Befunde. In: Otto, U./ Bauer, P. (Hrsg.): Mit Netzwerken professionell zusammenarbeiten. Band 1: Soziale Netzwerke in Lebenslauf- und Lebenslagenperspektive. Tübingen: dgvt, S. 471-513.

Pabst, S./Rothgang, H. (2000): Reformfähigkeit und Reformblockaden: Kontinuität und Wandel bei Einführung der Pflegeversicherung. In: Leibfried, S./Wagschal, U. (Hrsg.): Der deutsche Sozialstaat. Bilanzen – Reformen – Perspektiven. Frankfurt/Main (u. a.): Campus, S. 340-377.

Pauli, A./Hornberg, C. (2010): Gesundheit und Krankheit: Ursachen und Erklärungsansätze aus der Genderperspektive. In: Becker, R./Kortendieck, B. (Hrsg.): Handbuch Frauen- und Geschlechterforschung: Theorie - Methoden - Empirie. 3. Ausgabe, Wiesbaden: VS-Verlag für Sozialwissenschaften, S. 631-643.

Paull, G. (2008): Children and women’s hours of work. In: The Economic Journal, 118, 526, F8-F27.

Pavalko, E. K./Artis, J. E. (1997): Women’s caregiving and paid work: causal relationship in late midlife. In: Journal of Gerontology: Social Sciences, 52B, 4, S. 170-179.

Pavalko, E. K./Henderson, K. A. (2006): Combining Care Work and Paid Work: Do Workplace Policies make a Difference. In: Research on Ageing, 28, 3, S. 359-374.

Peirce, C. S. (1960): Collected Papers of Charles Sanders Peirce. 7. Auflage, Cambridge: Belknap Press of Harvard University Press.

Peirce, C. S. (1991): Schriften zum Pragmatismus und zum Pragmatizismus. 2. Auflage, Frankfurt/ Main: edition suhrkamp.

Perrig-Chiello, P./Höpflinger, F. (2012): Pflegende Angehörige älterer Menschen. Probleme, Bedürfnisse, Ressourcen und Zusammenarbeit in der ambulanten Pflege. Bern: Hans Huber.

Peuckert, R. (2008): Familienformen im sozialen Wandel. 7. Auflage, Wiesbaden: VS-Verlag für Sozialwissenschaften.

Pfaff, H. (2010): People in Need of Long-term Care: The Present and the Future. In: Doblhammer, G./Scholz, R. (Hrsg.): Ageing, Care Need and Quality of Life: The Perspective of Care Givers and People in Need of Care. Wiesbaden: VS-Verlag für Sozialwissenschaften, S. 14-28.

Pfau-Effinger, B. (1996): Analyse internationaler Differenzen in der Erwerbsbeteiligung von Frauen. Theoretischer Rahmen und empirische Ergebnisse. In: Kölner Zeitschrift für Soziologie und Sozialpsychologie, 48, 3, S. 462-492.

Pfau-Effinger, B. (1998): Arbeitsmarkt- und Familiendynamik in Europa – Theoretische Grundlagen der vergleichenden Analyse. In: Geissler, B./Maier, F./Pfau-Effinger, B. (Hrsg.): FrauenArbeitsMarkt. Der Beitrag der Frauenforschung zur sozio-ökonomischen Theorieentwicklung. Berlin: edition sigma, S. 177-194.

Pfau-Effinger, B. (2000): Kultur, Wohlfahrtsstaat und Frauenerwerbstätigkeit im europäischen Vergleich. Opladen: Leske & Budrich.

Pfau-Effinger, B. (2005): Culture and Welfare State Policies: Reflexions on a Complex Interrelation. In: Journal of Social Policy, 34, 1, S. 3-20.

Pfau-Effinger, B. (2005a): Welfare State Policies and the Development of Care Arrangements. In: European Societies, 7, 2, S. 321-347.

Pfau-Effinger, B. (2005b): Development paths of care arrangements in the framework of family values and welfare values. In: Pfau-Effinger, B./Geissler, B. (Hrsg.): Care and social integration in European societies. Bristol: Policy Press, S. 21-45.

Pfau-Effinger, B. (2006): "Care" im Wandel des wohlfahrtsstaatlichen Solidaritätsmodells – Deutschland und die Schweiz im Vergleich. In: Carigiet, E./Mäder, U./Schulz-Nieswand, M. (Hrsg.): ArbeitnehmerInnen-Solidarität oder BürgerInnen-Solidarität? Die Schweiz und Deutschland im sozialpolitischen Vergleich. Basel: Rotring, S. 239-251.

Pfau-Effinger, B. (2008): Cultural change and path departure: the example of family policies in conservative welfare states. In: Oorschot, W. van/Opielka, M./Pfau-Effinger, B. (Hrsg.): Culture and Welfare states. Values and Social Policy in Comparative Perspective. Celtenham (u. a.): Edward Elgar, S. 185-204.

Pfau-Effinger, B. (2009): Wohlfahrtsstaatliche Politiken und ihre kulturellen Grundlagen. In: Österreichische Zeitschrift für Soziologie, 34, 3, S. 3-21.

Pfau-Effinger, B./Geissler, B. (1992): Institutionelle und sozio-kulturelle Kontextbedingungen der Entscheidung verheirateter Frauen für Teilzeitarbeit. Ein Beitrag zu einer Soziologie der Erwerbsbeteiligung. In: Mitteilungen aus der Arbeitsmarkt- und Berufsforschung, 25, 3, S. 358-370.

Pfau-Effinger, B./Magdalenič, S. S. (Hrsg.): Formal and Informal Work in the Work-Welfare Arrangement of Germany. In: Pfau-Effinger, B./Flaquer, L./Jensen, P. H. (Hrsg.): Formal and Informal Work. The Hidden Regime in Europe. New York (u. a.): Routledge, S. 89-116.

Pfau-Effinger, B./Och, R./Eichler, M. (2008): Ökonomisierung, Pflegepolitik und Strukturen der Pflege älterer Menschen. In: Evers, A./Heinze, R. G. (Hrsg.): Sozialpolitik. Ökonomisierung und Entgrenzung. Wiesbaden: VS-Verlag für Sozialwissenschaften, S. 83-98.

Pfau-Effinger, B./Smidt, M. (2011): Differences in women's employment patterns and family policies: eastern and western Germany. In: Community, Work & Family, 14, 2, S. 217-232.

Pfeil, E. (1968): Die 23-Jährigen. Eine Generationenuntersuchung am Jahrgang 1941. Tübingen: J. C. B. Mohr.

Phillips, J. (1995): Balancing work and care in Britain. In: Phillips, J. (Hrsg.): Working Carers: International Perspectives on Working and Caring for Older People. Aldershot: Avebury, S. 42-57.

Phillips, J. (1996): Working and Caring. Developments at the Workplace for Family Carers of Disabled and Older People. Luxembourg: Office for Official Publications of the European Community.

Phillips, J./Bernard, M./Chittenden, M. (2002): Juggling work and care: the experiences of working carers of older adults. Bristol: The Policy Press.

Pickard, L. (2004): Caring for older people and employment. A review of the literature prepared for the Audit Commission. London: Audit Commission.

Pinquart, M./Sörensen, S. (2006): Gender differences in caregiver stressors, social resources, and health: an updated meta-analysis. In: Journal of Gerontology: Psychological Sciences, 61B, 1, S. 33-45.

Plantenga, J./Remery, C. (2010): Flexible working time arrangements and gender equality. A comparative review of 30 European countries. Luxembourg: Publications Office oft the European Union.

Popp, M. (2011): Die Pflegeversicherung – Stand, Probleme und Prognosen. Hamburg: Dr. Kovac.

Popper, K. R. (1994): Logik der Forschung. 10. Auflage, Tübingen: Mohr.

Principi, A./Parek-Bialas, J. (2011): Carers@work. The reconciliation of employment and eldercare: a secondary data analysis. Ancona.

Projektgruppe Alltägliche Lebensführung (Hrsg.): Alltägliche Lebensführung. Arrangements zwischen Traditionalität und Modernisierung. Opladen: Leske & Budrich.

Proskop, U. (1976): Weiblicher Lebenszusammenhang. Von der Beschränkung der Strategien und der Unangemessenheit der Wünsche. Frankfurt/Main: edition suhrkamp.

Przyborski, A./Wohlrab-Sahr, M. (2008): Qualitative Sozialforschung. Ein Arbeitsbuch. München: Oldenbourg.

Radke-Röwekamp, B. (2008): Frauen als pflegende Angehörige. Geschlechtsspezifische Dimensionen familialer Pflege. In: Bauer, A./Gröning, K. (Hrsg.): Gerechtigkeit, Geschlecht und demografischer Wandel. Frankfurt/Main: Mabuse, S. 241-258.

Reeb, C. (2009): Familie und Beruf meistern! Vereinbarkeit von Familie und Beruf bei Doppelverdienern mit kleinen Kindern. Marburg: Tectum.

Reichert, M. (1996): Vereinbarkeit von Erwerbstätigkeit und Hilfe/Pflege für ältere Angehörige: Arbeitsplatzbezogene Belastungen und Belastungsbewältigungsstrategien. In: Tews, H. P. (Hrsg.): Altern und Politik. Melsungen: Bibliomed, S. 237-251.

Reichert, M. (1997): Analyse relevanter Literatur zum Thema „Vereinbarkeit von Erwerbstätigkeit von Erwerbstätigen und Hilfe/Pflege für ältere Angehörige". In: Bundesministerium für Familie, Senioren, Frauen und Jugend (Hrsg.): Vereinbarkeit von Erwerbstätigkeit und Pflege. Stuttgart (u. a.): W. Kohlhammer, S. 23-62.

Reichert, M. (2000): Pflege und Beruf. In: Wahl, H.-W./Tesch-Römer, C. (Hrsg.): Angewandte Gerontologie in Schlüsselbegriffen. Stuttgart: W. Kohlhammer, S. 359-365.

Reichert, M. (2003): Frauen zwischen Pflege und Beruf. In: Reichert, M./Broscher, P./Maly, N. (Hrsg.): Älter werdende und ältere Frauen heute. Zur Vielfalt ihrer Lebenssituation. Opladen: Westdeutscher Verlag, S. 123-148.

Reichert, M. (2012): Vereinbarkeit von Erwerbstätigkeit und Pflege – eine Bestandsaufnahme. In: Bisbinck, R./Bosch, G./Hofemann, K./Naegele, G. (Hrsg.): Sozialpolitik und Sozialstaat. Festschrift für Gerhard Bäcker. Wiesbaden: VS-Verlag für Sozialwissenschaften, S. 323-333.

Reichertz, J. (1993): Abduktives Schlussfolgern und Typen(re)konstruktion. Abgesang an eine liebgewonnene Hoffnung. In: Jung, T./Müller-Doohm, S. (Hrsg.): Wirklichkeit im Deutungsprozeß. Verstehen und Methoden in den Kultur- und Sozialwissenschaften. Frankfurt/Main: edition suhrkamp, S. 258-282.

Reichertz, J. (2003): Die Abduktion in der qualitativen Sozialforschung. Opladen: Leske & Budrich.

Reid, R. C./Stajduhar, K. I./Chappell, N. L. (2010): The Impact of Work Interferences on Family Caregivers Outcomes. In: Journal of Applied Gerontology, 29, 3, S. 267-289.

Reinders, H. (2005): Qualitative Interviews mit Jugendlichen führen. München: Oldenbourg.

Rerrich, M. S. (1993): Gemeinsame Lebensführung: wie Berufstätige einen Alltag mit ihren Familien herstellen. In Jurczyk, K./Rerrich, M. S. (Hrsg.): Die Arbeit des Alltags. Freiburg/Breisgau: Lambertus, S. 310-333.

Rerrich, M. S./Voß, G.-G. (1992): Vexierbilder sozialer Ungleichheit. Die Bedeutung alltäglicher Lebensführung für die Sozialstrukturanalyse. In: Hradil, S. (Hrsg.): Zwischen Bewusstsein und Sein. Opladen: Leske & Budrich, S. 251-266.

Riegraf, B./Theobald, H. (2010): Überkreuzung sozialer Ungleichheiten in der Fürsorgearbeit: Wandel der Versorgung älterer Familienmitglieder im Ländervergleich. In: Dackweiler, R./ Schäfer, R. (Hrsg.): Wohlfahrtsstaatlichkeit und Geschlechterverhältnisse aus feministischer Perspektive. Münster: Westfälisches Dampfboot, S. 132-149.

Rinderspracher, J./Herrmann-Stojanov, I./Pfahl, S./Reuß, S. (2009): Zeiten der Pflege. Eine explorative Studie über individuelles Zeitverhalten und gesellschaftliche Zeitstrukturen in der häuslichen Pflege. Münster (u. a.): Lit.

Rinken, B. (2010): Spielräume in der Konstruktion von Geschlecht und Familie. Alleinerziehende Mütter und Väter mit ost- und westdeutscher Herkunft. Wiesbaden: VS-Verlag für Sozialwissenschaften.

Rössel, J. (2008): Vom rationalen Akteur zum „Systemic Dope". Eine Auseinandersetzung mit der Sozialtheorie von Hartmut Esser. In: Berliner Journal für Soziologie, 18, 1, S. 156-178.

Röttger-Liepmann, B. (2007): Pflegebedürftigkeit im Alter. Aktuelle Befunde und Konsequenzen für künftige Versorgungsstrukturen. Weinheim (u. a.): Juventa.

Rohloff, J. (2005): Die alternde Gesellschaft – Ausmaß, Ursachen und Konsequenzen. In: Andersen, U./Breit, G./Massing, P./Woyke, W. (Hrsg.): Die alternde Gesellschaft. Schwalbach: Wochenschau, S. 9-30.

Roland Berger Strategy Consultants (2009): Mit Familienbewusstsein besser durch die Krise. Expertise von Roland Berger Strategy Consultants im Auftrag des Bundesministeriums für Familie, Senioren, Frauen und Jugend für das Unternehmensprogramm „Erfolgsfaktor Familie". Hamburg/Berlin.

Rosenthal, C. J./Martin-Mathews, A./Keefe, J. M. (2007): Care management and care provision for older relatives amongst employed informal care-givers. In: Ageing & Society 27, 3, S. 755-778.

Rosenthal, G. (2005): Interpretative Sozialforschung. Eine Einführung. Weinheim (u. a.): Juventa.

Roth, G./Rothgang, H. (2002): Pflegeversicherung und Sozialhilfe. Eine Analyse der Zielerreichung und Zielverfehlung der Pflegeversicherung hinsichtlich des Sozialhilfebezugs. In: Klie, T./ Buhl, A./Entzian, H./Schmidt, R. (Hrsg.): Das Pflegewesen und die Pflegebedürftigen. Analyse zu Wirkungen der Pflegeversicherung und ihrem Reformbedarf. Frankfurt/Main: Mabuse, S. 45-76.

Rothgang, H. (1997): Ziele und Wirkung der Pflegeversicherung: Eine ökonomische Analyse. Frankfurt/Main (u. a.): Campus.

Rothgang, H. (2001): Finanzwirtschaftliche und strukturelle Entwicklungen in der Pflegeversicherung bis 2040 und mögliche alternative Konzepte. Expertise für die Enquête-Kommission „Demografischer Wandel" des Deutschen Bundestags. Bremen.

Rothgang, H. (2009): Theorie und Empirie der Pflegeversicherung. Münster (u. a.): Lit.

Rothgang, H./Kulik, D./Müller, R./Unger, R. (2009): GEK-Pflegereport 2009. Schwerpunktthema: Regionale Unterschiede in der pflegerischen Versorgung. Schwäbisch Gmünd: GEK-Gmünder Ersatzkasse.

Rothgang, H./Preuss, M. (2009): Bisherige Erfahrung und Defizite der Pflegeversicherung und die Reform 2008 aus sozialpolitischer Sicht. In: Igl, G./Felix, D. (Hrsg.): Die Reform der Pflegeversicherung 2008. Münster (u. a.): Lit, S. 7-39.

Rubery, J. (1998): Geschlechterspezifische Arbeitsteilung und die Zukunft der Arbeit. In: Bosch, G. (Hrsg.): Zukunft der Erwerbsarbeit. Strategien für Arbeit und Umwelt. Frankfurt/Main (u. a.): Campus, S. 271-299.

Rübenach, S. (2010): Alles beim Alten: Mütter stellen Erwerbstätigkeit hinten an. In: STATmagazin, 3, o. S.

Rüling, A. (2001): Arbeitszeit und Reproduktionsarbeit: Zusammenhänge und Wechselwirkungen am Beispiel der Teilzeitarbeit. Paper der Querschnittsgruppe Arbeit & Ökologie. Berlin: Wissenschaftszentrum Berlin für Sozialwissenschaften.

Rürup-Kommission (2003): Kommission für die Nachhaltigkeit in der Finanzierung der sozialen Sicherungssysteme. Bericht der Kommission. Berlin.

Runde, P./Giese, R./Kerschke-Risch, P./Scholz, U./Wiegel, D. (1997): Einstellungen und Verhalten zur Pflegeversicherung und zur häuslichen Pflege. Ergebnisse einer schriftlichen Befragung von Leistungsempfängern der Pflegeversicherung. Bonn: Bundesministerium für Arbeit.

Runde, P./Giese, R./Stierle, C. (2003): Einstellungen und Verhalten zur häuslichen Pflege und zur Pflegeversicherung unter den Bedingungen des gesellschaftlichen Wandels. Analysen und Empfehlungen auf der Basis von repräsentativen Befragungen bei AOK Leistungsempfängern der Pflegeversicherung. Hamburg: Universität Hamburg, Arbeitsstelle Rehabilitations- und Präventionsforschung.

Runde, P./Giese, R./Vogt, K./Wiegel, D. (1999): Die Einführung des Pflegeversicherungsgesetzes und seine Wirkung auf den Bereich der häuslichen Pflege. Forschungsbericht Band 2: Die Wirkungen auf Einstellungen und Verhalten. Hamburg: Universität Hamburg, Arbeitsstelle Rehabilitations- und Präventionsforschung.

Sachße, C. (2003): Subsidiarität. Leitmaxime deutscher Wohlfahrtsstaatlichkeit. In: Lessenich, S. (Hrsg.): Wohlfahrtsstaatliche Grundbegriffe. Frankfurt/Main (u. a.): Campus, S. 191-212.

Sachverständigenrat zur Begutachtung der Entwicklung im Gesundheitswesen (2009): Koordination und Integration – Gesundheitsversorgung in einer Gesellschaft des längeren Lebens. Gutachten 2009 des Sachverständigenrates zur Begutachtung der Entwicklung im Gesundheitswesen. Bonn.

Sainsbury, D. (1994): Women's and Men's Social Rights: Gendering Dimensions of Welfare States. In: Sainsbury, D. (Hrsg.): Gendering in Welfare States. London: Sage, S. 150-169.

Sainsbury, D. (1994a): Gender in Welfare States. London: Sage.

Sainsbury, D. (1999): Gender and Social-Democratic Welfare States. In: Sainsbury, D. (Hrsg.): Gender and Welfare State Regimes. New York (u. a.): Oxford University Press, S. 75-114.

Sainsbury, D. (1999a): Taxation, Family Responsibilities, and Employment. In: Sainsbury, D. (Hrsg.): Gender and Welfare State Regimes. New York (u. a.): Oxford University Press, S. 185-209.

Sarasa, S./Mestres, J. (2007): Women's Employment and the Adult Caring Burden. In: Esping-Andersen, G. (Hrsg.): Family Formation and Family Dilemmas in Contemporary Europe. Bilbao: Fundación BBVA, S. 185-221.

Saß, A.-C./Wurm, S./Ziese, T. (2009): Subjektive Gesundheit. In: Böhm, K./Tesch-Römer, C./Ziese, T. (Hrsg.): Gesundheit und Krankheit im Alter. Berlin: Robert Koch-Institut.

Sauer, P. (2007): Niedrigschwellige Angebote – Eine Einführung in das Thema. In: Sauer, P./ Wißmann, P. (Hrsg.): Niedrigschwellige Hilfen für Familien mit Demenz: Erfahrungen, Beispiele, Perspektiven. Frankfurt/Main: Mabuse, S. 15-27.

Schäfgen, K./Spellerberg, A. (1998): Kulturelle Leitbilder und institutionelle Regelungen für Frauen in den USA, in West- und in Ostdeutschland. In: Berliner Journal für Soziologie, 8, 1, S. 73-90.

Schaper, K. (2008): Die soziale Sicherung alter Menschen in Deutschland. In: Thieme, F. (Hrsg.): Alter(n) in der alternden Gesellschaft. Wiesbaden: VS-Verlag für Sozialwissenschaften, S. 115-158.

Scharlach, A. E. (1994): Caregiving and Employment: Competing or Complementary Roles? In: The Gerontologist, 34, 4, S. 378-385.

Scharlach, A. E./Gustavson, K./Dal Santo, T. (2007): Assistance Received by Employed Caregivers and Their Care Recipients: Who helps Care Recipients When Caregivers Work Full Time? In: The Gerontologist, 47, 6, S. 752-762.

Scharlach, A. E./Lowe, B. F./Schneider, E. L. (1991): Elder care and the work force: blueprint for action. Laxington: Laxington Books.

Scharlach, A. E./Sobel, E. L./Roberst, Robert, E. L. (1991a): Employment and Caregiver Strain: An Integrative Model. In: The Gerontologist, 31, 6, S. 778-787.

Scheele, A. (2010): Eigenverantwortung als Leitprinzip: Das SGB II im Kontext wohlfahrtsstaatlicher Reformen. In: Jaehrling, K./Rudolph, C. (Hrsg.): Grundsicherung und Geschlecht. Gleichstellungspolitische Befunde zu den Wirkungen von Hartz IV. Münster: Westfälisches Dampfboot, S. 24-38.

Scheuer, A./Dittmann, J. (2007): Berufstätigkeit von Müttern bleibt kontrovers. Einstellungen zur Vereinbarkeit von Beruf und Familie in Deutschland und Europa. In: Informationsdienst Soziale Indikatoren, 38, S. 1-5.

Schmidt-Grunert, M. (1999): Sozialarbeitsforschung konkret. Problemzentrierte Interviews als qualitative Erhebungsmethode. Freiburg/Breisgau: Lambertus.

Schneekloth, U. (2006): Entwicklungstrends beim Hilfe- und Pflegebedarf in Privathaushalten – Ergebnisse der Infratest-Repräsentativerhebung. In: Schneekloth, U./Wahl W. (Hrsg.): Selbstständigkeit und Hilfebedarf bei älteren Menschen in Privathaushalten. Pflegearrangements, Demenz, Versorgungsangebote. Stuttgart (u. a.): W. Kohlhammer, S. 57-102.

Schneekloth, U. (2006a): Entwicklungstrends und Perspektiven in der häuslichen Pflege. In: Zeitschrift für Gerontologie und Geriatrie. 39, 6, S. 405-412.

Schneekloth, U. (2006b): Hilfe- und Pflegebedürftige in Alteneinrichtungen. Schnellbericht zur Repräsentativerhebung im Forschungsprojekt „Möglichkeiten und Grenzen selbstständiger Lebensführung in Einrichtungen“ (MuG VI). München: TNS Infratest Sozialforschung.

Schneekloth, U./Leven, I. (2003): Hilfe- und Pflegebedürftigkeit in Privathaushalten in Deutschland 2002. Schnellbericht. Erste Ergebnisse der Repräsentativerhebung im Rahmen des Forschungsprojekts „Möglichkeiten und Grenzen selbstständiger Lebensführung hilfe- und pflegebedürftiger Menschen in Privathaushalten“ (MuG III). München: TNS Infratest Sozialforschung.

Schneekloth, U./Müller, U. (1999): Wirkungen der Pflegeversicherung. Baden-Baden: Nomos.

Schneekloth, U./Potthoff, P. (1993): Hilfe- und Pflegebedürftige in privaten Haushalten. Bericht zur Repräsentativerhebung im Forschungsprojekt „Möglichkeiten und Grenzen selbstständiger Lebensführung“. Stuttgart (u. a.): W. Kohlhammer.

Schneekloth, U./Potthoff, P./Piekara, R./Rosenbladt, B. von (1996): Hilfe- und Pflegebedürftigkeit in privaten Haushalten. Endbericht Schriftenreihe des Bundesministeriums für Familie, Senioren, Frauen und Jugend. Stuttgart (u. a.): W. Kohlhammer.

Schneekloth, U./Wahl, H. W. (2005): Möglichkeiten und Grenzen selbstständiger Lebensführung in privaten Haushalten (MuG III). Repräsentativstudie und Vertiefungsstudie zu häuslichen Pflegearrangements, Demenz und professionellen Versorgungsangeboten. München: TNS Infratest Sozialforschung.

Schneekloth, U./Wahl, H. W. (2006): Selbstständigkeit und Hilfebedarf bei älteren Menschen in Privathaushalten. Pflegearrangements, Demenz, Versorgungsangebote. Stuttgart (u. a.): W. Kohlhammer.

Schneider, N. F./Häuser, J. C./Ruppenthal S. M./Stengel, S. (2006): Familienpflege und Erwerbstätigkeit. Eine explorative Studie zur betrieblichen Unterstützung von Beschäftigten mit pflegebedürftigen Familienangehörigen. Mainz.

Schneider, T./Drobnič, S./Blossfeld, H.-P. (2001): Pflegebedürftige Personen im Haushalt und das Erwerbsverhalten verheirateter Frauen. In: Zeitschrift für Soziologie, 30, 5, S. 362-383.

Schröck, R. (1988): Forschung in der Krankenpflege: Methodologische Probleme. In: Pflege, 1, 2, S. 84-93.

Schroeter, K. R. (2004): Figurative Felder. Ein gesellschaftstheoretischer Entwurf zur Pflege im Alter. Wiesbaden: Deutscher Universitäts-Verlag.

Schroeter, K. R. (2005): Pflege als figuratives Feld. In: Schroeter, K. R./Rosenthal, T. (Hrsg.): Soziologie der Pflege. Grundlagen, Wissensbestände und Perspektiven. Weinheim (u. a.): Juventa, S. 85-105.

Schroeter, K. R. (2006): Das soziale Feld der Pflege. Eine Einführung in Strukturen, Deutungen und Handlungen. Weinheim (u. a.): Juventa.

Schroeter, K. R. (2008): Alter(n). In: Willems, H. (Hrsg.): Lehr(er)buch Soziologie. Für die pädagogischen und soziologischen Studiengänge. Band. 2. Wiesbaden: VS Verlag für Sozialwissenschaften, S. 611-630.

Schroeter, K. R. (2008a): Verwirklichungen des Alters. In: Amann, A./Kolland, F. (Hrsg.): Das erzwungene Paradies des Alters? Fragen an eine Kritische Gerontologie. Wiesbaden: VS Verlag für Sozialwissenschaften, S. 235-273.

Schroeter, K. R./Künemund, H. (2010): "Alter" als Soziale Konstruktion - eine soziologische Einführung. In: Aner, K./Karl, U. (Hrsg.): Handbuch Soziale Arbeit und Alter. Wiesbaden: VS Verlag für Sozialwissenschaften, S. 393-401.

Schütze, Y. (1995): Ethische Aspekte von Familien- und Generationenbeziehungen. In: Zeitschrift für Gerontopsychologie und -psychiatrie, 8, 1, S. 31-38.

Schultheis, F. (1993): Genealogie und Moral: Familie und Staat als Faktoren der Generationenbeziehungen in „post-modernen" Gesellschaften. Analysen zum Verhältnis von Individuum, Familie, Staat und Gesellschaft. Konstanz: Universitätsverlag.

Schulz, E./Leidl, R./König, H.-H. (2001): Auswirkung der demographischen Entwicklung auf die Zahl der Pflegefälle. Vorausschätzung bis 2020 mit Ausblick auf 2050. In: DIW Diskussionspapiere Nr. 240. Berlin: Deutsches Institut für Wirtschaftsforschung.

Schulze Buschoff, K. (2000): Die Flexibilisierung der Arbeitszeiten in der Bundesrepublik Deutschland. Ausmaß, Bewertung, Präferenzen. In: Aus Politik und Zeitgeschichte, 14-15, S. 32-38.

Schulze Buschoff, K./Rückert-John, J. (1999): Teilzeitarbeit in Schweden, Großbritannien und Deutschland. Berlin: Wissenschaftszentrum für Sozialforschung Berlin.

Schupp, J./Künemund, H. (2004): Private Versorgung und Betreuung von Pflegebedürftigen in Deutschland. DIW Wochenbericht, 71, 20, S. 289-294.

Schwanenflügel, M. von (2009): Maßnahmen zur Schaffung eines neuen Pflegebedürftigkeitsbegriffs und eines neuen Begutachtungsverfahrens. In: Gaertner, T. /Gansweid, B./Gerber, H./ Schwegler, F./Mittelstaedt, G. von (Hrsg.): Die Pflegeversicherung: Handbuch zur Begutachtung, Qualitätsprüfung, Beratung und Fortbildung. Berlin: de Gruyter, S. 155-159.

Schwegler, F./Buszello, H. P. (2009): Leistungen der Sozialen Pflegeversicherung. In: Gaertner, T./ Gansweid, B./Gerber, H./Schwegler, F./Mittelstaedt, G. von (Hrsg.): Die Pflegeversicherung: Handbuch zur Begutachtung, Qualitätsprüfung, Beratung und Fortbildung. Berlin: de Gruyter, S. 43-52.

Schwengel, H. (1999): Aktivierender Sozialstaat und aktiver Sozialstaat als europäische Leitidee. In: Gewerkschaftliche Monatshefte, 50, 6, S. 341-348.

Schwietring, T. (2006): Geht es auch ohne? Zur Rolle des Kulturbegriffs in der Rational Choice Theorie Hartmut Essers und in Niklas Luhmanns Theorie autopoietischer Systeme. In: Greshoff, R./Schimank, U. (Hrsg.): Integrative Sozialtheorie? Esser – Luhmann – Weber. Wiesbaden: VS-Verlag für Sozialwissenschaften, S. 185-227.

Seidenspinner, G./Burger, A. (1982): Mädchen 82. Eine repräsentative Untersuchung über die Lebenssituation und das Lebensgefühl 15- bis 19jährger Mädchen in der Bundesrepublik. Hamburg: Gruner & Jahr.

Seifert, H. (2006): Konfliktfeld Arbeitszeitpolitik. Entwicklungslinien, Gestaltungsanforderungen und Perspektiven der Arbeitszeit. Bonn: Friedrich-Ebert-Stiftung.

Seifert, H. (2007): Arbeitszeit – Entwicklungen und Konflikte. In: Aus Politik und Zeitgeschichte, 4-5, S. 17-24.

Sengenberger, W. (1987): Struktur und Funktionsweise von Arbeitsmärkten. Die Bundesrepublik Deutschland im internationalen Vergleich. Frankfurt/Main (u. a.): Campus.

Sherman, K. C./Reed, K. (2008): Eldercare and Job Productivity: An Accommodation Analysis. In: Journal of Leadership Studies, 1, 4, S. 23-36.

Shoptaugh, C. F./Phelps, J. A./Visio, M. E. (2004): Employee eldercare responsibilities: should organizations care? In: Journal of Business and Psychology, 19, 2, S. 179-196.

Simon, M. (2011): Das Gesundheitssystem in Deutschland. Eine Einführung in Struktur und Funktionsweise. 3. Auflage, Bern: Hans Huber.

Skuban, R. (2000): Die Pflegeversicherung. Eine kritische Betrachtung. Wiesbaden: DUV.

Soeffner, H. G. (1989): Auslegung des Alltags – Der Alltag der Auslegung. Zur wissenschaftlichen Konzeption einer sozialwissenschaftlichen Hermeneutik. Frankfurt/Main: edition suhrkamp.
Sowarka, D./Au, C./Flascha, M. (2004): Männer in der häuslichen Pflege älterer Angehöriger. In: Informationsdienst Altersfragen, 31, 5, S. 5-8.
Spiess, K./Schneider, U. (2003): Interaction between care-giving and paid work hours among European midlife women, 1994-1996. In: Ageing & Society, 23, 1, S. 41-68.
Stark, A./Regnér, Å. (2002): In Whose Hands? Work, Gender, Ageing and Care in Three EU Countries. Tema Genus Report 2. Linköping: University of Linköping.
Statistische Ämter des Bundes und der Länder (2010): Demografischer Wandel in Deutschland. Auswirkungen auf Krankenhausbehandlungen und Pflegebedürftige in Bund und in den Ländern. Heft 2, Wiesbaden.
Statistisches Bundesamt (2003): Pflegestatistik 2001. Pflege im Rahmen der Pflegeversicherung. Deutschlandergebnisse. Bonn.
Statistisches Bundesamt (2005): Leben und Arbeiten in Deutschland. Ergebnisse des Mikrozensus 2004. Tabellenanhang zur Pressebroschüre. Wiesbaden.
Statistisches Bundesamt (2005a): Leben und Arbeiten in Deutschland. Ergebnisse des Mikrozensus 2004. Wiesbaden.
Statistisches Bundesamt (2006): Bevölkerung Deutschlands bis 2050. 11. koordinierte Bevölkerungsvorausberechnung. Wiesbaden.
Statistisches Bundesamt (2006a): Im Blickpunkt: Frauen in Deutschland 2006. Wiesbaden.
Statistisches Bundesamt (2009): Bevölkerung Deutschlands bis 2060. 12 koordinierte Bevölkerungsvorausberechnung. Wiesbaden.
Statistisches Bundesamt (2011): Pflegestatistik 2009. Pflege im Rahmen der Pflegeversicherung. Deutschlandergebnisse. Wiesbaden.
Statistisches Bundesamt (2011a): Mikrozensus: verschiedene Jahrgänge (Arbeitstabellen). Wiesbaden.
Statistisches Bundesamt (2011b): Datenreport 2011. Wiesbaden.
Steiner, V./Wrohlich, K. (2005): Minijob-Reform: Keine durchschlagende Wirkung. In: Wochenbericht des DIW Berlin, 72, 8, S. 141-148.
Steinhagen-Thiessen, E./Borchelt, M. (2010): Morbidität, Medikation und Funktionalität im Alter. In: Lindenberger, U./Smith, J./Mayer, K. U./Baltes, P. B (Hrsg.): Die Berliner Altersstudie. 3. Auflage, Berlin: Akademie, S. 175-207.
Steinhagen-Thiessen, E./Gerok, W./Borchelt, M. (1994): Innere Medizin und Geriatrie. In: Baltes, P. B./Mittelstraß, J./Staudinger, U. (Hrsg.): Alter und Altern: Ein interdisziplinärer Studientext zur Gerontologie. Berlin (u. a.): de Gruyter, S. 124-150.
Steinke, I. (1999): Kriterien qualitativer Sozialforschung: Ansätze zur Bewertung qualitativ-empirischer Sozialforschung. Weinheim (u. a.): Juventa.
Steinke, I. (2000): Gütekriterien qualitativer Forschung. In: Flick, U./Kardoff, E. von/Steinke, I. (Hrsg.): Qualitative Forschung. Ein Handbuch. Reinbek: Rowohlt, S. 319-331.
Steinrücke, M. (2004): Arbeitszeit - Lebenszeit. Überlegungen zur Neubestimmung ihres Verhältnisses im 21. Jahrhundert. In: Baatz, D./Rudolph, C./Satilmis, A. (Hrsg.): Hauptsache Arbeit? Feministische Perspektiven auf den Wandel von Arbeit. Münster: Westfälisches Dampfboot, S. 152-164.
Steinwede, J./Kaltenborn, B./Knerr, P./Schiel, S. (2008): Grundsicherung im Alter und bei Erwerbsminderung: Eine Bilanz. München (u. a.): Rainer Hampp.
Stephens, M./Townsend, A./Martire, L./Druley, J. (2001): Balancing Parent Care with Other Roles. In: The Journals of Gerontology Series B: Psychological Sciences and Social Sciences, 56, 1, S. 24-34.
Stern, N. (2007): Familienpolitische Konzepte im Ländervergleich. Sprungbrett oder Stolperstein für erwerbstätige Mütter. Marburg: Tectum.

Stolz-Willig, B. (2010): Geschlechtergerechte Arbeitsmarktpolitik nach Hartz IV. In: Dackweiler, R./ Schäfer, R. (Hrsg.): Wohlfahrtsstaatlichkeit und Geschlechterverhältnisse aus feministischer Perspektive. Münster: Westfälisches Dampfboot, S. 68-87.

Strauss, A. L. (1987): Qualitative analysis for social scientists. New York: Cambridge University Press.

Strauss, A. L. (1991): Qualitative Sozialforschung. Datenanalyse und Theoriebildung in der empirischen und soziologischen Forschung. München: W. Fink.

Strauss, A. L. (1998): Grundlagen qualitativer Sozialforschung. 2. Auflage, München: W. Fink.

Strauss, A. L./Corbin, J. (1990): Basics of Qualitative Research. Grounded Theory Procedures and Techniques. Newbury Park (u. a.): Sage.

Strauss, A. L./Corbin, J. (1994): Grounded Theory Methodology: An Overview. In: Denzin, N. K./ Lincoln, Y. S. (Hrsg.): Handbook of qualitative research. Thousand Oaks: Sage, S. 273-285.

Strauss, A. L./Corbin, J. (1996): Grounded Theory: Grundlagen Qualitativer Sozialforschung. Weinheim: Beltz.

Strübing, J. (2008): Grounded Theory. Zur sozialtheoretischen und epistemologischen Fundierung des Verfahrens der empirisch begründeten Theoriebildung. 2. Auflage, Wiesbaden: VS-Verlag für Sozialwissenschaften.

Stryker, S. (1976): Die Theorie des Symbolischen Interaktionismus. In: Auwärter, M./Kirsch, E./ Schröter, E. (Hrsg.): Seminar: Kommunikation, Interaktion, Identität. Frankfurt/Main: edition suhrkamp, S. 257-274.

Tennstedt, S. L./Gonyea, J. G. (1994): An Agenda for Work and Eldercare Research. Methodological Challenges and Future Directions. In: Research on Aging, 16, 1, S. 85-108.

Tesch-Römer, C./Wurm, S. (2009): Theoretische Positionen zu Gesundheit und Alter. In: Böhm, K./ Tesch-Römer, C./Ziese, T. (2009): Gesundheit und Krankheit im Alter. Beiträge zur Gesundheitsberichterstattung des Bundes. Berlin: Robert-Koch-Institut, S. 7-20.

Tews, H.-P. (1993): Neue und alte Aspekte des Strukturwandels des Alters. In: Naegele, G./Tews, H.-P. (Hrsg.): Lebenslagen im Strukturwandel des Alters. Opladen: Westdeutscher Verlag. S. 15-42.

Theobald, H. (2005): Labour market participation of women and social exclusion: contradictory processes of care employment in Sweden and Germany. In: Pfau-Effinger, B./Geissler, B. (Hrsg.): Care and social integration in European societies. Bristol: Political Press, S. 195-213.

Theobald, H. (2006): Care Resources and Social Exclusion: A European Comparison. In: Backes, M./Lasch, V./Reimann, K. (Hrsg.): Gender, Health and Ageing: European Perspectives on Life Course, Health Issues and Social Challenges. Wiesbaden: VS-Verlag für Sozialwissenschaften, S. 241-266.

Theobald, H. (2007): Pflegeressourcen, soziale Ausgrenzung und Ungleichheit: Ein europäischer Vergleich. In: Zeitschrift für Frauenforschung & Geschlechterstudien, 24, 2-3, S. 102-116.

Theobald, H. (2008): Soziale Ausgrenzung, soziale Integration und Versorgung: Konzepte und Empirie im europäischen Vergleich. In: Künemund, H./Schroeter, K. R. (Hrsg.): Soziale Ungleichheit und kulturelle Unterschiede in Lebenslauf und Alter. Fakten, Prognosen und Visionen. Wiesbaden: VS-Verlag für Sozialwissenschaften, S. 161-193.

Theobald, H. (2008a): Care-Politiken, Care-Arbeitsmarkt und Ungleichheit: Schweden, Deutschland und Italien im Vergleich. In: Berliner Journal für Soziologie, 18, 2, S. 257-281.

Theobald, H. (2009): Pflegepolitiken, Fürsorgearrangements und Migration in Europa. In: Larsen, C./ Joost, A./Heid, S. (Hrsg.): Illegale Beschäftigung in Europa. Die Situation in Privathaushalten älterer Personen, München (u. a.): Rainer Hampp, S. 28-40.

Theobald, H. (2009a): Restrukturierung informeller, familiärer Versorgung und Ungleichheitsdynamiken. Ergebnisse im internationalen Vergleich. In: Femina politica: Zeitschrift für feministische Politik-Wissenschaft, 18, 1, S. 59-72.

Theobald, H. (2011): Long-term Care Insurance in Germany. Assessments, benefits, care arrangements and funding. Working Paper, Stockholm: Institute for Future Studies.

Theobald, H. (2012): Home-based care provision within German welfare mix. In: Health and Social Care in the Community, 20, 3, S. 274-282.

Thiede, R. (1988): Die besondere Lage der älteren Pflegebedürftigen. Empirische Analysen und sozialpolitische Überlegungen auf der Basis aktuellen Datenmaterials. In: Sozialer Fortschritt, 37, 11, S. 250-255.

Thomas, C. (1993): De-Constructing Concepts of Care. In: Sociology, 27, 4, S. 649-669.

Thomas, W. I./Thomas, D. S. (1928): The Child in America. Behavior. Problems and Programs. New York: Knopf.

Tippelt, R. (2010): Idealtypen konstruieren und Realtypen verstehen – Merkmale der Typenbildung. In: Ecarius, J./Schäffer, B. (2010): Typenbildung und Theoriegenerierung. Methoden und Methodologien qualitativer Bildungs- und Biografieforschung. Opladen (u. a.): Barbara Budrich, S. 115-126.

TNS Infratest Sozialforschung (2011): Abschlussbericht zur Studie „Wirkungen des Pflege-Weiterentwicklungsgesetzes". Bericht zu den Repräsentativerhebungen im Auftrag des Bundesministeriums für Gesundheit. München.

TNS Opinion & Social (2007): Special Eurobarometer 283/Wave 67.3. Health and long-term care in the European Union (http://ec.europa.eu/public_opinion/archives/ebs/ebs_283_en.pdf; letzter Rückgriff: 29.05.2012).

Tobío, C./Trifiletti, R. (2003): Strategien, Alltagspraxis und sozialer Wandel. In: Gerhard, U./Knijn, T./Weckwert, A. (Hrsg.): Erwerbstätige Mütter. Ein europäischer Vergleich. München: Beck, S. 110-130.

Trischler, F./Kistler, E. (2010): Gute Erwerbsbiografien. Arbeitspapier 1: Erwerbsverläufe im Wandel. Stadtbergen: INIFES Internationales Institut für Empirische Sozialökonomie gGmbH.

Trukeschitz, B./Mühlmann, R./Schneider, U./Ponocny, I./Österle, A. (2009): Arbeitsplätze und Tätigkeitsmerkmale berufstätiger pflegender Angehöriger. Befunde aus der Wiener Studie zur informellen Pflege und Betreuung älterer Menschen 2008 (VIC 2008). Forschungsberichte des Forschungsinstituts für Altersökonomie. Wien.

Tyrell, H. (2008): Soziale und gesellschaftliche Differenzierung. Aufsätze zur soziologischen Theorie. Wiesbaden: VS-Verlag für Sozialwissenschaften.

Udsching, P. (2009): Neubestimmung des Leistungsfalls und die Versorgung Dementer. In: Bieback, K.-J. (Hrsg.): Die Reform der Pflegeversicherung. Münster (u. a.): Lit, S. 69-82.

Ulrich, E./Wiese, B. (2011): Life Domain balance. Konzepte zur Verbesserung der Lebensqualität. Wiesbaden: VS-Verlag für Sozialwissenschaften.

Unger, R. (2006): Trends in active life expectancy in Germany between 1984 and 2003 – a cohort analysis with different health indicators. In: Journal of Public Health, 14, 3, S. 155-163.

Ungerson, C. (1995): Gender, Cash and Informal Care: European Perspectives and Dilemma. In: Social Policy, 24, 1, S. 31-52.

Verbrugge, L. M. (1990): Peathways of Health and Death. In: Apple, R. D. (Hrsg.): Women, Health and Medicine in America. A Historical Handbook. New Brunswick (u. a.): Rutgers University Press, S. 41-79.

Vogel, C. (2000): Einstellung zur Frauenerwerbstätigkeit. Ein Vergleich von Westdeutschland, Ostdeutschland und Großbritannien. Potsdamer Beiträge zur Sozialforschung. Potsdam: Universität Potsdam.

Vogel, C. (2009): Teilzeitbeschäftigung – Ausmaß und Bestimmungsgründe der Erwerbsübergänge von Frauen. In: Journal for Labour Market Research, 42, 2, S. 170-181.

Voß, G.-G. (1991): Lebensführung als Arbeit. Über die Autonomie der Person im Alltag der Gesellschaft. Stuttgart: Enke.

Voß, G.-G. (1995): Entwicklung und Eckpunkte des theoretischen Konzepts. In: Projektgruppe Alltägliche Lebensführung (Hrsg.): Alltägliche Lebensführung. Arrangements zwischen Traditionalität und Modernisierung. Opladen: Leske & Budrich, S. 23-43.

Voß, G.-G. (1997): Beruf und alltägliche Lebensführung. Zwei subjektnahe Instanzen der Vermittlung von Individuum und Gesellschaft. In: Voß, G.-G./Pongratz, H. (Hrsg.): Subjektorientierte Soziologie. Karl Martin Bolte zum siebzigsten Geburtstag. Opladen: Leske & Budrich, S. 201-222.

Voß, G.-G./Pongratz, H. J (1997): Subjekt und Struktur – die Münchener subjektorientierte Soziologie. In: Voß, G.-G./Pongratz, H. J. (Hrsg.): Subjektorientierte Soziologie. Opladen: Leske & Budrich, S. 7-29.

Voß, G.-G./Weihrich, M. (2001): Tagaus – tagein. Zur Einleitung. In: Voß, G.-G./Weihrich, M. (Hrsg.): Tagaus – tagein. Neue Beiträge zur Soziologie alltäglicher Lebensführung. Mehring (u. a.): Rainer Hampp, S. 9-20.

Wagner, A. (2001): Entgrenzung der Arbeit und der Arbeitszeit? In: Zeitschrift für Arbeitsforschung, Arbeitsgestaltung und Arbeitspolitik, 10, 3, S. 365-378.

Wakabayashi, C./Donato, K. M. (2006): Does Caregiving Increase Poverty among Women in Later Life? Evidence from Health and Retirement Survey. In: Journal of Health and Social Behavior, 47, 3, S. 258-274.

Wanger, S. (2006): Erwerbstätigkeit, Arbeitszeit und Arbeitsvolumen nach Geschlecht und Altersgruppen. Ergebnisse der IAB-Arbeitszeitrechnung nach Geschlecht und Alter für die Jahre 1991-2004. Nürnberg: Bundesagentur für Arbeit.

Wanger, S. (2006a): Arbeitszeitpolitik: Teilzeitarbeit fördert Flexibilität und Produktivität. In: IAB-Kurzbericht, 7, S. 1-6.

Wanger, S. (2011): Ungenutzte Potenziale in der Teilzeit: Viele Frauen würden gerne länger arbeiten. In: IAB-Kurzbericht, 9, S. 1-8.

Waschkuhn, A. (1995): Was ist Subsidiarität? Ein sozialphilosophisches Ordnungsprinzip. Von Thomas von Aquin bis zur „Civil Society“. Opladen: Westdeutscher Verlag.

Weber, M. (1988): Gesammelte Aufsätze der Religionssoziologie I. 9. Auflage, Tübingen: Mohr.

Weber, M. (1988a): Gesammelte Aufsätze zur Wissenschaftslehre. 7. Auflage, Tübingen: Mohr.

Weiß, J. (1975): Max Webers Grundlegung der Soziologie. München: UTB.

Weltz, F. (1971): Bestimmungsgrößen der Frauenerwerbstätigkeit. In: Mitteilungen aus der Arbeitsmarkt- und Berufsforschung, 4, 2, S. 200-215.

Wert.Arbeit GmbH (2008): Vereinbarkeit von Beruf und Pflege – Ein Handlungsfeld für Betriebsräte. Berlin.

West, C./Zimmermann, D. H. (1987): Doing Gender. In: Gender & Society, 1, 2, S. 125-151.

Weyerer, S./Bickel, H. (2007): Grundriss Gerontologie. Band 14: Epidemiologie psychischer Erkrankungen im höheren Lebensalter. Stuttgart (u. a.): W. Kohlhammer.

Weyerer, S./Bickel, H. (2007a): Epidemiologie psychiatrischer Erkrankungen im höheren Lebensalter. Stuttgart (u. a.): W. Kohlhammer.

Wiedemann, P. (1991): Gegenstandsnahe Theoriebildung. In: Flick, U./Kardoff, E. von/Keupp, H./ Rosenstiel, L. von/Wolff, S. (Hrsg.): Handbuch qualitative Sozialforschung. 1. Auflage, München: Beltz, S. 440-445.

Wienold, H. (1995): Typus. In: Fuchs-Heinritz, W./Lautmann, R./Rammstedt, O./Wienold, H. (Hrsg.): Lexikon zur Soziologie. 3. Auflage, Opladen: Westdeutscher Verlag, S. 690.

Williams, C. (2004): The sandwich generation. In: Canadian Social Trends, 11-088, S. 16-21.

Wilson, T. P. (1973): Theorien der Interaktion und Modelle soziologischer Erklärung. In: Arbeitsgruppe Bielefelder Soziologen (Hrsg.): Alltagswissen, Interaktion und gesellschaftliche Wirklichkeit. Band 1: Symbolischer Interaktionismus und Ethnomethodologie. Reinbek: Rowohlt, S. 54-79.

Wingenfeld, K./Büscher, A./Gansweid, B. (2008): Das neue Begutachtungsassessment zur Feststellung von Pflegebedürftigkeit. Bielefeld/Münster: Institut für Pflegewissenschaften/Medizinischer Dienst der Krankenversicherung Westfalen-Lippe.

Wingenfeld, K./Büscher A./Schaeffer, D. (2007): Recherche und Analyse von Pflegebedürftigkeitsbegriffen und Einschätzungsinstrumenten. Projektbericht. Bielefeld: Institut für Pflegewissenschaften.

Witzel, A. (1982): Verfahren der qualitativen Sozialforschung. Überblick und Alternativen. Frankfurt/Main (u. a.): Campus.

Witzel, A. (2000): Das problemzentrierte Interview. In: Forum: Qualitative Sozialforschung, 1, 1, S. 1-9.

Wolf, K. (2011): Vereinbarkeit von Pflege und Beruf. In: Hunke, G. (Hrsg.): Best Practice Modelle im 55+ Marketing. Bewährte Konzepte für den Dialog mit Senioren. Wiesbaden: Gabler, S. 211-219.

Wollny, A./Marx, G. (2009): Qualitative Sozialforschung – Ausgangspunkte und Ansätze für eine forschende Allgemeinmedizin. Teil 2: Qualitative Inhaltsanalyse vs. Grounded Theory. In: Zeitschrift für Allgemeine Medizin, 85, 11, S. 467-476.

Wozowczyk, M./Masarelli, N. (2011): European Union Labour Force Survey – Annual Results 2010. In: Eurostat. Statistics in focus, 30, S. 1-8.

Wurm, S. (2003): Gesundheit in der zweiten Lebenshälfte. Ergebnisse des Alters-Surveys. In: Informationsdienst Altersfragen, 30, 6, S. 2-4.

Wurm, S./Schöllgen, I./Tesch-Römer, C. (2010): Gesundheit. In: Motel-Klingebiel, A./Wurm, S./Tesch-Römer, C. (Hrsg.): Altern im Wandel. Befunde des Deutschen Alterssurveys (DEAS). Stuttgart: W. Kohlhammer.

Wurm, S./Tesch-Römer, C. (2006): Gesundheit, Hilfebedarf und Versorgung. In: Tesch-Römer, C./Engstler, H./Wurm, S. (Hrsg.): Altwerden in Deutschland: Sozialer Wandel und individuelle Entwicklung in der zweiten Lebenshälfte. Wiesbaden: VS-Verlag für Sozialwissenschaften, S. 329-384.

Yeandle, S./Bennett, C./Buckner, L./Fry, G./Price, P. (2007): Managing Caring and Employment. Leeds: University of Leeds.

Zapf, I. (2012): Flexibilität am Arbeitsmarkt durch Überstunden und Arbeitszeitkonten. Messkonzepte, Datenquellen und Ergebnisse im Kontext der IAB-Arbeitszeitrechnung. IAB-Forschungsbericht 3. Nürnberg: Institut für Arbeitsmarkt- und Berufsforschung der Bundesagentur für Arbeit.

Zeman, P. (2000): Alter(n) im Sozialstaat und die Mikropolitik der Pflege. Regensburg: Transfer.

Zeman, P. (2005): Pflege in familialer Lebenswelt. In: Schroeter, K./Rosenthal, T. (Hrsg.): Soziologie der Pflege. Grundlagen, Wissensbestände und Perspektiven. Weinheim (u. a.): Juventa, S. 247-262.

Ziefle, A. (2009): Familienpolitik als Determinante weiblicher Lebensverläufe? Die Auswirkungen des Erziehungsurlaubs auf Familien- und Erwerbsbiografien in Deutschland. Wiesbaden: VS-Verlag für Sozialwissenschaften.

Ziegler, R. (1973): Typologien und Klassifikationen. In: Albrecht, G./Daheim, H.-J./Sack, F. (Hrsg.): Soziologie. Sprache – Bezug zur Praxis – Verhältnis zu anderen Wissenschaften. René König zum 65. Geburtstag. Opladen: Westdeutscher Verlag, S. 11-47.

Ziegler, U./Doblhammer, G. (2010): Projections of the Number of People with Dementia in Germany 2002 through 2047. In: Doblhammer, G./Scholz, R. (Hrsg.): Ageing, Care Need and Quality of Life. Wiesbaden: VS-Verlag für Sozialwissenschaften, S. 94-113.

Zimmermann, H./Henke, K.-D./Broer, M. (2009): Finanzwissenschaft. München: Franz Vahlen.

Zulehner, P. M. (2004): MannsBilder. Ein Jahrzehnt Männerentwicklung. Ostfildern: Schwabenverlag.

9 Anhang

Interviewleitfaden

Interviewеinstieg

- Wie ist es dazu gekommen, dass Sie Beruf und Pflege miteinander vereinbaren?
- Beschreiben Sie bitte detailliert Ihren gegenwärtigen Alltag (z. B. einen typischen Tag).
- Wie gelingt es Ihnen, Beruf und Pflege miteinander zu vereinbaren?

Pflege

- Beschreiben Sie mir bitte die pflegerische Situation.
- Wie händeln Sie die pflegerische Situation, um den beruflichen Anforderungen im Alltag gerecht zu werden?
  - Wie sieht der Pflegebedarf Ihres Angehörigen aus?
    - Einschränkungen
    - Unterstützungsbedarfe
    - Fähigkeiten zur selbstständigen Bewältigung von Tätigkeiten
    - Phasen des Verzichts auf Beaufsichtigung
  - Auf welche Weise beteiligen Sie sich selbst normalerweise an der Durchführung der Pflege?
    - Aufgaben
    - Zeitpunkte (im Tages- und Wochenverlauf und im Urlaub)
    - Dauer
    - Gründe für die Aufgabenübernahme

- Auf welche Weise erhalten Sie Unterstützung bei der Durchführung der Pflege?
  - Beteiligte Akteure/Akteurinnen
  - Aufgaben
  - Zeitpunkte (im Tages- und Wochenverlauf und im Urlaub)
  - Dauer
  - Koordination und Absprachen
  - Generierung von Informationen
  - Finanzierung
  - Gründe für den (Nicht-)Rückgriff auf Unterstützung
- Inwiefern haben Sie die pflegerische Situation schon einmal anders organisiert?
- Wie zufrieden sind Sie vor dem Hintergrund Ihrer Vereinbarungssituation mit der gegenwärtigen Organisation der pflegerischen Situation?
- Welche Bedeutung hat die Pflege für Sie?

Beruf

- Beschreiben Sie mir bitte die berufliche Situation.
- Wie händeln Sie die berufliche Situation, um Ihren pflegerischen Aufgaben gerecht zu werden?
  - Wie sieht Ihre berufliche Situation inhaltlich und räumlich ganz konkret aus?
    - Beruf
    - Ort
    - Aufgaben
  - Wie sehen Ihre Arbeitszeiten aus?
    - Dauer, Lage und Verteilung der Arbeit
    - Überstunden
    - Urlaub
  - Welche Einflussmöglichkeiten haben Sie auf die Ausgestaltung Ihrer beruflichen Situation?
    - Arbeitszeit
    - Arbeitsaufgaben
    - Arbeitsort
    - Abstimmungsnotwendigkeiten mit anderen Akteur(inn)en aus dem beruflichen Umfeld (z. B. mit Vorgesetzten, Kolleg(inn)en, Kund(inn)en)

- Auf welche Weise haben Sie auf Ihre berufliche Situation Einfluss genommen, um der Pflege in ihrem Alltag nachkommen zu können?
  - Anfangs- und Endzeiten
  - Unterbrechungen des Arbeitsablaufs
  - Rückversicherungstelefonate
  - Berufliche Terminkoordination
  - Umgang mit Mehrarbeit
  - Arbeitszeitreduzierung
  - Umgang mit Urlaubszeiten
  - Koordination und Absprachen (z. B. mit Vorgesetzten, Kolleg(inn)en, Kund(inn)en)
  - Gründe für diese Form der Einflussnahme (…)
- Inwiefern haben Sie Ihre berufliche Situation schon einmal anders organisiert?
- Wie zufrieden sind Sie vor dem Hintergrund Ihrer Vereinbarkeitssituation mit Ihrer beruflichen Situation?
- Welche Bedeutung hat Ihr Beruf für Sie?

Strategien, Fähigkeiten und Erfahrungen der Vereinbarung von Pflege und Beruf

- Welche Strategien helfen Ihnen, Beruf und Pflege zu vereinbaren?
  - Planung
  - Intuitives Handeln
  - Routinen
  - Parallele Durchführung von Tätigkeiten
  - Separierung
  - Beschleunigte Durchführung von Tätigkeiten (…)
- Welche Erfahrungen und Fähigkeiten helfen Ihnen dabei, Beruf und Pflege zu vereinbaren?
- Wie gehen Sie mit anderen Lebensbereichen um, um Beruf und Pflege miteinander zu vereinbaren?
  - Kindererziehung
  - Partnerschaft
  - Haushalt
  - Regeneration
  - Hobbys und soziale Kontakte
- Es gibt sicherlich Tage, an denen Ihre alltäglichen Routinen durcheinander geraten. Wie gehen Sie mit diesen Situationen um?

Interviewabschluss

- Welchen Bereich passen Sie in der Zusammenschau stärker an?
- Wie würden Sie das aktuelle Balanceverhältnis von Beruf und Pflege einschätzen?
- Für wie wahrscheinlich halten Sie es, dass Sie beide Lebensbereiche weiterhin in Einklang bringen können?
- Wenn Sie nicht mehr dazu in der Lage wären, Beruf und Pflege zu vereinbaren, was von beidem würden Sie aufgeben und warum?
- Gegebenenfalls, eine gute Freundin von Ihnen wäre in der Situation, Beruf und Pflege miteinander zu vereinbaren, welche Empfehlungen würden Sie ihr geben?
- Gibt es noch etwas, was Sie gerne noch erwähnen würden?